회쟁론 回諍論
세마론 細磨論
육십송여리론 六十訟如理論
칠십공성론 七十空性論

용수 지음 | 신상환 옮김

도서출판 b

1. 티벳어 원문 자료

본문의 티벳어 게송은 구판(舊版)인 날탕(snar thang)판 티벳 대장경을 저본으로 삼은 데게(sde dge)판 티벳 대장경의 『중관이취육론(中觀理聚六論)』을 뜻하는 『우마릭촉 둑(dmu ma rigs thsogs drug)』을 중심으로 원문의 탈·오자를 북경판 티벳 대장경과 교차 검색하여 수정한 것이다. 이 데게판 『중관이취육론(中觀理聚六論)』은 1970년에 라룽빠(L. P. Lhalunpa)에 의한 사경판이 델리에서 출판된 적이 있어 이것을 기본 저본으로 사용하였다(약칭 [데게판]). 이 판본의 대중판이 대만에서 출판된 탁마길(卓瑪吉) (편), 『藏文—中觀理聚六論』으로, 이것을 보조본으로 사용하였다.

약칭 [북경판]은 교차 검색에 사용한 북경판 티벳 대장경에 나오는 각각의 저작들을 가리킨다.

2. 비교 역본

『회쟁론(回諍論)』

티벳 대장경 가운데 『회쟁론』은 데게판과 북경판의 게송 내용이 매우 다르다. 전자가 초기본으로 직역에 충실한 반면, 후자는 티벳인들의 이해를 위해 윤문(潤文)된 것이라고 보면 크게 틀리지 않다. 김성철과 투치(Tucci)는 북경판을 저본으로 삼았다. 『회쟁론』의 산스끄리뜨어 원명인 『비그라하브야바르따니 까리까(Vigrahavyāvartanī Kārikā)』를 약칭하여 VV라고 썼고 김성철 역의 『회쟁론』에 나오는 것은 'Vigrahavyāvartanī Korean version'을 뜻하는 VK로 썼다. [Pek.]은 이곳에 인용된 북경판 티벳 대장경의 게송과 이것을 우리말로 옮긴 것을 약칭한 것이다. 투치가 옮긴 『Pre-Diṅnāga Buddhist Texts on Logic from Chinese Source』에 나오는 『회쟁론』은 약칭하여 [투치본]이라 부른다. Bhattacharya(K.)가 옮긴 『The Dialectical Method of Nāgārjuna - Vigrhavyāvartanī』도 비교 역본으로 사용했다.

『세마론(細磨論)』

한문 대장경에 존재하지 않는 『세마론(細磨論)』의 원명은 『바이다리아 수뜨라(Vaidalya sūtra)』로 약칭하여 VP라고 부른다. 여기서는 비교 역본으로 사용한 Tola (T.) and Dragonetti (C.)가 옮긴 『Nāgārjuna's Refutation of Logic(Nyāya)—Vaidalyaprakaraṇa』를 뜻하며 전체적인 구성도 이에 따랐다.

『육십송여리론(六十頌如理論)』

원명은 『유끄띠싸쓰띠까 까리까(*Yuktiṣaṣṭika kārikā*)』로 약칭하여 YŞ라고 부른다. 여기서는 Lindtner의 『*Nagarjuna -Studies in the Writings and Philosophy of Nāgārjuna*』에 나오는 영역을 가리킨다. 고려대장경 및 신수 대장경에도 실려 있어 교차 검색하였고 이에 따라 옮겼다. 한역본의 완역은 이미 한글대장경 데이터베이스에 포함되어 있어 약칭하여 [YSK]라고 부르며 각주에 병기하였다. 자세한 내용은 https://abc.dongguk.edu/ebti/c2/sub1.jsp에 '육십송여리론'을 입력하면 알 수 있다.

『칠십공성론(七十空性論)』

한문 대장경에서 찾지 못한 원명은 『순야따샵따띠 까리까(*Śūyatāsaptati kārikā*)』로 약칭하여 ŚS라고 부른다. 여기서는 Lindtner의 『*Nagarjuna -Studies in the Writings and Philosophy of Nāgārjuna*』에 나오는 영역을 가리킨다. 대조 역본으로 사용한 다른 영역본인 Komito (D. S.)의 『*Nagarjuna's Seventy Stanzas: A Buddhist Psychology of Emptiness*』는 약칭하여 NŚ라고 한다.

3. 사전류

[BD]는 다양한 인터넷 불교 백과사전을 통칭하는 것을, 그리고 TT는 'The Tibetan Translation Tool'을 뜻한다. [고]는 고려대장경연구소 홈페이지(http://www.sutra.re.kr)의 용어사전의 약자다. [M]은 Monier Williams Sanskrit-English Dictionary를 뜻한다. 산스끄리뜨어의 단어 설명이나 분석에 나오는 별도 병기나 설명이 없는 경우 모두 이 사전에 따른 것이다. 『장한사전』과 같은 나머지 사전들은 본문에 표기하였다.

인용한 각기 다른 사전의 표기법이나 문장 부호 등이 본문과 다른 경우 통일하지 않고 원문 그대로 두었다.

4. 티벳어 로마자(字) 표기

투치(G. Tucci)가 사용한 와일리 표기법(Wylie system, T. V. Wylie, 1959, 'A standard system of Tibetan transcription', Harvard Journal of Asiatic studies, vol. 22, pp. 261-67)에 따랐으나 대소문자는 구분 없이 소문자로 통일했다.

5. 게송 독법

각 게송에 괄호가 없는 부분은 게송들에 직접 언급된 내용을 직역한 것이고 괄호 '(~)'로 표시된 부분은 축약된 시가 형태의 게송의 의미를 명확하게 하기 위한 역자의 첨언이고, 괄호 '[~]'로 표시된 것은 기존에 사용되고 있는 한역의 개념 등이다.

회쟁론
세마론
육십송여리론
칠십공성론

이 때문에 '(~)'로 표시된 것은 문장에 따라 계속 읽는 구조로 일반적인 괄호 표시와 조사와의 관계에 용례가 벗어나는 경우가 더러 있다.

6. 약어표

Chi.,		Chinese	한문 또는 한역
Eng.,		English	영어
Skt., 【범】, ⓢ		Sanskrit	산스끄리뜨어
Tib.,		Tibetan	티벳어
√	:		어근
Nom.	:	Nominative,	주격
Acc.	:	Accusative,	목적격
Ins.	:	Instrumental,	도구격
Dat.	:	Dative,	여격
Abl.	:	Ablative,	탈격
Gen.	:	Genetive,	소유격
Loc.	:	Locative,	처격
Comp.	:	Comparative,	비교격
Emp.	:	Emphasis particle,	강조사(強調詞)

티벳어의 경우 산스끄리뜨어의 경우와 달리 하나의 격이 다양한 뜻을 담고 있다. 예를 들어 '라둔(la 'dun)'은 목적격(Accusative), 여격(Dative), 처격(Locative)뿐만 아니라 다양한 접속사 기능을 하고 있다. '라둔'뿐만 아니라 계속사(繼續詞, Continuative) '학쩨(lhag bcas)' 등 중요한 문법적 특징에 대해서는 각 게송의 각주에서 따로 설명하였다.

| 차 례 |

육십송여리론六十訟如理論

칠십공성론七十空性論

རྩོད་པ་བཟློག་པའི་ཚིག་ལེའུར་བྱས་པ་ཞེས་བྱ་བ་བཞུགས་སོ།།

회쟁론回諍論

산스끄리뜨어로 '비그라하 브야바르따니 까리까(Vigrhavyavartanīkārīka)'
라고 하며 티벳어로 '쬐빠 록빠 칙레울 제빠(rtsod pa bzlog pa'i tshig le'ur
byas pa)'라고 한다.[1]

---

1.   ༄༅།།རྒྱ་གར་སྐད་དུ།། Vigrahavyavartanīi kārikā nāma// བོད་སྐད་དུ།། རྩོད་པ་བཟློག་པའི་ཚིག་ལེའུར་བྱས་པ་ཞེས་བྱ་བ།།
/rgya gar skad du// Vigrahavyavartanīi kārikā nāma// bod skad du// rtsod pa bzlog pa'i
tshig le'ur byas pa zhes bya ba//

자세한 설명은 「해제」 참조 약칭하여 '쬐록(rtsod bzlog)'이라고 부른다.
[데게판]과 차이가 심한 [북경판] 게송도 눈에 띄는데 별도의 표시가 없는 것은 게송
자체가 같아 생략한 것으로, 다른 것은 [Pek.]로 약칭하며 각주에서 별도로 옮기도록
하겠다.

【예경문】

འཕགས་པ་འཇམ་དཔལ་གཞོན་ནུར་གྱུར་པ་ལ་ཕྱག་འཚལ་ལོ།།

'jam dpal gzhon nur gyur pa la phyag 'tshal lo//

> 문수보살을 경배하옵니다.[2]

【본문】

【논박자 1. 니야야 학파의 주장】[3]

[1]

གལ་ཏེ་དངོས་པོ་ཐམས་ཅད་ཀྱི།།　　gal te dngos po thams cad kyi//
རང་བཞིན་ཀུན་ལ་ཡོད་མིན་ན།།　　rang bzhin kun la yod min na//
ཁྱོད་ཀྱི་ཚིག་ཀྱང་རང་བཞིན་མེད།།　　khyod kyi tshig kyang rang bzhin med//
རང་བཞིན་བཟློག་པར་མི་ནུས་སོ།།　　rang bzhin bzlog par mi nus so//

> 만약 모든 사태(事態)[4]의
> 자성(自性)[5]이 그 어디에도[6] 존재하지 않는다면
> 그대의 (그) 말[주장] 또한 자성이 없다.

....

2.　『중론』의 3행으로 된 【예경문】과 달리 1행으로 되어 있으며 문수보살에게 예경한다는 이야기는 이 글 또한 지혜에 관련된 글임을 밝히고 있으며 원문 자체에 별도의 【귀경게】는 없다.

3.　『회쟁론』의 구조는 논박자의 주장이 앞에 몰아서 나오고 용수의 논파가 계속되는 구조를 띠고 있는데 1~6번 게송은 인도의 논리학자인 니야야(Niyaya, 正理論) 학파의 주장이, 그리고 7~20번 게송까지는 구사론자의 주장이다. 여기서 구사론자는 붓다의 가르침을 구축적으로(constructive) 해석한 유부와 경량부 등의 불교 논리학자, 즉 인명론자도 포함한다.

(그렇다면) 자성(自性)을 논파하는 것[7]은 가능하지 않다.

[2]

འོན་ཏེ་ཚིག་དེ་རང་བཞིན་བཅས།།	'on te tshig de rang bzhin bcas//
ཁྱོད་ཀྱི་དམ་བཅའ་སྔ་མ་ཉམས།།	khyod kyi dam bca' snga ma nyams//
མི་འདྲ་ཉིད་དེ་དེ་ཡིན་ན།།	mi 'dra nyid de de yin na//
ཁྱད་པར་གཏན་ཚིགས་བརྗོད་པར་གྱིས།།	khyad par gtan tshigs brjod par gyis//

만약[8] (그대의) 그 말이 자성을 가지고 (있다면)[9]

그대의 앞의 주장[10]은 훼손된다.[11]

그것이 같은 것 자체가 아니라면[12]

(그것에 대한) 특별한 이유[13]를 설명하라.[14]

....

4. ‘사태(事態)’라고 옮긴 ‘뇌뽀(dngos po)’에 대한 자세한 내용은 1권『중론』, 「제1품. 연(緣)에 대한 고찰」, [3. (1-1)]번 각주 및 3권「해제」, 참조. 김성철은 이『회쟁론』의 티벳역(譯)에서 ‘뇌뽀’를 ‘사태(事態)’로 옮기고 있는데 산스끄리뜨어 역본(譯本)에서는 ‘바바(bhāva)’를 ‘사물(事物)’로 옮기고 있다. 김성철(역),『회쟁론』, pp. 14-15 참조.

5. 산스끄리뜨어 ‘스와바바(svabhāva)’를 티베어로 옮긴 ‘랑쉰(ang bzhin)’, 즉 ‘변화하지 않는 고유한 성품을 가진 것으로 존재하는 것’은『회쟁론』에서 논파하는 주요한 주제다.

6. ‘그 어디에도’라고 옮긴 ‘꾼라(kun la)’는 ‘모두(kun)’와 ‘라둔(la 'dun)’의 ‘라(la)’를 함께 옮긴 것으로 TT에 ‘everywher’라는 용례가 있어 이에 따랐다.

7. ‘논파하는 것’으로 옮긴 ‘록빠(bzlog pa)’는 원래 ‘되돌리다(reverse, turn around)’는 뜻으로 종종 논파하다는 뜻을 지닌 ‘refute’로도 쓰인다. 원래는 산스끄리뜨의 ‘브야바르따니(vyāvartanī)’를 직역한 것으로 한역의 ‘회(回)’에 해당한다. 여기서는 ‘논의[諍]를 되돌린다’, 즉 ‘논박자의 주장이 틀린 것을 스스로 알게 한다’는 뜻의 회쟁(回諍)을 축약한 것으로 보고 옮겼다.

8. 일반적으로 가정법을 사용할 때, 1번 게송에서처럼 ‘겔떼(gal te)’를 사용하는데 여기서는 ‘옹떼('on te)’를 썼다. 같은 의미다.

9. 1행 어두의 ‘옹떼’로 인해서 가정법이 생략되어 있다.

10. ‘주장’으로 옮긴 ‘담짜(dam bca')’는 1번 게송 1, 2행에서 언급한 용수의 주장인 ‘무자성(無自性)’을 뜻한다. 이 무자성의 성품은 공(空)을 뜻한다. 이후 용수의 논파에서 본격적으로 다루어진다. ‘담짜’는 산스끄리뜨어 ‘쁘라띠갸(pratijñā)’를 직역한 것으로, 논쟁하고자 하는 대상의 ‘주장’을 뜻한다.

11. ‘훼손된다’로 옮긴 ‘냠빠(nyams pa)’에는 ‘악화되다(decrease)’라는 뜻이 강하다.

[3]

དེ་སྒྲ་མ་འབྱིན་ལྟ་བུའོ་ཞེས།།　　　de sgra ma 'byin lta bu'o zhes//

ཁྱོད་བློ་སེམས་ན་དེ་མི་འཐད།།　　　khyod blo sems na de mi 'thad//

འདི་ལ་སྒྲ་ནི་ཡོད་པ་ཡིས།།　　　'di la sgra ni yod pa yis//

འབྱུང་པར་འགྱུར་བ་དེ་བཟློག་ཡིན།།　　'byung par 'gyur ba de bzlog yin//

> '그것은 "소리 내지 마!"와 같다'라고[15]
>
> 그대가 마음속에 생각한다면[16] 그것은 옳지 않다.
>
> (왜냐하면) 이 (경우)에는 바로 그 ('소리 내지 마라!'는) 소리가 존재하여[17]
>
> (앞으로) 생겨날 저 (다른 소리들을) 그치게[18] 하기 (때문이다.)[19]

[4]

འགོག་པའི་འགོག་པའང་དེ་ལྟ་ཞེས།།　　　'gog pa'i 'gog pa'ng de lta zhes//

....

12. 한 행 가운데 문장이 두 개로 나뉜 보기 드문 경우다. 김성철은 '같은 것 자체가 아니(라면)'
을 '불일치성'으로 옮기고 있다. 김성철, 『회쟁론』, p. 24 참조. 이 게송과 격을 이루는
24번 게송과 격을 맞추기 위해서 축약하여 옮겼다.

13. '이유'라고 옮긴 '뗀칙(gtan tshigs)'에는 'reason, proof, evidence, logic' 등의 뜻이 있다.
'인과(因果)'의 '인(因)'을 뜻하는 산스끄리뜨어 '헤뚜(hetu)'를 티벳어로 옮긴 것으로,
일반적으로 '꾸(rgyu)'라고 하는데 인명에서만은 이렇게 구분하여 쓴다.

14. '설명하라'로 옮긴 '죄빨기(brjod par gyis)'는 '말하다, 설명하다'는 뜻을 지닌 '죄빠(brjod
pa)'에 명령형 보조 동사 '기(gyis)'가 붙어 있는 경우로, 일반적으로 '기'는 티벳어에서
주격[Nom.]을 대신하는 도구격[Ins.]으로 쓰인다.
　　[Pek.]에서는 4행의 '케발 뗀찍(khyad par gtan tshigs)'이 '뗀찍 케발(gtan tshigs khyad
par)'로 도치되어 있다.

15. 인용을 나타내는 '셰(zhes)'가 쓰였다.

16. '마음속에 생각하다'로 옮긴 '로쎔(blo sems)'은 각각 '마음, 생각하다' 등으로 쓰이므로
'생각하다'로 옮길 수도 있으나 풀어서 썼다.

17. 도구격[Ins.] '위(yis)'가 쓰였는데 여기서는 원인, 이유, 시간의 전후 등을 뜻한다.

18. 1번 게송에서 '논파하는 것'으로 옮긴 '록빠(bzlog pa)'가 쓰였는데 여기서는 TT의 'stop'의
용례에 따랐다.

19. 이 게송의 3, 4행은 1, 2행의 예를 설명하는 이유라서 '왜냐하면 ~하기 때문이다'를
첨언하였다. 이전의 소리는 자성을 가지고 존재하는 것이므로 그것에 대한 논파는 할
수 있으나, 무자성으로 존재하지 않는 것은 이와 같은 소리의 예가 될 수 없다는 논박자의
주장이다.

འདོད་ན་དེ་ཡང་བཟང་མིན་ཏེ།།

ཁྱོད་ཀྱི་དམ་བཅའི་མཚན་ཉིད་ལས།།

དེ་ལྟར་སྐྱོན་ཡོད་ངེད་ལ་མེད།།

'dod na de yang bzang min te//

khyod kyi dam bca'i mtshan nyid las//

de ltar skyon yod nged la med//

'부정의 부정 또한 그와 같다'라고[20]
바랄지라도[21] 그것 또한 옳지 않다.[22] 왜냐하면[23]
그대의 주장 속의[24] 정의(定義, definition)[25]에서[26]
그와 같은 오류가 있지 나에게 있지 않기 (때문이다).[27]

---

20. 인용을 나타내는 '셰(zhes)'가 쓰였다.
21. 가정법의 '나(na)'가 쓰였다. 여기서는 'even though'로 보고 옮겼다.
22. '옳지 않다'라고 옮긴 '장민(bzang min)'의 '민(min)'은 부정어이며 '장(bzang)'은 좋다, 옳다, 아름답다로 쓰인다. 여기서는 TT의 용례에 나오는 'right'로 보고 옮겼다. 의미상으로 바로 앞의 3번 게송에 나오는 '테('thad)'와 같다.
23. 2행의 말미에 쓰인 '학쩨(lhag bcas)'인 '떼(te)'를 여기서는 원인, 이유 등을 설명하는 접속사로 보고 옮겼다.
24. '끼(kyi)', '이('i)' 등 소유격[Gen.]이 반복되어 있어 '~ 속의'라고 옮겼다. '주장'으로 옮긴 '담짜(dam bca')'에 대해서는 2번 게송 각주 참조.
25. '정의'라고 옮긴 '체니(mtshan nyid)'에 대한 자세한 설명은 『중론』, 「제5품. 계(界)에 대한 고찰」, [60. (5-1)]번 게송 각주 참조. 김성철은 한역의 '종상(宗相)'을 '주장 속의 특징'이라고 옮기고 있다. 종(宗)은 '인명(因明)에서 입론자가 처음 내세우는 주장이나 단안(斷案)'이라는 뜻이 있다.
26. 탈격[Abl.] '레(las)'가 쓰였다. 일반적으로 경전이나 주장의 인용을 뜻할 때 이 '탈격'을 사용한다.
27. 여기서 언급한 '부정의 부정'은 논리학자들에게 논리적 방법으로 상정된 것이지만, 용수가 주장하는 독립적, 개별적, 고유한 성품을 가진 존재 자체를 부정하는 무자성, 즉 공성일 경우 첫 번째 '부정' 자체가 옳지 않다는 날카로운 지적이다.

    [Pek.]
    'gog pa'i 'gog pa'ng de lta zhes//
    'dod na de yang bzang min te//
    de lta na yang khyod dam bcas//
    mtshan nyid skyod yod nged la med//

    '부정의 부정 또한 그와 같다.'라고
    바랄지라도 그것 또한 옳지 않다.
    만약 그렇다면, (그것은) 그대의 주장 (속의)

ཪེ་ཞིག་གལ་ཏེ་མངོན་སུམ་གྱིས།།

དངོས་རྣམས་དམིགས་ནས་ཟློག་བྱེད་པ།།

གང་གིས་དངོས་རྣམས་དམིགས་གྱུར་པ།།

མངོན་སུམ་དེ་ནི་མེད་པ་ཡིན།།

re zhig gal te mngon sum gyis//

dngos rnams dmigs nas zlog byed pa//

gang gis dngos rnams dmigs gyur pa//

mngon sum de ni med pa yin//

어떤 자가 만약 현량(現量)이[28]

사태들을 소연(所緣)하는 것[29]이기 때문에[30] 부정한다면[31]

그에게는 사태들을 소연(所緣)하는 것인

바로 그 현량이 존재하지 않는다.[32]

....
　　　　정의의 오류가 있지 나에게는 있지 않다.

28.　'현량(現量)'으로 옮긴 '논쑴(mngon sum)'은 산스끄리뜨어 '쁘라땨끄샤(pratyakṣa)'의
　　　티벳어로, 불교 논리학에서 직접적인 지각[直接知], 'perception'을 뜻한다. 일반적으로
　　　'무분별(無分別), 무착난(無錯亂)', 즉 'non-conceptual, non-mistaken'으로 정의한다. 다음
　　　게송과 함께 이에 대한 자세한 설명은 김성철, 『회쟁론』, pp. 43-44와 졸저, 『용수의
　　　사유』, pp. 326-327 및 pp. 388-390 참조.
　　　　[BD] 현량(現量): 인명(因明) 3량인 현량(現量)·비량(比量)·비량(非量)의 하나. 심식(心識)
　　　3량의 하나. 비판하고 분별함을 떠나서 외경계의 사상(事象)을 그대로 각지(覺知)하는
　　　것. 예를 들면, 맑은 거울이 어떤 형상이든 그대로 비치듯, 꽃은 꽃으로 보고, 노래는
　　　노래로 듣고, 냄새는 냄새로 맡고, 매운 것은 매운 대로 맛보고, 굳은 것은 굳은 대로
　　　느껴서, 조금도 분별하고 미루어 구하는 생각이 없는 것.
　　　　도구격[Ins.] '기(gis)'가 쓰였는데 여기서는 현량(現量)을 정의하는 주격[Nom.]으로 보고
　　　옮겼다.
29.　'소연(所緣)하는 것'으로 옮긴 '믹빠(dmigs pa)'는 '이해하다, 파악하다, 관찰하다'는 뜻이
　　　있다. 여기서는 사태(事態), 즉 '감각 기관에 의해 포착된 대상'에서 그 '포착된 대상'을
　　　판단, 파악, 이해하는 것을 가리킨다.
30.　탈격[Abl.] '레(las)'가 쓰였다. 원인, 이유를 뜻하는 것으로 보고 옮겼다.
31.　'부정한다'로 옮긴 '록제빠(zlog byed pa)'의 '록(zlog)'은 앞의 게송들에서 '논파하다,
　　　그치다' 등으로 옮긴 '록빠(bzlog pa)'의 현재형으로, 여기서는 영문판들의 'deny'를
　　　참고하여 옮겼다.
　　　　[북경판]과 달리 [데게판]에서는 1행의 중간에 가정을 뜻하는 '겔떼(gal te)'가 쓰여 있다.
32.　'The Dispeller of Disputes'에서의 의역은 다음과 같다.

　　　'5. If you deny objects after having apprehended them through perception, that perception
　　　by which the objects are perceived does not exist.'

[6]

རྗེས་དཔག་ལུང་དང་དཔེར་འཇལ་དང་།།	rjes dpag lung dang dper 'jal dang//
རྗེས་དཔག་ལུང་གིས་བསྒྲུབ་བྱ་དང་།།	rjes dpag lung gis bsgrub bya dang//
དཔེས་བསྒྲུབ་བྱ་བའི་དོན་གང་ཡིན།།	dpes bsgrub bya ba'i don gang yin//
མངོན་སུམ་གྱིས་ནི་ལན་བཏབ་པོ།།	mngon sum gyis ni lan btab po//

비량(比量)[33] · 성언량(聖言量)[34]과 비유량(譬喩量)[35](에 의해 성립된 것)과
비량(比量) · 성언량(聖言量)에 의해[36] 성립된 것과
비유량(譬喩量)(에 의해) 성립된 것의 그 어떤 것[37]이든
(그것은) 바로 그 현량을 통해서[38] 답한 것[=논파](과 같다).[39]

이 게송은 인도 논리학에서 올바른 논리로 간주하는 첫 번째 것인 현량(現量), 즉 '쁘라띠끄샤(pratyakṣa)'를 부정하는 경우에 '올바른 논리적 판단'이란 있을 수 없다는 것을 뜻한다. 다음 게송에서 니야야 학파의 올바른 논리적 방법론의 경우에 대해서 언급하고 있다.

[Pek.] 1, 2행은
re zhig dngos rnams mngon sum gyis//
dmigs nas zlog par byed yin na//

어떤 자가 사태(事態)들을 현량(現量)으로
소연(所緣)하는 것을 부정한다면

33. '비량(比量)'으로 옮긴 '제빡(rjes dpag)'은 산스끄리뜨어 '아누마나(anumāna)'의 티벳어로, 불교 논리학에서 '추론에 따른 올바른 판단[推理知]', 'inferential', 'conception'을 뜻한다. 일반적으로 정확한 증거에 따른 올바른 추론, 즉 'comprehensible the hidden phenomenon in incontrovertible way due to the basis and depending on the correct sign'으로 정의한다. 불교 논리학인 인명(因明)에서는 현량과 함께 이 비량(比量)만 올바른 추론 방법으로 정의한다.

[BD] 비량(比量): 3량(量)의 하나. 진비량(眞比量)이라고도 한다. 우리가 이미 아는 사실을 가지고, 비교해서 아직 알지 못하는 사실을 추측하는 것. 예를 들면, 연기가 올라오는 것을 보고, 그 아래에 불이 있는 줄을 미루어 아는 것과 같은 따위.

34. '성언량(聖言量)'으로 옮긴 '룽(lung)'은 산스끄리뜨어 '아가마(āgama)' 또는 '사브다(śabda, 言說知)'의 티벳어로, 불교 논리학에서 '전승되어 온 믿을 만한 성인의 말씀[信許]'을 뜻한다. 이와 같은 성언량은 불교 논리학에서 비량(比量)의 하나인 '신허비량(信許比量)'으로 취급하지만 니야야 학파에서는 별도로 논리적 판단으로 간주한다. 예를 들자면, '보시는 최고의 재물이요 지계는 (최고의) 기쁨이다'로 서구 논리학에서는 올바른 논리적

【논박자 2. 구사론자의 주장】[40]

[7]

སྐྱེ་བོ་ཆོས་ཀྱི་གནས་སྐབས་མཁས།།   skye bo chos kyi gnas skabs mkhas//

དགེ་བ་དག་གི་ཆོས་རྣམས་ལ།།   dge ba dag gi chos rnams la//

དགེ་བའི་རང་བཞིན་ཡིན་པར་ནི།།   dge ba'i rang bzhin yin par ni//

སེམས་ཤིང་ལྷག་མ་རྣམས་ལ་ཡང་།།   sems shing lhag ma rnams la yang//

....

판단이 될 수 없는 것이다. '전통, 전승', 즉 '아가마(āgama)'를 강조하는 인도 특유의 논리인 셈이다.

35. '비유량(譬喩量)'으로 옮긴 '뻴젤(dper 'jal)'은 산스끄리뜨어 '우빠마나(upamāna)'의 티벳어로, 이미 확증된 증거를 예로 드는 경우에 해당한다. 예를 들자면 '달, 달, 둥근 달, 쟁반 같이 둥근 달'에서 '쟁반'이 '둥근'의 모델인 경우다. 니야야 학파와 달리 이 비유량을 불교 논리학에서는 별도의 올바른 논리적 판단자로 상정하지 않는다.

36. [Pek]에서는 소유격[Gen.] '기(gi)'로 쓰여 있다.

37. '것'으로 옮긴 '된(don)'에는 '의미'와 함께 '대상'이라는 뜻 또한 있다. 여기서는 바로 앞의 5번 게송과 같이 논리적 개념자의 '정의'에서 벗어나는 경우를 뜻하는 '것'으로 보고 옮겼다.

38. 도구격[Ins.] '기(gyis)'가 쓰였는데 여기서는 주격[Nom.]의 기능보다, 앞의 5번 게송에서 니야야 학파에서 '현량(現量)'을 통해서 용수의 '무자성=공성'의 논리를 논파했던 것의 연장선 속에서 논의를 진행하는 것으로 보고 옮겼다.

39. 내용의 요지는 니야야 학파의 4종의 올바른 논리적 판단자인 '현량(現量)·비량(比量)·성언량(聖言量)·비유량(譬喩量)'을 전체적이거나 개별적으로 적응해서 살펴보아도 용수의 '무자성=공성' 이론은 옳지 않다는 뜻이다. 이 게송은 직역의 어려움 때문에 영문 역본들은 모두 의역을 하고 있으나 그래도 의미가 명확하게 와닿지 않는다.
   김성철은 '비량과 전승량과 비유량 및, 비량과 전승량에 의해 성립된 것 및, 비유량에 의해서 성립되는 대상은 현량에 의해 대답된다(p. 48).'도 마찬가지라 첨언하여 옮겼다. 이상 6개의 게송은 니야야 학파의 용수의 주장에 대한 논파이다.
   문법적으로 '렌땁뽀(lan btab po)'의 '뽀(po)'에 대해서 김성철은 『回諍論 梵·藏文 文法解說集』에서 'po=pa+'o: 終止助詞(어미사인 pa, ba의 경우 직접 'o를 붙이기도 한다)'라고 적고 있는데(p. 54), 그의 해자(解字)처럼 매우 예외적인 경우다.

40. 7번부터 20번 게송까지는 다르마(dharma), 법(法), 즉 현상(phenomena)은 항상 변화하지만 원형물질, 즉 항상하는 것이 존재한다는 이론으로 인해 '부처님의 가르침' 또한 '상주불변'에 해당한다는 이론을 펼쳤던 구사론자의 주장이다. 이와 같은 구축적 교학의 정점을 찍은 것이 불교 논리학, 즉 인명(因明)이므로 인명을 통해서 용수의 사상을 해석한 중기 중관파 이후, 인도 교학의 발달사는 구축적인 성향으로 용수의 사유를 해석하는 성격을 가지게 되었다.

41. '법(法)'으로 옮긴 '최(chos)'는 산스끄리뜨어 '다르마(dharma)'를 티벳으로 옮긴 것으로,

법(法)[41]의 상태[42]를 아는 사람은[43]

선법(善法)들 가운데[44]

바로 그 선(善)한 자성(自性)을

생각하고 그리고 그 나머지들도 또한 (생각한다.)[45]

[8]

གང་དག་ངེས་པར་འབྱིན་པའི་ཆོས།།　gang dag nges par 'byin pa'i chos//

ཆོས་ཀྱི་གནས་སྐབས་གསུངས་དེ་རྣམས།།　chos kyi gnas skabs gsungs de rnams//

ངེས་པར་འབྱིན་པའི་རང་བཞིན་ཉིད།།　nges par 'byin pa'i rang bzhin nyid//

རང་བཞིན་ངེས་འབྱིན་མིན་ལ་སོགས།།　rang bzhin nges 'byin min la sogs//

어떤 분들은 출리(出離)[46]의 법(法),

(그) 법(法)의 상태에 대해서 말씀하셨다.[47] (왜냐하면) 그것[出離法]들(에는)

출리(出離)의 자성(自性) 자체가 (존재하기 때문이다.)

....

그 의미는 '부처님이 교시하시는 가르침'이라는 뜻과 함께 정의, 현상 등 다양한 뜻이
있는데 그 가운데 불교 논리학에서는 주로 '현상(phenomena)'을 뜻한다. 중의적으로
사용되는 대표적인 단어라서 '법(法)'으로 옮겼다.

42. '상태'라고 옮긴 '네깝(gnas skabs)'은 공간과 시간을 뜻하는 두 단어가 결합된 것이다.
일반적으로 'state, condition, situation' 등을 뜻한다. 구사론자들에게 '법의 상태'란 변화하
지만 드러난 현상이 존재한다는 의미다.

43. '법(法)의 상태를 아는 사람은'으로 옮긴 1행은 '께보 최기 네깝케(skye bo chos kyi
gnas skabs mkhas)'를 다음 행을 받는 하나의 단락으로 본 것으로, 순서에 따라 직역하면
'사람(들)이 법의 상태를 알(면)'으로 옮길 수 있다.

44. 운자를 맞추기 위해서 늘려 적은 것을 축약한 '선법(善法)들 가운데'로 옮긴 '게와 닥니
최남라(dge ba dag gi chos rnams la)'를 직역하면, '선한 것들의 법[현상]들에' 정도
된다. '리둔(la 'dun)'의 '라(la)'를 처격[Loc.]으로 보고 옮겼다.

45. '그 나머지들도 또한 (생각한다)'로 옮긴 '학마 남라양(lhag ma rnams la yang)'은 '또한'을
뜻하는 '양(yang)'이 게송의 말미에 쓰인 희귀한 경우다. 다음 게송과 맞물려 구사론자들의
주장이 계속된다는 뜻이기도 하다.
　　이 게송의 『회쟁론』 원문 주석에는 119가지 선법(善法)에 대한 세세한 언급이 나와
있는데 이것들이 어떠한 범주에 의한 구분인지에 대한 자세한 논의는 아직도 이루어지지
않고 있다. 자세한 내용은 김성철, 『回諍論』, pp. 53-62, 『回諍論 梵·藏文 文法解說集』,
pp. 60-72 참조.

24

자성은 출리(出離)가 아닌 것[非出離法] 등도 (마찬가지로 존재한다.)[48]

[9]

གལ་ཏེ་ཆོས་རྣམས་རང་བཞིན་མེད།།	gal te chos rnams rang bzhin med//
རང་བཞིན་མེད་ཅེས་བྱ་བ་ཡིན།།	rang bzhin med ces bya ba yin//
མིང་ཡང་དེ་བཞིན་མེད་འགྱུར་ཞིང་།།	ming yang de bzhin med 'gyur zhing//
གཞི་མེད་མིང་ནི་མེད་ཕྱིར་རོ།།	gzhi med ming ni med phyir ro//

만약 법(法)들의 자성이 존재하지 않는다(면)
"자성은 존재하지 않는다."는 언급,[49]
그 말 또한 그와 같이 존재하지 않게 된다.[50]

....

46. '출리(出離)'라고 옮긴 '네빨 진빠(nges par 'byin pa)', 또는 축약형인 4행의 '네진(nges 'byin)'은 산스끄리뜨어 '나이랴니까(nairyāṇika)'의 티벳어로 세속의 가치를 버리고 불법에 귀의하는 것과 열반, 해탈을 가리키는 데 사용된다.
   [고] 출리(出離): 1] 이탈해 감. 출가. 입도(入道). 생사를 반복하는 미혹의 세계를 떠나감. 번뇌의 속박으로부터 벗어나는 것. 해탈의 경지에 이르는 것. 2] 열반, 해탈을 가리키는 말.

47. 1행의 '어떤 분들은'으로 옮긴 '강닥(gang dag)'과 격을 맞추어 '말하다, 언급하다'의 존칭어인 '쑹와(gsung ba)'의 과거형인 '쑹빠(gsung pa)'가 사용되어 있다. 문맥상 이 언급은 그 이전의 구사론자들의 주장뿐만 아니라 '성언량(聖言量)'을 위한 인용으로 보고 옮겼다.

48. 많은 부분이 축약되어 있는 게송이지만 내용의 요지는 출리법과 출리법이 아닌 것 등, 그 모두에는 자성이 존재한다는 뜻이다. 초기 역(譯)인 [데게판]과 달리 [북경판]은 4행의 '데출 데쉰(de tshul de bzhin)'과 같이 독송하기 좋게 윤문되어 있다.

   [Pek.]
   nges 'byin la sogs rnams kyi chos//
   gnas skabs gsungs pa de rnams la//
   nges 'byin rang bzhin chos rnams dang//
   nges 'byin min gang de tshul de bzhin//

   '출리 등의 법에는
   그 상태가 (존재한다)'라고 교시되었듯, 그것[출리 등의 법의 상태]들에는
   출리의 자성을 (가진) 법들(이 존재하)고
   다른 출리가 아닌 것[비출리법]도 그와 같은 방법으로 그와 같이 (존재한다).

> (왜냐하면) 근거[=base]가 없는 바로 그런 말은 존재하지 않기 때문이다.[51]

[10]

ཚོན་ཏེ་རང་བཞིན་ཡོད་མོད་ཀྱི།།
དེ་ནི་ཆོས་རྣམས་ལ་མེད་ན།།
དེ་ཕྱིར་ཆོས་རྣམས་སྤང་པ་ཡི།།
རང་བཞིན་གང་དེ་བསྟན་པར་རིགས།།

'on te rang bzhin yod mod kyi//
de ni chos rnams la med na//
de phyir chos rnams spang pa yi//
rang bzhin gang de bstan par rigs//

> '만약 자성(自性)은 존재하고 있지만[52]
>
> 바로 그것이 법(法=현상)들에는 존재하지 않는다'(고 주장한다)면,
>
> 그 (주장) 때문에[53] 법(法)들과 분리된
>
> 자성(自性)이 무엇인지, 그것에 대해서 설명하는 것이 바람직하다.[54]

....

49. '~는 언급'으로 옮긴 '쩨 자와인(ces bya ba yin)'은 인용을 나타낸다.
50. 3행 말미에 쓰인 '슁(zhing)'을 운자를 맞추기 위한 의미 없는 첨언으로 보고 옮겼다.
51. 존재하지 않는 것에 대해서는 알 수도, 언급할 수도 없다는 뜻이다.

     [Pek.]
     gal te chos rnams rang bzhin med//
     rang bzhin med ces bya ba'i min//
     ming yang de bzhin med 'gyur nyid//
     gzhi med ming ni med phyir ro//

     만약 법(法)들의 자성이 존재하지 않는다(면)
     "자성은 존재하지 않는다."는 언급(도) 존재하지 않는다.
     (왜냐하면) 그 말 또한 자성이 존재하지 않는 것 자체라서
     근거[=base]가 없는 바로 그런 말은 존재하지 않기 때문이다.

52. '~하고 있으나 그렇지만'의 뜻을 가진 '뫼끼(mod kyi)'가 쓰였는데 『중론』에는 이 표현이
     없고 오직 싸꺄 빤디따의 『선설보장론』에서만 볼 수 있었다.
53. '왜냐하면'으로 그 이유를 설명하는 '데칠(de phyir)'이 쓰였다.
54. '옳다, 합리적이다' 등의 뜻을 지닌 '릭빠(rigs pa)'가 사용되었다.

     [Pek.]
     'on te 'di ltar rang bzhin yod//

26

གང་ཕྱིར་ཁྱིམ་ན་བུམ་པ་མེད།།

ཅེས་བྱའི་འགོག་པ་ཡོད་ཉིད་ལ།།

མཐོང་བ་དེ་ཕྱིར་ཁྱོད་ཀྱི་ཡང་།།

འགོག་འདི་ཡོད་ལ་རང་བཞིན་ཡིན།།

gang phyir khyim na bum pa med//

ces bya'i 'gog pa yod nyid la//

mthong ba de phyir khyod kyi yang//

'gog 'di yod la rang bzhin yin//

> (집에 물단지가 있을 수 있기) 때문에[55] '집에[56] 물단지가 없다.'
> 라는 언급인[57] 부정이 존재하는 것, 그 자체[=否定性]에서[58]
> (물단지의 자성을) 알 수 있다.[59] 그러므로 그대의 (주장)[60]도 마찬가지로
> 이런 부정이 존재하는 것에서 자성(自性)이 있다(는 것을 알 수 있다.)[61]

....

de ni chos la med ce na//
chos rnams med pa'i rang bzhin te//
gang gi yin pa de bstan rigs//

만약 이와 같이 '자성은 존재하(지만)
바로 그것이 법(法=현상)에 존재하지 않는다.'면
법(法=현상)들에 존재하지 않는 자성, 그것이
무엇인지, 그것을 설명하는 것이 옳다.

원형 물질은 자성을 가진 상주불변의 존재지만 그것이 현상(phenomena)에서는 항상하지 않는다는 주장은 소승 유부의 견해이고 원형물질은 찰나생 찰나멸(刹那生 刹那滅)하는 현상이라는 주장은 소승 경량부의 주장이다. 전자는 상주불변의 정의 자체가 운동성을 가질 수 없다는 것으로, 후자는 그 운동성의 이유를 설명할 수 없다는 것으로 논파할 수 있다.

55. 1행의 어두에 쓰인 '강칠(gang phyir)'은 어떤 이유, 원인을 나타내는데 3행에 '데칠(de phyir)'을 받아 '왜냐하면 ~, 그러므로 ~'를 나타낸다.

56. '집에'라고 옮긴 '킴나(khyim na)'의 '나(na)'는 이때 'm'음의 뒤에 따라오는 처격[Loc.]이다.

57. '~라는 언급'으로 옮긴 '쩨배(ces bya'i)'는 인용을 뜻하는 '쩨자(ces bya)'에 소유격[Gen.] '이('i)'가 결합된 것으로, 이때 소유격은 수식의 기능을 하는 것으로 보고 옮겼다.

58. '부정이 존재하는 것, 그 자체[=否定性]를 통해서'라고 옮긴 '곡빠 외니라('gog pa yod nyid la)'는 '부정성'이라고 한 단어로도 옮길 수 있다. 2행 말미의 '라둔(la 'dun)'의 '라(la)'를 처격[Loc.]으로 보고 옮겼다. 4행의 '라둔'도 마찬가지다.

59. '알 수 있다'로 옮긴 '통와(mthong ba)'를 직역하면 '볼 수 있다'이다. 산스끄리뜨어 원문에는 '견(見)'을 뜻하는 어근 '드르스(√dṛś)'의 과거수동분사(p.p.p)인 '드르스따

ཅི་སྟེ་རང་བཞིན་དེ་མེད་ན།།   ci ste rang bzhin de med na//

ཁྱོད་ཀྱི་ཚིག་འདིས་ཅི་ཞིག་དགག།   khyod kyi tshig 'dis ci zhig dgag/

ཚིག་མེད་པར་ཡང་མེད་པ་ཡི།།   tshig med par yang med pa yi//

འགོག་པ་རབ་ཏུ་གྲུབ་པ་ཡིན།།   'gog pa rab tu grub pa yin//

만약[62] 그 자성(自性)이 존재하지 않는다면

그대의 말[=무자성], 이것으로 무엇을 부정(할 수 있겠는가)?

말이 없어도[63] 존재하지 않는 것의

부정은 완전히 성립된다.[64]

(dṛṣṭa)'가 쓰였다. '드르스(√dṛṣ)'의 자세한 내용에 대해서는 『중론』, 「제3품. (육)근(根)에 대한 고찰」, [45. (3-4)]번 게송 각주 참조

60. '자성이 존재하지 않는다'는 용수의 주장인 '무자성'을 가리킨다.

61. '존재하는 것[A]'에 대한 부정[~A]을 통해서 그 존재성을 논파하는 용수의 논파법을 구사론자가 그대로 사용하고 있다. 용수는 이후의 게송에서 자신이 존재하지 않는 것[~A]' 을 논하는 것을 '존재하는 것[A]'으로 상정하고 있다며 논파한다.

> [Pek.]
> gang phyir khyim na bum pa de//
> med ces yod pa nyid la 'gog//
> mthong ste de'i khyod kyi 'di//
> yod pa'i rang bzhin 'gog pa yin//

> 집에 물단지가 있(을 수 있기) 때문에
> '없다'라는 언급이 존재하는 것, 그 자체[=否定性]를 부정하는 것임을
> 알 수 있다. 그것의 (부정을 통해서) 그대의 이 (주장=무자성)이 (곧)
> 존재하는 자성(自性)을 부정하는 것임을 (알 수 있다.)

62. '만약'으로 옮긴 '찌떼(ci ste)'와 달리, [북경판]은 '그와 같이'를 뜻하는 '찌딸(ci ltar)'로 되어 있다. 산스끄리뜨어 원문은 '만약(If)'을 뜻하는 '아타(atha)'로 쓰여 있으므로 전자가 더 올바르다. '찌떼(ci ste)'가 일반적으로 사용되지 않는 단어라서 후대에 '찌딸(ci ltar)'로 고쳐진 듯하다.

63. '말이 없어도'로 옮긴 '칙메 빨앙(tshig med par yang)'은 '말이 존재하지 않는 것'을 뜻하는 '칙메빠(tshig med pa)'에 '라둔(la 'dun)'의 '라(la)'와 '~도, 또한, 마찬가지로'를 뜻하는 '양(yang)'이 결합된 것으로, '라둔'을 'by'로 보고 직역하면 '말이 없는 것을 통해서도'로 옮길 수도 있다.

64. 용수의 세 번째 논파법인 '존재하지 않는 것은 말할 수 없다.'에 해당하는 것으로 바로

བྱིས་པ་རྣམས་ཀྱིས་སྨིག་རྒྱུ་ལ།།

byis pa rnams kyis smig rgyu la//

ཇི་ལྟར་ཆུ་ཞེས་ལོག་འཛིན་ལྟར།།

ji ltar chu zhes log 'dzin ltar//

དེ་བཞིན་ཁྱོད་ཀྱིས་ཡོད་མིན་ལ།།

de bzhin khyod kyis yod min la//

ལོག་པར་འཛིན་པ་འགོག་བྱེད་ན།།

log par 'dzin pa 'gog byed na//

어리석은 자들이 '신기루를

물과 같다'라고 그릇되게 이해한 것이 (부정되)듯,[65]

그와 같이 그대에 의해서 '존재하는 것을 아니다.'라는[66]

그릇된 이해는 부정된다.[67] 만약 그렇다면,[68]

앞의 게송 11번처럼 구사론자가 이 논파법을 사용하고 있다. 비트겐슈타인, 『논리·철학
논고』에 나오는 유명한 테제, '7. 말할 수 없는 것에 관해서는 우리는 침묵하지 않으면
안 된다.'와 일맥상통하는데 용수의 논파법은 바로 앞의 게송에서 언급한 바와 같다.

[Pek.]
ci ltar rang bzhin de med na//
khyod kyi tshig des ci zhig dgag/
med pa yin na tshig med par//
'gog pa rab tu grub pa yin//

그와 같이 그 자성(自性)이 존재하지 않는다면
그대의 말[=무자성], 그것으로 무엇을 부정(할 수 있겠는가)?
존재하지 않는 것이 있다면 말이 없어(도)
(그것의) 부정은 완전히 성립된다.

65. '이해하다'라고 옮긴 '진빠('dzin pa)'는 일반적으로 무언가를 '붙잡다(grasp)'는 뜻으로
쓰인다. 김성철은 '포착하다'로 옮겼는데 'apprehend'의 용례에 따라 옮겼다.
66. '라둔(la 'dun)'의 '라(la)'를 2행의 '셰(zhes)'처럼 인용의 역할로 보고 격을 맞추었다.
67. '그릇된 이해는 부정된다'로 옮긴 '록빠르 진빠 곡제(log par 'dzin pa 'gog byed)'의 '록빠(log
pa)'에는 'reverse, opposite, wrong' 등의 뜻이 있다. 26번 게송에 등장하는 '록빠'는
이에 대한 축약으로 보고 옮겼다.
68. 4행의 말미에 쓰인 '나(na)'를 7자 1행을 맞추기 위한 첨언으로 보고 옮길 수도 있으나,
다음 게송을 위한 강조로 보고 옮겼다. [Pek.]에서는 4행의 말미에 동사로 '쟈와(bya
ba)'를 썼는데 이것은 명령형을 뜻한다. [데게편]은 [Pek.]과 달리 이 게송을 다음 게송의
전체적인 예로 들고 있어 이에 따랐다.

[14]

དེ་ལྟ་ན་ནི་འཛིན་པ་དང་།།　　　de lta na ni 'dzin pa dang//

གཟུང་དང་དེ་ཡི་འཛིན་པོ་དང་།།　　gzung dang de yi 'dzin po dang//

འགོག་དང་འགོག་བྱ་འགོག་པ་པོ།།　　'gog dang 'gog bya 'gog pa po//

དེ་དྲུག་ཡོད་པ་མ་ཡིན་ནམ།།　　　de drug yod pa ma yin nam//

바로 그 경우에,[69] 1) 이해하는 것과

2) 이해하는 대상과 3) 그것의 이해하는 자[70]와

4) 부정과 5) 부정하는 대상과 6) 부정하는 자,

그 여섯은 존재하는 것이 아닌가![71]

---

[16]

གལ་ཏེ་འགོག་དང་དགག་བྱ་དང་།།　　gal te 'gog dang dgag bya dang//

འགོག་པ་པོ་ཡང་ཡོད་མིན་ན།།　　　'gog pa po yang yod min na//

དངོས་པོ་ཀུན་དང་དེ་རྣམས་ཀྱི།།　　dngos po kun dang de rnams kyi//

....

[Pek.]
byis pa rnams kyi smig rgyu la//
ji ltar log par chur 'dzin ltar//
de bzhin khyod kyis log par 'dzin//
yod pa min la 'gog par bya//

어리석은 자들이 '신기루를
물과 같다'라는 그릇되게 이해한 것이 (부정되어야 할 것인) 것처럼,
그와 같이 그대가 그릇되게 이해한 것인
'존재하는 것이 아니다'라는 것은 부정되어야 할 것이다.

69.　'바로 그 경우에'로 옮긴 '데따 나니(de lta na ni)'를 직역하면 '바로 그와 같다면'인데,
　　　바로 앞 게송의 말미에 쓰인 '나(na)'와 함께 옮겼다.

70.　[Pek.]에서는 2행의 '데이 진뽀(de yi 'dzin po)'만 '진빠뽀 데('dzin pa po de)'로 바뀌어
　　　있는데 '그 이해하는 자'로 2-2-3으로 끊어 읽기에는 무리지만 의미상으로 더 자연스럽게
　　　윤문되어 있다.

71.　4행의 말미에 '~와, 그리고'를 뜻하는 '남(nam)'이 쓰여 있다. 'n'으로 끝나는 동사의
　　　보조사로 의문형, 감탄형 등을 나타낸다. 여기서는 강조의 표현으로 보고 옮겼다. 인식
　　　주체와 대상, 그리고 그 반영의 세 가지가 결여된 논리는 존재할 수 없다는 점을 강조한
　　　경우다.

30

རང་བཞིན་ཉིད་ཀྱང་གྲུབ་པ་ཡིན།།   rang bzhin nyid kyang grub pa yin//

만약 부정과 부정하는 대상과
부정하는 자가 결코[72] 존재하지 않는다면
모든 사태들과 그것들의
자성(自性) 그 자체는 당연히[73] 성립한다.[74]

[17]

ཁྱེད་ལ་གཏན་ཚིགས་མི་འགྲུབ་སྟེ།།   khyed la gtan tshigs mi 'grub ste//
རང་བཞིན་མེད་ཕྱིར་ཁྱོད་ཀྱི་རྟགས།།   rang bzhin med phyir khyod kyi rtags//
གལ་ཏེ་ཡོད་དེ་ཁྱོད་དོན་དེ།།   gal te yod de khyod don de//
གཏན་ཚིགས་མེད་ཕྱིར་འགྲུབ་མི་འཐད།།   gtan tshigs med phyir 'grub mi 'thad//

그대에게는 (그대가 주장[宗]하는 것의) 이유[因][75]가 성립하지 않는다.
왜냐하면[76]
(그대의 주장처럼) 자성이 존재하지 않기[無自性] 때문이다. 그대의 근거
[이유][77]가
(그대가 주장처럼) 존재하는 경우에는[78] 그대가 (주장하는 것의) 그 의미는[79]
이유가 없는 것이기 때문에 성립하는 것은 옳지 않다.[80]

....
72. '도 또한, 마찬가지로' 옮길 수 있는 부사 '얀(yang)'이 쓰였다. 부정형을 취한 경우라
    '결코'로 옮겼다.
73. '~도 또한, 마찬가지로' 옮길 수 있는 '꺙(kyang)'이 쓰였다. 의미를 명확하게 하기 위하여
    '당연히'로 옮겼다.
74. 바로 앞의 게송과 이어지지만 약간 비튼 경우로, 앞의 게송들과 함께 읽어보면 부정[~A]은
    '어떤 자성을 가진 것[A]이 존재하기 때문에 그것을 논파하는 것도 존재한다'는 뜻이다.
    [데게판]과 달리 [Pek.]의 4행 말미는 '인나(yin na)'로 끝나는데 김성철은 [투치본]의
    '인노(yin no)'를 한 단락이 완전히 끝날 때 쓰는 종결형인 '인노(yin no)'의 오자로
    보고 있다(pp. 85-86.) 만약 의미 없는 첨언으로 볼 경우에는 13번 게송의 용례도 같이
    적용할 수 있겠으나, 의미상으로도 한 주제가 끝날 뿐만 아니라 별도의 용례가 없기
    때문에 김성철의 주장이 올바른 듯하다.

[18]

ཁྱོད་ལ་གཏན་ཚིགས་མེད་པར་ཡང་།།
རང་བཞིན་བཟློག་པ་གྲུབ་ཡིན་ན།།
ང་ལའང་གཏན་ཚིགས་མེད་པར་ནི།།
རང་བཞིན་ཡོད་པ་ཉིད་དུ་འགྲུབ།།

khyod la gtan tshigs med par yang//
rang bzhin bzlog pa grub yin na//
nga la'ng gtan tshigs med par ni//
rang bzhin yod pa nyid du 'grub//

그대에게 이유가 존재하지 않아도

---

75. '이유'라고 옮긴 '뗀찍(gtan tshigs)'에 대해서는 2번 게송 각주 참조.
76. 1행의 말미에 쓰인 '학쩨(lhag bcas)'인 '떼(ste)'를 앞의 주장을 설명하는 접속사로 보고 옮겼다.
77. 산스끄리뜨어 원문에는 '헤뚜(hetu)'가 반복적으로 사용되어 있으나, 티벳어에는 1행에서 이유를 받은 '뗀찍'을 피하기 위하여 같은 의미를 지닌 '딱(rtags)'을 사용하고 있어 병기하였다.
78. [데게판]의 '겔떼 외데(gal te yod de)'를 직역하면 '만약 그와 같이 존재해도' 정도 되는데 '겔떼(gal te)'에 'in case'의 용례가 있어 이에 따라 옮겼다. [Pek.]에는 '강라 외데(gang la yod de)'로 되어 있다.
79. '그 의미는'이라고 옮긴 '뙨데(don de)'의 '뙨'에는 의미라는 뜻뿐만 아니라 대상을 뜻하는 '것(thing)'이라는 뜻도 있다.
80. 김성철은 이 게송에 대한 주석에서 니야야 학파에서 사용하는 5가지 단계에 대해서 자세히 적어두고 있는데(p. 87) 간추리면 주장[宗], 이유[因], 비유[喩], 적합[合], 결론[結]이다. 이 게송에서 주장하는 것은 '일체가 무자성이다'는 그 주장[宗]의 이유[因] 또한 무자성이 될 경우, 그것은 성립하지 않는다는 것이다.

   [데게판]의 이 게송은 3행의 '겔떼 외데(gal te yod de)'로 인해서 첨언을 많이 한 경우인데 [Pek.]가 훨씬 명확하고 산스끄리뜨어 원문과도 잘 어울린다.

   [Pek.]
   khyed la gtan tshigs mi 'grub ste//
   rang bzhin med phyir khyod kyi rtags//
   gang la yod de khyod don de//
   gtan tshigs med phyir 'grub mi 'thad//

   그대에게는 (그대가 주장[宗]하는 것의) 이유[因]가 성립하지 않는다. 왜냐하면 (그대의 주장처럼) 자성이 존재하지 않기[無自性] 때문이다. 그와 같은데 그대의 근거[이유]가
   어디에 존재하겠는가? (그러므로) 그대가 (주장하는 것의) 그 의미는 이유가 없는 것이기 때문에 성립하는 것은 옳지 않다.
81. '논파하는 것'으로 옮긴 '록빠(bzlog pa)'에 대해서는 1번 게송 각주 참조.

32

자성을 논파하는 것[81]이 성립한다면

나에게도 바로 그 이유가 존재하지 않아도

자성의 존재 그 자체[存在性]는 성립한다.[82]

[19]

ཅི་སྟེ་གཏན་ཚིགས་ཡོད་ན་དངོས།།　　　　ci ste gtan tshigs yod na dngos//

རང་བཞིན་མེད་ཅེས་བྱ་མི་འཐད།།　　　　rang bzhin med ces bya mi 'thad//

སྲིད་ན་རང་བཞིན་མེད་པ་ཡི།།　　　　srid na rang bzhin med pa yi//

དངོས་འགའ་ཡོད་པ་མ་ཡིན་ནོ།།　　　　dngos 'ga' yod pa ma yin no//

만약[83] 이유가 존재한다면 '사태에는

자성이 존재하지 않는다[無自性]'라는 것[주장]은 옳지 않다.

(이) 세간에는[84] 자성이 존재하지 않는[無自性]

그 어떤 사태도 존재하지 않는다.[85]

....

82.　바로 앞의 17번 게송에서 이어진 주장과 그 이유가 성립하지 않을 경우, 그 반대 또한
　　성립할 수 있다는 주장이다. 4행의 '존재 그 자체'로 옮긴 '외빠니(yod pa nyid)'는 자성의
　　존재, 그 자체를 강조하기 위한 것으로, 김성철은 '자성성(自性性)'으로 옮기고 있다.
　　이것은 [Pek.]가 '랑쉰 니니 외빨둡(rang bzhin nyid ni yod par 'grub)', 즉 '바로 자성
　　그 자체의 존재는 성립한다.'로 되어 있기 때문이다. 나머지 부분은 [데게판]과 같다.

83.　'만약 ~한다면'을 뜻하는 '찌떼 ~ 나(ci ste ~ na)'가 쓰였다.

84.　'(이) 세간에는'으로 옮긴 '쒸나(srid na)'의 '나(na)'는 처격[Loc.]으로 쓰인 경우다.

85.　이 게송에 대한 독법에서 김성철은 '사태(事態)'의 산스끄리뜨어인 '바바(bhāva)', 즉
　　존재를 둘러싼 내도(구사론자와 중관론자)와 외도(니야야 학파)의 관계에 따른 주장의
　　차이를 언급하지 않고 있다. 이 게송이 니야야 학파의 논리학자의 논박이 아닌 구사론자의
　　것일 경우, 여기서 말하는 사태(事態)는 '현상적(phenomenal) 존재'가 아닌 '원형 물질'의
　　'자성'에 대한 주장으로 보아야 한다. 다만 '이유가 존재하지 않으면, 그것의 근거가
　　되는 사태가 존재하지 않을 수 없으나 이유가 존재하면, 그것의 근거가 되는 사태는
　　반드시 존재한다.'로, 즉 앞의 게송과 이어진 경우로 보면 이 둘의 차이는 그나마 사소한
　　것으로 다룰 수 있다. [Pek.]는 윤문되어 있다.

　　　[Pek.]
　　　gal te gtan tshigs yod na dngos//
　　　rang bzhin med ces bya mi 'thad//

གང་ལ་རང་བཞིན་ཡོད་མིན་པའི།།   gang la rang bzhin yod min pa'i//

འགོག་པ་གལ་ཏེ་སྔ་འགྱུར་ཞིང་།།   'gog pa gal te snga 'gyur zhing//

དགག་བྱ་ཞེས་འཐད་མིན་ལ།།   dgag bya zhes 'thad min la//

ཕྱིས་དང་ཅིག་ཅར་ཡང་མི་འཐད།།   phyis dang cig car yang mi 'thad//

'어떤 것에 자성이 존재하지 않는

부정이 만약 선행하고 그리고

(그) 부정하는 대상이 (이후에 존재한다)'고 (주장해도 그것이) 옳지 않은

것처럼[86]

이후와 동시라도 옳지 않다.[87]

---

srid rten na ni rang bzhin med//
dngos 'ga' yod yang yod min no//

만약 이유가 존재한다면 '사태(事態)에는
자성이 존재하지 않는다[無自性].'라는 것[주장]은 옳지 않다.
바로 이 세간에 자성이 존재하지 않는[無自性]
그 어떤 사태도 마찬가지로 존재하지 않는다.

86. '~처럼'으로 옮긴 것은 '라둔(la 'dun)'의 '라(la)'의 용례 가운데 하나인 'as well as'를
따른 것인데, 좀처럼 보기 힘든 경우다.

87. 이 게송에 대해서는 티벳인들도 이해하기 어려웠는지, [Pek.]에서는 윤문뿐만 아니라
3, 4행 사이에 한 줄 첨언까지 하고 있다. 김성철은 [Pek.]의 탈오자를 수정하여 두었는데
자세한 내용은 pp. 93-94 참조.

[Pek.]
'di ltar rang bzhin yod min na//
gal te 'gog snga dgag phyi zhes//
zer na 'thad pa ma yin la//
dgag par bya ba yod pa ma yin na ci zhig la 'gog par byed//
phyi zhing cig car mi 'thad do//

이와 같이 자성이 존재하지 않는데
만약 '부정이 선행(先行)하고 부정되는 대상은 후행(後行)한다'라고
그와 같이 (주장한다)면 옳지 않은 것처럼

【용수의 답변】[88]

[21]

གལ་ཏེ་ངའི་ཚིག་རྒྱུ་རྐྱེན་དང་༎   gal te nga'i tshig rgyu rkyen dang//

....

　　　(부정할 대상이 존재하지 않는다면 어떻게 부정을 행할 것인가?)
　　　이후와 동시라도 옳지 않다.

　　이 게송의 내용은 구사론자들이 주장하는 '자성이 존재하지 않을 경우'의 문제 가운데
하나인 부정과 부정할 대상의 시간적인 문제에 대한 언급이지만 김성철은 산스끄리뜨어
게송을 옮기며,

　　'만일 부정이 선행(先行)하고 부정되는 것이 후속(後續)한다면, [이는 타당하지 않다.
또, [부정이] 후속하는 것도 [兩者가] 동시적인 것도 타당하지 않다. 그러므로 자성은
존재한다.'

　　이에 대한 주석에서 니야야 학파의 주장 등을 자세히 언급하고 있다. 이를 정리해보면,

　　각주 79),
　　'이는『니야야 수뜨라』제5편 제1장의 자띠(jāti) 논법 중 <無因 相似(ahetu-sama)>의
논법을 이용한 비판이다.『니야야 수뜨라』에서는 <無因 相似(ahetu-sama)> 논법에 대해서
다음과 같이 설명한다: 이유가 三時的으로 성립치 않기에 [相對의 주장이 성립치 않는다고
논파하는 것이] <無因 相異>이다. (traikālya-asiddher-hetor-ahetusamaḥ: 5-1-18)/ 또『方便心
論』第4 相應品에서는 <同時>이라는 이름으로 다음과 같이 소개되어 있다: '그대는 자아가
상주한다고 하면서 감관에 지각되지 않는다고 하였다. 그런데 이는 과거냐, 현재냐,
미래냐? 만일 과거라고 말하면 과거는 이미 사라졌다. 만일 미래라고 말한다면 이는
오직 존재하지 않는다. 만일 현재라고 한다면 이는 因이 되지 못한다. 마치 두 뿔이
동시에 생하는 것과 같아 서로 因이 되지 못한다. 이를 同時이라고 말한다.'

　　각주 80),
　　여기서는 논박자가 龍樹의 공성적 부정을 비판하기 위해 <無因 相似> 논법을 이용하고
있는데『廣破論』의 경우는 제11절에서 용수가 <인식 방법>과 <인식 대상>의 실재성을
<무인 상사>적으로 三時에 걸쳐 논파하자, 논박자는 제12절에서 <무인 상사> 논법을
역이용하여 그런 논파적 부정을 비판한다.『니야야 수뜨라』에서는 반대론자가 인식
방법의 실재성을 비판하면서 다음과 같이 <무인 상사> 논법을 구사하고 있다. 三時的으로
성립하지 않기 때문에 왜냐하면, <인식 방법(能量)>이 [<인식 대상>보다] 이전에 성립한다
면 현량은 감관과 대상의 접촉으로부터 발생하는 것이 아니기 때문이다. 만일 이후에
성립한다면 <인식 대상(所量)>의 성립은 <인식 방법(能量)>들에 의한 것이 아니다./ 만일
[능량과 소량의 양자가] 동시에 성립한다면 각각의 대상은 결정되어 있는 것이기 때문에
통각들이 순차적으로 작용함은 존재하지 않는 [꼴이 된]다.

88.　이하 게송들은 용수가 1~20번까지의 논박자들의 주장을 논파하는 것이다.

ཚོགས་དང་སོ་སོ་ལ་ཡང་མེད།། tshogs dang so so la yang med//

འོ་ན་དངོས་རྣམས་སྟོང་གྲུབ་སྟེ།། 'o na dngos rnams stong grub ste//

རང་བཞིན་མེད་པ་ཉིད་ཕྱིར་རོ།། rang bzhin med pa nyid phyir ro//

> 만약 나의 말[주장]이 인연(因緣)[89]과
>
> (그것의) 결합 또는 각각[90]에도 존재하는 것이 아니라면,
>
> 그렇다면 사태들의 공(空)은 성립한다. 왜냐하면
>
> 자성이 존재하지 않는 것[無自性] 자체이기 때문이다.[91]

[22]

རྟེན་རྣམས་འབྱུང་བའི་དངོས་རྣམས་གང་།། rten rnams 'byung ba'i dngos rnams gang//

དེ་ནི་སྟོང་ཉིད་ཅེས་བརྗོད་དེ།། de ni stong nyid ces brjod de//

གང་ཞིག་རྟེན་ནས་འབྱུང་བ་དེ།། gang zhig rten nas 'byung ba de//

རང་བཞིན་མེད་པ་ཉིད་ཡིན་ནོ།། rang bzhin med pa nyid yin no//

> '의지하는 것들에서 생겨나는[92] 사태들이 무엇이든
>
> 바로 그것은 공 그 자체[空性][93]이다.'라고 일컬어진다. 왜냐하면[94]
>
> 어떤 것에 의지하여 발생하는 것[緣起], 그것은

....

89.   [BD] 인연(因緣): 원인을 뜻하는 인(因)의 같은 말. 인과 연. 인은 결과를 낳게 하는
       직접적 또는 내부적 원인, 연은 인을 도와 결과를 낳게 하는 간접적 또는 외부적 원인.
       원인과 조건. 인은 친인(親因), 내인(內因) 등으로 불리고, 연은 소연(疏緣), 외연(外緣)
       등으로 불린다. 인이 곧 연이 된다는 뜻. 넓은 의미의 인연으로서 모든 유위법. 사연의
       하나로서, 결과를 낳는 데 가장 필수적이고 일차적인 원인의 총칭. 친인연(親因緣), 정인연
       (正因緣). 연기(緣起)의 같은 말. 다른 것에 의존하는 관계. 인과의 법칙. 인과 관계. 원인과
       결과.

90.   '각각에도'로 옮긴 '쏘쏘 라양(so so la yang)'의 '쏘쏘' 대신에 [Pek.]에는 '개별적으로'를
       뜻하는 '타데(tha dad)'가 사용되어 있다.

91.   용수는 바로 앞의 게송에서 등장한 자띠 논법을 그대로 되돌려 주고 있다. 즉, 논리적으로
       설명해도 옳지 않은 것은 연기실상을 끊는 언어가 가진 그 한계에서 비롯된 것이라는
       뜻이다.

자성이 존재하지 않는 것[無自性] 자체이기 때문이다.[95]

[23]

སྤྲུལ་པ་ཡིས་ནི་སྤྲུལ་པ་དང་།།   sprul pa yis ni sprul pa dang//

སྒྱུ་མ་ཡིས་ནི་སྐྱེ་བུ་ཡི།།   sgyu ma yis ni skye bu yi//

སྒྱུ་མས་ཕྱུང་ལ་འགོག་བྱེད་ལྟར།།   sgyu mas phyung la 'gog byed ltar//

འགོག་པ་འདི་ཡང་དེ་བཞིན་འགྱུར།།   'gog pa 'di yang de bzhin 'gyur//

신통을 갖춘 자기[96] 바로 그 (자신의 신통으로 만든) 신통을 갖춘 자(의 형상을), 그리고

마술사가 바로 그 (자신의 마술로 만든) 사람의 (형상을)

(신통이나) 마술로 없애서 부정하는 것처럼

이 (자성에 대한) 부정도 또한 그와 같다.[97]

·····························

92. '의지하는 것들에서 생겨나는'으로 옮긴 '뗸남 중와(rten rnams 'byung ba)'는 '연기(緣起)'를 뜻하는데 여기서 '뗸'은 명사형으로 쓰여, 복수형(plural)를 뜻하는 '남(rnams)'과 같이 쓰여 있다. 매우 보기 드문 경우다.

93. '공 자체[空性]'라고 옮긴 '똥니(stong nyid)'는 일반적으로 '공성'을 뜻한다.

94. 2, 3행의 말미에 쓰인 '학쩨(lhag bcas)'인 '떼(te)'가 반복적으로 사용되어 있다. '왜냐하면 ~, 그것은 ~'의 구조로 보고 옮겼다.

95. '연기=공'을 설명하는 게송으로 '고정된 변화불가능한 자성이 존재하지 않기 때문에, 즉 무자성하기 때문에 연기적인 존재라는 뜻이다. [Pek.]에서는 전체 게송이 인용으로 되어 있다.

> [Pek.]
> rten rnams 'byung ba'i dngos rnams gang//
> de ni stong nyid ces bya dang//
> gang zhig rten nas 'byung ba de//
> rang bzhin nyid med yin par smra//
>
> '의지하는 것들에서 생겨나는 사태들이 무엇이든
> 바로 그것은 공 그 자체[空性]이다'라고, 그리고
> '어떤 것에 의지하여 발생하는 것[緣起], 그것은
> 자성이 존재하지 않는 것[無自性] 그 자체이기 (때문이다)'라고 말한다.

ང་ཡི་ཚིག་དེ་རང་བཞིན་མེད།།

དེ་ཕྱིར་ང་ཡི་ཕྱོགས་མཉམ་ལ།།

མི་འདྲ་ཉིད་ཀྱང་མེད་པས་ན།།

གཏན་ཚིགས་ཁྱད་པར་བརྗོད་མི་བྱ།།

nga yi tshig de rang bzhin med//

de phyir nga yi phyogs mnyam la//

mi 'dra nyid kyang med pas na//

gtan tshigs khyad par brjod mi bya//

나의 (일체가 무자성이라는) 그 말은 자성이 없다.

그러므로 내 (주장) 쪽은 훼손되지 (않는다.) 그뿐만 아니라[98]

그것은 같은 것 자체가 아니라면

(그것에 대한) 특별한 이유[99]를 설명할 (필요도) 없다.[100]

---

96. '신통을 갖춘 자'라고 옮긴 '툴빠(sprul pa)'를 김성철은 '변화인'으로 옮겼다. 티벳의 활불(活佛)을 '툴꾸(sprul sku)'라고 하는데 이것은 자신의 신통으로 환생할 수 있는 자를 가리킨다. '존귀한 자' 또는 '위대한 자'라는 뜻을 지닌 '린뽀체(rin po che)'와 함께 고승대덕을 상징한다. 산스끄리뜨어 '니르미따(nirmita)'에 해당하며 '마술로 만들어진 것(magical creation)'이라는 뜻뿐만 아니라 '환생(incarnation)'이라는 뜻도 있다.

97. 전체적으로 축약된 단어들이 많아 첨언하여 옮겼다. 이 게송에 대한 주석 가운데 1번 게송의 중요한 답은 다음과 같다.

    '23-2 (SKt.) 부정을 당하는 허깨비도 공하며, 부정을 하는 자도 역시 공하다. 바로 그와 같이, 나의 말이 공하긴 하지만, 모든 사물들의 자성을 부정하는 것은 타당하다. 그러므로 '그대의 말이 공성이기 때문에 모든 자성을 부정하는 것은 타당하지 않다'고 그대가 말하는 것은 옳지 않다(VK, p. 117).'

    다음 게송은 2번 게송에 대한 답이다.

98. 20번 게송의 3행에 나오는 '라둔(la 'dun)'의 '라(la)'의 용례 가운데 하나인 'as well as'에 따라 옮겼다.

99. '이유'라고 옮긴 '뗀칙(gtan tshigs)'에는 'reason, proof, evidence, logic' 등의 뜻이 있다. '인과(因果)'의 '인(因)'을 뜻하는 산스끄리뜨어 '헤뚜(hetu)'를 티벳어로 옮긴 것으로, 일반적으로 '규(rgyu)'라고 하는데 인명에서만은 이렇게 구분하여 쓴다고 한다.

100. 다음과 같은 2번 게송에서 반복되는 단어들을 반복하면서 논파하는 '자띠 논법'을 구사하고 있다. 2번 게송은 다음과 같다.

    만약 (그대의) 그 말이 자성을 가지고 (있다면)
    그대의 앞의 주장은 훼손된다.
    그것이 같은 것 자체가 아니라면

[25]

སྒྲ་མ་འབྱིན་བཞིན་ཞེ་ན།།

ཁྱོད་ཀྱིས་གང་བརྩམས་དཔེ་འདི་མིན།།

དེ་ན་སྒྲ་ཡིས་སྒྲ་བཟློག་ལ།།

འདིར་ནི་དེ་ལྟ་མ་ཡིན་ནོ།།

sgra ma 'byin bzhin zhe na//

khyod kyis gang brtsams dpe 'di min//

de na sgra yis sgra bzlog la//

'dir ni de lta ma yin no//

"소리 내지 마!"와 같다고 할지라도,[101]

그대가 어떻게 언급하든 이 비유는 (옳은 것이) 아니다.

만약 (옳은 것)이라면, 소리로 소리를 그치게 하는 것과 같다.[102]

(그러나) 바로 '이것'[103]이 (행하는 것은) 그것과 같지 않다.[104]

....

(그것에 대한) 특별한 이유를 설명하라.

[Pek.]
nga yi tshig de rang bzhin med//
de phyir smras pa ma mnyam la//
mi 'dra nyid kyang med pas na//
gtan tshigs khyad par bshad mi bya//

나의 (일체가 무자성이라는) 그 말은 자성이 없다.
그러므로 내 말은 훼손되지 않는다. 그뿐만 아니라
그것이 같은 것 자체가 아니라면
(그것에 대한) 특별한 이유를 언급할 (필요도) 없다.

　　1행에서 김성철은 '나의'를 뜻하는 '나이(nga yi)'를 '내(nya'i)'의 축약형으로 썼는데 [투치본]을 봐도 'na yi'로 되어 있으며, 이럴 경우 7자 1행을 위배하게 된다. 같은 의미지만 오자인 듯하다.
　　다음부터 3번 게송, 즉 "소리 내지 마!"라는 예에 대한 논파가 시작된다.

101. 가정법의 '나(na)'가 쓰였으나, 여기서는 'even though'로 보고 옮겼다.
102. 바로 앞의 게송처럼, '라둔(la 'dun)'의 '라(la)'의 용례 가운데 하나인 'as well as'를 참고로 옮겼다.
103. '바로 이것'으로 옮긴 '딜니(dir ni)'의 'r'을 '라둔(la 'dun)'의 'r'은 인용을 나타내는 용법으로 보고 옮겼다.
104. 3번 게송에 대한 논파를 시작하는 게송으로 3번 게송은 다음과 같다.

　　'그것은 "소리 내지 마!"와 같다.'라고

 གལ་ཏེ་རང་བཞིན་མེད་ཉིས་ཀྱིས།།   gal te rang bzhin med nyis kyis//

ཅི་སྟེ་རང་བཞིན་མེད་པ་བཟློག།   ci ste rang bzhin med pa bzlog//

རང་བཞིན་མེད་པ་ཉིད་ལོག་ན།།   rang bzhin med pa nyid log na//

རང་བཞིན་ཉིད་དུ་རབ་འགྲུབ་འགྱུར།།   rang bzhin nyid du rab 'grub 'gyur//

만약[105] 자성이 존재하지 않는 것[無自性] 자체로[~A]

만약 자성이 존재하지 않는 것[無自性]을 논파[~B]한다면,

(즉) [~A로] 자성이 존재하지 않는 것[無自性] 자체[~B]를 부정한다면[106][~]

[~A는] [B의] 자성 자체[107]를 명확하게[107] 성립시킨다.[108][~(~B)]. (그러나 결코 그렇지 않다.)[109]

그대가 마음속에 생각한다면 그것은 옳지 않다.
(왜냐하면) 이 (경우)에는 바로 그 ('소리 내지 마!'는) 소리가 존재하여
(앞으로) 생겨날 저 (다른 소리들을) 그치게 하기 (때문이다.)

[Pek.]
sgra ma 'byin zhes bya bzhin zhes//
khyod kyis gang brtsam dpe 'di min//
de ni sgra yis sgra bzlog pas//
'dir ni de lta ma yin no//

"소리 내지 마!"와 같다고 말할지라도,
그대가 어떻게 묘사하든 이 비유는 (옳은 것이) 아니다.
바로 그 소리로 소리를 그치게 하는 것은
바로 '이것'이 (행하는) 그것과 같지 않다.

105. 1, 2행의 어두에 '겔떼(gal te)'와 '찌떼(ci ste)'가 사용되어 있다. 모두 '만약 ~한다면'을 뜻한다.

106. '록(log)'에 대한 자세한 내용은 13번 각주 참조

107. '명확하게'로 옮긴 '랍(rab)'은 산스끄리뜨어 접두어 '쁘라(pra-)'에 해당하는 것으로 'best, highest, very' 등의 뜻이 있다.

108. '~이 되다. 하다'는 등의 뜻으로 쓰이는 보조동사 '귤('gyur)'을 앞에 등장하는 '라둔(la 'dun)'의 '두(du)'을 살려 강조하기 위해서 '~시킨다'로 옮겼다.

109. 주석의 내용에 따라 첨언하였다. "소리 내지 마!"의 예에서 계속되는 이 게송의 주석에는 무자성한 것[~A]으로 다른 무자성한 것[~B]에 대한 논파에 대해서 언급하고 있다. 산스끄

[27]

ཡང་ན་ཁ་ཅིག་སྤྲུལ་པ་ཡི།།	yang na kha cig sprul pa yi//
བུད་མེད་ལ་ནི་བུད་མེད་སྙམ།།	bud med la ni bud med snyam//
ལོག་འཛིན་འབྱུང་ལ་སྤྲུལ་པ་ཡིས།།	log 'dzin 'byung la sprul pa yis//
འགོག་བྱེད་དེ་ནི་དེ་ལྟ་ཡིན།།	'gog byed de ni de lta yin//

> 또 (다른 예인)[110] 어떤 자가 신통을 부려 만든 것인[111]
>
> 여자를 (진짜) 여자라는 생각을,
>
> (그) 그릇되게 이해한 것을[112] 신통으로
>
> 부정하는 것, 바로 그것이 ('일체가 무자성이다.'는) 그것(의 예)와 같다.[113]

································

리뜨어와 한문 주석을 두루 살펴보면, 매우 흥미로운 내용이 등장한다.

'26-2.(Skt.) 만일 무자성한 소리에 의해 사물들의 무자성함에 대한 부정이 이루어진다면, 무자성함이 부정되는 것이기 때문에 사물들은 자성을 갖는 것이 될 것이다. [그렇다면 사물들은 자성을 갖는 것이기 때문에 (空)하지 않을 것이다. 그러나, 우리들은 사물들이, 공하지 않은 것이 아니라, 공한 것이라고 선언한다. [따라서 이것(=소리에 공성을 비유한 것)은 결코 (올바른) 실례가 아니다(VK, p. 130).'

'26-2. (Chi.) 만일 이와 같이 그 스스로의 실체가 없음이 부정된다면 모든 법들이 다 그 스스로의 실체를 성립시킬 것이다. 만일 그 스스로의 실체가 있다면 모든 법들은 다 공하지 않다. 나는 법들이 공함을 설하지, 공하지 않음을 설하지 않는다(我說法空 不說不空)…(VK, p. 132).'

즉, "소리 내지 마!"라는 예와 '아설법공 불설불공(我說法空 不說不空)'의 경우는 다르다는 점을 명확하게 밝히고 있다.

다음 게송에서 '공성'에 대한 올바른 비유가 무엇인지를 23번 게송의 예를 들어서 설명하고 있다.

[Pek.]는 2행이 'ji ste rang bzhin med la bzlog'로 목적격[acc.]으로 쓰인 '라둔(la 'dun)'의 '라(la)'를 살리고 있다.

110. '또 (다른 예인)'으로 옮긴 '양나(yang na)'는 일반적으로 '또는'을 뜻한다. 여기서는 윤문하여 옮겼다.

111. 소유격[Gen.] '이(yi)'가 쓰였다. 다음 단어를 수식하는 용법으로 보고 옮겼다.

112. '(그) 그릇되게 이해한 것을'이라고 옮긴 '록진 중라(log 'dzin 'byung la)'에서 '중('byung)'을 보조 동사로 보고 옮겼다.

113. "소리 내지 마!"가 아닌 23번 게송의 예가 일체 무자성, 즉 공성의 올바른 비유임을 설명하는 게송이다. 이에 대한 중요한 주석은,

ཡང་ན་རྟགས་འདི་བསྒྲུབ་བྱ་དང་།།

མ་ཚུངས་དེ་གང་ཕྱིར་སྒྲ་ཡོད་མིན།།

ཐ་སྙད་ཁས་ནི་མ་བླངས་པར།།

ངེད་ཅག་འཆད་པར་མི་བྱེད་དོ།།

yang na rtags 'di bsgrub bya dang//

mtshungs de gang phyir sgra yod min//

tha snyad khas ni ma blangs par//

nged cag 'chad par mi byed do//

또 (다른 예로)[114] 이 근거["소리 내지 마!"라는 예][115]가 (증명의) 성립 대상[=자성]과

어떻게 같겠는가? (불가능하다!) 왜냐하면[116] 소리는 (항상) 존재하는 것이 아니기 때문이다.

바로 그 세간의 언어로 받아들일 수 없는 것으로[117]

우리는 설명하지 않는다.[118]

'27-3(Skt.) [여래의 신통으로 만들어진] 변화인과 같은 공(空)한 나의 말에 의해, 변화한 여인에 해당하는 무자성(無自性)한 모든 사물들에서, 이렇게 [그릇되게] 자성(自性)을 포착하는 것이 제지(制止)되는 것이다. 그러므로 공성(空性)을 입증하기 위해서는, 다른 것(=소리에 대한 비유)이 아니라, 여기에 있는 이런 실례(=변화인이나 허깨비의 비유)가 적절한 것이다(VK, p. 135).'

[Pek.]는 1행 말미의 소유격[Gen.] 대신에 3행의 말미처럼 도구격[Ins.] '이(yis)'를 사용하여 통일성을 기하고 있다.

[Pek.]
yang na kha cig sprul pa yis//
bud med la ni bud med snyam//
log 'dzin 'gyur la sprul pa yis//
'gog byed de ni de lta yin//

또 (다른 예인) 어떤 자가 신통으로 (만든)
여자를 (진짜) 여자라는 생각을,
(그) 그릇된 것을 신통으로
부정하는 것, 바로 그것이 ('일체는 무자성이다'는) 그것(의 예)와 같다.

114. 바로 앞의 게송인 27번 게송 각주 참조
115. '딱(rtags)'에 대해서는 17번 게송 각주 참조

[29]

གལ་ཏེ་ངས་དམ་བཅས་འགའ་ཡོད།།   gal te ngas dam bcas 'ga' yod//

དེས་ན་ང་ལ་སྐྱོན་དེ་ཡོད།།   des na nga la skyon de yod//

ང་ལ་དམ་བཅའ་མེད་པས་ན།།   nga la dam bca' med pas na//

ང་ལ་སྐྱོན་མེད་ཁོ་ན་ཡིན།།   nga la skyon med kho na yin//

> 만약 나에 의한[119] 어떤 주장이 존재한다면
>
> 그렇다면[120] 나에게[121] 그 오류가 존재할 것이다.
>
> (그러나 만약) 나에게 (어떤) 주장이 존재하지 않는다면
>
> 나에게 결코 어떤[122] 오류도 존재하지 않는다.[123]

....

116. '데 강칠(de gang phyir)'이라는 단어가 사용되었는데 이때 '강(gang)'은 '데강'과 '강칠' 양쪽으로도 모두 쓰일 수 있다. 전자의 경우는 'what ~?', 후자의 경우는 'Because ~'로 받을 수 있다.

117. '라둔(la 'dun)'의 'r'을 'to'로 보고 옮겼다.

118. 이 게송에 대해서 김성철은 자세한 각주를 달아두고 있는데 내용의 요지는 '증명되어야 하는 것과 마찬가지인 것(所立相似=所證相似)'에 대해서 설명하고 있다. 자세한 내용은 VK, p. 136 참조.
김성철의 언급, '실례가 불확실하다는 것은 근거가 불확실하다는 것과 같은 의미다.'처럼, 여기서는 바로 앞 게송에 이어 비유 자체가 고정불변하여 항상하는 성품을 가진 것을 논파하기 위한 "소리 내지 마!"인데, 그 소리 자체가 항상하는 것이 아니라는 것을 통해서 논파하고 있는 게송이다.
[Pek.]에서는 1, 2행을 더욱 이해하기 쉽게 윤문되어 있다.

   [Pek.]
   yang na gang phyir bsgrub bya dang//
   gtan tshigs 'di mtshungs sgra yod min//

   또 (다른 예로) 어떻게 (증명의) 성립 대상[=자성]과
   이 근거["소리 내지 마!"라는 예]가 같겠는가? 소리는 (항상) 존재하는 것이 아닌데.

   다음 게송부터 4번 게송에 대한 논파이다.

119. '네(ngas)'는 '나'를 뜻하는 '나(ng)'와 도구격[Ins.] 's'가 결합된 형태다.

120. '그렇다면'으로 옮긴 '데나(des na)'에는 'thereupon, hence, thus' 등의 뜻이 있는데 달라이 라마 존자님의 법문 중 '뻬나(dper na)'처럼 '그렇다면, 예를 들자면' 등의 뜻이 있다.

121. 3, 4행에서도 반복되는 '라둔(la 'dun)'의 '라(la)'를 여격[Dat.]의 'to'로 보고 옮겼다.

གལ་ཏེ་མངོན་སུམ་ལ་སོགས་པའི།།

དོན་གྱིས་འགའ་ཞིག་དམིགས་ན་ནི།།

བསྒྲུབ་པའམ་བཟློག་པར་བྱ་ན་དེ།།

མེད་ཕྱིར་ང་ལ་ཀླན་ཀ་མེད།།

gal te mngon sum la sogs pa'i//

don gyis 'ga' zhig dmigs na ni//

bsgrub pa'm bzlog par bya na de//

med phyir nga la klan ka med//

만약 (인식 방법인) 현량(現量) 등의

대상[124]이 어떻게든 바로 소연(所緣)하는 것[125]이라면

(그러므로 인식 방법으로 대상을) 성립시키거나[126] 논파할 수 있다면,

그것은 (옳다.)[127]

(그러나 그런 인식 방법이 나에게는) 존재하지 않기 때문에 나에게는[128]

비난할 것이 존재하지 않는다.[129]

---

122. '결코 어떤'으로 옮긴 '코나(kho na)'에는 긍정문에서 'only, exactly, just' 등의 강조의 뜻이 있으나 부정문에서는 'nothing but' 등의 뜻이 있다.

123. 21번 게송과 함께 『회쟁론』의 유명한, '공이 아닌 것을 논파할 뿐 공을 주장하지 않는다.'는 뜻의 유명한 게송으로 구체적으로 논파의 대상은 4번 게송의 3, 4행이다.

　　'부정의 부정 또한 그와 같다'라고
　　바랄지라도 그것 또한 옳지 않다. 왜냐하면
　　그대의 주장 속의 정의(定義)에서
　　그와 같은 오류가 있지 나에게 있지 않기 (때문이다).

　　다음 게송부터 5, 6번 게송에 대한 논파다.

124. '대상'으로 옮긴 '된(don)'에 대해서는 6번 게송 각주 참조

125. '소연(所緣)하는 것'으로 옮긴 '믹(dmigs)'에 대해서는 5번 게송 각주 참조. '인식 대상이 파악되는 고정된 실체를 가진 것'이라는 뜻이다.

126. '또는'을 뜻하는 '암('m)'이 쓰였다.

127. 3행의 말미에 쓰인 '학쩨(lhag bcas)'인 '데(de)'는 한 문장의 종결, 축약을 나타내며 '(만약 그럴 경우라면) 바로 그렇다'를 뜻할 때 쓰이기도 한다.

128. 바로 앞의 게송에 반복적으로 등장하는 '라둔(la 'dun)'의 '라(la)'를 여격[Dat.]의 'to'로 보고 옮겼다. 목적격[acc.]으로 옮기면 '나를 비난하는 것은 (옳지) 않다.' 정도 된다.

129. 5, 6번 게송은 다음과 같다.

　　어떤 자가 만약 현량(現量)이

གལ་ཏེ་ཁྱོད་ཀྱི་དོན་དེ་རྣམས།།   gal te khyod kyi don de rnams//

ཚད་མ་ཉིད་ཀྱིས་རབ་བསྒྲུབས་ན།།   tshad ma nyid kyis rab bsgrubs na//

ཁྱོད་ཀྱིས་ཚད་མ་དེ་རྣམས་ཀྱང་།།   khyod kyis tshad ma de rnams kyang//

ཇི་ལྟར་རབ་ཏུ་འགྲུབ་པ་སྨྲོས།།   ji ltar rab tu 'grub pa smros//

만약 그대의 그 (인식) 대상들이

(현량 등의) 인식 방법[量][130]에 의해서 완전히 성립한다면

그대는 그 (현량 등의) 인식 방법들도

어떻게 완전히 성립하는지 설명해야 할 것이다.[131]

....

사태(事態)들을 소연(所緣)하는 것이기 때문에 부정한다면
그에게는 사태들을 소연(所緣)하는 것인
바로 그 현량이 존재하지 않는다.

비량(比量)・성언량(聖言量)과 비유량(譬喩量)(에 의해 성립된 것)과
비량(比量)・성언량(聖言量)에 의해 성립된 것과
비유량(譬喩量)(에 의해) 성립된 것의 그 어떤 것이든
(그것은) 바로 그 현량을 통해서 답한 것[=논파](과 같다).

[Pek.]는 [데게판]과 같고 김성철은 티벳역 게송을 다음과 같이 옮기고 있다.

'만일 현량 등의 존재에 의해 그 어떤 것을 인지한다면, 긍정하거나 파기하는 것일 테지만, 그런 것이 없기 때문에 나를 비난하는 것은 옳지 않다(VK, p. 151).'

즉, 이 게송에서 뜻하는 바는 '현량 등의 인식 방법 자체가 고정불변의 속성을 가졌느냐?'의 문제다. 주석에 따르면 용수는 이와 같은 형식 논리학의 방법론적인 한계를 자각하고 있기 때문에 이것으로 사물, 사태 등을 파악하지 않는다고 주장하고 있다. 한역 주석에는 이것에 대한 비유를 다음과 같이 적고 있다.

'내가 만일 이와 같이 굴림과 돌림을 취한다면 나에게 허물이 있으리라. 나는 이미 굴리거나 돌릴 법을 조금도 취하지 않는다. 만일 내가 이와 같이 굴리지도 돌리지도 않는데 만일 그대가 이와 같이 나에게 허물을 부여한다면 이런 이치는 옳지 못하다. … (VK, p. 154.)'

130. '인식 방법'으로 옮긴 '체마니(tshad ma nyid)'의 축약형인 '체마(tshad ma)'를 주로 쓰는데 산스끄리뜨어 '쁘라마나(pramāṇa)'는 '양(量)', 즉 올바른 인식 방법을 뜻한다. 이 '쁘라마

གལ་ཏེ་ཚད་མ་གཞན་རྣམས་ཀྱིས།།   gal te tshad ma gzhan rnams kyis//

གྲུབ་པོ་སྙམ་ན་ཐུག་པ་མེད།།   grub po snyam na thug pa med//

དེ་ཡང་དང་པོ་འགྲུབ་མིན་ལ།།   de yang dang po 'grub min la//

བར་མ་ཡིན་ཞིང་ཐ་མའང་མིན།།   bar ma yin zhing tha ma'ng min//

....

나'가 성립하기 위해서는 인식 주체와 인식 대상 그리고 그 사이의 반영이 모두 올바를 경우다. 인명, 즉 불교 논리학에서는 이와 달리 4번 게송에서처럼 '체니(tshad nyid)'라는 축약형이 등장하는데 이때는 인식 방법의 '정의(definition)'를 뜻한다. 일반적으로 그 1) 정의와 2) 각각의 구분, 그리고 3) 이것에 대한 자세한 설명의 구조를 띠고 있다.

VK에서 김성철은 주로 주석에서 인식 주체의 행위로 '인식 방법'을 '능량(能量)'이라고 옮기고 있는데 이 양(量) 앞에 능(能)과 소(所)가 붙은 경우는 한역을 대하면서 매우 곤란한 문제로 '능량(能量)'의 경우 인식 주체의 행위에서 비롯된 것이지만, 능상(能相)의 경우는 인식 대상 자체의 운동성을, 그리고 이것을 고정시킨 것이 곧 소상(所相)으로 정리하면 비교적 이해하기 쉽다. 즉 이때는 인식 대상의 운동성을 고정시켜서[所] 파악해야 된다고 인도의 인명론자들은 간주한 듯하다.

131. 인명, 즉 불교 논리학의 3요소는 언제나 반영 또는 정의, 인식 대상, 인식 주체로, 이것은 15번 게송에서의 1) 이해하는 것과 2) 이해하는 대상과 3) 그것의 이해하는 자에 해당한다. 이때 이해하는 것이 '정의(definition)'다. 이 게송에 대해서 김성철은 긴 각주를 달아두고 있으며, 다음 게송의 주제도 이 문제에 대한 것이다.

'이 게송과 제33송에서 쓰이는 논법, 또 앞에서 제1송과 제2송에서 쓰인 논법은 <無窮・反喩相似(prasaṅga-pratidṛṣṭānta-samau)> 논법이라고 볼 수 있다. 『니야야 수뜨라』 <5-1-9>에서는 <무궁・반유상사>에 대해서 다음과 같이 설명한다: 비유의 근거를 指目하지 않기 때문에, 또 반대의 비유에 의해서 반대되기 때문에 [相對의 주장이 성립치 않는다고 논파하는 것이] <無窮・反喩相似>의 兩者이다. 이는 현대 논리학에서 말하는 逆說(pradox)과 그 구조가 유사하다. 니야야 논사(Naiyasika)가 인식 방법 (pramāṇa)의 실재성을 고집하며, '인식 방법은 모든 것을 인식한다'는 주장을 하는 경우 그런 인식 방법 역시 모든 것에 포함되기에 그것을 인식하는 제2의 인식 방법이 필요하게 되며, 다시 제3, 제4로 이어지는 무한한 인식 방법이 필요하게 된다는 것이 무궁상사적 비판이고(內包의 오류), 그런 인식 방법만이 제2의 인식 방법 없이 그 스스로 존재한다면 모든 것이라는 주장에 예외(反喩: pratidṛṣṭānta)가 있는 꼴이 되어 애초의 주장이 훼손된다는 것이 반유상사적 비판(排除의 오류), 논박자가 구사하기는 했지만 제1, 제2송의 경우는 '모든 사물이 자성이 없다.'는 주장을 하는 경우 그런 말 역시 모든 것에 포함되기에 그 말의 의미 역시 無化된다는 것이 무궁상사적 비판이고 (內包의 오류), 그 말만은 모든 사물에 포함되지 않는다면 애초의 주장에서 말한 '모든 것'이라는 주어에 예외가 있는 꼴이 되어 모순에 빠진다는 것이 반유상사적 비판이다(排除의 오류). 또, 『中論』, 「제7 관삼상(三相)품」에서도 용수는 이 논법을 구사한다. 다음을 보자: '生, 住, 滅'에 있어서 또 다른 유위법의 相이 있다면 그야말로 무한하게 된다. (반대로) 만일 없다면 그것들(=생, 주, 멸)은 유위법이 아니다(VK, p. 155-156).'

> 만약 다른 인식 방법[量]들에 의해서
>
> (또 다른 인식 방법들이) 성립되는 것을 생각한다면[132] (그) 끝이 없다[무한 소급].
>
> 또한 그 첫 번째가 성립되지 않는 것에[133]
>
> 중간이 (성립되는 것도) 아니고 그 끝이 (성립되는 것)도 아니다.[134]

[33]

ཝོན་ཏེ་ཚང་མ་མེད་པར་ཡང་།།   'on te tshang ma med par yang//

དེ་རྣམས་གྲུབ་ན་སྨྲ་བ་ཉམས།།   de rnams grub na smra ba nyams//

....

132. '생각한다'로 옮긴 '냠(snyam)'은 '고려한다'로 옮길 수도 있는데 [Pek.]에서는 '되다'를 뜻하는 '귤('gyur)'로 되어 있다.

133. '라둔(la 'dun)'의 '라(la)'를 처격[Loc.]으로 보고 옮겼다.

134. 주석에 따르면 이 게송은 1, 2행에서 무한 소급의 오류를 지적한 후에 3, 4행에서 그 이유를 설명하고 있다.

　　'32-後-1. Skt. 무한 소급의 오류에 빠질 경우, <최초>는 성립하지 않는다. 무슨 까닭인가? 왜냐하면 그런 인식 방법들의 성립도 역시 [제2의] 다른 인식 방법들에 의하고 그것들(=제2의 인식 방법들)은 다른 것(=제3의 인식 방법)들에 의하게 되기 때문이다. 따라서 최초는 없다(VK, pp. 160-161).'

　　개인적으로 3행의 어두가 '또한'을 뜻하는 '데양(de yang)'으로 이어져 있어 1, 2행은 무한 소급의 경우, 그 끝이 있을 수 없다는 것을 지적하고, 3, 4행은 그 반대로 출발 지점을 어디로 설정할지, 즉 '첫 번째' 또한 있을 수 없다는 점에 대한 지적으로 해석한다. 그러나 운문되어 있는 [Pek.]는 의미가 약간 다르다.

　　[Pek.]
　　gal te tshad ma gzhan rnams kyis//
　　tshad ma 'gyur na thug pa med//
　　de la dang po 'grub min la//
　　bar ma min zhing tha ma'ng min//

　　만약 다른 인식 방법[量]들에 의해서
　　인식 방법[量]들이 (성립)된다면 (그) 끝이 없다[무한 소급].
　　그것[무한 소급]에 그 첫 번째가 성립되지 않을 때
　　중간(도) (성립되지) 않고 (그) 끝도 (성립되지) 않는다.

　　3행의 말미의 '라둔(la 'dun)'의 '라(la)'를 '조건'으로 보고 옮겼다.

སེ་འདྲ་ཉིད་དེ་དེ་ཡིན་ན།།

གཏན་ཚིགས་ཁྱད་པར་སྨྲ་བར་གྱིས།།

mi 'dra nyid de de yin na//

gtan tshigs khyad bar smra bar gyis//

> 만약 인식 방법[量]이 존재하지 않아도
> 그것들이 성립한다면 (그대의) 그 말[=주장]은 훼손된다.
> 그것이 같은 것 자체가 아니라면
> 그 이유를 특별하게 설명하라.[135]

[34]

ཇི་ལྟར་མེ་ཡིས་གཞན་བདག་ཉིད།།

གསལ་བྱེད་དེ་བཞིན་རང་བདག་ལྟར།།

དེ་བཞིན་ཚང་མ་རྣམས་ཀྱང་ནི།།

རང་བཞིན་བདག་ཉིད་སྒྲུབ་ཅེ་ན།།

ji ltar me yis gzhan bdag nyid//

gsal byed de bzhin rang bdag ltar//

de bzhin tshang ma rnams kyang ni//

rang bzhin bdag nyid sgrub ce na//

> '마치[136] 불이 다른 것과 자기 자신을
> 비추어, 그와 같이 다른 것과 자기 자신을 (볼 수 있게 하는 것)처럼
> 그와 같이 바로 그 인식 방법[量]들 또한
> 자성(自性)으로 (다른 것과) 자기 자신을 성립시킨다'고 (주장한다)면,[137]

....

135. 2번 게송의 4행의 어두 '케발 뗀칙(khyad par gtan tshigs)'이 '뗀칙 케발(gtan tshigs khyad bar)로 바뀌었을 뿐, 논박자의 주장을 반복하여 논파하고 있다. 2번 게송은 다음과 같다.

> 만약 (그대의) 그 말이 자성을 가지고 (있다면)
> 그대의 앞의 주장은 훼손된다.
> 그것이 같은 것 자체가 아니라면
> (그것에 대한) 특별한 이유를 설명하라.

이 게송까지 '인식 방법이 다른 인식 방법을 통해서 확립할 경우'에 생기는 무한 소급의 문제에 대한 논파이며, 다음은 '인식 방법 그 자체에서 생기는 오류'에 대한 지적으로, '불은 자기 자신을 비추지 못한다'는 비유를 통해서 유명한 게송이 등장한다.

[35]

སྨྲས་པ་དེ་ནི་མི་མཐུན་ཏེ།།　　　smras pa de ni mi mthun te//

མུན་ཁུང་ནང་གི་བུམ་པ་བཞིན།།　　mun khung nang gi bum pa bzhin//

དེ་ལ་མི་དམིགས་མ་མཐོང་བས།།　　de la mi dmigs ma mthong bas//

མེ་ནི་རང་བཞིན་གསལ་བྱེད་མིན།།　me ni rang bzhin gsal byed min//

바로 그 언급[=주장]은 올바른 것이 아니다.[138] 왜냐하면[139]

어둠 속의 물단지처럼

그것[물단지]을 소연(所緣)하지 않는 것은[140] 볼 수 없기 때문이다. 그러므로[141]

바로 그 불이 자성으로 (다른 것과 자기 자신을) 비춘다는 것은 (올바른 것이) 아니다.[142]

....

136. '마치'로 옮긴 '지딸(ji ltar)'은 '그와 같이, (즉)'으로도 옮길 수도 있는데 이후 '그와 같이'를 뜻하는 '데쉰(de bzhin)'이 반복적으로 사용되어 있어 '마치'로 옮겼다.

137. '불이 자기 자신을 비추는가?' 또는 '불은 자기 자신을 태우는가?'는 문제는 인도 논리학의 난제로 니야야 학파와 구사론자들 사이에서 오랜 논쟁거리였다. 자세한 내용은 VK, pp. 168 각주 참조.

　　[투치본]은 이에 대한 게송이 있으나 김성철은 VV의 산스끄리뜨어 원문처럼 VK에서 이 게송을 본문의 주석 33-4로 보고 옮겼다. VV는 불이 '태우는 것'으로 옮기고 있다(p. 116). [Pek.]는 '다른 것'을 생략하고 옮기고 있다.

　　[Pek.]
　　ji ltar me yis gzhan bdag nyid//
　　gsal byed de bzhin rang nyid ltar//
　　de bzhin tshang ma rnams kyang ni//
　　rang bzhin bdag nyid sgrub ce na//

　　'마치 불이 다른 것과 자기 자신을
　　비추어, 그와 같이 (다른 것과) 자기 자신을 (볼 수 있게 하는 것)처럼
　　그와 같이 바로 그 인식 방법[量]들 또한
　　자성(自性)으로 (다른 것과) 자기 자신을 성립시킨다.'고 (주장한다)면,

138. '올바른 것이 아니다'로 옮긴 '미툭(mi mthun)'에 대해서는 『중론』, [65. (5-6)]번 게송 각주 참조. 여기서는 'unsuitable discord'의 용례에 따라 4행의 말미와 격이 맞게 옮겼다.

གལ་ཏེ་ཁྱེད་ཀྱི་ཚིག་གིས་ནི།།

མེ་ཡིས་རང་བདག་གསལ་བྱེད་ན།།

འོན་ན་མེ་ཡིས་གཞན་བཞིན་དུ།།

gal te khyed kyi tshig gis ni//

me yis rang bdag gsal byed na//

'o na me yis gzhan bzhin du//

....

139.   1행의 말미에 쓰인 '학쩨(lhag bcas)'인 '떼(te)'를 여기서는 원인, 이유 등을 설명하는 접속사로 보고 옮겼다.

140.   '소연(所緣)하지 않는 것'으로 옮긴 '믹빠(dmigs pa)'에 대해서는 5번 계송 각주 참조.

141.   3행의 말미에 쓰인 도구격[Ins.] 's'는 앞 문장을 끊으며 '그와 같은 이유 때문에, 그러므로'의 뜻을 축약할 경우 사용되기도 한다. 1행 말미에 쓰인 '학쩨(lhag bcas)'인 '떼(te)'를 받으며 그것에 대한 결론을 도출하는 경우로 보고 옮겼다.

142.   이 계송의 산스끄리뜨어 원문은 VK 34번 계송에 해당한다.

'이것은 결함이 있는 진술이다. 왜냐하면 불은 자기를 비추어 드러나 보이게 만들지 않기 때문이다. 왜냐하면 [점화에 의해 나타나기 이전에] 그것(=불)이 인지되지 않는다는 사실은 어둠 속에 있는 물단지[가 조명을 받음에 의해 나타나기 이전에는 인지되지 않음]의 경우와 같은 것이 아니기 때문이다(VK, pp. 169-170).'

김성철은 '[가 조명을 받음에 의해 나타나기 이전에는 인지되지 않음]'을 첨언하였는데 본문 계송에서는 바로 앞의 34번 계송의 예를 논박하는 것으로 보고 첨언하였다. 즉, '자기 자신을 비추는 불'에 대한 논파를 위해서 '어둠 속의 물단지는?'이라는 예를 들고 있는 셈이다.

불을 예로 든 논파법은 『중론』, 「제7품. 생기는 것[生]과 머무는 것[住]과 사라지는 것[滅]에 대한 고찰」, 즉 한역의 「관삼상(三相)품」의 [86. (7-9)]번 계송부터 [89. (7-12)]번 계송까지 참조. '등불은 자기 자신을 비추는가?'라는 문제에 대해서 중관논사들과 유식논사들은 입장이 명확하게 갈리는데 전자는 부정하고 후자는 인정한다. 이와 같은 '비/반구축적(de-constructive/anti-constructive)과 구축적(constructive) 사유의 원인에 대해서는 VK, p. 170 각주 170 참조.

윤문되어 있는 [Pek.]는 단어들이 조금씩 달리 쓰여 있으며 4행에서 '자성으로' 대신에 '자신을'이라고 언급되어 있어, 앞에서 이어져 온 논파의 대상, 즉 자체 완결성을 가진 논리에 대해서 집중하고 있다.

[Pek.]
smras pa de ni mi mthun te//
mun khong gi ni rdza ma ltar//
de la mi dmigs ma mthong bas//
me ni lang la gsal byed min//

바로 그 언급[=주장]은 올바른 것이 아니다. 왜냐하면
어둠 속의 물단지처럼
그것[물단지]을 소연(所緣)하지 않는 것은 볼 수 없기 때문이다. 그러므로
바로 그 불이 (다른 것과) 자기 자신을 비춘다는 것은 (올바른 것이) 아니다.

རང་བཞིན་སྲེག་པའང་བྱེད་པར་འགྱུར།།　　　rang bzhin sreg pa'ng byed par 'gyur//

> 만약 그대의 바로 그 말[=주장](처럼)
> 불이 자기 자신을 비춘다면
> 그렇다면 불이 다른 것을 (태우는 것)처럼
> 자성으로 (자기 자신을) 태우는 것 또한 행할 것이다.[143]

[37]

གལ་ཏེ་ཁྱོད་ཀྱི་ཚིག་གིས་ནི།།　　　gal te khyod kyi tshig gis ni//
མེ་ཡིས་རང་གཞན་གསལ་བྱེད་ན།།　　　me yis rang gzhan gsal byed na//
མེ་བཞིན་དུ་ནི་མུན་པ་ཡང་།།　　　me bzhin du ni mun pa yang//
རང་བཞིན་བདག་ཉིད་སྒྲིབ་པར་འགྱུར།།　　　rang bzhin bdag nyid sgrib par 'gyur//

> (또한) 만약 그대의 바로 그 말[=주장](처럼)
> 불이 자기 자신과 다른 것을 비춘다면[144]
> 바로 그 불처럼 어둠도 또한

....

143. '불은 자기 자신을 태우는가?'에 대한 논의는 『중론』, 「제10품. 불과 연료에 대한 고찰」에 자세히 논의되어 있다. 상식적으로 불은 연료에 의지하지만 불이나 연료의 자성을 살펴보면 이 또한 자성, 즉 고정불변의 속성을 가진 개념자는 아니다. [Pek.]에서는 특히 4행의 '자성(自性)'을 뜻하는 '랑쉰(rang bzhin)' 대신에 '자기 자신'을 뜻하는 '랑(rang)'이 쓰여 그 의미가 더욱 명확하다.

    [Pek.]
    gal te khyod kyi tshig gis ni//
    me 'di rang bdag gsal byed na//
    'o na me yis gzhan bzhin du//
    rang la sreg pa'ng byed par 'gyur//

    만약 그대의 바로 그 말[=주장](처럼)
    이 불이 자기 자신과 다른 것을 비춘다면
    그렇다면 불이 다른 것을 (태우는) 것처럼
    자기 자신을 태우는 것 또한 행하리라.

자성으로 자기 자신(과 다른 것)을[145] 덮을 것이다.[146]

[38]

འབར་བྱེད་དང་ནི་གང་གཞན་ན།།	'bar byed dang ni gang gzhan na//
མེ་འདུག་པ་ན་མུན་པ་མེད།།	me 'dug pa na mun pa med//
གསལ་བྱེད་དེ་ནི་མུན་སེལ་ན།།	gsal byed de ni mun sel na//
ཇི་ལྟར་གསལ་བར་བྱེད་པ་ཡིན།།	ji ltar gsal bar byed pa yin//

불[147]과 다른 것에[148]

불이 있으면 어둠은 존재하지 않는다.

바로 그 비추는 것[149]이 어둠을 제거하면

어떻게 비추는 것이 존재하겠는가?[150]

....

144. 바로 앞의 36번 게송의 1, 2행과 똑같은 조건절이 반복되어 있는데 '다른 것'을 뜻하는
 '센(gzhan)'이 첨언되어 있다. [Pek.]에서는 '나(na)'를 생략하고 '스스로'를 뜻하는 '닥
 (bdag)'이 쓰여 있다.

145. [Pek.]는 '자기 자신과 다른 것을 스스로'를 뜻하는 '랑센 닥라(rang bzhan bdag la)'로
 되어 있다.

146. 이 게송에 대해서 김성철은 VK에서 『十二門論』, <第4 觀相品>에도 이 내용이 등장하고
 있음을 언급하고 있다(p. 177). 『중론』, 「제7품. 생기는 것[生]과 머무는 것[住]과 사라지는
 것[滅]에 대한 고찰」, 즉 한역의 「관삼상(三相)품」의 [89. (7-12)]번 게송도 거의 같다.

  등불이 자신과 다른 것의 사태를
  비추는 것을 행한다면
  어둠이 자신과 다른 것의 사태를
  덮는 것을 행하는 것(도) 의심할 여지가 없다.

147. 앞에서 이어져온 '불'을 뜻하는 '메(me)' 대신에 불을 뜻하는 '발제(bar byed)'가 사용되었
 다. '불길'이라고도 옮길 수 있으나 논의를 명확하게 하기 위해서 '불'로 옮겼다.

148. 가정법을 뜻하는 '나(na)'가 쓰였으나 여기서는 처격[Loc.]으로 사용되고 있다.

149. '비추는 것'으로 옮긴 '쎌제(gsal byed)'를 4행에서는 풀어서 '쎌발 제빼(gsal bar byed
 pa)'로 쓰고 있다.

150. 이 게송은 『중론』, 「제7품. 생기는 것[生]과 머무는 것[住]과 사라지는 것[滅]에 대한
 고찰」, 즉 한역의 「관삼상(三相)품」의 [89. (7-9)]번 게송도 거의 같다.

[39]

མེ་འབྱུང་ཉིད་ན་གསལ་བྱེད་པ།།　　me 'byung nyid na gsal byed pa//

ཡང་དག་མིན་པར་སྨྲ་བ་སྟེ།།　　yang dag min par smra ba ste//

མེ་འབྱུང་ཉིད་ན་མུན་པ་དང་།།　　me 'byung nyid na mun pa dang//

ཕྲད་པ་མེད་པ་ཁོ་ན་ཡིན།།　　phrad pa med pa kho na yin//

> '불이 발생하는 바로 그 순간에[151] 비추는 것이 (존재한다.'는 것은)
> 매우 옳지 못한[152] 언급이다. 왜냐하면[153]
> 불이 발생하는 바로 그 순간에 어둠과
> 만나는 것은 결코 존재하지 않기 (때문이다.)[154]

....

등불과 (그것이) 어디에서
그(렇게) 화합하면 어둠은 없다.
(어둠이 없으면) 등불이 무엇을 밝히겠는가?
어둠을 없애는 [제거하는] (것을) 밝힌다(라고 일컫는 것)이다.

그리고 다음 게송에서는 등불과 어둠의 접촉 문제에 대해서 다루고 있다. VK에서는
『十二門論』, <제4 觀相門>과 『百論』, 第1 捨罪福品 第8經文에서도 이 논파가 등장하고 있음을
주석에 적어두고 있다. '마치 등불이 켜지는 순간에 자신도 비추고 다른 것도 비추는
것과 같다.'고 한다면 이 역시 옳지 못한다. 왜 그런가? "등불 그 자체 속에 어둠이
없으며, [등불이] 머물러 있는 곳에도 어둠은 없다. 어둠을 파괴하기에 비춘다고 이름하는
데 [이렇게 어둠이 없는데] 등불이 무엇을 비추겠는가?" …. (p. 180)'
[Pek.]는 의미가 훨씬 명확하게 윤문되어 있다.

[Pek.]
gsal byed de ni mun sel te//
me dang gang na me gnas pa//
gzhan na 'ng mun pa yod min na//
ji ltar gsal bar byed pa yin//

바로 그 비추는 것은 어둠을 제거한다. 그러므로
불과 (다른) 어떤 것에 불이 머물(면)
다른 것에서도 또한 어둠은 존재하지 않는다. 그렇다면
어떻게 비추는 것이 존재하겠는가?

151. '불이 발생하는 바로 그 순간에'라고 옮긴 '메중 니니(me 'byung nyid na)'는 '그 자체'를
뜻하는 강조사[Emp.] '니(nyid)'를 살려 '~할 때'를 뜻하는 '나(na)'와 함께 옮긴 경우다.

ཡང་ན་མེ་དང་མ་ཕྲད་ཀྱང་།།   yang na me dang ma phrad kyang//

མུན་པ་སེལ་བར་བྱེད་ན་ནི།།   mun pa sel bar byed na ni//

འདི་ནི་ཡོད་པ་གང་ཡིན་པས།།   'di ni yod pa gang yin pas//

འཇིག་རྟེན་ཀུན་གྱི་མུན་སེལ་འགྱུར།།   'jig sten kun gyi mun sel 'gyur//

> 또한 불과 접촉하지 않아도
> 바로 그 어둠이 제거된다면
> 바로 이런 것이 존재한다(면) 그것에 의해서[155]
> 모든 세간의[156] 어둠은 제거될 것이다.[157]

---

152. '양닥(yang dag)'을 강조사로 보고, 그리고 '라둔(la 'dun)'의 'r'을 '말'을 뜻하는 '먀와(smra ba)'을 수식하는 '~하는'을 뜻하는 것으로 보고 옮겼다.

153. 2행의 말미에 쓰인 '학째(lhag bcas)'인 '떼(ste)'를 앞의 주장을 설명하는 접속사로 보고 옮겼다.

154. 이 게송은 『중론』, 「제7품. 생기는 것[生]과 머무는 것[住]과 사라지는 것[滅]에 대한 고찰」, 즉 한역의 「관삼상(三相)품」의 [87. (7-10)]번 게송과 거의 같다.

> 등불이 생기는 순간
> 어둠과 닿지[접촉] 않는다면
> 어떻게 '등불이 생기는 때라는 것'이
> 어둠을 없애는 것[제거]이겠는가?

즉, 어둠을 제거하는 불을 밝히는 순간이라는 것을 다시 나누면 '과녁을 향해 날아가는 화살'처럼 무한하게 나눠져 결국 이 두 개의 개념자들이 성립할 수 없다는 뜻이다. VK의 각주에는 이와 같은 내용이 『중론』, 『백론』과 그 주석서들에 반복적으로 설명되어 있음에 대해서 자세히 적고 있다. VK, p. 185 참조.

[Pek.]에는 13행에서 '불이 발생하는 바로 그 순간에'라고 옮긴 '메중 니나(me 'byung nyid na)' 대신에 '불이 발생할 때'를 뜻하는 '메중 와나(me 'byung ba na)'가 쓰였다.

155. '바로 이런 것이 존재한다(면) 그것에 의해서'로 옮긴 '디니 외빠 강인빠('di ni yod pa gang yin pas)'는 산스끄리뜨어 게송을 티벳어로 옮기며 관용화된 표현으로 '바로 이런 식이라면' 정도가 된다. '강인빠(gang yin pas)'에는 '야드(yad)' 즉, '그와 같이'라는 뜻이 있다. 김성철은 VK에서 '여기에 있는 바로 그것에 의해서'로 옮겼다(p. 189).

156. [Pek.]에서는 '직뗀 캄꾼('jig sten kams kun)'으로, 즉 '모든 세간계(界)'로 되어 있다.

157. 이 게송은 『중론』, 「제7품. 생기는 것[生]과 머무는 것[住]과 사라지는 것[滅]에 대한 고찰」, 즉 한역의 「관삼상(三相)품」의 [88. (7-11)]번 게송과 거의 같다.

གལ་ཏེ་རང་བཞིན་ཚད་མ་གྲུབ།།   gal te rang bzhin tshad ma grub//

གཞལ་བྱ་རྣམས་ལ་མ་ལྟོས་པར།།   gzhal bya rnams la ma ltos par//

ཁྱོད་ཀྱི་ཚད་མ་གྲུབ་འགྱུར་འདི།།   khyod kyi tshad ma grub 'gyur 'di//

རང་གྲུབ་གཞན་ལ་ལྟོས་མ་ཡིན།།   rang grub gzhan la ltos ma yin//

> 만약 (불과 같이) 자성으로 인식 방법[量][158]이 성립한다면
>
> 인식 대상[所量]들에 의지하지 않는[159]
>
> 그대의 (불과 같은) 인식 방법[量]이 성립한다. 이것은
>
> 스스로 성립한 것으로, (어둠과 같은) 다른 (인식 대상들)에 의지하지
>
> 않는다.[160]

....

> 등불과 닿는 것[접촉]이 없어도
> 만약 (등불이) 어둠을 제거한다면
> 이 세상에 머무는 (모든) 어둠은
> 이 세상에 머무는 그것[등불]에 의해 제거되리라.

김성철은 이와 같은 논파의 구조를 『중론』, 「제1품. 연(緣)에 대한 고찰」, 즉 한역의 「관인연(因緣)품」의 [14. (1-12)]번 게송에서도 등장하고 있음을 언급하고 있다(VK, p. 188).

> 그와 같이 바로 그것[=인과의 관계성]이 없어도
> 그 연들로부터 (과가) 생겨나게 된다면
> 연이 아닌 것들로부터도 역시
> 왜 (과가) 생겨나지 않겠는가?

이상의 두 게송은 불과 어둠이 1) 접촉한 경우와 2) 접촉하지 않은 경우에 대한 논파로 다음은 사구부정의 세 번째인 [A and ~A]가 같이 존재하는 경우에 해당한다(VK, 39-1 p. 190, 티벳어 주석 참조).

> '… 그 때문에 불이 접촉하거나[A], 접촉하지 않고서[~A] 제거하기를 기대하는 것, 그것은 옳지 않다.'

즉, 다음은 이것에 대한 논파가 축약되어 있는 셈이다.

[42]

གལ་ཏེ་གཞལ་བྱའི་དོན་རྣམས་ལ།།   gal te gzhal bya'i don rnams la//

མ་ལྟོས་ཁྱོད་ཀྱི་ཚད་མ་འདི་རྣམས་ནི།།   ma ltos khyod kyi tshad ma 'di rnams ni//

དེ་ལྟར་ཚད་མ་འདི་རྣམས་ནི།།   de ltar tshad ma 'di rnams ni//

གང་གིའང་ཡིན་པར་མི་འགྱུར་རོ།།   gang gi'ng yin par mi 'gyur ro//

만약 인식 대상[所量]인 것들[161]에

의지하지 않는 그대의 바로 이 인식 방법[量]들이라면

그와 같은 (것들이라면) 바로 이 인식 방법[量]들은

어떤 것의 (인식 방법들인) 것으로도[162] (성립하는 것이) 아니다.[163]

---

158. '체마(tshad ma)'에 대해서는 31번 게송 각주 참조.

159. '의지하지 않는'이라고 옮긴 '마퇴빨(ma ltos par)'은 부정어 '미(ma)'+'의지하다'는 '퇴빠(ltos pa)'+'라둔(la 'dun)'의 'r'로 되어 있으며, 이때 '라둔'은 수식어의 기능을 하고 있다. '퇴빠'에는 '서로 의존하다, rely on, depend on' 등의 뜻이 있다.

160. '다른 것에 의지하지 않는, 즉 자성으로 존재하는 개념자'의 문제에 대한 지적은 다음 게송까지 이어진다. [Pek.]의 4행은 '셴라 미퇴 랑둡귤(gzhan la mi ltos rang 'grub 'gyur)'로 '다른 것에 의지하지 않고 스스로 성립하는 것이 된다'로 옮길 수 있다.

161. '인식 대상[所量]인 것'으로 옮긴 '셸재 된(gzhal bya'i don)'의 '셸자'와 '된' 모두 인식 대상이라는 뜻이 있다. 소유격[Gen.] '이('i)'로 연결되어 있어 후자를 '사물, thing'을 뜻하는 것으로 보고 옮겼다. 인식 대상을 뜻하는 소량의 불교의 사전적 정의는 다음과 같다.

    [BD] 소량(所量): 3량(量)의 하나. 헤아릴 바가 되는 것을 말함. 『성유식론』제2권에서 인식(認識) 과정을 4분(分)으로 세운 중에, 견분(見分)을 능량(能量), 자증분을 양과(量果)라 함에 대하여, 상분(相分)을 소량이라 함.

162. '어떤 것의 (인식 방법들인) 것으로도'로 옮긴 '강기앙(gang gi'ng)'은 소유격[Gen.] '기(gi)'에 '~도 또한'을 뜻하는 '앙('ng)'이 뒤따라 나온 것으로 보기 드문 경우다.

163. 1, 2행은 대전제에 해당하는데 인식 주체, 인식 대상, 그리고 그 사이의 '반영/정의'의 관계에서 오류가 발생하기 때문에 인식론 자체에 위배된다는 뜻이다. [Pek.]는 그 의미가 더욱 명확하게 윤문되어 있다. 강조해서 옮기면 다음과 같다.

    [Pek.]
    gal te gzhal bya'i don rnams la//
    ma ltos khyod kyi tshad ma 'grub//
    tshad ma 'di rnams kho na ni//
    gang gi yin par mi 'gyur ro//

ཝོན་ཏེ་སྟོས་ནས་དེ་རྣམས་འགྲུབ།།

འདོད་ན་དེ་ལ་སྐྱོན་ཅིར་འགྱུར།།

མ་གྲུབ་གཞན་ལ་མི་སྟོས་པས།།

གྲུབ་པ་སྒྲུབ་པར་བྱེད་པ་ཡིན།།

'on te stos nas de rnams 'grub//

'dod na de la skyon cir 'gyur//

ma grub gzhan la mi stos pas//

grub pa sgrub bar byed pa yin//

만약[164] (그런 그대가 인식 대상에) 의지하여[165] 그것[166]들이 성립하기를 바란다면 그것에는[167] 어떤 오류가 (발생하게) 되는가?[168]

(그것은) 성립하지 않은 것으로, (즉) 다른 (인식 대상)에 의지하지 않음으로[169]

성립한 것으로 (다시) 성립하는 것[170]을 행하는 것이다.[171]

··································

만약 인식 대상[所量]인 것들에
의지하지 않는 그대의 바로 이 인식 방법[量]들이 성립하는 것(처럼 보여도)
바로 이 인식 방법[量]들은 결코
어떤 것의 (올바른 인식 방법들인) 것이 되지 않는다.

164. 앞의 게송들과 달리 '옹떼('on te)'가 쓰였다.
165. 탈격[Abl.] '네(nas)'가 쓰였는데 여기서는 원인, 이유 등을 뜻한다.
166. 인식 방법[量]을 뜻한다.
167. '라둔(la 'dun)'의 '라(la)'는 여기서 앞의 구절을 지시하는 기능으로 쓰이고 있다.
168. '어떤 오류가 (발생하게) 되는가?'로 옮긴 '꾄찔귤(skyon cir 'gyur)'은 '오류+무엇으로+되는가?'의 구조로 보고 옮겼다. 김성철은 VK에서 '어떤 잘못으로 귀결되는가?'로 옮기고 있다.
169. 도구격[Ins.] 's'는 원인, 이유를 뜻한다.
170. '성립한 것으로 (다시) 성립하는 것을'이라고 옮긴 '둡빠 둡빨(grub pa sgrub bar)'의 첫 번째 '둡빠(grub pa)'는 자연스럽게 그렇게 된 것, 즉 의도하지 않고 이루어진 것을 뜻하고 두 번째 '둡빠(sgrub ba)'는 의도적으로 행하는 것을 뜻을 뜻한다.
171. 게송의 3, 4행이 뜻하는 것은 첫 번째 것인 인식 대상에 의존하지 않고 성립한 것 자체가 논리적으로 타당하지 않기 때문에 이와 같은 논리적 개념자 자체를 적용하는 것은 오류라는 뜻이다. 이 게송에 대한 주석에서 김성철은 매우 중요한 지적을 하고 있다.

'용수의 논서에, '의존하여(apekṣya), 의존하다(apekṣate)'는 말이 등장하기에 '相因待 (parasparāekṣā: 相互依存)'가 연기(pratītya samutpa)와 동의어인 것처럼 취급하는 학자들이 많이 있지만, 위에서 보듯이 용수 자신은 이런 술어들에 대해서 비판적인 자세를 취했다. 『중론』 제10 관연가연(燃可燃)품에서도 "A에 의존하여(apekṣya) B가 있다"고

གལ་ཏེ་ཡོང་ཡེ་གཞལ་བྱ་ལ།།   gal te yong ye gzhal bya la//

ལྟོས་ན་ཚད་མ་འགྲུབ་ཡིན་ན།།   ltos na tshad ma 'grub yin na//

ཚད་མ་རྣམས་ལ་མ་ལྟོས་པར།།   tshad ma rnams la ma ltos par//

གཞལ་པར་བྱ་བ་འགྲུབ་པར་འགྱུར།།   gzhal par bya ba 'grub par 'gyur//

만약 항상[172] 인식 대상[所量]에

의지하는 것에서 인식 방법[量]이 성립한다면

(그) 인식 방법[量]에 의지하지 않는

인식 대상[所量]인 것[173]이 성립하게 된다.[174]

하는 경우 다음과 같이 순환논법의 오류에 빠짐을 지적하고 있다 : '만일 어떤 존재가 의존적으로 성립한다면 이 존재가 거꾸로 의존 받음이 성립되리니 지금은 의존함도 없고 성립될 존재도 없다(10-10)'. '만일 어떤 존재가 의존하여 성립되는 것이라면 아직 성립되지 않은 것에는 어떻게 의존할 수 있겠는가? 만일 성립되고 나서 의존하는 것이라면 이미 성립이 끝났는데 의존할 필요가 무엇이겠는가?(10-11)' 연기관계를 말로 표현할 경우 용수는 대부분 'A가 없으면 B가 없다.'는 연기공식의 還滅門에 토대를 둔 부정적 기술을 사용한다(『중론』, <2-7>, <4-1>, <6-2>. 간혹 긍정적으로 기술할 때에는, 'A를 緣하여 B가 있다.'는 식으로 緣하여(pratītya)'라는 독특한 술어를 사용한다(『중론』, <61->, <8-12>, <14-5>, <19-6>. 따라서 용수는 '의존하여(apekṣya)' 란 술어를 自性(실체성)을 갖는 두 사물 간의 관계를 말할 때 사용하고 緣하여(pratītya)' 라는 술어를 自性이 없는 두 사태 간의 관계를 말할 때 쓰는 것으로 간주했다고 볼 수 있다(VK, pp. 196-197, 각주 178)'

김성철의 이 언급을 통해 살펴보면 이 게송에 사용된 '퇴빠(stos pa)'는 앞에서 사용된 '뗀빠(rten pa)'와 그 실제적인 의미에서 차이가 있는 셈이다. 이 때문인지 그는 '퇴빠'를 '수반'으로 통일적으로 옮기고 있다.

그는 '순환논법의 오류'에 대해서 지적하고 있으나, 만약 네 개의 인식 방법에 대한 의문을 품고 그것에 대해서 정의를 다시 시작하면 순환논법보다는 무한 오류에 빠진다.

172. '항상'으로 옮긴 '용예(yong ye)'를 김성철은 '그 이디서든지'로 옮겼다. 2행의 '라둔(la 'dun)'의 '라(la)'를 함께 처격[loc.]으로 보고 옮긴 경우로 산스끄리뜨어 원문보다는 티벳어 의 일반적인 용례에 따랐다. 만약 '어떤 것이든'으로 받으면, '만약 어떤 것이든, (즉) 인식 대상[所量]에/의지하는 (그)것에서' 정도로 옮길 수 있다.

173. '인식 대상[所量]인 것'으로 옮긴 '셸빨 자와(gzhal par bya ba)'의 축약형이 앞에서 반복되어 온 '셸자(gzhal bya)'다. '자와(bya ba)'에도 인식 대상이라는 뜻이 있으며 '된(don)'이 쓰인 42번 게송의 용례와 같은 경우다.

གལ་ཏེ་ཚད་མ་རྣམས་ལ་ནི།།

མ་སྟོས་པར་ཡང་གཞལ་བྱ་འགྲུབ།།

གང་ཕྱིར་དེ་དག་དེ་འགྲུབ་ན།།

ཁྱོད་ཀྱི་ཚད་མ་འགྲུབ་པས་ཅི།།

gal te tshad ma rnams la ni//

ma stos par yang gzhal bya 'grub//

gang phyir de dag de 'grub na//

khyod kyi tshad ma 'grub pas ci//

만약 바로 그 인식 방법[量]들에

의지하지 않아도 인식 대상[所量]이 성립한다면,

이와 같이[175] 그것(인식 방법)들이 그것(인식 대상)을 성립하게 한다면

그대의 인식 방법[量]이 성립시키는 것은 어떤 (인식 대상)이겠는가?[176]

....

174. 한역 계송의 의미가 더욱 명확하다.

'43. 만약 소량인 사물이 능량을 마주하여 성립될 수 있는 것이라면, 이는 성립되어 있는 소량이 능량을 마주한 다음에 [다시] 성립하는 꼴이 된다(VK, p. 201).'

[BD] 능량(能量): 3량(量)의 하나. 양은 양택(量度)한다는 뜻. 대경(對境)을 추측하고 헤아리는 마음.

일반적인 논리학의 경우에는 이 인식 대상과 그것에 따른 반영이 따로 논의되지만, 중관학파의 경우에는 이것에 대한 비분리성을 강조한다. 이 계송에서 논파하는 바는 바로 이 점이다. 다음 계송에서 이 문제에 대해서 지적하고 있다.

175. '이와 같이'로 옮긴 '강칠(gang phyir)'은 일반적으로 '데칠(de phyir)'을 받아 '이와 같이 ~, 그와 같이 ~'를 이룬다.

176. 산스끄리뜨어 계송의 의미는 명확하다.

'또, 만일 인식 대상이 인식 방법들에 의존하여 성립하는 것이 아니라면, 그대의 [주장의] 경우, 어떤 인식 방법이 성립함으로써, 그것(=인식 방법)들이 목적하는 것인, 그것(=인식 대상)이 성립하겠는가?'(VK, pp. 202-203)

[데게판]의 경우 계송의 형식이 이해하기 쉽지 않을 뿐만 아니라 [Pek.]의 3, 4행도 마찬가지다.

[Pek.]
gal te tshad ma rnams la ni//
ma stos par yang gzhal bya 'grub//

ཅི་སྟེ་ཁྱོད་ཀྱི་ཚད་མ་རྣམས།།

གཞལ་བྱ་རྣམས་ལ་སྟོས་ནས་འགྲུབ།།

དེ་ལྟར་ཁྱོད་ཀྱི་ཚད་མ་དང་།།

གཞལ་བྱ་ངེས་པར་ལྡོག་པར་འགྱུར།།

ci ste khyod kyi tshad ma rnams//

gzhal bya rnams la stos nas 'grub//

de ltar khyod kyi tshad ma dang/

gzhal bya nges par ldog par 'gyur//

> 만약[177] 그대의 인식 방법[量]들이
>
> 인식 대상[所量]들에 의지하여 성립한다면
>
> 그와 같다면, 그대의 (앞선 주장인 자성을 가진) 인식 방법[量]과
>
> 인식 대상[所量]에 확실히 위배된다.[178]

....

gang phyir khyod kyi de grags pa//
tshad ma grub pas ci zhig bya//

만약 바로 그 인식 방법[量]들에
의지하지 않아도 인식 대상[所量]이 성립한다면,
이와 같이 그대의 잘 알려진 (주장)인
(그) 인식 방법[量]이 성립시키는 것은 어떤 (인식 대상을) 위한 것인가?

3행 말미의 '잘 알려진 (주장)'으로 옮긴 '닥빠(grags pa)'의 경우는 바로 1, 2행을 받는다. 인식 방법과 인식 대상 사이의 연기성이 존재하지 않는 것, 이것은 곧 고정불변의 고유한 성품을 가진 것, 즉 자성을 가진 개념자를 뜻한다. 그러나 이와 같은 것은 결코 존재할 수 없다.

177. '만약'으로 옮긴 '찌떼(ci ste)'에는 'but if'라는 뜻도 있다. 여기서는 앞의 게송이 완전히 종결된 것으로 보고 '만약'으로 옮겼다.

178. '위배된다'로 옮긴 '록빨귤(ldog par 'gyur)' 대신에 [Pek.]는 '록빨귤(bzlog par 'gyur)'로 되어 있다. 김성철은 '뒤바뀐다'로 옮기고 있으나, 1번 게송처럼 옮기면 '논파된다'가 된다.

'45-1 (Skt., …) 그러나 인식 대상들인 사물들에 의존하여 인식 방법들이 존재한다.'고 [그대가] 생각한다면, 그와 같은 경우, 그대의 [주장의] 경우, 인식 방법과 인식 대상이 뒤바뀌게 된다(VK, p. 206).'

앞의 게송에서처럼 인식 방법과 인식 대상이 자성을 가지고 있다는 것이 논파되면, 결국 상호 의존적인 것만 남게 되는데 그렇게 되면 자성을 가진 것들은 논파된다는 뜻이다. 다음 게송부터 상호 의존적인 개념자들은 바로 그 상호 의존성 때문에 자성을

[47]

ཝོང་ན་དེ་ཁྱོད་ཀྱིས་ཚད་གྲུབ་པས།།   'ong na te khyod kyis tshad grub pas//

གཞལ་བར་བྱ་བ་འགྲུབ་འགྱུར་ལ།།   gzhal bar bya ba 'grub 'gyur la//

གཞལ་བྱ་གྲུབ་པས་ཚད་བསྒྲུབས་ན།།   gzhal bya grub pas tshad bsgrubs na//

ཁྱོད་ཀྱིས་གཉིས་ཀའང་འགྲུབ་མི་འགྱུར།།   khyod kyis gnyis ka'ng 'grub mi 'gyur//

만약 그대가 인식 방법[量]이[179]

인식 대상[所量]인 것[180]을 성립하고[181]

인식 대상[所量]이 인식 방법[量]을 성립한다(고) 할지라도[182]

그대가 (주장하는)[183] 이 둘 모두[184] 성립되지 않는다.[185]

---

[48]

གལ་ཏེ་ཚད་མ་གཞལ་བྱ་འགྲུབ།།   gal te tshad ma gzhal bya 'grub//

གཞལ་བྱ་དེ་དག་རྣམས་ཀྱིས་ཀྱང་།།   gzhal bya de dag rnams kyis kyang//

དེ་དག་བསྒྲུབ་པར་བྱ་ཡིན་ན།།   de dag bsgrub par bya yin na//

དེ་དག་ཇི་ལྟར་བསྒྲུབ་པར་འགྱུར།།   de dag ji ltar bsgrub par 'gyur//

만약 인식 방법[量]이

···················

가질 수 없다는 문제에 대해서 다루고 있다.

179. 티벳어에서 주격[Nom.]의 기능을 하는 도구격[Ins.] 's'가 쓰였다.

180. 42번 각주 참조

181. '라둔(la 'dun)'의 '라(la)'는 '접속사(conjunction)'로 사용된 경우다.

182. 일반적으로 '만약 ~을 한다면'을 뜻하는 '옹나 ~ 나('ong na ~ na)'가 쓰였으나 의미를 명확하게 하기 위해서 3행의 말미를 'even though'로 보고 첨언하여 옮겼다.

183. [Pek.]는 소유격[Gen.] '끼(kyi)'로 되어 있어 김성철은 '그대의 경우'로 옮기고 있다.

184. '~도 또한'을 뜻하는 '앙('ng)'이 쓰였으나 '양수(dual)'인 '니까(gnyis ka)'에 뒤따르기에 '모두'로 옮겼다.

185. 상호 의존적인 개념자의 문제에 대해서 논파를 시작하기에 앞서 이 주장의 결론부터 먼저 언급하고 있다. 이 상호 의존성의 문제에 대한 자세한 내용은 42번 게송 각주 참조

인식 대상[所量]을 (성립하고) 그것들[인식 대상]이 또한

그것들[인식 방법]을 성립하는 것이라면

그것들이 어떻게 성립되겠는가?[186]

[49]

གལ་ཏེ་ཚད་མ་གཞལ་བྱ་འགྲུབ།།　　gal te tshad ma gzhal bya 'grub//

གཞལ་བྱ་དེ་དག་རྣམས་ཀྱིས་ཀྱང་།།　　gzhal bya de dag rnams kyis kyang//

དེ་དག་བསྒྲུབ་པར་བྱ་ཡིན་ན།།　　de dag bsgrub par bya yin na//

དེ་དག་ཇི་ལྟར་བསྒྲུབ་པར་འགྱུར།།　　de dag ji ltar bsgrub par 'gyur//

만약 인식 대상[所量]이

인식 방법[量]을 (성립하고) 그것들[인식 방법]이 또한

....

186.　이 상호 의존적인 두 개의 개념자들의 사이에 대한 중관학파의 입장에 대해서 김성철은
『중론』, 「제10품. 불과 연료에 대한 고찰」의 [144. (10-8)]과 [145. (10-9)]번 게송을 예로
들고 있다(VK, p. 211). 졸역은 다음과 같다.

만약 연료에 의지한 것이 불이고 그리고
만약 불에 의지한 것이 연료라면
무엇에 의지한 불과 연료로 되어
(그) 먼저 성립되었던 것은 다른 무엇으로 존재하겠는가?

만약 연료에 의지한 불이라면
불에 의해 성립되었던 것에서 (다시) 성립하는 것이 된다.
(그리고 불과) 분리되어 있는 연료도 또한
바로 그 불이 없어도 존재하는 것이 된다.

주석에서는 인식 방법과 인식 대상의 그 선후를 물을 경우 문제가 발생할 수 없다는
점을 들어 논파하고 있다.

'47-1. Skt., 왜냐하면, 만일 인식 방법들에 의해 인식 대상들이 성립하고, 또 그런
인식 방법들은 바로 그런 인식 대상들에 의해 성립되는 것이라면, 인식 대상들이
성립하지 않은 경우는, [인식 방법들의] 원인[인 인식 대상들이 성립하지 않은 것인데,
성립되지 않은 인식 대상들이 어떻게 [인식 방법들을] 성립시키겠는가?'

　　　　　　　　　　　　　　　　　　　　　　　　　　　—VK, pp. 210-211.

> 그것들[인식 대상]을 성립하는 것이라면
> 그것들이 어떻게 성립되겠는가?[187]

[50]

གལ་ཏེ་ཕ་ཡིས་བུ་བསྐྱེད་བྱ།།	gal te pha yis bu bskyed bya//
གལ་ཏེ་བུ་དེ་ཉིད་ཀྱིས་ཀྱང་།།	gal te bu de nyid kyis kyang//
ཅི་སྟེ་ཕ་དེ་བསྐྱེད་བྱ་ན།།	ci ste pha de bskyed bya na//
དེས་ན་གང་གིས་གང་བསྐྱེད་སྨྲོས།།	des na gang gis gang bskyed smros//

> 만약 아버지에 의해서 아들이 태어나고
> 만약 바로 그 아들에 의해서도
> 그렇게[188] 그 아버지가 태어난다면,
> 만약 그렇다면[189] 누가 누구를 태어나게 했는지 말하거라![190]

[51][191]

དེ་དག་གཉི་གའང་ཕ་དང་བུའི།།	de dag gnyi ga'ng pha dang bu'i//
མཚན་ཉིད་འཛིན་པས་དེ་ཡི་ཕྱིར།།	mtshan nyid 'dzin pas de yi phyir//
དེ་ལ་ཁོ་བོ་ཐེ་ཚོམ་འགྱུར།།	de la kho bo the tshom 'gyur//
དེ་ལས་ཕ་གང་བུ་གང་སྨྲོས།།	de las pha gang bu gang smros//

----

187. 바로 앞의 게송의 인식 방법과 인식 대상의 순서만 바뀌어 있을 뿐, 전체 게송이 동일한 구조를 띠고 있다. 용수의 작법 가운데 하나다.

188. '그렇게'로 옮긴 '찌떼(ci ste)'를 김성철은 '오히려'라고 옮겼는데 문법적으로 '만약 ~한다면'을 뜻하는 이 단어를 티벳어에서는 한 문장에서 숨을 돌릴 때도 관용적으로 사용하기도 한다.

189. '만약 그렇다면'으로 옮긴 '데나(des na)'는 앞의 3행 말미의 '나(na)'를 받으며 용례는 바로 앞의 '찌떼'와 유사하다. 1행 7자의 운자를 맞추기 위해서 이런 식으로 글자의 수를 늘린 경우다.

190. 인식 방법과 인식 대상의 순서가 바뀌었을 때의 문제를 지적한 바로 앞의 두 게송에 대한 예로 아버지와 아들의 순서를 통해서 논파하고 있다.

191. [대만판]에는 이 게송 자체가 누락되어 있다.

> 그 둘 모두가[192] 또한 아버지와 아들의
>
> 특징[193]을 갖추고 있기 때문에,[194] 그 때문에
>
> 그것에 대해서 나는 의심을 품는다.
>
> 그러니[195] 누가 누구를 태어나게 했는지 말하거라![196]

[52][197]

ཚད་མ་རྣམས་ནི་རང་ཉིད་ཀྱིས།།	tshad ma rnams ni rang nyid kyis//
འགྲུབ་མིན་ཕན་ཚུན་གྱིས་མིན་པའམ།།	'grub min phan tshun gyis min pa'm//
ཚད་མ་གཞན་གྱིས་མ་ཡིན་ལ།།	tshad ma gzhan gyis ma yin la//
གཞན་བྱས་མ་ཡིན་རྒྱུ་མེད་མིན།།	gzhan byas ma yin rgyu med min//

> 인식 방법[量]은 1) 바로 그 자기 스스로
>
> 성립하는 것이 아니(고) 2) 서로에 의해서 (성립하는 것도) 아니고[198]
>
> 3) (그) 인식 방법[量]은 다른 (어떤) 것에 의해서 (성립하는 것도) 아니고[199]
>
> 4) 인식 대상[所量]에 의해서 (성립하는 것도) 아니(고) 5) 원인 없이[無因]

....

192. '양수(dual)'의 '닥(dag)'이 쓰였으나 뒤에 둘을 뜻하는 '니가(gnyi ga)'가 따라와 '모두'로
     옮겼다.

193. 4번 게송에서 '정의'라고 옮긴 '첸니(mtshan nyid)'를 여기서는 특징으로 옮겼다.

194. 여기에 쓰인 도구격[Ins.] 's'는 원인, 이유 등을 나타낸다.

195. '데레(de las)'를 직역하면 '그것으로부터'지만 'then'이라는 용법이 있어 이것에 따랐다.
     [Pek.]에서는 바로 앞의 게송처럼 '데나(des na)'로 되어 있다.

196. 아버지가 없으면 아들이라는 이름이 존재할 수 없고, 아들이 없으면 아버지라는 이름
     또한 존재할 수 없는 예를 들어 둘의 관계에 대해서 논파하고 있다. 다음 게송의 주석을
     통해 살펴보면, 이 게송까지 5번 게송에 대한 논파다. 5번 게송은,

       어떤 자가 만약 현량(現量)이
       사태(事態)들을 소연(所緣)하는 것이기 때문에 부정한다면
       그에게는 사태들을 소연(所緣)하는 것인
       바로 그 현량이 존재하지 않는다.

     그리고 다음의 6번 게송에 대한 논파다.

197. [대만판]에서는 앞의 1, 2행이 **빠져** 있다. 결국 총 6행이 누락되어 있는 셈이다.

64

(성립하는 것도) 아니다.[200]

[53]

ཆོས་ཀྱི་གནས་སྐབས་རབ་མཁས་པ།།　　chos kyi gnas skabs rab mkhas pa//

དགེ་བ་ཡིས་ནི་ཆོས་རྣམས་ཀྱི།།　　dge ba yis ni chos rnams kyi//

དགེ་བའི་ཆོས་རྣམས་རང་བཞིན་གང་།།　　dge ba'i chos rnams rang bzhin gang//

དེ་ལྟར་རབ་ཕྱེ་བརྗོད་བྱ་ཡིན།།　　de ltar rab phye brjod bya yin//

법(法)의 상태를 잘 아는 자가

바로 그 선한[201] 법(法)들 가운데, (즉)

선법(善法)들 (가운데 그것의) 자성(自性), (바로 그) 어떤 것을 (언급한다

....

198. 접속사 '암('m)'이 쓰였는데 순접의 기능으로 보고 옮겼다.
199. '라둔(la 'dun)'의 '라(la)'가 쓰였는데 여기서도 순접 접속사의 기능을 하고 있다.
200. 총 5개에 걸쳐 인식 방법이 성립할 수 없다는 점에 대해서 지적하는 게송으로 논파의 대상이 되는 6번 게송은 다음과 같다.

　　비량(比量)・성언량(聖言量)과 비유량(譬喩量)(에 의해 성립된 것)과
　　비량(比量)・성언량(聖言量)에 의해 성립된 것과
　　비유량(譬喩量)(에 의해) 성립된 것의 그 어떤 것이든
　　(그것은) 바로 그 현량을 통해서 답한 것[=논파](과 같다).

　　이 게송의 주석에는 20, 30, 40, 26가지의 다양한 인식 방법들의 조합이 등장하는데 김성철은 이것들에 대해서 차례대로 열거한 후 VB의 언급을 다음과 같이 설명하고 있다.

　　'215) [Bhatt.] 여기 등장하는 數字들이 의미하는 바는 무엇일까? 특히 마지막에 있는 26이 의미하는 바는 무엇일까? 위에 나열되어 있는 원인들의 수를 '다른 전승량까지 합산하면 20이라는 숫자가 얻어진다. 아마 저는 먼저 10이라는 단위로 그 수를 늘리고자 한 것 같다. 그리고 다시 10을 늘린 후 마지막으로 어떤 수를 20에 곱하고자 한 것 같다. 그래서 'ṣaṭviṃśati', 즉, '100개의 20'이라고 읽으면 어떨까? 물론 이 모든 것은 추측일 뿐이다(VK, p. 225).'

　　이와 같은 숫자들은 인식 대상에 다양한 인식 방법들이 존재할 수 있는 것을 보여주는 경우지만, '무분별(無分別), 무착난(無錯亂)을 뜻하는 현량(現量)이 추론에 따른 올바른 판단[推理知]을 뜻하는 비량(比量)과 결합할 수 있는가?'라는 의문을 한다.
　　다음 게송부터 7번 게송에 대한 논파가 시작된다.

면)[202]

　그와 같다면 (선법들과 그것들의 자성을) 세밀하게 나누어 언급한 것[203]이
다.[204]

[54]

གལ་ཏེ་དགེ་བའི་ཆོས་རྣམས་ཀྱི།། 　　gal te dge ba'i chos rnams kyi//

རང་བཞིན་འགའ་ཞིག་བརྟེན་སྐྱེ་བ།། 　　rang bzhin 'ga' zhig brten skye ba//

དེ་ནི་གཞན་འགའ་ཞིག་དེ་ལྟ་ན།། 　　de ni gzhan 'ga' zhig de lta na//

རང་གི་ངོ་བོར་ཇི་ལྟར་འགྱུར།། 　　rang gi ngo bor ji ltar 'gyur//

　만약 선법(善法)들의
　자성(自性)이 어떤 것[205]에 의지하여 생겨난다면
　바로 그것이 (그렇게) 다른 것[206]에 그와 같이 (의지하는 것)이라면
　(그것이 자기 자신의) 자성(自性)[207]으로 어떻게 되겠느냐?[208]

....

201. [Pek.]는 소유격[Gen.] '이(yi)'가 사용되어 있는데 이럴 경우 3행처럼 앞의 '와(ba)'와
　　함께 쓰여 '배(ba'i)'로 쓴다. 문법적으로 맞지 않는 경우로 '선한 이유로' 보고 옮길
　　수 있지만, 바로 다음 행의 '선법들'의 반복을 피하고 운자를 맞추기 위한 것으로 보고
　　[Pek.]처럼 소유격[Gen.]으로 보고 옮겼다.
202. 7번 게송을 인용하며 축약한 것으로 보고 첨언하였다.
203. '세밀하게 나누어 언급한 것'으로 옮긴 '랍체 죄자(rab phye brjod bya)'를 김성철은
　　'철저히 분별하여 발화되는 것'으로 옮겼는데 'subdivided'의 용례에 따라 '랍체'를 옮겼으
　　며 '말한 것, 언급한 것'으로 보고 '죄자(brjod bya)'를 옮겼다. '발화되는 것'의 의미가
　　무엇인지 불분명하다.
204. 선법과 그것에 대한 자성을 나누었을 경우로 선법들이 고정불변하는 실체를 가진 것,
　　즉 자성으로 나뉘었을 경우, 2개의 다른 개념자들이 형성된다는 것에 대한 언급이다.
　　다음 게송에서 이 문제에 대한 논파가 등장한다.

　　　7번 게송은 다음과 같다.

　　　법(法)의 상태를 아는 사람은
　　　선법(善法)들 가운데
　　　바로 그 선(善)한 자성(自性)을
　　　생각하고 그리고 그 나머지들도 또한 (생각한다.)

[55]

ཆོན་ཏེ་དགེ་བའི་ཆོས་རྣམས་ཀྱིས།།

'on te dge ba'i chos rnams kyis//

རང་གི་ངོ་བོ་དེ་འགའ་ལའང་།།

rang gi ngo bo de 'ga' la'ng//

མ་བརྟེན་སྐྱེ་ན་དེ་ལྟ་ནའང་།།

ma brten skye na de lta na'ng//

ཚངས་པར་སྤྱོད་གནས་མི་འགྱུར།།

tshangs par spyod gnas mi 'gyur//

만약 선법(善法)들의

자성(自性)이 어떤 것에도

의지하지 않고 생겨난다면, 그와 같다면[209]

범행(梵行)[210]을 수행하는 것[211]은 불가능하게 된다.[212]

....

205. '조금'을 뜻하는 '가쉭('ga' zhig)'이 쓰였다. 용례에 '어떤 것들'이 있어 이에 따랐다.

206. '대상, 사물' 등을 뜻하는 '된(don)'이 쓰였다.

207. 앞의 게송들에 등장하는 '자성(自性)'을 뜻하는 '랑쉰(rang bzhin)' 대신에 '랑기 노보(rang gi ngo bo)'로 나와 있다.

208. 게송의 요지는 자성(自性)의 정의, 즉 변화 불가능성을 통해서 선법(善法)이라 할지라도 그 실체가 없다는 것인데, [Pek.]와 차이가 심하다.

   [Pek.]
   gal te dge ba'i chos rnams kyis//
   dge ba'i rang gi ngo bo de//
   brten nas skye de lta na//
   gzhan don rang ngor ji ltar 'gyur//

   만약 선법(善法)들이
   선한 자기 자성(自性), 그것에
   의지하여 생겨나는 것이라면, 그와 같다면
   다른 것을 (자기 자신의) 자성(自性)으로 (삼는 것이) 어떻게 가능하겠느냐?

   김성철은 의미상으로 보면 같은 뜻이지만 1행 말미의 도구격[Ins.] '끼(kyis)'를 소유격 [Gen.]으로 보고 옮기고 있다. 결국 선법의 자성이 존재할 경우 연기법에 어긋나게 된다는 뜻이다.

209. 2행의 말미처럼 '앙('ng)'이 첨언되어 있는데 운율을 맞추기 위한 것으로 보고 옮겼다.

210. [BD] 범행(梵行): 【범】 brahmacarya 범은 청정·적정의 뜻, 맑고 깨끗한 행실. 정행(淨行)과 같음. (1) 더럽고 추한 음욕을 끊는 것을 범행이라 한다. 곧 범천의 행법이란 말. (2) 5행(行)의 하나. 공(空)·유(有)의 양쪽에 치우쳐 물들지 않고, 맑고 깨끗한 자비심으로

[56]

རྒྱུ་མི་ལྡན་པ་རྟག་པའི་ཕྱིར།།

ཆོས་རྣམས་ཐམས་ཅད་རྟག་པར་འགྱུར།།

ཆོས་དང་ཆོས་མ་ཡིན་མེད་ཅིང་།།

འཇིག་རྟེན་པ་ཡི་ཐ་སྙད་མེད།།

rgyu mi ldan pa rtag pa'i phyir//

chos rnams thams cad rtag par 'gyur//

chos dang chos ma yin med cing//

'jig rten pa yi tha snyad med//

> (그리고) 원인을 가지지 않는 것(들)이 항상하기 때문에
> 모든 법(法)[213]들이 항상하게 된다.
> (또한) 법(法)과[214] 법이 아닌 것[非法](의 분별)이 존재하지 않게 되고[215]
> 세간의 언어 (관습)[216](도) 존재하지 않게 된다.[217]

....

    중생의 고통을 건지고 낙을 주는 보살행.

211. '수행하며 머무는 것'으로 옮긴 '쬐네(spyod gnas)'를 해자해보면 '수행＋머물다'는 뜻도 되고 '수행하다'는 뜻도 되는데 여기서는 후자에 따랐다. 범행을 수행하며 머무는 것을 김성철은 '청정하게 수행함(＝梵行)을 살아감'으로 옮기고 있다(VK, p. 235).

212. 범행의 수행을 사성제에 따른 수행으로 보고 있는 이 게송의 주석에는 '연기를 보는 자, 그 자는 법을 본다.'는 유명한 게송이 나온다(VK, 54-3, pp. 238-239 참조). VK의 주석에는 VB의 중요한 내용을 인용해 두고 있다.

    '229) [Bhatt.] 모든 사물이 空하다는 중관파(Mādhyamika)의 주장은 종교적 수행을 망치는 것이 분명해 보인다. 그러나 중관논사들은, 그와 반대로 사물이 空하지 않을 경우에, 모든 종교적 수행은 무의미해진다고 대답한다. 空性은 곧 緣起(pratīyasa-muptpāda)이다. 그러나 만일 '緣起'가 없다면 苦와 苦의 集起도 없고 바로 그 때문에 苦의 滅과 그런 滅로 인도하는 길(道)도 없게 된다. 모든 것이 不動이 되어 버린다. …(VK, p. 235).'

    K. 밧따차리야뿐만 아니라 구축적 관점을 가진 불교학자들에게 '종교적 수행을 망치는 것'으로 유명한 공사상일지 모르지만 중관학파의 근본적인 생각은 모든 자성의 존재를 부정하는 '연기＝공'이라는 생각이 심화될 때만 수행은 삶 그 자체가 될 것이라는 점에는 어떤 변화가 있을 수 없다. 다음 게송에서 이 문제에 대해서 자세히 설명하고 있다

213. 법(法)이 불법, 정의라는 뜻뿐만 아니라 '현상(phenomena)'이라는 뜻을 가지고 있음을 유념하면 '변화, 운동하지 않고 항상하는 법[현상]'이 자연계뿐만 아니라 일상생활에서 얼마나 큰 문제인지 자연스럽게 와 닿는다.

214. [Pek.]에서는 '쌈(sam)'이 쓰였는데 '최(chos)'의 's'를 받는 연결 접속사로 같은 의미다. 김성철은 'or'로 보고 '법이나 법이 아닌 것'으로 옮겼다.

215. 3, 4행의 말미에 '없다, 존재하지 않는다'는 뜻을 지닌 '메빠(med pa)'가 쓰였으나, 1행의

སི་དགེ་བ་དང་ལུང་མ་བསྟན།།

ངེས་འབྱིན་སོགས་ལ་འང་སྐྱོན་དེ་བཞིན།།

དེ་བས་ཁྱོད་ཀྱི་འདུས་བྱས་ཀུན།།

འདུས་མ་བྱས་པ་ཉིད་དུ་འགྱུར།།

mi dge ba dang lung ma bstan//

nges 'byin sogs la'ng skyon de bzhin//

de bas khyod kyi 'dus byas kun//

'dus ma byas pa nyid du 'gyur//

(또한)[218] 불선(不善)[219]과 무기(無記),[220] (그리고)

출리(出離)(의 법) 등에도 그와 같은 오류(가 발생하게 된다.)

그러므로 그대의 모든 유위(有爲)(법)[221]들은

....

'원인을 가지지 않는 것(들)', 즉 인연/인과가 성립하지 않을 경우 변화가 있을 수 없다는 것에 뒤따라오는 것으로 보고 2행 말미의 '되다'는 뜻을 지닌 '귤와('gyur)'를 첨언하여 옮겼다.

216. '언어 (관습)'라고 옮긴 '타녜(tha snyad)'에는 '세간'이라는 뜻이 있다. 28번 게송 참조.

217. 주석에 따르면 공(空)하지 않은 경우, 즉 연기법이 존재하지 않는 경우의 여러 문제들에 대해서 논파하는 게송으로 그 예들에 대해서 김성철은 『중론』의 게송들을 예로 들고 있다. 인용된 게송들의 졸역은 다음과 같다.

행[行=작용] 등이 옳지 않다면
법(法)과 법이 아닌 것[非法]은 존재하지 않는다.
법(法)과 법이 아닌 것[非法]이 존재하지 않는다면
그로부터 발생한 과보는 존재하지 않는다.
　　　　　　　—「제8품. 행위와 행위자에 대한 고찰」, [116. (8-5)]번 게송.

어떤 것에 공성(空性)이 타당하다면
그것에는 모든 것이 타당하다.
어떤 것에 공성(空性)이 타당하지 않다면
그것에는 모든 것이 타당하지 않다.
　　　　　　　—「제24품. (사)성제(四聖諦)에 대한 고찰」, [358. (24-14)]번 게송.

(만약 그렇다면) 법(法)과 법이 아닌 것[非法]이 존재하지 않아도
과(果)가 그대에게 존재하는 것으로 된다.
(그리고) 법(法)과 법이 아닌 것[非法]의 원인[因]으로 생겨난
과(果)가 그대에게 존재하는 않는 것으로 (된다.)
　　　　　　　—같은 품, [378. (24-34)]번 게송.

다음 게송은 8번 게송에 대한 논파이다.

218. 2행 중간에 '앙('ng)'이 쓰여 있어 첨언하여 옮겼다.

무위(無爲)(법)[222] 자체로 (전락)된다.[223]

[58]

གང་ཞིག་རང་བཞིན་བཅས་པ་ཞེས།།　　gang zhig rang bzhin bcas pa zhes//

མིང་དེ་ཡོད་པར་སྨྲབ་བ་ལ།།　　　ming de yod par smrab ba la//

དེ་ལྟར་ཁྱོད་ཀྱིས་ལན་བཏབ་ཀྱི།།　　de ltar kyis lan btab kyi//

ང་ཡི་མིང་ཡོད་མི་སྨྲའོ།།　　　　nga yi ming yod mi smra'o//

> 누군가 "(무엇이든) 자성을 가진다."고 하는,[224]
> (그러므로) '그 이름[名][225]이 존재한다고 말하는 것',[226]
> 그와 같은 것은 그대의 대답에 있지[227]

....

219. [고] 불선(不善): Ⓢ akuśala 선하지 않은 것. 5역(逆), 10악(惡) 등을 가리킴. 현세(現世)에는 자타(自他)에게 손해를 주고, 미래세(未來世)에는 고과(苦果)를 받게 되는 것.

220. [BD] 무기(無記): 【범】 avyakṛta. 3성(性)의 하나. 온갖 법의 도덕적 성질을 3종으로 나눈 가운데서 선도 악도 아닌 성질로서 선악 중의 어떤 결과도 끌어오지 않는 중간성(中間性)을 말한다. 이 무기에는 다 같이 선악의 결과를 끌어올 능력이 없으면서도 수행을 방해하는 유부(有覆)무기와 방해하지 않는 무부(無覆)무기가 있음.

221. [고] 유위법(有爲法): Ⓢ saṁskṛta-dharma. 여러 가지 원인과 조건이 모여 형성된 것. 인연에 의해 생멸 변화하는 현상계의 모든 사물. 인과 관계로 구속되어 있는 존재.

222. [고] 무위법(無爲法): Ⓢ asaṁskṛta-dharma. 인연의 결합이나 조작을 떠나, 작용을 갖게 하지 않는 것. 인연의 지배를 받지 않는 상태. 윤회로부터 해탈한 경지나 연기의 이치 등을 일컫는다.

223. 8번 게송은 다음과 같다.

> 어떤 분들은 '출리(出離)의 법(法),
> (그) 법(法)의 상태에 대해서 말씀하셨다. (왜냐하면) 그것[出離法]들(에는)
> 출리(出離)의 자성(自性) 자체가 (존재하기 때문이다.)
> 자성은 출리(出離)가 아닌 것[非出離法] 등도 (마찬가지로 존재한다.)

이 게송에서 무위법(無爲法)은 긍정적인 의미가 아니라 모든 개념자들 자체가 의미 없는 것으로 전락하고 만다는 부정적인 뜻이다. 7번 게송의 주석에 119가지의 선법들에 대해서 설명하고 있으므로 그것까지 포함한 논파에 해당한다. 즉, 출리법뿐만 아니라 '비출리법(非 出離法)'을 불선법과 무기법으로 나누고 그것을 1행에서 언급한 것이다. 다음 게송은 9번 게송에 대한 논파다.

224. 인용을 뜻하는 '셰(zhes)'가 쓰였다.

나의 이름[名]²²⁸에 존재하는 말이 아니다.²²⁹

[59]

སྨིང་མེད་ཅེས་བྱ་གང་ཡིན་འདི།།   ming med ces bya gang yin 'di//

ཅི་དེ་ཡོད་པའམ་མེད་པ་ཡིན།།   ci de yod pa'm med pa yin//

....
225. 원문에는 '이름[名]'을 뜻하는 '밍(ming)'이 쓰였다. 논의의 대상이 되는 인용을 뜻할
     경우 '언급'으로도 옮길 수 있겠으나, 주석에는 '자성을 가진 사물에 대한 명칭'이란
     뜻으로 나와 있어 '명칭'으로 옮겼다.
226. '라둔(la 'dun)'의 '라(la)'를 인용을 뜻하는 것으로 보고 옮겼다. 9번 게송의 1, 2행인
     논박자의 주장에 대한 용수의 해석이다.
227. 소유격[Gen.] '끼(kyi)'를 부정 접속사의 기능을 하는 것으로 보고 옮겼다.
228. 주석에 따르면, 용수의 주장인 '무자성한 사물, 사태에 대한 명칭'을 뜻한다.
229. '셰(zhes)', '밍(ming)', '먀와(smrab ba)', '렌땁(lan btab)' 등의 인용, 언급, 말하는 것,
     대답 등 말에 관련된 여러 단어들이 등장하고 있다. 논파의 대상이 되는 9번 게송은
     다음과 같다.

         만약 법(法)들의 자성이 존재하지 않는다(면)
         "자성은 존재하지 않는다."는 언급,
         그 말 또한 그와 같이 존재하지 않게 된다.
         (왜냐하면) 근거[=base]가 없는 바로 그런 말은 존재하지 않기 때문이다.

     이 9번 게송의 논박자의 주장은 '존재하지 않는다.'는 말, 그것을 통해서 비존재성이
     증명된다면 그것 자체가 말의 존재성을 증명한다는 것인데, 용수의 답변은 '(사물은)
     자성을 가진다.'는 말, 즉 '자성이 존재한다.'는 말을 한 사람은 자신이 아니라 논박자라는
     지적부터 하고 있다. 산스끄리뜨어 게송과 주석의 의미가 명확하다.

       'Skt., 57. 여기서 '이름이 실재한다.'고 말하는 자는, '[모든 법들은] 자성이 있다.'고
     그와 같이 그대에 의해 논박당해야 하리라. 그러나 우리는 그렇게 말하지 않는다.
       57-1. 여기서 '이름은 실재한다.'고 말하는 [어떤] 자가 있어서 '모든 법들은 자성을
     갖지 않는다.'고 말한다면 그는 '[모든 법들은] 자성을 갖는다.'고 그대에 의해 논박되어
     야 하리라. 그러므로 그것의 자성이 실재하기 때문에, 그런 자성의 이름도 실재해야
     하리라. 왜냐하면, 자성은 실재하지 않는데 이름이 실재할 수는 없기 때문이다.
       57-2. 그와 달리 우리들은 이름이 실재한다고 말하지 않는다. 사물의 자성이 존재하지
     않기 때문에, 실로 그것(=사물)의 이름도 무자성(無自性)하다. 그 때문에 공(空)이고,
     공성(空性)이기 때문에 [사물의 자성은] 실재하지 않는다. 그러므로 '이름이 실재하기
     때문에 자성이 실재한다.'고 그대가 말하는 것은 옳지 않다(VK, pp. 253-255).'

     [Pek.]에서는 2행의 '밍데(ming de)' 대신에 바로 그 이름을 뜻하는 '밍니(ming ni)'가,
     3행 말미의 '끼(kyi)' 대신에 도구격[Ins.] '끼(kyis)'로 쓰여 있다. 전자의 뜻은 같지만,
     후자의 경우에는 원인, 이유 등을 뜻하므로 '있기 때문에'로 옮길 수 있다.

གལ་ཏེ་ཡོད་དམ་མེད་ཀྱང་རུང་།། gal te yod dam med kyang rung//

ཁྱོད་ཀྱིས་སྨྲས་པའང་གཉིས་ཀའང་ཉམས།། khyod kyis smras pa'ng gnyis ka'ng nyams//

"이름[名]이 존재하지 않는다."는 것,[230] 그 어떤 것이 존재한다는 이것,[231]

그것은 어떤 존재하는 것인가? 아니면[232] 존재하지 않는 것인가?

비록 (그것이) 존재하는 것이거나 존재하지 않는 것이라고[233]

그대가 (어떻게) 설명할지라도[234] 그 둘도[235] (모두) 훼손된다.[236]

---

230. 인용을 뜻하는 '쩨자(ces bya)'가 쓰였다.

231. 비존재의 존재성인지, 아니면 그 명칭에 대한 존재성인지에 대해서 논란이 되는 부분인데 (VK, p. 257, 각주 259번 참조), 티벳역 게송의 내용은 '비존재를 대상으로 하는 명칭'임이 분명하다.

232. 접속사(conjunction)인 '암('m)'을 'nor'로 보고 옮겼다.

233. 3행 어두의 '겔떼(gal te)'와 말미의 '룽(rung)', 그리고 4행의 중간에 있는 '앙('ng)'과 함께, '비록 ~할지라도(even though)'로 보고 옮겼다.

234. '말하다'를 뜻하는 '먀빠(smras pa)'를 의미에 맞게 '설명하다'로 옮겼다.

235. '앙('ng)'을 강조사로 보고 옮긴 매우 예외적인 경우다.

236. 이 게송에 대해서 김성철과 K. 밧따차리야는 '비존재에 대한 명칭'의 문제에 대해서 논의하고 있다.

'261) [Bhatt.] 논박자가 보기에는 '비존재'라는 이름조차 존재한다. 그러나 중관논사가 보기에는 그런 견해는 자기모순에 빠져 있는 것이다. …(VK, p. 258).'

중관논사에게는 '비존재'라는 이름조차 존재하는 것이 아니라 '존재', 그리고 그에 대한 이름조차 자성을 띤 고정불변한 속성을 가진 것이 아니라는 점이 중요하다. 즉, 사구부정에서 'A의 경우', 그것이 존재이든 그것에 대한 명칭이든 그것을 논파할 수 있지만 '~A의 경우', 그것의 논파는 오직 'A의 경우'를 통해서만 가능하다는 점이다.

이 게송에 대한 주석은 다음과 같다.

'또, 비존재라는 이런 이름은 존재에 속한 것인가, 아니면 비존재에 속한 것인가? 실로, 그런 이름이 존재에 속하건 비존재에 속하건 두 경우 모든 주장이 파괴된다. 거기서 [먼저] 만일, 비존재라는 이름이 존재에 속해 있다[고 주장한다]면, [그런] 주장은 파괴된다. 왜냐하면, 지금 비존재인 그것이 [그와 동시인] 지금의 존재가 아니기 때문이다. [그렇다고 해서] 비존재라는 이름이 비존재에 속해 있다[고 주장한다]면, 실재하지 않는 것의 이름은 존재하지 않는다[고 논파된다]. 그러므로 '이름은 실재하는 자성을 갖는다.'는 주장은 파괴된다(VK, pp. 258-259).'

དངོས་པོ་དག་ནི་ཐམས་ཅད་ཀྱི།།   dngos po dag ni thams cad kyi//

སྟོང་པ་ཉིད་ནི་སྔ་བསྟན་པས།།   stong pa nyid ni snga bstan pas//

དེ་ཕྱིར་དམ་བཅས་མེད་པར་ཡང་།།   de phyir dam bcas med par yang//

ཀླན་ཀ་གང་ཡིན་དེ་ཚོལ་བྱེད།།   klan ka gang yin de tshol byed//

바로 그 모든 사태들의

바로 그 공성(空性)에 대해서는 앞에서 (이미) 설명했기 때문에,[237]

그러므로 (나에게는 그 어떤) 주장[238]도 없음에도[239]

(그대는) 그 어떤 과실(過失)이 있는지 그것을 찾으려고 한다.[240]

....

    [Pek.]는 1행의 인용구 때문에 전체적으로 약간 차이가 있다.

    med la ming med ces gang yin 'di//
    ci de yod pa'am med pa yin//
    gal te yod pa'am med pa yin//
    khyod kyis smras pa'ang gnyis ka'ang nyams//

    "존재하지 않는 것에는 (그) 이름[名](도) 존재하지 않는다."는 것, 그 어떤 것이 존재한다는 이것,
    그것은 어떤 존재하는 것인가? 아니면 존재하지 않는 것인가?
    비록 (그것이) 존재하는 것이거나 존재하지 않는 것이라도
    (그리고 비록) 그대가 (그것을 어떻게) 설명할지라도 그 둘은 (모두) 훼손된다.

237.   도구격[Ins.] 's'를 원인, 이유 등으로 보고 옮겼다.
238.   '주장'에 대해서는 2번 게송 각주 참조.
239.   '라둔(la 'dun)'의 'r'과 강조사 '양(yang)'을 'even though'로 보고 옮겼다.
240.   중관학파의 '나의 주장은 없다'에 해당한다. 이에 대한 주석 가운데 중요한 것은,

    'Skt., 59-2. 공성이 아니라고 고집하고서, '만일 사람들의 자성이 없다면, 무자성이라는 이런 이름도 역시 없으리라'고 되받아치는 말을 한다. 이는 결국, 그대가 (우리의) 주장이 아닌 것에 대해 비난하는 꼴이다. 왜냐하면, 우리는 이름은 실재한다고 말하지는 않기 때문이다(VK, pp. 262-263).'

    다음은 10번 게송에 대한 논파다.

ཝོན་ཏེ་རང་བཞིན་ཞིག་ཡོད་ལ།།　　　'on te rang bzhin zhig yod la//

དེ་ནི་ཆོས་ལ་མེད་དོ་ཞེས།།　　　de ni chos la med do zhes//

དོགས་འདི་རིགས་པ་མ་ཡིན་མོད།།　　　dogs 'di rigs pa ma yin mod//

དོགས་པ་དེ་ན་ཁྱོད་ཀྱིས་བྱས།།　　　dogs pa de na khyod kyis byas//

만약 "자성(自性)은 어떤 (식으로든)²⁴¹ 존재하지만²⁴²

바로 그것의 법(法=현상)에는 존재하지 않는다."라는²⁴³

이와 같은 우려는 옳은 것이 아니니²⁴⁴ (그러므로 그대가)

만약 바로 그런 우려를 한다면²⁴⁵ (그것은) 그대가 행하는 (그릇된) 것이다.²⁴⁶

---

241. '어떤, 하나의'를 뜻하는 '쉭(zhig)'이 쓰여 있어 윤문하여 옮겼다.
242. '라둔(la 'dun)'의 '라(la)'를 역접의 기능을 하는 접속사로 보고 옮겼다.
243. 형태상으로는 10번 게송 1, 2행과 거의 같으며 의미는 같다.
244. '~이 아니니 (그러므로)'로 옮긴 3행 말미의 '마인뫼(ma yin mod)'는 10번 게송의 1행의 '외뫼끼(yod mod kyi)'와 같은 기능을 한다. 좀처럼 보기 어려운 용례다.
245. '가정법'의 '나(na)'를 처격[loc.]으로도 옮길 수 있다. 이 경우, '바로 그런 우려에는'이 된다.
246. 논파의 대상이 되는 10번 게송은 다음과 같다.

    '만약 자성(自性)은 존재하고 있지만
    바로 그것이 법(法=현상)들에는 존재하지 않는다.'(고 주장한다)면,
    그 (주장) 때문에 법(法)들과 분리된
    자성(自性)이 무엇인지, 그것에 대해서 설명하는 것이 바람직하다.

    앞의 게송들에서 설명하였듯, 무자성, 즉 공성에 대한 '우려' 따위는 필요가 없다는 뜻인데, [Pek.] 3, 4행의 경우 내용과 차이가 조금 있다.

    [Pek.]
    'on te rang bzhin zhig yod la//
    de ni chos la med do zhes//
    dogs pa bsu na smra ba 'di//
    dogs pa gang yin de med do//

    만약 "자성(自性)은 어떤 (식으로든) 존재하지만
    바로 그것의 법(法=현상)에는 존재하지 않는다."라는
    이런 우려를 보낼지라도 (나의) 이 말[주장]에는

[62]

གལ་ཏེ་ཡོད་ཉིད་འགོག་ཡིན་ན།།　　　gal te yod nyid 'gog yin na//

འོན་སྟོང་ཉིད་རབ་འགྲུབ་སྟེ།།　　　'o na stong nyid rab 'grub ste//

དངོས་རྣམས་རང་བཞིན་མེད་ཉིད་ལ།།　　dngos rnams rang bzhin med nyid la//

ཁྱོད་ནི་འགོག་པར་བྱེད་པས་སོ།།　　　khyod ni 'gog par byed pas so//

만약 존재하는 것 자체를 부정하는 것이라면

그렇다면 공성(空性)은 완벽하게[247] 성립한다. 왜냐하면[248]

사태들의 자성(自性)이 존재하지 않는 것[無自性] 자체를

바로 그대가 부정하기 때문이다.[249]

---

[63]

སྟོང་ཉིད་གང་ལ་ཁྱོད་འགོག་པའི།།　　stong nyid gang la khyod 'gog pa'i//

སྟོང་ཉིད་དེ་ཡང་མེད་ཡིན་ན།།　　　stong nyid de yang med yin na//

འོན་ཡོད་པ་འགོག་ཡིན་ཞེས།།　　　'o na yod pa 'gog yin zhes//

어떤 우려할 것이, 그것이 존재하지 않는다.

[Pek.] 판본에 따라서 3행의 '쑤나(bsu na)'가 '부와(bus ba)'로 된 경우도 있는데 개인적으로 동사를 만드는 보조 동사 '똥와(gtong ba)'와 같은 의미라면 후자도 어울리는데 이때는 '부와'가 아니라 '부빠(bus pa)'로 써야 된다. 다음 게송은 11번 게송에 대한 논파다.

247. '랍(rab)'에 'absolutely, supreme'의 뜻이 있어 '완벽하게'로 옮겼다.

248. 2행의 말미에 쓰인 '학쩨(lhag bcas)'인 '떼(ste)'를 여기서는 원인, 이유 등을 설명하는 접속사로 보고 옮겼다.

249. 이 게송을 이해하기 위해서는 상대방의 주장을 그대로 반복하여 논파하는 '자띠 논법'의 대상이 되는 11번 게송의 내용이 중요하다.

(집에 물단지가 있을 수 있기) 때문에 '집에 물단지가 없다.'
라는 언급인 부정이 존재하는 것, 그 자체[=否定性]에서
(물단지의 자성을) 알 수 있다. 그러므로 그대의 (주장)도 마찬가지로
이런 부정이 존재하는 것에서 자성(自性)이 있다(는 것을 알 수 있다.)

즉, 4행의 논박자가 부정하는 것, 즉 '부정이 존재하는 것'이 '무자성'일 경우, 그 부정의 대상이 존재하기 때문에 '무자성'은 옳게 된다는 뜻이다. 다음 게송에서도 이 '자띠 논법'이 사용되고 있다.

སྨྲས་པ་དེ་ཉམས་མ་ཡིན་ནམ།།　　　smras pa de nyams ma yin nam//

> 공성(空性)인 어떤 것을 그대가 부정하여[250]
> 바로 그 공성(空性)이 존재하지 않는다는 것[~A]도 존재하게 된다면[251]
> 그렇다면 '존재하는 것을 부정하는 것이다'라는[252]
> 그 말[주장]이 훼손되는 것이 아니겠는가?[253]

[64]

དགག་བྱ་ཅི་ཡང་མེད་པས་ན།།　　　dgag bya ci yang med pas na//
དེ་ནི་ཅི་ཡང་མི་འགོག་གོ།།　　　de ni ci yang mi 'gog go//
དེ་ཕྱིར་འགོག་པ་བྱེས་དོ་ཞེས།།　　　de phyir 'gog pa byes do zhes//
ཡང་དག་མིན་ཏེ་ཁྱོད་ཀྱི་སྨྲས།།　　　yang dag min te khyod kyi smras//

> 부정의 대상이 (되는) 그 어떤 것도 존재하지 않는다면,
> 바로 그것은[254] 그 어떤 것도 부정하지 않는다.[255]
> 그러므로 '(내가 무엇을) 부정한다'는 것은

....

250. 소유격[Gen.] '이('i)'가 수식의 기능을 하는 것으로 보고 옮겼다.
251. '~이다'를 뜻하는 '인(yin)'이 쓰였으나 의미를 명확하게 하기 위하여 '~하게 된다'로
　　　옮겼다.
252. 인용을 뜻하는 '셰(zhes)'가 쓰였다.
253. 'A를 부정할 수는 있지만 ~A를 직접 논할 수 있는가?'라는 문제에 대한 중관파는 'A'라는
　　　고정불변의 자성이 존재하지 않기 때문에 'A에 대한 부정[~A]' 또한 성립하지 않는다고
　　　본다. 그러므로 'A에 대한 부정[~A]' 또한 직접 논할 수 없다.
　　　그러나 이 문제는 부정을 통한 논파에만 적용될 수 있지, 공성(空性)과 같은 방편의
　　　개념자를 두고 논할 수는 없다. 바로 이 점 때문에 논박자의 주장인 '존재를 부정하는
　　　것'이라는 것을 적용할 경우 논리적 모순에 빠질 수밖에 없음을 지적하고 있다. 이
　　　게송에 대한 주석은 다음과 같다.

　　　　'62-1. Skt., 만일, 그대가 모든 사물들의 무자성인 공성을 부정하며, 그런 공성은
　　　존재하지 않는 것이라면, 그런 경우, 존재하지 않는 것이 아니라 '존재하는 것에 대해
　　　부정이 있(을 수 있)다'고 하는 그대의 주장은 파괴된다(VK, pp. 270-271).'
254. [대만판]의 '나니(nga ni)'는 '데니(de ni)'의 오자다. '데나(de na)', 즉 '바로 그렇다면'으로

진실로 존재하지 않는, (오직) 그대의 말[주장](뿐)이다.[256]

....

보고 옮기면 그 의미가 더욱 명확하지만 원문에 따라 옮겼다.

255. 김성철의 VK에는 '양(yang)'이 누락되어 있다.

256. 이 게송은 산스끄리뜨어 원문 게송이 더욱 명확하다.

'나는 아무것도 부정하지 않으며, 부정되는 그 대상이 존재하는 것도 아니다. 그러므로 '너는 부정한다.'는 이런 비방은 그대에 의해 조작된 것이다(VK, p. 272).'

'부정주의', 즉 상대방의 그릇된 논의 자체를 부정하는 것을 목적으로 삼는 중관학파의 입장에서 '나는 아무것도 부정하지 않는다.'는 이 언급에 대해서 김성철은 다음과 같은 주석을 달아두고 있다.

'여기서 용수는 '나는 아무것도 주장하지 않는다.'라고 부정적인 표현을 쓰고 있다. 이는 역설(paradox)이다. '나는 거짓말쟁이다.'라는 <거짓말쟁이의 역설(liar paradox)>과 그 구조가 같은 자가당착에 빠진 말이다. 용수는 '나는 아무것도 주장하지 않는다.'는 주장을 하고 있고 '나는 아무것도 부정하지 않는다.'는 부정을 하고 있는 것이다. 러쎌(Russell)이나 타르스키(Tarski)라면 이런 발화(發話)는 다른 발화들보다 한 단계 위에 있는 <第2階의 말>이라든지, <메타 언어(meta-language)>라고 설명함으로써 난국에서 벗어나려고 할 것이다. 그러나 용수는 이런 차의적(次意的) 고안을 하지 않는다. 앞에서 변화인과 헛깨비의 비유에서 보았듯이, 또 앞으로 제64송(본역의 65게)의 주석문에서 보게 되겠지만 공성의 교리는 역설에 빠짐에도 불구하고 상대의 잘못된 집착을 시정해주는 역할을 하기에 유의미할 수 있는 것이다. 이는 불교 교설의 응병여약적(應病與藥的) 성격에 그대로 부합된다. … (VK, p. 272).'

김성철의 해석과 궤를 달리하지만 1, 2행의 대전제를 상정할 경우, 즉 'A가 존재하지 않을 경우 ~A는 불가능하다.'로 간단하게 해석할 수 있는 게송이다. [Pek.]는 4행에서 편차가 심하다.

[Pek.]
dgag bya ci yang med pas na//
de ni ci yang mi 'gog go//
de phyir 'gog pa byes do zhes//
bkur ba de ni khyod kyis btab//

부정의 대상이 (되는) 그 어떤 것도 존재하지 않는다면,
바로 그것은 그 어떤 것도 부정하지 않는다.
그러므로 '(내가 무엇을) 부정한다.'는
바로 그와 같은 비방은 (오직) 그대가 행하는 것이다.

다음 게송은 12번 게송에 대한 논파다.

ཚིག་མེད་པར་ཡང་མེད་པ་ཡི།།

འགོག་ཚིག་མི་འགྲུབ་མིན་ཞེ་ན།།

དེ་ལ་ཚིག་ནི་མེད་ཅེས་པར།།

གོ་བར་བྱེད་ཀྱི་སྐྱེ་སེལ་མིན།།

tshig med par yang med pa yi//

'gog tshig mi 'grub min zhe na//

de la tshig ni med ces par//

go bar byed kyi skye sel min//

'말이 없어도 존재하지 않는 것의

부정하는 말이 성립하지 않는 것이 아니다.'라고 한다면,[257]

그것에는 '바로 그 말이 없다.'는 것을

이해하는 것을 행하는 것이 있지[258] (그) 생겨났던 (말을) 제거하는 것이

아니다.[259]

....

257. 12번 게송의 3, 4행을 약간 변형하여 '~라고 한다면'을 뜻하는 '셰나(zhe na)'를 써서 인용하고 있다.

258. '행하는 것이 (있지)'라고 옮긴 '제끼(byed kyi)'의 소유격[Gen.] '끼(kyi)'는 여기서 부정 접속사의 기능을 한다.

259. 12번 게송은 다음과 같다.

> 만약 그 자성(自性)이 존재하지 않는다면
> 그대의 말[=무자성], 이것으로 무엇을 부정(할 수 있겠는가)?
> 말이 없어도 존재하지 않는 것의
> 부정은 완전히 성립된다.

이 게송의 주석에서는 '모든 사물들은 무자성하다는 이 말이 모든 사물들의 무자성함을 지어내지는 않는다(VK, p. 277).'는 언급과 함께 비유를 통해 그 예를 들고 있다.

'예를 들면, 이는 다음과 같다. 집에 데와닷따가 존재하지 않는 상황에서 '집에 데와닷따가 있다.'고 누군가가 말할 수 있다. 그런 상황에서 [다른] 누군가가 '그(=데와닷따)가 [집에] 없다.'고 반박할 수 있다. 그 말은 데와닷따의 부재를 지어내는 것이 아니라, 단지 집에 데와닷따가 존재하지 않는다는 사실을 일려줄 뿐이다. 그와 같이, '사물들에 자성이 없다.'는 이 말은 사물들의 무자성성을 지어내는 것이 아니라, 자성의 부재를 알려준다(VK, pp. 279-280).'

[데게판]의 '성립하지 않는 것이 아니다'라는 표현 때문인지 [Pek.]에서는 12번 게송의 인용과는 다소 차이가 나게 윤문되어 있다.

 སྒྱུག་རྒྱུ་དཔེ་ལ་ཁྱོད་ཀྱིས་ཀྱང་།།
རྩོད་པ་ཆེན་པོ་སྨྲས་པ་གང་།།
དེ་ཡང་ཅི་ནས་དཔེ་དེ་འཐད།།
གཏན་ལ་དབབ་པ་མཉན་པར་གྱིས།།

smig rgyu dpe la khyod kyis kyang//
rtsod pa chen po smras pa gang//
de yang ci nas dpe de 'thad//
gtan la dbab pa mnyan par gyis//

신기루의[260] 비유에서 그대에 의해서도
중요한 쟁점[261]으로 말해진 바 있는 그 어떤 것,
그것이 또한 어떤 식으로,[262] (즉) 그 비유가 올바른 것으로
확정되는지[263] 들어보아라.[264]

[Pek.]
tshig med par yang med pa yi//
'gog pa 'grub par 'gyur zhes na//
de la tshig ni med ces par//
go bar byed kyi skye sel min//

'말이 없어도 존재하지 않는 것의
부정이 성립하게 된다.'라고 한다면,
그것에는 '바로 그 말이 없다.'는 것을
이해하는 것을 행하는 것이 있지 (그) 생겨났던 (말을) 제거하는 것이 아니다.

다음 게송부터 13번 게송에 대한 논파가 시작된다.

260. [Pek.]에는 소유격[Gen.] '이(i)'가 첨언되어 있다.
261. '중요한 쟁점'으로 옮긴 '쬐빠 첸뽀(rtsod pa chen po)'가 [Pek.]에서는 '도와 첸뽀('gro ba chen po)'로 되어 있으며 김성철은 '위대한 진행'으로 옮기고 있다. 일반적으로 '위대한 [大]'을 뜻하는 '첸뽀'에는 '중요한'이라는 뜻도 있다.
262. '어떤 식으로'로 옮긴 '찌네(ci nas)'는 대개 '어떻게'를 뜻한다.
263. '확정되는지'로 옮긴 '뗀라 밥빠(gtan la dbab pa)'에는 'determine, established doctrines' 등의 뜻이 있다. 김성철은 'established doctrines'를 뜻하는 '니르나야(niṇaya)'를 『니야야 수뜨라』에서 인용하며 설명하고 있다.

　　　'주장, 반대 주장에 의해서 검토한 후에 대상을 긍정하는 것이 <확정적인 설명(niṇaya, 決定)이다(VK, p. 285 각주 참조).'
264. '신기루에 대한 비유'를 재해석하겠다는 도입부에 해당하는 게송이다.
　　　13번 게송은 다음과 같다.

[67]

གལ་ཏེ་འཛིན་དེ་རང་བཞིན་ཡོད།།

བརྟེན་ནས་འབྱུང་བར་མི་འགྱུར་རོ།།

འཛིན་པ་གང་ཞིག་བརྟེན་འབྱུང་བ།།

དེ་ཉིད་སྟོང་ཉིད་མ་ཡིན་ནམ།།

gal te 'dzin de rang bzhin yod//

brten nas 'byung bar mi 'gyur ro//

'dzin pa gang zhig brten 'byung ba//

de nyid stong nyid ma yin nam//

만약 그 이해[265]에 자성(自性)이 존재한다면

의지하여 생겨나지[=緣起] 않게 된다.

(그러나 만약) (그) 이해가 어떤 것에 의지하여 발생한 것이라면[266]

그 자체가 공성(空性)이지 않겠는가?[267]

---

[68]

གལ་ཏེ་འཛིན་པ་རང་བཞིན་ཡོད།།

འཛིན་པ་དེ་ལ་སུ་ཡིས་བཟློག།།

ལྷག་མ་རྣམས་ལའང་ཚུལ་དེ་བཞིན།།

gal te 'dzin pa rang bzhin yod//

'dzin pa de la su yis bzlog/

lhag ma rnams la'ng tshul de bzhin//

....

어리석은 자들이 '신기루를

물과 같다.'라고 그릇되게 이해한 것이 (부정되)듯,

그와 같이 그대에 의해서 '존재하는 것이 아니다.'라는

그릇된 이해는 부정된다. 만약 그렇다면,

265. '그 이해'란 13번 게송에 등장하는 어리석은 자들이 '신기루를 물과 같다.'라고 그릇되게
      이해한 것을 가리킨다. '이해하다'라고 옮긴 '진빠('dzin pa)'에 대해서는 13번 각주 참조.

266. 1, 2행과 대구를 이룬 문장이라 첨언하여 옮겼다. [Pek.]에서는 '떼중와(brten 'gyung
      ba)' 대신에 '떼네귤(brten nas 'gyur)'로 되어 있다.

267. '연기(緣起)=공성(空性)'에 대한 정의를 설명하는 명쾌한 게송으로 주석은 다음과 같다.

      '66-1. Skt.. 만일 아지랑이를 물과 같이 [잘못] 포착하는 것이 자성으로서 있는
      것이라면, [그것은 다른 것을] 연하여 발생(=緣起)된 것이 아니니라. [그러나 그런
      포착은] 아지랑이를 연(緣)하고, 전도(顚倒: viparītaṃ)된 시작용(視作用: darśanaṃ)과
      근거 없는 주의력(ayoniśomanaskrāraṃ: 非理作意)을 연(緣)하여 생기한 것이기 때문에,
      연기(緣起)된 것이다(VK, p. 287).'

      다음 게송도 이어지는 논파이다.

80

 དེ་ཕྱིར་ཀླན་ཀ་དེ་མེད་དོ།།   de phyir klan ka de med do//

> 만약 (그 그릇된) 이해에 자성이 존재한다면
>
> 그 이해를 누가[268] 논파할 수 있겠는가?[269]
>
> 나머지들도[270] 또한 그와 같은 방법으로 (논파할 수 있다.)[271]
>
> 그러므로 (그대의 나에 대한) 그 비난은 (올바른 것이) 아니다.[272]

---

268. [Pek.]에는 '쑤쉭(su zhig)'으로 되어 있다. 같은 의미지만 [Pek.]가 더 일반적인 용례다.
269. 자성이 존재할 경우 인식 주체의 활동, 즉 논파가 불가능하게 된다는 뜻이다.
270. 주석에 따르면 '나머지들'로 옮긴 '학마 남라(lhag ma rnams la)'는 5대(大)인 지수화풍공(地水火風空)으로, 이 가운데 1) 불의 열성, 2) 물의 유동성, 3) 허공의 비은폐성 등이 언급되어 있다(VK, p. 290).
271. 2행의 말미가 축약된 것으로 보고 첨언하였다.
272. 이 게송에 대해서 매우 중요한 내용이 VK 주석에 들어 있어 그 내용을 간추려 본다.

'[Bhatt.] … 이에 대해 (실재론자의 인식 주체, 대상 그리고 반영이 없는 인식론 자체의 성립 불가능성에 대한 주장) 중관논사는 논박자의 비판은 '無自性性'의 의미에 대한 오해에서 비롯된 것이라고 항변한다. 중관논사가, 모든 사물은 '자성은 없다.'거나 '공하다.'고 말하는 경우에 결코 그것들이 존재하지 않는다고 말하는 것은 아니다. 다만 그것들이 '의존적으로 발생'한다고 말하는 것일 뿐이다. (그리고 이 게송의 비유인 '신기루를 물로 착각하는 경우'와 함께 3행에 등장하는 5대(大)에 대한 해석도 뒤따르고 있다.) … 아지랑이(신기루)에 대한 비유는, 인식과 인식의 대상과 인식하는 자뿐만 아니라 부정과 부정의 대상과 부정하는 자까지 포함하는 아주 포괄적인 성격을 갖기 때문에 비유로서 선택되었던 것이다. … 따라서 공성의 교리는 두 가지 기능을 갖는다. 한편에서 그것은 경험적 실재를 성립시킨다; 다른 편에서 그것은 초월적인 것을 가리킨다(VK, pp. 291-292).'

위의 인용에서 '초월적인 것을 가리킨다'는 점은 실재론자, 구사론자, 논리학자라고 그 이름이 무엇으로 불리던 간에 세상이 논리적으로 설명되었을 경우, 달리 말해 비트겐슈타인이 언급한 것처럼 세계가 논리로 가득 차 있을지언정, 이 세계의 무한성이 곧 논리의 무한성이라는 점에서 우리가 알고 있는 것 자체가 불완전하다는 것을 반성하게 만들며, 옛 현인들이 생각했던 세계에 대한 경외와 우리 삶에서 수행의 필요성, 삶의 총체성을 자각하게 만든다는 점에서 여타의 구축적 세계관이 결코 이룰 수 없는 부분이다. 이 때문에 비판(의 논리)만 존재한다는 용수의 사상은 언제나 당대의 시공관 속에서 재해석되어야 하는 것이다.

다음 게송은 17-19번 게송에 대한 논파다.

སྨིག་རྒྱུའི་དཔེས་བཟློག་བསྒྲུབ་པའི་ཚེ།། smig rgyu'i dpes bzlog bsgrub pa'i tshe//

སྔར་སྨྲས་གང་ཡིན་དེ་དང་ནི།། sngar smras gang yin de dang ni//

སྔ་མས་གཏན་ཚིགས་མེད་པ་ཡི།། snga mas gtan tshigs med pa yi//

ལན་བཏབ་གྱུར་ཏེ་མཚུངས་ཕྱིར་རོ།། lan btab gyur te mtshungs phyir ro//

신기루의 비유를 통해서[273] 논파가 성립했을[274] 때,

(즉) 이전에 (이미) 말했던 바로 그것[67, 68번 게송]으로[275]

앞[17-19번 게송]의 이유[276](도) 존재하지 않는다는 것에 대한[277]

답[67, 68번 게송]이 되었다. (왜냐하면) 그것과[278] 같기 때문이다.[279]

....

273. 도구격[Ins.] 's'가 사용되었다. 'through'로 보고 옮겼다.
274. '성립하다'를 뜻하는 '둡빼(sgrub pa)'의 과거 시제가 사용되었다.
275. '바로 그것으로'로 의역한 '강인 데당니(gang yin de dang ni)'는 '무엇(gang)+이다(yin) +그것(de)+~과(dang)+니(ni)'가 결합된 것으로, 뒷 문자를 받기 위해서 자수를 늘린 것으로 보고 옮긴 것이다.
276. 원문에는 소유격[Gen.] '이(yi)'가 쓰였다.
277. '이유'라고 옮긴 '뗀칙(gtan tshigs)'에 대해서는 2번 게송 각주 참조.
278. 원문의 '귤떼(gyur te)'를 풀어서 썼다.
279. 이 게송에 대해서 김성철은 '이미 말했던 것'을 65-67번 게송으로, '앞'을 17, 18번 게송으로 꼽고 있는데 역자가 보기에 내용상 65번 게송은 도입부로 논파에 해당하지 않으며, 논파의 순서로 보아 '앞'의 게송은 17-19번 게송 전체에 해당하기에 이에 따랐다.

논파되는 17-19번 게송은 다음과 같다.

[17.]
그대에게는 (그대가 주장[宗]하는 것의) 이유[因]가 성립하지 않는다. 왜냐하면 (그대의 주장처럼) 자성이 존재하지 않기[無自性] 때문이다. 그대의 근거[이유]가 (그대가 주장처럼) 존재하는 경우에는 그대가 (주장하는 것의) 그 의미는 이유가 없는 것이기 때문에 성립하는 것은 옳지 않다.

[18.]
그대에게 이유가 존재하지 않아도
자성을 논파하는 것이 성립한다면
나에게도 바로 그 이유가 존재하지 않아도
자성의 존재 그 자체[存在性]는 성립한다.

དུས་གསུམ་གཏན་ཚིགས་གང་ཡིན་སྔར།།
ལན་བཏབ་ཉིད་དེ་མཚུངས་ཕྱིར་རོ།།

dus gsum gtan tshigs gang yin sngar//
lan btab nyid de mtshungs phyir ro//

....

[19.]
만약 이유가 존재한다면 '사태(事態)에는
자성이 존재하지 않는다[無自性].'라는 것[주장]은 옳지 않다.
(이) 세간에는 자성이 존재하지 않는[無自性]
그 어떤 사태도 존재하지 않는다.

VK의 이 게송에 대한 각주에는 K. 밧따차리아가 정리한 니야야 학파의 오지작법(五支作法)
의 추론식에 따른 중관논사의 주장의 예가 실려 있다. 간추리면,

(1) 주장(宗, Pratijña): 모든 사물은 자성이 결여되어 있다.
(2) 이유(因, Hetu): 의존적으로 발생되는 것이기 때문에,
(3) 실례(喩, Udāharaṇa): 의존적으로 발생한 것은 자성이 결여되어 있다. 예를 들어
아지랑이에서 물을 인식하듯이.
(4) 적용(合, Upanaya): 의존적으로 발생되는 모든 사물도 역시 그와 같다.
(5) 결론(結, Nigamana): 그러므로, 의존적으로 발생되기 때문에 모든 물은 자성이
결여되어 있다.

이에 대해서 김성철은 중기 중관파의 자립논증과 귀류논증에 대해서 언급하고 있는데
이 '귀류논증'이라고 불리는 쁘라상기까(Prāsaṅgika)가 과연 귀류논증을 뜻하는 것인지에
대해서는 여전히 의심을 품는지라, 이에 대한 논의는 차후로 미루도록 하겠다. 자세한
내용은 VK, pp. 295-296 참조.

[Pek.]는 2행 말미의 문제 때문인지 게송의 수순이 매우 뒤바뀌어 있다.

[Pek.]
'di la snga mas gtan tshigs med//
lan btab sgrub byar mtshungs phyir ro//
snga ma smig rgyu'i dpes bzlog pa//
bsgrub tshe smras pa gang yin pa 'o//

이것[17-19번 게송]에 대해서 (특별히 논파하지 않는 것은) 앞 [67, 68번 게송]의
이유가 존재하지 않는다(는)
답이 성립되는 것과 같기 때문이다.
(즉 그 논파는) 앞의 신기루의 비유로 논파가
성립했을 때 (이미) 말했던 그 어떤 것이다.

다음은 20번 게송에 대한 논파다.

དུས་གསུམ་ཆེད་ཀྱི་གཏན་ཚིགས་ནི།།
སྟོང་ཉིད་སྨྲ་བ་རྣམས་ལ་རུང་།།

dus gsum ched kyi gtan tshigs ni//
stong nyid smra ba rnams la rung//

삼시(三時)에 대해서 (특별히 논파하지 않는 것은) 그 이유가 무엇이든[280]
이전에

답한 것 자체,[281] 그것과 같기 때문이다.[282]

삼시(三時)에 대한 바로 그 특별한[283] 이유는

공성(空性)을 말하는 자들에게(나) 적당하다.[284]

---

280. [Pek.]는 '강외(gang yod)'로 되어 있다. '어떻게 존재하든지'로 옮길 수 있으나 [데게판]이 더 어울린다.

281. [Pek.]는 '랑뗍 니데(lan btab nyid de)' 대신에 '랑뗍 데당(lan btab de dang)'이 쓰였다. VK에 따르면 64번 게송을 뜻한다.

부정의 대상이 (되는) 그 어떤 것도 존재하지 않는다면,
바로 그것은 그 어떤 것도 부정하지 않는다.
그러므로 '(내가 무엇을) 부정한다.'는 것은
진실로 존재하지 않는, (오직) 그대의 말[주장](뿐)이다.

282. [데게판]의 경우, 앞의 게송과 함께 '데충 칠로(de mtshungs phyir ro)'가 반복되어 있는데 '그것과 같기 때문이다'로 통일하여 옮겼다.

283. '그 특별한'으로 옮긴 '체기(ched kyi)'는 2번 게송의 '케빨(khyad par)'의 변형으로 보고 옮겼다.

284. 20번 게송에 대한 자띠 논법의 용례다. 20번 게송은 다음과 같다.

'어떤 것에 자성이 존재하지 않는
부정이 만약 선행하고 그리고
(그) 부정하는 대상이 (이후에 존재한다)'고 (주장해도 그것이) 옳지 않은 것처럼
이후와 동시라도 옳지 않다.

VK 주석에서 김성철은 K. 밧따차리아의 논의뿐만 아니라 『니야야 수뜨라』 등을 통해서 다양한 논의를 하고 있다. 시간의 전후 문제에 대한 논파는 『중론』에서 가장 적은 6개의 게송으로 된 「제19품. 시간에 대한 고찰」의 주제이기도 하다.

김성철이 지적한 "이중 쁘라상가(prasaṅga) 논법'의 어원을 『짜라까 상히따(Caraka Saṃhita)』에 소개되어 있는 '항변(抗辯, uttra)' 논법에서 찾을 수 있다(VK, p. 299).'는 언급은 '쁘라상가'와 '귀류논증'의 간극에 대한 단초를 제공해주고 있다.

[71]

གང་ལ་སྟོང་པ་ཉིད་སྲིད་པ།།   gang la stong pa nyid srid pa//

དེ་ལ་དོན་རྣམས་ཐམས་ཅད་སྲིད།།   de la don rnams thams cad srid//

གང་ལ་སྟོང་ཉིད་མུ་སྲིད་པ།།   gang la stong nyid mu srid pa//

དེ་ལ་ཅི་ཡང་མི་སྲིད་དོ།།   de la ci yang mi srid do//

어떤 것에 공성(空性)이 가능하다면

그것에는 모든 의미가 가능하다.

어떤 것에 공성(空性)이 가능하지 않다면

그것에는 그 어떤 것도 가능하지 않다.[285]

【회향문】

[72]

གང་ཞིག་སྟོང་དང་རྟེན་འབྱུང་དག།   gang zhig stong dang rten 'byung dag//

དབུ་མའི་ལམ་དུ་དོན་གཅིག་པར།།   dbu ma'i lam du don gcig par//

གསུང་མཆོག་མཚུངས་པ་མེད་པ་ཡི།།   gsung mchog mtshungs pa med pa yi//

··

285. 『회쟁론』의 결론에 해당하는 이 게송은 『중론』, 「제24품. (사)성제(四聖諦)에 대한 고찰」의 [358. (24-14)]번 게송에서 '가능하다'를 뜻하는 '씨빠(srid pa)'가 '타당하다, 가능하다'를 뜻하는 '룽와(rung ba)'로 바뀌어 있을 뿐 완전히 같다.

어떤 것에 공성(空性)이 타당하다면
그것에는 모든 것이 타당하다.
어떤 것에 공성(空性)이 타당하지 않다면
그것에는 모든 것이 타당하지 않다.

김성철은 [Pek.]를 다음과 같이 옮겼다.

'공성이 가능한 자에게는, 그에게는 모든 의미가 가능하다. 공성이 가능하지 않는 자에게는, 그에게는 무엇도 가능하지 않다(VK, p. 307).'
이것은 어두의 '강라(gang la)'가 뒤따라 나오는 한 행 전체를 받으며 '사람'으로 보고 옮긴 경우다.

སངས་རྒྱས་དེ་ལ་ཕྱག་འཚལ་ལོ།། sangs rgyas de la phyag 'tshal lo//

> 어떤 분, (즉) 공(空)과 연기, (이 둘과)[286]
>
> 중도의 길이[287] 같은 뜻임을
>
> 설하신, 최고로 (수승하여) 비할 자 없는
>
> 부처님, 그 분을 경배하옵니다.[288]

---

286. 원문에 '양수(dual)'의 '닥(dag)'이 쓰여 있어 이와 같이 옮겼다.
287. 원문에는 '라둔(la 'dun)'의 '라(la)'가 사용되었는데 '~에 대해서'라고도 옮길 수 있다.
288. 글을 마치는 이 【회향문】에서 용수는 자신이 붓다를 예경하는 이유가 1) 공성, 2) 연기, 3) 중도의 길이 '같은 의미임을 교시한 것' 때문이라고 명확하게 '연기=공=중도'를 정리하고 있다.

ཞིབ་མོ་རྣམ་པར་འཐག་པ་ཞེས་བྱ་བ་བཞུགས་སོ།།

세마론細磨論

산스끄리뜨어로 '바이다리아 수뜨라(Vaidalya sūtra)'라고 하며 티벳어로
'쉽모 남빨 탁빠(zhib mo rnam par 'thag pa)'라고 한다.[1]

....

1.   ༄༅།རྒྱ་གར་སྐད་དུ།། བཻ་ད་ལྱ་སཱུ་ཏྲ་ནཱ་མ། བོད་སྐད་དུ།། ཞིབ་མོ་རྣམ་པར་འཐག་པ་ཞེས་བྱ་བ།
      /rgya gar skad du// Vaidalya sūtra nāma/ bod skad du// zhib mo rnam par 'thag pa
      zhes bya ba/

      자세한 설명은 「해제」참조. 약칭하여 '쉽탁(zhib 'thag)'이라고 부른다.『장한사전』에는
      이 글에 대한 주석까지 포함하여『세연마론(細研磨論)』으로 소개되어 있으며 원문에는
      '경(經)'으로 나와 있다. 한역 경전권에서는『광파론(廣破論)』으로 알려진 것이 바로 이것이
      다. 산스끄리뜨어 원문이나 한역은 존재하지 않으며 오직 티벳역(譯)만 남아 있다.
      시가(詩歌)의 형태와는 무관하고 논서의 형태도 아닌 것이라, 용수의 다른 저작들과는
      확실히 다른 작법을 취하고 있다. 티벳어 어원을 살펴보면, '잘게, 가늘게'를 뜻하는
      '쉽모(zhin mo)'와 '잘게 나누다, 갈다'를 뜻하는 '남빨 탁빠(mam par 'thag pa)'가 결합된
      것으로 논박자의 논의, 즉 니야야 학파의 16가지 범주를 각각 나누어 논파하겠다는
      뜻이다.

【예경문】

སློབ་དཔོན་འཕགས་པ་ཀླུ་སྒྲུབ་ལ་ཕྱག་འཚལ་ལོ།།

slob dpon 'phags pa klu sgrub la phyag 'tshal lo//

아짜리아[2] 용수(龍樹)를 경배하옵니다.[3]

【본문】[4]

[1][5]

རྟོག་གེ་ཤེས་པའི་ང་རྒྱལ་གྱིས།།   rtog ge shes pa'i nga rgyal gyis//

གང་ཞིག་རྩོད་པར་མངོན་འདོད་པ།།   gang zhig rtsod par mngon 'dod pa//

དེ་ཡི་ང་རྒྱལ་སྤང་པའི་ཕྱིར།།   de yi nga rgyal spang pa'i phyir//

ཞིབ་མོ་རྣམ་འཐག་བཤད་པར་བྱ།།   zhib mo rnam 'thag bshad par bya//

논리[6]를 안다는[7] 아만(我慢)[8] 때문에
어떤 자(들)은 논쟁하기를 간절히[9] 바란다.

....

2.   [BD] 아사리(阿闍梨): 【범】ācārya 아기리(阿祇利). 아차리야(阿遮利夜・阿遮梨耶)라고도
     쓰며, 교수(敎授)・궤범(軌範)・정행(正行)이라 번역. 제자의 행위를 교정하며 그의 사범이
     되어 지도하는 큰스님. 아사리의 호는 『오분율(五分律)』 16에, 출가(出家) 아사리・갈마
     아사리・교수 아사리・수경 아사리・의지 아사리 등의 5종을 말하였음.
3.   『중론』의 3행으로 된 【예경문】과 달리 1행으로 되어 있으며 아짜리아 용수에게 예경한다는
     뜻은 이 글 자체가 용수의 원 저작이 아님을 상징적으로 보여주고 있지만 VP에서는
     『회쟁론』처럼 문수보살에게 예경한다고 되어 있다. 즉, 이 글 또한 지혜를 위한 것이라는
     뜻이다.
4.   총 16개의 범주를 각각 세분하여 논파하고 있어 이에 따라 게송 앞에 각각의 주제에
     대해서 표시하도록 하겠다. 이 게송은 니야야 학파의 논의를 중관학파의 공사상에 입각하
     여 논파하겠다는 집필 의도를 나타낸다.
5.   VP의 구분에 따른 번호들이다.

그(들)의 아만(我慢)을 부수기 위해서
(그들이 주장하는 것의 오류를) 세세하게 나누어[細磨]^{10} 설명하겠다.^{11}

6. '논리'라고 옮긴 '똑게(rtog ge)'는 산스끄리뜨어 '따르까(tarka)'를 티벳어로 옮긴 단어로 오직 여기에서만 등장하는데 'logic, reasoning, philosophical system' 등의 뜻이 있다.

7. 소유격[Gen.] '이('i)'를 수식어의 기능으로 보고 옮겼다.

8. '아만'으로 옮긴 '나곌(nga rgyal)'을 해자해보면, '자신[nga]을 승자, 또는 왕[rgyal]처럼 (대한다)'는 뜻이다. 삼독(三毒)이라 불리는 번뇌(煩惱)를 3종의 근본 번뇌 또는 6종의 근본 번뇌로 나누는데 탐욕·진심(瞋心)·우치(愚癡)의 3종에 만(慢)·의(疑)·악견(惡見)을 더하면 총 6종이 된다.

   [BD] 번뇌(煩惱): 【범】 Kleśa 길례사(吉隸舍)라 음역. 혹(惑)·수면(隨眠)·염(染)·누(漏)·결(結)·박(縛)·전(纏)·액(軶)·폭류(暴流)·사(使) 등이라고도 함. 나라고 생각하는 사정에서 일어나는 나쁜 경향의 마음 작용. 곧 눈앞의 고와 낙에 미(迷)하여 탐욕·진심(瞋心)·우치(愚癡) 등에 의하여 마음에 동요를 일으켜 몸과 마음을 뇌란 하는 정신 작용. 일체 번뇌의 근본이 되는 근본번뇌와 이에 수반하여 일어나는 수번뇌가 있으며, 또 이것을 사사(邪師)·사설(邪說)·사사유(邪思惟)로 말미암아 일어나는 분별기(分別起)의 번뇌와, 나면서부터 선천적으로 몸과 함께 있는 구생기(俱生起)의 번뇌가 있고, 또 사(事)에 대한 정의(情意)의 미(迷)인 수혹(修惑)과, 이(理)에 대한 지(智)의 미인 견혹(見惑)이 있으며, 혹은 세용(勢用)의 이둔(利鈍)에 나아가서 5리사(利使)·5둔사(鈍使)를 세우기도 하고, 혹은 3루(漏)·3박(縛)·3혹(惑)·4류(流)·4액(軶)·4취(取)·5상분결(上分結)·5하분결(下分結)·9결(結)·8전(纏)·10전·108번뇌·8만 4천번뇌 등으로도 나눔.

9. 산스끄리뜨어의 접두어 'abhi-'를 옮긴 것이 확실한 '쉰(mngon)'에는 '자세히, ~향한, toward'라는 뜻이 있어 '간절히'를 첨언하였다.

10. '자세히 나누어[細磨]'로 옮긴 '쉽모 남탁(zhib mo rnam 'thag)'은 이 논서의 명칭이지만 풀어서 썼다. '마(磨)'에는 '갈다'라는 뜻이 있으니 논박자의 주장을 맷돌로 갈 듯이, 세세하게 논파하겠다는 뜻이다.

11. 논박자들인 니야야 학파의 주장을 자세히 나누어 논파하기 위해서 글을 짓겠다는 글을 지은 이유를 밝히고 있는 게송이다. 앞으로 등장할 니야야 학파의 16가지 범주론을 우리말과 영어, 산스끄리뜨어, 티벳어 순서로 배열하면 다음과 같다.

No.	Kor.,	Eng.,	Skt.,	Tib.,
1	인식 수단	the means of valid knowledge	pramāṇa	thas ma
2	인식 대상	the objects of valid knowledge	prameya	gzhal bya
3	의심	doubt	saṁśaya	the tshom
4	(행위의) 목적	aim or purpose (of action)	prayojana	dgos pa
5	실례	example	dṛṣṭānta	dpe
6	정설	the acceptable theory	siddhānta	grub pa'i mtha'
7	(추론의) 논증요소	the members of inference	avayava	yang lag
8	귀류논증	hypothetical reasoning	tarka	stog ge
9	확정	determination	nirṇaya	gtan la dbab pa
10	논의	discussion	vāda	rtsod pa
11	논쟁	debate	jalpa	brjod pa

ཞན་དག་འདིར་རྩོལ་བ་ཐམས་ཅད་ཀྱིས་ཚད་མ་དང་།གཞལ་བྱ་དང་།ཐེ་ཚོམ་དང་།དགོས་པ་དང་།དཔེ་དང་།གྲུབ་པའི་མཐའ་དང་།ཡང་ལག་དང་།སྟོག་གེ་དང་།གཏན་ལ་དབབ་པ་དང་།ཙོད་པ་དང་།བརྗོད་པ་དང་།སུན་ཅི་ཕྱིན་དུ་བ་རྒྱལ་བ་དང་།གཏན་ཚིགས་ལྟར་སྣང་བ་དང་།ཚིག་དོར་བ་དང་།ལྟག་ཆོད་པ་དང་།ཚར་གཅད་པའི་གནས་རྣམས་གདོན་མི་ཟ་བར་ཁས་བླངས་ནས་གཏན་དུ་བྱེད་པའི་ཕྱིར་ཚད་མ་ལ་སོགས་པའི་དོན་ཁས་ལེན་པར་མི་བྱེད་དོ་ཞེས་ཟེར་རོ།།

gzhan dag 'dir rgol ba thams cad kyis tshad ma dang/gzhal bya dang/the tshom dang/dgos pa dang/dpe dang/grub pa'i mtha' dang/yang lag dang/stog ge dang/gtan la dbab pa dang /rtsod pa dang/brjod pa dang/sun ci phyin du brgal ba dang/gtan tshigs ltar snang ba dang/tshig dor ba dang/ltag chod dang/tshar gcad pa'i gnas rnams gdon mi za bar khas blangs nas gtan du byed pa'i phyir tshad ma la sogs pa'i don khas len par mi byed do zhes zer ro//

> 이것은[12] 모든 논쟁하기(를 좋아하는) 자들이, (즉) (1) 인식 수단, (2) 인식 대상, (3) 의심, (4) (행위의) 목적,[13] (5) 실례, (6) 정설, (7) (추론의) 논증 요소, (8) 귀류논증, (9) 확증, (10) 논의, (11) 논쟁, (12) 파괴적 논박, (13) 그릇된 이유, (14) 궤변, (15) 무용한 답변, (16) 패배의 근거 등을 언제나 명확하게 주장했기 때문에[14] '인식 수단 등과 같은 것[범주]들 을 승인할 수 없다.'라고 말하는 것이다.

....

12	파괴적 논박	altercation	vitaṇḍā	sun ci phyin du brgal ba
13	그릇된 이유	fallacious reason	hetvābhāsa	gtan tshigs ltar snang ba
14	궤변	sophism	chala	tshig dor ba
15	무용한 답변	irrelevant answer	jāti	ltag chod
16	패배의 근거	point of defeat	nigrahasthāna	tshar gcad pha'i gnas

12. '딜('dir)'은 '이것'을 뜻하는 '디('dir)'와 '라둔(la 'dun)'의 'r'이 결합된 것으로, 게송의 주석에서 앞의 게송을 가리킬 때 사용되는 용법이다. 의역하자면 '이 (게송이 뜻하는) 것은', 또는 '여기서는 ~하는 뜻이다' 정도 되는데 이하 그 문장 구조와 의미를 명확하게 하기 위하여 첨언하여 직역하도록 하겠다.
13. 다른 자료에서는 '동기'로 나와 있다.
14. '~이칠(~'i phyir)'은 일반적으로 '~하기 때문에'라는 뜻으로 쓰이는데 논쟁의 경우 그 원인, 이유 등을 먼저 설명하고 논박자의 입장을 설명하는 경우로도 쓰인다.

【인식 수단과 인식 대상의 독자적인 성립에 대한 논파】[15]

[2]

འདི་ལ་བརྗོད་པར་བྱ་སྟེ།།   'di la brjod par bya ste//

> 이것에 대해서 논하길,[16]

ཚད་མ་དང་གཞལ་བྱ་ནི་གཉིས་ཀ་འདྲེས་པ་ཡིན་ནོ།།   tshad ma dang gzhal bya ni gnyis ka 'dres
pa yin no//

> 인식 수단[量]과 인식 대상[所量], 바로 이 둘은 혼재하는 것[17]이다.[18]

འདིར་ཚད་མ་དང་གཞལ་བྱ་གཉི་ག་འདྲེས་པར་མཐོང་སྟེ།།གང་གི་ཕྱིར་གཞལ་བྱ་ཡོད་ན་ཚད་མ་ནི་ཚད་མ་ཉིད་
དུ་འགྱུར་ཞིང་།ཚད་མ་ཡོད་ན་ཡང་གཞལ་བྱ་ནི་གཞལ་བྱ་ཉིད་དུ་འགྱུར་རོ།།ཞེས་གཞལ་བྱ་ལས་ཚད་མ་གྲུབ་པ་དང་
།ཚད་མ་ལས་ཀྱང་གཞལ་བྱ་གྲུབ་པར་བྱས་ནས།ཚད་མ་ནི་གཞལ་བྱའི་གཞལ་བྱར་འགྱུར་ལ།གཞལ་བྱ་ཡང་ཚད་མ་
ནི་ཚད་མར་འགྱུར་བས་ཕན་ཚུན་ལྟོས་ནས་བདག་ཉིད་ཐོབ་པར་འགྱུར་བའི་ཕྱིར་ཚད་མ་ཡང་གཉི་གར་འགྱུར་ལ།
གཞལ་བྱ་ཡང་གར་འགྱུར་བས་ན་གཉིས་ཀ་འདྲེས་པའོ།།

'dir tshad ma dang gzhal bya gnyi ga 'dres par mthong ste//gang gi phyir gzhal bya

yod na tshad ma ni tshad ma nyid du 'gyur zhing /tshad ma yod na yang gzhal bya

....

15.   총 16개의 범주를 각각 세분하여 논파하고 있어 이에 따라 게송 앞에 각각의 주제에
       대해서 표시하도록 하겠다. 이 게송은 니야야 학파의 논의를 중관학파의 공사상에 입각하
       여 논파하겠다는 집필 의도를 나타낸다.

16.   '죄빨쟈(brjod par bya)'는 다음에 논할 것, 즉 인용을 가져오면서 나타내는 표현이며
       '학쩨(lhag bcas)' '떼(ste)'를 쉼표로 처리했다.

17.   니야야 학파의 16가지 범주론의 첫 번째와 두 번째인 인식 수단과 인식 대상의 비분리성에
       대한 언급이다. 다음 행에서 그 이유를 설명하고 있다. '혼재하는 것'으로 옮긴 '데뻬('dres
       pa)'에는 '혼잡하다, 섞이다(confusing, mixed)' 등의 뜻이 있다.

18.   문장의 끝마다 한 문장, 단락이 완전히 그칠 적에 사용되는 '랄듀(slar bsdu)'가 계속적으로
       사용되는 독특한 형태를 취하고 있다.

92

ni gzhal bya nyid du 'gyur ro//zhes gzhal bya las tshad ma grub pa dang/tshad ma
las kyang gzhal bya grub par byas nas/tshad ma ni gzhal bya'i gzhal byar 'gyur la/gzhal
bya yang tshad ma'i tshad mar 'gyur bas phan tshun ltos nas bdag nyid thob par 'gyur
ba de'i phyir tshad ma yang gnyi gar 'gyur la/gzhal bya yang gar 'gyur bas na gnyis
ka 'dras pa'o//

여기서는 인식 수단[量]과 인식 대상[所量], 바로 이 둘이 혼재하는 것을 본다[觀]는 (뜻)이다. 왜냐하면 인식 대상[所量]이 존재할 때만[19] 바로 그 인식 수단[量]이 인식 수단 자체로 되고, (그리고) 인식 수단[量]이 존재할 때만 바로 그 인식 대상[所量]이 인식 대상[所量] 자체로 되기 때문이다.[20]

(이와 같이) 일컫는 것은 인식 대상[所量]으로 인해[21] 인식 수단[量]이 성립하고, 인식 수단[量]으로 인해 또한 인식 대상[所量]이 성립하기 때문이고,[22] 바로 그 인식 수단[量]이 인식 대상[所量][23]의 인식 대상[所量]으로 되고,[24] 인식 대상[所量]도 또한 인식 수단[量]의 인식 수단[量]으로 되는 상호 의존성에 의해서[25] 자성(自性)[26]을 얻기 때문이다. 그러므로[27] 인식 수단[量]도 둘로 되고, 인식 대상[所量]도 둘로 된다면 (이) 둘은 혼재하는 것이다.

---

19. '조건'을 뜻하는 '나(na)'가 쓰였으나, 의미를 강조하기 위하여 '때만'으로 옮겼다.
20. 문장의 끝마다 한 문장, 단락이 완전히 그칠 적에 사용되는 '랄두(slar bsdu)'가 사용되어 있어 단락을 바꿔 옮겼다. 앞으로 문장이 긴 경우에는 이 용례에 따라 별도의 주석 없이 옮기도록 하겠다.
21. 탈격[Abl.] '레(las)'가 쓰였는데 여기서는 원인, 이유 등을 가리키는데 축약하여 옮겼다.
22. 여기에 쓰인 탈격[Abl.] '네(nas)'는 원인, 이유 등을 가리키며 문장을 잇는 접속사 'temporal consequence' 기능으로도 사용되는 것으로 보고 옮겼다.
23. '인식 대상[所量]의 인식 대상[所量]'과 다음에 나오는 '인식 수단[量]의 인식 수단[量]'은 산스끄리뜨어 원문을 티벳어로 직역한 것이 확실한데, 그 의미는 '인식의 대상이 되는 바로 그 인식 대상'과 '인식의 수단인 바로 그 인식 수단'이라는 뜻으로, 상호 의존성을 통해서만 성립되는 그 관계성에 대한 표현이다.
24. '라둔(la 'dun)'의 '라(la)'를 순접 접속사 'and'로 보고 옮겼다.
25. 탈격[Abl.] '레(las)'가 쓰였는데 여기서는 원인, 이유 등을 가리키는데 축약하여 옮겼다.
26. '자성(自性)'을 뜻하는 '닥니(bdag nyid)'가 쓰였다.
27. 원문에는 '데이칠(de'i phyir)', 즉 '그 때문에'라는 뜻으로, 일반적으로 이 관용어가 등장하

[3]

དེའི་ཕྱིར།   de'i phyir/

왜냐하면,

རང་ལས་མ་གྲུབ་པའི་ཕྱིར་རོ།།   rang las ma grub pa'i phyir ro//

자기 스스로[28] 성립하는 것이 아니기 때문이다.[29]

གལ་ཏེ་ཚད་མ་དང་གཞལ་བྱ་དག་རང་གི་ངོ་བོས་གྲུབ་པར་འགྱུར་ན་ནི།ཚད་མ་དང་གཞལ་བྱ་དག་ཏུ་འགྱུར་ན། གང་གི་ཕྱིར་ལྟོས་ནས་གྲུབ་པ་ནི།ཕན་ཚུན་སྐྱེད་པར་བྱེད་པ་ཞེས་བྱ་བའི་དོན་ཡིན་པ།དེའི་ཕྱིར་རང་ལས་གྲུབ་པ་མ་ཡིན་ནོ།།

gal te tshad ma dang gzhal bya dag rang gi ngo bos grub par 'gyur na ni/tshad ma dang gzhal bya dag tu 'gyur na/gang gi phyir ltos nas grub pa ni/phan tshun skyed par byed pa zhes bya ba'i don yin pa/de'i phyir rang las grub pa ma yin no//

만약 인식 수단[量]과 인식 대상[所量]들이 바로 그 자신의 자성(自性)[30]으로 인해 성립된다면, (그래서) 인식 수단[量]과 인식 대상[所量]들로 (성립)된다면 (모를까),[31] 왜냐하면 의존하여 성립하는 것이기 때문에, '상호 (의존하여) 발생하는 것이다.'라고 하는 것이다. 그러므로 자기 스스로 성립하는 것이 아니다.[32]

....
　　면 문장이 끊어져 있는데 여기서는 이어져 있다. 게송 주석의 결론에 해당한다.
28.　여기에 쓰인 탈격[Abl.] '레(las)'는 원인, 이유 등을 가리키는데 축약하여 옮겼다.
29.　원인, 이유 등을 나타내는 '칠(phyir)'이 2행 말미에 사용되어 있어, 앞에 '왜냐하면'을 첨언하였다.
30.　'자성(自性)'을 뜻하는 '노보(ngo bo)'가 쓰였다.

[4]

 གཞན་ཡང་།   gzhan yang/

> 더 나아가,

ཡོད་པ་དང་མེད་པ་དང་གཉིས་ཀ་དང་ནི་ལྟོས་པ་མ་ཡིན་ནོ།།

yod pa dang med pa dang gnyis ka dang ni ltos pa ma yin no//

> 존재하는 것[有]과 존재하지 않는 것[無], (그리고) 바로 이 둘[有無]도 의지하는 것[33]이 아니다.[34]

གལ་ཏེ་ཡང་ལྟོས་པ་ཅན་དུ་འགྲུབ་པར་འགྱུར་ན་ཡོད་པའམ་མེད་པའམ་གཉི་ག་གང་ཞིག་ཡིན་གྲང་ན་དེ་ལ་རེ་ཞིག་ཡོད་པ་ཉིད་ཀྱི་ཕྱིར་ཡོད་པ་ནི་ལྟོས་པ་མ་ཡིན་ཏེ་ཡོད་པའི་བུམ་པ་ནི་གཞན་འཇིམ་པ་ལ་སོགས་པ་ལ་ལྟོས་པ་མ་ཡིན་ནོ།།རི་བོང་གི་ར་ལ་སོགས་པ་ཡང་ལྟོས་པར་བྱ་བའི་ཕྱིར་རོ།།ཉིས་པ་གཉི་ག་ཡོད་པའི་ཕྱིར་གཉི་ག་ཡང་ལྟོས་པ་མ་ཡིན་ནོ།།

gal te yang ltos pa can du 'grub par 'gyur na yod pa'm/med pa'm gnyi ga gang zhig

yin grang na/de la re zhig yod pa nyid kyi phyir yod pa ni ltos pa ma yin te/yod pa'i

bum pa ni gzhan 'jim pa la sogs pa la ltos pa ma yin no//ri bong gi rwa la sogs pa

....
31.   문맥의 의미를 명확하게 하기 위하여 ‘(모를까)’를 첨언하였다.
32.   ‘왜냐하면 ~, 그러므로 ~’를 뜻하는 ‘강기칠(gang gi phyir) ~, 데이칠(de'i phyir) ~’이
      사용되어 있어 이에 따라 옮겼다.
33.   ‘의지하는 것’으로 옮긴 ‘퇴빠(ltos pa)’에 대한 자세한 내용은 『회쟁론』 43번 게송 각주
      참조
34.   VP의 이 부분은 다음과 같다.

      yod pa dang med pa dang gnyis ka'i dngos po dag ni ltos pa ma yin no//
      존재하는 것[有]과 존재하지 않는 것[無], 바로 이 둘의 사태들도 의지하는 것이
      아니다.

yang ltos par thal ba'i phyir ro//nyes pa gnyi ga yod pa'i phyir gnyi ga yang ltos pa ma yin no//

> 또한 만약[35] (어떤 것이) 의지하는 것으로 성립하게 된다면, '1) 어떤 존재하는 것[有]과 2) 존재하지 않는 것[無]과, (그리고 바로 이) 3) 둘[有無]'이라고 하는 어떤 것[36]이라면, 그것에는 바로 그 어떤[37] 존재 자체의 (어떤 것이 있어야 한다.) 왜냐하면[38] 의지하는 것이 없어야 하기 때문이다. (예를 들어 설명하자면) 1-1) 바로 그 존재하는 물단지가 진흙 등과 같은 다른 것에 의지하는 것이 없어야 하기 때문이다.[39]
>
> (또한) 2-1) 토끼의 뿔 등도 마찬가지로 (그) 의지하는 것이 과실(過失)이 되기[40] 때문이다. 3-1) (더 나아가) (이) 둘도 오류로 존재하는 것의 (어떤 것도 있어야 한다.) 왜냐하면 (그) 둘에도 또한 의지하는 것이 없어야 하기 때문이다.[41]

....

35. TT에는 '겔떼 양(gal te yang)'의 용례로, 문장의 어두에 쓰여 'Indeed, in that case, ~'를 나타낸다고 되어 있으나, 여기서는 직역하였다.

36. '~라고 하는 어떤 것'으로 옮긴 '강쉭 인당나(gang zhig yin grang na)'를 게송에 등장하는 구절을 인용하기 위한 관용어로 보고 옮겼다.
   이후 여러 게송의 원주석에서 '당(grang)'이 등장하는데 '일컫는다, 가리킨다' 등의 인용을 뜻하는 것으로 보고 옮기도록 하겠다.

37. '레쉭(re zhig)'에는 일반적으로 시간적인 개념으로 '잠시(temporarily)'라는 뜻이 있으나 여기서는 '어떤(something, some)'으로 보고 옮겼다.

38. 이 문장에서는 '끼칠(kyi phyir)이라는 매우 생소한 용례가 등장하고 있는데 소유격[Gen.] '끼(kyi)'는 앞 문장에서 축약된 것으로, '칠(phyir)'은 그 이유를 밝히는 것으로 보고 옮겼다. 오직 여기서만 등장하는 용례다.

39. 앞 문장의 '학쩨(lhag bcas)' '떼(te)'를 앞의 언급에 대한 이유를 설명하는 용법으로 보고 옮겼다.

40. 다음 게송에 등장하는 '과실이 되다'로 옮긴 '텔와(thal ba)'에 대해서는 『중론』, 「제2품. 가고 오는 것[去來]에 대한 고찰」, [20. (2-4)]번 게송 각주 참조.

41. 여기에 등장하는 세 가지 범주는 니야야 학파가 주장하는 '자성을 가진' 독립적인 개념인인식 수단[量]과 인식 대상[所量]에 대한 논파일 뿐만 아니라 존재[有]와 존재하지 않는 것[無], 그리고 이 둘[有無]에 대한 논파법의 예로 매우 빼어난 경우다.
   1) 존재의 경우; 1-1) 물병과 진흙의 경우처럼, 자성이란 그 고유성으로 인해 변화불가능하다는 점으로, 2) 존재하지 않을 경우, 2-1) 토끼의 뿔과 같이, 존재하지 않는다는 것

སྨྲས་པ་ཇི་ལྟར་སྲང་ལ་སོགས་པ་མེད་པ་གཞལ་བྱ་གཟུང་བ་མེད་པ་དེ་བཞིན་དུ་ཚད་མ་མེད་ན་ཡང་གཞལ་བྱ་
གཟུང་བ་མེད་དོ།།ཞེས་སྨྲ་ན་བརྗོད་པར་བྱ་སྟེ།།

smras pa/ji ltar srang la sogs pa med pa gzhal bya gzung ba med pa de bzhin du
tshad ma med na yang gzhal bya gzung ba med do//zhes smra na brjod par bya ste//

(논박자가) 이르길, '그와 같이, (인식 수단[量]과 인식 대상[所量]의 관계라
는) 균형[42] 등이 존재하지 않아도, 1) (즉) '인식 대상[所量] 포착'이라는
것이 존재하지 않아도 (인식 수단[量]이 다른 인식 수단[量]에 의해서 존재하
는 것처럼), 그와 같이 인식 수단[量]이 존재하지 않을지라도,[43] (즉) '인식
대상[所量] 포착'이라는 것은 존재하지 않는다.(라고 할지라도 인식 수단[量]
의 존재성에는 의심할 여지가 없다.)'[44] (그와 같이) 말한다면, 다음과 같이
논파할 수 있다.

མ་ཡིན་ཏེ་ཐུག་པ་མེད་པར་ཐལ་བར་འགྱུར་བའི་ཕྱིར་རོ།།

ma yin te thug pa med par thal bar 'gyur ba'i phyir ro//

·····························

때문에, 그리고 이 둘은 같이 존재할 수 없다는 점에서 3)은 바로 1, 2)와 같은 이유
때문에 성립할 수 없다는 뜻이다.

42. '균형'으로 옮긴 '쌍(srang)'은 저울의 '균형, 평형' 등을 가리킨다. 여기서는 인식 수단[量]
     과 인식 대상[所量]의 관계성을 뜻하는 것으로 보고 옮겼다.

43. '나양(na yang)'을 'even though'로 보고 옮겼다.

44. 이것은 니야야 학파가 인식 수단[量]의 절대성을 강조하기 위해서 인식 대상[所量]이
     존재하지 않아도 인식 수단[量] 사이의 상호 관계성을 통해서 존재할 수 있다는 것을
     주장하는 대목이다. 즉, 인식 수단[量]과 인식 대상[所量]이라는 1:1의 관계에서 인식
     수단[量]의 독자성이 확보될 경우, 인식 수단[量] 자체의 운동성이 확보된다는 주장이다.
     이와 같은 주장에 대한 논파가 다음 게송의 본 내용이다.
       VP에서는 여기서 다루는 인식 수단[量]의 독립성에 대해서 두 가지로 나누어 보고 있는데
     1) 인식 수단[量]이 다른 인식 수단[量]에 의해서 확립되는 경우와 2) 인식 수단[量]이
     다른 인식 수단[量]에 의해서 확립되지 않는 경우다(p. 102).

> 그렇지 않다.[45] (왜냐하면) 무한 소급(이 되는)[46] 과실(過失)이 (발생하기)[47] 때문이다.[48]

གལ་ཏེ་ཚད་མ་མེད་པས་གཞལ་བྱ་གྲུབ་པ་མ་ཡིན་པར་འདོད་ན་གང་གིས་ན་ཚད་མ་རྣམས་མེད་པར་ཚད་མ་རྣ་ མས་གྲུབ་པར་འདོད་པ་ཡིན་ཏེ།།ཁྱད་པར་གྱི་གཏན་ཚིགས་སམས་མི་འདྲ་བ་ཉིད་བརྗོད་དགོས་སོ།།གལ་ཏེ་ཡང་དོན་ཐ མས་ཅད་ཚད་མས་གྲུབ་པ་ཡིན་ནོ།།ཞེ་ན།ཚད་མ་རྣམས་དེ་ལས་གཞན་པའི་ཚད་མ་གྲུབ་བོ་ཞེས་བྱ་བར་ཐལ་བར་འ གྱུར་ཏེ།ཚད་མ་རྣམས་ནི་དོན་ཐམས་ཅད་ཀྱི་ནང་དུ་གཏོགས་པའི་ཕྱིར་རོ།།གལ་ཏེ་ཚད་མ་རྣམས་ནི་ཚད་མ་རྣམས་ཀྱི ས་འགྲུབ་པ་མ་ཡིན་ན་ནི་དོན་ཐམས་ཅད་ཚད་མས་བསྒྲུབ་པར་བྱ་བ་ཡིན་ནོ།།ཞེས་བྱ་བའི་དམ་བཅའ་ཉམས་པ་ཡིན་ ནོ།།

gal te tshad ma med pas gzhal bya grub pa ma yin par 'dod na gang gis na tshad ma rnams med par tshad ma rnams grub par 'dod pa yin te/khyad par gyi gtan tshigs sam mi 'dra ba nyid brjod dgos so//gal te yang don thams cad tshad mas grub pa yin no//zhe na/tshad ma rnams de las gzhan pa'i tshad ma grub bo zhes bya bar thal bar 'gyur te/tshad ma rnams ni don thams cad kyi nang du gtogs pa'i phyir ro//gal te tshad ma rnams ni tshad ma rnams kyis 'grub pa ma yin na ni don thams cad tshad mas bsgrub par bya ba yin no//zhes bya ba'i dam bca' nyams pa yin no//

---

45. '그렇지 않다면'으로 옮긴 '마 인 떼(ma yin te)'는 뒤따라오는 문장의 원인, 이유 등을 설명하기 위해서 끊어주는 기능으로 쓰이고 있다.

46. '무한 소급', 즉 'regressus ad infinitum'을 뜻하는 '툭빠 메빠(thug pa med pa)'가 쓰였다. 자세한 내용에 대해서는 『회쟁론』 32번 게송 참조.

47. '과실(過失)이 (발생하기)'로 옮긴 '텔왈 귤와(thal bar 'gyur ba)', 즉 '텔귤와(thal 'gyur ba)'의 자세한 내용에 대해서는 『중론』, 「제2품. 가고 오는 것[去來]에 대한 고찰」, [20. (2-4)]번 게송 각주 참조.
    이 표현은 이후 상대방을 논박하기 위해 종종 등장하지만 주석이 번잡스러워 가급적 생략하기로 하겠다.

48. 인식 수단[量]과 인식 대상[所量]이라는 1:1의 관계가 깨져 인식 수단[量]의 독자성이 확립되면, 그 독자성으로 말미암아 인식 대상[所量]이 없어도 인식 수단[量]이 발생하게 되고, 그것은 또한 각자의 개념자들의 '끊음[斷切]'이 없는 가운데 발생, 대응하게 되는 '무한 소급'의 오류에 빠진다는 점을 지적하고 있다.

만약 (그대가 앞에서) '인식 수단[量]이 존재하지 않으면[49] 인식 대상[所量]
이 성립하지 않는다.'라고 주장했음에도 불구하고,[50] 그대가[51] (이렇게 주장
한다)면, (우리는) '존재하지도 않는 인식 수단[量]들로[52] 인식 수단[量]들이
성립하기를 주장한다.'(라고 논파할 것이다.)[53] 그러므로[54] (그대는 그것에
대한) 특별한 이유[55] 또는 그 차이성[相異性][56]에 대한 설명을 필요로 한다.

또한 '모든 (인식) 대상들은 인식 수단[量]에 의해서 성립한다.'라고 한다
면,[57] '그 인식 수단[量]들로부터 다른 인식 수단이 성립한다.'라는 것에는
과실(過失)이 발생하게 된다.[58] 왜냐하면 인식 수단[量]들이 모든 인식 대상들
내부에 포함되기 때문이다.

(그러므로) 만약 바로 그 인식 수단[量]들이 인식 수단[量]들에 의해서
성립되는 것이 아니라면,[59] '모든 (인식) 대상들은 인식 수단[量]에 의해서
성립되는 것이다.'라는 (그대의 맨 처음) 주장은 훼손된다.

----

49. 원인, 이유 등을 나타내는 도구격[Ins.] 's'가 쓰여 있어 조건으로 보고 옮겼다.

50. '도나('dod na)'는 '바란다면'으로도 옮길 수 있으나, 여기서는 논서의 특성에 맞게, '주장한
다면'으로 옮겼다.

51. '강기나(gang gis na)'를 직역하면, '어떤 자가 ~한다면'이라는 뜻이다. 여기서는 문맥에
맞게 옮겼다.

52. '라둔(la 'dun)'의 'r'이 쓰였다. 여기서는 'through'로 보고 옮겼다.

53. 이 주석은 니야야 학파가 처음에는 1:1 대응으로서 인식 수단[量]과 인식 대상[所量]의
관계를 주장하다가 인식 대상[所量]이 존재하지 않아도 인식 수단[量]은 독자적으로
존재할 수 있다는 주장에 대한 논파다. 즉, 인식 대상[所量]이 존재하지 않게 되면, 인식
수단[量]이 존재하지 않게 되므로 인식 수단[量]들 간의 상호 관계성은 성립할 수 없다는
뜻이다.

54. '학쩨(lhag bcas)' '떼(te)'가 쓰였다. 앞의 문장의 원인, 이유를 설명하는 것으로 보고
옮겼다.

55. '특별한 이유'라고 옮긴 '케빨 기 뗀칙(khyad par gyi gtan tshigs)'에 대해서는 『회쟁론』
2번 게송 참조.

56. '차이성[相異性]'으로 옮긴 '미다와니(mi 'dra ba nyid)'의 '니(nyid)'는 '그 자체'를 뜻하는데
여기서는 '-ness'에 해당한다.

57. 인용을 뜻하는 '셰나(zhe na)'가 쓰였다.

58. '학쩨(lhag bcas)' '떼(te)'가 쓰였는데 다음 문장에서 '~하기 때문이다'를 뜻하는 '~이칠로
(~'i phyir ro)'와 격을 이루고 있다.

59. '만약 바로 그 인식 수단[量]들이 인식 수단[量]들에 의해서 성립되는 것이 아니라면,'이라

【논박자의 비유 1】

[6]

སྨྲས་པ།   smras pa/

> (논박자가) 이르길,

ཚད་མ་རྣམས་ནི་མར་མེ་བཞིན༎   tshad ma rnams ni mar me bzhin//
རང་དང་གཞན་སྒྲུབ་པར་བྱེད་པ་ཡིན་ནོ༎   rang dang gzhan sgrub par byed pa yin no//

> 바로 그 인식 수단[量]들은 등불과 같아
> 자신과 다른 것을 (비추는 것을) 성립하는 것을 행한다.[60]

ཇི་ལྟར་མར་མེ་ནི་རང་དང་གཞན་རབ་ཏུ་གསལ་བར་བྱེད་པ་མཐོང་བ་དེ་བཞིན་དུ་ཚད་མ་རྣམས་ཀྱང་རང་དང་དག
ཞལ་སྒྲུབ་པར་བྱེད་པ་ཡིན་ནོ༎དེ་ལྟར་བས་ན་ཐུག་པ་མེད་པ་མར་མེ་ལ་སོགས་པའི་སྐྱོན་སྲིད་པ་མ་ཡིན་ནོ༎

ji ltar mar me ni rang dang gzhan rab tu gsal bar byed pa mthong ba de bzhin

du tshad ma rnams kyang rang dang gzhal sgrub par byed pa yin no//de ltar bas na

thug pa med pa mar me la sogs pa'i skyon srid pa ma yin no//

....
      는 이 조건절은 바로 앞의 (우리는) '존재하지도 않는 인식 수단[量]들로 인식 수단[量]들이
      성립하기를 주장한다.(라고 논파)'와 대구를 이루고 있다. 즉, 인식 수단[量]과 인식 대상[所
      量]의 관계성 자체가 성립하지 않는 경우에 발생하는 문제를 비틀어서 표현한 것이다.
60.   논박자의 이 인용은 『중론』, 「제7품. 생기는 것[生]과 머무는 것[住]과 사라지는 것[滅]에
      대한 고찰」, [85. (7-8)]번 게송과 거의 같다.

      마치 등불이 자신과 다른 것(을)
      비추는 것과 같이 그와 같이
      생기는 것 또한 자신과 다른 것의 사태
      이 둘을 발생시킨다.

100

마치 바로 그 등불이 자신과 다른 것을 비추는 것을 보듯이, 그와 같이 인식 수단[量]들도 자신과 다른 것을 성립시킨다.

그러므로[61] 등불의 (예)처럼[62] 무한 소급의 오류는 존재하지 않는다.[63]

【논박자의 비유 1에 대한 논파】

[7]

བརྗོད་པར་བྱ་སྟེ།   brjod par bya ste/

(이것은) 다음과 같이 논파할 수 있다.

ཚད་མ་རྣམས་ལ་ནི་ཚད་མ་མེད་དེ་མར་མེ་ནི་འཕྲད་པའམ་མ་འཕྲད་པའི་མུན་པ་གསལ་བར་བྱེད་པ་མ་ཡིན་ནོ།།

tshad ma rnams la ni tshad ma med de mar me ni 'phrad pa'm ma 'phrad pa'i mun pa gsal bar byed pa ma yin no//

바로 그 인식 수단[量]들에는 (자성을 띤) 그 인식 수단[量]이 존재하지 않는다.[64] 왜냐하면 (그것은)[65] 바로 그 등불이 접촉하거나 접촉하지 않는[66] 어둠을 제거하지 못하는 (것과 같기 때문이다).[67]

----

61. 일반적으로 '데따 베나(de lta bas na)'로 쓰는데 여기서는 '데딸 빼나(de ltar bas na)'로 쓰여 있다.
62. '라쏙빠(la sogs pa)'는 '~ 등'으로 쓰이는데 'such as ~'라는 뜻도 있어 이에 따랐다.
63. 전체적으로 윤문하여 옮겼는데 직역하면 다음과 같다.
    '그러므로 (그대가 지적하는 인식 수단[量]의 독자성에서 비롯되는) 무한 소급은 (예로 든) 등불과 같이 오류의 가능성이 존재하지 않는다.'
64. VP에는 이 행이 빠져 있다(p. 23, p. 60 참조).
65. '학쩨(lhag bcas)' '데(de)'가 쓰였는데 문장을 끊으며 뒷문장이 앞의 문장의 원인, 이유를 설명하는 것으로 보고 옮겼다.

66. 수식을 뜻하는 소유격[Gen.] '이('i)'가 쓰였다.
67. VP에서는 위의 6, 7번의 인용의 순서 등이 크게 다르지만, 내용의 요지는 같다.

【논박자의 비유 1】
tshad ma rnams la ni tshad ma med de/ 'dir mar me bzhin tshad ma ni rang dang
gzhin 'grub par byed pa yin no//

인식 수단[量]들에 (자성을 띤) 그 인식 수단[量]이 존재하지 않아도 된다. 왜냐하면
그것에는 등불이 같은 (속성이 있어) 바로 그 인식 수단[量]이 자신과 다른 것을 성립하는
것을 행하기 (때문)이다.

【논박자의 비유 1에 대한 논파】
mar me ni mun pa dang phrad pa'm ma phrad kyang rung ste gsal bar byed pa
ma yin no//

바로 그 등불은 어둠과 접촉하거나 접촉하지 않을지라도 (어둠을) 제거하지 못하는
것과 같기 때문이다.

『중론』에 등장하는 이 비유에 대한 논파는 두 차례 등장하는데 「제7품. 생기는 것[生]과
머무는 것[住]과 사라지는 것[滅]에 대한 고찰」의 논파는 다음과 같다.

[86. (7-9)]
등불과 (그것이) 어디에서
그(렇게) 화합하면 어둠은 없다.
(어둠이 없으면) 등불이 무엇을 밝히겠는가?
어둠을 없애는 [제거하는] (것을) 밝힌다(라고 일컫는 것)이다.

[87. (7-10)]
등불이 생기는 순간
어둠과 닿지[접촉] 않는다면
어떻게 '등불이 생기는 때라는 것'이
어둠을 없애는 것[제거]이겠는가?

[88. (7-11)]
등불과 닿는 것[접촉]이 없어도
만약 (등불이) 어둠을 제거한다면
이 세상에 머무는 (모든) 어둠은
이 세상에 머무는 그것[등불]에 의해 제거되리라.

[89 (7-12)]
등불이 자신과 다른 것의 사태를
비추는 것을 행한다면
어둠이 자신과 다른 것의 사태를

མར་མེ་ནི་མུན་པ་དང་ཕྲད་ནས་གསལ་བར་བྱེད་དམ་མ་ཕྲད་པར་ཡང་གསལ་བར་བྱེད་གྲང་ན་རེ་ཞིག་མར་མེ་
ནི་མུན་པ་དང་ཕྲད་ནས་གསལ་བར་བྱེད་པར་མི་འགྱུར་ཏེ་ཕྲད་པ་མེད་པའི་ཕྱིར་རོ། །གང་གི་ཕྱིར་མར་མེ་དང་མུན་པ་
ནི་ཕྲད་པ་ཡོད་པ་མ་ཡིན་ཏེ། །གལ་བའི་ཕྱིར་རོ། །གང་ན་མར་མེ་ཡོད་པ་དེ་ན་མུན་པ་མེད་པ་ཇི་ལྟར་མར་མེ་འདི་མུན་
པ་སེལ་བར་བྱེད་པའམ་གསལ་བར་བྱེད་པར་འགྱུར། མ་ཕྲད་པ་ཡིན་ན་ཡང་མ་ཕྲད་པའི་རལ་གྲི་ནི་གཅད་པར་མི་བྱེད་
པ་བཞིན་ནོ། །

mar me ni mun pa dang phrad nas gsal bar byed dam/ma phrad par yang gsal bar

byed grang na/re zhig mar me ni mun pa dang phrad nas gsal bar byed par mi 'gyur

te phrad pa med pa'i phyir ro//gang gi phyir mar me dang mun pa ni phrad pa yod

pa ma yin te/'gal ba'i phyir ro//gang na mar me yod pa de na mun pa med pa ji ltar

mar me 'di mun pa sel bar byed pa'm gsal bar byed par 'gyur/ma phrad pa yin na

yang ma phrad pa'i ral gri ni gcad par mi byed pa bzhin no//

(그대가) '바로 그 등불은 어둠과 접촉하여 밝힘을 행하거나 접촉하지 않아도 밝힘을 행한다.'고 (주장한다)면[68] (우리는) '그 어떤 등불도 어둠과 접촉하여 밝힘을 행하지 못한다.'고 (논파할 것)인데, 접촉이라는 것이 없기 때문이다.

(부연하자면) 그 이유는[69] 바로 그 등불과 어둠에는 접촉이 존재하지

덮는 것을 행하는 것(도) 의심할 여지가 없다.

그리고 「제10품. 불과 연료에 대한 고찰」, [141. (10-5)]번 게송에서 이 '접촉'의 문제에 대해서 직접적으로 논파하고 있다.

[141. (10-5)]
다른 것이기 때문에 접촉하지 않고 접촉하지 않으면
불탈 수 없고 불탈 수 없으면
사라지지 않는다. 사라지지 않으면
자상(自相)을 갖춘 채 (항상 그대로) 머물러야 한다.

'접촉'의 문제로 인해 논파당한 논박자는 다음에 직접적인 접촉이 아닌 비유인 '점성술'의 비유를 들고 나온다.

않기 때문인데, (즉 이것들은) 상호 모순된 것이기 때문이다.

만약 등불이 존재한다면, 거기에는 어둠이 존재하지 않는다. 그와 같이 이 등불은 어둠의 제거를 행하거나 밝힘을 행한다. 그러나[70] 접촉하지 않으면 (그럴 수 없다. 이것은 마치) 바로 그 접촉하지 않는 칼이 자름을 행할 수 없는 것과 같다.[71]

【논박자의 비유 2와 논파】

[8]

གཟའི་གནོད་པ་བཞིན་དུ་འདིར་ཡང་འགྱུར་རོ་ཞེ་ན། མ་ཡིན་ཏེ། དཔེ་དང་འགལ་བའི་ཕྱིར་རོ།།

gza'i gnod pa bzhin du 'dir yang 'gyur ro zhe na/ ma yin te/ dpe dang 'gal ba'i phyir ro//

(직접 접촉하지 않아도) 행성의 해를 입는 것처럼,[72] '이 (인식 수단[量])도 마찬가지로 (그렇게) 되게 한다.'라고 한다면?[73] 그렇지 않다.[74] (왜냐하면) 그 예와 (인식 수단[量]과 인식 대상[所量]은) 모순되기 때문이다.[75]

68. '당나(grang na)'에 대해서는 4번 게송 원주석의 각주 참조
69. '강기칠(gang gi phyir)'을 앞 문장을 해석, 부연, 강조하는 기능으로 보고 옮겼다.
70. 'but, yet, however, even if, even, nevertheless'를 뜻하는 '인나양(yin na yang)'을 어두로 가져와 옮겼다.
71. 이 주석에는 문장의 완결을 뜻하는 '랄두(slar bsdu)' 로(ro), 노(no)가 두 차례 사용되어 있어 이에 따라 끊어서 옮겼다.
72. 이 비유는 직접적인 접촉이 존재하지 않아도 상호 작용을 할 수 있다는 인도의 고전적인 비유라고 하는데 '별의 나쁜 영향을 받는다'는 고대인들의 믿음을 반영한 예이다.
73. 가정의 인용을 뜻하는 '셰나(zhe na)'가 쓰였다.
74. [2]번과 같은 문장 구조를 이루고 있으나 여기서는 문장을 끊어 읽는 기능을 하는, 즉 쉼표 기능을 하는 '찍셰(cig shes)'가 사용되어 있다. 이후의 이 '찍셰'의 용법은 여기뿐만 아니라 VP에도 통일되어 있지 않은데 [대만판]에 따라 옮겼다.
75. 인식 수단[量]과 인식 대상[所量]은 직접적으로 연관되어 있지 않아도 성립할 수 있다는

འདིར་ལྷ་སྦྱིན་ལ་སོགས་པ་ལ་གཟས་བྱས་པའི་སྐྱོན་ཕྲད་ནས་གནོད་པ་བྱེད་པའམ།རང་གི་ལུས་ལ་སོགས་པ་རྣ
མས་འཛིན་པར་བྱེད་པ་དེ་ལྟར་ནི་མར་མེས་བྱད་པའི་གནོད་པ་མུན་པ་ལ་ཡོད་པ་མ་ཡིན་པ་ཇི་ལྟར་གཟས་བྱས་པའི་
སྐྱོན་དང་མཚུངས་པ་ཡིན།གཟས་ལ་སོགས་པ་ལུས་དང་ལྡན་པས་སྐྱེས་བུ་ལ་སོགས་པ་རྣམས་ལ་བྱེད་པར་འགྱུར་
བ་མེ་དང་།ཐག་པ་དང་།ཆུ་དང་།ནད་དང་།སྦྲུལ་དང་།རིམས་ལ་སོགས་པ་ལུས་ཅན་རྣམས་ཁོ་ནས་གནོད་པར་བྱེད་
པ་དེ་ལྟ་བུ་ནི་མར་མེ་ལ་ཅུང་ཟད་ཀྱང་ཡོད་པ་མ་ཡིན་ཏེ།དེ་ནས་ཆོས་མཐུང་པ་ཉིད་མ་ཡིན་ནོ།།གཞན་ཡང་ཐག་རིང་
པ་ན་ཡོད་པའི་མར་མེ་ནི་མུན་པའི་ལུས་དང་དབང་པོ་ལས་སོགས་པ་ལ་ལ་གནོད་པར་བྱེད་པ་མ་ཡིན་ཏེ་བདག་མེད་པ
འི་ཕྱིར་རོ།།དེ་ལྟ་བས་ན་གཟའ་དཔེ་ནི་མ་ཕྲད་པར་སྒྲུབ་པར་བྱེད་པ་ལ་རིགས་པ་མ་ཡིན་ནོ།།གལ་ཏེ་ཡང་མར་མེ་ནི་
མ་ཕྲད་པར་གསལ་བར་བྱེད་པར་འགྱུར་ན་ནི་འདི་ན་གནས་པ་ཁོ་ནས་རི་ཐམས་ཅད་ཀྱི་ཕུག་གི་ནང་དུ་གཏོགས་པའི་
མུན་པ་སེལ་བར་བྱེད་པའམ་གསལ་བར་བྱེད་པར་འགྱུར་བ་ཞིག་ན་དེ་ལྟར་ནི་འཇིག་རྟེན་ན་མ་མཐོང་བའམ་འདོད་
ཡང་མ་ཡིན་ནོ།།

'dir lha sbyin la sogs pa la gzas byas pa'i skyon phrad nas gnod pa byed pa'm/rang
gi lus la sogs pa rnams 'dzin par byed pa de ltar ni mar mes byad pa'i gnod pa mun
pa la yod pa ma yin pa ji ltar gzas byas pa'i skyon dang mtshungs pa yin/gza' la sogs
pa lus dang ldan pas skyes bu la sogs pa rnams la byed par 'gyur ba me dang/thag
pa dang/chu dang/nad dang/sbrul dang/rims la sogs pa lus can rnams kho nas gnod
par byed pa de lta bu ni mar me la cung zad kyang yod pa ma yin te/de nas chos
mthung pa nyid ma yin no//gzhan yang thag ring pa na yod pa'i mar me ni mun pa'i
lus dang dbang po las sogs pa la gnod par byed pa ma yin te bdag med pa'i phyir
ro//de lta bas na gza' dpe ni ma phrad par sgrub par byed pa la rigs pa ma yin no//gal
te yang mar me ni ma phrad par gsal bar byed par 'gyur na ni 'di na gnas pa kho
nas ri thams cad kyi phug gi nang du gtogs pa'i mun pa sel bar byed pa'm gsal bar
byed par 'gyur ba zhig na de ltar ni 'jig rten na ma mthong ba'm 'dod yang ma yin
no//

여기서는[76] 데바닷따[77] 등에게 행성이 행한 악한 영향[78]이라는 것은 '접

예를 든 대목이지만 한눈에 보아도 어울리지 않는다. 다음의 비유는 더욱 혼란스럽다.

촉[79]으로 인한[80] 해를 행하는 것이거나, 또는 자신의 몸 등에 받아들임[能取]을 행하는 것이, 바로 그와 같은 것이 등불이 행한 해가 어둠 등을 존재하지 않게 하는 것, 이와 같은 것이 행성이 행한 악한 영향과 같다(는 뜻이다).[81] 행성 등이 몸을 갖춘 중생들에게 (해를) 행하게 되는데 (그것은) 불과, 끌어당기는 것[82]과, 물과, 병과, 뱀과, 역병 등을 몸을 가진 자들에게 오직 행하는 것일 뿐이니,[83] 바로 그와 같기 때문에 등불에 (비교하여) 결코 그 어떤 것도 (같지) 않는 것이라서,[84] 그래서 그 현상[法] 자체가 같지 않은 것이다.[85]

더 나아가 먼 거리라면 존재하는 바로 그 등불은 어둠의 몸체와 (그 몸체의) 자질[根][86]인 행위[87] 등에 (어떠한) 해(害)도 끼치지 못하는데 그것은 (등불이) 자기 스스로 존재할 수 없기 때문이다.[88] 그러므로 바로 그 행성의 비유, '접촉하지 않아도 성립한다.'라는 것은 옳지 않다.

또한 만약 바로 그 등불이 접촉을 행하지 않아도 밝힘을 행하게 된다면, 다만 (등불이) 머무는 것이 (천하의) 모든 산 속의 동굴에 포함된 어둠을 제거하는 것을 행하고, 밝힘을 행해야 되고 그렇다면 이 세간에 보이지 않는 것이 (없을 것이)고 (그렇다면 보려는) 욕심도 또한 존재하지 않을 것이다.

....

76. VP에는 '이것'을 뜻하는 '디('di)'만 쓰였으나, '라둔(la 'dun)'의 'r'이 쓰인 [북경판]과 [데게판]에 따라 옮겼다. 용례는 앞의 게송 부분을 인용하고 있는 2번 게송의 원주석과 같은 뜻이다.

77. '하진(lha sbyin)'은 데바닷따의 티벳역(譯)인데 일반적으로 '헤진(lhas byin)'으로 쓴다.
    [BD] 제바달다(提婆達多): 【범】 Tevadatta 또는 제바달다(提婆達兜)・제바달다(禘婆達多)・제바달(提婆達)・조달(調達). 번역하여 천열(天熱)・천수(天授), 천여(天與), 곡반왕(斛飯王)의 아들, 난타(難陀)의 아우, 석존의 사촌 아우. 혹은 백반왕(白飯王)의 아들. 석존이 성도한 뒤에 출가하여 제자가 되었다. 어려서부터 욕심이 많아 출가 전에도 실달태자와 여러 가지 일에 경쟁하여 대항한 일이 많았다. 출가 후엔 부처님의 위세를 시기하여 아사세왕과 결탁하고, 부처님을 없애고 스스로 새로운 부처님이 되려다가 이루지 못했다. 마침내 5백 비구를 규합하여 일파를 따로 세웠다. 그 뒤 아사세왕은 그 당파에서 떠나고, 5백 비구도 부처님에게 다시 돌아왔으므로 제바는 고민하던 끝에 죽었다 한다.

78. 일반적으로 논리학에서 '오류(fault)'라고 부르는 '꾄(skyon)'이 사용되어 있는데 여기서는 '악한 영향'을 뜻해서 이에 따라 옮겼다.

79. 문맥의 의미를 강조하기 위하여 작은따옴표로 강조하였다.

【논박자의 비유 3과 논파】

[9]

བསྟན་བཅོས་ལས་འཇིག་རྟེན་པའི་སྤྱོད་པ་པོ་དེ་ཡང་སེང་གེ་ལ་སོགས་དང་མཚུངས་པར་མངོན་པར་འདོད་ཡིན་
ནོ།།

bstan bcos las 'jig rten pa'i spyod pa po de yang seng ge la sogs dang mtshungs par mngon par 'dod yin no//

> (그대의) 논서(論書)에 따르면,[89] 세간사람 가운데 현인(賢人)[90](들)도 (人中) 사자[91] 등과 동급[92]으로 (존재하기를) 간절히 바라는 것이 있다.[93] (그러나 그것도 또한 옳지 않다.)[94]

....

80. 탈격[Abl.] '네(nas)'를 원인, 이유로 보고 옮겼다.

81. '그와 같은 ~, 이와 같은 ~'을 뜻하는 '데딸 ~, 지딸 ~(de ltar ~, ji ltar ~)'의 용법으로, 논박자가 예로 든 '직접 접촉하지 않는 경우'도 따지고 보면 등불과 어둠과의 '접촉'인 경우와 같다는 뜻이다.

82. '탁빠(thag pa)'는 노끈, 줄 등을 뜻한다. 여기서는 의미에 맞게 옮겼다.

83. 직접적인 연관을 가진 등불과 어둠의 접촉과 달리 직접적으로 연관이 없어 보이는 행성은 '몸을 갖춘 중생' 또는 '몸을 가진 자'들에게 두루 영향을 끼친다는 뜻이다.

84. '데따부니(de lta bu ni)'와 '떼(te)'가 격을 맞추어 뒤따라 나오는 결론을 설명하는 것으로 보고 옮겼다.

85. 문장의 끝마다 한 문장, 단락이 완전히 그칠 적에 사용되는 '랄두(slar bsdu)'가 사용되어 있어 문단을 끊어 옮기는 독특한 형태를 취하고 있다.

86. 일반적으로 감각 기관을 뜻하는 '왕뽀(dbang po)'가 쓰였다.

87. 업(業)을 뜻하는 '레(las)'가 쓰였다.

88. '자기 스스로 존재할 수 없다'로 본 '닥메빠(bdag med pa)'는 산스끄리뜨어 '나이라뜨미아 (nairātmya)'의 티벳역으로, 일반적으로 2종 무아(無我)를 나타낼 때 쓰는 표현이다. 『중론』이나 『회쟁론』과 달리 오직 여기서만 등장하고 있다.
    의미상으로 어둠과 접촉하지 않는 원거리의 등불은 등불 그 자체의 자성을 증명할 수 없다는 뜻이다.

89. '논서(論書)에 따르면 '으로 옮긴 '뗀쬐 레(bstan bcos las)'의 탈격[Abl.] '레(las)'는 경론 등의 인용을 나타낼 때 사용하는 경우다. VP에 따르면 여기서 '논서(論書)'라고 옮긴 '뗀쬐'가 니야야 학파의 어떤 책인지 불분명하다고 한다.

དེ་ལ་འཇིག་རྟེན་པ་ནི་བྱིས་པ་ལ་སོགས་པ་ནས་བ་ལང་རྫིའི་བར་དུའོ། །སྤྱོད་པ་པོ་ནི་ཁྱབ་འཇུག་དང་དབང་ཕྱུག་
དང་ཚངས་པ་དང་སེར་སྐྱ་དང་འུག་པ་དང་རྒྱས་པ་དང་གནས་འཇོག་དང་བྱ་གཤད་དང་འབྱོར་ལྡན་དང་ཁ་གྂ་ར་དང་
།མ་ཐ་ར་ལ་སོགས་པ་སྟེ། དག་དོན་གང་ལ་བློ་མཐུན་པ་དེ་ནི་དཔེར་རབ་ཏུ་གྲུབ་པ་ཡིན་ནོ། །དེ་ལ་ཁྱབ་འཇུག་ལ་སོ
གས་པ་ནི་འོད་མེད་པ་ཙམ་ལ་མུན་པར་འདོད་དེ། ཇི་ལྟ་ཞེ་ན་འོད་མེད་པ་ནི་མུན་པའོ་ཞེས་བརྗོད་པའི་ཕྱིར་རོ། །འདི་ན་
མུན་པ་ཡིན་ཏེ། སྣང་བ་མེད་པ་ཞེས་བྱ་བའི་དོན་ཏོ། །དེ་ལྟར་གཞན་དག་དཔྱོད་པ་པོ་ལ་མུན་པ་ཞེས་བྱ་བའི་དངོས་པོ་ཅི་
འདྲ་བ་ཞིག་ཡོད་པ་ཡིན་ཏེ། སུ་ཞིག་ཡང་ཡོད་མ་ཡིན་ནོ། །དེ་བས་མ་མར་མེས་མུན་པ་བསལ་བ་ཞེས་བྱ་བ་འདི་མ་གྲུ
བ་པ་ཡིན་ནོ། །དེའི་ཕྱིར་གང་བར་མི་ནི་མུན་པ་སེལ་བར་བྱེད་པའོ། །ཞེས་བྱ་བའི་དཔེ་འདི་རིགས་པ་མ་མ་ཡིན་ནོ། །དེ་
མི་རིགས་པས་དཔའི་ཅན་གྱི་དོན་ཆོས་མ་ཞེས་བྱ་བ་མ་གྲུབ་པར་བྱེད་པའི་ཆད་མ་ཞེས་བྱ་བ་ཡོད་པ་མ་ཡིན་ནོ། །

de la 'jig rten pa ni byis pa la sogs pa nas ba lang rdzi'i bar du'o//spyod pa po
ni khyab 'jug dang dbang phyug dang tshangs pa dang ser skya dang 'ug pa dang rgyas
pa dang gnas 'jog dang bya ghra dang 'byor ldan dang/ga ga ra dang/ma tha ra la sogs
pa ste/de dag don gang la blo mthun pa de ni dper rab tu grub pa yin no//de la khyab
'jug la sogs pa ni 'od med pa tsam la mun par 'dod de/ji lta zhe na/'od med pa ni
mun pa'o zhes brjod pa'i phyir ro//'di na mun pa yin te/snang ba med pa zhes bya
ba'i don to//de ltar gzhan dag dpyod pa po la mun pa zhes bya ba'i dngos po ci 'dra

....

90. '쬐빠뽀(spyod pa po)'는 대개 '수행자'를 가리키지만, 해자해보면 '행하는 것이 있는
     사람'이라는 뜻과 함께 '인식 활동을 하는 사람'을 뜻하므로 '인식 주체'를 가리킬 때도
     사용한다. VP는 'investigators'로 옮기고 있다. 여기서는 니야야 수뜨라의 산스끄리뜨어
     '드르스딴따(dṛṣṭānta)'의 '올바른 관찰자'를 유념하며 다른 고유 명칭들을 피하기 위해서
     '현인(賢人)'으로 옮겼다. 한편 28번 게송의 도입부에서도 이 부분이 반복적으로 사용되고
     있는데 이때 '드르스딴따(dṛṣṭānta)'는 니야야 학파의 16가지 범주 가운데 다섯 번째인
     '실례'를 뜻한다.
91. '사자'라고 옮긴 것은 '쎙게(seng ge)'를 직역한 것이다. VP에서는 산스끄리뜨어의 '사람'
     이나 '비쉬누'를 뜻할 때 사용하는 '하리(Hari)'의 오역 가능성에 대해서 언급하고 있다.
92. '같다'는 뜻을 지닌 '충빠(mtshungs pa)'를 의미에 맞게 '동급'으로 옮겼다.
93. 이 부분에 대해서 VP는 그 의미가 불분명한 것으로 언급하고 있으나, 앞에서부터 비유의
     종류를 살펴보면 인식 수단과 인식 대상의 비분리성에 대한 논파로, 논박자가 예로
     드는 1) 등불과 어둠의 관계, 2) 직접 연관이 없어 보이는 멀리 떨어진 별자리의 영향에
     이어서 3) 자체적으로 존재하는 것의 예에 대한 설명이다. VP는 이 게송의 오역 가능성을
     강하게 제기하며 '사자 등'이 가리키는 바는 자체의 성품으로 존재하는 비슈누, 쉬바
     등 인도의 여러 신들을 가리킬 수 있다고 보고 있다. 여기서는 티벳역(譯)에 따라 첨언하여
     옮겼다.
94. 의미를 명확하게 옮기기 위하여 첨언하였다.

108

ba zhig yod pa yin te/su zhig yang yod ma yin no//de bas ma mar mes mun pa bsal

ba zhes bya ba 'di ma grub pa yin no//de'i phyir gang mar me ni mun pa sel bar byed

pa'o//zhes bya ba'i dpe ni 'di rigs pa ma yin no//de mi rigs pas dpe can gyi don tshad

ma zhes bya ba ma grub par byed pa'i tshad ma zhes bya ba yod pa ma yin no//

(그대의 논서인) 그것에서는[95] '세간 사람(들)이란 어린 아이 등에서부터 목동까지를[96] (가리키고), (그리고) 바로 그 '현자(賢者)'는 비쉬누(Viṣṇu), 쉬바(Śiva), 브라흐마(Brahmā), 까삐라(Kapila), 우루까(Ulūka), 바사(vyāsa), 바시스타(Vasiṣtha), 비아그라(Vyāghra), 삼릇다(Samṛddha), 가가르(Gagar), 마타라(Māṭhara)[97] 등을 (가리키고 있으며),[98] 그들은[99] '어떤 대상에 바로 그 생각하는 바가 일치하는 것[100]인 실례가 제대로 성립하는 것이다.'(라고 간주한다).

그것에서는 (또한 그 예로) '바로 그 비쉬누 등은 1) 어떤 빛도 존재하지 않는 것을 2) 어둠이라고 간주한다.'[101](라고 나와 있다.)

(그것이) 어떻게 (가능하겠느냐?) "바로 그 빛이 존재하지 않는 것이 어둠이다."라고 말할 수 있기 때문에 (그것은 불가능하다.)[102] 만약 여기에[103] 어둠이 존재한다면, '빛이 존재하지 않는다.'는 뜻인데,[104] (그대의 주장인) 그것에 따르면 [105] 다른 현인들에게는 '어둠이다.'라는 어떤 사태(事態)[106]는 존재하지만, 다른 (세간) 사람에게도 또한 존재하는 것이 아니게 된다.

그러므로 '등불 없이 어둠을 제거했다.'라는 이 언급은 성립하지 않는 것이다. 그렇기 때문에 '(존재하지 않는) 바로 그 어떤 등불[107]로 어둠의 제거를 행한다.'라는 바로 그 예, 이것은 옳지 않다.

(즉) 그 옳지 않은 예시한 것[108]인 '(인식) 대상인 인식 수단[量]'이라고 하는 것은 '성립하지 않는 인식 수단[量]'이라서 존재하는 것이 아니다.[109]

....

95. 바로 위 게송에 등장하는 '(어떤) 논서'의 내용을 설명하는 대목이다. VP에 따르면 논파의 대상이 되는 이 게송이 니야야 수뜨라에서는 존재하지 않는다고 한다(p. 185. 각주 1번 참조).

【7번의 예인 등불과 어둠의 관계에 대한 구체적인 논파】

[10]

....

96. '~에서 ~까지'를 뜻하는 탈격[Abl.] '네(nas)'라 '라둔(la 'dun)'의 'r'이 쓰였다.
97. VP의 주석에는 여러 인명들에 대해서 자세히 언급하고 있다. 이에 따라 첨언하여 옮기자면, 비쉬누(Viṣṇu), 쉬바(Śiva), 브라흐마(Brahmā)는 힌두교의 대표적인 보존, 파괴, 창조의 신이고, 까삐라(Kapila)는 상키아 학파(Saṃkhya, 數論學派)의 창시자이고, 우루까(Ulūka) 는 바이셰시까 학파(Vaiśesika, 勝論學派)의 창시자인 까나다(Kaṇāda)의 이명이고, 바사 (vyāsa)는 힌두 문학에서 빼놓을 수 없는 베다와 마하바라따의 편집자이자 요가 수뜨라의 저자이고, 바시스타(Vasiṣṭha)는 인도 법률 저서 등의 저자이고, 비아그라(Vyāghra)는 다양한 저서들의 저자이고, 마타라(Māṭhara)는 구(舊)상키아 학파의 스승이지만 삼룻다 (Saṃrddha)는 그 이름을 확인할 길이 없고, 가가르(Gagar)는 옛 선인(仙人, Ṛṣi) 가그르 (Gagra)의 오자라 보고 있다(p. 185. 주 3 참조).
98. '학쩨(lhag bcas)' '떼(ste)'가 쓰여 예시한 것을 끊는 기능으로 보고 옮겼다.
99. VP에서는 세간 사람과 현인(賢人) 모두를 가리키는 것으로 보고 있어 이에 따랐다.
100. '어떤 대상에 바로 그 생각하는 바가 일치하는 것'이 가리키는 바는 인식 수단[量]이 인식 대상[所量]이 될 수 있다는 니야야 학파의 주장을 뜻한다.
    '학쩨(lhag bcas)' '데(de)'가 쓰여 있어 인용으로 보고 행을 바꾸어 옮겼다.
101. VP에서는 이 인용에 대해서 바이셰시까 학파가 주장하는 '어둠의 비실재성(abhāva)과 빛의 부재(prakāśābhāva)'를 뜻하며 니야야 학파와 미망사 학파(Mīmāṃsā, 聲論學派)의 일파인 '쁘라바까라(Prābhākara)' 학파에서도 이 주장을 인정한다고 언급하고 있다(p. 186. 각주 6번 참조).
    티벳 주석에서 이 게송은 크게 두 가지로 나누어볼 수 있는데 첫 번째에서 뜻하는 '바로 그 비쉬누 등'을 강조할 경우로, 이것은 일부에게만 인식 수단[量]이 인식 대상[所量] 이 될 수 있다는 뜻이다. 두 번째는 '1) 어떤 빛도 존재하지 않는 것을 2) 어둠이라고 간주한다.'를 강조하는 것으로 VP는 이에 따라 옮기고 있다. 그러나 뒤따라 나오는 논파를 살펴보면 이 둘이 혼재되어 있는데 전자를 강조하고 있음을 알 수 있다.
102. 여기에 사용된 문법은 '지따 셰나 ~ 칠로(ji lta zhe na ~phyir ro)'로 이것은 논쟁에서만 등장한다. 논박자의 주장은 '어떻게 (가능하겠느냐?) 그 이유는 ~이기 때문이다'는 관용적 인 표현으로 보고 옮겼다.
103. 가정법을 뜻하는 '나(na)'를 처격[loc.]로 보고 옮겼다.
104. 일반적으로 '일, 것, 대상' 등을 뜻하는 '된(don)'을 '의미'로 보고 옮겼다.
105. 앞에 나오는 VP에서 강조한 후자와 달리 전자를 강조하여 논파하고 있다.
106. '사태(事態)'라고 옮긴 '뇌뽀(dngos po)'에 대한 자세한 내용은 1권『중론』, 「제1품. 연(緣)에 대한 고찰」, [3. (1-1)]번 각주 및 3권『해제』참조
107. '(존재하지 않는) 바로 그 어떤 등불'이라고 옮긴 '강말메니(gang mar me ni)'의 '어떤'을 뜻하는 '강(gang)'이 뜻하는 바는 '등불의 부재'를 뜻하므로 '존재하지 않는'을 첨언하였다.
108. 앞에서 반복적으로 사용되던 '예'를 뜻하는 '뻬(dpe)' 대신에 '뻬쩬(dpe can)'이 쓰였다.
109. VP에 따르면『세마론』가운데 가장 불투명한 주석이라는 이 부분은 문자적으로 해석할 경우 그 의미가 불투명하기 때문에 가급적 기존 개념을 첨언하여 옮겼다.

110

གཞན་ཡང་།　　　　　gzhan yang/

더 나아가,

མར་མེ་ནི་རང་གི་བདག་ཉིད་གསལ་བ་མ་ཡིན་ཏེ།། _མུན་པ་མེད་པའི་ཕྱིར་རོ།།

mar ma ni rang gi bdag nyid gsal ba ma yin ta//_mun pa mad pa'i phyir ra//

바로 그 등불은 자기 스스로를 비추지 못한다.[110] 왜냐하면 어둠이 존재하지 않기 때문이다.

མར་མེ་ནི་རང་གི་བདག་ཉིད་ཀྱང་གསལ་བར་བྱེད་པ་མ་ཡིན་ནོ།།མར་མེ་ལ་ནི་མུན་པ་ཡོད་པ་མ་ཡིན་ན་ཅི་ཞིག་ གསལ་བར་བྱེད་དེ།མར་མེ་དང་གསལ་བ་ཞེས་བྱ་བ་དོན་གཅིག་པ་ཡིན་ནོ།།དེ་ལ་མུན་པ་ཡོད་པ་མ་ཡིན་ཏེ་འགལ་ བའི་ཕྱིར་རོ།།

mar me ni rang gi bdag nyid kyang gsal bar byed pa ma yin no//mar me la ni mun

pa yod pa ma yin na ci zhig gsal bar byed de/mar me dang gsal ba zhes bya ba don

gcig pa yin no//de la mun pa yod pa ma yin te 'gal ba'i phyir ro//

바로 그 등불은 자기 스스로에게도 비추지 못한다.
바로 그 등불에 어둠이 존재하지 않는다면 어떻게 비출 수 있겠는가?
그리고[111] '등불과 비추는 것'이라는 것은 같은 의미[112]다.
왜냐하면 그것에는 어둠이 존재하지 않기 때문이다.

110.　'학쩨(lhag bcas)' '떼(te)'가 다음 행 말미의 '칠로(phyir ro)'를 받는 전형적인 '왜냐하면
　　　~하기 때문이다'라는 문장 구조로 되어 있다.
111.　'학쩨(lhag bcas)' '데(de)'가 쓰여 있어 연속의 의미로 보고 옮겼다.

གཞན་ཡང་།   gzhan yang/

더 나아가,

ཕྱིན་ཅི་ལོག་ཏུ་ཐལ་བར་འགྱུར་བའི་ཕྱིར་མུན་པ་ཡང་བདག་ཉིད་ལ་སྒྲིབ་པར་བྱེད་པར་འགྱུར་རོ།།

mar me ni rang gi bdag nyid gsal ba ma yin te// mun pa med pa'i phyir ro//
phyin ci log tu thal bar 'gyur ba'i phyir mun pa yang bdag nyid la sgrib par byed
par 'gyur ro//

반대의 경우도[113] 과실(過失)이 되는데, 왜냐하면 어둠도 또한 자기 자신을
가릴 수 없기 때문이다.[114]

གལ་ཏེ་མར་མེ་རང་དང་གཞན་གསལ་བར་བྱེད་པ་ཡིན་ན་དཔེ་ཅི་ཞིག་ལ་ཐོབ་པར་འགྱུར་ཞེ་ན་ཕྱིན་ཅི་ལོག་པའི་
ཕྱིར་མུན་པ་ཡང་བདག་ཉིད་ལ་སྒྲུབ་པ་བྱེད་པར་འགྱུར་རོ།།གལ་ཏེ་ཡང་མུན་པ་རང་གི་བདག་ཉིད་ལ་སྒྲིབ་པར་བྱེད་
པ་ཡིན་ན་དེ་ལ་སྒྲུབ་པ་མི་དགོསས་པ་ཐོབ་པར་འགྱུར་རོ།།སུ་ཞིག་ལ་བརྟོན་པ་བྱེ་ན།མར་མེས་བདག་ཉིད་དང་ག
ཞན་གསལ་བར་བྱེད་པར་རང་གིས་གསལ་བྱུངས་པའི་དེའི་འདོད་པ་ལ་ལྟོས་ནས་གལ་ཏེ་ཞེས་བྱ་བའི་སྒྲ་སྦྱོས་སོ།།མུ
ན་པ་ཡང་བདག་ཉིད་ཁོ་ནས་བདག་ཉིད་སྒྲིབ་པ་ན་མར་མེ་དེ་ལ་གསལ་བར་བྱེད་པར་མི་འགྱུར་རོ།།

gal te mar me rang dang gzhan gsal bar byed pa yin na dpe ci zhig la thob par
'gyur zhe na/phyin ci log pa'i phyir mun pa yang bdag nyid la sgrub pa byed par 'gyur

---

112.   '같은 의미'라고 옮긴 '돈찍빠(don gcig pa)'는 보통 축약형으로 '돈찍(don gcig)'이라고
        하는데 '같은 것, 같은 의미, 동의어' 등을 뜻한다.

113.   '반대의 경우'로 옮긴 '친찌 록뚜(phyin ci log tu)'의 '친찌록(phyin ci log)'은 '전도몽상(顛倒
        夢想)'의 '전도'를 뜻한다. 여기서는 자성을 가진 존재인 어둠 쪽을 뜻한다.

114.   등불과 어둠이 자성을 가진 존재가 아닌 상호 의존적인 존재임을 설명하는 부분으로
        7번의 예인 등불과 어둠의 관계를 통한 비유에 대한 논파다. 『중론』에 등장하는 논파법의
        자세한 내용은 7번 각주 참조

112

ro//gal te yang mun pa rang gi bdag nyid la sgrub par byed pa yin na de la mun pa mi dmigs pa thob par 'gyur ro//su zhig la brjod pa bye zhe na/mar mes bdag nyid dang gzhan gsal bar byed par rang gis khas blangs pa'i de'i 'dod pa la ltos nas gal te zhes bya ba'i sgra smos so//mun pa yang bdag nyid kho nas bdag nyid sgrib pa na mar me de la gsal bar byed par mi 'gyur ro//

'만약 등불이 자신과 다른 것을 비춘다면, (그) 예로 어떤 것을 얻을 수 있겠느냐?'고 말한다면, (우리는) '(그) 반대의 경우도 (성립하기) 때문에 어둠도 그 스스로[自性을 가지고] 성립하게 된다.'(고 말할 것이다.)

만약 (등불과) 마찬가지로 어둠도 자신의 자성(自性)으로 성립을 행하는 것이라면 그것에서 (우리는) 어둠을 지각하지 못하는 것만 얻게 된다.

어떤 자들이[115] (다음과 같이) 말한다면, (즉) '등불이 자기 자신과 다른 것을 비추는 자기 승인[承許]이[116] (있어) 그것의 인정에 의지하는 것으로써 (성립한다.)'[117]고 말한다면, (우리는 같은 근거로) 만약 어둠도 (등불과) 마찬가지로 오직 자성(自性)으로 자기 자신[自性]을 성립하기 때문에,[118] 그 등불은 그것[어둠]을 밝히지 못하게 된다.(고 말할 것이다.)[119]

【시간의 문제를 통한 논파: 논박자의 인정】

[12]

····························

115. '어떤 자들이'라고 옮긴 '쑤찍라(su zhig la)'를 직역하면 '어떤 자(들)에게'인데 여기서는 의미에 맞게 의역하여 옮겼다.
116. '자신 승인[承許]'으로 옮긴 '랑기 케랑빠(rang gis khas blangs pa)'를 해자(解字)해보면 '자기 자신에 의해서 인정받는 것' 정도 된다.
117. '자신 승인[承許]이 (있어) 그것의 인정에 의지하는 것으로써 (성립한다.)'는 뜻은 자성에 의한 자기 증명성을 뜻하는 것이라 연기를 부정하는 것이다.
118. '자성(自性)으로 자기 자신[自性]을 성립한다.'는 뜻은 고유불변의 성품으로 인해 등불과 어둠은 항상 고정되어 있어야 한다는 뜻이다.
119. 문장 자체의 인용, 가정법, 축약과 문답 등의 사용 용례가 문법적으로 부정확하고 너무 난잡하여 그 뜻을 살려 의역하였다.

གཞན་ཡང་། gzhan yang/

> 더 나아가,

ཚད་མ་དང་གཞལ་བྱ་དག་ནི་དུས་གསུམ་དུ་མ་གྲུབ་པའོ།།

tshad ma dang gzhal bya dag ni dus gsum du ma grub pa'o//

> 바로 그 인식 수단[量]과 인식 대상[所量]들은 삼시(三時)를 통해서(도)[120]
> 성립하지 않는다.[121]

ཚད་མ་ནི་གཞལ་བྱའི་དོན་ལས་སྔ་རོལ་དུའམ་ཕྱིས་སམ་ཁ་ཆད་མ་དང་གཞལ་བྱ་དག་ཅིག་ཅར་དུ་གྲང་། དེ་ལ་ག
ལ་ཏེ་ཚད་མ་གཞལ་བྱའི་དོན་ལས་སྔ་རོལ་དུ་ཡིན་ན་ནི་གང་གིས་ན་དེ་ཚད་མར་བརྗོད་པར་བྱ་བ་གཞལ་བྱའི་དོན་ཡོ
ད་པ་མ་ཡིན་པ་གང་གིས་ན་ཚད་མ་ཡིན་ཞིང་ཅི་ཞིག་ཚད་མས་ཉེས་པར་བྱེད་འོན་ཏེ་ཕྱིས་ནས་ཡིན་ན་གཞལ་བྱ་ཡོད་
པ་ལ་ཅི་ཞིག་ཚད་མར་འགྱུར་མ་སྐྱེས་པའི་ཚད་མར་འབད་པ་མ་ཡིན་ཏེ་རེ་ཞིང་གི་དུ་ར་སོགས་པ་ལ་ཡང་ཚ
ད་མ་ཉིད་དུ་ཐལ་བར་འགྱུར་པའི་ཕྱིར་དང་། མ་སྐྱེས་པ་དང་སྐྱེས་པ་དག་ལྔན་ཅིག་མི་གནས་པའི་ཡང་ཕྱིར་རོ་འོན་ཏེ་
ཅིག་ཅར་བ་ཡིན་ན་དེ་ཡང་སྐྱེད་པ་མ་ཡིན་ཏེ་དཔེར་ན་བ་ལང་གི་རྭ་ཅིག་ཅར་སྐྱེས་པ་དག་གི་དང་འབྲས་བུར་མི་འཐ
ད་པ་བཞིན་ནོ།།

tshad ma ni gzhal bya'i don las snga rol du'm phyis sam/tshad ma dang gzhal bya
dag cig car du grang/de la gal te tshad ma gzhal bya'i don las snga rol du yin na
ni gang gis na de tshad mar brjod par bya ba gzhal bya'i don yod pa ma yin pa gang
gis tshad ma yin zhing ci zhig tshad mas nyes par byed/'on te phyis nas yin na gzhal

....
120. '라둔(la 'dun)'의 '두(du)'를 'through'로 보고 옮겼다.
121. 『중론』에는 「제19품. 시간에 대한 고찰」뿐만 아니라 이 시간의 전후 관계를 통한 논파는
    계속될 뿐만 아니라 『회쟁론』 70번 게송에서도 등장한다. 어떤 하나의 개념자가 고정불변
    의 자성을 띤 것이라면 끊임없이 흐르고 있는 시간의 연속선상에서 마찰을 불러일으킨다는
    것이 그 요지다.

bya yod pa la ci zhig tshad mar 'gyur/ma skyes pa ni skyes pa'i tshad mar 'thad pa
ma yin te/ri bong gi rwa la sogs pa yang tshad ma nyid du thal bar 'gyur pa'i phyir
dang/ma skyes pa dang skyes pa dag lhan cig mi gnas pa'i yang phyir ro//'on te cig
car ba yin na de yang srid pa ma yin te/dper na ba lang gi rwa cig car skyes pa dag
rgyu dang 'bras bur mi 'thad pa bzhin no//

바로 그 인식 수단[量]이 인식 대상[所量]이라는 것과 비교하여[122] 1) 이전에
나 2) 이후에 또는[123] 인식 수단[量]과 인식 대상[所量]들이 3) 동시에 (존재하는)
어떤 것이라면,[124] 그 가운데[125] 만약 인식 수단[量]이 '인식 대상[所量]이라는
것'과 비교하여 이전에 존재하는 것이라면, 바로 그 때문에[126] 1-1) 인식
수단[量]이라고 불리는 것에는 인식 대상[所量]이라는 것이 존재하지 않고,
1-2) 그 때문에 인식 수단[量](만) 존재하며, 1-3) (바로 그 인식 대상[所量]이
존재하지 않는) 인식 수단[量]이라는 어떤 것은 오류만 불러일으킨다.[127]

만약 (인식 수단[量]이 인식 대상[所量]) 이후에 존재한다면 인식 대상[所量]
이 존재하는 것에서 무엇이 인식 수단[量]으로 되겠는가? 바로 그 (아직)
발생하지 않는 것에서 (이미) 발생한 인식 수단[量]이란 옳지 않다. 왜냐하
면[128] 1) 토끼의 뿔 등과 마찬가지로 (그와 같은) 인식 수단[量]에는 과실(過失)
이 (발생하기) 때문이고[129] 2) (아직) 발생하지 않는 것과 (이미) 발생한
것들이 함께 머물 수 없기 때문이기도 하다.[130]

만약 (인식 수단[量]과 인식 대상[所量]이) 동시에 존재한다면 그것도 또한
가능하지 않다.[131] 예를 들자면, (그것은) 소의 (두) 뿔,[132] (즉) 동시에 생겨나는
것들에서 원인과 결과를 (찾는 것이) 옳지 않은 것과 마찬가지다.[133]

---

122. 탈격[Abl.] '레(las)'를 비교를 뜻하는 것으로 보고 옮겼다.
123. '쌈(sam)'을 'or'로 보고 옮겼다.
124. 가정을 뜻하는 '나(na)'가 축약된 것으로 보고 옮겼다. '어떤 것'으로 옮긴 '닥(grang)'의
     용법에 대해서는 4번 게송 원주석의 각주 참조.
125. '라둔(la 'dun)'의 '라(la)'를 'among'으로 보고 옮겼다.

【논박자의 반론】

[13]

སྨྲས་པ།   smras pa/

(논박자가) 이르길,

དུས་གསུམ་དུ་མ་གྲུབ་པས་ཚད་མ་དང་གཞལ་བྱ་འགག་པ་མི་འཐད་དོ།།

dus gsum du ma grub pas tshad ma dang gzhal bya 'gag pa mi 'thad do//

························

126. '바로 그 때문에'라고 옮긴 '강기 나데(gang gis na de)'를 직역하면 '바로 그 어떤 것에 의해서는'라는 뜻인데 여기서는 TT의 'by what, by whom, by which'를 참조하여, 의미를 명확하게 하기 위하여 의역하였다.

127. '오류만 불러일으킨다'로 옮긴 '녜빠 제(nyes par byed)'를 직역하면 '오류를 행한다'인데 여기서는 강조를 하기 위해서 TT의 'to embark upon'를 참고하여 옮겼다.
    여기서는 인식 수단[量]이 인식 대상[所量]에 선행할 경우 발생하는 세 가지 문제, 1) 인식 대상[所量]의 부재성, 2) 인식 수단[量]의 독자적 존재성, 3) 인식 대상[所量]이 부재한 가운데 존재하는 인식 수단[量]의 문제에 대해서 지적하고 있다.
    문법적으로 문장의 끝마다 한 문장, 단락이 완전히 그칠 적에 사용되는 '랄두(slar bsdu)'가 사용되어 있지 않으나 우리말과 어울리게 행을 바꾸었다.

128. '학쩨(lhag bcas)' '떼(te)'를 앞 문장의 의미를 설명하는 것으로 보고 옮겼다.

129. '텔왈 귤빠(thal bar 'gyur pa)'는 '텔왈 귤와(thal bar 'gyur ba)'의 오자다. '텔왈귤와'의 자세한 내용은 『중론』, 「제2품. 가고 오는 것[去來]에 대한 고찰」, [20. (2-4)]번 게송 각주 참조.
    '때문이고'는 '칠당(phyir dang)'을 직역한 것이다. '때문이다. 그리고'로도 옮길 수 있는데 여기서는 문장 구조에 따라 옮겼다.

130. 인식 수단[量]이 인식 대상[所量]에 후행할 경우 발생하는 문제에 대해서 두 가지 예를 들고 있다. VP에 따르면, 1) 토끼의 뿔, 2) 간다르바성, 3) 허공에 핀 꽃, 4) 석녀의 아들 등은 인도 철학에서 비존재성을 표현할 때 사용하는 예라고 한다(p. 186. 12번 게송 각주 3번 참조).

131. '학쩨(lhag bcas)' '떼(te)'를 문장을 종결하는 것으로 보고 옮겼다.

132. VP에 따르면 티벳어 판본에서는 '토끼의 뿔'로 그 예를 들고 있으나 문장의 의미상 '소의 두 뿔'이 확실하다. VP의 교정본에 따랐다.

133. 여기서는 인식 수단[量]과 인식 대상[所量]이 동시에 발생하는 경우를 '소의 두 뿔'을 예로 들어 논파하고 있다.

삼시(三時)를 통해서 성립하지 않는 인식 수단[量]과 인식 대상[所量][134]을 부정하는 것[135]은 옳지 않다.[136]

 དུས་གསུམ་དུ་ཚད་མ་དང་གཞལ་བྱ་དག་མ་གྲུབ་པར་འདོད་པ་དེའི་ཕྱིར་ཁྱོད་ཀྱིས་བརྗོད་པའི་ཚད་མ་དང་གཞ
ལ་བྱའི་འགག་པ་གང་ཡིན་པ་དེ་ཡང་དགག་པར་བྱ་བའི་དོན་ལས་སྔ་རོལ་དུམ་ཕྱིས་ནས་སམ་ཅིག་ཅར་ཡིན་གྲང་
ན་འགག་པ་དེ་ཡང་དུས་གསུམ་དུ་མི་འགྲུབ་སྟེ་དགག་པར་བྱ་བ་མེད་པའི་ཕྱིར་ཇི་ལྟར་ཁྱོད་ཀྱི་ཚིག་ཀྱང་འགག་པར་
བྱེད་པར་འགྱུར་ཞིང་ཇི་ལྟར་ན་དེའི་དགག་པ་གྲུབ་པར་འགྱུར་འོན་ཏེ་དགག་པ་འགྲུབ་པོ་ཞེ་ན་དུས་གསུམ་གྱི་བརྟག
པའི་དོན་མཚུངས་པ་ཉིད་གྲུབ་པ་ན་ཚད་མ་དང་གཞལ་བྱ་གྲུབ་པ་དེས་མི་འདྲ་བ་ཉིད་བརྗོད་དགོས་སོ།།

dus gsum du tshad ma dang gzhal bya dag ma grub par 'dod pa de'i phyir khyod kyis brjod pa'i tshad ma dang gzhal bya'i 'gag pa gang yin pa de yang dgag par bya ba'i don las snga rol du'm phyis nas sam cig car yin grang na 'gag pa de yang dus gsum du mi 'grub ste dgag par bya ba med pa'i phyir ji ltar khyod kyi tshig kyang 'gag par byed par 'gyur zhing ji ltar na de'i dgag pa grub par 'gyur/'on te dgag pa 'grub po zhe na/ dus gsum gyi brtag pa'i don mtshungs pa nyid grub pa na tshad ma dang gzhal bya grub pa des mi 'dra ba nyid brjod dgos so//

‘삼시(三時)를 통해서 인식 수단[量]과 인식 대상[所量]들이 성립하지 않는 것을 인정하는 것’이라는 바로 그 이유로,[137] 그대가 주장하는 인식 수단[量]과 인식 대상[所量]의 부정이(라는 것이) 무엇이든 그것도 또한 부정하는 대상이라는 뜻이기 때문에,[138] ‘이전이나 이후에 또는 동시에 존재한다.’라는 어떤 것이라면,[139] 그 부정도 또한 1) 삼시(三時)를 통해서 성립하지 않고[140] 2)

---

134. VP에서는 ‘ma grub pas tshad ma dang gzhal bya’ 대신에 ‘tshad ma dang gzhal bya dag ma grub pas’로 되어 있는데 후자가 더 티벳어 어순에 걸맞다.

135. 『중론』 귀경게에 나오는 ‘사라지는 것[滅]’을 뜻하는 ‘각[빼](’gag pa)’가 쓰였다. 여기서는 논리학의 ‘부정(negation)’을 뜻한다.

136. VP에 따르면 이 13번은 니야야 학파의 주장인 존재하지 않는 것[無, 비존재, non-existence]을 부정할 수 없다는 뜻이라고 한다.

(그리고) 부정하는 대상이 존재하지 않는다는 이유로, 그와 같은 그대의 언급도 또한 부정하는 것으로 되고, 그렇다면 그것[141]의 부정은 성립하게 된다.[142] (그러므로) 만약 "(이와 같은) 부정이 성립한다."면,[143] (그리고) '삼시(三時)의 관찰'[144]이라는 것[145]과 같은 것 자체[類似性]가[146] 성립한다면, 인식 수단[量]과 인식 대상[所量]이라는 그것은[147] (이 삼시(三時)의 관찰이라는 것과) 그 차이성[相異性][148]에 대한 설명을 필요로 한다.

【용수의 반론 도입부】

དེ་ལྟར་དགག་པར་བྱ་བ་དང་། འགོག་པར་བྱེད་པ་དེ་དུས་གསུམ་དུ་མ་གྲུབ་པ་ན་དེ་ལྟ་ཡིན་དང་། འགག་པ་ཡང་མི་འགྲུབ་པོ་ཞེ་ན།

de ltar dgag par bya ba dang/'gog par byed pa de dus gsum du ma grub pa na de lta yin dang/'gag pa yang mi 'grub po zhe na/

....

137. 일반적으로 '그 때문에'를 뜻하는 '데이칠(de'i phyir)'이 문장 한가운데 쓰여 있어 이것을 살려 옮겼다.
138. '부정하는 대상이라는 뜻'은 '닥빨 자왜 돈(dgag par bya ba'i don)'을 직역한 것이다. 탈격[Abl.] '레(las)'를 원인, 이유를 설명하는 것으로 보고 옮겼다.
139. '인 당나(yin grang na)'에 대해서는 4번 게송 각주 참조.
140. '학쩨(lhag bcas)' '떼(ste)'를 병렬 접속사 'and'로 보고 옮겼다.
141. 바로 앞 게송의 '바로 그 인식 수단[量]과 인식 대상[所量]들은 삼시(三時)를 통해서(도) 성립하지 않는다.'를 뜻한다.
142. 티벳어 문장 자체가 한 문단으로 되어 있는 매우 특이한 구조로 되어 있어 이에 따랐다.
143. 원문의 '셰나(zhe na)'는 '~라고 말한다면'이란 뜻이지만 여기서는 의미를 명확하게 하기 위해서 축약하였다.
144. VP에 따르면 판본에 따라서 '뇐빠(mngon pa)'가 쓰였는데 이때는 현현(顯現), 즉 '명백하게 드러난 경우'로 볼 수 있다.
145. '삼시(三時)의 관찰이라는 것'은 '두쑴 기 딱빼 된(dus gsum gyi brtag pa'i don)'을 직역한 것으로, '딱빼'의 소유격[Gen.] '이('i)'를 강조의 인용으로 보고 옮겼다.
146. '같은 것 자체[類似性]'로 옮긴 '충빠 니(mtshungs pa nyid)'의 '니(nyid)'는 강조의 '그 자체'와 '~성(性,~ness)'을 뜻한다.
147. VP에서는 접속사 '암('m)'으로 되어 있으나 [북경판]과 [데게판]처럼 '데(des)'로 보고 옮겼다.
148. '미다와니(mi 'dra ba nyid)'에 대해서는 5번 게송 각주 참조.

118

그와 같이 (논박자인 그대가) "부정의 부정을 행하는 것이[149] 삼시(三時)를 통해서 성립하지 않는다. 만약 그와 같다면, 부정도 또한 성립하지 않다."고 말한다면,[150]

【용수의 재반론 1】

[14]

བརྗོད་པར་བྱ་སྟེ།   brjod par bya ste//

(이것은) 다음과 같이 논파할 수 있다.

དགག་པ་གྲུབ་ན་ཚད་མ་དང་གཞལ་བྱའང་གྲུབ་པོ་ཞེ་ན།།མ་ཡིན་ཏེ།སྔར་ཁས་བླངས་པའི་ཕྱིར་རོ།།

dgag pa grub na tshad ma dang gzhal bya'ng grub po zhe na//ma yin te/sngar khas blangs pa'i phyir ro//

'부정이 성립한다면 인식 수단[量]과 인식 대상[所量]도 성립하는 것이다.' 고 말해도[151]

그렇지 않다.[152] 왜냐하면 (그것은 이미 그대가) 앞(12번)에서 인정한 것[승허상위(承許相違)]이기 때문이다.[153]

....

149. '제빠(byed pa)'는 '행위자'를 뜻한다. 그러나 여기서는 VP의 'negating the negation'에 따라 '부정의 부정을 행하는 것'으로 옮겼다.
150. 인식 주체와 인식 대상 그리고 그 사이의 반영을 부정하는 주체와 부정의 대상, 그리고 부정이라는 반영으로 바뀌어 있을 뿐, 인식에 필요한 3요소에 대한 언급이다.
    VP에서는 이 문장 또한 논박자의 주장으로 취급하고 있으나, 문장의 구조로 보아서 다음 게송과 이어져 있어 이에 따라 옮겼다.
151. '인용'을 뜻하는 '셰(zhe)'와 가정을 뜻하는 '나(na)'가 결합되어 있다. 상대방의 주장을 인용한 뒤 그것에 대한 논박을 하기 위한 것으로 보고 옮겼다.

དུས་གསུམ་གྱི་བརྟག་པས་དགག་པས་ན་ཚད་མ་དང་གཞལ་བྱ་དག་སོ་ཞེས་སྨྲས་པ་དེ་ནི་མ་ཡིན་ཏེ། །གང་ལས་ཤེན་ལྱར་ཁས་བླངས་པའི་ཕྱིར་ཏེ། ལྱར་ཉིད་ཁྱོད་ཀྱིས་ཚན་མ་དང་གཞལ་བྱ་དག་དུས་གསུམ་དུ་མ་གྲུབ་པོ་ཞེས་ཁ་ས་བླངས་པའི་ཕྱི་ནས་ནི་འདི་སྐྱོན་བྱུང་བ་མཐོང་ནས། དེ་འཇིག་པས་འགགས་པ་ཡང་མི་འགྲུབ་པོ་ཞེས་ཡོངས་སུ་བརྟག་གས་ཏེ་སྒྲས་པ་མ་ཡིན་ནོ། །

dus gsum gyi brtag pas dgag pas na tshad ma dang gzhal bya dag so zhes smras

---

152. '그렇지 않다면'으로 옮긴 '마인 떼(ma yin te)'는 뒤따라오는 문장의 원인, 이유 등을 설명하기 위해서 끊어주는 기능으로 쓰이고 있다.

153. 이것은 12번부터 이 14번까지 이어진 내용으로, 1) 인정: 12번의 시간의 문제를 통해서 인식 수단과 인식 대상의 존재성이 해결되지 않는다는 대전제에 대해서, 2) 논박자의 동의와 반론: 13번의 논박자의 주장, 즉 비존재[~A]를 인정할 경우, 그것을 부정할 수는 없으며, 즉 존재성 자체를 논할 수 없다는 점을 지적하고, 3) 논박자의 2)가 1)에 위배됨을 밝힘: 14번에서는 13번의 그 논의를 그대로 인용한 뒤에, 만약 그렇다면 그것이 다시 앞의 12번에서 인정한 내용으로 환원되어 버린다는 것을 언급하고 있는 것이다.

한마디로 정의하자면, 대전제의 오류 가운데 하나인 순환논법에 빠지게 되는 방식을 통한 논파다.

'인정한 것[승허상위(承許相違)]'으로 옮긴 '케랑빠(khas blangs pa)'를 '사상위과(四相違過)', 즉 '쎌와 쉬(bsal ba bzhi)'의 축약형으로 보고 옮겼다. 사상위과(四相違過)를 정리하면 다음과 같다.

사상위과(四相違過): 쎌와쉬(bsal ba bzhi)
4가지가 서로 반대된다, 4가지가 넘어오다: 1) 현량이 서로 반대된다. 2) 사리가 서로 반대된다. 3) 승낙이 서로 반대된다. 4) 극성이 서로 반대 된다. 즉 1) 현량상위는 현량에 위배되는 경우, 2)는 비량상위는 비량에 위배되는 경우, 3), 승허상위는 이미 인정한 것에 위배되는 경우이고, 4) 극성상위는 일반적인 믿음에 위배되는 경우다. 3)의 예는 자신이 말한 말의 앞뒤가 맞지 않는 것. 예를 들면 '자신의 어머니는 석녀다.' 등이며 4)의 예는 '달에는 토끼가 산다.'는 극성비량이므로, 이것에 위배되는 경우는 '달에는 토끼가 살지 않는다.'는 것이 된다.

한역 경전권에서 이 '사상위과(四相違過)'는 다른 의미로 쓰이고 있다.
[BD]: 사상위과(四相違過): 사상위(四相違)・사상위인(四相違因)이라고도 함. 신인명(新因明)에서 3지(支) 작법의 인(因)에 14과(過)를 세운 중에, 뒤의 4과(過). 법자상상위인과(法自相相違因過)・유법자상상위인과(有法自相相違因過)・법차별상위인과(法差別相違因過)・유법차별상위인과(有法差別相違因過). 인(因)의 상(相) 가운데 제2 제3의 둘을 결(缺)한 것.

VP의 경우, 이 인정한 것의 오류를 '쁘라띠세다(pratiṣedha)', 즉 부정(negation), 모순(contradiction)의 예로 설명하고 있다.

pa de ni ma yin no//gang las she na sngar khas blangs pa'i phyir te/sngar nyid khyod
kyis tshad ma dang gzhal bya dag dus gsum du ma grub po//zhes khas blangs pa'i
phyi nas ni 'di skyon byung ba mthong nas/de 'jig pas 'gag pa yang mi 'grub po zhes
yongs su brtags te smras pa ma yin no//

(그대가) "삼시(三時)의 관찰로 부정이 (성립한다)면 인식 수단[量]과 인식
대상[所量]들(도) (성립한다.)"고 말해도, 바로 그것은 (그렇지) 않다. 왜냐하
면 (그대의 경론에) 이르길,[154] (그것은) 승허상위(承許相違)이기 때문이다.
즉,[155] 바로 앞(12번 게송)에서[156] 그대는 1) "인식 수단[量]과 인식 대상[所量]들
이 삼시(三時)를 통해서 성립하지 않는다."고 인정한 후이기 때문에,[157] 2)
이런 오류가 발생하는 것을 알[158] 수 있기 때문에,[159] 3) 그 "(그것을) 없애는
것[滅]인 부정도 또한 성립하지 않는다."라는 것은 완벽하게 관찰했기 때문
에,[160] (그와 같이) 말할 수 있는 것이 아니다.

【용수의 재반론 1의 결론】

[15]

གལ་ཏེ་ཚད་མ་དང་གཞལ་བྱ་མ་གྲུབ་པར་ཁས་བླངས་པ་ཡིན་ན་ནི་ཁས་བླངས་པ་དང་དུས་མཉམ་ཁོ་ནར་ཙུད་
པ་རྟོགས་པ་ཡིན་ནོ།།

....

154. '왜냐하면 (그대의 경론에) 이르길'로 옮긴 '강레 셰나(gang las she na)'는 '왜 그런가?
     (그대의 경론에서) 이르길'로 끊어서 옮길 수 있으나 '찍셰(gcig shad)'가 생략되어 있어
     원문에 따라 옮겼다.
155. '학쩨(lhag bcas)' '떼(te)'를 문장을 끊으며 앞의 문장을 설명하는 기능으로 보고 옮겼다.
156. '날니(sngar nyid)'의 '니(nyid)'를 강조의 용법으로 보고 옮겼다.
157. 탈격[Abl.] '레(las)'를 원인, 이유를 설명하는 것으로, 그리고 강조사[Emp.] '니(ni)'를
     여기서는 끊어 읽는 기능으로 보고 옮겼다.
158. 원문의 '통와(mthong ba)'는 '보이다'는 뜻인데 여기서는 의미를 명확하게 하기 위해
     '안다', 'having perceived'로 옮겼다.
159. 탈격[Abl.] '레(las)'를 원인, 이유를 설명하는 것으로 보고 옮겼다.
160. '학쩨(lhag bcas)' '떼(te)'를 문장을 끊으며 원인, 이유를 설명하는 기능으로 보고 옮겼다.

gal te tshad ma dang gzhal bya ma grub par khas blangs pa yin na ni khas blangs
pa dang dus mnyam kho nar rtsod pa rdzogs pa yon no//

> 만약 인식 수단[量]과 인식 대상[所量]이 성립하지 않는 것을 인정한다면,
> (그것을) 인정하는 바로 그 순간[161] (이) 논쟁은 종결된다.[162]

ཇེ་ལྟ་ཞེ་ན།ཡོངས་སུ་ཚིམ་པ་ལྷ་རྣམས་དགའ་བ་ཁྱོད་ཀྱིས་གང་གི་ཚེ་ཁོ་ནར་ཚད་མ་དང་གཞལ་བྱ་དག་དུས་ག
སུམ་དུ་མ་གྲུབ་པ་ཡིན་དགག་པ་དང་འགོག་པར་བྱེད་པའི་ཚིག་ཀྱང་མ་གྲུབ་པོ་ཞེས་སྨྲས་པར་བྱེད་པ་འདིའི་ཚེ་ཁོ་ན
ར་རང་གི་སྐྱོན་སྤང་བར་འདོད་པ་ཁྱོད་ཀྱིས་ཚད་མ་དང་གཞལ་བྱ་དག་མེད་པར་ཁས་བླངས་པ་ཕྱིར་འགག་པ་འདི་
གང་ཡིན་ཞེས་སྨྲས་བར་བྱེད།གང་གི་ཕྱིར་ཚད་མ་དང་གཞལ་བྱ་དག་མེད་པ་དེ་ཁས་བླངས་ནས་ཕྱི་ནས་འགག་པ་འ
གོག་པར་བྱེད་པའི་ཕྱིར་དང་པོ་ཁས་བླངས་པ་ན་རྩོད་པ་རྫོགས་པ་ཡིན་ནོ།།

ji lta zhe na/yongs su tshim pa lha rnams dga' ba khyod kyis gang gi tshe kho nar
tshad ma dang gzhal bya dag dus gsum du ma grub pa yin dgag pa dang 'gog par
byed pa'i tshig kyang ma grub po zhes smras par byed pa 'de'i tshe kho nar rang gi
skyon spang bar 'dod pa khyod kyis tshad ma dang gzhal bya dag med par khas blangs
pa phyir 'gag pa 'di gang yin zhes smras bar byed/gang gi phyir tshad ma dang gzhal
bya dag med pa de khas blangs nas phyi nas 'gag pa 'gog par byed pa'i phyir dang
po khas blangs pa na rtsod pa rdzogs pa yin no//

> (그대가) "왜 그런가?"[163] (하고 그 이유를 묻는다면, 이전에 그대가)
> 완전히 만족했고 어리석은 자(들)[164]이 좋아했던 것을, 그대가 바로 어떤
> 때, (즉) "1) 인식 수단[量]과 인식 대상[所量]들(도) 삼시(三時)를 통해서 성립하
> 지 않는다."(는 것과 그리고) 2) "(그것의) 부정의 부정을 행하는 언급도

....
161. '당 두남 코날(dang dus mnyam kho nar)'을 '~하는 바로 그때'로 보고 옮겼다.
162. 12번부터 이어져 온 '인식 방법과 인식 대상과 시간의 문제에 대한 용수의 논파 결론'에
    해당한다. 승허상위(承許相違)의 오류가 발생할 경우, 더 이상 논할 것이 없다는 뜻이다.

또한 성립하지 않는다."라고 그렇게 말하는 바로 그때,[165] (이미) 자신의 오류를 끊어 버리는 것을 인정했기 때문에,[166] (즉) 그대는 인식 수단[量]과 인식 대상[所量]들이 존재하지 않는 것을 인정했기 때문에, "이 부정은 어찌되었든 (성립하는 것)이다."[167]라고 말하는 것이다.

왜냐하면 그[168] 인식 수단[量]과 인식 대상[所量]들이 존재하지 않는다는 것을 인정한 후이기 때문에, (즉 그 다음에) 부정의 부정을 행한 것이기 때문이다.[169] 만약 (이것을[170]) 먼저 인정한다면 (이) 논쟁은 (이미) 종결된 것이다.[171]

【용수의 재반론 2】

[16]

དགག་པ་པར་བྱེད་པ་མེད་པ་ན་འགག་པ་ཞེས་བྱ་བ་མེད་དོ།།ཞིག་ནི་ནི་མ་ཡིན་ཏེ།

---

163. '지따 셰나(ji lta zhe na)'는 관용적 표현으로 'why?, how?'라는 뜻이 있다. 여기서는 해자하여 옮겼다.

164. '어리석은 자들이 좋아할 만한 것'이라고 옮긴 '하남 가와(lha mams dga' ba)'를 직역하면, '신들이 좋아하는 것'인데, VP에 따르면 이것은 산스끄리뜨어 '데바남쁘리야(devānāmpriya)'를 티벳어로 직역한 것으로 '어리석은 자(foolish)'를 뜻한다고 한다. '신들을 모두 만족시키는 행위란 존재하지 않는다.'는 뜻에서 파생한 듯하다.

165. 원문은 '데이체 코날(de'i tshe kho nar)'로 '데이체('de'i tshe)'는 앞서 '바로 어떤 때'라고 옮긴 '강기 체 코날(gang gi tshe kho nar)'과 격을 이루어, '~할 그때'를 뜻한다. 뒤따라 나오는 '코날(kho nar)'은 앞의 단어를 수식하는 것으로 보고 옮겼다.

166. '원하다, 바라다, 승인하다, 동의하다'는 뜻을 지닌 '되빠('dod pa)'에 아무런 격변화가 없어, 뒤따라 나오는 '~하기 때문에'를 뜻하는 '칠(phyir)'이 생략된 것으로 보고 옮겼다.

167. "이 부정은 어찌되었든 (성립하는 것)이다."라고 옮긴 '각빠 디 강인('gag pa 'di gang yin)'의 '강인(gang yin)'은 '무엇이 되었든 존재한다, 어떤 것이 있다'는 뜻인데, 여기서는 앞에서 이어져 온 그 의미에 따라 옮겼다.

168. '존재하지 않는다. 그'를 뜻하는 '메빠 데(med pa de)'로 이루어져 있는데 '데(de)'가 선행하는 문장 전체를 받는 것으로 보고 옮겼다.

169. 의미를 명확하게 하기 위해 문장을 끊어서 읽었다.

170. 인식 수단[量]과 인식 대상[所量]들이 성립하지 않는다는 것 또는 존재하지 않는다는 것을 가리킨다.

171. 원문의 구성은 앞문장과 이어져 있으나 우리말로 이해하기 쉽게 문단을 바꾸었다.

dgag pa par byed pa med pa na 'gag pa zhes bya ba med do//zhe na/de ni ma yin
te/

> "부정을 행하는 것이 존재하지 않는다면 '부정'이라 부르는 것도 존재하지
> 않는다." (이와 같이) 말할지라도,[172] 바로 그것은 (그렇지) 않다. 왜냐하면,[173]

མ་གྲུབ་པ་ལ་རྟོག་པ་སྤང་བའི་ཕྱིར་རོ། །

ma grub pa la rtog pa spang ba'i phyir ro//

> (또한 그대의 13번의 주장은 옳지 않다.)[174] 성립하지 않는 것도[175] (자세히)
> 관찰하여[觀] 끊을 수 있기[斷] 때문이다.[176]

འདི་ལྟ་སྟེ་དཔེར་ན་ཆུ་ཞིན་དུ་གཏིང་རིང་བ་མ་ཡིན་ལ་གཏིང་རིང་བའི་བློ་དང་མཚན་པར་སྒྱུར་ཞིང་འཛིགས་པར་འགྱུར

---

172. 가정법의 '나(na)'를 'even though'로 보고 옮겼다.
173. '학쩨(lhag bcas)' '떼(te)'를 원인, 이유를 설명하는 기능으로 보고 옮겼다.
174. '존재하지 않는 것에 대해서는 논파할 수 없다.'는 앞의 니야야 학파의 주장에 대한
    연속되는 논파라 첨언하였다.
175. 원문에는 '라둔(la 'dun)'의 '라(la)'가 쓰였으나 강조하여 옮겼다.
176. '존재하지 않는 것[~A]에 대해서 논파/부정할 수 있는가?'에 대한 이 문제에 대해서
    VP 원주석에서는 눈앞에 펼쳐진 존재하지 않는 '깊은 강'이라는 개념자가 '논의의 대상이
    될 수 있는가?'라는 문제를 예로 들고 있다(p. 66.). 원문의 '추(chu)'는 '강'이라는 뜻도
    있지만 기본적으로 '물'이라는 뜻이다.
    가볍게 생각하면, 강물의 깊이에 대해서 두려움을 느끼며 건너기 두려워하는 자에게
    '깊은 강은 존재하지 않는다.'는 방편, 즉 '화택론(火宅論)'의 방편으로 해석할 수 있다.
    논리적으로 풀어보면 깊은 강이지만, 그것이 '깊은 강이 아니다.'는 부정이 성립하는가의
    문제다. 즉, 지금 강을 건너려는 자의 '깊은 강'이라는 그릇된 생각을 실제로 강을 건너가
    보았기에 '깊지 않은 강'임을 아는 자가, 그 그릇된 생각을 끊게 하는 것이 이것에
    대한 예이다.
    즉, 본문의 '성립하지 않는 것'은 '깊은 강'이라는 그릇된 생각이다. VP의 역자들은
    이 문제를 'designatum'과 'denotatum'의 관계를 통해서 설명하고 있다(p. 111). 이 둘의
    일반적 정의는 'designatum: something (whether existing or not) that is referred to by
    a linguistic expression', 그리고 'denotatum: something referred to; the object of a reference'
    이다.

བ་ལ་དེའི་འརྩིགས་པའི་དོགས་པ་སྤང་དོན་དུ་གཞན་དེ་ཤེས་པས་འདི་ལ་ཆུ་གཏིང་བ་ཡོད་པ་མ་ཡིན་ནོ་།་ཞེས་སྨྲ་བ་ནི་དེ་མེ་
ད་པ་ལ་དེའི་བློ་གསལ་བའི་དོན་དུ་འཐད་པ་ཡིན་པའི་ཕྱིར་དགག་བྱ་མེད་པ་ལ་ཡང་དགག་བྱ་བརྗོད་པ་ལས་དགག་པ་བྱེད་
པ་ཡིན་ནོ་།་གཞན་ཡང་གལ་ཏེ་མཚུངས་པའི་སྐྱོན་ཁས་ལེན་ན་མཚུངས་པའི་སྐྱོན་ཁས་བླངས་པ་ཉིད་ཀྱིས་རྩོད་པ་རྫོགས་
པ་ཡིན་ནོ་།་ཞེས་ཁས་བླངས་ནས་སྨྲ་བར་འདོད་པར་བྱའོ་།།

'di lta ste dper na chu shin tu gting ring ba ma yin la/gting ring ba'i blo dang mngon
par ldan zhing 'jigs par 'gyur ba la de'i 'jigs pa'i dogs pa spang don du gzhan de shes
pas 'di la chu gting ba yod pa ma yin no//zhes smra ba ni de med pa la de'i blo gsal
ba'i don du 'thad pa yin pa'i phyir dgag bya med pa la yang dgag bya brjod pa las
dgag pa byed pa yin no//gzhan yang gal te mtshungs pa'i skyon khas len na mtshungs
pa'i skyon khas blangs pa nyid kyis rtsod pa rdzogs pa yin no//zhes khas blangs nas
smra bar 'dod par bya'o//

> 예를 들자면,[177] 물이 매우 깊지 않은데[178] 깊다는 생각을 크게[179] 가져
> 두려워하는 (사람)에게, 그의 두려움에 떠는 것[180]을 없애줄 목적을 (가진)
> 다른 (사람)이 (물이 깊지 않은) 그것을 알기 때문에 "이곳에는 물이 깊지
> 않다."라고 바로 (이와 같이) 말하는 것, 그것은 존재하지 않는 것에 대한
> 그 (사람)의 (두려워하는) 마음을 밝히려는 목적으로 (행하는) 옳은 것이기
> 때문에, (즉) 부정의 대상이 존재하지 않아도 부정의 대상을 논파할 수
> 있기 때문에,[181] (부정의 대상이 존재하지 않아도) 부정을 행할 수 있는
> 것이다.
>
> 다른 것(들의 경우에)도 마찬가지로, "만약 (이와 같은) 동일한 오류를
> 승인한 것이라면, (바로 이) 동일한 오류를 승인한 것[182] 자체 때문에 (이)
> 논쟁은 종결된다."
>
> (이와 같이) 인정한 것이기 때문에 (부정의 대상이 존재하지 않아도
> 부정을 행할 수 있다고) 말할 수 있다.[183]

【현량(現量) 등의 성립에 대한 논박자의 새로운 주장】

[17]

སྨྲས་པ།   smras pa/

(논박자가) 이르길,

མངོན་སུམ་ལ་སོགས་པ་ནི་ཡོད་པ་མ་ཡིན་ཏེ། གང་ལས་ཤེ་ན། ཡང་དག་པར་རྟོགས་པའི་ཕྱིར་རོ།།

mngon sum la sogs pa ni yod pa ma yin te/gang las she na/yang dag par rtogs pa'i phyir ro//

'바로 그 현량(現量)[184] 등이 존재하지 않는다.'[185]고 (누군가) 어디에서[186]
말했어도 (그것은 그렇지가 않다.) 왜냐하면 올바른 인식이기 때문이다.[187]

....

177. '예를 들자면'으로 옮긴 '디따 떼 뻴나('di lta ste dper na)'는 관용적인 표현이다.
178. '라둔(la 'dun)'의 '라(la)'가 쓰여 있다. TT의 '마인라(ma yin la)'의 용례, 'is not'과 의미에 따라 옮겼다.
179. '크게'라고 옮긴 '넌빨(mngon par)'에는 'greatly'라는 뜻이 있어 이에 따랐다.
180. '두려움에 떠는 것'으로 옮긴 '직빼 독빠('jigs pa'i dogs pa)'의 '직빠'와 '독빠' 모두 두려움을 뜻하는데 여기서는 강조의 표현으로 보고 옮겼다.
181. 탈격[Abl.] '레(las)'를 원인, 이유를 설명하는 것으로 보고 옮겼다.
182. '승인한 것'으로 옮긴 '케렌(khas len)'에도 '승인, 인정, 승낙'이라는 뜻이 있다.
183. '말할 수 있다'로 옮긴 '먀왈 되빠 자오(smra bar 'dod par bya'o)'를 직역하면 '말하는 것을 바랄 수 있다' 또는 '말하는 것이 인정된다'로, 여기서는 축약하여 옮겼다.
184. 현량(現量) 등 올바른 인식 방법/수단에 대해서는 『회쟁론』 5번 게송 각주 참조.
185. VP는 '존재한다'로 되어 있다. '학쩨(lhag bcas)' '떼(te)'를 문장을 끊는 기능으로 보고 옮겼다.
186. '강레(gang las)'를 경론 등의 출처로 보고 옮겼다.
187. VP의 영역을 거칠게 옮기면, '현량 등은 존재한다. 왜냐고 묻는다면, (그 답은: 그것들이) 올바른 인식을 (제공하기) 때문이다(p. 67).' 의미상으로 같다.
      논박자가 니야야 학파의 4가지 올바른 인식 방법으로 논의의 대상을 돌려 이 4종의 양, 즉 현량(現量), 비량(比量)·성언량(聖言量)과 비유량(譬喩量)이 올바른 인식 방법/수단

འདིར་མངོན་སུམ་གྱི་དོན་ལ་དམིགས་ནས་བྱ་བ་དང་བྱ་བ་མ་ཡིན་པའི་ཡོན་ཏན་ཤེས་པ་ཡང་དག་པར་རྟོགས་པ
ར་འགྱུར་རོ།།ལྷག་མ་རྣམས་ཀྱང་དེ་བཞིན་ནོ།།དེའི་ཕྱིར་ཚད་མ་དང་གཞལ་བྱ་ཡོད་དོ་ཞེ་ན།

'dir mngon sum gyi don la dmigs nas bya ba dang bya ba ma yin pa'i yon tan shes
pa yang dag par rtogs par 'gyur ro//lhag ma rnams kyang de bzhin no//de'i phyir tshad
ma dang gzhal bya yod do zhe na/

> 여기서는 현량(現量)의 정의(인 어떤 것을) 지각하여 (그것이) 작용하는
> 것과 작용하지 않는 것의 성격[188]을 아는 것(인 그것이) 올바른 인식이라
> 는 (뜻)이다.[189] 나머지들도 그와 같다.

【용수의 반론 도입부】

དེའི་ཕྱིར་ཚད་མ་དང་གཞལ་བྱ་ཡོད་དོ་ཞེ་ན།

de'i phyir tshad ma dang gzhal bya yod do zhe na/

> '그와 같은 이유로 인식 수단[量]과 인식 대상[所量]이 존재한다.'고
> 말한다면,[190]

【용수의 논박 1: 인식 수단이 존재해도 그 인식 대상의 존재성의 문제】

　　　임을 주장하는 형식으로 되어 있다.
188.　'공덕'을 뜻하는 '왼뗀(yon tan)'이 쓰였다. 영역으로 대개 'good quality; virtue'로 옮기는데
　　　산스끄리뜨어 '구나(guṇa)'를 직역한 것이다.
189.　현량의 정의인 '무분별(無分別), 무착란(無錯亂)'의 의미에 맞게 첨언하여 해석하였다.
190.　VP에서는 논박자의 주장으로 되어 있으나 문법적으로 살펴보면 뒤따라 나오는 문장과
　　　이어져 있다.

བརྗོད་པར་བྱ་སྟེ། brjod par bya ste/

(이것은) 다음과 같이 논파할 수 있다.

མངོན་སུམ་ལ་སོགས་པ་གྲུབ་ན་གཞལ་བྱ་ནི་འཐད་པ་མ་ཡིན་ནོ།།

mngon sum la sogs pa grub na gzhal bya ni 'thad pa ma yin no//

(인식 수단[量]인) 현량(現量) 등이 성립할지라도[191] (그것들의) 바로 그 인식 대상[所量]이 (아무런 이유 없이 성립한다는 것은)[192] 옳지 않다.[193]

དེ་ནི་ཁས་བླངས་ན་བརྗོད་པར་བྱ་སྟེ། མངོན་སུམ་ལ་སོགས་པའི་ཚད་མ་རྣམས་ནི་གྲུབ་ན་གཞལ་བྱའི་དོན་གང་ ཞིག་ཡིན་པ་སྨྲོས་ཤིག གང་གི་ཕྱིར་བུམ་པ་ཉིད་མངོན་སུམ་ཡིན་གྱི་བུམ་པ་ནི་མ་ཡིན་ཏེ་དབང་པོ་ལ་རབ་ཏུ་ཕྱོགས་ པའི་དོན་གང་ཡིན་པ་དེ་ནི་མངོན་སུམ་ཡིན་པར་བྱ་ནས་མིག་གི་དབང་པོ་ལ་དབང་པོའི་བརྫ་ལ་ལ་རབ་ཏུ་ཕྱོག་ ས་པའི་དོན་གང་ཡིན་པ་དེ་ནི་མངོན་སུམ་ཡིན་ཞིང་དེ་ཡང་སྐྱང་བ་ལ་སོགས་པའི་རྐྱེན་ལ་ལྟོས་པ་སྟེ་དེ་ཕྱིར་བྱས་པ་ ལ་སོགས་པ་ཉིད་མངོན་སུམ་དུ་ཡོངས་སུ་གྲུབ་པ་ཡིན་ན་ཚད་མ་དེ་གང་གི་ཡིན་ན་གཞལ་བྱར་གྱུར་ཏེ་དེ་གང་ཞི གྱིན་པ་འགྱུར་ཏེ་བཞིན་དུ་མི་དང་དུ་བ་ལ་འབྲེལ་པ་ལས་མཚད་མ་སྟོན་དུ་འགྲོ་བ་ཆེས་སུ་དཔག་ལ་ཡིན་ ནོ།། དེ་ནི་ཆེས་སུ་དཔག་པའི་ཤེས་པ་སྐྱེས་པ་ན་ཡང་གང་གི་དེ་ཆེས་སུ་དཔག་པར་འགྱུར་ཆེས་སུ་དཔག་པར་བྱ་བའི་ དོན་གཞན་གང་ཞིག་ཡིན་པར་འགྱུར། ལྡོག་ལ་ལ་ཡང་དེ་བཞིན་ནོ།།

de ni khas blangs na brjod par bya ste/mngon sum la sogs pa'i tshad ma rnams ni

grub na gzhal bya'i don gang zhig yin pa smros shig/gang gi phyir bum pa nyid mngon

sum yin gyi bum pa ni ma yin te dbang po la rab tu phyogs pa'i don gang yin pa

----

191. 가정법의 '나(na)'를 'even though'로 보고 옮겼다.
192. 의미에 맞게 첨언하였다.
193. 인식 수단의 성립은 언제나 그것에 대한 인식 대상이 있어야 성립한다는 것이 앞에서부터 계속된 요지인데, 여기서는 그 관계성에 대해서 먼저 논파하고 있다.

de ni mngon sum yin par bya nas/mig gi dbang po la dbang po'i brda bya la de la rab tu phyogs pa'i don gang yin pa de ni mngon sum yin zhing de yang snang ba la sogs pa'i rkyen la ltos pa ste/de phyir bum pa la sogs pa nyid mngon sum du yongs su grub pa yin na tshad ma de gang gi yin don gzhal byar gyur pa de gang zhig yin pa 'gyur/de bzhin du me dang du ba la 'brel pa las mngon sum sngon du 'gro ba can rjes su dpag pa yin no//de na rjes su dpag pa'i shes pa skyes pa na yang gang gi de rjes su dpag par 'gyur/rjes su dpag par bya ba'i don gzhan gang zhig yin par 'gyur/lhag ma la yang de bzhin no//

바로 이것은[194] (현량(現量) 등과 같은 인식 수단[量]들의 성립을) 인정할지라도 (다음과 같이) 논파할 수 있다는 (뜻인)데,[195] 바로 그 현량(現量) 등과 같은 인식 수단[量]들이 성립할지라도 인식 대상[所量]이라는 것이 어떻게 존재하는가?'(에 대해서) 말해야 하기 (때문이다.)[196]

왜냐하면 물단지 자체는 현량(現量)이라는 것의 바로 그 물단지가 아니기 때문인데,[197] (즉) 감각 기관[根][198]에 제대로 대응하는[199] (인식) 대상(이라는 것이) 무엇이든 바로 그것은 현량(現量)이라는 것에 작용하기[200] 때문에, (예를 들자면) 안근[眼根]에, (즉 안근이라는) 감각 기관[根]에 가립(假立)된 것[201]에, 바로 그것에, (즉 그) 감각 기관[根]에 제대로 대응하는 (인식) 대상(이라는 것이) 무엇이든 바로 그것은 현량(現量)이(라는 것에 작용하기) (때문이)고,[202] 그것 또한 (눈의) 감각[203] 등의 (다양한) 연(緣)에 의지하고 있다.[204] 그러므로[205] 물단지 등과 같은 것들(의) 그 자체가 현량(現量)으로 완전히 성립한다면, 1) 그 인식 수단[量]은 어떤 것의 (인식 수단[量]인) 것으로 (되겠는가? 그리고) 2) (이미) 그 인식 대상[所量]으로 된 것은 (인식 대상[所量]인) 어떤 것으로 되겠는가?[206] 그와 같이 '불과 연기라는 관계'[207]에서[208] 선행하는 것[209]인 현량(現量)(에 의해서 발생하는 것이) 비량(比量)이다.[210]

그렇다면, (즉 그와 같이) 비량지(比量知)[211]가 발생한다면, (그 비량도) 마찬가지로 (1-1) 어떤 것의 그 비량(比量)으로 되겠는가? (그리고) (2-1)

그 비량(比量)의 대상인 것은 다른 어떤 (비량(比量)의 대상인) 것으로 되겠는가? 나머지들도[212] (마찬가지로) 그와 같(이 논파할 수 있)다.[213]

【용수의 논박 2: 인식 대상이 존재하지 않을 경우 인식 수단의 불성립에 대한 지적 1】

....

194. '바로 이것은'이라고 옮긴 '데니(de ni)'는 앞의 문장을 강조할 때 사용하는 관용적인 표현이다.

195. '학쩨(lhag bcas)' '떼(ste)'를 앞 문장의 끊어 설명하는 기능으로 보고 옮겼다.

196. '쉭(zhig)'을 문장을 끊는 기능으로 보고 옮겼다. 티벳어 원문이 길어 행을 바꾸어 옮겼다.

197. '학쩨(lhag bcas)' '떼(ste)'를 앞 문장의 끊어 설명하는 기능으로 보고 옮겼다.

198. '(오)근(根)', 즉 감각 기관을 뜻하는 '왕뽀(dbang po)'가 쓰였다.

199. 일반적으로 '쪽, 방향'을 뜻하는 '축빠(phyogs pa)'가 동사형으로 쓰였다. 여기서는 논리적인 개념으로 '접촉, 대응'하는 것으로 보고 해석하였다.

200. '~이라는 것에 작용하기'로 옮긴 '인빨 자(yin par bya)'의 '자(bya)'를 '자와(bya ba)'의 축약형으로, '작용, 일'로 보고 옮겼다.

201. '가립된 것'으로 옮긴 '다자(brda bya)'의 '다와(brda ba)'는 가립(假立), 즉 '임시로 설립한 것'이라는 뜻인데, BD에 따르면 산스끄리뜨어 '우빠짜라(upacāra)'에서 파생할 경우, '어떤 대상에 관해, 명칭을 사용하여 종류를 가리켜 보임'이라는 다른 뜻도 있다.

202. 순접 접속사 'and'를 나타내는 '쉥(zhing)'이 쓰였다.

203. '감각'으로 옮긴 '낭와(snang ba)'는 동사형으로 '나타나다, 드러나다'로, 명사형으로 '현현(顯現), 드러남, 나타남'으로 쓰인다. 여기서는 그와 같은 작용을 할 수 있는 감각 기관인 눈의 상태 등을 뜻하는 것으로 보고 옮겼다.

204. '학쩨(lhag bcas)' '떼(ste)'를 앞 문장의 끊어 설명하는 기능으로 보고 옮겼다.

205. '데칠(de phyir)'은 앞에서 등장한 '왜냐하면 ~'을 뜻하는 '강기칠(gang gi phyir)'과 격을 맞추어 '그 이유는 ~, 그러므로 ~' 등을 뜻한다.

206. VP에 따라 첨언을 하였는데 인식 대상[所量] 자체가 현량(現量)으로 완전히 성립할 경우, 인식 수단[量]과 인식 대상[所量]들은 고정된 것이라서 변화 불가능하다는 뜻이다.

207. '연기(緣起)'를 뜻하는 '뗀델(rten 'brel)'에서 일반적으로 '델와('brel ba)'를 쓰는데 원문에는 '델빠('brel pa)'로 나와 있다.

208. 탈격[Abl.] '레(las)'를 인용으로 보고 옮겼다.

209. TT에 따르면 '선행하는 것'으로 옮긴 '왼두 도와첸(sngon du 'gro ba can)'은 하나의 관용적인 표현이다.

210. 이것은 비량(比量)의 대표적인 예인 '불과 연기의 관계'에서 예로 등장하는 '불이 있는 아궁이에서 연기가 생겨난다.'는 경험지를 예시로 드는 것에서 합리적인 추론이 발생한다는 것을 축약하여 표현한 것이다.

211. '비량지(比量知)'는 원문의 '제쑤 빡빼 셰빠(rjes su dpag pa'i shes pa)'를 직역한 것이다.

212. 니야야 학파의 나머지 올바른 인식 방법은 성언량(聖言量)과 비유량(譬喩量)을 가리킨다.

213. 현량(現量)과 현량의 대상의 경우를 반복적으로 비량(比量)의 경우에 적용한 경우다.

[19]

སྨྲས་པ་བུམ་པ་ལ་བུམ་པའི་བློ་ནི་ཚད་མ་ཡིན་ལ་བུམ་པ་ནི་གཞལ་ཡིན་ནོ་ཞེན་བརྗོད་པར་བྱ་སྟེ།

smras pa/bum pa la/bum pa'i blo ni tshad ma yin la bum pa ni gzhal yin no zhe na brjod par bya ste/

> (논박자가) 이르길, "물단지(의 예)에서, 바로 그 물단지에 대한 생각[心, buddhi][214]이 인식 수단[量]이고[215] 바로 그 물단지는 인식 대상[所量]이다."라고 말한다면, (이것은) 다음과 같이 논파할 수 있다.

དེའི་རྐྱེན་ཅན་ཡིན་པའི་ཕྱིར་ཤེས་མ་ཡིན་ཞིང་ཤེས་བྱ་མ་ཡིན་ནོ།།

de'i rkyen can yin pa'i phyir shes ma yin zhing shes bya ma yin no//

> 그것은[216] 연(緣)한 것이기 때문에 (그것이 존재하지 않는다면)[217] (그것을) 아는 것도 존재하지 않으며 그 알 수 있는 대상도 존재하지 않는다.[218]

---

214. '생각'으로 옮긴 '로(blo)'는 일반적으로 마음을 뜻한다. VP는 '관념(idea)'으로 옮기고 있다. TT에서 '로(blo)'는 'awareness, knowledge, mind, intellect, intelligence, cognition' 등 심리 작용을 가리킬 때 사용된다. 산스끄리뜨어의 경우, '로(blo)'는 '부디(buddhi)', 즉 '깨달음' 또는 '알고자 하는 생각, 마음' 등과 관련이 있다. 해석의 여지가 다분하여 산스끄리뜨어를 병기하였다.
215. '라둔(la 'dun)'의 '라(la)'가 쓰였는데 여기서는 순접 접속사 'and'의 기능을 하는 매우 예외적인 용법이다.
216. [데게판]에는 소유격[Gen.] '이('i)'가 첨언되어 있으나 [Pek.]에는 '데(de)'로 되어 있어 이에 따랐다. 만약 소유격[Gen.]일 경우 우리말에 어울리게 처격[loc.]으로 옮길 수도 있다.
217. 의미에 맞게 첨언하였다.
218. '아는 것'과 '알 수 있는 대상'이라고 옮긴 '셰(shes)'와 '셰자(shes bya)'는 인식 (수단)과 인식 대상, 즉 양(量)과 소량(所量)인 '쁘라마나(pramāṇa)'와 '쁘라메야(prameya)'를 가리킨다. 앞서 사용된 단어들과 차별을 두기 위하여 이렇게 옮겼다.
　원주석에서는 인식 대상인 물병(pot)과 그것을 아는 것의 연기성을 그 예로 들고 있다.

གང་གི་ཕྱིར་དབང་པོ་དང་དོན་ཕྲད་པ་ལས་བློ་སྐྱེ་བར་འདོད་པ་དེའི་ཕྱིར་བུམ་པ་ནི་རྐྱེན་དུ་གྱུར་པ་ཉིད་ཡིན་པ་དེ་
འི་ཕྱིར་བློ་ནི་ཚད་མ་མ་ཡིན་ལ་བུམ་པ་ཡང་གཞལ་བྱ་མ་ཡིན་ནོ།།

gang gi phyir dbang po dang don phrad pa las blo skye bar 'dod pa de'i phyir bum
pa ni rkyen du gyur pa nyid yin pa de'i phyir blo ni tshad ma ma yin la bum pa yang
gzhal bya ma yin no//

왜냐하면[219] 감각 기관[根]과 (인식) 대상이 결합하여 생각이 발생하는
것을 인정한다면, 그런 이유로 1) 바로 그 물단지는 연(緣)하여 된 것 자체[220]이
고, 그런 이유로 2) 바로 그 (물단지의 예에서 물단지에 대한) 생각[心]은
인식 수단[量]이 아니고[221] 바로 그 물단지도 또한 인식 대상[所量]이 아니다.

【용수의 논박 3: 니야야 학파의 주장에 대한 논파】[222]

[20]

གཞན་ཡང་།   gzhan yang/

더 나아가,

---

219. 문장 전체가 '왜냐하면 ~, 그 때문에 ~'를 뜻하는 '강기칠 ~, 데이칠 ~(gang gi phyir
~, de'i phyir ~)' 구조로 되어 있다.

220. '연(緣)하여 된 것 자체'로 옮긴 '껜두 귤빠니(rkyen du gyur pa nyid)'를 VP에서는
'determing condition'이라고 옮기고 있는데 4종의 연(緣)의 영역을 찾아보아도 이것에
해당하는 것은 없다. 역자들이 연(緣)을 강조하기 위해 조어한 것으로 보인다. 사연의
영역에 대해서는 졸저, 『용수의 사유』, pp. 242-243 참조.

221. '라둔(la 'dun)'의 '라(la)'가 쓰였는데 여기서는 순접 접속사 'and'의 기능을 하는 매우
예외적인 용법이다.

222. VP의 주석을 살펴보면 이 게송의 논파는 인식 대상[所量]에 대한 논파일 뿐만 아니라
마음[心]에 대한 논의로도 생각해 볼 수 있는데 원문을 살펴보면 총 20개에 걸친 인식
수단[量]과 인식 대상[所量]에 대한 논파에서 인식 수단[量]이 성립하지 않을 경우 인식
대상[所量]도 또한 성립하지 않는다는 것의 마지막 부분에 해당한다.

ཀློ་ནི་ཚད་མ་མ་ཡིན་ཏེ། གཞལ་བྱ་ཡིན་པར་བརྗོད་པའི་ཕྱིར་རོ།།

blo ni tshad ma ma yin te/ gzhal bya yin par brjod pa'i phyir ro//

> 생각[心]은 인식 수단[量]이 아니다. 왜냐하면 '(그대가 이미) 인식 대상[所量]이다.'라고 말했기 때문이다.

གང་གི་ཕྱིར་ཁྱོད་ཀྱི་བློ་གཞལ་བྱ་ཡིན་པར་རྗོད་པར་བྱེད་དེ་ཇི་ལྟ་ཞེ་ན།ལུས་དང་།དབང་པོ་དང་།དོན་དང་།བློ་དང་ །ཡིད་དང་།འཇུག་པ་དང་།སྐྱོད་དང་།སྲིད་པ་ཕྱི་མ་དང་།འབྲས་བུ་དང་།སྡུག་བསྔལ་དང་བྱང་གྲོལ་རྣམས་ནི་གཞལ་ བྱ་ཡིན་ནོ་ཞེས་བརྗོད་པའི་ཕྱིར་རོ།དེའི་ཕྱིར་གཉི་ག་ཡང་མེད་པ་ཡིན་ནོ།

gang gi phyir khyod kyi blo gzhal bya yin par rjod par byed de ji lta zhe na/lus dang/dbang po dang/don dang/blo dang/yid dang/'jug pa dang/skyod dang/srid pa phyi ma dang/'bras bu dang/sdug bsngal dang byang grol rnams ni gzhal bya yin no zhes brjod pa'i phyir ro/de'i phyir gnyi ga yang med pa yin no/

> 왜냐하면 (이전의) 그대의 '생각[心]은 인식 대상[所量]이다.'는 언급을 행한 것 때문인데, 그와 같이 언급했던 것, (즉) "1) 아(我, ātman),[223] 2) 몸[身], 3) 감각 기관[根], 4) (감각) 대상, 5) 생각[心], 6) 의식[意], 7) 인식 작용[入], 7) 과실(過失), 8) 윤회, 9) 과보, 10) 고통[苦], 11) 해탈 등, 바로 (그것)들이 인식 대상[所量]이다."라고 말했기 때문이다.[224]
> 그러므로 (인식 수단[量]과 인식 대상[所量]) 이 둘도 또한 존재하는 않는 것이다.[225]

---

223. 여기서는 영혼(soul)을 뜻한다.
224. VP에 따르면 이 11가지는 『니야야 수뜨라』의 1, 1, 9에서 인식 대상[所量]이라고 정의되어 있으며(p. 114), 특정한 조건 속에서 인식 대상[所量]이 인식 수단[量]이 되는 경우에 대해서는 2, 1, 16에 언급되어 있다고 한다(p. 190).

【용수의 의심에 대한 논파】[226]

【논박자의 의심의 성립에 대한 주장】[227]

 སྨྲས་པ།ཚད་མ་ཉིད་གང་ཡིན་པ་དེ་ཉིད་གཞལ་བྱ་ཡིན་ནོ་ཞེས་བརྗོད་པ་ན་ཟེ་ཚོམ་ཟ་བ་ཡིན་ནོ།།ཟེ་ཚོམ་ཡོད་པའི་ཕྱིར་ཚད་མ་དང་གཞལ་བྱ་གཉིས་ཀ་གྲུབ་པ་ཡིན་ནོ།།

smras pa/tshad ma nyid gang yin pa de nyid gzhal bya yin no zhes brjod pa na

....

225. 이것은 니야야 학파가 정의한 인식 대상인 11개 가운데 하나인 마음[心]이 다시 인식
수단이 되는 것은 모순이라는 뜻이다. 이상의 20개의 게송을 통해서 니야야 학파의
16가지 범주 가운데 1, 2번의 논파 후, 3번인 '의심'에 대해서 총 3개에 걸친 논파가
이어진다.
'인식 수단과 인식 대상'에 대한 논파의 마지막 단락에 해당하여 단락을 하나 띄었다.

226. 용수의 의심에 대한 논파 도입부다. 티벳 전통의 7종 인명(因明), 즉 불교 논리학에서는
이 '의심'을 유예식(猶豫識), 또는 의혹(疑惑)이라고 부른다. 이에 대한 정의는 다음과
같다.
7종 심식의 하나. 자경에 대해서 이심을 품고 있는 염오식. 예를 들자면 마음속으로
다음과 같이 생각하는 것 : '소리는 항상하는가 아니면 무상한 것인가?' '연기가 있는
산속에는 불이 있을까, 없을까?'
간략하게 정의하면, "(인식의) 자력으로 있고 없고, 옳고 그름 등의 두 양극단을 의심하는
식(識)"이다.

그 종류는 세 가지가 있는데 VP 원주석에는 세 가지에 대해서 '사람과 나무 등걸(tree-trunk)
과 사람(man)'에 대한 비유로 되어 있다. 인명에 따르면 이 세 가지는,

 1. 유인의혹(有因疑惑). Tending toward the fact doubting consciousness
    예는 two-pointed mind ⇒소리는 무상한가?
 2. 무인의혹(無因疑惑). Not tending toward the fact doubting consciousness
    예는 two-pointed mind ⇒소리는 항상한가?
 3. 쌍등의혹(雙等疑惑). Both equal doubting consciousness
    예는 two-pointed mind ⇒소리는 무상한가?, 항상한가?

유인의혹의 예를 들자면, 소리가 들릴 경우 그것의 원인이 있음에도 무상할지 모른다는
의심을 품는 것이며, 무인유혹의 경우 그 원인이 없을 경우 그 반대를 생각하는 것이고,
이 둘을 합한 것이 쌍등의혹이다.
이와 달리 VP에서는 3. 쌍등의혹을 대신해서 '지각 중인', 즉 진행 중인 것을 꼽으며
'an object that seems to be perceived'라고 옮기고 있다.

227. 니야야 학파의 16가지 범주 가운데 세 번째인 '의심'이 올바른 인식 수단[量]이라는
것에 대한 주장이다. VP에서는 게송에 따라 주석을 한 묶음으로 처리하였으나 여기서는
주석에 따라 도입부를 먼저 설명하는 방식을 취해서 옮긴다.

the tshom za ba yon no//the tshom yod pa'i phyir tshad ma dang gzhal bya gnyi ga grub pa yin no//

(논박자가) 이르길, '인식 수단[量] 자체(라는 것이) 무엇이든 그것 자체는 인식 대상[所量]이다.'라고 주장할 때, 의심한다는 것[228]이 존재한다.

의심이 존재하기 때문에, 인식 수단[量]과 인식 대상[所量](이라는 이) 둘은 성립한다.[229]

【논박자의 의심에 대한 정의와 이에 대한 논파 도입부】[230]

ཐེ་ཚོམ་ཞེས་བྱ་བའི་ཚིག་གི་དོན་ནི་ཡོད་པ་ཉིད་དེ་མ་བདེན་པའི་དོན་ལ་འདི་ཡོད་མ་ཡིན་ནོ་ཞེ་ན་བརྗོད་པར་བྱ་སྟེ།

the tshom zhes bya ba'i tshig gi don ni yod pa nyid de ma bden pa'i don la 'di yod ma yin no zhe na brjod par bya ste/

(논박자인 그대가) '의심'이라는 단어의 바로 그 정의[231]는 "(인식 수단[量]과 인식 대상[所量]과 같이) 그 (어떤) 존재성[232](의) 실체가 없는 것에 대해서 '이것은 존재하는가? 존재하지 않는가?'(라는 것이다.)"라고 말한다면, (이것은) 다음과 같이 논파할 수 있다.

....

228. '의심하는 것'으로 옮긴 '테촘 자와(the tshom za ba)'는 '의심'을 뜻하는데 여기서는 앞선 '의심'과 차별을 두기 위해서 이와 같이 쓰고 있어 '의심하는 것'이라고 옮겼다.
229. 논박자의 이 주장은 니야야 학파의 16가지 범주의 세 번째를 자연스럽게 연결해주는 것으로, 즉 인식 수단[量]과 인식 대상[所量]에 대한 '의심'의 존재를 통해서 이것들이 성립한다는 것을 주장하는 것이다.
230. 의심에 대한 논파 도입부다.
231. '단어의 바로 그 정의'로 옮긴 '칙기 된니(tshig gi don ni)'를 직역하면, '말의 바로 그 뜻' 정도 된다. 여기서는 논리적인 개념으로 보고 옮겼다.
232. 강조의 '니(nyid)'를 '~성(性, ~ness)'으로 보고 옮겼다.

[21]

དམིགས་པ་དང་མི་དམིགས་པ་ལ་ཐེ་ཚོམ་མེད་དེ།།
ཡོད་པ་ཡང་མེད་པའི་ཕྱིར་རོ།།

dmigs pa dang mi dmigs pa la the tshom med de//
yod pa yang med pa'i phyir ro//

> 지각된 것[233]이거나 지각되지 않은 것에 의심은 존재하지 않는다.
> (왜냐하면) 존재하는 것이거나 존재하지 않는 것이기 때문이다.

འདིར་དམིགས་པའི་དོན་ལའམ་མ་དམིགས་པའི་དོན་ལའམ་དམིགས་བཞིན་པའི་དོན་ལ་ཐེ་ཚོམ་ཟ་གྲང་།དམི
གས་པའི་དོན་ལ་ཐེ་ཚོམ་ཟ་བ་མི་རིགས་ཤིང་།མ་དམིགས་པའི་དོན་ལ་ཡང་ཐེ་ཚོམ་ཟ་བར་མི་རིགས་ལ།དམིགས་
བཞིན་ཞེས་བྱ་བའི་དོན་གསུམ་པ་ཡང་ཡོད་པ་མ་ཡིན་ནོ།།དེ་ལྟ་བས་ན་ཐེ་ཚོམ་ནི་ཡོད་པ་མ་ཡིན་ནོ།།

'dir dmigs pa'i don la'am ma dmigs pa'i don la'am dmigs bzhin pa'i don la the tshom
za grang/dmigs pa'i don la the tshom za ba mi rigs shing/ma dmigs pa'i don la yang
the tshom za bar mi rigs la/dmigs bzhin zhes bya ba'i don gsum pa yang yod pa ma
yin no//de lta bas na the tshom ni yod pa ma yin no//

> 여기서는 '1) 지각된 대상에나, 2) 지각되지 않는 대상, 또는 3) 지각
> 중인[234] 대상에 (존재하는) 의심'이라는 어떤 것은[235] (옳지 않다는 뜻이다.
> 즉)[236] 지각된 대상에 (존재하는) 의심은 옳지 않고, 지각되지 않는 대상에도

---

233. '지각되는 것'으로 옮긴 '믹빠(dmigs pa)'를 '(인식) 대상' 또는 '인식하다'로 보고 옮겼으나,
여기서는 앞서 등장한 '인식 대상'을 뜻하는 '셸자(gzhal bya)'와 확실히 구분하기 위하여,
VP의 'something perceived'를 참조하여 '지각된 것'으로 옮겼다.

(존재하는) 의심은 옳지 않고, 그리고 '지각 중인'이라는 대상, (그) 세 번째 것에도 (의심은) 존재하지 않는다는 (뜻이다.) 그러므로 바로 그 의심은 존재하는 것이 아니다.[237]

【논박자의 의심에 대한 자띠(jāti) 논법을 통한 주장】

[22]

སྨྲས་པ།   smras pa/

(논박자가) 이르길,

ཐེ་ཚོམ་ཟ་བ་ནི་ཡོད་པ་མ་ཡིན་ཏེ། ཁྱད་པར་ལ་ལྟོས་མེད་པའི་ཕྱིར་རོ།།

the tshom za ba ni yod pa ma yin te/ khyad par la ltos med pa'i phyir ro//

바로 그 의심은 존재하는 것이 아니다. 왜냐하면 특별한 것[특징]에 의지하는 것[238]이 존재하지 않기 때문이다.[239]

....

234. 현재 진행형을 뜻하는 '쉰빠(bzhin pa)'가 쓰였다.
235. '~이라는 어떤 것'으로 옮긴 '당(grang)'의 자세한 용법에 대해서는 4번 게송 원주석의 각주 참조.
236. 문장이 길어 뒷부분을 가져와 첨언하였다.
237. 개인적으로 이 부분을 이미 안 것에는 의심이 존재하지 않고, 아직 알지 못하는 것에는 의심이 존재하지 않고, 알아가는 과정은 의심이 아닌 탐구인 셈이라고 해석한다.
238. '특별한 것에 의지하는 것'으로 옮긴 '케빨라 퇴(khyad par la ltos)'는 바로 앞에서 언급한 세 가지 종류를 가리킨다.
239. VP는 이 게송을 논박자의 주장으로 보고 옮기고 있어 이에 따랐다. 거칠게 옮겨보면,

    The doubt would not exist, if there were not reference to peculiarities.
    만약 특별한 것[특징]에 의지하지 않는다면, 의심은 존재하지 않게 될 것이다.

འདིར་སྡོང་དུམ་མམ་སྐྱེས་བུ་ཞེས་བྱ་བ་ཡུལ་ཐག་རིང་པོ་ནས་མཐོང་ནས་ཕྱིར་འཛིན་པ་འདི་སྐྱེས་བུའམ་འོན་ཏེ་སྡོང་དུ
མ་ཡིན་ཞེས་ཐེ་ཚོམ་ཟ་བར་འགྱུར་རོ། །གང་གི་ཚེ་བྱའི་ཚང་བཅས་པའམ་རི་དྭགས་འཁྲུག་པ་ལ་སོགས་པའི་ཁྱད་པར་མཐོང་
ན་དེའི་ཚེ་འདི་ནི་སྡོང་དུམ་ཉིད་དོ། །ཞེས་ཉེས་པར་འགྱུར་ཞིང་དེ་ལས་བཟློག་པ་ཡིན་པའི་ཕྱིར་དང་། །མགོ་བསྒྱུར་བ་དང་། །ལག
་པ་གྱོ་བ་ལ་སོགས་པའི་བྱ་བ་མཐོང་བའི་ཕྱིར་སྐྱེས་བུའི་བློ་འབྱུང་བ་ཡིན་ནོ། །འདི་ཡང་ཡོད་པ་དང་མེད་པ་ཉིད་ཀྱི་ཕྱིར་ཁྱད་
པར་ལ་ལྟོས་པ་ཡིན་ལ་དེ་ལས་གཞན་དུ་ན་ཐེ་ཚོམ་ཟ་བ་ཡིན་ནོ། །

'dir sdong dum mam skyes bya zhes bya ba yul thag ring po nas mthong nas phyir 'dzin pa 'di skyes bu'm/'on te sdong dum yin zhes the tshom za bar 'gyur ro//gang gi tshe bya'i tshang bcas pa'm ri dwags 'khrug pa la sogs pa'i khyad par mthong na de'i tshe 'di ni sdong dum nyid do//zhes nyes par 'gyur zhing de las bzlog pa yin pa'i phyir dang/mgo bsgyur ba dang/lag pa gyo ba la sogs pa'i bya ba mthong ba'i phyir skyes bu'i blo 'byung ba yin no//'di yang yod pa dang med pa nyid kyi phyir khyad par la ltos pa yin la de las gzhan du na the tshom za ba yin no//

여기서는 나무둥치 또는 사람이라는 (그) '대상'이라는 것을 원거리에 있는 사람이 보았기 때문에,[240] 만약 이것을 '사람이다 또는 나무둥치다.'라고 받아들이는 것[能取]에서 의심하는 것이 (발생하게) 된다(는 뜻)이다.[241]

이와 같을 때, (즉) 새의 둥지(를 보거)나 사슴[242]과 마주쳤을 때 등의 특별한 것[특징]을 볼 수 있다면 (의심은 존재하지 않는다. 그러나), 그와 같을 때[243], (즉 앞에서 언급한 것처럼) "바로 이것이 나무둥치다."라는 것이 오류가 되는 (경우는),[244] 그 반대의 (이유가)[245] 존재하기 때문이고, (그것은 즉) 머리가 움직이는 것과 팔이 흔들리는 것 등의 행위가 보이기 때문에 사람이라는 생각이 생기는 것이다.

티벳어 원문의 문법은 매우 명확하지만 부정문으로 되어 있어 그 의미가 불분명하게 보이는 것은 용수의 '자띠 논법'을 차용한 논박자의 주장이기 때문이다. 논박자가 주장하는 바를 긍정문으로 바꿔보면 그 의미가 명확하게 드러난다.

'의심은 존재한다. 왜냐하면 특별한 것[특징]에 의지하는 것이 존재하기 때문이다.'

이것도 또한 '존재하거나 존재하지 않는 것 자체[有無性]'라는 이유 때문에,[246] (즉 어떤) 1) 특별한 것[특징]에 의지하는 것에,[247] (그리고) 2) 그것에 반대가 되는 경우[248]에[249] 의심하는 것이 존재한다(는 뜻)이다.[250]

【논파 도입부】

དེའི་ཕྱིར་ཐེ་ཚོམ་ནི་ཡོད་པ་ཡིན་ནོ་ཞེ་ན།

de'i phyir the tshom ni yod pa yin no zhe na/

그러므로 (그대가) '바로 그 의심은 존재하는 것이다.'라고 말한다면,

【의심에 대한 논파 2】

240. 탈격[Abl.] '레(las)'가 '원거리에 있는 사람'을 뜻하는 '율탁 린뽀(yul thag ring po)'와 '보다'를 뜻하는 '통와(mthong ba)'에 반복적으로 쓰여 있다. 산스끄리뜨어의 격변화를 직역한 것으로 보인다.

241. 문장의 구조가 워낙 난잡하여 의미에 따라 의역하였다.

242. VP의 '리닥(ri dags)'은 '리닥(ri dwags)'의 오자다.

243. '이와 같을 때 ~, 그와 같을 때 ~'를 뜻하는 '강기체 ~, 데이체 ~(gang gi tshe ~, de'i tshe ~)'가 쓰였다.

244. 'and'를 뜻하는 '슁(zhing)'을 문장을 끊어 읽는 기능으로 보고 옮겼다.

245. TT의 용례에 '데레 록빠(de las bzlog pa)'에는 'the opposite of that'이라는 뜻이 있어 이에 따랐다.

246. '~ 때문에'를 뜻하는 '칠(phyir)' 앞에 소유격[Gen.] '끼(kyi)'가 선행하고 있어 '~라는 이유 때문에'로 옮겼다.

247. 원거리에서 '서 있는' 모습을 보았기 때문이라는 이유가 나무둥치 또는 사람이라는 '의심'을 생기게 했다는 뜻이다.

248. 정지하고 있는 나무둥치와 달리 움직이는 모습을 보았을 경우를 뜻한다.
   '그것에 반대되는 경우'로 옮긴 '데레 쉰두(de las gzhan du)'는 TT의 용례 'contrary to this'를 따른 것이다.

249. 앞의 '라둔(la 'dun)'의 '라(la)'와 격을 맞추어 가정법을 뜻하는 '나(na)'를 처격[loc.]으로 보고 옮겼다. 이때, 즉 '그것에 반대되는 경우'는 특정한 조건 자체의 변화를 뜻한다.

250. 앞 문장을 구체적으로 설명하는 것으로 보고 첨언하였다. 문장의 구조가 복잡하니 앞에서 언급한 의심에 대한 정의를 참조하기 바란다.

བརྗོད་པར་བྱ་སྟེ།   brjod par bya ste/

(이것은) 다음과 같이 논파할 수 있다.

སྔར་བཀག་ཟིན་པའི་ཕྱིར་ཐེ་ཚོམ་ནི་ཁྱད་པར་ལ་བལྟོས་པ་མ་ཡིན་ནོ།།

sngar bkag zin pa'i phyir the tshom ni khyad par la ltos pa ma yin no//

이전에 (이미) 부정하는 것[논파]이 완료되었기[251] 때문에 바로 그 의심은 특별한 것[특징]에 의지하는 것이 아니다.

ཡོད་པ་དང་མེད་པའི་ཕྱིར་ཐེ་ཚོམ་མེད་དོ་ཞེས་བྱ་བ་འདིར་གར་ཉིད་བཀག་པ་ཡིན་ནོ།།ཇི་ལྟ་ཞེ་ན་སྟོང་དུས་ལ་བྱའི་ཚང་བཅས་པ་སོགས་པའི་རྒྱུ་མཚན་དམིགས་པས་འདིར་ནི་སྟོང་དུས་ཡིན་ནོ།།ཞེས་ཤེས་པ་སྐྱེ་ཐེ་ཚོམ་ནི་མ་ཡིན་ཏེ།ཡང་དག་པ་ཇི་ལྟ་བ་བཞིན་དུ་ཡོངས་སུ་ཤེས་པ་ཉིད་ཀྱི་ཕྱིར་རོ།།དེ་བཞིན་དུ་སྐྱེས་བུ་ཡིན་པ་ལ་ཡང་མགོ་བ་སྒུར་བ་ལ་སོགས་པའི་རྒྱུ་མཚན་དམིགས་པས་འདིར་ནི་སྐྱེས་བུ་ཉིད་དོ།།ཞེས་ཡང་དག་པ་ཇི་ལྟ་བ་བཞིན་དུ་ཡོངས་སུ་ཤེས་པ་སྐྱེ་བར་འགྱུར་བ་ཐེ་ཚོམ་ནི་མ་ཡིན་ཏེ།ཡང་དག་པ་ཇི་ལྟ་བཞིན་དུ་ཤེས་པ་ཉིད་ཀྱི་ཕྱིར་རོ།།གཉིས་ཀ་ལ་ཡང་དག་པའི་ཤེས་པའི་རྒྱུ་མཚན་མེད་པ་ན་མ་རྟོགས་པ་ཉིད་ཡིན་གྱི་ཐེ་ཚོམ་མ་ཡིན་ཏེ།མ་ངེས་པ་དང་མ་རྟོགས་པ་དང་།མ་བཟུང་བ་དང་།མི་ཤེས་པ་དང་།མ་མཐོང་བའི་དོན་རྣམས་གཞན་མ་ཡིན་ཞིང་དེ་དག་ནི་མི་ཤེས་པའི་རྣམ་གྲངས་ཡིན་ཏེ།ཤེས་པ་ལས་བཟློག་པ་ཡིན་པའི་ཕྱིར་རོ།།འདི་སྐད་དུ་སྟོན་པར་འགྱུར་ཏེ།ཁྱེད་པར་ལ་བལྟོས་ནས་ཤེས་པར་འགྱུར་ལ།ཁྱེད་པར་མ་མཐོང་བ་ལ་ནི་མི་ཤེས་པ་སྐྱེ་བར་འགྱུར་རོ།།མངོ་བ་སྒུར་བ་དང་།ལག་པ་ཀྱི་བ་ལ་སོགས་པ་མ་ཐོང་ན་ཐེ་ཚོམ་དུ་འགྱུར་བ་མ་ཡིན་ལ།ཁྱེད་པར་མེད་དེ་མི་ཤེས་པ་སྐྱེ་བར་འགྱུར་རོ།།མགོ་བཟུང་བ་དང་།ལག་པ་ཀྱི་བ་ལ་སོགས་པ་མ་ཐོང་ན་ཐེ་ཚོམ་དུ་འགྱུར་བ་མ་ཡིན་ལ་ཁྱེད་པར་མེད་ན་ནི་མི་ཤེས་པ་ཉིད་ཡིན་ནོ།།འདི་ལྟ་བུར་འགྱུར་ཏེ་ཁྱེད་པར་ཡོད་ན་ཤེས་པར་འགྱུར་ཞིང་དེ་མེད་ན་ནི་མི་ཤེས་པ་ཉིད་དོ།།གང་ལ་ཁྱེད་པར་དང་ཁྱེད་པར་མེད་པ་དང་ཅིག་ཅར་འགྱུར་བ་རྟོག་པ་གསུམ་པ་ནི་མེད་པའི་ཕྱིར་ཐེ་ཚོམ་ཡོད་མ་ཡིན་ནོ།།

---

251. '부정하는 것이 완료되었다'로 풀어쓴 '깍 진빠(bkag zin pa)'는 TT의 용례에 'stop'으로 나와 있다.

yod pa dang med pa'i phyir the tshom med do zhes bya ba 'dir sngar nyid bkag

pa yin no//ji lta zhe na/sdong dum la bya'i tshang bcas pa sogs pa'i rgyu mtshan dmigs

pas 'dir ni sdong dum yin no//zhes shes pa skye'i the tshom ni ma yin te/yang dag

pa ji lta ba bzhin du yongs su shes pa nyid kyi phyir ro//de bzhin du skyes bu yin

pa la yang mgo bsgyur ba la sogs pa'i rgyu mtshan dmigs pas 'dir ni skyes bu nyid

do//zhes yang dag pa ji lta ba bzhin du yongs su shes pa skye bar 'gyur ba the tshom

ni ma yin te/yang dag pa ji lta bzhin du shes pa nyid kyi phyir ro//gnyi ga la yang

dag pa'i shes pa'i rgyu mtshan med pa na ma rtogs pa nyid yin gyi the tshom ma yin

te/ma nges pa dang/ma rtogs pa dang/ma bzung ba dang/mi shes pa dang/ma mthong

ba'i don rnams gzhan ma yin zhing de dag ni mi shes pa'i rnam grangs yin te/shes

pa las bzlog pa yin pa'i phyir ro//'di skad du ston par 'gyur te/khyad par la ltos nas

shes par 'gyur la/khyad par ma mthong ba la ni mi shes pa skye bar 'gyur ro//mgo

bsgyur ba dang/lag pa gyo ba la sogs pa mthong na the tshom du 'gyur ba ma yin

la/khyad par med na ni mi shes pa nyid yin no//'di lta bur 'gyur te khyad par yod

na shes par 'gyur zhing de med na mi shes pa nyid do//gang la khyad par dang khyad

par med pa dang cig car 'gyur ba rtog pa gsum pa ni med pa'i phyir the tshom yod

ma yin no//

(앞에서 이야기한 것처럼) "(어떤 것에) '존재하거나 존재하지 않는 것
자체[有無性]'라는 이유 때문에 의심은 존재하지 않는다."라고 말하는 이것에
는[252] 이전에 (이미) 부정하는 것[논파]이 완료되었다(는) (뜻이 있다.)

(그대가) "왜 그런가?" (하고 그 이유를 묻는다면),[253] 나무둥치(의 경우)에
새의 둥지 등(의 경우에서처럼 그) 근거[254]를 (명확하게) 지각할 수 있으면,
즉 바로 이것을[255] "나무둥치다."라는 것을 (바로) 아는 것이 생겨나[256] 그
의심이라는 것은 존재하지 않는다(는 뜻이다).[257] 왜냐하면 사실과 부합하는
것을 완전히 아는 것 자체[258]이기 때문이다.

그와 같이, 사람인 (경우)에도 마찬가지로 머리가 움직이는 것 등에서

(그) 근거[259]를 (명확하게) 지각할 수 있으면, (즉) 이것을 "사람이다!"[260]라는 것에서도 사실과 부합하는 것을 완전히 아는 것이 생겨나 그 의심이라는 것은 존재하지 않는다(는 뜻이다). 왜냐하면 (이것들은) 사실과 부합하는 것을 (완전히) 아는 것 자체이기[261] 때문이다.[262]

(반대로 나무둥치인지 사람인지, 이) 둘을 올바르게 알 수 있는 (그) 근거[263]가 존재하지 않는다면, (그것들에 대한) 인식할 수 없는 것 자체[無認識性][264]만 존재하고[265] 의심은 존재하지 않는다.[266] 1) 부정확함[不定], 2) 인식할 수 없음[不了義=無解], 3) 받아들일 수 없음[不所持], 4) 알 수 없음[不知], 5) 관찰할 수 없음[不見]의 뜻들은 다른 것과 다르지 않고[267] 바로 그것들은 알지 못함[無知]의 범주[268]다. 왜냐하면[269] (이것들은) 아는 것[知]에[270] 반대되는 것이기 때문이다.[271]

이 말은 (즉 다음과 같이) 설명할 수 있는데[272] (그 어떤 인식 대상은) 특별한 것[특징]에 의지하여[273] 아는 것[知]으로 되지만[274] 특별한 것[특징]을 관찰할 수 없는 것[不見]에서는 알지 못하는 것[無知]만 생겨난다(는 뜻이다).

(예를 들어 나무둥치나 사람의 경우 그) 머리가 움직이는 것과 팔이 흔들리는 것 등이 보이면 의심이 (발생)되지 않지만[275] 바로 그 특별한 것[특징]이 존재하지 않는다면 알지 못하는 것 자체[無知性]다(는 뜻이다).[276]

이와 같이 되기 때문에[277] 특별한 것[특징]을 (관찰할 수 있는 것이) 존재한다면 아는 것[知]이 되지만 그것이 존재하지 않으면 알지 못하는 것 자체[無知性]다.

(또한) 어떤 (대상)에 1) 특별한 것[특징]과 2) 특별하지 않는 것[無特徵] 그리고 3) (이 둘이) 동시에 (존재하게) 된 것이라는[278] 세 번째 관찰하는 것[觀]은 존재하지 않기 때문에 의심은 존재하는 것이 아니다.[279]

....
252. 앞에서 어두에 등장하여 '여기에는'으로 옮겼던 '딜('dir)'의 앞에 직접 인용을 두고 문장 한가운데 사용되어 있어 '이것에는'으로 옮겼다.
253. '지따 셰나(ji lta zhe na)'의 용법에 대해서는 15번 게송의 원주 각주 참조.
254. '원인, 이유'를 뜻하는 '규첸(rgyu mtshan)'이 쓰였다. 여기서는 니야야 학파의 '이유'와의 혼돈을 피하기 위하여 '근거'로 옮겼다.

255. Pek.와 날탕판에서는 강조사[Emp.] '니(ni)'로 나와 있다. VP에서는 다음에 등장하는 예시문에서 강조사[Emp.] '니(ni)'로 쓰고 있는데 문장 구조로 보아서 후자에 따르는 게 옳다.

256. 소유격[Gen.] '이('i)'를 역접의 기능을 하며 다음을 수식하는 기능으로 보고 옮겼다.

257. 문장 구조에 따라 직역하였는데 의역하면 '의심의 발생은 존재하지 않는다.' 정도 된다.

258. '사실과 부합하는 것을 완전히 아는 것 자체'라고 풀어서 옮긴 것은 '양닥빠 지따와 쉰두 용수 셰빠니(yang dag pa ji lta ba bzhin du yongs su shes pa nyid)'를 직역한 것이다. TT에는 『유가사지론』의 산스끄리뜨어 원문이 '야따부땀 빠리갸나(yathā-bhūtaṃ parijāna)'라고 언급되어 있으나 인명 및 중관에 별도의 한역을 찾을 수 없어 일단 이와 같이 옮겼다. 굳이 조어를 하자면 '진여원만지성(眞如圓滿知性)' 또는 '진여전지성(眞如全知性)' 정도 된다.

259. '원인, 이유'를 뜻하는 '규첸(rgyu mtshan)'이 쓰였다. 여기서는 니야야 학파의 '이유'와의 혼돈을 피하기 위하여 '근거'로 옮겼다.

260. 일반적으로 '~ 그 자체'를 뜻하는 '니(nyid)'를 강조의 느낌표로 처리했다.

261. VP에서는 '개'를 뜻하는 '키(khyi)'가 쓰였으나, 문장 구조와 앞에서 반복된 형태로 보아 소유격[Gen.] '끼(kyi)'의 오자가 분명하여 이에 따라 옮겼다.

262. '원인을 명확하게 존재하여 자각할 수 있는 경우 의심은 존재하지 않는다.'는 뜻이다.

263. '원인, 이유'를 뜻하는 '규첸(rgyu mtshan)'이 쓰였다. 여기서는 니야야 학파의 '이유'와의 혼돈을 피하기 위하여 '근거'로 옮겼다.

264. 문장구조로 보아 '인식할 수 없는 것 자체'라고 옮긴 '마똑빠니(ma rtogs pa nyid)'는 한 단어임이 확실하여 '무인식성'을 병기하였다.

265. 일반적으로 소유격[Gen.]을 나타내는 '기(gyi)'를 병렬 접속사 'and'로 보고 옮겼다.

266. '학째(lhag bcas)' '떼(te)'를 앞 문장의 끊어 설명하는 기능으로 보고 옮겼다.

267. 같은 의미라는 뜻이다.

268. '범주'라고 옮긴 '남당(rnam grangs)'에는 '품종, 차별' 등의 뜻이 있다.

269. '학째(lhag bcas)' '떼(te)'를 다음 문장 말미의 '~이칠로(~'i phyir ro)'와 함께 받아 원인, 이유를 설명하는 것으로 보고 옮겼다.

270. 탈격[Abl.] '레(las)'가 비교격[Comp.]으로 쓰인 경우다.

271. 무지에 대한 VP의 5종의 동의어는 다음과 같다. 1) non-ascertainment, 2) non-exact determination, 3) non-perception, 4) lack of knowledge, 5) non-seeing(p. 70).

272. '학째(lhag bcas)' '떼(te)'를 앞 문장의 끊어 설명하는 기능으로 보고 옮겼다.

273. 탈격[Abl.] '레(las)'를 이유, 원인으로 보고 옮겼다.

274. '라둔(la 'dun)'의 '라(la)'를 역접 접속사 'but'으로 보고 옮겼다.

275. '라둔(la 'dun)'의 '라(la)'를 역접 접속사 'but'으로 보고 옮겼다.

276. 바로 앞의 문장과 정확하게 같은 구조로 되어 있다.

277. '학째(lhag bcas)' '떼(te)'를 앞 문장의, 끊어 그 이유, 원인을 설명하는 것으로 보고 옮겼다.

278. VP에서는 1) 특별한 것[특징]과 2) 특별하지 않는 것[無特徵]이 '동시에 발생하는 것'이라는 뜻으로 'occure simultaneously'로 옮기고 있으나, 여기서는 '똑빠 쑴빠(rtog pa gsum pa)', 즉 '세 번째 관찰'을 중심에 두고 옮겼다.

279. 의심에 대한 논파가 축약된 것이다. 다음 게송부터는 니야야 학파의 16범주 가운데

【(행위의) 목적에 대한 논파】[280]

[24]

བསྲས་པ་དགོས་པའི་དོན་གང་ལ་ཁོ་བོ་ཅག་གི་ཤེས་པ་ངེས་པར་མ་སྐྱེས་པའི་དགོས་པ་དོན་དེ་ལ་ཐེ་ཚོམ་ཡོད་པ་
ཡིན་ནོ་ཞེ་ན་བརྗོད་པར་བྱ་སྟེ།

smras pa/dgos pa'i don gang la kho bo cag gi shes pa nges par ma skyes pa'i dgos
pa don de la the tshom yod pa yin no zhe na brjod par bya ste/

> (논박자가) 이르길, "(행위의) 목적의 뜻[정의]이란 어떤 (대상)에 대해서
> 우리의 지각[知]이 명확하게 생기지 않았을 때[281] 그 목적하는 대상에 의심을
> 품는 것[282]이다."[283]라고 말한다면, (이것은) 다음과 같이 논파할 수 있다.[284]

ཡོད་པ་དང་མེད་པ་ཉིད་ཀྱི་ཕྱིར་དགོས་པའི་དོན་ནི་མེད་པ་ཡིན་ནོ།།

yod pa dang med pa nyid kyi phyir dgos pa'i don ni med pa yin no//

> '존재하거나 존재하지 않는 것 자체[有無性]'라는 이유 때문에[285] 바로
> 그 (행위의) 목적의 대상은 존재하지 않는 것이다.

....

네 번째인 '(행위의) 목적' 또는 '동기'에 대한 논파가 시작된다.
280. 산스끄리뜨어로 '쁘라요자나(prayojana), 즉 '(행위의) 목적' 또는 '동기'에 대한 논파
    도입부다. VP에서는 영역으로 'purpose (of action)'이라고 쓰고 있다.
281. 소유격[Gen.] '이('i)'를 'when, while'을 뜻하는 접속사로 보고 옮겼다.
282. '품는 것'으로 옮긴 '외빼(yod pa)'는 '존재하다, 있다'는 뜻이다. 여기서는 의미를 명확하게
    하기 위하여 윤문하여 옮겼다.
283. '(행위의) 목적의 뜻[정의]'과 '목적하는 대상'으로 옮긴 '괴빼 된(dgos pa'i don)'과 '괴빼
    된(dgos pa don)'은 같은 단어와 그 음을 사용하여 독송에 변조를 둔 것으로 보고 옮겼다.
284. VP에서는 앞에서 논파한 '의심'과 '(행위의) 목적'의 관계에 대해서 '행위의 목적은
    의심의 대상으로 간주될 수 있다.'라고 보고 있는데(p. 117), 22번 게송의 주석과 유사한
    방식을 취하고 이어지는 주석의 내용으로 보아 타당한 해석이다.

144

དོན་གང་གི་ཆེད་དུ་གཉེར་ནས་འཇུག་པ་དེ་ནི་དགོས་པ་ཡིན་ནོ། །ཞེས་ཁྱོད་ཀྱིས་བརྗོད་པ་ཡིན་ཏེ་ཇི་ལྟར་བུམ་པ་
འི་དོན་དུ་རྫ་མཁན་འཇུག་པ་བཞིན་ནོ། །གལ་ཏེ་འཇིམ་པ་ལ་བུམ་པ་ཡོད་པ་དེའི་ཚེ་དེའི་འཇུག་པ་དོན་མེད་པར་འགྱུ
ར་རོ། །འོན་ཏེ་མེད་ན་བྱེ་མ་བཞིན་དུ་མེད་པ་ཉིད་ཀྱིས་དེ་ལ་འཇུག་པ་མ་ཡིན་ནོ། །

don gang gi ched du gnyer nas 'jug pa de ni dgos pa yin no//zhes khyod kyis brjod
pa yin te/ji ltar bum pa'i don du rdza mkhan 'jug pa bzhin no//gal te 'jim pa la bum
pa yod pa de'i tshe de'i 'jug pa don med par 'gyur ro//'on te med na bye ma bzhin
du med pa nyid kyis de la 'jug pa ma yin no//

"(행위자가) 대상인, 그 어떤 것의 (원인을) 특별하게[286] 추구하고자 하는
것,[287] 바로 그것이 (행위의) 목적이다."라는 것은 그대가 주장하는 것이다.[288]
(또한 그대가 비유하기를 이것은) "물단지라는 대상에서 옹기쟁이가 (그
원인을) 찾는 것과 같다."[289](고 말한다면, 이것은 결코 그렇지 않다. 그
이유는 다음과 같기 때문이다.)[290]

만약 진흙에 물단지가 (이미) 존재(한다면), 그때 그 (행위자인 옹기쟁이)
의 추구하고자 하는 것인 (물단지라는) 대상은 존재하지 않는 것이 된다.[291]

(또한) 만약 (진흙에 물단지가) 존재하지 않는다면, (그것은 마치 참깨처럼
생긴) 모래(에서 기름을 짜내는 것과) 마찬가지로 존재하지 않는 것 자체이기
때문에[292] (그대가) 그것[293]에서 추구하고자 하는 것(인 행위의 목적은 존재하
는 것이) 아니다.[294]

---

285. 22번 게송의 주석 마지막 행과 같은 문장이 반복되어 있다.
286. BD에 따르면, '(원인을) 특별하게'라고 옮긴 '체두(ched du)'에는 '~을 위하여, 특별하게,
    이유, 목적' 등의 뜻이 있다.
287. '추구하고자 하는 것'으로 옮긴 '네네 죽빠(gnyer nas 'jug pa)'의 '죽빠('jug pa)'는 한역의
    '입(入)'에 해당하는 동사지만 여기서는 보조 동사의 기능으로 보고 옮겼다. 이 주석
    부분의 '죽빠('jug pa)'의 경우, '네네 죽빠(gnyer nas 'jug pa)'의 축약으로 보고 옮겼다.
288. 앞에서 주로 '말하다, 논파하다' 등으로 옮겼던 '죄빠(brjod pa)'를, 그 의미를 명확하게
    하기 위하여 '주장하다'로 옮겼으며 '학쩨(lhag bcas)' '떼(te)'를 앞 문장의 끊는 기능으로
    보고 옮겼다.

【실례에 대한 논파】[295]

【논박자의 주장에 대한 인용】

[25]

སྨྲས་པ།   smras pa/

> (논박자가) 이르길,

བྱེ་མ་ལ་འཇུག་པ་ནི་མ་ཡིན་ཏེ་དཔེ་ཡོད་པའི་ཕྱིར་རོ།།

bye ma la 'jug pa ni ma yin te/dpe yod pa'i phyir ro//

> 바로 그 (참깨처럼 생긴) 모래에서 (기름을 짜내는 것이 성립하지) 않아도 (행위의 목적은 성립한다.) 왜냐하면 (진흙과 물단지 같은) 실례가 존재하기 때문이다.[296]

---

289. 티벳어 원문에는 '그와 같이 ~와 같다'를 뜻하는 '지딸 ~ 쉰(ji ltar ~ bzhin)'이 쓰였으나 첨언과 어울리게 앞의 '그와 같이'를 생략하였다.
290. 의미를 명확하게 하기 위하여 논파법에 따라서 첨언하였다.
291. VP에 따르면, 이 비유는 『쁘라산나빠다』에 종종 등장하는 논파법이라고 한다(p. 118).
292. 도구격[Ins.] '끼(kyis)'가 쓰여 있어, 원인, 이유로 보고 '~ 때문에'로 옮겼다.
293. 게송의 원문에 등장하는 '존재하거나 존재하지 않는 것 자체[有無性]'의 경우를 가리킨다.
294. VP에서는 다음 게송에서 여기서 등장하는 비유 2개인 1) 진흙과 물단지와 2) 모래와 기름의 관계에 대해서 후자의 변화 불가능성에 대해서 강조하고 있다(p. 119).
    하나의 게송과 그 주석에서 논박자의 주장과 논파가 같이 이루어져 있는 관계로 축약이 많아 첨언하여 옮겼다. 다음 게송부터 5번째인 '실례'에 대한 논파가 시작된다.
295. 산스끄리뜨어로 '드르스딴따(dṛṣṭānta)', 즉 '(행위의) 목적' 또는 '동기'에 대한 논파 도입부다.
296. VP의 주석에 따라 첨언하였다. 앞에서 등장한 진흙과 물단지의 경우, 그 실례가 성립한다는 뜻이다.

ཇི་ལྟར་སྣམ་བུ་དགོས་པ་ན་སྣལ་མ་ལ་སོགས་པ་ལ་འཇུག་པ་ཡིན་གྱི་འཇག་མ་ལ་མ་ཡིན་པ་བཞིན་ནོ་ཞེ་ན།

ji ltar snam bu dgos pa na snal ma la sogs pa la 'jug pa yin gyi 'jag ma la ma
yin pa bzhin no zhe na/

> "(다른 예를 들자면) 만약 털옷을 (짓는 것이 행위의) 목적이라면[297] 털실
> 등과 관계를 맺는 것이지[298] 띠풀[299] (등과 관계를 맺는 것이) 아닌 것과
> 같다."라고 (그대가) 말한다면,[300]

【용수의 실례에 대한 논파 1】

[26]

བརྗོད་པར་བྱ་སྟེ།   brjod par bya ste/

> (이것은) 다음과 같이 논파할 수 있다.

དེ་ཡང་སྔ་མ་དང་མཚུངས་པ་ཉིད་དོ།།

de yang snga ma dang mtshungs pa nyid do//

> (그대의) 그 (주장)도 또한 (바로) 앞에서 (언급한) 것과 '같은 것 자체[유사

---

297. '지딸 나(ji ltar ~ na)'를 가정법의 'if'로 보고 옮겼다.
298. 여기서는 바로 앞에서 보조동사의 기능으로 보고 옮겼던 '죽빠('jug pa)'를 동사 'engage'로,
     그리고 일반적으로 소유격[Gen.]을 나타내는 '기(gyi)'를 역접의 'but'으로 보고 옮겼다.
299. '띠풀'으로 옮긴 '작마('jag ma)'는 일종의 허브 종류라고 하는데 여기서는 일반적인
     면직물을 만드는 실을 가리키는 듯하다.
300. VP에 따르면 이 게송의 비유는 털실과 털옷의 비유는 진흙과 물단지, 띠풀에서 털옷은
     모래와 기름과 격이 맞다고 나와 있다(p. 119).
     의미를 명확하게 하기 위하여 전체적으로 첨언, 윤문하여 옮겼다.

성]'³⁰¹다.³⁰²

【용수의 실례에 대한 논파 2】

[27]

གཞན་ཡང་།   gzhan yang/

> 더 나아가,

ཐོག་མ་དང་དབུས་མེད་པའི་ཕྱིར་མཐའ་ཡང་མཐོང་བ་མ་ཡིན་ནོ།།

thog ma dang dbus med pa'i phyir mtha' yang mthong ba ma yin no//

> 시작과 중간이 존재하지 않기 때문에 '(그) 끝을 보는 것[dṛṣṭānta=실례]'도
> 또한 (존재하는 것이) 아니다.³⁰³

གང་གི་དོན་གྱི་ཐོག་མ་དང་དབུས་མ་མཐོང་བ་དེས་ཇི་ལྟར་མཐར་མཐོང་བ་ཡིན་ཏེ་ཁོག་མ་དང་དབུས་མེད་ན་མ
ཐའ་ཡོད་པ་མ་ཡིན་ནོ།།དེའི་ཕྱིར་དཔེ་མེད་པ་ཡིན་ནོ།།

gang gi don gyi thog ma dang dbus ma mthong ba des ji ltar mthar mthong ba yin
te/thog ma dang dbus med na mtha' yod pa ma yin no//de'i phyir dpe med pa yin no//

---

301. 이 유사성에 대해서는 13번 게송 각주 참조.
302. 24번 게송에 등장한 진흙과 물단지에 대한 비유와 여기서 등장한 털실과 털옷과의
     관계가 같다는 뜻이다.
303. 이 게송은 산스끄리뜨어 원문에 대한 이해가 필요한데 '보다'는 뜻을 지닌 '드르스타
     (dṛṣṭa)'와 '끝'을 뜻하는 '안따(anta)'가 결합된 것이 바로 '실례'를 뜻하는 '드르스딴따
     (dṛṣṭānta)'로, 여기서는 이 어원을 통해서 논박자의 주장을 비틀고 있는 셈이다.

어떤 대상의[304] 시작과 중간을 볼 수 없다면[305] 어떻게 그 끝을 볼 수
있겠는가? 왜냐하면[306] 시작과 중간이 존재하지 않는다면 (그) 끝은 존재하는
것이 아니다. 그러므로[307] 실례는 존재하지 않는 것이다.[308]

【논박자의 주장과 용수의 실례의 유사성에 대한 논파】

[28]

སྨྲས་པ། འཇིག་རྟེན་པ་དང་སྤྱོད་པ་པོ་དག་དོན་གང་ལ་བློ་མཐུན་པ་དེ་ནི་དཔེ་ཡིན་ལ་དེ་ཡང་ཆོས་མཐུན་པ་ཉིད་
དང་།ཆོས་མི་མཐུན་པ་ཉིད་ཡིན་ནོ་ཞེས་ན་བརྗོད་པར་བྱ་སྟེ།

smras pa/'jig rten pa dang spyod pa po dag don gang la blo mthun pa de ni dpe
yin la de yang chos mthun pa nyid dang/chos mi mthun pa nyid yin no zhe na brjod
par bya ste/

(논박자가) 이르길, "세간 사람과 현인(賢人)들(에게) '어떤 대상에 바로
그 생각하는 바가 일치하는 것'인 실례가 존재하고[309] 그것도 또한 법(法=대
상의 현상)과 일치하는 것 자체[유사성]거나 법(法=대상의 현상)과 일치하지
않는 것 자체[상이성][310](으로 구성되어 있다)."라고 (그대가) 말한다면, (이것
은) 다음과 같이 논파할 수 있다.

....
304. '어떤 대상'으로 옮긴 '강기 된기(gang gi don gyi)'는 산스끄리뜨어의 직역에 해당하는데
    산스끄리뜨어를 티벳어로 옮길 때 격변화는 마지막에 해당하지만 여기서는 각 단어마다
    반복적으로 사용한 경우로 보고 옮겼다.
305. '데(des)'는 일반적으로 '그러므로, 그와 같은 이유 때문에'를 뜻하지만 여기서는 뒤따라
    나오는 의문문을 나타내는 '지딸(ji ltar)'과 격을 맞추기 위해서 조건절로 보고 옮겼다.
306. '학쩨(lhag bcas)' '떼(te)'를 앞 문장의 끊어 그 이유, 원인을 설명하는 것으로 보고
    옮겼다.
307. 그 이유를 설명하는 '데이칠(de'i phyir)'을 여기서는 앞에서 나온 '학쩨(lhag bcas)' '떼(te)'
    와 격을 이루어 결론을 나타내는 것으로 보고 옮겼다.
308. 산스끄리뜨어 '드르스딴따(dṛṣṭānta)'를 풀어서 설명한 것이다.

ཆོས་མཐུན་པ་ཉིད་ཀྱི་ཕྱིར་མེ་ནི་མེའི་དཔེ་ཉིད་མ་ཡིན་ནོ།།

chos mthun pa nyid kyi phyir me ni me'i dpe nyid ma yin no//

> 법(法=대상의 현상)과 일치하는 것 자체[유사성]이기 때문에 바로 그
> 불은 불의 실례 그 자체가 아니다.

ཆོས་མཐུན་པ་ཉིད་ཀྱི་ཕྱིར་དཔེ་ཞེས་གང་བརྗོད་པ་དེ་ནི་མ་ཡིན་ནོ།།གང་གི་ཕྱིར་མེ་ནི་མེའི་དཔེ་མ་ཡིན་ཏེ།བསྒྲུབ་
པར་བྱ་བ་དང་།སྒྲུབ་པར་བྱེད་པ་དག་ཁྱད་པར་མེད་པའི་ཕྱིར་རོ།།གལ་ཏེ་དེ་ཉིད་བསྒྲུབ་པར་བྱ་བ་ཡིན་ཞིང་དེ་ཉིད་སྒྲུ
བ་པར་བྱེད་པ་ཡིན་ན་ཡང་ཇི་ལྟར་ན་དཔེ་ཁྱད་པར་ཅན་དུ་འགྱུར།

chos mthun pa nyid kyi phyir dpe zhes gang brjod pa de ni ma yin no//gang gi
phyir me ni me'i dpe ma yin te/bsgrub par bya ba dang/sgrub par byed pa dag khyad
par med pa'i phyir ro//gal te de nyid bsgrub par bya ba yin zhing de nyid sgrub par
byed pa yin na yang ji ltar na dpe khyad par can du 'gyur/

> "법(法=대상의 현상)과 일치하는 것 자체[유사성]이기 때문에 실례는
> (성립한다.)"라는 어떤[311] 주장, 바로 그것은 (성립하는 것이) 아니다. 왜냐하
> 면 바로 그 불은 실례 그 자체의 불이 아니기 때문인데,[312] (그것은) 성립
> 대상과 성립을 행하는 것이 특별한 것[특징]으로 존재하지 않기 때문이다.

....

309. 이 부분에 대해서는 9번 게송의 원주석을 반복하여 사용하고 있는 대목이다. 자세한
　　 내용은 9번 게송 원주석 및 각주 참조.
　　 '라둔(la 'dun)'의 '라(la)'를 순접 접속사 'and'로 보고 옮겼다.
310. '일치시키는 것' 또는 '일치하는 것'으로 옮긴 '툰빠(mthun pa)'에는 '일치, 조화' 등의
　　 뜻이 있으며 VP에서는 '쵀 툰빠니(chos mthun pa nyid)'를 한 단어로 보아 'similarity'로
　　 옮기고 있다(p. 72). BD에 따르면 이것은 '동법성(同法性)'으로 옮길 수 있을 수도 있으나
　　 현대의 철학적인 의미를 강조하기 위해서 풀어서 썼다.
　　 산스끄리뜨어 어원을 통해서 이 유사성과 상이성을 살펴보면 '사다르먀(sādharmya)'와
　　 '바이다르먀(vaidharmya)'로 '법(현상)과 일치하는 것'과 '법(현상)과 구분되는 것'으로
　　 볼 수 있는데 티벳어의 경우 이 개념자가 통용되는 것이 아니라 풀어서 썼다.

만약 그 자체가 성립 대상인 것과 바로 그 자체가 성립을 행하는 것이라면 어떻게 실례가 특별한 것[313]으로 되겠는가?[314]

【용수의 실례의 상이성에 대한 논파】

[29]

གཞན་ཡང་།   gzhan yang/

더 나아가,

ཆུ་ནི་མེའི་དཔེ་མ་ཡིན་ཏེ།ཆོས་མི་མཐུན་པ་ཉིད་ཀྱི་ཕྱིར།

chu ni me'i dpe ma yin te/chos mi mthun pa nyid kyi phyir/

바로 그 물은 불의 실례가 아니다. 왜냐하면 법(法=대상의 현상)과 일치하지 않는 것 자체[상이성]이기 때문이다.

གྲང་བར་གཏོགས་པའི་ཆུ་ནི་མེའི་དཔེར་འཐད་པ་མ་ཡིན་ཏེ།ལ་ལ་དག་ཏུ་ཆུ་ནི་གྲང་བ་ཡིན་ཏེ།དཔེར་ན་མེ་བཞིན་ནོ།།ཞེས་སྨྲས་པ་དེ་དང་འདྲའོ།།

grang bar gtogs pa'i chu ni me'i dper 'thad pa ma yin te/la la dag tu chu ni grang ba yin te/dper na me bzhin no//zhes smras pa de dang 'dra'o//

....

311. '강(gang)'을 앞에서 나오는 인용으로 보고 옮겼다.
312. '학쩨(lhag bcas)' '떼(te)'를 순접 접속사 'and'로 보고 옮겼다.
313. 앞에서 '특별한 것[특징]으로'로 옮겼던 '케뺄(khyad par)'에 대상, 사물, 사람을 가리키는 보조사 '쩬(can)'이 붙어 있어 '~인 것'으로 보고 옮겼다.
314. 실례의 유사성의 경우에 대한 논파다.

차가움을 포함한 바로 그 물은 불의 실례로 옳지 않다. 왜냐하면[315] 어떤 곳에서는 "바로 그 물은 차가운 것이다."라고 (말하면서)[316] 그 실례로[317] 불과 같다.'고 그와 같이 말하는 것과 같기 때문이다.[318]

【용수의 실례의 조그만 유사성[=소유사성]에 대한 논파】

[30]

གཞན་ཡང་།   gzhan yang/

더 나아가,

ཆུང་ཟད་ཆོས་མཐུན་པ་ལས་ཡིན་ནོ་ཞེ་ན་མ་ཡིན་ཏེ་རི་རབ་དང་སྐྲ་བཞིན་ནོ།།

chung zad chos mthun pa las yin no zhe na ma yin te ri rab dang skra bzhin no//

"법(法=대상의 현상)과 조금 일치하는 것 자체[소유사성]이기 때문에[319] (실례는 성립하는 것)이다."라고 말한다면 (우리는 그것은) "그렇지 않다."라고 논박할 것이다. 왜냐하면[320] (그런 실례란) 수미산과 머리카락(을 비교하는 것)과 같기 때문이다.[321]

....

315. '학쩨(lhag bcas)' '떼(te)'를 원인, 이유를 설명하는 것으로 보고 옮겼다.
316. '학쩨(lhag bcas)' '떼(te)'가 사용되어 있는데 여기서는 순접 접속사 'and'로 보았으며, 뒤따라 나오는 '셰 먀빠(zhes smras pa)'가 축약된 것으로 보고 옮겼다.
317. 관용적인 표현으로 '예를 들어'로 자주 쓰이는 '뻴나(dper na)'가 사용되어 있다.
318. 실례의 상이성의 경우에 대한 논파다.
319. 유사성 가운데 하나로 VP에서는 'slight similarity', 즉 '소유사성'이라고 옮기고 있다. 탈격[Abl.] '레(las)'가 쓰였는데 여기서는 원인, 이유 등을 가리킨다.
320. '학쩨(lhag bcas)' '떼(te)'를 원인, 이유를 설명하는 것으로 보고 옮겼다.
321. VP에서는 실례에 대한 이 '수미산과 머리카락이라는 비유'를 '수미산과 겨자씨에 대한

དེ་ལ་ཅུང་ཟད་ཆོས་མཐུན་པ་ལས་དཔེ་ཡིན་ནོ་ཞེས་བྱ་བ་དེ་ལྟར་འགྱུར་རོ་ཞེ་ན་དེ་ནི་མ་ཡིན་ཏེ་ག་ལས་ཤེ་ན་འདིར་

རི་རབ་དང་སྐྲ་དག་ཡང་ཡོད་པ་ཉིད་དང་གཅིག་པ་ཉིད་དང་ལུས་ཅན་ཉིད་དུ་ཅུང་ཟད་ཆོས་མཐུན་པ་ཡིན་ནོ།།གཞན་ཡང་

རི་རབ་དང་མཚུངས་པའི་སྐྲ་ཞེས་རབ་ཏུ་གྲགས་པ་ནི་མ་ཡིན་ནོ།།

de la cung zad chos mthun pa las dpe yin no zhes bya ba de ltar 'gyur ro zhe na

de ni ma yin te/ga las she na/'dir ri rab dang skra dag yang yod pa nyid dang gcig

pa nyid dang lus can nyid du cung zad chos mthun pa yin no//gzhan yang ri rab dang

mtshungs pa'i skra zhes rab tu grags pa ni ma yin no//

(그대가 그대의 논서인) 그것에서[322] "'법(法=대상의 현상)과 조금 일치하는 것 자체[소유사성]이기 때문에[323] 실례는 (성립하는 것)이다.'라고 언급된 것(이므로), 그와 같은 것으로 된다."라고 말한다면 (우리는) "바로 그것은 (그런 것이) 아니다."(라고 답할 것이다.)[324] "왜 그런가?"라고 (묻는다)면, '이 (세간)에서는[325] 수미산과 머리카락들과 (다른 모든 것들도) 또한[326] 존재성과 고유성, 그리고 물질성[327]으로 조금이나 그 법(法=대상의 현상)과 일치하는 것[328]이기 때문이다.[329] 더 나아가, '수미산과 같은 것인[330] 머리카락'이라는 것은 매우 유명한 (비유도) 결코[331] 아니기 때문이다.'(라고 답할 것이다.)[332]

....

비유'가 인도에서 논의되었던 전통이라는 것을 언급하고 있다(p. 192).

　　28번 게송의 원주석 도입부가 반복되어 있어 이것을 축약하여 게송 부분으로 옮긴 것이라 첨언하여 옮겼다.

322. 9번 게송의 원주석처럼 『니야야수뜨라』를 가리킨다. VP에 따르면 그 내용은 『니야야수뜨라』의 2, 1, 44-45번 게송으로 28번 게송에 등장하는 논박자의 주장이라고 한다.

323. 유사성 가운데 하나로 VP에서는 'slight similarity', 즉 '소유사성'이라고 옮기고 있다. 탈격[Abl.] '레(las)'가 쓰였는데 여기서는 원인, 이유 등을 가리킨다.

324. '학쩨(lhag bcas)' '떼(te)'를 문장을 끊는 기능으로 보고 옮겼다.

325. VP에 따라 첨언하였다.

326. '~들과 (다른 것들도) 또한'으로 옮긴 '닥양(dag yang)'의 '닥(dag)'은 '양수(dual)'를, 그리고 '양(yang)'은 '또한' 등을 가리키고 있어 '다른 것들도'를 첨언하였다.

327. 존재성, 고유성, 물질성으로 옮긴 '외빠니(yod pa nyid), 찍빠니(dang gcig pa nyid),

【용수의 실례의 부분적인 유사성[반(半)유사성]과 부분적인 상이성[반(半)상이성]에 대한 논파】

[31]

ཕལ་ཆེར་ཆོས་མཐུན་པ་ལས་འགྱུར་རོ་ཞེ་ན་བརྗོད་པར་བྱ་སྟེ།

phal cher chos mthun pa las 'gyur ro zhe na brjod par bya ste/

"부분적으로 법(法=대상의 현상)과 일치하는 것[반(半)유사성]이기 때문에[333] (실례는 성립하는 것이) 된다."라고 말한다면, (이것은) 다음과 같이 논파할 수 있다.

....

루쩬니(lus can nyid)'를 VP에서는 'existence, unity, corporeity'로 옮기고 있으며, VP의 각주에 따르면 투치(Tucci)는 'existence, unity, cognizableness'로 옮기고 있다. 투치는 또한 이 부분을 '아비셰싸사마(aviśeṣasama)'라고 보고 있는데 『Monier Williams Sanskrit-English Dictionary』에 따르면 이것은 궤변론(sophism)의 한 방법이라고 한다.

티벳어 원문의 '루쩬니(lus can nyid)'와 'corporeity'나 'cognizableness'가 뜻하는 바를 비교해보면, 육화된, 즉 물질화된 것으로 인식될 수 있는 성질을 가진 것을 뜻하는 것을 알 수 있다.

328. 소유사성의 정의 자체를 풀어보면 결국은 모든 사물이나 사태는 어느 정도 비슷한 성질을 지니고 있기 때문에 이것 자체를 하나의 개념자로 사용할 수 없다는 뜻이다.

329. VP의 역자들의 주석에 따르면 이것은 귀류논증의 오류의 경우에 해당한다고 한다(p. 122).

티벳어 원문으로 보면, 이것은 상대방의 주장 그 자체가 가진 의미를 그대로 논박하는 '자띠 논법'을 차용한 것으로도 읽힌다. 즉 소유사성이 가진 정의의 오류를 그대로 되돌려주는 셈이다.

330. 앞에서 '동일, 일치하는 것' 등으로 옮긴 '충빠(mtshungs pa)'가 수식어로 사용되어 있어 '같은'으로 옮겼다.

331. 강조사[Emp.] '니(ni)'를 부정문에 어울리게 '결코'로 옮겼다.

332. '수미산과 머리카락'에 대한 비유는 산들의 정상과 신체의 제일 높은 곳에 위치한다는, 즉 모든 것의 끝에 해당한다는 유사성을 지니고 있으나 소유사성의 실례의 비유로 들 수 없다는 뜻이다.

축약된 부분이 많아 의미를 명확하게 하기 위하여 첨언하였다.

333. 유사성 가운데 하나로 VP에서는 'slight similarity', 즉 '소유사성'이라고 옮기고 있다. 탈격[Abl.] '레(las)'가 쓰였는데 여기서는 원인, 이유 등을 가리킨다.

སྔར་བཀག་པ་ཉིད་ཕལ་ཆེར་ཆོས་མཐུན་པས་ནི་མ་ཡིན་ནོ།།

sngar bkag pa nyid phal cher chos mthun pas ni ma yin no//

> 이전에 (이미) 부정한 것 자체(이기 때문에) 바로 그 부분적으로 법(法=대상의 현상)과 일치하는 것[반(半)유사성]은 (성립하는 것이) 아니다.[334]

འདིར་ཕལ་ཆེར་ཆོས་མི་མཐུན་པར་འགྱུར་བ་ཡང་མ་ཡིན་ཏེ།དེ་ལ་ཕལ་ཆེར་ཆོས་མཐུན་པ་དང་ཆོས་མི་མཐུན་པ་ཉིད་ཀྱི་ས་མ་གྲུབ་པ་ཡིན་ནོ།།

'dir phal cher chos mi mthun par 'gyur ba yang ma yin te/de la phal cher chos mthun pa dang chos mi mthun pa nyid kyis ma grub pa yin no//

> 이 (세간)에서는 (부분적으로 법(法=대상의 현상)과 일치하지 않는 것[반 (半)유사성]뿐만 아니라) 부분적으로 법(法=대상의 현상)과 일치하지 않는 것[반(半)상이성]으로 되는 것도 또한 (성립하는 것이) 아니다. 왜냐하면[335] 그 (세간)에서는[336] 부분적으로 법(法=대상의 현상)과 일치하는 것[반(半)유 사성]과 부분적으로 법(法=대상의 현상)과 일치하지 않는 것[반(半)상이성] 은 성립하지 않는 것이기 때문이다.[337]

....

334. 23번 게송과 정확히 같은 구조로 되어 있다.

335. '학쩨(lhag bcas)' '떼(te)'를 원인, 이유를 설명하는 것으로 보고 옮겼다.

336. '딜 ~, 데라 ~('dir ~, de la ~)'는 산스끄리뜨어 문법 구조로 보아 '야뜨라 ~, 따뜨라(yatra ~, tatra ~)' 구조의 티벳어 직역으로 보이는데 '여기서는 ~, 거기서는 ~'이라는 뜻이다.

337. 바로 앞 게송의 소유사성에 대해 논파한 원주석과 같은 이유로 논파하는 대목이다. 7개 게송에 걸친 니야야 학파의 올바른 인식 방법인 '실례'에 대한 논파는 모두 마친다.
    VP에 따르면, 이 반(半)유사성과 반(半)상이성이라는 개념자는 니야야 수뜨라에 등장하지 않는다고 한다(p. 192). 앞의 게송에 등장하는 '전체/부분'이라는 형태를 변조해도 그 내용은 동일하다는 의미에서 첨언된 부분으로 보인다.

【용수의 정설에 대한 논파】[338]

[32]

སྨྲས་པ།ཁྱོད་ནི་གྲུབ་པ་མེད་པ་ཉིད་དུ་བརྗོད་པ་ཡིན་ཏེ་གྲུབ་མཐའ་མེད་པ་དང་ལྷན་ཅིག་སྨྲ་བར་བྱ་བ་མ་ཡིན་ནོ་ཞེ་ན་བ
རྗོད་པར་བྱ་སྟེ།

smras pa/khyod ni grub pa med pa nyid du brjod pa yin te grub mtha' med pa dang
lhan cag smra bar bya ba ma yin no zhe na brjod par bya ste/

> (논박자가) 이르길, "바로 그대가 '(실례는) 성립하지 않는 것 자체[불성립
> 성]'라고[339] 논파했을지라도[340] '정설은 존재하지 않는다.'라고 같이[341] 언급
> 하지는 못할 것이다.'"라고 말한다면, (이것은) 다음과 같이 논파할 수 있다.

ཐོག་མ་མ་གྲུབ་ན་ཐ་མ་འགྲུབ་པ་ཡང་མ་ཡིན་ནོ།།གལ་ཏེ་ཐོག་མ་མ་གྲུབ་ན་དབུས་དང་མཐའ་གཉིས་མ་གྲུབ་པོ།།

thog ma ma grub na tha ma 'grub pa yang ma yin no//gal te thog ma ma grub na
dbus dang mtha' gnyis ma grub po//

> 이전에 (이미) 성립하지 않았다면 이후에 성립하는 것도 또한 (존재하는
> 것이) 아니다. 만약 이전에 성립하지 않았다면 중간이나 이후, 이 둘은
> 성립하지 않는다.[342]

....

338. 니야야 학파의 여섯 번째 올바른 인식 방법인 '정설(siddhānta)'에 대한 논파로 한 게송으로
　　되어 있다.
339. '라둔(la 'dun)'의 '라(la)'를 인용을 뜻하는 것으로 보고 옮겼다.
340. '학쩨(lhag bcas)' '떼(te)'를 역접의 '그러나'로도 받을 수 있으나 앞에서 이어지는 게송과
　　원주석의 의미를 명확하게 내보이기 위해서 'even though'로 보고 옮겼다.
341. '라고 같이'로 옮긴 '당 헨찍(dang lhan cag)'은 '함께'를 뜻하는 산스끄리뜨어 '사하(saha)'
　　에서 온 것이 확실하다.

156

【용수의 오분작법의 논증 요소에 대한 논파】[343]

【용수의 오분작법의 논증 요소라는 부분과 논증이라는 전체에 대한 논파 1】

[33]

སྨྲས་པ་ཡན་ལག་དང་བྲལ་བ་ནི་གྲུབ་པར་བྱེད་པ་མ་ཡིན་ལ་ཁྱེད་ཅག་གི་ཡན་ལག་ནི་སྨྲ་བ་ནི་མ་ཡིན་ནོ། །དེས་ན་ཐམས་ཅད་མ་འབྲེལ་བ་ཉིད་ཀྱིས་འགོག་པ་ཡིན་པ་དེའི་ཕྱིར་གཏན་ཚིགས་མི་ཟ་བར་ཡན་ལག་གཟུང་བར་བྱས་ནས་བརྗོད་པར་བྱ་དགོས་ཏེ། རྣམ་པ་གཞན་དུ་ན་དཔག་པ་མི་འགྲུབ་པོ་ཞིན་བརྗོད་པར་བྱ་སྟེ། །

smras pa/yan lag dang bral ba ni grub par byed pa ma yin la khyed cag gi yan

....

342. 27번 게송과 정확히 같은 구조로 되어 있다. 다만 '존재하다'가 '성립하다'로 바뀌어
      있어 '시작' 대신에 '처음'으로 옮겼다.
         VP에 따르면, 이 '정설(the acceptable theory)'의 논파는 바로 앞에서 이어져온 '실례'의
      논파에 이어진 것이라 별도의 설명이 없다고 한다(p. 193).
343. 니야야 학파의 일곱 번째 올바른 인식 방법인 이 '아바야바(avayava)'에 대한 논파로
      총 18개의 게송으로 되어 있다. 니야야 학파의 주요 논리인 올바른 연역적 추론에 대해
      논파하는 부분으로 총 18개의 게송의 양이 가리키듯 매우 중요한 부분이다.

         『Monier Williams Sanskrit-English Dictionary』에서는 이 '아바야바(avayava)'를 'a mem-
      ber or component part of a logical argument or syllogism'로 옮기고 있는데 티벳어
      '엔락(yan lag)'은 몇 '가지', 몇 '개' 등, 어떤 하나의 전체적인 것의 개념자를 나눌
      때 사용한다. 예를 들어, 여덟 가지 성스러운 길이라는 '팔정도(八正道)'를 '팍빼람 엔락
      게('phags pa'i lam yan lag brgyad)'로 부를 때 이 '엔락'을 사용한다.
         이 '아바야바(avayava)'를 한역 전통에서는 '지분'으로 옮겼는데 총별(總別)의 별(別)에
      해당한다.
         여기서는 니야야 학파의 논리를 논파하기 위해서 그들이 사용하는 개념자를 가리키는
      것이므로 니야야 학파 특유의 오분작법(五分作法), 또는 연역적 추론의 '논증 요소'를
      가리킨다. 오분작법의 내용은 대략 다음과 같다.

         '처음에 이 다섯 구성지(構成枝, the five members of the syllogism 五分作法)는 다음과
      같다. 1) 주장(pratijñā, 宗): 저 산이 불타고 있다. 2) 이유(hetu, 因): 왜냐하면 산에
      연기가 피어오르고 있기 때문이다. 3) 실례(udāharaṇa, 喩): 불이 보이는 모든 것은
      연기를 보인다. 예를 들어, 아궁이처럼. 4) 적용(upanaya, 合): 이 산도 그렇다. 5)
      결론(nigamana, 結): 그러므로 저 산은 불타고 있다.'
                    —라다끄리쉬난, 이거룡 (역), 『인도철학사』 III, p. 127.

      자세한 내용은 졸저, 『용수의 사유』, p. 387-388 참조

lag tu smra ba ni ma yin no//des na thams cad ma 'brel ba nyid kyis 'gog pa yin pa de'i phyir gdon mi za bar yan lag gzung bar byas nas brjod par bya dgos te/rnam pa gzhan du na dgag pa mi 'grub po zhe na brjod par bya ste/

> (논박자가) 이르길, "'바로 그 (오분작법이라는 추론의 부분인) 논증 요소
> 가 분리되어 성립을 행하는 것이 아니다.'라는[344] (중관논사인) 그대들[345]의
> 바로 그 논증 요소를 (부정하는) 언급은 (성립을 행하는 것이) 아니다.
> 만약 그렇다면 (그대들의 언급) 전체는 분리되지 않는 것[346] 자체[비분리성]
> 이기 때문에[347] (그대들 스스로 자신들의 언급을) 부정하는 (꼴이 된다).
> 그러므로[348] 의심할 여지없이[349] 논증 요소를 포착해서[350] 말해야 한다.[351]
> 만약 그렇지 않으면[352] 다른 부분(들)[353]을 부정하는 것도 (또한) 성립하지
> 않는다."[354]라고 말한다면, (이것은) 다음과 같이 논파할 수 있다.

....

344. '라둔(la 'dun)'의 '라(la)'를 인용을 뜻하는 것으로 보고 옮겼다.
345. '그대들'이라고 옮긴 '케짝(khyed cag)'은 2인칭 복수형, 또는 존칭어를 뜻하는데 좀처럼
     보기 어려운 단어다. 여기서는 논쟁의 대상이 직접 언급한 내용을 가리키는 것이라
     전자에 따라 옮겼다.
346. VP에 따르면, [북경판]과 [데게판]에서는 부정어인 '마(ma)'가 생략되어 있다고 한다.
     의미상으로 비분리성이 옳기 때문에 두 판본의 경우, 탈오자가 확실하다.
347. 도구격[Ins.] '끼(kyis)'가 쓰여 있어, 원인, 이유로 보고 '~ 때문에'로 옮겼다.
348. '왜냐하면'을 뜻하는 '데이칠(de'i phyir)'이 문장 한가운데 쓰인 용례는 19번 게송의
     원주석 참조
349. '의심할 여지 없이'로 옮긴 '된 미자왈(gdon mi za bar)'은 관용적인 표현으로 '필연코,
     틀림없이, unquestionably, undeniably, definitely'라는 뜻을 지닌 관용적인 표현이다.
350. '진빼('dzin pa)'의 미래형인 '중와(gzung ba)'가 사용되어 있으며 탈격[Abl.] '네(nas)'가
     쓰였는데 여기서는 원인, 이유 등을 가리킨다.
351. '하는 것' 또는 보조사, 보조 동사를 뜻하는 '제(byas), 자(bya), 되(dgos)' 등이 두루
     쓰여 있으나 생략하여 옮겼다.
352. '만약 그렇지 않으면'으로 옮긴 '션두나(gzhan du na)'는 관용적인 표현으로 산스끄리뜨어
     '아냐타(anyathā)'에서 왔다.
353. '부분'으로 옮긴 '남빼(rnam pa)'가 가리키는 것은 오분작법의 다른 지분, 즉 전체와
     부분 가운데 다른 것을 가리킨다. VP에서는 이 부분을 'parts'로, 즉 '부분들'로 보고
     옮기고 있다.
354. 오분작법의 경우, 각각의 부분을 통해서만 그것을 논파할 수 있는데 그것이 불가능하므로

ཡན་ལག་ཅན་མེད་པའི་ཕྱིར་ཡང་ལག་ཡོད་པ་མ་ཡིན་ནོ།།

yan lag can med pa'i phyir yang lag yod pa ma yin no//

> 부분들로 된 것(인 전체)이 존재하지 않기 때문에 부분은 존재하는 것이
> 아니다.[355]

འདིར་དམ་བཅའ་བ་དང་གཏན་ཚིག་དང་དཔེ་དང་ཉེ་བར་སྦྱོར་བ་དང་མཇུག་བསྡུ་བའི་ཡན་ལག་རྣམས་ལ་ཡན་
ལག་ཅན་མེད་པའི་ཕྱིར་ཡན་ལག་རྣམ་པ་མེད་པ་ཡིན་ནོ།།

'dir dam bca' ba dang gtan tshig dang dpe dang nye bar sbyor ba dang mjug bsdu
ba'i yan lag rnams la yan lag can med pa'i phyir yan lag rnam pa med pa yin no//

> 여기서는 '1) 주장, 2) 이유, 3) 실례, 4) 적용, 5) 결론'이라는[356] 논증
> 요소들에 (논증 요소들) 전체가 존재하지 않기 때문에 논증 요소들의 부분들
> 은 존재하지 않는 것이다(는 뜻이다).[357]

....

중관논사들의 논리는 옳지 않다는 뜻이다.

355. 문자적으로 직역을 하면 '(논증 요소들이란) 부분으로 된 것, (즉 그 전체인 오분작법이)
존재하지 않기 때문에 (그것의 논증 요소인) 부분은 존재하는 것이 아니다.'는 것 정도
된다. 용수의 추론에 대한 논파법은 '논증 요소를 통해서 논증이 성립하는 것이 아니다'는,
즉 논증 자체의 전체성이 원래부터 성립하지 않았다는 점을 지적하는 것에서 출발한다.

356. 오분작법의 각자의 내용에 대해서는 바로 앞의 【용수의 (추론의) 논증 요소에 대한
논파】의 각주 참조
소유격[Gen.] '이('i)'를 인용으로 보고 옮겼다.

357. VP에 따르면 이 게송은 '전체는 부분의 총합인가?'라는 문제를 '전체는 그 부분 속에
있다면 어떻게 그 머리가 발에 있지 않는가(If the whole is in the part, how is it the
head is not in the foot)?'라는 예시를 통해서 설명하고 있다. 그리고 만유보편의 법(法,
dharma)을 전체로 상정했을 경우, 실재하는 그 부분들을 논파하는 식으로 되어 있다(p.
193). 형이상학적인 개념자인 법(法)과 그것의 육화(肉化, embodiment)인 눈과, 발 등이
수평적인, 또는 같은 계(界, category)의 개념자가 아니기 때문에 올바른 비유로 통할
수 있을지 매우 의심스럽다. 이와 같은 명확하지 않은 계를 통한 주장은 대표적인 궤변이라

【용수의 오분작법의 논증 요소라는 부분들이 모인 것과 논증이라는 전체에 대한 논파 2】

[34]

སྨྲས་པ།ཚོགས་པ་ལ་ཡང་ལག་ཅན་གྲུབ་བོ་ཞེ་ན་བརྗོད་པར་བྱ་སྟེ།

smras pa/tshogs pa la yang lag can grub bo zhe na brjod par bya ste/

> (논박자가) 이르길, "(부분들이) 모인 것[358]에도 부분들로 된 것(인 전체)은 성립한다."라고 말한다면, (이것은) 다음과 같이 논파할 수 있다.

རེ་རེ་ལ་མེད་པའི་ཕྱིར་ཚོགས་པ་ལ་ཡང་མི་འགྲུབ་བོ།།

re re la med pa'i phyir tshogs pa la yang mi 'grub bo//

> (앞에서도 살펴보았듯, 논증 요소) 각각에 (전체가) 존재하지 않기 때문에 (그것들이) 모인 것에도 (전체가 존재하는 것은) 성립하지 않는다.[359]

ཚོགས་པ་ལ་ཡང་ལག་ཅན་ཡོད་པ་ཞེས་བྱ་བར་བརྗོད་པ་གང་ཡིན་པ་དེ་ནི་མ་ཡིན་ཏེ།ཡན་ལག་རེ་རེ་ལ་ཨན་ལ་ག་ཅན་མེད་པའི་ཕྱིར་ཚོགས་པ་ལ་ཡང་ཡོད་པ་མ་ཡིན་ནོ།།

서 VP의 주석자들이 전체와 부분에 대한 예를 과잉하여 적용한 듯하다.

358. 논증 요소를 둘러싼 부분과 전체라는 개념은 명확하지만 티벳어 원문을 살펴보면 '모인 것, 쌓인 것'을 뜻하는 '촉빠(tshogs pa)'가 사용되어 있어 부분들이 '모인 것으로' 전체는 성립한다는 뜻이다.

359. VP에서는 '모인 것(aggregation)'을 하나로 보고 있으나, 원문에는 각각을 뜻하는 '레레(re re)'가 어두에 나와 있다. 바로 앞의 게송의 내용인 '전체가 존재하지 않기 때문에 논증 요소라는 부분은 존재하지 않는다.'와 대구를 이루어 '부분이 존재하지 않기 때문에 전체는 존재하지 않는다.'는 뜻이다.

tshogs pa la yan lag can yod pa zhes bya bar brjod pa gang yin pa de ni ma yin te/yan lag re re la yan lag can med pa'i phyir tshogs pa la yang yod pa ma yin no//

"(부분들이) 모인 것에 부분들로 된 것(인 전체)은 성립한다."라고 일컫는 것, (그것이) 무엇이든, 바로 그것은 (성립하는 것이) 아니다. 왜냐하면[360] 논증 요소 각각에 전체가 존재하지 않기 때문에 그것들이 모인 것에도 (전체가) 존재하는 것은 성립하지 않는다.[361]

【용수의 오분작법의 논증이라는 전체가 하나의 개념자가 되는 경우에 대한 논파】

[35]

གཞན་ཡང་།   gzhan yang/

더 나아가,

ཡན་ལག་ཅན་གཅིག་ཡིན་པའི་ཕྱིར་ཡན་ལག་རྣམ་པ་ཐམས་ཅད་གཅིག་ཉིད་དུ་ཐལ་བར་འགྱུར་ཏེ།

yan lag can gcig yin pa'i phyir yan lag rnam pa thams cad gcig nyid du thal bar 'gyur te/

(만약) 부분들로 된 것(인 전체)이 하나로 (된다면 그) 때문에[362] 모든 논증 요소의 부분들은 하나인 것 자체[一者性]로 (되는) 과실(過失)이 (발생하게) 된다.

....

360. '학쩨(lhag bcas)' '떼(te)'를 원인, 이유를 설명하는 것으로 보고 옮겼다.
361. 게송의 내용을 풀어 썼을 뿐, 별도의 주석이 들어 있지 않다.
362. 일반적으로 '~ 때문에, 그러므로' 등을 뜻하는 '~이칠(~'i phyir)'이 사용되어 있으나

སྐྱོན་འདི་ནི་གཞན་མ་ཡིན་པ་ལའོ། །འོན་ཏེ་ཡན་ལག་ལྔ་ལས་གཞན་པ་གཅིག་ཡིན་ན་ནི་དྲུག་པར་ཐལ་འགྱུར་རོ། །

skyon 'di ni gzhan ma yin pa la'o//'on te yan lag lnga las gzhan pa gcig yin na ni drug par thal 'gyur ro//

바로 이 오류는 (부분들로 된 것인 전체가) 다른 것이 아니고[363] (또한 부분들로 된 것인 '전체인 그것'이) 오분(五分)[364](과 다른 것이라면),[365] (즉) 바로 그 (다른 것) 하나인 것이라면 육분(六分)[366]으로 (되는) 과실(過失)이 (발생하게) 된다(는 뜻이다).[367]

【용수의 오분작법의 논증이라는 전체가 삼시(三時)에 성립하는 경우에 대한 논파】

[36]

གཞན་ཡང་།   gzhan yang/

더 나아가,

VP에서는 '만약'을 뜻하는 'if'로 보고 옮기고 있다. 여기서는 원문의 '찰'을 살려 시간의 전후, 'since'로 보고 첨언하여 옮겼다.

363. '라둔(la 'dun)'의 '라(la)'가 순접 접속사 'and'로 쓰인 경우다.

364. 오분작법의 다섯 지분을 가리킨다.

365. 탈격[Abl.] '레(las)'가 쓰였는데 여기서는 원인, 이유 등을 가리킨다.

366. 오분에 일성(一性)을 합하여 오분작법이 육분작법이 되는 셈이다.

367. 전체는 부분과 다른 것이 아니거나 다른 것인 경우에 대한 논파다.

　　VP의 주석에 따르면, 머리와 발과 다른 신체의 부분들이 몸이라는 '전체와 다른 것이 아니라면' 발은 머리가 될 수 있어야 할 것이고, 인드라(Indra)와 샤끄라(Śakra)가 될 수 있어야 하는데 그 이유는 이 둘이 다른 것이 아니기 때문이고 … 만약 머리와 발이라는 신체의 부분들의 몸이라는 '전체와 다른 것이라면' 전체가 아닌 독립된 개체로써 존재해야 한다고 나와 왔다(p. 194).

　　'육분이 되는 과실'이란 경우는 '전체와 부분이 다른 것인 경우', 또 다른 하나의 개념자가 출현한다는 뜻이다.

དུས་གསུམ་ལ་མ་གྲུབ་པས་ཡང་ལག་མེད་པ་ཉིད་དོ།།

dus gsum la ma grub pas yang lag med pa nyid do//

> 삼시(三時)를 통해서 (부분들로 된 것인 전체는) 성립하지 않기 때문에도[368]
> (그 부분인) 논증 요소는 존재하지 않는 것 자체이다.[369]

དམ་བཅའ་བ་ལ་སོགས་པ་སྐྱེས་པ་དང་།མ་སྐྱེས་པ་དང་།ད་ལྟར་བ་རྣམས་ལ་འདས་པ་དང་།མ་འོངས་པ་དང་།
ལྟར་བ་རྣམས་ཡོངས་སུ་བརྟག་བཟོད་པ་མ་ཡིན་ཏེ།རིགས་པ་མེད་པའི་ཕྱིར་རོ།།དེའི་ཕྱིར་ཡང་ལག་ཅན་མེད་པ་ཡིན་
ཞིང་ཡན་ལག་ཀྱང་མེད་པ་ཡིན་ནོ།།

dam bca' ba la sogs pa skyes pa dang/ma skyes pa dang/da ltar ba rnams la 'das
pa dang/ma 'ongs pa dang/da ltar ba rnams yongs su brtag bzod pa ma yin te/rigs pa
med pa'i phyir ro//de'i phyir yang lag can med pa yin zhing yan lag kyang med pa
yin no//

> (부분들로 된 것인 전체는 그 부분인) 주장 등 (오분작법의 다른 논증
> 요소들과 동시에) 발생하거나 발생하지 않는다. 또는[370] 현재 등에[371] (존재하
> 는 부분들로 된 것인 전체는 그 부분인 주장 등 오분작법의 다른 논증
> 요소들과) 과거, 미래, 그리고 현재 등에 (함께 존재하는 것을) 자세히 관찰하
> 는 것은 감히 할 수 없는 것이다.[372] 왜냐하면 (이와 같은 것은) 옳지 않기
> 때문이다. 그러므로 부분들로 된 것(인 전체는) 존재하지 않는 것이고 그
> (오분작법이라는 추론의 부분인) 논증 요소도 또한 존재하지 않는 것이다.[373]

---

368. 원인, 이유 등을 나타내는 도구격[Ins.] 's'와 '~도'를 뜻하는 '양(yang)'이 함께 쓰여
     있어 '~에도'로 옮겼다.
369. 과거, 현재, 미래라는 시간의 축을 통해서 어떤 개념자들도 성립하지 않는다는 용수
     특유의 논법이 논증 요소에 적용된 게송이다. 이 삼시(三時)를 통해서 어떤 개념자도
     존재하지 않는다는 것은 앞의 12번 게송에서 이미 사용되었다.

【논박자의 전체는 부분들이 모인 것이라는 오분작법의 실례에 대한 주장】

[37]

འོན་ཏེ་རྩྭ་བལ་བ་ཇ་བཞིན་དུ་དེ་ཡང་གྲུབ་བོ།།

'on te rtswa bal ba ja bzhin du de yang grub bo//

만약 (노끈을 만드는) 발바자[374] 풀과 같다면 그것[부분들로 된 것인 전체]도 또한 성립한다.[375]

ཇི་ལྟར་རྩྭ་བལ་ལ་ཇ་བཅིག་གིས་གླང་པོ་ཆེ་འཆིང་བར་མི་ནུས་ཀྱང་རྩྭ་བལ་བ་ཇ་ཚོགས་པས་ནི་ནུས་ལྟར་དེ་བཞིན་དུ་ན་དམ་བཅའ་པ་ལ་སོགས་པ་ཚོགས་པ་ལ་ཡན་ལག་ཅན་ཡོད་པ་ཡིན་ནོ་ཞེ་ན།

ji ltar rtswa bal la ja bcig gis glang po che 'ching bar mi nus kyang rtswa bal ba ja tshogs pas ni nus ltar de bzhin du na dam bca' pa la sogs pa tshogs pa la yan lag can yod pa yin no zhe na/

'마치 한 (줄기의) 발바자 풀이 코끼리를 묶을 수 없어도 바로 그 발바자

370. 접속사 '당(dang)'을 'or'로 보고 옮겼다. 여기서는 앞에서 나온 내용을 해석하여 부연 설명하고 있는 경우다.
371. '등에'에 옮긴 '남라(mams la)'가 뜻하는 것은 전체가 '현재'라는 시간뿐만 아니라 과거, 미래에서 이와 같은 것이 성립한다는 것이 축약되어 있음을 뜻한다. 즉, 현재의 전체뿐만 아니라, 과거, 미래의 전체를 논의해도 같은 문제가 발생한다는 뜻이다.
372. '감히 할 수 없는 것이다'로 옮긴 '죄빠 마인(bzod pa ma yin)'의 '죄빠(bzod pa)'에는 '감히 ~하다, 용인하다' 등의 뜻이 있다. VP에서는 'tolerate'로 옮기고 있다.
373. 축약된 부분이 많아 첨언하여 옮겼다. 전체와 부분의 관계는 시간의 관계를 통해서 설명할 수 없다는 뜻이다.
374. 발바자(balbaja) 풀은 노끈을 만드는 풀로 코끼리도 묶을 수 있다고 한다. http://www.payer.de/manu/manu02036.htm
375. 전체는 부분들로 구성된 것이라는 논박자인 니야야 학파의 '실례'에 해당한다.

풀을 모은 것으로 그것[코끼리 묶기]을 할 수 있는 것처럼 (부분들로 된 것인 전체는 그 부분인) 주장 등 (오분작법의 다른 논증 요소들이) 모인 것으로 부분들로 된 것(인 전체는) 존재하는 것이다.'라고 말한다면,

【용수의 전체는 부분들이 모인 것이라는 오분작법에 대한 일반적인 논파 – 실례에 대한 논파】

[38]

བརྗོད་པར་བྱ་སྟེ།   brjod par bya ste/

(이것은) 다음과 같이 논파할 수 있다.

མ་ཡིན་ཏེ། བསྒྲུབ་པར་བྱ་བ་དང་མཚུངས་པའི་ཕྱིར་རོ།།

ma yin te/[376]bsgrub par bya ba dang mtshungs pa'i phyir ro//

(그것은) 그렇지 않다. 왜냐하면 (그것은 증명해야 할) 성립 대상(의 실례)과 같은 것 자체이기 때문이다.[377]

འདི་ནི་མོ་གཤམས་དང་ལྷོང་བ་དང་བྱེ་མ་ལྱ་བུ་ཡིན་ཏེ། གང་གི་ཚོ་མོ་གཤམས་གཅིག་གིས་བུ་བསྐྱེད་མི་ནུས་པ་དེ་བ ཞིན་དུ་མོ་གཤམས་སྟོང་ཕྲག་དུ་མ་ཚོགས་པས་ཀྱང་བསྐྱེད་པར་ནུས་པར་མི་འགྱུར་རོ། ཇི་ལྱར་ལྷོང་བ་གཅིག་ལ་མཐོང་

---

376. 뒤따라 나오는 원주석의 내용에 따라 '(증명해야 할) 성립 대상(의 실례)'이라고 첨언하여 옮겼다.

377. VP에 따르면 이것은 인도 논리학의 '사디아사마(sādhyasama)'의 예로 서구 논리학의 'petitio principii'에 해당하는, 영어의 'begging the question'에 해당하는 경우로, 우리말로 는 논점절취(論點竊取), 선결문제 요구의 오류 또는 순환논증(循環論證)의 하나라고 한다. 내용의 요지는 '증명되어야 할 어떤 결론적인 주장이나 명제를 오히려 증명을 위한 전제로 삼는 오류'라는 것이다.
유사성에 대해서는 13번 게송 각주 참조.

བདེ་རྣམས་པ་མེད་པ་དེ་བཞིན་དུ་ལོང་བ་སྟོང་ཕྲག་དུ་མ་ལ་ཡང་མཐོང་བའི་རྣམས་པ་ཡོད་པ་མ་ཡིན་ནོ། །ཇི་ལྟར་བྱེ་མ་རེ་ལ་ཏིལ་མར་མེད་པ་དེ་བཞིན་དུ། མང་པོ་ཚོགས་པས་འབྱིན་པ་མེད་དེ་མེད་པ་ཉིད་ཀྱི་ཕྱིར་རོ། །

'di ni mo gsham dang long ba dang bye ma lta bu yin te gang gi tshe mo gsham gcig gis bu bskyed mi rus pa de bzhin du mo gsham stong phrag du ma tshogs pas kyang bskyed par nus par mi 'gyur ro/ji ltar long ba gcig la mthong ba'i nus pa med pa de bzhin du long ba stong phrag du ma la yang mthong ba'i nus pa yod pa ma yin no//ji ltar bye ma re la til mar med pa de bzhin du/mang po tshogs pas 'byin pa med de med pa nyid kyi phyir ro//

> 바로 이 것[실례]은 석녀(石女),[378] 장님,[379] 그리고 모래[380](의 실례와) 같은 것인데, 왜냐하면[381] 그 어떤 때,[382] (즉) 한 (명의) 석녀(石女)가 아이를 낳을 수 없듯이, 그와 같이 천명의 석녀(들을) 모아보아도 (아이를) 낳을 수 없기 때문이다.[383]
>
> 마찬가지로 한 (명의) 장님이 볼 수 없듯이, 그와 같이 수천 명의 장님(들을 모아보아)도 볼 수 있는 것이 아니다.
>
> 마찬가지로 한 개의 (참깨처럼 생긴) 모래에서 참기름을 짜낼 수 없듯이, 그와 같이 (모래를) 많이 모아도 (기름을) 뽑을 수는 없다. 왜냐하면[384] (이것들은) 존재하지 않는 것 자체[385]이기 때문이다.[386]

....

378. '석녀(石女)의 아들'이라는 존재할 수 없는 것에 대한 비유로 유명하다.
379. '보지 못하는 장님에게 길을 물을 수는 없다.'는 비유로 유명하다.
380. 25번 게송과 원주석에 등장하는 참깨처럼 생긴 모래에서 기름을 짤 수는 없다는 비유다.
381. '학쩨(lhag bcas)' '떼(te)'를 원인, 이유를 설명하는 것으로 보고 옮겼다.
382. '그 어떤 때'로 옮긴 '강기 체(gang gi tshe)'는 특정한 시간적인 조건을 뜻하는데 여기서는 다음에 등장하는 비유, 실례들의 조건을 뜻하며 문장을 끊는 기능으로 쓰이고 있다.
383. 대구를 명확하게 하기 위해서 운문하여 옮겼다.
384. '학쩨(lhag bcas)' '데(de)'를 원인, 이유를 설명하는 것으로 보고 옮겼다.
385. '존재하지 않는 것 자체'라고 옮긴 '메빠니(med pa nyid)'의 대표적인 예는 석녀의 아들, 허공에 핀 연꽃, 그리고 토끼의 뿔 등이다.

【용수의 전체는 부분들이 모인 것이라는 오분작법의 구체적인 논파 1 – 실례에 대한 일반적인 논파 1】

[39]

འོན་ཏེ་མོ་གཤམ་ལ་སོགས་པའི་དཔེ་ནི་མཚུངས་པ་ཉིད་དེ་གང་གིས་ན་དེ་ཕྱེ་མ་ལེབ་ལ་སོགས་པའམ་དེ་ལྟ་བུའི་ངོ་བོ་འགའ་ཞིག་འཆིང་བར་འགྱུར་བ་བལ་བ་ཇ་གཅིག་ལ་ཡང་བལ་བ་ཇའི་ངོ་བོ་དང་རྗེས་སུ་མཐུན་པའི་ནུས་པ་ཡོད་པ་ཡིན་ལ་མང་པོ་འདུས་པས་ནི་གླང་པོ་ཆེ་འང་འཆིང་བར་ནུས་པར་འགྱུར་རོ་སྙམ་དུ་སེམས་ན། དེ་ཡང་སྲིད་པ་མ་ཡིན་ཏེ་གང་ལས་ཞེ་ན།

'on te mo gsham la sogs pa'i dpe ni mtshungs pa nyid de gang gis na de phye ma leb la sogs pa'm/de lta bu'i ngo bo 'ga' zhig 'ching bar 'gyur ba bal ba ja gcig la yang bal ba ja'i ngo bo dang rjes su mthun pa'i nus pa yod pa yin la/mang po 'dus pas ni glang po che 'ng 'ching bar nus par 'gyur ro snyam du sems na/de yang srid pa ma yin te/gang las she na/

> (그럼에도 불구하고 논박자인 그대가) '만약 석녀(石女) 등의 바로 그 실례가 (발바자 풀의 실례처럼 증명해야 할) 성립 대상(의 실례)과 유사한 것[387] 자체라서 그것들이[388] (성립)할 경우,[389] 그것[한 줄기의 발바자 (풀)]으로는[390] 나비 등의 (작은 벌레) 등을 (묶을 수 있)고, (즉) 그와 같은 어떤 하나의 형태[391]로 (다른 것을) 묶을 수 있는 한 (줄기의) 발바자 (풀)로도 발바자 (풀)의 실체[392](는 존재하)고 그리고 (그에) 따라 같이[393] (할 수 있는) 능력이 존재하는 것이고[394] 바로 그 (발바자 풀이) 많이 모인 것으로는

---

386. 실제하여 논파의 대상이 되는 발바자 풀이 비실재로 인해 논의의 가치도 없는 이와 같은 예와 같은 격을 이룰 수 있는지 상당히 의문이지만, 여기서 뜻하는 바는 일체 사물은 자성을 가지고 있지 않기 때문에, 즉 그 무자성 때문에 '독립된 고유의 속성을 가진 존재가 아니다.'는 뜻으로 해석된다. 『중론』의 예를 살펴보면, 이와 같은 비유들은 개념자들이 고유한 속성을 가지고 있지 않다는 예로 등장하는데 논박자의 주장에 그 비실재성을 논파하는 경우라면 충분히 이해가 되지만 실례의 경우라면 그다지 썩 어울려 보이지 않는 것은 사실이다.

코끼리도 묶을 수 있다.'라고 생각한다면, 그것도 또한 가능한 것이 아니다.
"왜 그런가?" 하고 묻는다면,[395]

རིགས་པ་མེད་པའི་ཕྱིར་རོ།།　　　rigs pa med pa'i phyir ro//

(왜냐하면 그것에는) 올바른 인식이 존재하지 않기 때문이다.[396]

རབ་ཏུ་གྲགས་པའི་ཡན་ལག་ཅན་གྱི་དཔེར་ཡིན་ན/ཡན་ལག་ཅན་དག་ལ་ནི་མ་ཡིན་ཏེ།ལྷན་ཅིག་གནས་པ་མེ
ད་པའི་ཕྱིར་རོ།།དུས་གཅིག་ལའམ་ཁ་ཕྱེའི་ཡུལ་དམ་བཅའ་བ་ལ་སོགས་པའམ་དེའི་ཡི་གེ་དག་ལྷན་ཅིག་གནས་པ་
ཡོད་པ་མ་ཡིན་ཏེ།དེའི་ཕྱིར་བལ་བ་ཇེ་དང་འདི་མི་རིགས་སོ།།དེ་མི་རིགས་པའི་ཕྱིར་ཡན་ལག་མེད་དོ་ཞེས་བྱ་བར་
གྲུབ་པ་ཡིན་ནོ།།

rab tu grags pa'i yan lag can gyi dper yin na/yan lag can dag la ni ma yin te/lhan

cig gnas pa med pa'i phyir ro//dus gcig la'm kha sgo'i yul dam bca' ba la sogs pa'm

<hr>

387. 앞에서 '같은 것'으로 옮긴 '충빠(mtshungs pa)'를 우리말과 어울리게 '유사한 것'이라고 옮겼다.
388. '~라서 그것들이'로 옮긴 '데 강기(de gang gis)'의 '학쩨(lhag bcas)' '데(de)'를 문장을 끊어 읽는 기능으로 보았으며 앞에 '등'이 나와서 복수형으로 받고 옮겼다.
389. 가정법을 뜻하는 '나(na)'를 원인, 조건으로 보고 'in case of'의 용례에 따라 옮겼다.
390. 격변화가 생략되어 있는데 다음에 나오는 대구를 이루는; '많이 모인 것'을 뜻하는 '망뽀 뒤빠(mang po 'dus pas)'에 도구격[Ins.] 's'가 쓰여 이에 따라 첨언하여 옮겼다.
391. '본체, 본질, 자성, 진성, 체상' 등을 뜻하는 '노보(ngo bo)'가 쓰였으나 여기서는 그 발바자 풀의 크기가 커지는 것을 표현하고 있기 때문에 '형태'라고 옮겼다.
392. 앞에서 '형태'라고 옮긴 '노보(ngo bo)'를 실체로 옮겼다.
393. '(그)에 따라 같이'로 옮긴 '제쑤 툰빠(rjes su mthun pa)'의 '제쑤(rjes su)'는 산스끄리뜨어 '아누(anu-)'에서 온 것으로 다른 단어와 함께 쓰이며 일반적으로 '~에 뒤따른'이라는 뜻이다. 여기서는 소유격[Gen.]이 함께 쓰여 있어 형용사 형으로 보고 옮겼다.
394. '라둔(la 'dun)'의 '라(la)'를 순접 접속사 'and'로 보고 옮겼다.
395. 존재 자체가 성립하지 않기 때문에 논의할 수 없는 석녀(石女) 등의 실례와, 이미 존재하는 것이 모이는 것의 예인 발바자 풀의 실례가 같이 논의될 수 있는 것인지 의문인데, 즉 논박자가 '같은 실례가 아니기 때문에' 이와 같이 주장하는 것이 더 합리적으로 보이지만 원문에 따라 옮겼다. VP의 주석에 따르면 이 실례는 부분으로 나누어질 수 있기 때문에 다른 경우에 해당한다고 나와 있다. VP, p. 194 각주 참조
396. 원주석의 "왜 그런가?"에서부터 17번 게송의 논박자의 어투를 그대로 반복하고 있다.

de'i yi ge dag lhan cig gnas pa yod pa ma yin te/de'i phyir bal ba ja'i dpe 'di mi rigs
so//de mi rigs pa'i phyir yan lag med do zhes bya bar grub pa yin no//

(비록 이것이) 잘 알려진 부분들로 된 것(인 전체)의 예일지라도[397]
바로 그 부분들로 된 것(인 전체에 대한 올바른 실례가) 아니다. 왜냐하
면[398] (부분들과) 함께 머물지[399] 않기 때문이다. 동시(同時)에, 그리고
주장 등 (오분작법의 다른 논증 요소들을) 말할 때나[400] 그것(들)의 글자들
을 쓸 때 함께 머물며[同處] 존재하는 것이 아니기 때문이다.[401] 그러므로
이 발바자 (풀)의 실례는 올바른 인식(의 실례)이 아니다.

그것이 올바른 인식(의 실례)이 아니기 때문에 "(오분작법이라는 추론
의 부분인) 논증 요소는 존재하지 않는다."라고 말하는 것이 성립한다.[402]

【용수의 전체는 부분들이 모인 것이라는 오분작법에 대한 구체적인 논파 2 – 주장에
대한 논파】[403]

[40]

གཞན་ཡང་།   gzhan yang/

더 나아가,

---

397. 가정법의 '나(na)'를 'even though'로 보고 옮겼다.
398. '학쩨(lhag bcas)' '떼(te)'를 원인, 이유를 설명하는 것으로 보고 옮겼다.
399. '함께 머물다'로 옮긴 '헨찍 네빠(lhan cig gnas pa)'는 '공주(共住), 동처(同處)'란 뜻이
    있는데 VP에서는 'coexist'로 옮기고 있다.
400. 직역하면 '입안의 발음 위치가. (즉) 주장 등 (오분작법의 다른 논증 요소들의 발음
    위치)가' 정도 된다.
401. 문장 구조에 따라 직역하였다. 의미를 명확하게 하기 위해서 문장 구조를 바꾸면, '주장
    등 (오분작법의 다른 논증 요소들을) 말할 때나 그것(들)의 글자들을 쓸 때 동시(同時)에
    같은 곳에 머물며[同處] 존재하는 것이 아니기 때문이다.'
402. VP에 따르면 말과 문장이 순차적으로 형성되는 것이기 때문에 부분과 전체의 관계에
    대해서 종종 등장하는 논파법이라고 한다(p. 194).
403. 여기서부터 오분작법의 각각의 논증 요소에 대한 비판이 시작된다.

ཡན་ལག་དག་ལ་ཡན་ལག་ཡོད་པར་ཐལ་བར་འགྱུར་རོ།།

yan lag dag la yan lag yod par thal bar 'gyur ro//

(부분인) 논증 요소들에 논증 요소가 존재한다는 것에는 과실(過失)이 (발생하게) 된다.

གལ་ཏེ་ཡན་ལག་ནི་མ་གྲུབ་པའི་དོན་སྒྲུབ་པར་བྱེད་པ་ཡིན་ན།དེ་དག་ཀྱང་གྲུབ་པ་ཞིག་སྒྲུབ་པར་བྱེད་པ་ཡིན་ན་མ་མ་གྲུབ་ཞིག་ཡིན་གྲང་།གལ་ཏེ་གྲུབ་པ་ཞིག་སྒྲུབ་པར་བྱེད་པ་ཡིན་ན་སྒྲུབ་བྱེད་གང་གིས།དེ་དག་སྒྲུབ་པར་བྱེད་པ་དེ་དག་ལ་ཡང་སྒྲུབ་པར་བྱེད་པ་གཞན་ཞིག་ཡོད་པར་འགྱུར་ལ་དེ་དག་ལ་ཡང་གཞན་ཡོད་པས་ཐུག་པ་མེད་པར་ཐ་ལ་བར་འགྱུར་རོ།།འོན་ཏེ་དེ་དག་ལ་ཡང་གཞན་ཡོད་པ་མ་ཡིན་ན་མི་འདྲ་བ་ཉིད་དང་དམ་བཅའ་བ་ཉམས་པ་ཞེས་བྱ་བ་འདི་དག་ཐམས་ཅད་ཡན་ལག་གི་སྒོ་ནས་ཡན་ལག་ཅན་སྒྲུབ་པར་འདོད་པ་ལ་བརྗོད་པར་བྱའོ།།

gal te yan lag ni ma grub pa'i don sgrub par byed pa yin na/de dag kyang grub pa zhig sgrub par byed pa yin nam ma grub zhig yin grang/gal te grub pa zhig sgrub par byed pa yin na sgrub byed gang gis/de dag sgrub par byed pa de dag la yang sgrub par byed pa gzhan zhig yod par 'gyur la de dag la yang gzhan yod pas thug pa med par thal bar 'gyur ro//'on te de dag la yang gzhan yod pa ma yin na mi 'dra ba nyid dang dam bca' ba nyams pa zhes bya ba 'di dag thams cad yan lag gi sgo nas yan lag can sgrub par 'dod pa la brjod par bya'o//

만약 바로 그 (부분인) 논증 요소(들)이[404] 1) 성립하지 않는 대상에 2) 성립을 행하는 것이 있다면,[405] 그것들[논증 요소들]도 또한 어떤 하나의[406] 1-1) 성립하는 것에 성립을 행하는 것이 (있거나) 또는 어떤 하나의 1-2) 성립하지 않는 것이 있을 것이다.[407] 만약 어떤 하나의 1-1) 성립하는 것에 성립을 행하는 것이 있다면 어떤 성립을 행하는 것이 (있을 것이고) 그것[성립을 행하는 것]들에도 또한 다른 어떤 성립을 행하는 것이 있게 될 것이고,

그것들에도 또한 다른 (성립을 행하는 것들)이 있을 것이기 때문에[408] 무한 소급의 과실(過失)이 (발생하게) 된다.

(그렇지 않고) 만약 1-2) 그것[논증 요소]들에 다른 (논증 요소들이) 존재하지 않는다면 (그대의 주장과) 다른 것 자체[409]이고 "(그렇다면 그대의) 주장 (등에 대한 이론은) 훼손된다."는 (중관논사인 나의) 이 (논파)들(에 대해서) '모든 (부분인) 논증 요소(들)의 (성립이라는) 방법을 통해서[410] 부분들로 된 것(인 전체의) 성립에 대한 인정'이라는 (다른) 주장을 해야 할 것이다.[411]

【용수의 전체는 부분들이 모인 것이라는 오분작법에 대한 구체적인 논파 3 - 이유에 대한 논파 1】

[41]

གཞན་ཡང་།   gzhan yang/

더 나아가,

....

404. 이어지는 문장을 복수형으로 받아 복수형이 되게 첨언하였다.
405. '성립'을 뜻하는 '둡빠(grub pa)'와 '둡빠(sgrub pa)'가 두루 쓰였는데 전자는 의도하지 않아도 자연적으로 되는 것을, 후자는 의도를 가지고 행하는 것, 즉 성취하는 것으로 쓰이는 차이가 있다. 여기서는 '성립'과 '성립을 행하는 것'이라는 두 개의 개념자들을 명확하게 구분하여 쓰고 있어 이에 따랐다.
406. '어떤 하나, 또는 일정한 것'을 뜻하는 '쉭(zhig)'이 반복적으로 사용되어 구체적인 것을 가리키고 있다.
407. VP의 'would be'에 따라 '인당(yin grang)'을 옮겼다. 직역하면 '~라고 부르는 것이 (존재할 것이다.)' 정도 된다.
408. 도구격[Ins.] 's'를 원인, 이유로 보고 옮겼다.
409. 5번 게송에서 차이성[相異性]이라고 옮겼던 '미다 와니(mi 'dra ba nyid)'가 사용되어 있다.
410. '방법을 통해서'라고 옮긴 '고네(sgo nas)'를 달리 옮기면 '문을 통해서'라고 할 수 있다.
411. 앞에서 '논파할 수 있다'로 옮긴 '죄빨자(brjod par bya)'를 여기서는 용수가 논박자에게 새로운 주장을 펼치라는 명령형, 권유형이기 때문에 '주장해야 할 것이다'로 옮겼다. '죄빠(brjod pa)'에는 두 가지 뜻이 모두 들어 있다.
   무한 소급의 오류에 빠지지 않기 위해서 새로운 주장을 해보라는 용수의 논파지만 내용의 대부분이 축약되어 있으며 전체적으로 5번 게송의 논법과 유사한 부분이 많다.

དམ་བཅའ་བ་ལས་གཏན་ཚིགས་གཞན་དང་གཞན་མ་ཡིན་པའི་ཕྱིར་གཏན་ཚིགས་མ་ཡིན་ནོ།།

dam bca' ba las gtan tshigs gzhan dang gzhan ma yin pa'i phyir gtan tshigs ma yin no//

> (증명해야 할)[412] 주장과[413] 이유가 다른 것이거나 다른 것이 아니기 때문에[414] 이유는 (존재하는 것이) 아니다.

དམ་བཅའ་བ་དང་གཏན་ཚིགས་གཞན་ཡིན་ནམ་གཞན་མ་ཡིན་པ་ཡིན་གྲང་།གལ་ཏེ་གཞན་ཉིད་ཡིན་ན་ཅི་ཞིག་འཐོབ་པར་འགྱུར།དམ་བཅའ་བ་ནི་སྣམ་བུ་དཀར་པོ་ཉིད་ཡིན་པའོ།།གཞན་ཡང་གཏན་ཚིགས་གང་ཡིན་ཞེ་ན།ནག་པོ་ཉིད་ཀྱི་ཕྱིར་རོ།།འདོད་པ་མ་ཡིན་ཏེ།གང་གི་ཕྱིར་དཀར་པོ་ཉིད་ནི་གྲུབ་བྱེད་ནག་པོས་མི་འགྲུབ་པའི་ཕྱིར་རོ།།འོན་ཏེ་གཏན་ཚིགས་དང་དམ་བཅའ་བ་དག་མ་ཡིན་ན་ཅི་ཞིག་འཐོབ་པར་འགྱུར་ཞེ་ན་དམ་བཅའ་བ་ནི་སྣམ་བུ་དཀར་པོའོ།།གཏན་ཚིགས་ཞེ་ན་དཀར་པོ་ཉིད་ཀྱི་ཕྱིར་རོ།།དེ་ཉིད་ནི་དེའི་སྒྲུབ་བྱེད་མ་ཡིན་ཏེ་འདི་ནི་བསྒྲུབ་པར་བྱ་བ་དང་མཚུངས་པ་ཡིན་ནོ།།

dam bca' ba dang gtan tshigs gzhan yin nam gzhan ma yin pa yin grang/gal te gzhan nyid yin na ci zhig 'thob par 'gyur/dam bca' ba ni snam bu dkar po nyid yin pa'o//gzhan yang gtan tshigs gang yin zhe na/nag po nyid kyi phyir ro//'dod pa ma yin te/gang gi phyir dkar po nyid ni grub byed nag pos mi 'grub pa'i phyir ro//'on te gtan tshigs dang dam bca' ba dag ma yin na ci zhig 'thob par 'gyur zhe na dam bca' ba ni snam bu dkar po'o//gtan tshigs zhe na dkar po nyid kyi phyir ro//de nyid ni de'i sgrub byed ma yin te 'di ni bsgrub par bya ba dang mtshungs pa yin no//

> '(증명해야 할) 주장과 이유가 다른 것이거나 다른 것이 아니기 때문에

....

412. VP의 'to be proved'를 참고하여 첨언하였다,
413. 비교격[Comp.]을 뜻하는 '레(las)'가 사용되어 있다.
414. VP에서는 '이칠('i phyir)'을 가정법의 'if로 보고 옮겼으나 이와 같은 용례보다는 원인, 이유를 뜻하는 경우에 쓰는 것이라 이에 따라 옮겼다.

이유는 (존재하는 것이) 아니다.'라고 일컫는다.[415] 만약 다른 것 자체라면 무엇을 얻을 수 있겠느냐?[416] (그대의) 바로 그 (증명해야 할) 주장은 (다음과 같게 된다.) (예를 들어) '모직(毛織) 옷은 하얀 것이다.'[417] (여기서) 더 나아가[418] "그 이유가 무엇이냐?"라고 묻는다면, (중관논사인 우리는 그 이유를) 검은 것이기 때문이다.(라고 답할 것이다. 이와 같이 다른 경우 그대의 주장은) 인정되는 것이 아니다.[419] 왜냐하면 바로 그 하얀색의 성립이 검은 색을 통해서[420] 성립하는 것이 아니기 때문이다.[421]

"만약 (증명해야 할) 주장과 이유들이 (다른 것이) 아니라면 무엇을 얻을 수 있겠느냐?"[422]라고 묻는다면, (예를 들어) '모직(毛織) 옷은 하얀 것이다.'라는 (그대의) 바로 그 (증명해야 할) 주장이다. (그런데) "그 이유가 무엇이냐?"라고 묻는다면, '하얀 색 자체이기 때문이다.'(라고 답할 수밖에 없다.) (그러나) '바로 그 자신은 그 자신의 성립을 행하는 것이 아니다.'[423] 왜냐하면[424] 바로 이것은 (그것은 증명해야 할) 성립 대상(의 실례)과 같은 것 자체이기 때문이다.[425]

---

415. 원게송을 그대로 인용하며 원주석을 달고 있어 '인당(yin grang)'을 인용을 뜻하는 것으로 보고 옮겼다.
416. 11번 게송의 원주석의 구조와 닮았다.
417. 이 실례를 직역하면 '모직 옷은 하얀 것 자체이다.' 정도 된다.
418. '셴양(gzhan yang)'을 'furthermore'로 보고 옮겼다.
419. '학쩨(lhag bcas)' '데(de)'를 문장을 끊어 읽는 기능으로 보고 옮겼다.
420. VP의 용례에 따라 도구격[Ins.] 's'를 'through'로 보고 옮겼다.
421. 직역하면 '바로 그 하얀 색의 성립을 행하는 것은 검을 색을 통해서 성립하는 것이 아니기 때문이다.' 정도 된다.
422. 두 번째의 경우, 즉 다른 것이 아닌 경우에 대한 논파다.
423. (증명해야 할) 주장과 이유가 같아지는 모순이 발생하는 경우다.
424. '학쩨(lhag bcas)' '떼(te)'를 원인, 이유를 설명하는 것으로 보고 옮겼다.
425. 다른 것이나 자기 자신을 통해서도 그 (증명해야 할) 주장이 성립하지 않는다는 것을 보여준다. VP의 영역에는 'established'와 'establisher', 즉 성립된 것과 그것을 성립시키는 것의 관계를 통해서 이 게송을 설명하고 있다. 이 경우 성립된 것인 하얀 색이라는 'established'에 그것을 성립시키는 것인 검은 색과 하얀 색의 두 경우가 명확하게 드러난다. 마지막 행의 경우 38번 게송과 같다.

【용수의 전체는 부분들이 모인 것이라는 오분작법에 대한 구체적인 논파 4 - 이유에 대한 논파 2】

[42]

གཞན་ཡང་།   gzhan yang/

> 더 나아가,

གཏན་ཚིགས་ལ་གཏན་ཚིགས་མེད་པའི་ཡང་ཕྱིར་རོ།།

gtan tshigs la gtan tshigs med pa'i yang phyir ro//

> 이유에 (그것을 성립시키는) 이유도 존재하지 않기 때문이다.

གཏན་ཚིགས་ལས་གྲུབ་པོ་ཞེས་བརྗོད་པ་གང་ཡིན་པ་དེ་ནི་མ་ཡིན་ཏེ་གཏན་ཚིགས་ལ་ཡང་གཏན་ཚིགས་ཐོབ་པར་འགྱུར་ཞིང་དེ་ལ་ཡང་གཞན་ཡིན་ནོ།།ཞེས་ཐུག་པ་མེད་པར་འགྱུར་རོ།།འོན་ཏེ་གཏན་ཚིགས་ལ་ཡང་གཏན་ཚིགས་ཡོད་པ་མི་འདོད་ན་དེའི་ཕྱིར་གཏན་ཚིགས་མེད་པ་ཡིན་ནོ།།ཡང་ན་གཏན་ཚིགས་བཞིན་དུ་ཐམས་ཅད་ཀྱང་གཏན་ཚིགས་མེད་པར་གྲུབ་པར་འགྱུར་རོ།།

gtan tshigs las grub po zhes brjod pa gang yin pa de ni ma yin te gtan tshigs la yang gtan tshigs thob par 'gyur zhing de la yang gzhan yin no//zhes thug pa med par 'gyur ro//'on te gtan tshigs la yang gtan tshigs yod pa mi 'dod na de'i phyir gtan tshigs med pa yin no//yang na gtan tshigs bzhin du thams cad kyang gtan tshigs med par grub par 'gyur ro//

> "이유에 (이유가) 성립한다."[426]라고 일컫는 것, (그것이) 무엇이든, 바로

174

그것은 (성립하는 것이) 아니다. 왜냐하면[427] 이유에 (그것을 성립시키는) 이유를 얻을 수 있고 그것에서도 또한 다른 (이유도 얻을 수) 있기 때문이다. 그러므로[428] (이것은) 무한 소급이 된다.[429]

만약 이유에도 또한 (그것을 성립시키는) 이유가 존재한다는 것을 인정하지 않는다면, 그 때문에[430] 이유는 존재하지 않는 것이다. 더 나아가[431] (이유에 그것을 성립시키는 바로 그 이유가 존재하지 않고) 다른 이유로 (성립한다면) 모든 것들도 또한 이유 없이 성립하게 된다.[432]

【용수의 전체는 부분들이 모인 것이라는 오분작법에 대한 구체적인 논파 5 – 적용과 결론에 대한 논파】[433]

[43]

གཞན་ཡང་།   gzhan yang/

더 나아가,

དཔ་བཅའ་བ་དང་གཏན་ཚིགས་མེད་པའི་ཕྱིར་ཉེ་བར་སྒྱུར་བ་དང་མཇུག་བསྡུ་བ་དག་མེད་པ་ཡིན་ནོ།།

---

426. '성립한다'라고 옮긴 '둡뽀(grub po)'는 '둡빠(grub pa)'에 종결사인 '랄두(slar bsdu)'의 'o'가 붙은 것으로 보고 옮겼다.
427. '학쩨(lhag bcas)' '떼(te)'를 원인, 이유를 설명하는 것으로 보고 옮겼다.
428. 일반적으로 인용을 뜻하는 '셰(zhes)'가 쓰였다. TT의 'thus'의 용례에 따라 옮겼다.
429. 40번 게송에서처럼 무한 소급의 오류가 발생하는 경우에 대해서 지적하고 있다. 무한 소급의 자세한 내용에 대해서는 5번 게송 각주 참조.
430. 일반적으로 '왜냐하면'을 뜻하는 '데이칠(de'i phyir)'이 문장의 한가운데 사용되어 있어 그 이유를 설명하는 것으로 보고 옮겼다.
431. '더 나아가'라고 옮긴 '양나(yang na)'에는 '또는, or'라는 뜻도 있으나 TT의 'moreover'의 용례에 따라 옮겼다.
432. '이유의 이유'가 계속 발생할 경우에는 무한 소급의 오류가, '이유에 이유'가 성립하지 않을 경우에는 무작위적인 이유가 발생하게 된다는 뜻이다.
433. 적용(upanaya, 合)과 결론(nigamana, 結)에 대한 논파다.

dam bca' ba dang gtan tshigs med pa'i phyir nye bar sbyor ba dang mjug bsdu ba
dag med pa yin no//

주장과 이유가 존재하기 않는 것이기 때문에 적용과 결론들은[434] 존재하지
않는 것이다.

དེ་ལྟར་ན་དམ་བཅའ་བ་དང་གཏན་ཚིགས་དང་དཔེ་དག་མེད་པ་ཉིད་ཀྱིས་ཉེ་བར་སྦྱོར་བ་དང་མཇུག་བསྡུ་བ་དག་
ཀྱང་ཡོད་པ་མ་ཡིན་ནོ།།

de ltar na dam bca' ba dang gtan tshigs dang dpe dag med pa nyid kyis nye bar
sbyor ba dang mjug bsdu ba dag kyang yod pa ma yin no//

그와 같이[435] 1) 주장과 2) 이유, 그리고 3) 실례가 존재하지 않는 것
자체이기 때문에[436] 4) 적용과 5) 결론들도 또한 존재하는 것이 아니다.[437]

【용수의 전체는 부분들이 모인 것이라는 오분작법에 대한 구체적인 논파 6 - 이유와
나머지들과의 관계에 대한 논파】[438]

[44]

གཞན་ཡང་།   gzhan yang/

더 나아가,

....
434. '양수(dual)'를 뜻하는 '닥(dag)'이 쓰였다.
435. TT에는 '그와 같이'로 옮긴 '데딸 나(de ltar na)'는 'under these circumstances, thus,
indeed' 등의 용례가 있는데 우리말의 어순과 어울리게 '그와 같이'로 옮겼다.
436. 도구격[Ins.] '끼(kyis)'가 쓰여 있어, 원인, 이유로 보고 '~ 때문에'로 옮겼다.
437. 앞에서 논파한 오분작법의 세 부분인 실례, 주장과 이유가 존재하지 않기 때문에
나머지 두 부분인 적용과 결론을 부정하고 있다.
438. 적용(upanaya, 合)과 결론(nigamana, 結)에 대한 논파다.

ལྷག་མ་དག་ལ་གཏན་ཚིགས་མེད་དོ།།　　　　lhag ma dag la gtan tshigs med do//

> (오분작법의) 나머지들에서도 이유는 존재하지 않는다.

གལ་ཏེ་ཡང་དམ་བཅའ་བ་ནི་གཏན་ཚིགས་ལས་གྲུབ་པ་ཡིན་ན་དཔེ་ལ་སོགས་པ་སྒྲུབ་པར་བྱེད་པ་ལ་ནི་གཏན་
ཚིགས་མེད་པར་ཐལ་བར་འགྱུར་རོ།།

gal te yang dam bca' ba ni gtan tshigs las grub pa yin na dpe la sogs pa sgrub

par byed pa la ni gtan tshigs med par thal bar 'gyur ro//

> 또한 만약[439] 바로 그 (증명해야 할) 주장이 이유를 통해서[440] 성립하는
> 것이라면 실례 등 (오분작법의) 나머지들은 바로 그것의 성립을 행하는
> 것에[441] 이유가 존재하지 않는 과실(過失)이 (발생하게) 된다.[442]

【용수의 전체는 부분들이 모인 것이라는 오분작법에 대한 구체적인 논파 7 – 이유가
성립할 경우 실례 등의 무의미함에 관한 논파】

[45]

གཞན་ཡང་།　　　　gzhan yang/

> 더 나아가,

----

439. '또한 만약'이라고 옮긴 원문은 '겔떼 양(gal te yang)'으로 도치하여 옮겼다.
440. 탈격[Abl.] '레(las)'가 쓰였는데 여기서는 원인, 이유 등을 가리키고 있다.
441. 강조사[Emp.] '니(ni)'를 '성립을 행하는 것'을 강조하기 위한 것으로 보고 옮겼다.
442. 각각의 개념자들이 분리된 것이라면 이유에 뒤따르는 실례, 적용, 그리고 결론에서는
그 이유의 성립과 무관하게 되는 오류가 발생하는, 즉 이유 없이 성립하는 꼴이 된다는
뜻이다.

གལ་ཏེ་གྲུབ་པ་ནི་གཏན་ཚིགས་ཀྱིས་བྱས་པ་ཡིན་ན་ཅི་ཞིག་འཐོབ་ཅེ་ན་དཔེ་ལ་སོགས་པ་དོན་མེད་དོ།།

gal te grub pa ni gtan tshigs kyis byas pa yin na ci zhig 'thob ce na/dpe la sogs pa don med do//

> (논박자인 그대가) "만약 (증명해야 할 주장의) 바로 그 성립이 이유를 통해서[443] 행해지는 것이라면,[444] (그것이) 무슨 문제인가?"[445]라고 말한다면, (중관논사인 우리는) "실례 등의 의미는 존재하지 않게 된다."(라고 답할 것이다.)[446]

ཁྱོད་གཏན་ཚིགས་ཁོ་ནས་འགྲུབ་པར་སེམས་ན་དེའི་ཕྱིར་དཔེ་ལ་སོགས་པ་དག་དོན་མེད་པར་འགྱུར་ཏེ་གཏན་ཚིགས་ཁོ་ནས་དོན་འགྲུབ་པའི་ཕྱིར་རོ།།

khyod gtan tshigs kho nas 'grub par sems na de'i phyir dpe la sogs pa dag don med par 'gyur te gtan tshigs kho nas don 'grub pa'i phyir ro//

> (논박자인) 그대가 '(증명해야 할 주장은) 오직 이유를 통해서[447] 성립한다.'라고[448] 생각한다면, 그 때문에 실례 등의 의미는 존재하지 않게 된다. 왜냐하면[449] (오분작법 가운데) 오직 이유의 의미만 성립하기 때문이다.[450]

....

443. 도구격[Ins.] '끼(kyis)'가 쓰여 있어 수단을 뜻하는 'by'로 보고 옮겼다.
444. 가정법의 '나(na)'가 사용되어 있다.
445. 원문은 '무엇을 얻을 수 있겠는가?'를 뜻하는 '찌쉭 톱(ci zhig 'thob)'이 쓰였으나 우리말에 어울리게 윤문하여 옮겼다.
446. 원문을 직역하면 '실례 등의 의미는 존재하지 않는다.' 즉 무의미하다는 것인데 우리말에 어울리게 윤문하여 옮겼다. VP에서는 '의미가 존재하지 않는다'라고 보고 옮긴 '된메(don med)'를 'useless'로 옮기고 있다.
    '~라고 말한다면'을 뜻하는 '쩨나(ce na)'가 사용되어 있어, 후반부의 문장 부호 등을 삽입하여 옮겼다.

【용수의 전체는 부분들이 모인 것이라는 오분작법에 대한 구체적인 논파 8 - 실례가 성립할 경우 이유의 무의미함에 관한 논파】

[46]

གཞན་ཡང་།   gzhan yang/

> 더 나아가,

གཏན་ཚིགས་དོན་མེད་པ་ཉིད་དམ།   gtan tshigs don med pa nyid dam/

> (실례만 성립할 경우) 이유는 무의미한 것 자체이거나,[451]

འོན་ཏེ་དཔེ་གྲུབ་པར་འདོད་ན་དེའི་ཚེ་གཏན་ཚིགས་དོན་མེད་པར་ཐོབ་པར་འགྱུར་རོ།།ཡང་ན་དཔེ་དོན་མེད་པ་ཡི
ན་ནོ།།

'on te dpe grub par 'dod na de'i tshe gtan tshigs don med par thob par 'gyur ro//yang na dpe don med pa yin no//

> 만약 실례가 성립하는 것을 인정한다면 이유가 무의미하다는 것만 얻게 된다.[452] 그렇지 않다면 실례가 무의미하다(는 것만 얻게 된다.)[453]

....

447. 원게송에 사용된 도구격[Ins.] '끼(kyis)'가 생략되어 있다.
448. '라둔(la 'dun)'의 'r'을 인용을 뜻하는 것으로 보고 옮겼다.
449. '학쩨(lhag bcas)' '떼(te)'를 원인, 이유를 설명하는 것으로 보고 옮겼다.
450. 오분작법의 다른 개념자들은 성립하지 않게 된다는 뜻이다.
451. 원게송이 잘려져 있어 이에 따라 옮겼다.
452. 우리말에 어울리게 윤문하여 옮겼다.
453. 이유와 실례의 관계, 즉 오분작법 가운데 어떤 하나의 개념자가 성립할 경우 다른 개념자는 성립하지 않는다는 것을 보여준다.

【용수의 전체는 부분들이 모인 것이라는 오분작법에 대한 또 다른 논파 1 – 항상하는 아(我)의 이유와 실례에 대한 논파】

[47]

སྨྲས་པ། བདག་སྒྲུབ་པ་ལ་གཏན་ཚིགས་དང་དཔེ་ཡིན་ནོ་ཞེ་ན། བརྗོད་པར་བྱ་སྟེ།

smras pa/bdag sgrub pa la gtan tshigs dang dpe yin no zhe na/brjod par bya ste/

> (논박자가) 이르길, "(항상하는) 아(我=ātman)[454]의 성립에 이유와 실례는 (존재하는 것)이다."라고 말한다면, (이것은) 다음과 같이 논파할 수 있다.

བདག་འགྲུབ་པ་ནི་མ་ཡིན་ནོ།།   bdag 'grub pa ni ma yin no//

> 바로 그 (항상하는) 아(我)의 성립[455]은 (존재하는 것이) 아니다.

གཏན་ཚིགས་ཀྱིས་འགྲུབ་པར་སེམས་ཏེ། ཇི་ལྟར་སྐྱེས་བུ་རྟག་པ་ནི་དམ་བཅའ་བའོ།། ལུས་ཅན་མ་ཡིན་པའི་ཕྱིར་ ནི་གཏན་ཚིགས་སོ།། དཔེ་ནི་ནམ་མཁའ་བཞིན་ནོ་ཞེས་ཁྱོད་ཀྱིས་སྨྲས་པ་ཡིན་ནོ།། གཏན་ཚིགས་ཀྱིས་འགྲུབ་པར་ རྟག་པ་མ་ཡིན་ཏེ། མི་རྟག་པ་ཉིད་ཀྱི་ཕྱིར་རོ།། གང་གི་ཕྱིར་རང་ཉིད་ཀྱིས་མེད་པས་རྟག་པའི་ངོ་ནོ་ཉིད་མེད་པ་ཡིན་ནོ།། གཏན་ཚིགས་དང་དཔེ་ལ་ཡང་དེ་བཞིན་ནོ།།

gtan tshigs kyis 'grub par sems te/ji ltar skyes bu rtag pa ni dam bca' ba'o//lus can ma yin pa'i phyir ni gtan tshigs so//dpe ni nam mkha' bzhin no zhes khyod kyis smras pa yin no//gtan tshigs kyis 'grub par rtag pa ma yin te/mi rtag pa nyid kyi phyir ro//gang gi phyir rang nyid kyis med pas rtag pa'i ngo no nyid med pa yin no//gtan tshigs dang

----

454. 산스끄리뜨어 '아뜨만(ātman)', 즉 '아(我)'를 뜻하는 '닥(bdag)'이 쓰였는데 의미를 강조하기 위해서 '항상하는'을 첨언하였다. 문맥의 뜻을 살펴보면 여기서 언급하고 있는 '아뜨만'은 고정불변하는 영혼(soul)을 가리킨다.
455. '아의 성립'으로 옮긴 것은 '닥둡빠(bdag sgrub pa)'를 하나의 단어로 보고 옮긴 경우다.

dpe la yang de bzhin no//

　(논박자인 그대가) '[항상하는 아(我)에] 이유가 성립한다.'라고[456] 생각한 다면[457] (이것은 다음과 같이 논파할 수 있다.) (예를 들어) 그와 같이 '중생에게 는 바로 그 항상하는 [아(我)가 존재한다.]'는 것은 1) 주장이다. 바로 그 '몸을 가진 자가 아니기 때문인 것'은 2) 이유다. (그리고) 바로 그 3) 실례는 "허공과 같다."라는 것은 그대의 말이다.[458]

　(그러나) 이유를 통해서[459] 성립하는 항상하는 것은 (더 이상 항상하는 것이) 아니다. 왜냐하면[460] 무상한 것 자체[無常性], (즉 변화하는 것)이기 때문이다.[461] 그러므로 자기 자신을 통해서[462] 존재하지 않는 항상하는 것은 무자성(無自性)한 것이다.

　이유와 실례(의 경우)에서도 또한 그와 같다.[463]

【용수의 전체는 부분들이 모인 것이라는 오분작법에 대한 또 다른 논파 2 – 동시에 존재하는 경우에 대한 논파】[464]

---

456. '라둔(la 'dun)'의 'r'을 인용을 뜻하는 것으로 보고 옮겼다.
457. '중생에게는 바로 그 항상하는 [아(我)가 존재한다]는 것'이라고 옮긴 '꼐부 딱빠니(skyes bu rtag pa ni)'를 TT의 용례에 따라 직역하면 '항상하는 영혼(eternal spirit)'도 되지만 '몸을 가진 자'를 뜻하는 '루쩬(lus can)'이 뒤따라 나오기 때문에 풀어서 썼다.
458. 니야야 학파의 영혼의 존재에 대한 주장과 이유 그리고 그 실례를 정리하면 다음과 같다.
　　1) 주장 : 영혼은 존재한다.
　　2) 이유 : 형태를 띤 것이 아니기 때문이다.
　　3) 실례 : 허공과 같다.
459. 도구격[Ins.] '끼(kyis)'가 쓰여 있어 'through'로 보고 옮겼다.
460. '학쩨(lhag bcas)' '떼(te)'를 원인, 이유를 설명하는 것으로 보고 옮겼다.
461. '이유를 통해서 항상하는 것'이라는 개념자 자체는 이미 그 절대성을 잃은 것이라는 뜻으로 보고 옮겼다.
462. 도구격[Ins.] '끼(kyis)'가 쓰여 있어 'through'로 보고 옮겼다.
463. VP에서는 이것을 '항상하지 않는 아(我)'라는 특수한 경우에 적용시켜 옮기고 있으나(p. 80), 이와 같은 논의는 결국 '이유를 통해서 성립하는 것은 항상한 것이 아니다.'는 뜻으로, 그 이유란 곧 분별/분리할 수 있다는 뜻으로 해석된다.
464. 여기서는 오분작법의 각각의 개념자들이 공시적으로 존재하지 않는다는 점을 논파하고

གཞན་ཡང་།   gzhan yang/

> 더 나아가,

གཅིག་དང་གཅིག་བརྗོད་པའི་ཕྱིར་གཅིག་ལ་གཅིག་མེད་དོ།།

gcig dang gcig brjod pa'i phyir gcig la gcig med do//

> (논박자인 그대가 오분작법의 부분들) 하나하나를 (차례대로) 말해야[465]
> 되기 때문에 (말하는 그) 하나(의 부분)에는 (다른) 하나(의 부분)가 존재하지
> 않는다.

གང་གི་ཚེ་དམ་བཅའ་བ་བརྗོད་པ་དེའི་ཚེ་གཏན་ཚིགས་ལ་སོགས་པ་མེད་ལ་གཏན་ཚིགས་བརྗོད་པ་ན་ཡང་དམ་
བཅའ་ལ་སོགས་པ་མེད་དོ།།དེའི་ཕྱིར་གཏན་ཚིགས་ལ་སོགས་པ་དག་ཡོད་པ་མ་ཡིན་ནོ།།

gang gi tshe dam bca' ba brjod pa de'i tshe gtan tshigs la sogs pa med la gtan tshigs
brjod pa na yang dam bca' la sogs pa med do//de'i phyir gtan tshigs la sogs pa dag
yod pa ma yin no//

> 어떤 때, (즉) 주장을 설명할 그때,[466] 이유 등 (오분작법의) 나머지들은
> 존재하지 않고[467] 이유를 설명할 때에도[468] 또한 주장 등 (오분작법의) 나머지
> 들은 존재하지 않는다. 그러므로 이유 등은 존재하는 것이 아니다.[469]

....

있다.

465. 앞에서, '말하다, 주장하다, 논파하다'는 뜻으로 옮겼던 '죄빠(brjod pa)'가 사용되었는데
　　　다음 게송의 원주석에서 발성법 등이 등장하여 '말하다'로 보고 옮겼다.

【용수의 전체는 부분들이 모인 것이라는 오분작법에 대한 또 다른 논파 3 - 음절 자체도 또한 의미가 없다】[470]

[49]

འདིར་སྨྲས་པ།ཁྱོད་ཀྱི་ཡན་ལག་ཐམས་ཅད་མེད་དོ་ཞེས་དམ་བཅའ་བ་དེ་ལྟ་བས་ན།དམ་བཅའ་བ་ཁས་བླངས་པ
འི་ཕྱིར་ཁྱོད་ལ་ལྷག་མ་དག་ཀྱང་གྲུབ་པ་ཡིན་ནོ་ཞེན་བརྗོད་པར་བྱ་སྟེ།

'dir smras pa/khyod kyi yan lag thams cad med do zhes dam bca' ba de lta bas na/dam bca' ba khas blangs pa'i phyir khyod la lhag ma dag kyang grub pa yin no zhe na brjod par bya ste/

> 여기서는 (논박자가) 이르길, "그대의 모든 (부분인) 논증 요소(들)은 존재하지 않는다."라는 주장도 그와 같다면, (즉 그것은 그대의) 주장을 인정하는 것이기 때문에 그대에게는 "(그대가 주장하는) 나머지들도 또한 성립하는 것이다."라고 말한다면, (이것은) 다음과 같이 논파할 수 있다.[471]

---

466. '어떤 때 ~, 그때 ~'를 뜻하는 '강기체 ~, 데이체 ~(gang gi tshe ~, de'i tshe ~)'가 쓰여 시간의 동시적인 부분을 강조하고 있다.
467. '라둔(la 'dun)'의 '라(la)'가 순접 접속사 'and'로 쓰인 경우다.
468. 가정법의 '니(na)'가 사용되어 있는데 여기서는 앞의 구조에 때라 시간을 뜻하는 것으로 보고 옮겼다.
469. 각각의 개념자들이 동시적으로 존재하지 않는다는 뜻이다.
470. 오분작법 부분들에 대한 논파의 결론에 해당하는 게송으로, 중관파 특유의 논파만 존재할 뿐, 자기주장은 없다는 것을 강조하는 게송이다. 그러나 그 논파법은 『중론』의 논파법과 달리, 부분으로 구성된 것들은 어떤 뜻도 형성할 수 없다는 방법을 취하고 있다.
471. 이 '그대의 주장을 인정하는 오류'에 대한 논파는 『회쟁론』에 등장하는 유명한 29번 게송이다.

> 만약 나에 의한 어떤 주장이 존재한다면
> 그렇다면 나에게 그 오류가 존재할 것이다.
> (그러나 만약) 나에게 (어떤) 주장이 존재하지 않는다면

ཡི་གེ་དག་ལ་ཡང་དེ་ལྟ་བུ་ཡིན་ནོ།།   yi ge dag la yang de lta bu yin no//

> (그것은 그렇지 않다. 왜냐하면) 음절들도 또한 그와 같기 (때문이다).[472]

ཡན་ལག་མ་གྲུབ་པའི་རྣམས་པ་གང་ཡིན་པ་དེ་ཡི་གེ་ཐམས་ཅད་ལ་ཡང་ལྟ་བར་བྱེད་དེ།ཇི་ལྟར་པྲའི་ཡི་གེ་དང་།
ཏིའི་ཡི་གེ་དང་དཛྙའི་ཡི་གེ་དང་ལྷན་ཅིག་གནས་པ་མེད་པའི་ཕྱིར་དམ་བཅའ་བ་མེད་པ་ཉིད་དོ།།དེ་བཞིན་དུ་པྲའི་ཡི་གེ་
ལ་ཡང་པྲ་ལ་སོགས་པའི་རིམ་གྱིས་བརྗོད་པའི་ཕྱིར་ཡི་གེ་མེད་དོ།།རླུང་དང་།ནམ་མཁའ་དང་།ལྕེ་དང་སོ་དང་།
མགྲིན་པ་དང་།རྐན་དང་།ཆུ་དང་འབད་པ་ལ་སོགས་པའི་རྐྱེན་ལས་བྱུང་བའི་ཚེ་གཅིག་ལ་གཅིག་མེད་པ་ཡིན་ནོ།།

yan lag ma grub pa'i rnams pa gang yin pa de yi ge thams cad la yang lta bar

byed de/ji ltar pra'i yi ge dang/ti'i yi ge dang dznya'i yi ge dang lhan cig gnas pa med

pa'i phyir dam bca' ba med pa nyid do//de bzhin du pra'i yi ge la yang pra la sogs

pa'i rim gyis brjod pa'i phyir yi ge med do//rlung dang/nam mkha' dang/lce dang/so

dang/mgrin pa dang/rkan dang/chu dang 'bad pa la sogs pa'i rkyen las byung ba'i tshe

gcig la gcig med pa yin no//

> 성립하지 않는 (부분인) 논증 요소(들), (그것이) 무엇이든, (바로) 그것
> 은 모든 음절[473]에서도 또한 (그와 같이) 관찰된다.[474] 왜냐하면[475] [주장을
> 뜻하는 쁘라띠갸(pratijñā)라는 음절을 나누어 보면] 그와 같이 '쁘라(pra)'
> 라는[476] 음절과 '띠(ti)'라는 음절과 그리고 '갸(jñā)'라는 음절이 함께

....

     나에게 결코 어떤 오류도 존재하지 않는다.

      즉, 주장이 존재하지 않을 경우, 그것에 대한 논파 또한 할 수 없다는 뜻인데, 여기서는
음절의 구성, 즉 좀 더 세밀한 부분을 통해서 살펴볼 경우에도 그와 같은 고정불변한
고유의 성격을 가진 개념자는 존재하지 않는다는 방법을 통해서 논파하고 있다.
      그러나 실제 본 게송과 이후의 원주석을 자세히 살펴보면, 하나의 개념자의 구성을
언어학적으로 분석하는 것으로 논파를 하고 있는데 이것이 논박자의 주장과 얼마나
격에 맞는 것인지 의문이다.
472. 의미를 명확하게 하기 위하여 첨언하였다.

머무는 것이 존재하지 않기 때문에[477] [쁘라띠갸(pratijñā), 즉] 주장은 존재하지 않는 것 자체다.

그와 같이 '쁘라(pra)'라는 음절에서도 또한 '쁘라~' 등의 (발음) 순서[발성][478]를 통해서 표현하기[479] 때문에 (고정불변의 그) 음절은 존재하지 않는다. ('쁘라~'를 소리 낼 때) 바람과 공간, 혀와 이, 목구멍과 입천장, 침과 (힘의) 강도[480] 등의 조건에 의해 발생할 때 (말하는 그) 하나(의 부분)에는 (다른) 하나(의 부분)가 존재하지 않는다.[481]

【용수의 귀류논증에 대한 논파】[482]

....

473. '음절'으로 옮긴 '이게(yi ge)'에는 '음절, 단어, 문자'라는 뜻이 있다. 여기서는 다음에 이어지는 문장의 뜻과 어울리게 옮겼다.

474. '관찰된다'로 옮긴 '따왈쩨(lta bar byed)'를 직역하면, '보인다' 정도가 된다.

475. '학쩨(lhag bcas)' '떼(te)'를 원인, 이유를 설명하는 것으로 보고 옮겼다.

476. 소유격[Gen.] '이('i)'를 인용으로 보고 옮겼다.

477. 일반적으로 원인, 이유 등을 나타내는 '이칠('i phyir)'의 용법에 따라 직역하였는데, 가정법의 경우로 보고 옮기면 곧 뒤따라 나오는 것의 조건을 뜻하게 된다. 여기서는 앞에 등장한 '학쩨(lhag bcas)' '떼(te)'를 받는 것으로 보고 옮겼다.

478. '순서'라고 옮긴 '림(rim)'은 '순차적'이라는 뜻으로 『보리도차제론』, 즉 '람림(lam rim)'을 통해서 널리 알려진 단어다.

479. '말하다, 논파하다' 등으로 옮긴 '죄빠(brjod pa)'가 사용되었는데 여기서는 발성과 관련되어 있어 '표현하다'로 옮겼다.

480. '(힘의) 강도'라고 옮긴 '베빠('bad pa)'는 명사형으로 '노력, 정진' 등의 뜻이 있는데 여기서는 발성할 때의 힘조절을 뜻하는 것으로 보고 옮겼다.

481. 쁘라띠갸(pratijñā), 즉 주장이라는 하나의 개념자를 나누어보면 각각의 음절들로 나누어지고, 또한 그것을 소리 낼 때도 고유한 특징을 가진 고정불변의 것은 존재하지 않는다는 뜻인데, 이와 같은 비유가 합당한 것인지에 대해서는 좀 더 논의가 필요하다.

이상으로 33번 게송에서부터 시작한 용수의 18게송에 달하는 오분작법의 논증 요소에 대한 논파' 후 '귀류논증'에 대한 논파가 시작된다.

482. 니야야 학파의 여덟 번째 올바른 인식 방법인 이 '따르까(tarka)'에 대한 논파로 1개의 게송으로 되어 있으며 그 내용 또한 세 번째인 '의심'의 경우와 같다고 간략하게 언급되어 있을 뿐이다. '의심'의 경우는 21, 22, 23번 게송으로 되어 있는데 그 주요 내용은 선행하고 있는 인식 수단과 인식 대상의 독자적인 존재성이 증명되지 않는 경우, 그것은 더 이상 논리적인 가치가 없다는 점이다. 귀류논증 또한 같은 이유이기 때문에 오직 1개의 게송으로 논파를 대신하고 있는 셈이다.

[50]

སྨྲས་པ།གང་གི་ཕྱིར་བརྟགས་ན་དེ་མ་ཐག་ཏུ་རབ་ཏུ་རྟོག་པ་དེ་ཕྱིར་རྟོག་གེ་ཞེས་བྱ་བའི་ཚིགས་གི་དོན་ཡོད་པ་ཡི
ན་ནོ།།དེ་ཡོད་པའི་ཕྱིར་གཞན་དག་ཀྱང་གྲུབ་པ་ཡིན་ནོ་ཞེ་ན་བརྗོད་པར་བྱ་སྟེ།

smras pa/gang gi phyir brtags na de ma thag tu rab tu rtog pa de phyir rtog ge
zhes bya ba'i tshigs gi dong yod pa yin no//de yod pa'i phyir gzhan dag kyang grub
pa yin no zhe na brjod par bya ste/

(논박자가) 이르길, "(귀류논증은 성립한다.)[483] 왜냐하면 만약 (의도적으
로 어떤 것을) 관찰하려고 할 때,[484] (그리고) 즉각[485] (그것을) 자세히 관찰할
(때), 그 때문에,[486] 귀류논증은 (성립한다.)"라고 설명하는 것의 (그) 의미는
존재하는 것이다. "그것이 존재하는 것이기 때문에 다른 것들도 성립하는
것이다."라고 말한다면, (이것은) 다음과 같이 논파할 수 있다.[487]

ཐས་ཚོམས་བཞིན་དུ་རྟོག་གེ་ཡང་ཡིན་ནོ།།   thas tshoms bzhin du rtog ge yang yin no//

의심처럼 귀류논증도 또한 (성립하지 않는 것)이다.[488]

....

483. 원인, 이유를 뜻하는 '강기칠(gang gi phyir)'이 바로 뒤따라 나와서 논박자의 주장이
   생략된 것으로 보고 첨언하여 옮겼다.
484. 가정법의 '나(na)'를 관찰이라는 어떤 행위를 할 조건, 그때로 보고 옮겼다. 여기서는
   어떤 대상을 관찰하려는 의도를 가지고 그것을 자세히 관찰하는 것을 가리키고 있다.
485. '즉각'으로 옮긴 '데마 탁두(de ma thag tu)'는 TT의 용례, 'immediately, at once'에
   따른 것이다.
486. 문장 전체가 '왜냐하면 ~, 그 때문에 ~'를 뜻하는 '강기칠 ~, 데이칠 ~(gang gi phyir
   ~, de'i phyir ~)' 구조로 되어 있는 것이 일반적인 용례이나 여기서는 '데칠(de phyir)'이
   사용되어 있다.
487. '설명하다, 주장하다, 논파하다'는 등의 의미로 두루 쓰이는 단어들이 두루 등장하고
   있어 우리말과 어울리게 옮겼다.
488. 산스끄리뜨어의 도치 관계를 무시하고 티벳어로 옮긴 것으로 보이는데 '귀류논증은
   의심(의 경우)처럼 (성립하지 않는 것)이다'로도 옮길 수 있다.

186

ཇི་ལྟ་ཞེ་ན་ཤེས་པའི་དོན་ལ་དཔྱོད་པ་ཡིན་ནམ་མི་ཤེས་པའི་དོན་ལ་དཔྱོད་པ་ཡིན་གྲང་།དེ་ལ་གལ་ཏེ་ཤེས་པའི་
དོན་ལ་ཡིན་ན་ཅི་ཞིག་དཔྱོད་པར་འགྱུར།རྣམ་པར་རྟོག་པ་གསུམ་པ་ནི་མེད་དོ།།

ji lta zhe na/shes pa'i don la dpyod pa yin nam mi shes pa'i don la dpyod pa yin

grang/de la gal te shes pa'i don la yin na ci zhig dpyod par 'gyur/rnam par rtog pa

gsum pa ni med do//

(논박자인 그대가) "왜 그런가?"[489] (하고 그 이유를 묻는다면,) '(이미)
인식된[知] 대상을 관찰하거나 (아직) 인식되지 않은 대상을 관찰한다.'는
것을 일컫기 (때문이다.)[490] 그것에서, (즉) 만약 (이미) 인식된 대상이라
면, (그것에서) 무엇을 관찰할 수 있겠는가?[491] (그리고 또한) 바로 그
세 번째 관찰하는 것[分別]은 존재하지 않기 때문에 (귀류논증은) 존재하
지 않는 것이다.[492]

【용수의 확정에 대한 논파】[493]

[51]

སྒྲས་པ་ན་རྣམ་པར་དཔྱོད་པས་དོན་ཁོང་དུ་ཆུད་པ་ནི་གཏན་ཐབ་པ་ཡིན་ལ་འོ་ཞེས་པའི་རྒྱ་མཚན་ནི་འཐབ་པའོ།།

....

489. '지따 셰나(ji lta zhe na)'의 용법에 대해서는 15번 게송 주석 참조.
490. '당(grang)'의 용례에 대해서는 21번 각주 참조. 이 원주석은 전반적으로 21번 게송의
   원주석과 유사하다. 다만 '지각된 것이거나 지각되지 않은 것'과 그 의미가 동일 또는
   유사한 '(이미) 인식된 대상과 (아직) 인식되지 않은 대상'으로 바뀌었을 뿐이다.
491. 원문은 '무엇이 관찰되겠는가?'를 뜻하는 '찌쉭 죄빨귤(ci zhig dpyod par 'gyur)'인데
   우리말과 어울리게 운문하여 옮겼다.
492. 23번 게송의 원주석의 마지막 단락이 반복적으로 사용되어 있다.
   VP에서는 이 '따르까(tarka)'를 'reasoning'이라고 옮기고 있는데 원래의 사전적 의미를
   따르면 이것이 옳지만 'confutation(esp. that kind of argument which consists in reduction
   to absurdity)'의 뜻이 강조된 만큼 '귀류논증'으로 보고 옮겼다.
493. 니야야 학파의 아홉 번째 올바른 인식 방법인 이 '니르나야(nirṇaya)'에 대한 논파로
   1개의 게송으로 되어 있는데 바로 앞에 나오는 귀류논증에 이어 설명, 논파하는 방법을
   취하고 있다.

དེ་ཁོ་ན་ཉིད་ཤེས་པའི་དོན་དུ་དཔྱོད་པར་བྱེད་པ་ནི་རྟོག་གེ་ཡིན་ནོ་ཞེ་ན་བརྗོད་པར་བྱ་སྟེ།

smras pa/rnam par dpyad pas don khong du chud pa ni gtan phab pa yin la/ngo
shes pa'i rgyu mtshan ni 'thad pa'o//de kho na nyid shes pa'i don du dpyod par byed
pa ni rtog ge yin no zhe na brjod par bya ste/

> (논박자가) 이르길, "자세한 관찰[494]을 통해서[495] 바로 그 대상이 뜻하는
> 바를[496] 깨닫는 것[497]이 확정[498]이고[499] (그리고 그것의) 익히 알고 있는[500]
> 근거[501]는 옳은 것이다. (또한) 그 궁극적인 본질[如實][502]을 알기 위해서
> 대상을 (자세히) 관찰하는 것이 귀류논증이다."[503]라고 말한다면, (이것은)
> 다음과 같이 논파할 수 있다.

494. '자세한 관찰'로 옮긴 '남빨 제빠(rnam par dpyad pa)'의 '제빠(dpyad pa)'는 앞에서
종종 등장한 '죄빠(dpyod pa)'의 과거, 미래형 시제다. 판본에 따라 '죄빠(dpyod pa)'로
쓴 경우도 있다.

495. 도구격[Ins.] 's'가 쓰여 있어 'through'로 보고 옮겼다.

496. '대상이 뜻하는 바'라고 옮긴 '된(don)'에는 대상과 그것의 의미, 뜻이라는 뜻이 두루
있는데 여기서는 풀어서 썼다.

497. BD에 따르면 '깨닫는 것'으로 옮긴 '콩두 추빠(khong du chud pa)'에는 '요해하다, 깨닫다'
라는 뜻이 있으며, TT에서는 '된 콩두 추빠(don khong du chud pa)'가 'to realize true
knowledge'라고 한다.

498. 확정을 뜻하는 '땐라 밥빠(gtan la dbab pa)'의 축약형인 '땐밥빠(gtan la dbab pa)'가
쓰였다.

499. '라둔(la 'dun)'의 '라(la)'가 순접 접속사 'and'로 쓰인 경우다.

500. '익히 알고 있는'이라고 옮긴 '노 셰빠(ngo shes pa)'는 '이미 알고 있는, 익숙한, 잘
알려진 것'이라는 뜻이 있다. 여기서는 원인 자체가 옳은 것, 또는 익숙하게 알려진
것이라는 뜻으로 쓰이고 있다.

501. '원인, 이유'를 뜻하는 '규첸(rgyu mtshan)'이 쓰였다. 여기서는 니야야 학파의 '이유'와의
혼동을 피하기 위하여 '근거'로 옮겼다.

502. '궁극적인 본질[如實]'으로 옮긴 '데코나니(de kho na nyid)'는 여실, 여여 등을 뜻하는
산스끄리뜨어 '따뜨바(tattva)', 또는 진실을 뜻하는 '사뜨야(satya)'를 티벳어로 옮긴
것이다.

503. 앞에서 이어진 게송으로 전반부는 '확정'의 정의로, 그리고 후반부는 앞에서 나왔던
'귀류논증'에 대한 부연 설명으로 되어 있다. 이때 '귀류논증'이라고 옮긴 '똑게(rtog
ge)'는 귀류논증뿐만 아니라 일반적인 논리, 이성적인 판단을 뜻한다고 볼 수 있다.

རྫས་དང་ཡོད་པ་དང་གཅིག་ཉིད་ལ་སོགས་པ་དག་ནི་གཞན་དང་གཞན་མ་ཡིན་པ་དང་གཉིས་ཀ་མེད་པའི་ཕྱིར་
གཏན་ལ་ཕབ་པ་མེད་དོ།།

rdzas dang yod pa dang gcig nyid la sogs pa dag ni gzhan dang gzhan ma yin pa
dang gnyis ka med pa'i phyir gtan la phab pa med do//

> (어떤) 물체[504]와 (그것이) 존재와 (그리고 그것들이 결합하여) 바로 그
> 하나인 것 자체도, (또한) 바로 그 나머지 등도 다른 것이거나 다른 것이
> 아니거나 또는 둘 다(인 것이) 존재하지 않기 때문에 확정은 존재하지
> 않는다.[505]

འདིར་བུམ་པ་དང་།ཡོད་པ་དང་།གཅིག་དང་།ཟླུམ་པོ་དང་།དམར་པོ་ལ་སོགས་པ་དག་གཅིག་ཉིད་གཞན་ཉིད་གྲ
ང་དེ་ལ་གལ་ཏེ་གཅིག་ཉིད་དུ་འདོད་ན་གང་ལ་ཡོད་པ་ལ་སོགས་པ་དག་གི་གང་ཡང་རུང་བ་གཅིག་སྲིད་པ་དེ་ལ་
ནུས་པ་ཡོད་པར་འགྱུར་ཏེ།དབང་དང་ནུས་པ་ལྡན་དང་སྒོང་ཁྱེར་འཇིག་པར་བྱེད་པ་བཞིན་ནོ།།འོན་ཏེ་དེ་ལྟ་མ་ཡིན་ན་
དེ་ལྟ་བས་ན་གཅིག་ཉིད་མེད་དོ།།འོན་ཏེ་གཞན་ཡིན་ན་དེའི་ཕྱིར་བུམ་པ་ནི་ཡོད་པ་མ་ཡིན་ཞིང་གཅིག་ཀྱང་མ་ཡིན་
ལ།ཟླུམ་པོ་དང་དམར་པོ་ཡང་མ་ཡིན་ནོ།།བུམ་པ་ནི་ཡོད་པ་ཡིན་ཏེ།ཡོད་པ་ཉིད་དང་ལྡན་པའི་ཕྱིར་རོ་ཞེ་ན་དེ་ནི་མ་
ཡིན་ནོ།།གང་ཞིག་གང་དང་ལྡན་པ་དེ་ནི་དུ་འགྱུར་བ་མ་ཡིན་ནོ།།དེའི་ཕྱིར་གཅིག་ཉིད་དང་གཞན་ཉིད་དང་གཉིས་ཀ་མེ
ད་པའི་ཕྱིར་གཏན་ལ་དབབ་པ་མེད་དོ།།

'dir bum pa dang/yod pa dang/gcig dang/zlum po dang/dmar po la sogs pa dag gcig
nyid gzhan nyid grang/de la gal te gcig nyid du 'dod na gang la yod pa la sogs pa
dag gi gang yang rung ba gcig srid pa de la nus pa yod par 'gyur te/dbang dang nus

....

504. '물체'라고 옮긴 '제(rdzas)'는 좀처럼 보기 어려운 단어인데, 산스끄리뜨어 '드라브야
(dravya)'에서 온 것으로 'the ingredients or materials of anything'이라는 뜻이다. 즉,
어떤 하나의 존재를 구성하는 독자적인 것을 가리킨다.
그러나 원주석에서는 '물단지'를 그 예로 들고 있다.

505. 논박자의 주장인 확정의 근본적인 '자세한 관찰을 통해서 바로 그 대상이 뜻하는 바가
존재하지 않기 때문에 '확정'이 올바른 개념자가 될 수 없다는 논파이다. 여기서는 논파의
대상을 고정불변의 독자성을 띤 물질, 그것의 존재 그리고 그것들의 결합 등, 그
모두를 가리키고 있다.

pa ldan dang grong khyer 'jig par byed pa bzhin no//'on te de lta ma yin na de lta

bas na gcig nyid med do//'on te gzhan yin na de'i phyir bum pa ni yod pa ma yin

zhing gcig kyang ma yin la/zlum po dang dmar po yang ma yin no//bum pa ni yod

pa yin te/yod pa nyid dang ldan pa'i phyir ro zhe na de ni ma yin no//gang zhig gang

dang ldan pa de ni du 'gyur ba ma yin no//de'i phyir gcig nyid dang gzhan nyid dang

gnyi ga med pa'i phyir gtan la dbab pa med do//

여기서는 물단지와 (그것의) 존재와 (그리고 그것들이 결합하여) 하나로
된 것, (그 물단지의) 둥근 (형태)와 (그) 붉은색[506] (그리고) 나머지 등도
하나인 것 자체[一者性](이거나) 다른 것 자체[他者性][507]인 것을 가리킨다.[508]

거기서[509] 만약 하나인 것 자체[一者性]를 인정한다면, (즉) 어떤 것에
존재하는 그 나머지들의 그 어떤 것이 무엇이든[510] 하나인 (것 자체)로
될 수 있는,[511] (즉) 그것에 (그와 같은) 가능성이 존재하게 된다(는 뜻이다.)
예를 들어[512] 인드라(Indra)[513]와 제석천(帝釋天)[514]과 (번개로) 도시를 파괴
하는 자[515]라고[516] (부르는 것을) 행하는 것은 같(은 뜻이)다. 만약 그렇지
않다면 그 때문에,[517] 하나인 것 자체[一者性]는 존재하지 않는다.

만약 다른 것 (자체[他者性])라면, 그와 같은 이유 때문에[518] 바로 그
물단지는 존재하는 것이 아니고 (하나 것 자체[一者性]도) 또한 (존재하는
것이) 아니고[519] (그 물단지의) 둥근 (형태)와 (그) 붉은색 (그리고 나머지
등도) 또한 (존재하는 것이) 아니다.[520]

(그럼에도 불구하고 논박자인 그대가) "바로 그 물단지는 존재하는
것이다. 왜냐하면[521] 존재하는 것 자체[存在性]와 상응[소유]하기[522] 때문이
다."라고 (주장한다면) 바로 그것도 (또한) (옳은 것이) 아니다. (왜냐하면)
어떤 것이 어떤 것과 상응[소유]하여 바로 그것으로 되는 것은 (옳은
것이) 아니기 (때문이다.)[523] 그러므로 (어떤 물체와 그것의 존재와 그리고
그것들이 결합된) 하나인 것 자체이거나 다른 것 자체이거나 (또는)
둘 다이거나 (또는 둘 다가) 아닌 것이기 때문에 확정은 존재하지 않는다.[524]

【용수의 논의에 대한 논파】[525]

506. 초벌로 구운 인도의 도자기들은 대개 붉은색을 띠고 있어, 물단지를 붉은색이라고 표현하고 있는 것이다.
507. 일자성과 타자성이라고 부연하여 옮겼는데 이것은 어떤 하나의 사물, 사태가 가진 속성의 다의적인 측면은 하나로 정의될 수 없다는 뜻이기 때문이다. 즉 일자성만 존재할 경우 타자성이 무시되고 타자성만 강조할 경우 그 일자성이 무시된다는 뜻이다. 뒤따라 나오는 원주석은 이 점을 강조하고 있다.
508. '가리킨다'라고 옮긴 '당(grang)'의 용법에 대해서는 4번 게송 각주 참조.
509. 앞의 언급, 즉 '여기서는'을 나누어 설명하기 위한 도입부에 해당한다.
510. TT의 용례에 따라 '강양 룽와(gang yang rung ba)'를 'whatever it may be, any' 등을 참조하여 옮겼다.
511. '하나(인 것 자체)로 될 수 있는'으로 옮긴 '찍 쉬빠(gcig srid pa)'를 뒤따라 나오는 가능성을 뜻하는 '누빠(nus pa)'를 수식하는 것으로 보고 옮겼다.
512. '학쩨(lhag bcas)' '떼(te)'를 앞의 내용을 부연 설명하는 기능으로 보고 옮겼다.
513. [북경판]과 [데게판]은 '왕뽀(dbang po)'로 되어 있는데 이것은 제석천 인드라(Indra)를 가리킨다. VP에서는 '대자재천(大自在天)'인 쉬바(Śiva)를 뜻하는 '왕축 첸뽀(dbang phyug chen po)'의 축약형으로 보고 옮기고 있으나 55번 게송 원주석을 살펴보면 제석천을 가리키는 것이 확실하다.
514. VP에서는 '능력 또는 힘을 갖춘 자'를 뜻하는 '누빠덴(nus pa ldan)'을 'the Mighty One'으로 보고 옮기고 있으나, 여기서는 도리천(忉利天) 또는 도솔천(兜率天)을 다스리는 천신으로 보고 옮겼다.
515. TT의 용례에 따르면 '도시를 파괴하는 자'를 뜻하는 '동첼직(grong khyer 'jig)'은 인드라의 이명이라고 한다. 고대인들의 번개를 무기로 쓰는 인드라에 대한 경외 때문에 생긴 별명인 듯하다.
516. '라둔(la 'dun)'의 'r'을 인용을 뜻하는 것으로 보고 옮겼다.
517. '옹떼 데따 마인나 데따 빼나 ('on te de lta ma yin na de lta bas na)'라는 세 개의 접속사가 연속으로 쓰여 있는 매우 희귀한 예인데 산스끄리뜨어 원문의 직역일 것이다.
518. 문장의 한가운데 '그 때문에, 그와 같은 이유로'를 뜻하는 '데이칠 (de'i phyir)'이 나와서 풀어서 썼다.
519. '라둔(la 'dun)'의 '라(la)'가 순접 접속사 'and'로 쓰인 경우다.
520. 도입부에 등장한 예 가운데 빠진 부분을 첨언하여 넣고 옮겼다.
521. '라둔(la 'dun)'의 '라(la)'를 다음 문장의 '이칠(de'i phyir)'을 받는 것으로 보고 옮겼다.
522. '당덴빠(dang ldan pa)'를 직역하면 '~을 가지고 있는, 소유하고 있는'이라는 뜻인데, 여기서는 그와 같이 상호 소유하고 있는 존재 자체를 유념하면서 '상응(相應)'이라는 전통적인 표현을 썼다.
523. 이것은 A가 A를 상응[소유]하여 A가 될 수 없다는 뜻이다.
524. 원문의 게송을 축약하여 결론으로 반복 사용하고 있다. 마지막 행의 경우, 원문에서는 둘 다인 경우와 둘 다가 아닌 경우가 축약되어 있어 VP에서는 둘 다가 아닌 경우만 언급하고 있으나(p. 82), 여기서는 사구부정에 따라 첨언하여 옮겼다.
525. 니야야 학파의 열 번째 올바른 인식 방법인 이 '논의(vāda)'에 대한 논파로 총 5개의 게송으로 되어 있는데 그 내용은 사물, 사태 등을 언어로 표현할 경우 그것들이 정확한 사물, 사태를 반영하는가의 문제에 대한 지적이다.

【논의라는 행위와 논의의 대상이 존재하지 않음을 통한 논파】

[52]

སྨྲས་པ།ཚད་མ་སྒྲུབ་པར་བྱེད་པ་གླན་ཀ་ཅན་གྲུབ་མཐའ་དང་མི་འགལ་བ་ཡན་ལག་ལྔ་སྐྱེས་པ་ཕྱོགས་དང་མི་མ་ཐུན་པ་དག་ཡོངས་སུ་འཛིན་པ་ནི་རྩོད་པ་ཡིན་ལ།འདིར་བུམ་པ་ལ་སོགས་པ་གསལ་བར་འདོད་པ་ཁྱོད་ཕྱོགས་དང་མི་མཐུན་པ་ཡོངས་སུ་འཛིན་པ་ཡིན་ནོ་བརྗོད་པར་བྱེ་སྟེ།

smras pa/tshad ma sgrub par byed pa klan ka can grub mtha' dang mi 'gal ba yan lag lnga skyes pa phyogs dang mi mthun pa dag yongs su 'dzin pa ni rtsod pa yin la/'dir bum pa la sogs pa gsal bar 'dod pa khyod phyogs dang mi mthun pa yongs su 'dzin pa yin no brjod par bye ste/

(논박자가) 이르길, "(이것은 올바른) 인식 수단[量]의 성립을 행하여[526] (어떤) 학설[宗義][527]을 비판[528]하고 (그것에) 모순되는 것을 (주장하는 것으로, 그것은) 오분(五分) (작법)[529](을 통해) 발생하는 것으로서, (어떤) 쪽(의 주장과 그리고 그것과) 일치하지 않는 것들[530]을 (주장하는 것으로), (즉) 바로 (이와 같은 것들을) 완전히 받아들이는 것[攝受][531]이 논의이다."(라 부르)고[532] 여기서는 (그것의 예로 어떤 자가) "물단지 등과 같은 것들(을) 명백하게 인정(한다면), 그대가 (어떤) 쪽(의 주장과 그리고 그것과) 일치하지 않는 것들을 완전히 받아들이는 것[攝受]이다."(라고) 주장한다면, (이것은) 다음과 같이 논파할 수 있다.[533]

VP에서는 이 '바다(vāda)'를 'debate'로 그리고 뒤따라 나오는 열한 번째인 '잘빠(jalpa)'를 'discussion'으로 옮기고 있는데 일반적으로 니야야 학파의 16범주의 영역은 'discussion' 과 'debate', 즉 '논의'와 '논쟁'으로 되어 있다.
이 '바다(vāda)'에 뒤따라 '잘빠(jalpa)'가 나오는데 전자의 경우 'discussion, controversy, dispute, contest, quarrel' 등의 뜻이 있고 후자의 경우 'talk, speech, discourse' 등의 뜻이 있다. 티벳어의 경우, '바다(vāda)'의 티벳역(譯)인 '죄빠(rtsod pa)'에는 'debate, objection, conflict, dispute' 등의 뜻이 명확하고 '잘빠(jalpa)'의 티벳역인 '죄빠(brjod pa)'의 경우 'speak, say, express, state, mention, quote, utter' 등으로 두루 쓰이고 있다.
여기서는 니야야 학파의 이 '바다(vāda)'에 대한 정의에 따라 '논의'라고 옮겼다.

རྗོད་པ་ནི་ཡོད་པ་མ་ཡིན་ཏེ།རྗོད་པར་བྱེད་པ་དང་བརྗོད་བྱ་དག་མེད་པའི་ཕྱིར།

rdzod pa ni/yod pa ma yin te/rjod par byed pa dang brjod bya dag med pa'i phyir/

바로 그 논의는 존재하는 것이 아니다. 왜냐하면[534] 논의라는 행위[535]와 논의의 대상들이 존재하지 않기 때문이다.

རྗོད་པ་ཡང་མེད་དོ།།ཇི་ལྟར་ཟེར་ན་དང་ཡོད་པ་དང་གཉིས་ཀྱི་ཉིད་ལ་སོགས་པ་དག་ནི་གཞན་དང་གཞན་མ་ཡིན་པ་གཉིག་མེད་པས་གཏན་ལ་ཕབ་པ་མེད་པ་ར་འཇིན་དུ་ལས་ཏེ་བྱས་པ་མཚོར་པར་བརྗོད་པ་དང་།བྱས་པ་གཉིག་ཉིད་ཡིན་ན་བྱས་པ་བརྗོད་པ་འཇིན་དུ་ཕྱི་རོལ་ཡང་འཇིམ་པའི་གོང་བུ་དང་།འཁོར་ལོ་དང་།རྒྱ་ལ་སོགས་པ་འདུས་པ་ལ་མ་ཕྱིན་པར་གྱུབ་པར་འགྱུར་ཏེ།བྱས་པ་ལ་སོགས་པ་མཚོར་པར་རྟོགས་ནས་བྱས་པ་ལ་སོགས་པ་འབྱུང་པར་འགྱུར་རོ།།བྱས་པ་ཉེས་བརྗོད་པ་ན་ཁ་གང་བར་འགྱུར་ལ་མེ་ཤེས་བརྗོད་པ་ན་མཆུ་འཚིག་པར་འགྱུར་ཏེ་དེ་ལྟར་འདོད་པ་ཡ

526. '(올바른) 인식 수단[量]의 성립을 행하여'이라고 옮긴 것은 '체마 둡빨 제빠(tshad ma sgrub par byed pa)'를 VP의 영역을 참조한 것이다(p. 82). 직역하면 '인식 수단[量]의 성립을 행하는 것으로써' 정도 된다.

527. '학설[宗義]'로 옮긴 '둡타(grub mtha')'는 『종의보만(宗義寶鬘)』이라는 각 학파의 가르침을 담은 책의 이름으로 유명해진 단어다.

528. '비판'으로 옮긴 '켄까첸(klan ka can)'을 직역하면 '비판을 (행하는) 것' 정도 된다. VP에서는 이 '켄까첸'의 산스끄리뜨어 어원이 '우빠람바(upālambha)'로 '쁘라띠세다 (pratiṣedha)'의 오역으로 보고 있으나(p. 196), TT의 '켄까(klan ka)'에는 'criticism'이 나와 있어, 오역의 여부를 떠나 티벳에서는 정착된 개념으로 사용된 듯하다.

529. 오분작법에 대해서는 33번 게송 각주 참조

530. VP에 따르면, '(어떤) 쪽(의 주장과 그리고 그것과) 일치하지 않는 것들'이라고 옮긴 '촉당 미툭빠닥(phyogs dang mi mthun pa dag)'은 '테제와 반테제(a thesis and a counter-thesis)', 즉 어떤 주장과 그것에 대한 반론을 뜻한다.

531. '용쑤 진빠(yongs su 'dzin pa)'는 한역 경전에서 '완전히 받아들이는 것'을 '섭수(攝受)'라 불러 병기하였다.

532. '라둔(la 'dun)'의 '라(la)'가 순접 접속사 'and'로 쓰인 경우다.

533. 축약된 부분이 너무 많아서 의미에 맞게 첨언하여 옮겼다.

534. '학쩨(lhag bcas)' '떼(te)'를 원인, 이유를 설명하는 것으로 보고 옮겼다.

535. VP에서는 '논의라는 행위'라고 옮긴 '죄빨 제빠(rjod par byed pa)'를 'name'으로 옮기고 있는데 이것은 앞의 49번 게송에서 등장한 논파법이 원주석에 나와 있는 것을 유념하고 옮긴 탓인 듯하다. 만약 한역으로 풀어보면 VP의 'name'은 '언명(言名)' 정도 되지 않을까 싶은데 여기서는 인식 주체, 인식 대상, 그리고 인식 작용 또는 행위자, 행위, 행위 대상이라는 인식론의 세 가지 축을 유념하면서 옮겼다.

ང་མ་ཡིན་ནོ།།གཞན་ཡིན་ན་བུམ་པ་ཞེས་ཉེས་པར་བརྗོད་པ་ན་བུམ་པ་ཉེས་པར་མི་འགྱུར་རོ།།

rtsod pa yang med do//ji ltar rdzas dang yod pa dang gcig nyid la sogs pa dag ni

gzhan dang gzhan ma yin pa gnyi ga med pas gtan la phab pa med pa de bzhin du

bum pa mngon par brjod pa dang/bum pa gcig nyid yin na bum pa brjod pa bzhin

du phyi rol yang 'jim pa'i gong bu dang/'khor lo dang/chu la sogs pa 'dus pa la ma

ltos par grub par 'gyur te/bum pa la sogs pa mngon par rtogs nas bum pa la sogs pa

'grub par 'gyur ro//bum pa zhes brjod pa na kha gang bar 'gyur la me zhes brjod pa

na mchu 'tshig par 'gyur te de ltar 'dod pa yang ma yin no//gzhan yin na bum pa zhes

nyes par brjod pa na bum pa nyes par mi 'gyur ro//

논의도 또한 존재하지 않는다. 마치 (어떤) 물체와 (그것의) 존재와 (그리고 그것들이 결합하여) 하나로 된 것 자체도, (또한) 바로 그 나머지 등도 다른 것이거나 다른 것이 아니거나 또는 둘 다(인 것이) 존재하지 않기 때문에 확정이 존재하지 않는 것처럼, 그와 같이[536] (논의도 또한 존재하지 않는다.)[537] 만약 물단지를 자세히 표현[쉽]할[538] (때),[539] 물단지가 하나인 것 자체[一者性][540]라면 '물단지'라고 언급[541]할 (때)처럼[542] 외부적인 (요소)에도,[543] (즉) 진흙의 덩어리와 물레[544]와 물 등이 모인 것에 의지하지 않은 채 성립하게 된다. 즉,[545] 물단지 등을 (고정된 실체를 가진 것으로) 판단[546]했기 때문에[547] 물단지 등이 성립하게 된 (꼴이다.)[548]

(내부적인 요소도 또한 같은 이유 때문에) '물단지'라고 말한다면, 한 입 가득 (물이 차게)[549] 될 것이고[550] '불'이라고 말한다면 입술이 (불타는) 해를 입게 될 것이다. 그러므로 그와 같은[551] 인정도 또한 (성립하는 것이) 아니다.

(또한) 다른 것 (자체[他者])라면, '물단지'라고 (말하는) 것은 그릇된[오류] 말이 되고 (그때),[552] '물단지'(라는 것은) 오류로 (그대의 주장은 성립하지) 않게 된다.[553]

....

536. 바로 앞의 51번 게송을 반복적으로 인용하고 있다. '지딸 ~, 데쉰두 ~(ji ltar ~, de bzhin du ~)'가 사용되어 있어 '마치 ~인 것처럼, 그와 같이 ~'로 옮겼다. VP는 '데쉰(de bzhin)'만 사용된 판본을 따르고 있으나 여기서는 '데쉰두'로 고쳐서 썼다.

537. 티벳어 원문 자체가 도치된 형태로 되어 있어 산스끄리뜨어 문장 구조처럼 도입부를 다시 첨언하였다.

538. '자세히 표현하다'로 옮긴 '논빨 죄빠(mngon par brjod pa)'를 해자해보면, 산스끄리뜨어의 접두어 '아비(abhi-)'가 '논빨(mngon par)'에 해당하여 '구체적으로'라는 뜻이 첨언된 경우다. VP에서는 이것을 '아비라빠(abhilāpa)'로 보고 '이름', 즉 'name'으로 옮기고 있다(p. 82). 여기서는 이름, 명칭을 뜻하는 '명(名)'을 병기하였다.

539. 접속사 '당(dang)'을 문장을 끊어 읽는 기능으로 보고 옮겼다.

540. 여기서 '하나인 것 자체[一體性]'는 게송 원문의 '논의라는 행위와 논의의 대상'의 일체성을 가리킨다. 즉, 말로 표현하는 것과 그 대상이 같은 경우다.

541. 의미를 명확하게 하기 위해서 '죄빠(brjod pa)'를 '언급하다'로 구분하여 옮겼다.

542. '쉰두(bzhin du)'를 'as like'로 보고 옮겼다.

543. 원문의 '치롤 양(phyi rol yang)'을 직역하면 '밖(의 것) 또한' 정도 되는데 의미에 맞게 옮겼다.

544. 원문의 '콜로('khor lo)'는 대개 바퀴[輪]를 뜻한다. 여기서는 물단지를 만드는 바퀴, 즉 물레로 보고 옮겼다.

545. '학쩨(lhag bcas)' '떼(te)'를 앞의 내용을 정리하여 설명하는 것으로 보고 옮겼다.

546. '(고정된 실체를 가진 것으로) 판단하다'로 보고 옮긴 '넌빨 톡(mngon par rtogs)'에는 'realization, understanding, right discernment' 등의 뜻이 있다. '명백하게 안다'는 뜻이지만 여기서는 의미에 맞게 '판단하다'로 보고 옮겼다.

547. 탈격[Abl.] '네(nas)'가 쓰였는데 여기서는 원인, 이유 등을 가리키는 것으로 보고 옮겼다.

548. 의미를 강조하기 위해 첨언하였다. VP의 영역은 첫 번째 행을 언어와 그것의 대상이 되는 실체로 보고, 그리고 두 번째의 '판단하다'를 생각하는 것으로 보고 두 개의 논파로 보고 있다. 여기서는 첫 번째의 경우는 '외부적인 요소'에 대한 논파로, 즉 어떤 한 대상과 그것의 구성을 이루는 부분이 분리될 수밖에 없는 한계를 지적하고 있는 것으로 보고 두 번째의 경우는 두 개의 논파 가운데 '논의라는 행위'가 그 대상을 반영하지 않는 경우로 보고 옮겼다.

549. 물을 채우는 물단지라는 생각이 곧 대상을 반영하지 않는다는 비유다.

550. '라둔(la 'dun)'의 '라(la)'가 순접 접속사 'and'로 쓰인 경우다.

551. 여기에 쓰인 '떼 데딸(te de ltar)'의 '학쩨(lhag bcas)' '떼(te)'는 문장의 종결을, '데딸(de ltar)'은 'thus'를 뜻하는데 '그와 같은'을 뜻하는 '데딸(de ltar)'이 반복되어 축약된 형태를 취하고 있다.

552. 가정법의 '나(na)'가 쓰였는데 여기서는 시간의 전후, 조건을 뜻하는 것으로 보고 옮겼다.

553. 문장 자체의 축약이 너무 심해서 첨언하여 옮겼다.
    전체적인 구조를 살펴보면, 바로 앞의 51번 게송과 이어져 '논의라는 행위와 논의의 대상들'이 일체성을 띨 경우에 대한 두 가지 논파; 그리고 다른 경우, 즉 타자라면 논파할 필요도 없다는 것으로 이루어져 있다.

554. VP의 주석에 따르면 이것은 니야야 학파의 16범주론, 즉 해탈을 위해서 필요한 것이 세속의 언어라는 주장에 대한 논파라고 한다(pp. 136-137).

[53]

བརྡ་བྱས་པའི་བརྗོད་པའི་ཐ་སྙད་ཡིན་ནོ་ཞེ་ན་མ་ཡིན་ཏེ།

brda byas pa'i brjod pa'i tha snyad yin no zhe na ma yin te/

> (논박자가 이르길), "(논의란) 명칭을 써서 말하는 세속(의 말)[假言]이
> 다."⁵⁵⁵라고 말한다면, (이것은 결코 그런 것이) 아니다. 왜냐하면,⁵⁵⁶

དོན་དམ་པ་དཔྱོད་པའི་སྐབས་ཡིན་པའི་ཕྱིར་རོ།།

don dam pa dpyod pa'i skabs yin pa'i phyir ro//

> (그대가 이전에) "진제(眞諦)를 관찰할 때 (필요한 것이 바로 16범주론이
> 다."라고 언급했던 것)이기 때문이다.⁵⁵⁷

འདི་ལྟར་སྐྱེ་རྣམས་དགའ་བའི་རིགས་པ་ལྟ་བུའི་ཕྱོགས་སུ་སྨྲང་བ་ཁྱོད་ཀྱི་ཆིག་གི་དོན་བདུ་དྲུག་ཡོངས་སུ་ཞེས་
པས་གྲོལ་བར་འགྱུར་རོ།ཞེས་བྱ་བ་ནི་གྲུབ་པའི་མཐའ་ཡིན་ནོ།།གང་གི་ཕྱིར་ཚད་མ་ལ་སོགས་པའི་ཆིག་དོན་བཅུ་དྲུ
ག་པོའི་དག་དོན་དམ་པར་འགྱུར་བ་ནི་འདི་ལ་རིགས་པ་ཅི་ཞིག་ཅེས་མཁས་པ་རྣམས་ཀྱིས་རྟོགས་པར་བྱེད་དོ།།ར

555. '(논의란) 명칭을 써서 말하는 세속(의 말)[假言]이다'라고 옮긴 '다제뻬 죄뻬 타녜 인노
(brda byas pa'i brjod pa'i tha snyad yin no)'를 해자해보면, '다제뻬(brda byas pa'i)'는
'부호, 기호, 명칭'을 뜻하는 '다(brda)'에 '행하다'를 뜻하는 '제뻬(byed pa)'의 과거형
'제뻬(byas pa)'에 수식을 나타내는 소유격[Gen.] '이('i)'가 붙어 뒤따라 나오는 '말하다'라
는 '죄뻬(brjod pa)'를 수식하고, 여기에 다시 소유격 '이('i)'가 붙어 '명언, 세속, 가언'을
뜻하는 '타녜(tha snyad)'를 수식하는 이중 수식의 형태를 취하고, '~이다'를 뜻하는
'인(yin)'과, 문장의 완전 종결을 뜻하는 종결사인 '랄두(slar bsdu)'의 'no'가 붙은 것으로
되어 있다.
전체적인 구조로 살펴보아 이것은 니야야 학파의 '논의'에 대한 주장이라서 어두에
'논의'를 첨언하였다.
556. '학쩨(lhag bcas)' '떼(te)'를 원인, 이유를 설명하는 것으로 보고 옮겼다.
557. 의미를 명확하게 하기 위하여 축약된 부분을 첨언하여 옮겼는데 니야야 학파의 해탈에
이르는 길이라는 16범주 자체가 세속의 언어라는 주장과 모순을 불러일으킨다는 뜻이다.

ང་གིས་བཏགས་ཕའི་མིང་འདི་དག་ནི་ཡང་དག་པ་མ་ཡིན་ཕའི་དོན་དག་ལ་ཡང་མཐོང་སྟེའི་ལྟར་ལྷ་སྦྱིན་དང་
བང་པོས་སྦེད་ཅེས་བྱ་བ་ཡིན་ནོ༎གལ་ཏེ་འཇིག་རྟེན་ཕའི་ཐ་སྙད་འབའ་ཞིག་ལས་གྲོལ་བ་ཡིན་ན་བ་ལང་རྫི་ལ་སོགས
ས་པ་ཐམས་ཅད་ཀྱང་གྲོལ་བར་འགྱུར་བ་དང་།མཁས་པ་དང་།རྨོངས་པ་ཞེས་བྱ་ཕའི་ཁྱད་པར་དག་ཀྱང་མེད་པར་འ
གྱུར་རོ༎

'di ltar lha rnams dga' ba'i rigs pa phra ba'i phyogs su lhung ba khyod kyi tshig
gi don bcu drug yongs su shes pas grol bar 'gyur ro//zhes bya ba ni grub pa'i mtha'
yin no//gang gi phyir tshad ma la sogs pa'i tshig don bcu drug po 'di dag don dam
par 'gyur ba ni 'di la rigs pa ci zhig ces mkhas pa rnams kyis rtogs par byed do//rang
gis brda byas pa'i ming 'di dag ni yang dag pa ma yin pa'i don dag la yang mthong
ste/'di ltar lha sbyin dang dbang pos sbed ces bya ba yin no//gal te 'jig rten pa'i tha
snyad 'ba' zhig las grol ba yin na ba lang rdzi la sogs pa thams cad kyang grol bar
'gyur ba dang/mkhas pa dang/rmongs pa zhes bya ba'i khyad par dag kyang med par
'gyur ro//

"이와 같이 천신들을 기쁘게 하는 것이 (올바른) 논증(論證)[558]이다. (그래서 그것을) 세세하게 나눈 것이 (16범주다. 그러므로) 그대의 말의 뜻[意味][559]을 (이) 16 (범주에 따라) 완전히 깨달아 (행하여) 해탈에 이르도록 하라."[560]라는 바로 그것이[561] (그대의) 학설[宗義][562]이다. 그 때문에 인식 수단 등과 같은 이 16 (범주의) 말뜻[意味]들, 이것들은 바로 진제(眞諦)가 되는 것이니 "이것을 아는 자는 누구인가?"라고 말한다면[563] "(오직) 현자[564]들만 알 수 있다."(고 답할 것이다).[565]

자기 자신이 (편의를 위해서 부르는) 명칭이라는 이름(들), 바로 이것들이 진실되지 않은 것들임도 또한 바로 알 수 있다.[566] 예를 들자면[567] 이와 같이, (즉) '데바닷따(Devadatta)'[568]와 '인드라굽따(Indragupta)'[569]'라고 부르는 것이다.

만약 단지[570] 세간의 명칭 때문에[571] 해탈(할 수 있는 것)이라면 모든

목동 등도 또한 해탈하게 될 것이고, '현자와 어리석은 자'라고 부르는
특별한 것[특징]들도 또한 존재하지 않게 될 것이다.[572]

---

558. 앞에서처럼 '릭빠(rigs pa)'를 '올바른 인식'으로 통일하여 옮겼으나 여기서는 '논증(論證)'
   또는 '논리, 이론'으로 보고 옮겼다.

559. '말의 뜻'으로 옮긴 '칙기 된(tshig gi don)'은 'meaning of the word'라는 뜻인데, 다음
   행에서는 '칙된(tshig don)'으로 쓰고 있다.

560. VP에 따르면 이 인용은 『니야야 수뜨라』의 제일 첫 게송에 등장하는 부분이라 게송의
   형식으로 끊어서 옮겼다(p. 197 참조, 산스끄리드어 원래 게송은 p. 179, 각주 3번 참조).

561. 강조사[Emp.] '니(ni)'가 사용되어 있다.

562. 바로 앞의 게송의 원주석에 등장한 '둡타(grub mtha')'를 풀어서 '둡빼 탑(grub pa'i mtha')'이
   라고 쓰고 있다.

563. 직접 인용을 뜻하는 '쩨(ces)'가 쓰였다.

564. '현자'라고 옮긴 '케빠(mkhas pa)'는 '현자'라는 뜻과 함께 '현자인 척하는', 즉 부정적인
   의미도 내포하고 있다. 인도인의 경우, "에이 바가반!"이라는 관용어는 "신처럼 굴고
   있네!"라는 부정적인 의미로 쓰이고 있음은 알고 있으나 '케빠'의 산스끄리뜨어인 '빤디따
   (paṇḍita)'에 이런 용례가 있는지는 모르겠다.

565. VP의 영역의 경우, 전자를 어리석은 자, 후자를 현자로 보고 의역하여 옮기고 있으나
   티벳어 원문의 경우, 이와 같은 구분이 드러나 있지 않다. 의미상으로 볼 때 불가능한
   일에 대해서 언급하고 있는 니야야 학파를 비꼬고 있음을 알 수 있다.

566. '바로 알 수 있다'라고 옮긴 '통와(mthong ba)'는 '(의식하지 않아도) 보인다'는 뜻이
   있으므로 '바로 보인다.' 정도로도 옮길 수 있다.

567. '학쩨(lhag bcas)' '떼(ste)'를 앞의 내용을 정리하여 설명하는 것으로 보고 옮겼다.

568. 산스끄리뜨어로 '데바닷따(Devadatta)'의 의미는 '신의 선물'이라는 뜻이지만 불교에서는
   악행의 대명사인 '제바달다(提婆達多)'를 가리킨다.
   [BD] 제바달다(提婆達多): 【범】Tevadatta 또는 제바달다(提婆達兜) · 제바달다(締婆達多) ·
   제바달(提婆達) · 조달(調達). 번역하여 천열(天熱) · 천수(天授) · 천여(天與), 곡반왕(斛飯
   王)의 아들, 난타(難陀)의 아우, 석존의 사촌 아우. 혹은 백반왕(白飯王)의 아들. 석존이
   성도한 뒤에 출가하여 제자가 되었다. 어려서부터 욕심이 많아 출가 전에도 실달태자와
   여러 가지 일에 경쟁하여 대항한 일이 많았다. 출가 후엔 부처님의 위세를 시기하여
   아사세왕과 결탁하고, 부처님을 없애고 스스로 새로운 부처님이 되려다가 이루지 못했다.
   마침내 5백 비구를 규합하여 일파를 따로 세웠다. 그 뒤 아사세왕은 그 당파에서 떠나고,
   5백 비구도 부처님에게 다시 돌아왔으므로 제바는 고민하던 끝에 죽었다 한다.

569. 산스끄리뜨어로 '인드라굽따(Indragupta)'는 '인드라가 감춰놓은 것'이라는 뜻이다. 굽따
   왕조(320-550 CE) 영향 때문인지 인도의 대표적인 끄샤뜨리아 카스트 이름으로 널리
   알려져 있다.

570. '단지'라고 옮긴 '바쉭('ba' zhig)'이 말미에 위치해 있으나, 형용사나 부사를 말미에
   위치하는 티벳어의 특징을 고려하여 옮겼다.

571. 탈격[Abl.] '레(las)'가 쓰였는데 여기서는 원인, 이유 등을 가리키고 있다.

572. 니야야 학파의 대전제인 '논리를 통한 해탈'에 대한 반론과 논의란 세속어를 통한 것이라는
   주장에 대한 논파로 언설, 명칭 등이 실재의 사물, 사태를 반영하지 않고 있음을 지적하고

【용수의 논의에 사용되는 이름의 다양성을 근거로 한 논파 1]⁵⁷³

[54]

གཞན་ཡང་།   gzhan yang/

> 더 나아가,

བརྡ་བྱས་པའི་མིང་དག་ནི་རྣམ་པ་དུ་མ་མཐོང་སྟེ།

brda byas pa'i ming dag ni rnam pa du ma mthong ste/

> 바로 그 (논의에 사용되는) 명칭이라는 이름들이 다양하다는 것을 바로
> 알 수 있다.⁵⁷⁴

འདི་ལྟ་སྟེ་བ་ལང་ལ་ཌ་མི་ཌ་ལ་སོགས་པ་ནི་སྟིང་ཏ་དང་འཕགས་པ་ཞེས་མིང་དུ་བྱས་པ་ལྟ་བུ་དང་།དེ་བཞིན་དུ་
ཡུལ་ཚིག་འཛིན་པ་དག་གིས་ཀྱང་པིཎྜརས་དང་སྒྱུར་རྩི་ལ་སོགས་པའི་རྫས་ལ་ཚིག་ཅན་དང་ཨ་ལོཀ་ལ་སོགས་
པ་ལྟ་བུའོ།།

'di lta ste/ba lang la ḍa mi ḍa la sogs pa ni sting ta dang 'phags pa zhes ming du
byas pa lta bu dang/de bzhin du yul tshig 'dzin pa dag gis kyang piṇḍarasa dang sgyur
rtsi la sogs pa'i rdzas la tshig can dang śloka la sogs pa lta bu'o//

> 예를 들자면,⁵⁷⁵ '암소'를 바로 그 '다(ḍa)'⁵⁷⁶라는 사람이 '다(ḍa)'라는

....
있다.

573. 탈오자가 가장 많은 원주석 때문에 그 의미가 불분명한 게송이지만 그 요지는 언어라는
    것 자체가 각각의 사람과 지역, 나라에 따라 다르다는 것을 그 근거로 하고 있다.
574. '통와(mthong ba)'에 대해서는 바로 앞 게송의 각주 참조 '학쩨(lhag bcas)' '떼(ste)'를
    문장을 끊는 기능으로 보고 옮겼다.

(장소) 등에서 '띵따' 또는 '퍅빠'[577]라고 (그) 이름을 (부르는 것을) 행할 수 있는 것과 같이, (즉) 그와 같이 (각) 나라의 언어를 (배워) 갖춘 사람들의 '삔다라사(piṇḍarasa)'[578](라는 말)과 (그것의) 형태 변환한 (것의) 정수(精髓)[579] 등에 따라[580] 말하는 자와 (그것의) 운율(śloka)[581] 등이 (다른 것과) 같다.[582]

【용수의 논의에 사용되는 이름의 다양성을 근거로 한 논파 2】[583]

[55]

གཞན་ཡང་།   gzhan yang/

더 나아가,

འཇིག་རྟེན་པའི་སྐྱེས་པ་དག་ཀྱང་རྟོང་པར་བྱེད་པ་དང་བརྗོད་པར་བྱ་བ་དུ་མ་ལ་སྒྲ་བ་མཆོད་བའི་ཕྱིར་རོ།།

---

575. 16번 게송의 '디따 떼 삘나('di lta ste dper na)'의 축약형으로 보고 옮겼다.
576. '다(da)'라는 사람과 장소로 옮긴 다(da)'는 어떤 의미가 있는 단어라기보다 '어떤'을 뜻하는 것으로 보았다.
577. '띵따' 또는 '퍅빠' 또한 의미가 있는 단어라기보다는 그 소리 내는 형태로 보고 옮겼다. '띵따(sting ta)'라는 단어에는 특별한 의미가 없으며, '퍅빠('phags pa)'는 관용적으로 '성스런 인물'을 가리키는 수식어다.
578. 역본에 따라서 '빤디라사(paṇḍirasa)'라고도 되어 있으나 둘 다 [M]에는 나와 있지 않다. 여기서도 의미 없는 발음의 조합으로 보고 옮겼다.
579. '(그것의) 형태 변환한 (것의) 정수(精髓)'라고 옮긴 '귤찌(sgyur rtsi)'를 해자해보면, '변화한 것의 핵심'이라는 뜻이다.
580. '~에 따라'로 옮긴 '~이 제라(~'i rdzas la)'를 '~이 제라(~'i rjes la)'의 오자로 보고 옮겼다.
581. '운율'으로 옮긴 '스로까(śloka)'는 일반적으로 게송을 뜻한다. 여기서는 그 의미에 따라 옮겼다.
582. 『세마론』에서 가장 많은 탈오자가 등장하는 주석이라 VP의 주석자들이 '거의 자포자기한' 대목인데 형태소에 따라 게송의 의미에 따라 옮겼다.
583. 하나의 개념자와 그것의 대상이 1:1 대응 관계를 이루지 않는 경우의 예와 그리고 논의에 사용되는 동의어 문제 등을 원주석에서 자세하게 언급하고 있다.

'jig rten pa'i mkhas pa dag kyang rjod par byed pa dang brjod par bya ba du ma la sbyor ba mthong ba'i phyir ro//

세간의 현자들도 또한 논의라는 행위[言說]와 논의의 대상(들)을 다양하게 결합하는 것을 잘 알고 있기 때문이다.

འཇིག་རྟེན་པའི་མཁས་པ་དག་ནི་གོའི་སྐྲ་དུ་མ་ལ་སྦྱོར་བར་བྱེད་དེ། དཔེའི་སྐྱ་ཡང་དེ་བཞིན་ནོ།།གོའི་སྐྱ་རྣམས་པ་ དུ་མ་ལ་འཇུག་པ་ནི་འདི་ལྟ་སྟེ།

ངག་ཕྱོགས་དང་ནི་ས་གཞི་དང་།།
འོད་ཟེར་རྟོ་རྗེ་ཕྱོགས་དང་མིག།།
རྒྱུ་དང་མཐོ་རིས་དོན་དགུ་ལ།།
མཁས་པས་གོ་སྐྲ་རེས་གབུང་བུ།།

ཇི་ལྟར།

ཁྱབ་འཇུག་མེ་གི་སྐྱང་པོ་བས་ལ།།
ཉི་སྐྲ་འོད་དང་སྤྱི་ཚུ་དང་།།
སེར་སྐྱ་ནི་ཚོ་དབང་པོ་སྐྱ།།
མཁས་པས་དུ་རེར་ཤེས་པར་བྱ།།

སྐྲ་གཅན་གནས་སྐྲན་ཁྱབ་འཇུག་དང་།།
དུ་རེ་བན་སྐྱང་སྐྱོང་བདག་གང་།།
མི་ཡི་སེང་གི་མི་སྲུང་སྐྲ་ལ།།
སྲིད་མེད་བུ་འདི་གྲགས་པ་ཡིན།།

དེ་བཞིན་དུ་སྐྲ་གཞན་ལ་ཡང་ནི་བར་གཟུང་བར་བྱའོ།།འདི་ལྟར་རེ་ཞིག་རྟོང་པར་བྱེད་པ་གཅིག་ལ་དོན་པར་བྱེད་

པ་དུ་མ་ཡིན་པ་དང་། བརྗོད་པར་བྱ་བ་རེ་རེ་ལ་ཡང་རྗོད་པར་བྱེད་པ་དུ་མ་ཡིན་ནོ། །དེ་བཞིན་དུ་རྣམ་སྨིན་དང་དབང་པོ་དང་། གྲོང་ཁྱེར་འཇིག་དང་། མཚོད་སྦྱིན་དང་། ཀོ་ཀོ་ཁྱི་ཀ་དང་དང་། བརྒྱ་བྱིན་དག་གི་སྐྲ་ནི་བརྗོད་པར་བྱ་བ་གཅིག་ལ་འཛུག་པ་ཡིན་ནོ། །མེད་པ་དང་ཡོད་པ་མ་ཡིན་པ་དང་མི་འདོགས་པ་ཞེས་བྱ་བའི་མིང་གི་རྣམ་གྲངས་ཡིན་ནོ། །དེ་ ཡང་དོན་དག་པར་བྲུབ་པར་མ་ཡིན་ནོ། །དེའི་ཕྱིར་རྗོད་པར་བྱེད་པ་དང་བརྗོད་པར་བྱ་བ་དག་རྣམས་པ་དུ་མ་འདྲེས་པ་ དེ་སྐྱོན་མཐོང་བའི་ཕྱིར་མ་ངེས་པས་མ་གྲུབ་པ་ཡིན་ནོ། །

'jig rten pa'i mkhas pa dag ni go'i sgra du ma la sbyor bar byed de/ha ri'i sgra yang
de bzhin no//go'i sgra rnams pa du ma la 'jug pa ni 'di lta ste/

nga phyogs dang ni sa gzhi dang//
'od zer rdo rje phyugs dang mig//
chu dang mtho ris don dgu la//
mkhas pas go sgra nges gzung bya//

ji ltar/

khyab 'jug seng ge glang po bsal//
nyi zla 'od dang spre'u dang//
ser skya ne tsho dbang po klu//
mkhas pas ha rir shes par bya//

sgra gcan gnas ldan khyab 'jug dang//
ha ri ban glang skyong bdag gang//
mi yi seng ge mi thung sbrul//
sred med bu 'di grags pa yin//

de bzhin du sgra gzhan la yang nye bar gzung bar bya'o//'di ltar re zhig rjod par
byed pa gcig la don par byed pa du ma yin pa dang/brjod par bya ba re re la yang

rjod par byed pa du ma yin no//no//de bzhin du nus ldan dang/dbang po dang/grong

khyer 'jig dang/mchod sbyin dang/kau śi ka dang/brgya byin dag gi sgra ni brjod par

bya ba gcig la 'jug pa yin no//med pa dang yod pa ma yin pa dang mi 'dogs pa zhes

bya ba'i ming gi rnam grangs yin no//de yang don dam par grub par ma yin no//de'i

phyir rjod par byed pa dang brjod par bya ba dag rnams pa du ma 'dres pa'i skyon

mthong ba'i phyir ma nges pas ma grub pa yin no//

바로 그 '세간의 현자들'은 '고(go)'라는[584] 단어[585]를 (논의의 대상들에)
다양하게 결합할 수 있다.[586] '하리(hari)'[587]라는[588] 단어도 또한 그와 같다.
'고(go)'라는 단어들을 '다양하게 붙일 수 있는'[589] 이와 같은 예로,[590]

말[語], 방향, 그리고[591] 땅[地]
빛[光線], 번개,[592] 가축, 눈[目]
물, 상계[天] (등) 아홉 개를,
현자는 '고(go)'라는 단어와[593] (결합되는 것을) 명심해야 한다.

그와 같이 (하리의 경우),

비쉬누(Viṣṇu), 사자, 코끼리, 개구리
해, 달, 빛과 원숭이와
담황색, 앵무새, 인드라(Indra), 뱀 (등 열두 개를), 현자는 '하리(hari)'(라는
단어와 결합되는 것을) 알아야 한다.[594]

1) 라후(Rāhu), 2) (적정에) 머무는 자, 3) 비쉬누(Viṣṇu)와
4) 하리(hari), 5) 우두머리(Gopati), 6) 스스로 보호하는 자라는, (그리고)[595]
7) 반인반수(Narasiṁha), 8) 난장이(Vāmana), 9) 뱀(Śeṣa) (등)이 나라야나
(Nārāyaṇa)(에 대해서) 유명한 것이다.[596]

그러므로 (이것은)[597] 다른 단어들에도 또한 그대로 적용할 수 있는 것이
다.[598] 이와 같이 어떤[599] 하나의 논의라는 행위[言名]에는 뜻을 나타내는
것[600]이 다양하고 각각의 논의의 대상(들)에도 또한 논의라는 행위[言名]가
다양하다.

그와 같은 (것의 또 다른 예를 들자면)[601] 1) 제석천(帝釋天), 2) 인드라(Indra),
3) (번개로) 도시를 파괴하는 자, 4) 공양자(Yajña), 5) 까우씨까(Kauśika),
6) 싸끄라(Śakra)[602]라는[603] 바로 그 단어들은 하나의 논의의 대상에 붙일
수 있다.

'존재하지 않는 것과 존재하는 것이 아닌 것과 가립(假立)되지 않는 것[604]이
라는 것은[605] 동의어(同義語, synonym)[606]이다. 그것도 또한 진제(眞諦)로 성립
하는 것이 아니다.

그러므로 (세간의 현자들은)[607] 논의라는 행위[言名]와 논의의 대상(들)이
다양하게 혼재하는 오류들을 잘 알고 있다. 왜냐하면[608] 불확실한 것을
통해서는 (그 어떤 것도 논리적으로) 성립하지 않기 때문이다.

----

584. 소유격[Gen.] '이('i)'를 인용으로 보고 옮겼다.
585. '단어'라고 옮긴 '고(sgra)'는 대개 '소리, 용어, word, term' 등을 뜻한다.
586. '학쩨(lhag bcas)' '떼(te)'를 문장을 끊어 읽는 기능으로 보고 옮겼다. 원게송의 '논의라는
     행위[言名]와 논의의 대상(들)'의 관계에서 전자는 논의에 사용되는 하나의 단어를, 후자는
     논의의 대상을 가리킨다.
587. 원주석의 설명에서 자세하게 설명하고 있어 생략한다.
588. 소유격[Gen.] '이('i)'를 인용으로 보고 옮겼다.
589. 한역의 '입(入)'을 뜻하는 '죽빠('jug pa)'가 사용되어 있어, '붙일 수 있는'으로 풀어서
     옮겼으며 강조사[Emp.] '니(ni)'가 사용되어 있어 작은따옴표를 처리하여 그 강조의
     뜻을 살렸다.
590. '이와 같은 예로' 옮긴 '디따 떼('di lta ste)'를 해자해보면, '이와 같이'를 뜻하는 '디따('di
     lta)'와 '예를 들어'를 뜻하는 '학쩨(lhag bcas)' '떼(ste)'가 결합된 것이라 윤문하여 옮겼다.
591. 강조사[Emp.] '니(ni)'를 게송에서 운자를 맞추기 위한 첨언으로 보고 생략했다.
592. '번개'라고 옮긴 '도제(rdo rje)'는 티벳에서 보통 '금강(金剛)'을 뜻한다. 여기서는 원래의
     산스끄리뜨어의 의미에 따라 옮겼다.
593. 위에서 언급되어 있어 '논의의 대상들에게 붙일 수 있는 것을'이 생략되어 있어 첨언하였다.
     VP의 주석에 따르면, 이 '고(go)'의 뜻은 산스끄리뜨어 사전인 『아마르꼬사(Amarkośa)』에

204

등장하는 것이지만 티벳역에서는 『구사론』에 등장한 것을 인용했다고 한다. 자세한 내용은 VP, p. 198 각주 참조.

594. 앞의 게송 형식에 맞게 첨언하여 옮겼다. 앞의 게송 형식의 말미에서는 '네중(nges gzung)', 즉 '잘 기억하다, 제대로 받아들여 기억하고 있다'가 사용되어 있다. 여기서는 '셰빨자(shes par bya)'로, '알고 있다'로 옮긴 것이다. 마지막의 '자(bya)'의 용법은 '자와(bya ba)', 즉 어떤 대상을 가리키는 것의 축약형으로 보고 옮길 수도 있으나, 이 경우 문장의 말미에 올 수 없어 여기서는 명령형에 해당하는 것으로 보고 옮겼다.

595. '~이라는 (그리고)'로 옮긴 '강(gang)'은 문장을 끊어 읽는 기능으로, 또는 산스끄리뜨어 '야드(yad)'를 그대로 옮긴 것으로 보인다.

596. 베다 시대(Vedic period)의 절대신이었던 나라야나(Nārāyaṇa)가 비쉬누(Viṣṇu)의 아바타라(Avatara), 즉 권화(權化)의 형태로 된 것들과 뒤섞여 있는 대목이다. '1) 라후(Rāhu)'의 경우는 일반적으로 일식(日蝕)을 뜻하는데 불교에서는 붓다의 친아들인 라후라(Rāhula)가 일식 날 태어났다는 데에서 널리 알려졌다. '2) (적정에) 머무는 자라고 옮긴 '네덴(gnas ldan)'은 나라야나의 속성을 옮긴 것으로 보았다. '5) 우두머리'로 옮긴 '고빠띠(Gopati)'의 경우는 티벳어의 '벤랑(ban glang)' 대신 '바랑(ba glang)'이 더 두루 쓰이는데 대개 '황소'를 뜻한다. '6) 스스로 보호하는 자라고 옮긴 '꽁닥(skyong bdag)'의 경우는 나라야나의 속성이다. '7) 반인반수(Narasiṁha), 8) 난장이(Vāmana)'는 세상의 보호존인 비쉬누와 관련된 '아바타라'이고, '9) 뱀(Śeṣa)은 우주적인 시간을 뜻하는 비쉬누가 누워 있는 '침대'인 것과 함께 나야야나 자체가 산까르싸나(Sankarṣaṇa), 즉 전 우주적인 에너지를 뜻할 때도 사용된다고 한다.

베다 시대 이후 비쉬누가 보호존의 자리를 차지하게 되었으나 오늘날에도 여전히 나라야나는 인도인들이 주로 애용하는 이름 가운데 하나로 남아 있다.

597. 일반적으로 '그와 같이'를 뜻하는 '데쉰두(de bzhin du)'가 쓰였다. 여기서는 의미에 맞게 'so thus'에 따라 옮겼다.

598. '그대로 적용할 수 있는 것이다'로 의역한 '네왈 중왈 자오(nye bar gzung bar bya'o)'를 해자해보면, '제대로, 가깝게' 등을 뜻하는 '네와(nye ba)'와 '붙잡다, 인정하다. 식별하다' 또는 보조 동사로 두루 쓰이는 '진빠('dzin pa)'의 미래형인 '중와(gzung ba)'에 종결사인 '랄두(slar bsdu)'의 'o'가 결합된 것으로 되어 있다.

599. 보통 시간의 짧은 시간, 즉 '잠시 동안'을 뜻하는 '레쉭(re zhig)'이 쓰였다. 여기서는 'a few'로 보고 옮겼다.

600. '뜻을 나타내는 것'으로 옮긴 '된빨 제빠(don par byed pa)'의 '된(don)'은 '대상'이라는 의미도 있으나 여기서는 문맥에 따라 옮겼다.

601. 바로 앞에서 등장한 '그와 같이'를 뜻하는 '데쉰두(de bzhin du)'가 다시 쓰였다. 여기서도 문맥의 의미에 맞게 운문하여 옮겼다.

602. 1, 2, 3번의 인드라의 이명(異名)에 대해서는 51번 게송의 원주석과 각주 참조. '4) 공양자'라고 옮긴 '야즈나(Yajña)'의 경우는 제사를 지내는 자, 또는 제사, 공양을 뜻하는데 여기서는 '공양을 받는 신'이라는 뜻이다. '5) 까우씨까(Kauśika)'의 경우는 대표적인 인드라의 이명이다. '6) 싸끄라(Śakra)'의 경우, VP에서는 그 의미가 불분명하다고 적고 있으나(p. 198), '신들의 왕'이라는 뜻으로 티벳어 '갸진(brgya byin)'은 '왕뽀(dbang po)'만큼 유명한 인드라의 이름이다.

603. 소유격[Gen.] '이('i)'를 인용으로 보고 옮겼다.

604. '가립(假立)되지 않는 것'으로 옮긴 '미독빠 (mi 'dogs pa)'에서 '가(假)'의 의미는 '거짓'이

【용수의 논의라는 행위[言名]와 논의의 대상의 관계에서 일자성(一者性)과 타자성(他者性)의 문제를 통한 논파】[609]

[56]

གཞན་ཡང་།   gzhan yang/

> 더 나아가,

གཅིག་ཉིད་ཡིན་ན་རྗོད་པར་བྱེད་པ་དང་བརྗོད་པར་བྱ་བ་མ་གྲུབ་པ་ཡིན་ལ།གཞན་ཉིད་ཡིན་ན་ནི།

gcig nyid yin na rjod par byed pa dang brjod par bya ba ma grub pa yin la/gzhan nyid yin na ni/

> 하나인 것 자체[一者性]라면 논의라는 행위[言名]와 논의의 대상은 성립하
> 지 않고, 다른 것 자체[他者性]라면, 바로 그렇다면[610]

བྱས་མ་ཞེས་བྱ་བའི་རྗོད་པར་བྱེད་པ་སྟོན་བ་ན་བྱས་པ་ལ་ཞེས་པ་ཙས་པར་མི་འགྱུར་རོ།།དེ་ཁོ་ན་བཞིན་དུ་གཞན་
ལ་ཡང་གཅིག་ཉིད་ཡིན་ན་སྣང་བཞད་པའི་སྟོན་ཉིད་ཡིན་ནོ།།འདི་ཕྱིར་རྟོད་པ་ནི་མི་སྲིད་དོ།།

··············
아니라 '임시적'이라는 뜻이다. 즉, 어떤 논의를 진행하기 위해서 임시로 시설한 것을
가리킨다.

605. 소유격[Gen.] '이('i)'를 인용으로 보고 옮겼다.

606. 동의어(同義語, synonym)'라고 옮긴 '밍기 남닥(ming gi rnam grangs)'은 하나의 단어로
비슷한 말, 유의어(類義語)라는 뜻도 있다.

607. 의미를 명확하게 하기 위하여 원게송에 따라 첨언하였다.

608. 어두에서는 '데이칠(de'i phyir)'이 그리고 여기서는 '~이칠(~'i phyir)'이 쓰였는데 문법적
으로 같은 용도로 쓰이지만, 전자는 앞의 내용을 정리하는 것으로, 후자는 부연 설명하는
것으로 보고 끊어서 옮겼다.

609. '논의'에 대한 논파의 결론에 해당하는 게송이다.

610. 강조사[Emp.] '니(ni)'를 '만약 그렇다면'으로 옮겼다.

bum ma zhes bya ba'i rjod par byed pa sbyor ba na bum pa la shes pa nges par
mi 'gyur ro//de kho na bzhin du gzhan la yang gcig nyid yin na/sngar bshad pa'i skyon
nyid yin no//de'i phyir rtsod pa ni mi srid do//

'물단지'라는 것의 논의라는 행위[言名]에 결합할 때[611] 물단지를 아는
것이 확실해지지 않는다.[612] 그와 똑같은 방식으로[613] 다른 것 자체[他者性]에
도 또한 하나인 것 자체[一者性]가 (존재하는 것)이라면, (그것은) 앞에서
설명했던 것의 오류 그 자체이다. 그러므로[614] 바로 그 논의(라는 것이
성립하는 것은) 불가능하다.[615]

【용수의 논쟁과 파괴적인 논박에 대한 논파】[616]

[57]

གཞན་ཡང་།   gzhan yang/

더 나아가,

---

611. 가정법의 '나(na)'를 특정한 조건, 시간으로 보고 옮겼다.
612. '확실해지지 않는다'라고 옮긴 '네빨 미귤노(ges par mi 'gyur ro)'를 직역하면 '확실한
것으로 되지 않는다.' 정도 된다.
613. '그와 똑같은 방식으로'로 옮긴 '데 꼬나 쉰두(de kho na bzhin du)'는 산스끄리뜨어
'따타에바 짜(tathāiva ca)', 또는 '따타이바(tathaiva)'에서 비롯된 것으로 'exactly as'라는
뜻이 있어, 이에 따라 옮겼다.
614. VP에서는 '데이칠(de'i phyir)'을 '왜냐하면(because of)'으로 보고 옮기고 있으나 (p.
85), 여기서는 결론에 해당하는 것, 'therefore'로 보고 옮겼다.
615. 51번 '확정'에 대한 논파에서 이어진 '물단지'라는 개념자와 그것의 대상이 가진 일자성(一
者性)과 타자성(他者性)의 문제에 대한 지적으로 총 5개의 게송에 걸친 '논의'에 대한
논파의 결론에 해당한다.
616. 앞에서 이어진 내용을 정리하며 니야야 학파의 올바른 논리의 16범주 가운데 열한
번째와 열두 번째인 '논쟁(jalpa)'과 '파괴적인 논박(vitaṇḍā)'에 대한 논파가 한 게송으로
되어 있다. 이 가운데 '비딴따(vitaṇḍā)'의 경우 티벳어로 '쑨찌 친두 겔와(sun ci phyin
du brgal ba)'이지만 여러 사전에서 하나의 단어로 정리되어 있지 않다.

བརྗོད་པ་དང་སུན་ཅི་ཕྱིར་དུ་བརྒལ་བ་ཡང་དེ་བཞིན་ནོ།།

brjod pa dang sun ci phyin du brgal ba yang de bzhin no//

논쟁과 파괴적인 논박도 또한 그와 같다.

དེ་བཞིན་ཞེས་བྱ་བ་ནི་རྣམ་པ་གང་གིས་རྩོད་པ་སུན་ཕྱུང་བའི་རྣམ་པ་དེས་ཞེས་བྱ་བའི་དོན་ཏེ།།དེས་བརྗོད་པ་དང་སུན་ཅི་ཕྱིར་དུ་བརྒལ་བ་དག་མེད་པ་ཡིན་ནོ།།

de bzhin zhes bya ba ni rnam pa gang gis rtsod pa sun phyung ba'i rnam pa des zhes bya ba'i don te//des brjod pa dang sun ci phyin du brgal ba dag med pa yin no//

바로 '그와 같다'라는 것은 '그 (논파) 방법이 그 논의를 논파하는 방법과 같다'는 뜻이다.[617] 그러므로 논쟁과 파괴적인 논박들은 존재하는 것이 아니다.[618]

【용수의 그릇된 이유에 대한 논파】[619]

【용수의 그릇된 이유에 대한 유사성과 상이성을 통한 논파】[620]

....

617. VP에서는 종결사인 '랄두(slar bsdu)'의 '또(to)'로 되어 있으나 [북경판]에 따라 '학쩨(lhag bcas)' '떼(te)'로 고쳐 문장을 종결하는 것으로 보고 옮겼다.

618. 다음은 니야야 학파의 올바른 논리의 16범주 가운데 열세 번째인 그릇된 이유에 대한 논파다.

619. 니야야 학파의 올바른 논리의 16범주 가운데 열세 번째인 '그릇된 이유(hetvābhāsa)'에 대한 논파로 총 10개의 게송으로 되어 있으며 원주석 자체도 매우 길다.
　　일반적으로 '헤뜨바바사(hetvābhāsa)'를 영어로 'fallacious reason'이라고 부르는데 VP에서는 『Monier Williams Sanskrit-English Dictionary』에 따라 'mere appearance of a reason'으로 옮기고 있다. 티벳어로 '그릇된 이유'는 '뗀칙 딸낭와(gtan tshigs ltar snang ba)'라고 부르는데 '뗀칙(gtan tshigs)'은 이유를, '딸낭와(ltar snang ba)' 또는 '딸낭(ltar snang)'은 '유사하다, 비슷하다'는 뜻으로 쓰이며, 보통 '따낭'이라고 소리 낸다.

620. '유사성과 상이성'이라는 개념을 통해서 논파하는 대목으로 전체적으로 28번 게송 이후의

སྨྲས་པ།ཁྱོད་ཀྱིས་ཐམས་ཅད་གཏན་ཚིགས་ལྟར་སྣང་བར་བརྗོད་ཅིང་ལན་དང་ལྡན་པ་མ་ཡིན་ནོ་ཞེ་ན་བརྗོད་པར་
བྱ་སྟེ།

smras pa/khyod kyis thams cad gtan tshigs ltar snang bar brjod cing lan dang ldan pa ma yin no zhe na brjod par bya ste/

(논박자가) 이르길, "그대는 모든 것이 그릇된 이유 (때문)이라고[621] 말한다. (그러므로 이에 대해서는)[622] 답할 것도 없다."[623]라고 주장한다면,[624] (이것은) 다음과 같이 논파할 수 있다.[625]

ཆོས་མཐུན་པ་ཉིད་དང་།ཆོས་མི་མཐུན་པ་ཉིད་མེད་པའི་ཕྱིར་གཏན་ཚིགས་ལྟར་སྣང་བ་མ་ཡིན་ནོ།།

chos mthun pa nyid dang /chos mi mthun pa nyid med pa'i phyir gtan tshigs ltar snang ba ma yin no//

실례에 대한 논파의 구조와 닮은 곳이 많다.

621. '라둔(la 'dun)'의 'r'을 인용을 뜻하는 것으로 보고 옮겼다.

622. 의미를 명확하게 하기 위하여 첨언하였다.

623. 직접 인용은 니야야 학파의 '그릇된 이유'에 대한 정의이지만, VP의 주석에 따르면 『니야야 수뜨라』와 그 주석에는 이것에 대한 정의가 언급되어 있지 않다고 한다(p. 198).

    그 이유가 오류일 경우, 그것에 대한 답, 즉 논의를 할 수 없다는 것이 그릇된 이유에 대한 정의인 듯한데, '답할 것'으로 옮긴 '렌당 덴빠(lan dang ldan pa)'를 직역하면 '답을 갖는 것' 정도 된다. 즉, '답을 갖는 것은 (존재하는 것이) 아니다.' 또는 '답을 가질 수 없다.'는 뜻이다.

624. 인용구 안에 '말하다'는 뜻을 가진 '죄빠(brjod pa)'가 사용되어 있어 앞에서 직접 인용을 나타내어 '~라고 말한다면'이라고 옮겼던 '셰나(zhe na)'를 '~라고 주장한다면'으로 옮겼다.

625. 『세마론』의 구조에 따를 경우 이것은 니야야 학파의 '그릇된 이유'에 대한 정의지만 VP의 주석자들은 이것을 '논쟁과 파괴적인 논박'에서 이어지는 게송으로 보고 있다. 이 경우 이 도입부는 일자성(一者性)과 타자성(他者性)에 이어 유사성과 상이성이라는 상호 의존적인 개념자들을 통한 '그릇된 이유'에 대한 논파가 된다.

법(法=대상의 현상)과 일치하는 것 자체[유사성]와 법(法=대상의 현상)과 일치하지 않는 것 자체[상이성]가 존재하지 않기 때문에 그릇된 이유는 (존재하는 것이) 아니다.[626]

གལ་ཏེ་གཏན་ཚིགས་ལྟར་སྣང་བ་ཡོད་ན་དེ་ཆོས་མཐུན་པ་ཉིད་ཀྱིས་ཡིན་ནམ་ཆོས་མི་མཐུང་པ་ཉིད་ཀྱིས་ཡིན་གྲང་།རེ་ཞིག་ཆོས་མཐུན་པ་ཉིད་ཀྱིས་ནི་གཏན་ཚིགས་ལྟར་སྣང་བར་འགྱུར་བ་མ་ཡིན་ཏེ་ཇི་ལྟར་གསེར་ཉིད་ཀྱི་ཡོང་ས་སུ་དཔྱོད་པ་ན་གསེར་ཉིད་དོར་བར་མི་བྱེད་པ་དེ་ནི་གསེར་ཡིན་གྱི་གསེར་ལྟར་སྣང་བ་ནི་མ་ཡིན་ནོ།།དེ་བཞིན་དུ་གཏན་ཚིགས་གང་ཡིན་པ་དེ་ནི་གཏན་ཚིགས་ཁོ་ན་ཡིན་གྱི་གཏན་ཚིགས་ལྟར་སྣང་བ་མ་ཡིན་ནོ།།དེ་བཞིན་དུ་ཆོས་མི་མཐུན་པ་ཉིད་ཀྱིས་ཀྱང་གཏན་ཚིགས་ལྟར་སྣང་བར་མི་འགྱུར་ཏེ་ཇི་ལྟར་བོང་བ་སོགས་པ་གསེར་མ་ཡིན་པ་གང་ཡིན་པ་དེ་ནི་ཇི་ལྟར་ན་གསེར་ལྟར་སྣང་བར་འགྱུར་དེ་བཞིན་དུ་གཏན་ཚིགས་མ་ཡིན་པ་དེ་ནི་གཏན་ཚིགས་ལྟར་སྣང་བ་མ་ཡིན་ཏེ་གཏན་ཚིགས་ཉིད་མ་ཡིན་པའི་ཕྱིར་རོ།།ལྟར་སྣང་ཞེས་བྱ་བ་ནི་དངོས་པོ་དེ་ཉིད་མ་ཡིན་ཏེ།ལས་ན་རྟོག་པ་ཡིན་པའི་ཕྱིར་རོ།།རང་གི་རྒྱུད་ཡོངས་སུ་འགྱུར་བའི་ཕྱིར་ཁྱུད་པར་ཁམས་མི་མཉམ་པ་ཉིད་ལས་མི་ནུས་པ་འཁམས་མཉམ་པ་ལས་དེའི་སྟེ།ཞེས་པ་ཉིད་ཡིན་པ་ལྟར་ཡོངས་སུ་བཏགས་ན་གཏན་ཚིགས་ལྟར་སྣང་བ་ཞེ་ས་བྱ་བ་ཅུང་ཟད་ཡོད་པ་མ་ཡིན་ནོ།།གང་གི་ཕྱིར་གཏན་ཚིགས་མ་ཡིན་པ་དང་།གཏན་ཚིགས་ལས་གཞན་གསུམ་པ་འདི་འབད་པ་མ་ཡིན་ནོ།།དེ་ལྟ་བས་ན་གཏན་ཚིགས་ལྟར་སྣང་བ་ནི་ཡོད་པ་མ་ཡིན་ནོ།།

gal te gtan tshigs ltar snang ba yod na de chos mthun pa nyid kyis yin nam chos mi mthung pa nyid kyis yin grang/re zhig chos mthun pa nyid kyis ni gtan tshigs ltar snang bar 'gyur ba ma yin te/ji ltar gser nyid kyi yongs su dpyod pa na gser nyid dor bar mi byed pa de ni gser yin gyi gser ltar snang ba ni ma yin no//de bzhin du gtan tshigs gang yin pa de ni gtan tshigs kho na yin gyi gtan tshigs ltar snang ba ma yin no//de bzhin du chos mi mthun pa nyid kyis kyang gtan tshigs ltar snang bar mi 'gyur te/ji ltar bong ba sogs pa gser ma yin pa gang yin pa de ni ji ltar na gser ltar snang bar 'gyur/de bzhin du gtan tshigs ma yin pa de ni gtan tshigs ltar snang ba ma yin te/gtan tshigs nyid ma yin pa'i phyir ro//ltar snang zhes bya ba ni dngos po de

....
626. 이 유사성과 상이성의 문제를 통한 논파는 '실례'에 대한 논파인 28~31번 게송에 걸쳐 자세히 다룬 것이다.

nyid ma yin te/de las bzlog pa yin pa'i phyir ro//rang gi rgyud yongs su 'gyur ba'i
phyir khyad par khams mi mnyam pa nyid las mi nyams pa'm/khams mnyam pa las
de'i blo ni shes pa nyid yin pa ltar/yongs su brtags na gtan tshigs ltar snang ba zhes
bya ba cung zad yod pa ma yin no//gang gi phyir gtan tshigs ma yin pa dang/gtan
tshigs las gzhan gsum pa 'di 'thad pa ma yin no//de lta bas na gtan tshigs ltar snang
ba ni yod pa ma yin no//

만약 그릇된 이유가 존재한다면 그 법(法=대상의 현상)과 일치하는 것
자체[유사성]를 통해서[627]거나[628] 법(法=대상의 현상)과 일치하지 않는 것
자체[상이성]를 통해서 존재할 것이다.[629] (그러나) 바로 그 어떤 법(法=대상
의 현상)과 일치하는 것 자체[유사성]를 통해서 그릇된 이유가 (존재하게)
되는 것이 아니다. 예를 들어[630] 만약 황금 자체를 완전히 분석할[631] 경우,[632]
황금 자체(라는 생각)를 버리는 것을[633] 행할 수 없다. 그러므로[634] '황금이다'
라는 것에 대한[635] 황금에 대한 바로 그 그릇된 (이유는 존재하는 것이)
아니다.

그와 마찬가지로 어떤 이유가 존재하는 것이다. 그러므로[636] 오직 그
이유만 존재하는 것이지[637] 그릇된 이유가 (존재하는 것은) 아니다.

그와 마찬가지로 법(法=대상의 현상)과 일치하지 않는 것 자체[상이성]를
통해서도 또한 그릇된 이유는 (존재하게) 되는 것이 아니다. 예를 들어[638]
흙덩어리 등, 황금이 아닌 것인 (그것이) 무엇이든, 바로 그것이 어떻게[639]
황금에 대한 바로 그 그릇된 (이유)로 되겠는가?[640] 그와 마찬가지로 어떤
이유가 (존재하는 것이) 아니다. 그러므로 그릇된 이유는 (존재하는 것은)
아니다. 왜냐하면[641] 이유 자체가 (존재하는 것이) 아니기 때문이다.

바로 그 '그릇된'이란 것은 그 사태 자체가 아니다. 왜냐하면 (그릇된
것은) 그것[사태]과 반대되는 것[642]이기 때문이다.[643]

(사태란) 자기 스스로 상속(相續=自相續)[644]하여 완전히 변하는 것[轉變]이기
때문에 (사태에 대한 인식이란) 1) 특별한 것[특징]에 (의지하지 않는) 계

(界),[645] (즉) 동일하지 않는 (계에서는) 그 자체[根, basis][646]로부터[647] (결코) 훼손되지 않으며,[648] 2) (그 자체[根, basis]와) 동일한 계(界)로부터[649] 그것[사태]에 대해서[650] 바로 그 인식할 수 있는, (즉) 지각할 수 있는 것 자체[認識性]인 것임(을 뜻한다.)[651] 그와 같이 완벽하게 관찰한다면 '그릇된 이유'라는 것은 결코[652] 존재하는 것이 아니다.

왜냐하면 이유는 '존재하는 것이 아니고 이 이유로부터 (그릇된 이유가 아닌) 다른 세 번째 것이 (존재하는 것도 또한) 옳지 않기 (때문이다).[653] 그러므로 바로 이 그릇된 이유는 존재하는 것이 아니다.[654]

---

627. 도구격[Ins.] '끼(kyis)'가 쓰여 있어 'through'로 보고 옮겼다.
628. 접속사 '남(nam)'을 'or'로 보고 옮겼다.
629. '존재할 것이다'라고 옮긴 '인당(yin grang)'의 용법에 대해서는 40번 게송 각주 참조.
630. '학쩨(lhag bcas)' '떼(te)'를 앞의 내용을 부연 설명하는 기능으로 보고 옮겼다.
631. 앞에서 주로 '관찰하다'라고 옮긴 '쬐빠(dpyod pa)'를 황금에 대해서 다루고 있기 때문에 '분석하다'로 옮겼다.
632. 가정법의 '나(na)'를 특정한 조건으로 보고 옮겼다.
633. '버리는 것'이라고 옮긴 '돌왈(dor bar)'의 '돌와(dor ba)'는 현재형은 '돌와('dor ba)'로 '포기하다, 제거하다'는 뜻이 있다.
634. 일반적으로 문장을 바꿀 때 사용하는 '데니(de ni)'가 문장 한가운데 사용되어 있어 끊어서 옮겼다.
635. 소유격[Gen.] '기(gyi)'를 인용으로 보고 옮겼다.
636. 바로 앞에서 등장한 '데니(de ni)'가 반복적으로 사용되어 있다.
637. 소유격[Gen.] '기(gyi)'가 반복적으로 사용되어 있는데 여기서는 역접의 기능으로 보고 옮겼다.
638. '학쩨(lhag bcas)' '떼(te)'를 앞의 내용을 부연 설명하는 기능으로 보고 옮겼다.
639. '어떻게'로 옮긴 '지딸나(ji ltar na)'에는 'how, just as'라는 뜻도 있다.
640. 전체적으로 동일성을 통한 논파와 닮은 구조를 취하고 있으나 의문문의 형태로 되어 있다.
641. '학쩨(lhag bcas)' '떼(te)'를 원인, 이유를 설명하는 것으로 보고 옮겼다.
642. '그것[그릇된 것]과 반대되는 것'이라고 옮긴 '데레 록빠(de las bzlog pa)'는 TT의 'the opposite of that'에 따른 것이다. '록빠(bzlog pa)'는 『회쟁론(回諍論)』의 '회(回)'에 해당한다.
643. '사태(事態)'가 '외화되어 있는 사물이 감각 기관에 의해서 올바르게 포착된 대상'을 가리키기 때문에 '그릇된 (이유)'와는 형용 모순을 불러일으킨다는 뜻이다. VP에서는 이것[사태]이 그것[그릇된 것]과 반대되는 것으로 옮겨져 있다(p. 86). 여기서는 '~A[그릇된 것]: A[사태]'의 연속선상에서 이것과 그것을 설정하여 옮겼는데 의미상으로는 같다.
644. 인과의 그침 없는 작용을 나타내는 '상속(相續)'을 뜻하는 '뀨(rgyud)'가 쓰였다.

【용수의 그릇된 이유의 착란에 대한 논파】[655]

[59]

གཞན་ཡང་།   gzhan yang/

> 더 나아가,

མ་འཁྲུལ་བ་ནི་འཁྲུལ་པ་དང་བྲལ་བ་ལས་ཡིན་ནོ།།

ma khrul ba ni 'khrul pa dang bral ba las yin no//

....

[BD] 상속(相續): 인(因)은 과(果)를 내고, 과는 또 인이 되어 다른 과(果)를 내어 이렇게 인과가 차례로 계속하여 끊어지지 않는 것.

645. 한역에서 계(界)라고 옮긴 '다뚜(dhātu)'의 티벳어인 '캄(khams)'이 쓰였다. 일반적으로 '다뚜(dhātu)'는 '종류'를 뜻하지만 '원소, 본질'이라는 뜻도 있다. 여기서는 어떤 한 범주, 즉 '카테고리(category)'를 뜻하는 것으로 보고 옮겼다.

646. 일반적으로 '그 자체'를 뜻하는 '니(nyid)'를 여기서는 VP의 'basis'에 따라 근(根)이라고 옮겼다.

647. 탈격[Abl.] '레(las)'가 쓰였다.

648. 접속사 '암('m)'을 VP에서는 '또는'을 뜻하는 'or'로 옮겼으나 여기서는 순접의 기능을 하는 것으로 보고 옮겼다.

649. 탈격[Abl.] '레(las)'가 쓰였다.

650. 소유격[Gen.] '이('i)'를 인용으로 보고 옮겼다.

651. 원문 자체가 워낙 난잡한 형태라서 끊어서 윤문하여 옮겼다.
    내용의 요지는 사태의 특징을 자기 스스로 상속(相續)하여 전변(轉變)하는 것으로 정의하고, 그것에 대한 인식은 동일한 분석 범주가 아닌 경우, 즉 동일한 계(界)가 아닌 경우 인식할 수 없으며, 오직 동일한 분석 범주, 즉 동일한 계(界)를 통해서만 인식될 수 있다는 것을 가리키는 것으로 보고 옮겼다.

652. '결코'라고 옮긴 '쭝세(cung zad)'는 '조금, 약간'이라는 뜻이지만 부정문에 맞게 '결코'로 강조하여 옮겼다.

653. 이유와 그릇된 이유 이외의 제3의 '또 다른 이유'를 가리킨다.

654. '왜냐하면'을 뜻하는 '강기칠 ~(gang gi phyir ~)'은 '그러므로'를 뜻하는 '데이칠 ~(de'i phyir ~)'과 격을 맞추는데 여기서는 '데따 베나(de lta bas na)'와 격을 맞추고 있다.

655. '유사성과 상이성'이라는 개념을 통해서 논파하는 대목으로 전체적으로 28번 게송 이후의 실례에 대한 논파의 구조와 닮은 곳이 많다.

> 바로 그 (이유의 정의에 등장하는) 무착란(無錯亂)(은) 착란(錯亂)과 분리된 것이기 때문이다.[656]

མ་འཁྲུལ་བ་ཉིད་གང་ལས་ཤེ་ན།རང་གི་བདག་ཉིད་ལ་འཁྲུལ་པ་དང་བཅས་པ་ཡིན་པར་འགྱུར་རམ་མ་འཁྲུལ་བར་འགྱུར་གྲང་།གལ་ཏེ་བདག་ཉིད་ལ་འཁྲུལ་པར་མི་འགྱུར་བ་ཡིན་ན་འཁྲུལ་པ་དང་བཅས་པར་མི་འགྱུར་ཏེ།ཇི་ལྟ་ར་ཞེ་ན།བདག་ཉིད་རང་ངོ་བོ་མི་འདོར་བའི་ཕྱིར་རོ།།བདག་ཉིད་དེས་ཡོད་པ་ཉིད་ཀྱི་ཕྱིར་འཁྲུལ་པ་དང་བཅས་པར་མི་འགྱུར་རོ།།འོན་ཏེ་རང་གི་ངོ་བོ་འདོར་བར་བྱེད་པ་དེ་ལྟ་ན་ཡང་འཁྲུལ་པ་དང་བཅས་པ་མ་ཡིན་ཏེ།རང་གོ་ངོ་བོ་དོར་ནས་དེ་ཉིད་མེད་པའི་ཕྱིར་རོ།།རྣམ་པ་གཞན་དུ་ན་ཡང་རིགས་པ་ཡོད་པ་མ་ཡིན་ནོ།།འདི་སྐད་བསྟན་པར་འགྱུར་ཏེ།གཏན་ཚིགས་བསྒྲུབ་བྱ་སྒྲུབ་པར་བྱེད་པའི་རང་ཅན་གང་ཡིན་པ་དེ་ནི་བདག་ཉིད་དེས་འཁྲུལ་པ་ཅན་མ་ཡིན་ལ།བསྒྲུབ་བྱ་སྒྲུབ་པར་བྱེད་པའི་རང་བཞིན་མ་ཡིན་པ་དེ་ནི་གཏན་ཚིགས་མ་ཡིན་པ་ཉིད་ཀྱི་ཕྱིར་འཁྲུལ་པ་དང་བཅས་པ་མ་ཡིན་ཏེ།རྣམ་པར་རྟོག་པ་གསུམ་པ་མེད་པའི་ཕྱིར་རོ།།

ma 'khrul ba nyid gang las she na/rang gi bdag nyid la 'khrul pa dang bcas pa yin par 'gyur ram ma 'khrul bar 'gyur grang/gal te bdag nyid la 'khrul par mi 'gyur ba yin na 'khrul pa dang bcas par mi 'gyur te/ji ltar zhe na/bdag nyid rang ngo bo mi 'dor ba'i phyir ro//bdag nyid des yod pa nyid kyi phyir 'khrul pa dang bcas par mi 'gyur ro//'on te rang gi ngo bo 'dor bar byed pa de lta na yang 'khrul pa dang bcas pa ma yin te/rang go ngo bo dor nas de nyid med pa'i phyir ro//rnam pa gzhan du na yang rigs pa yod pa ma yin no//di skad bstan par 'gyur te/gtan tshigs bsgrub pya sgrub par byed pa'i rang can gang yin pa de ni bdag nyid des 'khrul pa can ma yin la/bsgrub bya sgrub par byed pa'i rang bzhin ma yin pa de ni gtan tshigs ma yin pa nyid kyi phyir 'khrul pa dang bcas pa ma yin te/rnam par rtog pa gsum pa med pa'i phyir ro//

....

656. '무착란(無錯亂)'으로 옮긴 '마툴와(ma khrul ba)'는 현량(現量)의 정의에 등장하는 '무분별(無分別), 무착란(無錯亂)'의 '무착란'과 같은 것으로, 영어로는 'non-mistaken'이라고 부른다. 즉, 이유의 정의에는 '무착란'이라는 뜻이 들어 있으므로 '그릇된'이라는 것과 배치된다는 뜻이다.
  '~이기 때문이다'로 옮긴 '레인노(las yin no)'의 탈격[Abl.] '레(las)'는 원인, 이유 등을 가리키고 있다.

만약 (그대가) "무착란성(無錯亂性)이 무엇이냐?"라고 묻는다면,[657] (중관논 사인 우리는) 자기 자신의 자성(自性)에서 '착란과 결합하여 된 것'이거나[658] '무착란(과 결합하여) 된 것'이라고[659] 일컫는 (것 가운데)[660] 만약 자성(自性)에 착란이 없게 된 것이 (존재하고) 있다면, (그것은) 착란과 결합하지 않게 된 것(라고 답할 것이다.) "어떻게?"라고 묻는다면,[661] (다음과 같이 답할 것이다. 왜냐하면)[662] 자성은 자기 자신의 실체[663]를 (결코) 버릴 수 없기 때문이다.[664] (또한) 그 자성은[665] 존재하는 것 자체이기 때문에 착란과 결합할 수 없다.[666] (더 나아가) 만약 자기 자신의 실체를 버리는 것을 행할 수 있다면, 그럴 수 있다면 (그것)도 또한[667] 착란과 결합할 수 없다. 왜냐하면[668] 자기 자신의 실체를 버린다면[669] 그것 자체는 존재하지 않는 것이 (되기) 때문이다. 만약 그렇지 않을 경우, (즉) 다른 형태에서도[670] 또한 올바른 인식이 존재하는 것이 아니다.

이와 같은 말씀은 (부처님에 의해서) 교시된 것이다.[671] 이유는 (그것의) 성립 대상에 성립을 행하는[672] 자기 자신을 갖춘 것(이기 때문에),[673] (그것이) 무엇이든 바로 그것인 그 자성은 착란을 갖춘 것이 아니다. 그리고[674] 성립 대상에 성립을 행하는[675] 자기 자신을 (갖춘 것이) 아닌 바로 그것은 이유가 아닌 것 자체이기 때문에[676] 착란과 결합된 것이 아니다.[677] (오직 이 둘만 존재한다.)[678] 왜냐하면 바로 그 세 번째 관찰하는 것[分別]은 존재하지 않기 때문이다.[679]

....

657. "'~이 무엇이냐?'라고 묻는다면'이라고 옮긴 것은 '강레 셰냐(gang las she na)'의 관용적인 용법에 따른 것이다.
658. 접속사 '람(ram)'을 '또는'으로 보고 옮겼다.
659. '라둔(la 'dun)'의 'r'을 인용을 뜻하는 것으로 보고 옮겼다.
660. '당(grang)'의 용법에 대해서는 4번 게송 각주 참조. 의미를 명확하게 하기 위하여 첨언하였다.
661. '지딸 셰냐(ji ltar zhe na)'를 관용적인 표현으로 보고 옮겼다. 첨언하여 옮기면 "(어떻게) 그와 같은가?"라고 말한다면 정도 된다.
662. 의미를 명확하게 하기 위하여 첨언하였다.
663. '실체'라고 옮긴 '노보(ngo bo)'에 대해서는 39번 게송 각주 참조.

【논박자의 착란과 결합된 이유가 존재한다는 주장】[680]

[60]

སྨྲས་པ།   smras pa/

（논박자가）이르길,

འཁྲུལ་པ་དང་བཅས་པའི་གཏན་ཚིགས་ཡོད་དོ།།

'khrul pa dang bcas pa'i gtan tshigs yod do//

....

664. 고정불변의 고유한 성격이라는 자성, 즉 아뜨만(ātman)의 정의를 뜻한다.
665. 도구격[Ins.] 's'가 쓰여 있어 주격[Nom.]으로 보고 옮겼다. VP의 첨언에 따르면 이것은 '이유'의 자성이지만 일반적인 자성의 성격이기도 하다.
666. '학쩨(lhag bcas)' '떼(te)'를 문장을 끊어 읽는 기능으로 보고 옮겼다.
667. 의미를 명확하게 하기 위하여 '그럴 수 있다면 (그것) 또한'으로 옮긴 '데따 나양(de lta na yang)'을 해자해보면, '만약 그렇다면, (그것) 또한' 정도 된다.
668. '학쩨(lhag bcas)' '떼(te)'를 원인, 이유를 설명하는 것으로 보고 옮겼다.
669. 탈격[Abl.] '네(nas)'가 쓰였는데 여기서는 시간의 전후, 조건을 가리키는 것으로 보고 옮겼다.
670. '만약 그렇지 않을 경우, (즉) 다른 종류에서는'이라고 옮긴 '남빠 셴두나(mam pa gzhan du na)'에 대해서는 33번 게송 각주 참조. VP에서는 이것을 '그렇지 않을 경우', 즉 'otherwise'로 한 단어로 옮기고 있다.
671. 이 문장은 티벳어로 된 경(經)의 도입부에 등장한 '이와 같은 말씀이 한때 나에게 들렸다.'를 뜻하는 '디게 닥기 퇴바두 찌나('di skad bdag gis pa dus gcig na)'와 동일한 구조를 갖추고 있다. 즉, 이하의 논의는 부처님이 교시하신 것과 같다는 뜻이다.
    '학쩨(lhag bcas)' '떼(te)'를 문장을 종결하며 다음 결론 부분을 도입하는 것으로 보고 옮겼다.
672. 소유격[Gen.] '이('i)'를 수식의 기능으로 보고 옮겼다.
673. 다음 행에 '끼 칠(kyi phyir)'이 생략된 것으로 보고 첨언하여 옮겼다.
674. '라둔(la 'dun)'의 '라(la)'가 순접 접속사 'and'로 쓰인 경우다.
675. 소유격[Gen.] '이('i)'를 수식의 기능으로 보고 옮겼다.
676. 소유격[Gen.] '끼(kyi)'와 원인, 이유를 나타내는 '칠(phyir)'이 같이 쓰인 경우다.
677. '학쩨(lhag bcas)' '떼(te)'를 원인, 이유를 설명하는 것으로 보고 옮겼다.
678. 다음 행 앞의 접속사 앞에 생략된 것을 의미에 맞게 첨언하였다.
679. 세 번째의 다른 것이 존재하지 않는다는 언급은 50번 게송의 원주석과 같다.
680. 매우 예외적인 게송으로 논박자의 주장이 하나의 게송과 원주석 전체를 이루고 있다.

> "(그래도) 착란과 결합된 이유는 존재한다.

འདི་ལྟ་སྟེ། ནམ་མཁའ་དང་ལས་ཞེས་བྱ་བ་དག་ལ་ལུས་ཅན་མ་ཡིན་པ་ཉིད་དང་། རྡུལ་ཕྲ་རབ་དང་། བུམ་པ་ཞེས་
བྱ་བ་ལ་སོགས་པ་ལ་སྤྱི་དང་ཁྱད་པར་ལྟ་བུའོ།།

'di lta ste/nam mkha' dang las zhes bya ba dag la lus can ma yin pa nyid dang/rdul

phra rab dang/bum pa zhes bya ba la sogs pa la spyi dang khyad par lta bu'o//

> 예를 들자면,[681] '허공[682]이나 업(業)이라고 하는 것들'은[683] 형체를 갖지
> 않는 것 자체이고 '극미(極微)[684]와 물단지라는 것들'은 (형체를 갖는 것
> 가운데) 보편적인 것[總]과 개별적인 것[別][685]인 것과 같(기 때문)이다."

【용수의 논박자의 착란과 결합된 이유의 예에 대한 논파】[686]

[61]

ཞེན་མ་ཡིན་ཏེ། དེ་དག་ནི་གཞན་ཡིན་པའི་ཕྱིར་རོ།།

zhe na ma yin te/de dag ni gzhan yin pa'i phyir ro//

....
681. '예를 들자면'으로 옮긴 '디따 떼('di lta ste)'는 '디따 떼 뻴나('di lta ste dper na)'의
      축약형이다. 관용적인 표현이다.
682. '허공' 또는 '하늘, 공간'을 뜻하는 '남카(nam mkha')'가 쓰였다. '눈에 보이지 않지만
      존재하는 것'을 뜻하는 예로 사용된 듯하다.
683. '라둔(la 'dun)'의 '라(la)'는 인용을 뜻하는 것으로 보고 옮겼다.
684. '극미(極微)'라고 옮긴 '둘따랍(rdul phra rab)'을 VP에서는 '원자(atom)'라고 옮겼는데
      더 나눌 수 없는 가장 작은 물질적인 요소를 가리킨다.
685. '보편적인 것[總]과 개별적인 것[別]'으로 옮긴 '찌당 케빠(spyi dang khyad pa)'는 '총별(總
      別)'을 유념하면서 옮긴 것인데, 일반적으로 '별(別)'은 '쩨닥(bye brag)'이라고 쓴다.
      여기서 뜻하는 바는 어떤 물질적인 것이거나 그것은 가장 작은 물질로 이루어진 보편성을
      띠고 있으나, 그 드러난 모습은 모두 개별적인 것이라는 뜻이다.
686. 바로 앞의 게송의 원주석에 등장하는 예들을 구체적으로 논파하고 있다.

(그와 같이) 그대가 말할지라도[687] (그것은 옳은 것이) 아니다. 왜냐하면[688] (그대가 예로 든) 바로 그것들에는 다른 (경우들이 존재하고) 있기 때문이다.

དེ་ནི་ཡོད་པ་མ་ཡིན་ནོ།།གང་ལས་ཤེ་ན་དེ་དག་གཞན་ཉིད་ཡིན་པའི་ཕྱིར་རོ།།ནམ་མཁའ་ལ་ཡོད་པའི་ལུས་ཅན་མ་ཡིན་པ་གང་ཡིན་པ་དེ་ནི་དེ་ཉིད་ལས་དང་བློ་ལ་ཡོད་པར་རིགས་པ་མ་ཡིན་ཏེ་སྐྱེས་པ་དང་མ་སྐྱེས་པ་འགལ་བའི་ཕྱིར་རོ།།འདིར་ལས་དང་བློ་ལ་སོགས་པ་དག་གི་ལུས་ཅན་མ་ཡིན་པ་ནི་སྐྱེ་བ་དང་ལྡན་པ་ཡིན་ལ་ནམ་མཁའི་མ་ཡིན་པ་ཉིད་དོ།།ནམ་མཁའི་ལུས་ཅན་མ་ཡིན་པ་ཉིད་གང་ཡིན་པ་དེ་ནི་ལས་ལ་ཡོད་པ་མ་ཡིན་ཏེ།གང་གི་ཕྱིར་ལས་ནི་སྐྱེ་བ་དང་ལྡན་པའི་ཕྱིར་རོ།།ལུས་ཅན་མ་ཡིན་པ་དེ་དང་ལྷན་ཅིག་སྐྱེ་བ་ན་སྐྱེ་བ་དང་།དེས་འཇིག་པ་ན་ཡང་འཇིག་པའི་ཕྱིར་རོ།།དེའི་ཕྱིར་ནམ་མཁའ་དང་ལུས་ཅན་མ་ཡིན་པ་གཞན་ཉིད་ཡིན་ནོ།།ནམ་མཁའི་ལུས་ཅན་མ་ཡིན་པ་ཉིད་གང་ཡིན་པ་དེ་ལས་བློ་ལ་སོགས་པ་ལ་རིགས་པ་མ་ཡིན་ལ་ལས་ཀྱི་ལུས་ཅན་མ་ཡིན་པ་དེ་གང་ཡིན་པ་དེ་ཡང་ན་མ་མཁའ་ལ་ཡོད་པ་མ་ཡིན་ནོ།།སྐྱབ་པ་དང་སྲུན་འབྱིན་པ་ལ་རྒྱུ་མཚན་འགའ་ཞིག་ཡོད་པ་སྐྱབ་པར་བྱེད་པ་གང་ཡིན་པ་དེ་སྐྱབ་པར་བྱེད་པ་ཉིད་དུ་མི་འཁྲུལ་ལ།དེ་བཞིན་དུ་སྲུན་འབྱིན་པ་ལ་ལ་ཡང་བརྟོད་པར་བྱའོ།།དེའི་ཕྱིར་འཁྲུལ་པ་དང་ལུན་པའི་གཏན་ཚིགས་ནི་ཡོད་པ་མ་ཡིན་ནོ།།འགལ་བ་ཉིད་ཡིན་གྱི་འཁྲུལ་པ་དང་བཅས་པ་ནི་མ་ཡིན་ནོ།།དེའི་ཕྱིར་ནམ་མཁའི་ལུས་ཅན་མ་ཡིན་པ་ཉིད་དེ་དག་པ་ཉིད་ནི་སྐྱབ་པ་ལ་འཁྲུལ་པ་མ་ཡིན་ནོ།།ལས་ལ་སོགས་པ་ལ་ལ་ཡང་དེ་བཞིན་ནོ།།དཔེ།

de ni yod pa ma yin no//gang las she na de dag gzhan nyid yin pa'i phyir ro//nam mkha' la yod pa'i lus can ma yin pa gang yin pa de ni de nyid las dang blo la yod par rigs pa ma yin te skyes pa dang ma skyes pa 'gal ba'i phyir ro//'dir las dang blo la sogs pa dag gi lus can ma yin pa ni skye ba dang ldan pa yin la/nam mkha'i ma yin pa nyid do//nam mkha'i lus can ma yin pa nyid gang yin pa de ni las la yod pa ma yin te/gang gi phyir las ni skye ba dang ldan pa'i phyir ro//lus can ma yin pa de dang lhan cig skye ba na skye ba dang/des 'jig pa na yang 'jig pa'i phyir ro//de'i phyir nam mkha' dang lus can ma yin pa gzhan nyid yin no//nam mkha'i lus can ma yin pa nyid gang yin pa de las blo la sogs pa la rigs pa ma yin la las kyi lus can ma

---

687. 인용을 뜻하는 '셰(zhe)'와 가정을 뜻하는 '나(na)'가 같이 쓰였는데 '나(na)'를 'even though'로 보고 옮겼다.

688. '학쩨(lhag bcas)' '떼(te)'를 원인, 이유를 설명하는 것으로 보고 옮겼다.

yin pa nyid gang yin pa de yang nam mkha' la yod pa ma yin no//sgrub pa dang sun

'byin pa la rgyu mtshan 'ga' zhig yod pa sgrub par pyed pa gang yin pa de sgrub par

byed pa nyid du mi 'khrul la/de bzhin du sun 'byin pa la yang brjod par bya'o//de'i

phyir 'khrul pa dang ldan pa'i gtan tshigs ni yod pa ma yin no//gal ba nyid yin gyi

'khrul pa dang bcas pa ni ma yin no//de'i phyir nam mkha'i lus can ma yin pa nyid

ni rtag pa nyid ni sgrub pa la 'khrul pa ma yin no//las la sogs pa la yang de bzhin

no//daṇḍa

바로 그 (예들)은 존재하는 것이 아니다. (그대가) "왜 그런가?" 하고 묻는다면, (중관논사인 우리는) '그것들에는 다른 것 자체가 (존재하고) 있기 때문이다.'(라고 답할 것이다.)[689] 허공에는 존재하는 형체가 없다는 것,[690] (그것이) 무엇이든 바로 그것이 '그것 자체의 행(行, action)[691]과 마음에 존재한다는 것'은[692] 합리적이지 않다. 왜냐하면[693] 생겨난 것[生]과 생겨나지 않는 것[不生]은 모순되는 것이기 때문이다.

여기서는, (즉 허공처럼) 바로 그 행(行, action)과 마음 등의 형체가 없는 것이 '생겨난 것[生]을 갖는다는 것'은[694] '허공'이라는 것이[695] (존재하는 것이) 아니라는 것 자체(라는 뜻이다.)[696] (또한) '허공'이라는 것이[697] 형체가 없는 것 자체(라면), (그것이) 무엇이든 바로 그것은 형체를 (가진) 존재가 아니(라는 뜻이다.)[698] 왜냐하면 바로 그 행(行, action)이라는 것이 생겨난 것[生]을 갖추고 있기 때문이다. (왜냐하면 만약 허공의 행이) 그 형체가 없는 것과 함께 생겨나는 것이라면 (생겨날 때)[699] 생겨나고 그것은[700] 사멸[滅]할 때도 또한 사멸하게 될 것이기 때문이다.[701] 그러므로 (이와 같은 논의는 옳지 않고) 허공[의 행(行)][702]과 형체가 없는 것은 (전혀) 다른 것 자체이다.

(또한) '허공'이라는 것이[703] 형체가 없는 것 자체(라면), (그것이) 무엇이든 바로 그 때문에 마음 등에 (존재한다는 것은)[704] 합리적이지 않고[705] 행(行, action)의 형체가 없는 것 자체, (그것이) 무엇이든 그것도 또한 허공에 존재하는 것이 아니다.[706]

증명과 (그것에 대한) 반론[707]에는 어떤 근거[708]가 존재하는데 (그것이) 무엇이든 증명을 행하기 위한 그것은,[709] (즉) 그 증명을 행하는 것 자체는 무착란성(無錯亂)에 (입각하여 표현해야 한다.) 그리고[710] 그와 마찬가지로 반론도 또한 (무착란성에 입각하여) 논파해야 한다.[711] 그러므로 착란과 결합된 바로 그 이유는 존재하는 것이 아니다. '모순 자체인 것'의 바로 그 '착란과 결합하여 된 것'도 (또한 존재하는 것이) 아니다.[712] 그러므로 바로 그 '허공'이라는[713] 형체가 없는 것 자체는 항상하다[恒常性][714]는 증명[715]에서 착란은 (결코 존재하는 것이) 아니다. 행(行, action) 등에서도 또한 그와 같다.[716]

---

689. 의미를 명확하게 하기 위하여 첨언하였다.

690. 바로 앞 60번 게송의 원주석에 등장한 '허공이나 업(業)이라고 하는 것들은 형체를 갖지 않는 것 자체' 가운데 허공의 예를 든 것인데, 우리말로 너무 난잡하여 윤문하여 옮겼다. '남카라 외빼 루첸 마인빼(nam mkha' la yod pa'i lus can ma yin pa)'를 직역하면 '허공에 존재하는 형체를 갖지 않는 것' 정도 된다.

691. '행(行, action)'으로 옮긴 '레(las)'는 '업(業)'을 뜻한다. 여기서는 허공 자체가 행하는 것, 즉, 사물, 사태의 '존재의 집'인 공간의 목적을 뜻한다.

692. '라둔(la 'dun)'의 'r'을 인용을 뜻하는 것으로 보고 옮겼다.

693. '학쩨(lhag bcas)' '떼(te)'를 원인, 이유를 설명하는 것으로 보고 옮겼다.

694. '라둔(la 'dun)'의 '라(la)'를 인용을 뜻하는 것으로 보고 옮겼다.

695. 소유격[Gen.] '이('i)'를 인용으로 보고 옮겼다.

696. 의미를 명확하게 하기 위하여 첨언하였다.

697. 소유격[Gen.] '이('i)'를 인용으로 보고 옮겼다.

698. '학쩨(lhag bcas)' '떼(te)'를 문장을 끊어 읽는 기능으로 보고 옮겼다.

699. 가정법의 '나(na)'가 반복되어 있어 시간의 특정 시점이 축약되어 있는 것으로 보고 옮겼다.

700. VP에서는 (허공의) 행(行)을 두고 옮기고 있는 것에 따랐다.

701. 여기서는 만약 허공이 생겨나는 것과 결합할 경우, 그것의 정의와 그것의 행(行)에서 모순이 발생하는 것을 언급하는 것으로 보고 옮겼다.

702. VP는 소유격[Gen.] '이('i)'를 넣고 있으나 날탕판에서는 빠져 있다. 여기서는 뒤따라 나오는 '당(dang)'과 병렬 구조를 이루기 위한 것으로 보고 날탕판에 따라 옮겼다.

703. 소유격[Gen.] '이('i)'를 인용으로 보고 옮겼다.

704. 도입부에 등장한 것이 생략된 것을 첨언하여 옮겼다.

705. '라둔(la 'dun)'의 '라(la)'가 순접 접속사 'and'로 쓰인 경우다.

706. 티벳어 원문에 따라 직역하였는데 만약 산스끄리뜨어 원문이었다면 허공의 행(行)에 대한 논파와 그것이 마음에 반영되는 것에 따른 순서로 옮길 수 있다. 티벳어로 옮기면서 이 점을 산스끄리뜨어 문장 구조에 따라 직역하여 발생한 문제다.

【용수의 시간의 찰나성을 통한 논박자의 착란과 결합된 이유에 대한 논파】[717]

[62]

གཞན་ཡང་།   gzhan yang/

> 더 나아가,

སྐད་ཅིག་མ་ཉིད་ཀྱི་ཕྱིར་རོ།།   skad cig ma nyid kyi phyir ro//

> 찰나성(刹那性) 때문이다.

---

707. [BD]에 따르면, '증명과 (그것에 대한) 반론'이라고 옮긴 '둡빠 당 쑨진빠(sgrub pa dang sun 'byin pa)'에는 '성립하는 것과 파괴하는 것'이라는 관용적인 뜻이 있으나 여기서는 어떤 논증의 성립, 즉 증명과 그것에 대한 반론으로 보고 옮겼다.
708. '원인, 이유'를 뜻하는 '규첸(rgyu mtshan)'이 쓰였다. 여기서는 니야야 학파의 '이유'와의 혼돈을 피하기 위하여 '근거'로 옮겼다.
709. 다음 문장 때문에 '강인빠 데(gang yin pa de)'의 '데(de)'를 처격[loc.]이 생략된 것으로 보고 옮겼다.
710. '라둔(la 'dun)'의 '라(la)'가 순접 접속사 'and'로 쓰인 경우다.
711. 생략된 부분을 첨언하여 풀어서 옮겼다.
712. 어떤 모순된 것일 경우 올바른 인식을 행할 수 없다는 점은 명확한데, 앞에서 이어지는 것으로 보고 옮겼다.
713. 소유격[Gen.] '이('i)'를 인용으로 보고 옮겼다.
714. 앞에서 반복적으로 사용된 '허공이라는 것이 형체가 없는 것 자체'를 '항상하다'는 주장에 맞게 윤문하여 옮겼다. '항상하다[恒常性]'라고 옮긴 '딱빠 니(rtag pa nyid)'는 '항상성(恒常性)'을 가리키는데 풀어쓰면, '항상하는 바로 그 자체' 정도가 된다.
715. 바로 앞에서 '성립한다'를 뜻하는 '둡빠(sgrub pa)'를 '증명'이라고 옮겼기 때문에 이에 따랐다.
716. 티벳어 원문에는 '마침표', 또는 '쉼표'를 뜻하는 산스끄리뜨어 '단다(daṇḍa)'가 쓰여 있는데 이것을 보면 『세마론』이 거의 초벌 수준의 번역이 아니었을까?'라는 생각이 든다.
717. 시간의 찰나성을 통한 논파로, 바로 앞 게송의 원주석에 등장하는 '증명과 (그것에 대한) 반론'에 등장하는 대상의 무상(無常)을 통한 논파다. 생주멸(生住滅)의 주(住)에 따라 바로 앞의 원주석과 이어져 있다.

དོན་གང་ལ་བསྒྲུབ་པའམ་སུན་འབྱིན་པར་བྱེད་པ་དེ་ལ་འཇིག་པ་ཡོད་པ་ན་སྒྲུབ་པའམ་སུན་འབྱིན་པར་བྱེད་པ་རི
གས་པ་མ་ཡིན་ནོ།།གཉི་ག་གནས་པ་ཡིན་ན་གཏན་ཚིགས་སྒྲུབ་པའམ་སུན་འབྱིན་པར་བྱེད་པ་ཡིན་གྱི་དེ་འཇིག་པ་ན་
གཏན་ཚིགས་དེ་སྒྲུབ་པའམ་སུན་འབྱིན་པར་བྱེད་པར་རིགས་པ་མ་མ་ཡིན་ཏེ།གཉི་ག་གནས་པ་མེད་པའི་ཕྱིར་རོ།དེའི་
ཕྱིར་འཁྲུལ་པ་དང་བཅས་པའི་གཏན་ཚིགས་ཡོད་པ་མ་ཡིན་ནོ།།

don gang la bsgrub pa'm sun 'byin par byed pa de la 'jig pa yod pa na sgrub pa'am
sun 'byin par byed pa rigs pa ma yin no//gnyi ga gnas pa yin na gtan tshigs sgrub
pa'm sun 'byin par byed pa yin gyi de 'jig pa na gtan tshigs de sgrub pa'am sun 'byin
par byed par rigs pa ma yin te/gnyi ga gnas pa med pa'i phyir ro//de'i phyir 'khrul
pa dang bcas pa'i gtan tshigs yod pa ma yin no//

어떤 것[인식 대상]에 대한 증명과 (그것에 대한) 반론, 그것을 행하는
것에 (그 인식 대상의) 사멸[滅]이 존재한다면 증명과 (그것에 대한) 반론을
행하는 것은 합리적이지 않다. (인식 대상에 증명과 그것에 대한 반론이라는)
둘이 머물고[住] 있을 때[718] (합리적인) 이유(에 따라) 증명과 (그것에 대한)
반론을 행할 수 있지만,[719] 그것이 사멸[滅]할 때[720] (그 합리적인) 이유(에
따라) 증명과 (그것에 대한) 반론을 행하는 것은 (더 이상) 합리적이지
않다. 왜냐하면[721] (인식 대상에 증명과 그것에 대한 반론이라는) 둘이 머무는
것[住]이 존재하지 않기 때문이다. 그러므로 착란과 결합된 이유는 존재하는
것이 아니다.[722]

【논박자의 착란과 결합한 이유가 존재한다는 주장】[723]

....

718. 가정법의 '나(na)'를 특정한 조건으로 보고 옮겼다.
719. 소유격[Gen.] '기(gyi)'를 역접의 기능인 'but'으로 보고 옮겼다.
720. 가정법의 '나(na)'를 특정한 조건으로 보고 옮겼다.
721. '학쩨(lhag bcas)' '떼(te)'를 원인, 이유를 설명하는 것으로 보고 옮겼다.
722. 어떤 인식 대상이 고정된 실체가 아니라 변화, 운동하는 것이기 때문에 그것을 반영하는
     것 자체가 옳지 않다는 뜻이다.
723. 게송과 원주석이 논박자의 주장이다.

སྨྲས་པ།   smras pa/

(논박자가) 이르길,

ཁྱོད་ཀྱི་གཏན་ཚིགས་ཐམས་ཅད་འགལ་བར་བརྗོད་པ་ཡིན་གྱི་འཁྲུལ་པ་དང་བཅས་པ་ནི་མ་ཡིན་ནོ།།

khyod kyi gtan tshigs thams cad 'gal bar brjod pa yin gyi 'khrul pa dang bcas pa
ni ma yin no//

'그대의 모든 이유는 모순적이다.'라는[724] 언급[725]으로 인하여[726] 바로
그 착란과 결합한 것[727]은 (존재하는 것이) 아니다.

མ་ཉེས་པ་ཁོ་ན་འཁྲུལ་པ་དང་བཅས་པ་ཡིན་ནོ།།སྒྲུབ་པར་བྱེད་པ་གང་ཡིན་པ་དེ་སྒྲུབ་པར་བྱེད་པ་ཉིད་ལ་མ་འཁྲུ་
ལ་པ་ཡིན་ལ་དེ་བཞིན་དུ་སུན་འབྱིན་པར་བྱེད་པ་ལ་ཡང་བརྗོད་པར་བྱའོ།།དེའི་ཕྱིར་འཁྲུལ་པ་དང་ལྡན་པའི་གཏན་
ཚིགས་མེད་པའི་ཕྱིར་ཞེས་འགལ་བ་ཉིད་ཡིན་ནོ་ཞི་ན།

ma nyes pa kho na 'khrul pa dang bcas pa yin no//sgrub par byed pa gang yin pa
de sgrub par byed pa nyid la ma 'khrul pa yin la/de bzhin du sun 'byin par byed pa
la yang brjod par bya'o//de'i phyir 'khrul pa dang ldan pa'i gtan tshigs med pa'i phyir

....

724. 소유격[Gen.] '끼(kyi)'로 연결되어 '그대의'로 옮긴 모든 이론 '쾨끼(khyod kyi)'의 상대방
이 뜻하는 바는 중관학파를 가리킨다.
     '라둔(la 'dun)'의 'r'을 인용을 뜻하는 것으로 보고 옮겼다.
725. '논쟁하다, 논파하다, 말하다, 표현하다' 등으로 두루 쓰였던 '죄빼(brjod pa)'가 쓰였는데
이전의 게송들에서 용수가 니야야 학파를 논파했던 바로 그 주장 때문에 모순이 발생한다
는 뜻이다. '논파하는 것'으로 옮길 수도 있으나 다음 게송의 원주석과 이어져 있어
'언급'으로 옮겼다.
726. 소유격[Gen.] '기(gyi)'가 쓰였는데 여기서는 매우 예외적인 용법으로 원인, 이유 등을
뜻하는 'by'에 해당한다.
727. '착란과 결합한 이유'를 가리킨다.

zhes 'gal ba nyid yin no zhe na/

> (중관학파인 그대의 의견에 따르면,) 오직 무오류(의 이유)만 착란과 결합할 수 있다.[728] 증명을 행하는 것, (그것이) 무엇이든 바로 그것은, (즉) '증명을 행하는 것 그 자체'는[729] 무착란인 것이고[730] 그와 같이 '(증명에 대한) 반론을 행하는 것'도 또한 (무착란에 입각하여) 논파해야 한다.[731] "'그러므로 착란과 결합한 이유는 존재하지 않기 때문에'라는 (그대의) 언급은[732] 모순적인 것 자체[矛盾性]이다.'"[733] 라고 (논박자인 그대가) 말한다면,

【용수의 주장과 이유 간의 순차성을 통한 착란과 결합한 이유가 존재한다는 논박자의 주장에 대한 논파】[734]

[64]

བརྗོད་པར་བྱ་སྟེ།   brjod par bya ste/

> (이것은) 다음과 같이 논파할 수 있다.

....
728. VP에서는 이것을 니야야 학파의 견해로 보고 있다(p. 89). 여기서는 원래의 게송에 이어지는 것으로 보고 옮겼다.
729. '라둔(la 'dun)'의 '라(la)'를 인용을 뜻하는 것으로 보고 옮겼다. 처격[loc.]으로 옮길 경우, '~에서는' 정도 된다. 이 경우, '증명을 행하는 것 그 자체에서는'으로 옮길 수 있다. VP에서는 '그 자체'라고 옮긴 '니(nyid)'를 자성(自性), 즉 'nature'로 옮기고 있다.
730. '라둔(la 'dun)'의 '라(la)'가 순접 접속사 'and'로 쓰인 경우다.
731. '바로 앞 게송의 원주석의 내용을 축약한 것'이라는 용수의 주장이다.
732. '라는 (그대의) 언급은'이라고 옮긴 '세(zhes)'는 인용을 뜻한다.
733. 이 원주석이 뜻하는 바는, 중관학파의 주장처럼 '착란과 결합하는 이유는 존재하지 않는다.'가 대전제로 성립할 경우, 이에 대한 반대인 '무착란과 결합하는 이유'에 대한 논파라는 것은 성립하지 않기 때문에 모순이 발생한다는 뜻이다.
734. 여기서 용수는 니야야 학파의 오분작법에 등장하는 주장과 이유가 순차적으로 적용할 경우, 그것들에는 모순이 발생하지 않는다는 논법을 취하고 있다.

སྔ་མ་དང་ཕྱིར་མར་འབྱུང་བའི་ཕྱིར་འགལ་བ་མེད་དོ།།

snga ma dang phyir mar 'byung ba'i phyir 'gal ba med do//

(이유는 주장의) 이전이나 이후에 생기는 것이기 때문에 (그 주장의 이유에는) 모순이 존재하지 않는다.[735]

འགལ་བར་བརྗོད་པ་གང་ཡིན་པ་དེ་ནི་མེད་དེ།རེ་ཞིག་སྔ་མ་ལ་འགལ་བ་མེད་དེ་ཕྱི་མ་མེད་པའི་ཕྱིར་རོ།།ཕྱི་མར་བརྗོད་པ་ལ་ཡང་འགལ་བ་མེད་དེ།སྔ་མའི་གཏན་ཚིགས་མེད་པའི་ཕྱིར་རོ།།གཉི་ག་དུས་གཅིག་ཏུ་གནས་པ་ན་འགལ་བ་ཡིན་ལ།རྒོལ་བ་དང་ཕྱིར་རྒོལ་བ་དུས་གཅིག་ཁོ་ནར་ལན་དང་ཕྱིར་རྒོལ་བའི་ལན་དག་སྨྲ་བའི་སྐབས་ནི་མེད་དེ།ལྷན་ཅིག་གནས་པ་མེད་པ་དག་ནི་འགལ་བ་མེད་པའི་ཕྱིར་རོ།།

'gal bar brjod pa gang yin pa de ni med de/re zhig snga ma la 'gal ba med de phyi ma med pa'i phyir ro//phyi mar brjod pa la yang 'gal ba med de/snga ma'i gtan tshigs med pa'i phyir ro//gnyi ga dus gcig tu gnas pa na 'gal ba yin la/rgol ba dang phyir rgol ba dus gcig kho nar lan dang phyir rgol ba'i lan dag smra ba'i skabs ni med de/lhan cig gnas pa med pa dag ni 'gal ba med pa'i phyir ro//

'모순'이라고 일컫는,[736] (그것이) 무엇이든 바로 그것은 존재하지 않는다. 왜냐하면[737] 1) 어떤 (이유가 주장) 이전에 (존재하는 것에서) 모순은 존재하지 않고[738] 2) (어떤 이유가 주장) 이후에 (존재하는 것에서) 모순은 존재하지 않기 때문이다.

(전자의 경우는 물론이거니와 후자인) 2) (어떤 이유를 주장) 이후에

---

735. 이 원게송이 뜻하는 바는 62번 게송처럼 생주멸(生住滅)의 주(住)의 상태에서 고정된 실체를 가진, 즉 항상하는 이유가 존재한다는 것이 아니라, 바로 앞의 63번 게송의 논박자의 이론을 논파하기 위해서, 즉 주장의 이유가 주장의 전후에 이루어지는 것이기 때문에 '그릇된 이유'가 아닌 '이유'의 경우에만 논리적으로 설명이 가능하다는 뜻이다.

언급하는 것에서도 또한 모순은 존재하지 않는다. 왜냐하면[739] (주장 이전에) 이유는 존재하지 않는 것이기 때문이다.[740] (그러나) (주장과 이유) 이 둘이 동시에 (같은 곳에) 머문다면 모순은 존재한다.[741] 그렇지만[742] 논박과 재논박[743]할 때[744] 오직 대답을 (할 때), 그리고 재논박의 대답들을 말할 때, 바로 그 (때) (모순은) 존재하지 않는다.[745] 왜냐하면[746] 바로 (그것들은) 동시에 (같은 곳에) 머물지 않는 것들(이기에) 모순이 존재하지 않기 때문이다.

【용수의 삼시(三時)의 불성립을 통한 착란과 결합한 이유가 존재한다는 논박자의 주장에 대한 논파】[747]

....

736. 바로 앞의 원게송의 도입부를 그대로 인용, 논파하고 있다.
737. '학쩨(lhag bcas)' '데(de)'를 원인, 이유를 설명하는 것으로 보고 옮겼다.
738. '학쩨(lhag bcas)' '데(de)'를 순접 접속사 'and'로 보고 옮겼다.
739. '학쩨(lhag bcas)' '데(de)'를 원인, 이유를 설명하는 것으로 보고 옮겼다.
740. 여기서는 니야야 학파의 오분작법(五分作法)에 따라, 1) 주장, 2) 이유의 순차성을 강조하고 있다.
741. 원문에는 앞에서 '~이다'로 옮겼던 '인(yin)'만 사용되어 있다.
742. '라둔(la 'dun)'의 '라(la)'가 역접 접속사 'but'으로 쓰인 경우다.
743. '논박과 재논박'으로 옮긴 '골와당 칠골와(rgol ba dang phyir rgol ba)'는 어떤 주장과 이유 등을 통해 성립된 것에 대한 논박과 그리고 그것에 뒤이은 재논박을 가리킨다.
744. 시간의 특정 시점을 가리키는 '두찍(dus gcig)'이 쓰였다.
745. 주장과 원인이 순차성을 가질 경우, 동시적이 아니기 때문에 모순이 발생하지 않는다는 뜻이다.
746. '학쩨(lhag bcas)' '데(de)'를 원인, 이유를 설명하는 것으로 보고 옮겼다.
747. 삼시(三時)의 불성립에 대한 논파는 『중론』, 「제19품. 시간에 대한 고찰」의 주제로, 여기서는 그것에 대한 약본에 해당한다. VP에서는 제19품의 세 번째 게송까지 참고하라고 되어 있다(p. 200). 참고로 졸역의 이 세 게송들은 다음과 같다.

  [253. (19-1)]
  현재를 생기게 하는 것, 그리고 미래(를 생기게 하는 것이)
  만약 과거(라는 시간)에 의지한 것이라면
  현재를 생기게 하는 것, 그리고 미래(를 생기게 하는 것은)
  과거라는 시간 속에 존재해야(만) 된다.

  [254. (19-2)]
  현재를 생기게 하는 것, 그리고 미래(를 생기게 하는 것이)
  만약 그것[=과거]에 의지한 것이 아니라면

སྨྲས་པ་འདས་པའི་དུས་ཞེས་བྱ་བ་གཏན་ཚིགས་ལྟར་སྣང་བ་ཡོད་དོ། །དེ་ཡོད་པས་གཏན་ཚིགས་ལྟར་སྣང་བ་ཡོ
ད་དོ་ཞེན་བརྗོད་པར་བྱ་སྟེ།

smras pa/'das pa'i dus zhes bya ba gtan tshigs ltar snang ba yod do//de yod pas
gtan tshigs ltar snang ba yod do zhe na brjod par bya ste/

(논박자가) 이르길, "(그대의 주장처럼) '과거의 시간'이라고 불리는 것에 그릇된 이유는 존재한다. 그것이 존재하기 때문에[748] 그릇된 이유는 (현재) 존재한다."[749]라고 (그대가) 말한다면, (이것은) 다음과 같이 논파할 수 있다.

འདས་པ་ནི་འདས་པའོ། །   འདས་པ་ཞེས་བྱ་བ་འདས་པར་གྱུར་པའོ། །

'das pa ni 'das pa'o//'das pa zhes bya ba 'das par gyur pa'o//

바로 그 과거(過去)란 과거[가버린 시간]이다. (그래서) '가버린 시간'이라고 불리게 된 것이다.[750]

....

현재를 생기게 하는 것, 그리고 미래(를 생기게 하는 것이)
어떻게 그것[=과거]에 의지한 것이겠는가?

[255. (19-3)]
바로 그 과거에 의지하지 않는
그 (현재와 미래라는) 두 가지 (시간)은 성립하지 않는다.
그러므로 현재를 생기게 하는 것과
미래(를 생기게 하는) 시간도 또한 존재하지 않는다.

748. 도구격[Ins.] 's'를 원인, 이유로 보고 옮겼다.
749. 논박자의 이와 같은 주장은 앞에서 이어진 주장과 이유의 순차성을 '과거의 시간'이라는 한 시간대에 묶어서 펼치는 반론에 해당한다.
750. '과거(過去)'의 정의를 통해서, 즉 현재 존재하지 않는다는 것을 통한 논파다. VP에서는 '과거'를 뜻하는 '데빠('das pa) 대신에 산스끄리뜨어 '까라띠따(kālātīta)'를 병기하고

འདིར་ཁྱོད་ཀྱི་བུམ་པའི་བདག་ཉིད་ཀྱི་དུས་ནི་ད་ལྟ་བ་ཡིན་ལ། འཇིམ་གོང་གི་དུས་ནི་འདས་པ་ཡིན་ཞིང་གྱོ་མོའི་
བདག་ཉིད་མ་འོངས་པའི་དུས་ཡིན་པར་བརྗོད་དོ། །གྱོ་མོ་མ་འོངས་པ་དེའི་ཕྱིར་ཡང་འཇིམ་གོང་དང་བུམ་པའི་དུས་དག་
ག་འདས་པར་གྱུར་པ་ཡིན་ནོ། །དེའི་ཚེ་དེ་དག་མེད་པའི་ཕྱིར་འདི་ནི་གང་གི་མ་འོངས་པར་འགྱུར་ད་ལྟར་དང་འདས་
པ་ཡོད་དོ་ཞེ་ན་དེ་ཡང་མ་ཡིན་ཏེ། ད་ལྟར་གྱི་དུས་ལ་འདས་པ་མེད་པའི་ཕྱིར་དང་དེ་བཞིན་དུ་འདས་པའི་དུས་ལ་ཡང་
ད་ལྟར་བ་མེད་པའི་ཕྱིར་དུས་ཐམས་ཅད་ལ་འཐོབ་པར་འགྱུར་རོ། །

'dir khyod kyi bum pa'i bdag nyid kyi dus ni da lta ba yin la/'jim gong gi dus ni
'das pa yin zhing gyo mo'i bdag nyid ma 'ongs pa'i dus yin par brjod do//gyo mo ma
'ongs pa de'i phyir yang 'jim gong dang bum pa'i dus dag 'das par gyur pa yin no//de'i
tshe de dag med pa'i phyir 'di ni gang gi ma 'ongs par 'gyur/da ltar dang 'das pa yod
do zhe na/de yang ma yin te/da ltar gyi dus la 'das pa med pa'i phyir dang de bzhin
du 'das pa'i dus la yang da ltar ba med pa'i phyir dus thams cad la 'thob par 'gyur
ro//

> 여기서는 (논박자인) 그대의 '물단지의 자성(自性)'이라는[751] 바로 그
> 시간은 현재이고[752] 진흙덩어리의 바로 그 시간은 과거이고 (물단지)
> 파편의 자성은 미래의 시간임을 가리킨다.[753] 그 (물단지) 파편은 미래(의
> 시간)이기 때문에 또한 진흙덩어리와 물단지의 시간들은 과거로 되는
> 것이다. 그때 그것들이 존재하지 않기 때문에 바로 이것[물단지 파편]은,
> (즉) 그 무엇의 미래가 된다. (그러므로 그대가) "현재와 과거는 존재한다."
> 라고 말한다면, 그것(들)도 또한 (존재하는 것이) 아니다. 왜냐하면[754]
> 현재의 시간에는 과거가 존재하지 않기 때문이고, 그와 같이 과거의
> 시간에도 또한 현재가 존재하지 않기 때문이다. (이와 같은 논파는 삼시의)
> 모든 시간에서 얻을 수 있다.[755]

있는데 이것은 '가버린 시간'을 뜻한다.
751.   소유격[Gen.] '끼(kyi)'를 인용으로 보고 옮겼다.

【용수의 다양한 언어의 시제(時制)로 인한 동일한 개념자 적용의 불가능성을 통한 논박자의 주장에 대한 논파】[756]

[66]

རྗོད་བྱེད་ཀྱི་རྣམ་པ་ཐམས་ཅད་མེད་པར་ཐལ་བར་འགྱུར་བའི་ཡང་ཕྱིར་རོ།།

rjod byed kyi rnam pa thams cad med par thal bar 'gyur ba'i yang phyir ro//

> 언설로 표현하는[言語][757] 모든 종류[一切品類]에서 존재하지 않는 과실(過失)도 또한 (발생하기) 때문이다.[758]

འཇིག་རྟེན་ན་ནི་རྗོད་བྱེད་ཀྱི་རྣམ་པ་དུ་མ་ཡོད་དེ་ལེགས་པར་སྦྱར་བ་དང་།ལེགས་པར་སྦྱར་བ་མ་ཡིན་པ་དང་།ཐ་མལ་པའོ།།འབྱུང་བར་གྱུར་པ་ནི་འདས་པའོ།།ཡོད་པ་ནི་ད་ལྟར་བྱུང་བའོ།།འབྱུང་བར་འགྱུར་བ་ཞེས་བྱ་བ་ནི་མ་འོངས་པའོ།།དེ་བཞིན་དུ་ལེགས་པར་སྦྱར་བ་མ་ཡིན་པ་དང་ཐ་མལ་པའི་རྗོད་པར་བྱེད་པ་ལ་ཡང་སྦྱར་བར་བྱ་སྟེ།གཅུང་མ་ཉེས་པའི་ཉེས་པས་མ་བཟོད་དོ།།

'jig rten na ni rjod byed kyi rnam pa du ma yod de legs par sbyar ba dang/legs par sbyar ba ma yin pa dang/tha mal pa'o//'byung bar gyur pa ni 'das pa'o//yod pa ni

---

752. '라둔(la 'dun)'의 '라(la)'가 순접 접속사 'and'로 쓰인 경우다.
753. 앞에서 '말하다, 설명하다, 논파하다' 등으로 두루 쓰였던 '죄빠(brjod pa)'가 쓰였는데 여기서는 '설명하다, 묘사하다'는 뜻을 가진 'describe'로 보고 옮겼다.
754. '학쩨(lhag bcas)' '떼(te)'를 원인, 이유를 설명하는 것으로 보고 옮겼다.
755. '얻을 수 있다'로 옮긴 '톱빨 귤로('thob par 'gyur ro)'를 직역하면, '얻게 된다'인데 여기서는 의미를 명확하게 하기 위하여 이와 같이 옮겼다.
756. 여기서는 하나의 언어에서의 개념자의 다양한 적용, 즉 시제 등의 차이로 인해 발생하는 문제 등을 통해서 '그릇된 이유'에 등장하는 삼시(三時)에 두루 통용되는 개념자의 성립은 불가능하다는 것을 지적하고 있다.
757. 소유격[Gen.] '끼(kyi)'를 수식의 기능으로 보고 옮겼다.
758. '죄쩨 끼 남빠 탐쩨(rjod byed kyi rnam pa thams cad)'를 '언설로 표현하는[言語] 모든 종류[一切品類]에서'라고 문장 구조에 따라 직역하여 옮겼으나, 의역하면 '모든 언어에서' 정도 된다.

da ltar byung ba'o////byung bar 'gyur ba zhes bya ba ni ma 'ongs pa'o////de bzhin du legs par sbyar ba ma yin pa dang tha mal pa'i rjod par byed pa la yang sbyar bar bya ste/gzung ma nyes pa'i nyes pas ma brjod do//

바로 이 세간에서는 언설로 표현하는[言語] 다양한 종류(들)이 존재하는데[759] (예를 들자면) (전통) 산스끄리뜨어(Saṃskṛta)[760]와 (전통) 산스끄리뜨어가 아닌 것(Asaṃskṛta), 그리고 속어(Prākṛta) (등)이다.[761]

(전통 산스끄리뜨어의 경우) 바로 그 '(발생했다는 뜻을 지닌) 쁘라두르바바(prādurbhāva)'는 과거(형)이다. (그리고) (존재한다는 뜻을 지닌) '바바(bhāva)'는 현재(형)이다. (그리고) '바로 그 (발생하게 된다는 뜻을 지닌) 쁘라두르바보 바바띠(prādurbhāvo bhavati)'라는 것은 미래(형)이다.[762]

이와 같은 것은,[763] 산스끄리뜨어가 아닌 것(Asaṃskṛta)과 속어(Prākṛta)를 언설로 표현하는 것[764]에도 또한 적용할 수 있다. 그러므로[765] (이와 같은) 무오류를 이해하는 데[766] (미치지 못하는 그대의) 과실은 표현할 길이 없다.[767]

759. '학쩨(lhag bcas)' '데(de)'를 앞의 내용을 부연 설명하는 기능으로 보고 옮겼다.
760. 산스끄리뜨어로 옮긴 '삼스끄르따(Saṃskṛta)'를 해자해보면 '함께(Sam)', '지어진 것 (kṛta)'으로 이루어져 있는데 VP에서는 'well-constructed'로 영역하고 있다.
761. 일반적으로 인도의 고대 언어 구분은 산스끄리뜨어(Saṃskṛta)와 쁘라끄리뜨어(Prākṛta)로 나누는데 여기서는 세 가지 구분법을 사용하고 있기 때문에 각종의 산스끄리뜨어의 구분법인 전통(classical) 산스끄리뜨어와 베딕(Vedic) 및 하이브리드(Hybrid) 산스끄리뜨어로 다시 나눈 것으로 보고 옮겼다.
762. VP는 과거(atīts), 현재(vartamānta), 미래(anāgata)를 산스끄리뜨어로 병기하였다.
763. 일반적으로 '그와 같이'를 뜻하는 '데쉰두(de bzhin du)'가 쓰였으나 문맥에 맞게 윤문하여 옮겼다.
764. '언설로 표현하는[言語]'으로 옮겼던 '죄쩨(rjod byed)'의 원문인 '죄빨 제빠(rjod par byed pa)'가 쓰였다.
765. '학쩨(lhag bcas)' '떼(ste)'를 문장을 종결하며 다음 결론 부분을 도입하는 것으로 보고 옮겼다.
766. '무오류를 이해하는 데'로 옮긴 '중 마네빠 (gzung ma nyes pa'i)'를 해자해보면, '이해하다, 받아들이다' 또는 보조 동사로도 쓰이는 '진빠('dzin pa)'의 과거형인 '중빠((gzung pa)'에 무오류를 뜻하는 '마네빠 (ma nyes pa)'에 수식을 뜻하는 소유격[Gen.] '이('i)'가 결합된 것으로 보고 옮겼다.

【용수의 과거의 시간과 이유가 성립하지 않음을 통한 논박자의 주장에 대한 논파】[768]

[67]

གཞན་ཡང་།   gzhan yang/

> 더 나아가,

འདས་པའི་གཏན་ཚིགས་སམ་འདས་པའི་དུས་ནི་ཡོད་པ་མ་ཡིན་ཏེ།

'das pa'i gtan tshigs sam 'das pa'i dus ni yod pa ma yin te/

> 과거의 이유와 바로 그 과거의 시간은 존재하는 것이 아니다.

གང་ལས་ཤེ་ན།   gang las she na/

> "왜 그런가?" 하고 묻는다면,

མི་སྲིད་པའི་ཕྱིར་རོ།།   mi srid pa'i phyir ro//

> (왜냐하면 그와 같은 것은) 불가능하기 때문이다.

རྣ་བའི་དབང་པོས་ནི་གཏན་ཚིགས་ཉིད་ཐོས་པ་ཡིན་གྱི་འདས་པ་མ་ཡིན་ཏེ།འདས་པའི་ཕྱིར་རོ།།འདས་པའི་དུས་

---

767. 원문의 이 마지막 행에 대해서는 의견이 분분한데, VP에서는 'gzung ma nyed pa'i nyes pas ma brjod do'로 되어 있으나, 여기서는 무오류를 뜻하는 '마네빼(ma nyes pa)'와 '오류, 과실'을 뜻하는 '네빼(ma nyes pa)'의 대구를 중심으로 원문을 고쳐서 옮겼다.

768. '그릇된 이유'에 대해 논파하는 마지막 계송과 원주석으로 앞에서 이어져온 시간의 비분리성으로 인해서 파생된 문제를 지적하고 있다.

ཀྱང་རིགས་པ་མ་ཡིན་ཏེ་ཁ་ཅིག་ཚིགས་འདས་པ་ཡིན་པའི་ཕྱིར་རོ། །ལྟར་གྱི་དུས་ནི་འདས་པའི་གཏན་ཚིགས་དང་
འབྲེལ་པ་མ་ཡིན་ཏེ་གང་དང་འདི་འབྲེལ་པར་འགྱུར་ཏེ་དེ་ཉིད་གཏན་ཚིགས་ཀྱི་དུས་ཡིན་ནོ། །འདི་ཕྱིར་དེ་ལྟ་བུ་ལ་
སོགས་པའི་རྒྱུ་མཚན་གྱིས་རྣམ་པར་དཔྱད་ན་འདས་པའི་དུས་ཡོད་པ་མ་ཡིན་ཞིང་གཏན་ཚིགས་ཀྱང་ཡོད་པ་མ་ཡི
ན་ནོ། །

rna ba'i dbang pos ni gtan tshigs nyid thos pa yin gyi 'das pa ma yin te/'das pa'i phyir ro//'das pa'i dus kyang rigs pa ma yin te/gtan tshigs 'das pa yin pa'i phyir ro//da ltar gyi dus ni 'das pa'i gtan tshigs dang 'brel pa ma yin te/gang dang 'di 'brel par 'gyur te de nyid gtan tshigs kyi dus yin no//de'i phyir de lta bu la sogs pa'i rgyu mtshan gyis rnam par dpyad na 'das pa'i dus yod pa ma yin zhing gtan tshigs kyang yod pa ma yin no//

(대론 중에) 바로 그 귀라는 감각 기관[耳根]이 이유 자체를 들을 때[769] (그 이유는) 지나간 것[과거]이 아니었을지라도[770] (곧바로 이미) 지나가버린 것[과거](으로 되)기 때문이다. 과거의 시간도 또한 합리적이지 않다. 왜냐하면[771] 이유가 (지금이 아닌) 과거에 (존재하는 것)이기 때문이다. 바로 그 현재라는 시간은 과거의 이유와 관계를 맺는 것[772]이 아니다. 왜냐하면[773] 어떤 것과 이것이 관계를 맺게 되는 것,[774] 그것 자체[775]가 (그) 이유의 시간이(기 때문이다.)

그러므로 그와 같은 것들의 근거[776]를 통해서[777] 자세히 관찰해보면 과거의 시간은 존재하는 것이 아니고 (그) 이유도 또한 존재하는 것이 아니다.[778]

---

769. 소유격[Gen.] '기(gyi)'를 특정한 조건, 시간으로 보고 옮겼다.
770. '학쩨(lhag bcas)' '데(de)'를 특정한 조건인 'even though'로 보고 옮겼다.
771. '학쩨(lhag bcas)' '떼(te)'를 원인, 이유를 설명하는 것으로 보고 옮겼다.
772. '관계를 맺는 것'으로 옮긴 '델빠('brel pa)'는 '연기(緣起)'를 뜻하는 '뗀델(rten 'brel)'의 '델와('brel ba)'와 같은 것이다.
773. '학쩨(lhag bcas)' '떼(te)'를 원인, 이유를 설명하는 것으로 보고 옮겼다.

【용수의 궤변에 대한 논파】[779]

[68]

 སྨྲས་པ།   smras pa/

(논박자가) 이르길,

ཁྱོད་ཀྱི་ཐམས་ཅད་ཚིག་དོན་དུ་བརྗོད་པ་ཡིན་གྱི་དོན་དམ་པར་མ་ཡིན་ནོ་ཞེ་ན།

khyod kyi thams cad tshig don du brjod pa yin gyi don dam par ma yin no zhe na/

"그대는[780] 모든 (16범주의) 말뜻[意味]을 말하였다. 그러나[781] (거기에 는) 진실된 것[782]이 (존재하지) 않는다."라고 말한다면,

---

བརྗོད་པར་བྱ་སྟེ།   brjod par bya ste/

(이것은) 다음과 같이 논파할 수 있다.

....

774. '학쩨(lhag bcas)' '떼(te)'를 문장을 끊어 읽는 기능으로 보고 옮겼다.
775. 이유와 관계를 맺는 특정한 시간을 가리킨다.
776. '원인, 이유'를 뜻하는 '규첸(rgyu mtshan)'이 쓰였다. 여기서는 니야야 학파의 '이유'와의 혼돈을 피하기 위하여 '근거'로 옮겼다.
777. 도구격[Ins.] '기(gyis)'가 쓰여 있어 'through'로 보고 옮겼다.
778. 이상으로 '그릇된 이유'에 대한 논파를 모두 마치고 '궤변'에 대한 논파가 시작된다.
779. 니야야 학파의 올바른 논리의 16범주 가운데 열네 번째인 '궤변(chala)'에 대한 논파로 한 개의 게송으로 되어 있다.
780. 원문에는 소유격[Gen.] '끼(kyi)'가 쓰였으나, 도구격[Ins.] '끼(kyis)'로 고쳐서 옮겼다.
781. 소유격[Gen.] '기(gyi)'를 역접의 기능인 'but'으로 보고 옮겼다.
782. 여기서 말하는 '진실된 것'은 53번 게송에서 언급한 '진제(眞諦)'를 알기 위한 것이 바로 논리'라는 니야야 학파의 주장을 가리킨다.

མ་ཡིན་ཏེ།ལན་ཐམས་ཅད་ལ་ཐལ་བར་འགྱུར་བའི་ཕྱིར་རོ།།

ma yin te/lan thams cad la thal bar 'gyur ba'i phyir ro//

> 아니다. (왜냐하면 그대의) 모든 답변[783]에서 과실(過失)이 (발생하기) 때문
> 이다.

འདི་ནི་དེ་ལྟ་བུ་མ་ཡིན་ཏེ།གང་ཅུང་ཟད་ལན་དུ་བརྗོད་པ་དེ་ཐམས་ཅད་ཚིག་དོན་ཉིད་དུ་འགྱུར་བའི་ཕྱིར་རོ།།གང་ལས་ཤེ་ན།སྨྲ་བ་པོ་ཐམས་ཅད་ནི་འཐད་པས་གདོན་མི་ཟ་བར་ཚིག་ཉམས་པར་བྱེད་པ་ཡིན་ནོ།།དེའི་ཕྱིར་ལན་དུ་འཐ
ད་པ་ཡིན་ནོ།།ཚིག་དོར་བ་མེད་པའམ།ཡང་ན་ཚུལ་འདི་མི་འདོད་ན་དེའི་ཕྱིར་ཚིག་དོར་བ་མེད་པར་འགྱུར་རོ།།

'di ni de lta bu ma yin te/gang cung zad lan du brjod pa de thams cad tshig don
nyid du 'gyur ba'i phyir ro//gang las she na/smra ba po thams cad ni 'thad pas gdon
mi za bar tshig nyams par byed pa yin no//de'i phyir lan du 'thad pa yin no//tshig dor
ba med pa'm/yang na tshul 'di mi 'dod na de'i phyir tshig dor ba med par 'gyur ro//

> 바로 이것은 (논박자의 주장인) 그것과 같지 않다(는 뜻이다.) 왜냐하
> 면[784] (중관논사가) 어떤 조그만 것(이라도) 답하여 말하는 것, 그것은
> 모두 말뜻[意味]이 있는 것 자체[有意味性]로 되기 때문이다.
> "왜 그런가?" 하고 묻는다면, 바로 모든 말하는 자들이 (그대가) 옳다(고
> 생각하)는 것으로 인하여[785] '의심할 여지가 없는 것'이라고 (여기는)[786]
> 말(들)을 훼손하는 것을 행하는 것이기 (때문이다.) 그러므로 (나의) 답변
> 을 통해서 옳은 것은 (입증되는 것)이다.[787] (즉, 나의 논파법은) 1) 궤변이
> 아니며, 또는 2) (만약 그대가) 이런 (논파) 방법을 인정하지 않는다면,
> 바로 그 때문에 (나의 논파법에) 궤변은 존재하지 않는 것이 된다.[788]

....

783. '답변'으로 옮긴 '렌(lan)'은 논의와 반박, 재반박에서 상대방이 주장을 펼치는 논파를
가리키는데 VP에 따르면 [북경판]과 [데게판]에서는 생략되어 있다고 한다(p. 177).

[69]

སྨྲས་པ་གང་ལ་བརྒྱའམ་སྟོང་དུ་ལན་བཏབ་པས་ལྟག་ཆོད་དུ་ཐལ་བར་འགྱུར་བ་ཉེས་པའི་དོན་ལ་ལྟག་ཆོད་ཅེས་བྱ་བ་ཚིག་གི་དོན་ཡོད་དོ་ཞེ་ན་བརྗོད་པར་བྱ་སྟེ།

smras pa/gang la brgya'm stong du lan btab pas ltag chod du thal bar 'gyur ba nyes pa'i don la ltag chod ces bya ba tshig gi don yod do zhe na brjod par bya ste/

(논박자가) 이르길, "(그대가 앞에서 행한 것처럼) 어떤 것에 수백 또는 수천(의 반복을) 통한[790] 논파[답](라는 것)이[791] (곧) 무용한 답변[jāti]으로, (즉 어떤 것에) '과실(過失)이 (발생하게) 되는 오류라는 뜻이기 때문에[792] 무용한 답변[jāti]'이라고 한다. (그러므로) 무용한 답변[jāti]이라는 것[793]은 존재하는 것이다."라고 말한다면 (이것은) 다음과 같이

---

784. '학쩨(lhag bcas)' '떼(te)'를 원인, 이유를 설명하는 것으로 보고 옮겼다.
785. 도구격[Ins.] 's'를 원인, 이유로 보고 옮겼다.
786. '라둔(la 'dun)'의 'r'을 인용을 뜻하는 것으로 보고 옮겼다.
787. 의역하면, '그러므로 (나의) 답변은 옳은 것이다.' 정도 되는데 '라둔(la 'dun)'의 '두(du)'를 살려 옮겼다.
788. 이 원주석의 뜻하는 바는 다음과 같다.
     논박자의 주장은 용수가 사용하는 비판주의 자체가 궤변이라는 뜻이고, 여기서 용수는 1) 자신의 주장이 뜻하는 바, 즉 그것의 효용성으로 인해서 궤변이 아니라고 주장하며, 2) 이것이 아닌 경우, 즉 이 논파법을 인정하지 않는 경우, 바로 그 때문에 역시 궤변이 아니라는 모순에 빠지게 된다는 뜻이다.
789. 니야야 학파의 올바른 논리의 16범주 가운데 열다섯 번째인 '무용한 답변(jāti)'에 대한 논파로 한 개의 게송으로 되어 있으며『중론』, 「제7품. 생기는 것[生]과 머무는 것[住]과 사라지는 것[滅]에 대한 고찰」을 축약 인용하며 논파하고 있다.
     용수의 논파법에서 빠질 수 없는 전매특허와도 같은 자띠 논법 또한 고정불변의 자성을 가진 것으로 존재하지 않는다는 뜻인데, 여기서는 '자띠(jāti)'가 가진 어원적 특징을 통해서 논파하고 있다. [M]에 따르면, 자띠(jāti)에는 일반적으로 'birth, production, kind'라는 뜻이 있고 논리학에서는 'a self-confuting reply (founded merely on similarity or dissimilarity)'를 가리킨다. 용수는 여기서 전자를 통해서 자띠 논법 자체를 논파하고 있다.

논파할 수 있다.[794]

སྐྱེས་པ་དང་མ་སྐྱེས་པ་གཉི་ག་མེད་པའི་ཕྱིར་ལྟག་ཆོད་ནི་མེད་དོ།།

skyes pa dang ma skyes pa gnyi ga med pa'i phyir ltag chod ni med do//

> 생겨난 것[生]과 생겨나지 않는 것[不生], (그리고) 이 둘이 (함께 있는
> 것은) 존재하지 않기 때문에 바로 그 무용한 답변은 존재하지 않는다.[795]

ལྟག་ཆོད་ཅེས་བརྗོད་པ་གང་ཡིན་པ་དེ་གང་ལས་ཤེ་ན།སྐྱེས་པའམ་མ་སྐྱེས་པའམ།སྐྱེ་བཞིན་བ་སྐྱེ་བ་ཡིན་གྲང་། རེ་ཞིག་སྐྱེས་པ་མ་ཡིན་ཏེ།སྐྱེས་ཟིན་པ་ཉིད་ཀྱི་ཕྱིར་རོ།།མ་སྐྱེས་པའམ་མ་ཡིན་ཏེ།མ་སྐྱེས་པ་ཉིད་ཀྱི་ཕྱིར་རོ།།གཉི་ག་ མེད་པའི་ཕྱིར་སྐྱེ་བཞིན་པ་ཡོད་པ་མ་ཡིན་ཏེ།སྐྱེས་པ་དང་མ་སྐྱེས་པ་ལས་མ་གཏོགས་པའི་སྐྱེ་བཞིན་པ་བུ་ནི་ཡོད་ པ་མ་ཡིན་ནོ།།

ltag chod ces brjod pa gang yin pa de gang las she na/skyes pa'm ma skyes pa'm/skye bzhin ba skye ba yin grang/re zhig skyes pa ma yin te/skyes zin pa nyid kyi phyir ro//ma skyes pa'm ma yin te/ma skyes pa nyid kyi phyir ro//gnyi ga med pa'i phyir

---

790. '~(의 반복을) 통한'으로 옮긴 것은 '라둔(la 'dun)'의 '두(du)'를 옮긴 것으로 여기서는 'through'로 보고 옮겼다.

791. '논파[답](라는 것)이'는 '렌땁빼(lan btab pas)'를 옮긴 것으로, 해자해보면 '답, 논파' 등을 뜻하는 '렌땁빼(lan btab)'에 도구격[Ins.] 's'가 결합한 것으로, 도구격을 주격[Nom.]으로 보고 옮겼다.

792. '라는 뜻이기 때문에'는 '이 된라('i don la)'를 옮긴 것으로, 해자해보면 인용을 뜻하는 소유격[Gen.] '이('i)'에 '의미, 뜻, 대상'을 뜻하는 '된(don)'과 '라둔(la 'dun)'의 '라(la)'가 결합한 것으로, 여기서 '라(la)'는 원인, 이유를 뜻하는 것으로 보고 옮겼다.

793. '이라는 것'은 '기된(gi don)'을 옮긴 것으로 소유격[Gen.] '기(gi)'는 인용을 뜻한다. 앞에서 '뜻'으로 옮긴 '의미, 뜻, 대상'을 뜻하는 '된(don)'이 쓰였다.

794. 논박자의 주장은 앞에서 무수하게 반복되었던 용수의 논파를 다시 지적하고 있는 것이다. VP에서는 지나치게 의역을 하여 원문의 구조에 따라 그 의미에 맞게 첨언하여 옮겼다.

795. 여기서는 '무용한 답변'으로 옮긴 '자띠(jāti)'의 원래의 뜻인 '탄생하다, 생기다, 발생하다'는 뜻, 즉 'birth, production'이라는 원래의 그 뜻에 따라서 논파하고 있다.

skye bzhin pa yod pa ma yin te skyes pa dang ma skyes pa las ma gtogs pa'i skye
bzhin pa bya ba ni yod pa ma yin no//

'무용한 답변[jāti]'이라고 일컫는 것, (그것이) 무엇이든, (바로) 그것이
"왜 그런가?" 하고 묻는다면, 생겨난 것[生]과 생겨나지 않은 것[不生]
(그리고) 생기는 중인 것에서 생기는 것을 일컫기 (때문이다.)[796] (그러나
그) 어떤[797] 생겨난 것[生]은 (존재하는 것이) 아니다. 왜냐하면[798] 이미[799]
(이전에) 생겨난 것 자체이기 때문이다. 생겨나지 않은 것[不生]도 또한
(존재하는 것이) 아니다. 왜냐하면[800] 생겨나지 않은 것[不生] 자체이기
때문이다. (그리고) 이 둘이 (함께 있는 것도) 존재하지 않기 때문에
생기는 중인 것(도 또한) 존재하는 것이 아니다. 왜냐하면[801] 생겨난
것[生]과 생겨나지 않는 것[不生]으로부터 제외된 바로 그 '생기는 중인
것'이라는 것은 존재하는 것이 아니기 (때문이다.)

....
796. VP에서는 이것을 『중론』, 「제7품. 생기는 것[生]과 머무는 것[住]과 사라지는 것[滅]에
      대한 고찰」의 20번 게송을 예로 들고 있다.

      [97. (7-20)]
      '어떤 것이 존재[有]하거나 존재하지 않[無]거나
      (거기에서) 생기는 것은 옳지 않다. 그리고 (또한)
      존재하면서 존재하지 않는 것[有無] 자체에서도 (생기는 게) 아니다.'라는 것은
      앞에서 (이미) 설명한 것과 같다.

      그리고 이것은 월칭이 인용한 것으로 원래는 불호(佛護, Buddhapālitita)의 주석에서 유래한
      것이라고 한다(p. 200). 이와 관련된 것은 『중론』, 「제1품. 연(緣)에 대한 고찰」의 첫
      번째 게송에 해당하는 [3. (1-1)]번 게송라고 한다.

      [3. (1-1)]
      (그) 자신으로부터도 아니고 다른 것으로부터도 아니고
      둘로부터도 아니고 (원)인 없는 것(으로부터도) (생겨난 게) 아니다.
      그 어떤 사태(事態)들이라도 어느 곳에든
      생기는 것[發生]은 결코 존재하지 않는다.

      그러나 여기에 인용된 부분은 『중론』, 「제7품. 생기는 것[生]과 머무는 것[住]과 사라지는

【용수의 패배의 근거에 대한 논파】[802]

【용수의 반복되는 언급은 존재하지 않는다는 주장을 통한 패배의 근거에 대한 논파】[803]

[70]

སྨྲ་པ། ཁྱོད་ཀྱིས་ཟློས་པ་བརྗོད་པར་རྟོགས་པར་བྱེད་དེ་གང་གི་ཕྱིར་ཁྱོད་སྣ་ཚོགས་པའི་དོན་ལ་ཡོད་པ་དང་མེད་
པ་ཉིད་ཀྱིས་དགག་པ་བྱེད་ཀྱི་རྣམ་པ་གཞན་དུ་ནི་མ་ཡིན་ནོ། །དེའི་ཕྱིར་ཚར་གཅད་པའི་གནས་ཡིན་ནོ། །ཞེ་ན་བརྗོད་པ་
ར་བྱ་སྟེ།

smra pa/khyod kyis zlos pa brjod par rtogs par byed de gang gi phyir khyod sna
tshogs pa'i don la yod pa dang med pa nyid kyis dgag pa byed kyi rnam pa gzhan
du ni ma yin no//de'i phyir tshar gcad pa'i gnas yin no//zhe na brjod par bya ste/

....
것[滅]에 대한 고찰」의 1, 2행과 거의 같다.

[91. (7-14)]
생기는 것과 생기지 않은 것 (그리고) 생기는 중인 것은
어떤 방식으로도 발생하지 않는다.
바로 그것에 (대해서는) 가버린 것과 가지 않은 것 그리고
지금 가고 있는 중인 것 등에 대해서 (이미) 설명하였다.

'당(grang)'의 용례에 대해서는 21번 각주 참조.
797. '레쉭(re zhig)'에 대해서는 4번 게송의 주석 참조.
798. '학쩨(lhag bcas)' '떼(te)'를 원인, 이유를 설명하는 것으로 보고 옮겼다.
799. 『중론』을 통틀어 등장하지 않았던 이미 지나가버린 시간의 종결을 뜻하는 보조사 '진빠(zin
    pa)'가 쓰였다.
800. '학쩨(lhag bcas)' '떼(te)'를 원인, 이유를 설명하는 것으로 보고 옮겼다.
801. '학쩨(lhag bcas)' '떼(te)'를 원인, 이유를 설명하는 것으로 보고 옮겼다.
802. 니야야 학파의 올바른 논리의 16범주 가운데 마지막인 '패배의 근거(nigrahasthāna)'에
    대한 논파로 총 세 개의 게송으로 되어 있다. VP에서는 이것을 '찰쩨빼 네남(tshar gcad
    pha'i gnas rnams)'이라고 복수형으로 적고 있는데(p. 57), 다른 곳에서는 모두 '찰쩨빼
    네(tshar gcad pha'i gnas)'로 적고 있어 이에 따랐다.
803. '패배의 근거'가 되는 논박자의 주장이나 인용들이 동일한 것이 아니라는 이유를 들어
    논박자의 주장을 논파하고 있다.

(논박자가) 이르길, "그대는 반복적인 언급으로 (그대의 논파가 올바른) 인식을 행하는 것이라고 (한다.)[804] 왜냐하면 그대는 (우리 니야야 학파의) 다양한 것[805](들)에 대해서 '존재하거나 존재하지 않는 것 자체[有無性]'라는 것을 통하여 부정을[806] 행하고[807] (우리의 16범주의) 다른 그 어떤 범주도 (존재하는 것이) 아니다(라고 주장하고 있기 때문이다). 그러므로 (그대의 논파법에서도) 패배의 근거는 (존재하는 것)이다."라고 말한다면 (이것은) 다음과 같이 논파할 수 있다.[808]

མ་ཡིན་ཏེ་སྔ་མ་ཕྱི་མ་དག་གཅིག་ཉིད་དང་།གཞན་ཉིད་དུ་མེད་པའི་ཕྱིར།

ma yin te snga ma phyi ma dag gcig nyid dang/gzhan nyid du med pa'i phyir/

아니다. 왜냐하면[809] 이전에 (내가 말했던 것)이나 이후에 (내가 말할 것)들이, 하나인 것 자체[一者性]로도 또는 다른 것 자체[他者性]로도 존재하지 않기 때문이다.

རྣོས་པ་བརྗོད་པ་ནི་མ་ཡིན་ནོ།།གལ་ཏེ་རྣོས་པ་བརྗོད་པར་འགྱུར་ན་གཅིག་གིས་སམ་གཞན་གྱིས་ཡིན་གྲང་།སྔ་མ་དང་ཕྱི་མའི་ཚིག་ནི་ཆ་གཅིག་ཉིད་ཀྱི་རྣོས་པ་ཡིད་པ་མ་ཡིན་ནོ།།ཇེ་ལྟ་ཞེ་ན།གང་གི་ཕྱིར་བརྗོད་པ་དའི་ཕྱིར་རྣོས་པ་བརྗོད་པ་མ་ཡིན་ཏེ།དེ་ཉིད་ཡིན་པའི་ཕྱིར་རོ།།ཉིད་ཡིན་པའི་ཕྱིར་ལན་བཀྲུར་བརྗོད་གྱུང་ཇེ་ལྟར་རྣོས་པར་འགྱུར།།འོན་ཏེ་སྔ་མ་ལས་གཞན་ཡིན་ནོ་ཞེ་ན་དེ་ཡང་རྣོས་པ་བརྗོད་པར་མི་འགྱུར་ཏེ།གཞན་ཉིད་ཡིད་པའི་ཕྱིར་དང་།སྐྱེ་ཅེ་གམ་ཉིད་ཡིད་པའི་ཕྱིར་རོ།།ཡང་བརྗོད་པ་མ་སྔ་མ་གཞན་ཉིད་ལ་ཕྱིར་མ་ཡང་དེ་དང་འདྲ་བར་གཞན་ཡིན་ནོ།དའི་ཕྱིར་རྣོས་པ་བརྗོད་པ་གཞན་ཡིན་ནོ།།

804. '학쩨(lhag bcas)' '떼(te)'를 문장을 끊어 읽는 기능으로 보고 옮겼다.
805. '의미, 뜻, 대상'을 뜻하는 '된(don)'이 쓰였다.
806. 도구격[Ins.] '끼(kyis)'가 쓰여 있어 'through'로 보고 '~을 통하여'로 옮겼다.
807. 소유격[Gen.] '끼(kyi)'를 병렬 접속사 'and'로 보고 옮겼다.
808. 논박자의 주장은 앞에서 무수하게 반복되었던 용수의 논파가 성립하기 위해서는 이것에도 '패배의 근거'는 존재해야 한다는 역설이다.
809. '학쩨(lhag bcas)' '떼(te)'를 원인, 이유를 설명하는 것으로 보고 옮겼다.

zlos pa brjod pa ni ma yin no//gal te zlos pa brjod par 'gyur na gcig gis sam gzhan

gyis yin grang/snga ma dang phyi ma'i tshig de ni gcig nyid kyi zlos pa srid pa ma

yin no//ji lta zhe na/gang gi phyir brjod pa de'i phyir zlos pa brjod pa ma yin te/de

nyid yin pa'i phyir ro//de nyid yin pa'i phyir lan brgyar brjod kyang ji ltar zlos par

'gyur//'on te snga ma las gzhan yin no zhe na/de yang zlos pa brjod par mi 'gyur te/gzhan

nyid yin pa'i phyir dang/skad cig ma nyid yin pa'i phyir ro//sgra yang brjod pa snga

ma gzhan yin la/phyir ma yang de dang 'dra bar gzhan yin no//de'i phyir zlos pa brjod

pa gzhan yin no//

바로 그 '반복된 언급'[810]은 (같은 것이) 아니다. 만약 (어떤 하나의 언급이) '반복된 언급'으로 된다면, (그것은) 하나인 것이거나 다른 것으로 (되는 것을) 가리키기 (때문이다.)[811] (그러므로) 바로 그 이전이나 이후의 말이 '하나인 것 자체[一者性]'[812]라는 언급으로 (되는 것은) 가능하지 않다.[813]

(논박자인 그대가) "왜 그런가?"[814] (하고 그 이유를 묻는다면,) (그 이유는 다음과 같다.) 왜냐하면 (이미) 말했던 것이기 때문에, 그렇다고 해서 (그것을 다시) 반복해서 말하는 것[반복된 언급]이 (성립하는 것은) 아니다.[815] 왜냐하면[816] 그것 자체는 (이미) (하나의 존재하는 것)이기 때문이다. 그것 자체가 (이미) (존재하는 것)이기 때문에 백번을 말해도 (하나의 존재인 그것이) 어떻게 반복되겠는가?[817] (논박자인 그대가) 만약 "(지금 말하는 것은) 이전에 (말한 것)과[818] 다른 것이다."라고 말한다면, 그것 또한 '반복된 언급'으로 되는 것이 아니다. 왜냐하면[819] (그것은) 다른 것 자체이기 때문이고 (그것 또한) 찰나적인 것 자체[820]이기 때문이다. (말) 소리 또한 이전에 말한 것과 (지금 말하는 것과) 다른 것이고[821] 이후에 (말하는 것)도 또한 (지금 말하는) 그것과 비슷하게 (보여도) 다른 것이다. 그러므로 '반복된 언급'은 (같은 것이 아니라) 다른 것이다.

810.   논박자의 주장에 등장하는 부분이 강조사[Emp.] '니(ni)'와 결합되어 있어 강조의 인용을

【용수의 '무용한 답변(jāti)'과 같은 이유로 패배의 근거에 대한 논파】[822]

[71]

གཞན་ཡང་།   gzhan yang/

┌───┐
│ 더 나아가,   │
└───┘

ཚར་གཅད་པའི་གནས་ཀྱང་དེ་བཞིན་ནོ།།

tshar gcad pa'i gnas kyang de bzhin no//

┌───┐
│ (무용한 답변이 존재하지 않는 것처럼) 패배의 근거도 또한 그와 같다. │
└───┘

....
　　　뜻하는 쉼표로 처리했다.
811. '당(grang)'에 대해서는 4번 게송 각주 참조.
812. 소유격[Gen.] '끼(kyi)'를 인용으로 보고 옮겼다.
813. '말하다, 말' 등을 뜻하는 '칙(tshig)'과 '록빠(zlos pa)'가 쓰여 있어, 전자를 '단어'로,
　　　후자를 '언급'으로, 그리고 의미를 명확하게 하기 위하여 첨언, 의역하였다.
814. '지따 셰나(ji lta zhe na)'의 용법에 대해서는 15번 게송 주석 참조.
815. '왜냐하면 ~, 그러므로 ~'를 뜻하는 '강기칠 ~, 데이칠(gang gi phyir ~, de'i phyir)'이
　　　쓰였다. 여기서는 부정의 의미를 명확하게 강조하기 위해서, '왜냐하면 ~, 그렇다고
　　　해서'로 옮겼다.
816. '학쩨(lhag bcas)' '떼(te)'를 원인, 이유를 설명하는 것으로 보고 옮겼다.
817. 여기서 '존재하는 것'이 뜻하는 바는 사물, 사태를 정의, 표현한 바로 그 '언급, 말'을
　　　가리키는 것으로 보고 옮겼다.
818. 탈격[Abl.] '레(las)'가 비교격[Comp.]으로 쓰인 경우다.
819. '학쩨(lhag bcas)' '떼(te)'를 원인, 이유를 설명하는 것으로 보고 옮겼다.
820. '찰나적인 것 자체'는 '께찍마인(skad cig ma nyid)'을 직역한 것이다. 이전의 말에서
　　　비롯된 다른 것은 그 자체로 이미 다른 것이고 그것 또한 찰나적인 것이라는 뜻이다.
821. '라둔(la 'dun)'의 '라(la)'가 순접 접속사 'and'로 쓰인 경우다.
822. 69번 게송과 원주석이 같은 이유, 즉 생겨난 것[生]과 생겨나지 않는 것[不生], 그리고
　　　이 둘이 함께 있는 것은 존재하지 않기 때문에 '패배의 근거' 또한 올바른 인식 수단이
　　　아니라고 주장하고 있다.

ཇི་ལྟར་སྐྱེས་པ་དང་མ་སྐྱེས་པ་གཉི་ག་མེད་པའི་ཕྱིར་ལྟག་ཆོད་མེད་པ་བཞིན་དུ་ཚར་གཅད་པའི་གནས་ཀྱང་མེད་
པ་ཡིན་ནོ།།ཚར་གཅད་པའི་གནས་ཞེས་བྱ་བ་ཚར་གཅད་པ་ལས་འགྱུར་རམ་མ་གཅད་པ་ལ་འགྱུར་གྲང་ན།རྣམ་པ་
གཉི་ག་ཡང་སྲིད་པ་མ་ཡིན་ཏེ།དེའི་ཕྱིར་དེ་ནི་མེད་དོ།།

ji ltar skyes pa dang ma skyes pa gnyi ga med pa'i phyir ltag chod med pa bzhin
du tshar gcad pa'i gnas kyang med pa yin no//tshar gcad pa'i gnas zhes bya ba tshar
gcad pa las 'gyur ram ma gcad pa la 'gyur grang na/rnam pa gnyi ga yang srid pa
ma yin te/de'i phyir de ni med do//

> 그와 같이, (즉) 생겨난 것[生]과 생겨나지 않는 것[不生], (그리고)
> 이 둘이 (함께 있는 것은) 존재하지 않기 때문에 무용한 답변이 존재하지
> 않는 것[823]과 같이 패배의 근거 또한 존재하지 않는 것이다. '패배의
> 근거'라는 것은 (논쟁 중에) 패배로부터 (생겨나게) 되거나[824] 패배하지
> 않는 것에서 (생겨나게) 되는 (것을) 가리킨다면 이 두 종류[825]가 (함께
> 발생하는 것)도 또한 가능하지 않다. 그러므로 바로 그것[패배의 근거]은
> 존재하지 않는다.

【용수의 '노끈은 자신을 묶을 수 없다'는 예를 통한 패배의 근거에 대한 논파】[826]

[72]

གཞན་ཡང་།   gzhan yang/

> 더 나아가,

---

823. 69번 게송과 정확히 같다.
824. 접속사 '람(ram)'을 '또는, or'로 보고 옮겼다.
825. '종류'라고 옮긴 '남빠(rnam pa)'는 '생겨난 것[生]과 생겨나지 않는 것[不生]'을 가리킨다.
826. '패배'와 '패배의 근거'를 노끈과 그것으로 묶을 수 있는 대상과의 관계를 통해서 논파하고
    있다.

ཚར་གཅད་པའི་གནས་ལ་ནི་ཚར་གཅད་པ་མེད་དེ་བཅིངས་པ་བཞིན་ནོ།།

tshar gcad pa'i gnas la ni tshar gcad pa med de bcings pa bzhin no//

바로 그 패배의 근거에 패배는 존재하지 않는다. 그것은[827] (마치) (노끈으로) 묶는 것[828]과 같다.

ཚར་བཅད་པའི་གནས་ལ་ཡང་ཚར་གཅོད་པར་མི་འགྱུར་ཏེ།དཔེར་ན་བཅིངས་པའི་གནས་ན་གནས་པ་ཡང་གདོན་མི་ཟ་བར་བཅིངས་པར་འགྱུར་བ་མ་ཡིན་པས་ན་འདིའི་ངེས་པ་ནི་ཡོད་པ་མ་ཡིན་ནོ།།

tshar bcad pa'i gnas la yang tshar gcod par mi 'gyur te/dper na bcings pa'i gnas na gnas pa yang gdon mi za bar bcings par 'gyur ba ma yin pas na 'di'i nges pa ni yod pa ma yin no//

'패배의 근거'에는 또한 '패배'[829]라는 것이[830] (존재하는 것으로) 되지 않는다.[831] 예를 들자면, 1) (노끈으로) 묶는 곳[근거]에[832] 2) (그 노끈으로 묶이는) 곳[근거]도 또한 의심할 여지없이 (존재하지만 그것이) 3) 묶을 수 있는 (것으로) 되는 것이 아니다. 만약 그렇다면[833] 이것[패배의 근거]의 바로 그 명확함(도 또한 그와 같이) 존재하는 것이 아니다.[834]

....

827. '존재하지 않는다'로 옮긴 '메빠(med pa)' 다음에 '학쩨(lhag bcas)' '데(de)'가 쓰여 있어 끊어서 옮겼다.
828. '(노끈으로) 묶는 것'으로 옮긴 '찡빠(bcings pa)'는 '칭와('ching ba)'의 과거형이다.
829. '패배의 근거'의 패배에는 '쬐빠(gcod pa)'의 과거형인 '쩨빠(bcad pa)'가 쓰였다.
830. '라둔(la 'dun)'의 'r'을 인용을 뜻하는 것으로 보고 옮겼다.
831. '학쩨(lhag bcas)' '떼(te)'를 문장을 끊어 읽는 기능으로 보고 옮겼다.
832. 가정법으로 쓰였던 '나(na)'가 처격[loc.]으로 쓰인 경우다.
833. TT에서는 '빼나(pas na)'를 이유와 원인을 뜻하는 연결 접속사, 'because connective' 또는 '그러므로', 즉 'therefore'로 보고 있으나 구어의 티벳 논증에서는 앞에서 나온 것을 정리하여 결론을 내리는 데 두루 쓰이고 있어 여기서는 '데따빼나(de lta bas na)'의

【결문】

[73]

སྨྲས་པ།ཚད་མ་ལ་སོགས་པ་འགག་པར་བྱ་བ་བཞིན་དུ་དགག་པ་ཡང་མེད་ཡིན་ནོ་ཞེ་ན་བརྗོད་པར་བྱ་སྟེ།

smras pa/tshad ma la sogs pa 'gag par bya ba bzhin du dgag pa yang med yin no zhe na brjod par bya ste/

> (논박자가) 이르길, "(그대가) 인식 수단 등과 같은 것[범주]들에 부정을 행하는 것처럼 (그대의) 부정 또한 존재하지 않는 것이다."라고 말한다면 (이것은) 다음과 같이 논파할 수 있다.

གཉི་ག་ཁས་མ་བླངས་པའི་ཕྱིར་རོ།།　　　དེ་མ་གྲུབ་ན་མ་གྲུབ་པ་ཁོ་ནར་ཟད་དོ།།

gnyi ga khas ma blangs pa'i phyir ro//de ma grub na ma grub pa kho nar zad do//

> (결코 그렇지 않다. 왜냐하면 우리는 그대의 인식 수단 등과 같은 것들뿐만 아니라 그것에 대한 부정) 이 둘을 (모두) 인정하지 않기 때문이다. 그 (둘)이 성립하지 않는다면 오직 '성립하지 않는다는 것'에[835] 이르게 된다.

....
축약으로 보고 '만약 그렇다면'으로 옮겼다.

834. 용수의 여러 저작들 가운데 처음으로 등장하는 이 노끈에 대한 비유는 패배를 묶을 수 있는 것인 노끈이라고 보고, 그것의 근거를 묶이는 대상으로 보고 있다. 즉, '패배의 근거'라는 니야야 학파의 주장이 성립하기 위해서는 '패배'와 '패배의 근거'라는 것을 둘로 나누어 설명해야 되는데 패배에는 패배의 근거가 존재하지 않는다는 것을 통해서 논파하고 있는 셈이다.
　이상으로 니야야 학파의 올바른 인식을 위한 16범주에 대한 모든 논파를 마치고 다음은 결문이다.

835. '코나(kho na)'에 '라둔(la 'dun)'의 'r'이 붙어 있어 강조의 인용으로 보고 작은 쉼표로 처리하였다.

244

གལ་ཏེ་ཚད་མ་ལ་སོགས་པ་དག་མེད་པས་དགག་པ་ཡང་མེད་པ་ཡིན་ཏེ་དེ་ལྟ་བས་ན་གཉི་ག་ཡང་མ་གྲུབ་པོ་ཞེས་བྱ་བ་འདོད་ན།

gal te tshad ma la sogs pa dag med pas dgag pa yang med pa yin te/de lta bas na gnyi ga yang ma grub po zhes bya ba 'dod na/

> (왜냐하면) 만약 인식 수단 등과 같은 것들이 존재하지 않는다면[836] (그것에 대한) 부정도 또한 존재하지 않는 것이(기 때문이다.) 만약 그렇다면, (즉) "이 둘도 또한 성립하지 않는다."는 것을 인정한다면,

དེ་ཁོ་ན་བཞིན་དུ་བརྗོད་པ་ཡིན་ནོ།།མངོན་པར་བརྗོད་པ་ནི་མེད་པ་ཉིད་དོ།།

de kho na bzhin du brjod pa yin no//mngon par brjod pa ni med pa nyid do//

> (그것이 곧) 진실한 것[眞如][837]을 말하는 것이다. (그와 같기 때문에, 그대의 그 인식 수단 등과 같은) 바로 그 자세한 표현[名]은 존재하지 않는 것 자체다.[838]

གཅིག་ཉིད་དང་གཞན་ཉིད་དང་གཉིག་མེད་པའི་ཕྱིར་དངོས་པོ་ཐམས་ཅད་མེད་པར་ལས་བྲངས་པ་ཡིན་ནོ།།དེ་ལྟ་བས་ན་དངོས་པོ་མེད་པར་མངོན་པར་བརྗོད་པར་བྱ་བ་དང་།མངོན་པར་བརྗོད་པ་ཡང་མེད་པ་ཡིན་ནོ།།དེའི་ཕྱིར་སྒྲུ་དན་ལས་འདས་པ་དང་བྱུང་སྒོལ་ཞེས་བྱ་བ་དགའ་དོན་གཞན་ཉིད་ནི་མ་ཡིན་ནོ།།

---

836. 도구격[Ins.] 's'를 조건으로 보고 옮겼다.
837. '데 고나 쉰두(de kho na bzhin du)'는 산스끄리뜨어 '따타이바(tathaiva)', 즉 '따타 에바(tatha eva)'의 티벳역(譯)으로 '데고나 데쉰니(de kho na de bzhin nyid)'와 같은 의미로, '진실, 여실'을 가리키며 이것은 연기의 다른 이름인 '공의 상태[空性]'를 가리킨다.
838. 의미에 맞게 첨언하여 옮겼다. 『세마론』의 결론에 해당하는 이 게송이 뜻하는 바는 진여, 연기, 공의 상태에서는 니야야 학파의 16범주 등과 같은 희론(戱論)은 존재하지 않는다는 뜻이다.

gcig nyid dang gzhan nyid dang gnyi ga med pa'i phyir dngos po thams cad med par khas blangs pa yin no//de lta bas na dngos po med par mngos par brjod par bya ba dang/mngos par brjod pa yang med pa yin no//de'i phyir mya ngan las 'das pa dang byang grol zhes bya ba dag don gzhan nyid ni ma yon no//

(어떤 물체와 그것의 존재와 그리고 그것들이 결합된) 하나인 것 자체이거나 다른 것 자체이거나 (또는) 둘 다이거나 (또는 둘 다가) 아닌 것이기 때문에[839] '모든 사태는 존재하지 않는다.'라고 인정하는 것이다. 만약 그렇다면 '존재하지 않는 사태에 대한 자세한 표현[名]'이라는 것[840]과 자세한 표현[名](이라는 자체)도 또한 존재하지 않는 것이다. 그러므로 '열반과 해탈'이라고 불리는 것들은[841] 바로 그 (윤회와) 다른 것[842] 자체가 아니다.[843]

· ·

839. 51번 게송 원주석의 마지막 행을 반복하고 있다.
840. '라둔(la 'dun)'의 'r'이 붙어 있어 강조의 인용으로 보고 작은 쉼표로 처리하였다.
841. 인용을 뜻하는 '셰짜와(zhes bya ba)'와 '양수(dual)'를 뜻하는 '닥(dag)'이 함께 쓰였다.
842. '의미, 뜻, 대상'을 뜻하는 '된(don)'이 쓰였다. '다른 것' 대신에 '다른 뜻' 또는 '다른 의미'라고 해도 문맥의 큰 의미와 상통한다.
843. '열반과 해탈이라고 불리는 것들은 바로 그 다른 것 자체가 아니다.'에서 '해탈'을 뜻하는 '장돌(byang grol)'이 쓰였는데 문맥이나 『중론』, 「제25품. 열반(涅槃)에 대한 고찰」에 미루어 보아, 이것은 '윤회'를 뜻하는 '꼴와('khor ba)'가 축약된 것인 듯하다.

　　　[403. (25-19)]
　　　윤회는 열반과 비교하여
　　　조그만 차이도 존재하지 않는다.
　　　열반은 윤회와 비교하여
　　　조그만 차이도 존재하지 않는다.

　　　[404. (25-20)]
　　　열반의 끝이 무엇이든지 간에
　　　바로 그것이 윤회의 끝이다. 왜냐하면
　　　이 둘의 바로 그 조그만 차이에는
　　　어떤 미세한 틈[極微細]도 존재하지 않기 때문이다.

만약 '열반과 해탈이라고 불리는 것들은 바로 그 다른 것 자체가 아니다.'에서 열반과 그것의 다른 이름인 해탈을 살릴 경우, 이것은 '열반과 해탈이라고 불리는 것들은 바로

* * *

ཚད་མ་ལ་སོགས་པ་ཚིག་གི་དོན་བཅུ་དྲུག་སེལ་བར་བྱེད་པ་ཞིབ་མོ་རྣམ་པར་འཐག་པའི་རབ་ཏུ་བྱེད་པ་སློབ་དཔོ
ན་འཕགས་པ་ཀླུ་སྒྲུབ་ཀྱིས་མཛད་པ་རྫོགས་སོ།།ཡོངས་ཀྱི་དགེ་བའི་བཤེས་གཉེན་ཆེན་པོ་ཡོན་ཏན་གྲགས་པའི་བཀ
ས།ཁ་ཆེའི་པཎྜི་ཏ་ཛ་ཡཱ་ན་ཉྫ་དང་།བོད་ཀྱི་ལོ་ཙཱ་བ་ཆེན་པོའི་སྐྱའི་དགེ་སློང་ཁུ་མདོ་སྡེ་འབར་གྱིས་བསྒྱུར་ཅིང་ཞུས་སྟེ་
གཏན་ལ་ཕབ་པའོ།། ⑨

tshad ma la sogs pa tshig gi don bcu drug sel bar byed pa zhib mo rnam par 'thag
pa'i rab du byed pa/slob dpon 'phags pa klu sgrub kyis mdzad pa rdzogs so//yongs
kyi dge ba'i bshes gnyen chen po yon tan grags pa'i bkas/kha che'i paṇḍita jayānanda
dang/bod kyi lo tsa ba chen po sa skya'i dge slong khu mdo sde 'bar gyis bsgyur cing
zhus ste gtan la phab pa'o//

> 인식 수단 등과 같은 것[범주]들에 대한 말의 뜻[意味](이 담긴 이)
> 16(범주에 대한 오류에 대해서 완전한) 제거를 행한 것이 (바로 이)『세마론
> (細磨論)』의 (뜻으로, 이것을) 제대로 행한 것이다. 아짜리야(Acārya) 성스런
> (ārya) 용수 (보살)께서 (설하는 말씀은 이것으로 모두) 마쳤다.[844]
>
> (이것은) 완벽한 선(善)을 (갖춘) 위대한 세간의 친구[845] 왼뗀 딱빠(yon
> tan grags pa)의 명(命)으로,[846] 까쉬미르의 현자(Paṇḍita) 자야난다(Jayānan-
> da)[847]와 티벳의 대역경사(lo tsa ba) 싸꺄(빠)의 승려 쿠 (지방의) 도 데발
> (mdo sde 'bar)[848]에 의해서 (티벳어로) 논의되고 교정되어 옮긴 것이다.[849]

....

> 그 (윤회, 또는 세간이라는 것들과) 다른 것 자체가 아니다.' 정도로 옮길 수 있다. VP에서는
> 열반과 해탈을 동급으로 보고 직역하고 있으나 여기서는 후자에 따라 옮겼다.
> 844. '마치다'를 뜻하는 '족(rdzogs)' 앞에 존칭(honorific)을 뜻하는 '제빠(mdzad pa)'가 첨언되
> 어 있다.

845. '완벽한 선(善)을 (갖춘) 위대한 세간의 친구'는 '용끼 게배 셰녠 첸뽀(yongs kyi dge
    ba'i bshes gnyen chen po)'를 직역한 것으로 여기에 등장한 '게셰(dge bshes)'는 게룩빠에서
    최고의 학승을 뜻하는 명칭으로 되었다. 산스끄리뜨어로는 세간의 친구를 '까리아나
    미뜨라(kalyāṇa mitra)'라고 한다.
846. 시주자를 가리킨다.
847. https://googl/An92CC.
848. http://www.tbrc.org/#!rid=P4CZ15243.
849. '논의되고 교정되어 옮긴 것이다'라고 옮긴 원문은 '옮기고, 교정되어 논의된 것이다'를
    뜻하는 '귤칭 슈뗀 뗀라 팝빠(bsgyur cing zhus ste gtan la phab pa)'로 되어 있으나
    우리말에 맞게 순서를 바꾸었다.

རིགས་པ་དྲུག་ཅུ་པའི་ཚིག་ལེའུར་བྱས་པ་ཞེས་བྱ་བ་བཞུགས་སོ།།

육십송여리론 六十訟如理論

산스끄리뜨어로 '유끄띠싸쓰띠까 까리까(Yuktiṣaṣṭika kārikā)'라고 하며 티벳어로 '릭빠 둑쭈빼 칙 레울 제빠(rigs pa drug cu pa'i tshig le'ur byas pa)'라고 한다.[1]

....

1. ༄༅རྒྱ་གར་སྐད་དུ། ཡུཀྟིཥཊིཀཱ་རི་ཀཱ་ན་མ། བོད་སྐད་དུ། རིགས་པ་དྲུག་ཅུ་པའི་ཚིག་ལེའུར་བྱས་པ།
   /rgya gar skad du/ Yuktiṣaṣṭikā kārikā nāma/ bod skad du/ rigs pa drug cu pa'i tshig le'ur byas pa zhes bya ba/

   자세한 설명은 『해제』 참조. 약칭하여 '릭빠 둑쭈빠(rigs pa drug cu pa)'라고 부른다. 『장한사전』에는 『육십정리론(六十正理論)』 또는 『육십송여리론(六十頌如理論)』으로 소개 되어 있으나 산스끄리뜨어나 티벳어를 보면 '송(頌)'으로 되어 있다. 한역에도 시호(施護)의 역본이 남아 있으며(K.1441, T.1575) 약칭하여 『정리론(正理論)』이라고 한다.

   고려대장경 해제에는 『육십송여리론(六十頌如理論)』에 대해서 다음과 같이 나와 있다.

   '전체 60개의 게송으로 불법의 이치를 밝힌 것으로서 중관사상과 유식사상이 주조를 이룬다. 먼저 7언 4구의 귀경게로써 시작한 뒤, 그 다음에는 본론으로서 5언 4구의 게송 60수가 이어지며, 다시 마지막 부분에서는 7언 4구의 게송 6수로써 유통(流通) 부분을 끝맺고 있다. 세상 모든 것은 인연으로 화합하여 생겨나며 소멸하기 때문에 고통이 비롯된다는 것을 말하고, 유무(有無)의 2변(邊)을 떠나서 공(空)이며 무아(無我)인 도리를 깨달아야 한다는 것이 그 요지이다.'

····························
티벳역(譯)은 7자 1행의 4구로 완벽한 송(頌, kārikā)의 형태로 되어 있다.

또한 역경승 시호(施護)에 대해서 다음과 같이 나와 있다.

'본명은 다나빠라(dānapāla)로, 북인도 스와트 계곡의 오장국(烏萇國) 출신의 역경승. 생존 연대 미상. 980년에 가습미라국 출신의 천식재(天息災)와 함께 중국으로 와서 태평흥국사(太平興國寺)의 역경원에 머물면서 경전 번역에 힘썼다. 대승과 소승, 현교(顯教)와 밀교에 이르는 총 110여 부 230여 권을 번역했다. 북송(北宋) 시대의 최고의 역경승으로 꼽힌다. ···.'

이하 Chr. Lindtner 영역을 약칭하여 YŞ라고 한다.

【예경문】

འཇམ་དཔལ་གཞོན་ནུ་གྱུར་པ་ལ་ཕྱག་འཚལ་ལོ༎

'jam dpal gzhon nu gyur pa la phyag 'tshal lo//

> 문수보살에게 경배하옵니다.

གང་གིས་སྐྱེ་དང་འཇིག་པ་དང་༎   gang gis skye dang 'jig pa dang//

ཚུལ་འདི་ཡིས་ནི་སྤངས་གྱུར་པ༎   tshul 'di yis ni spangs gyur pa//

རྟེན་ཅིང་འབྱུང་བ་གསུངས་པ་ཡི༎   rten cing 'byung ba gsungs pa yi//

ཐུབ་དབང་དེ་ལ་ཕྱག་འཚལ་ལོ༎   thub dbang de la phyag 'tshal lo//

> 어떤 것이 생겨나고[生] 사멸하는데[滅]²
>
> 바로 이 도리(道理)³로 (그것들을) 여의게 되는 것인,
>
> (즉) 의지하여[緣] 발생하는[起] 것을 교시하신⁴
>
> 능인왕(能仁王)⁵인 그 분에게 경배하옵니다.⁶

---

2.   연결 접속사 '당(dang)'이 두 번 반복되어 있는데 두 번째 것을 게송의 의미 없는 첨언,
      또는 8불(八不)의 축약 형태로 보고 옮겼다.
3.   '도리'라고 옮긴 '출(tshul)'은 '방법, 방식, 형식' 등을 가리킨다.
4.   소유격[Gen.] '이(yi)'를 수식으로 보고 옮겼다.
5.   붓다의 이명인 '능인(能仁)'을 뜻하는 '툽빠(thub pa)'와 '왕'을 뜻하는 '왕뽀(dbang po)'가
      축약된 형태로 되어 있다. 석가모니(釋迦牟尼, Śākyamuni)의 '모니(牟尼)'가 바로 이 '툽빠
      (thub pa)'로, '신구의(身口意)의 삼업을 수호하고, 번뇌를 멀리하며 조용함에 이른 경지'를
      가리킨다.
         [BD] 능인(能人): 남을 교화하여 이롭게 하는 사람. 부처님은 다른 이를 교화하여 이롭게
      하는 사람이란 뜻으로, 부처님을 능인이라 한다. 석가(釋迦, Śakya) 혹은 석가모니(釋迦牟尼,
      Śākyamuni)의 한문 번역.
6.   이 두 개의 귀경게가 뜻하는 바는 지혜를 상징하는 문수보살과 그리고 그것의 핵심인
      연기를 교시하신 붓다에게 경배한다는 것이다. 그 요지는 『중론』의 귀경게처럼 연기(緣起)

【한문 예경문】

歸命三世寂默主　宣說緣生正法語　귀명삼세적묵주　선설연생정법어
若了諸法離緣生　所作法行如是離　약료제법리연생　소작법행여시리

삼세에 걸쳐 적정에 머무시는 이[7]에게 귀의하오니,
(왜냐하면) 그분께서 연기[8]의 올바른 법어를 설하셨기 (때문이다.)
만약 모든 법[法=현상][9]을 연기로 여읜 것[離]을 명확하게 안다면
지어지는 법[소작법][10]을 행하는 것 (또한) 그와 같이 여읜 것[離]을 (알 수 있으리라.)

....
를 교시하신 부처님에게 예경한다는 뜻이다.

[1]
무언가에 의지하여 생겨난 것[緣起](이기에)
소멸함이 없고[不滅] 생겨남이 없고[不生]
그침이 없고[不斷] 항상함이 없고[不常]
오는 게 없고[不來] 가는 게 없고[不去]

[2]
다른 의미가 아니고[不異] 같은 의미가 아닌 것[不一]이니
희론(戲論)이 적멸하여 적정(한 상태에 머물 수 있는) 가르침
정등각자의 말씀들의
진리, 그것에 경배하옵니다.

7. 적묵주(寂默主)가 뜻하는 바는 고요한 상태에 머문다는 열반의 적정 상태를 가리키는데 시호는 '무니(muni)'를 이렇게 조어한 듯하다.

8. 한글 고려대장경에서는 연생(緣生)을 연기(緣起)의 동의어로 보고 옮기고 있으나 티벳역에 따르면 이것은 '연기'를 뜻하는 '뗀델(rten 'brel)'이 아니라, '껜레 중와(rkyen las byung ba)'로, 즉 '인연으로(부터) 발생한 것'이라는 뜻이다. 이하 본문에서는 종종 이에 따라 옮기도록 하겠다.

9. 제법(諸法)이 가리키는 바는 사물, 사태의 일체 현상(phenomena)을 가리킨다.

10. 여기서 소작법(所作法)이 뜻하는 바는 바로 앞 행의 사물, 사태의 현상을 가리키는 것뿐만 아니라 행위 주체의 능동적인 행위, 즉 신구의(身口意) 삼업의 활동 또한 연기법에 따라 실천할 수 있는 것으로 보고 옮겼다.

【글을 지은 목적】[11]

【본문】

[1]

གང་དག་གི་བློ་ཡོད་མེད་ལས།།　　gang dag gi blo yod med las//

རྣམ་པར་འདས་ཤིང་མི་གནས་པ།།　　rnam par 'das shing mi gnas pa//

དེ་དག་གིས་ནི་རྐྱེན་གྱི་དོན།།　　de dag gis ni rkyen gyi don//

ཟབ་མོ་དམིགས་མེད་རྣམ་པར་རྟོགས།།　　zab mo dmigs med rnam par rtogs//

> 어떤 이들의 마음[12]은 존재한다[有]거나 존재하지 않는다[無]는 (생각)으로부터
>
> 완전히 떠나 있다. 그래서[13] (그들은 이런 양견에) 머물지 않는다.
>
> 바로 그들만이[14] (인)연(緣)의 의미와
>
> 심오한 무연[無緣緣][15]을 완전히 이해한다.[16]

······························

11. 『육십송여리론』에서는 집필 의도가 생략되어 있다.
12. '마음, 지혜, 정신' 등을 뜻하는 '로(blo)'가 쓰였다. YṢ에서는 산스끄리뜨어 '붓디(buddhi)'의 뜻을 살려 'intelligence'로 옮기고 있다.
13. 일반적으로 'and'로 쓰이는 연결 접속사(connective particle), '쌩(shing)'이 쓰였는데 여기서는 용례에 따라 'because'로 보고 옮겼다.
14. 강조사[Emp.] '니(ni)'를 살려 '그들만이'라고 옮겼다.
15. 『중론』, 「제1품. 연(緣)에 대한 고찰」의 등장하는 사연(四緣) 가운데 두 번째까지 언급하고 있다.

    [BD] 인연(因緣, Skt. pratyaya, Tib. rgyu rkyen): 원인을 뜻하는 인(因)의 같은 말. 인과 연. 인은 결과를 낳게 하는 직접적 또는 내부적 원인, 연은 인을 도와 결과를 낳게 하는 간접적 또는 외부적 원인. 원인과 조건. 인은 친인(親因), 내인(內因) 등으로 불리고, 연은 소연(疎緣), 외연(外緣) 등으로 불린다. 인이 곧 연이 된다는 뜻. 넓은 의미의 인연으로서 모든 유위법. 사연(緣)의 하나로서, 결과를 낳는 데 가장 필수적이고 일차적인 원인의 총칭. 친인연(親因緣), 정인연(正因緣). 연기(緣起)의 같은 말. 다른 것에 의존하는 관계. 인과의 법칙. 인과 관계. 원인과 결과.

    연연(緣緣=所緣緣, Skt. ālamvana pratyaya, Tib. dmigs rkyen): 사연(緣)의 하나. 심식(心識)

離有無二邊智者　　　　　이유무이변지자
無所依甚深無所緣　　　　무소의심심무소연
緣生義成立　　　　　　　연생의성립

상견[有] 단견[無]의 양변(兩邊)을 여읜 지자(智者)는
의지함도 없고[因緣] 심오한 소연(所緣)[17]도 없는[無緣][18]
인연으로 발생한 것의 (그) 의미가 성립함(을 제대로 이해한다.)[19]

....

을 능연(能緣), 객관계(客觀界)를 소연(所緣)이라 함. 심식은 소연인 객관계를 연으로 하여
비로소 작용을 일으킬 수 있으므로 객관계가 심식을 내게 하는 연이 된다는 뜻으로
객관계를 소연연이라 함.

　　여기서 '연연이 존재하지 않는다.'는 '믹메(dmigs med)'는 무연(無緣)이라는 뜻과 함께
'공성(空性)'을 뜻하는 '똥니(stong nyid)'와 동의어로 쓰이기도 한다.

16.　산스끄리뜨어 원문이 남아 있는 이 게송에 등장하는 '존재'를 뜻하는 '아스띠따(astitā)'는
　　'existence, reality'를 뜻하며, 그것에 반대되는, 즉 '나아스띠따(nāstitā)'는 존재하지 않는
　　것을 가리킨다. 용수의 『중론』을 비롯한 주요 저작들에서는 일반적으로 존재와 그 부정태
　　를 '바바(bhāva)'와 '아바바(abhāva)'로 쓰고 있는데 오직 여기에서만 이와 같이 쓰고
　　있다.
　　　'바바(bhāva)'의 티벳역인 '뇌뽀(dngos po)'가 세 번째 게송에서부터 본격적으로 등장하는
　　데 '사태(事態)'라고 옮긴 '뇌뽀'에 대한 자세한 내용은 1권 『중론』, 「제1품. 연緣에 대한
　　고찰」, [3. (1-1)]번 각주 및 3권 「해제」 참조.

17.　[BD] 소연(所緣): ↔ 능연. 마음으로 인식하는 대상. 6식의 대상으로 인식되는 6경(境)과
　　같은 것.

18.　티벳역에 참조하여 오고 감에 그침이 없는 상태인 여여(如如)한 일체지자인 부처님의
　　성품에 대한 수식으로 보고 옮겼다.

19.　끊어 읽는 방법이 달라 한글고려대장경의 이 부분은 다음과 같다. 이하 한글대장경의
　　역본은 [YŞK].

　　　[YŞK]-1.
　　　유(有)와 무(無)의 두 치우친 견해를 떠난
　　　지혜로운 자는 의지하는 바가 없고
　　　아주 깊어 소연(所緣)이 없으니
　　　연기[緣生]의 의미가 성립하네.

　　이 게송은 7자 1행의 귀경게와 결문, 그리고 5자 1행의 본문과 비교해 볼 때, 독특한
구조를 취하고 있다.
　　마지막 행은 티벳역에 따라 첨언하였다.

254

[2]

ཪེ་ཤིག་ཉེས་ཀུན་འབྱུང་བའི་གནས།།	re shig nyes kun 'byung ba'i gnas//
མེད་ཉིད་རྣམ་པར་བཟློག་ཟིན་གྱིས།།	med nyid rnam par bzlog zin gyis//
རིགས་པ་གང་གིས་ཡོད་ཉིད་ཀྱང་།།	rigs pa gang gis yod nyid kyang//
བཟློག་པར་འགྱུར་བ་མཉམ་པར་གྱིས།།	bzlog par 'gyur ba mnyam par gyis//

먼저[20] 모든 과실(過失)이 발생하게 되는[21] 근거인
'존재하지 않는 것 자체[단견론][22]에 대한 완전한 논파[23]를 마쳐야 한다.
(그리고)[24] 어떤 이치[如理][25]를 통해서라도[26] '존재하는 것 자체[상견론]'도 또한
(그것이) 논파되는 것을 동일하게 행해야 한다.

若謂法無性　即生諸過失　　약위법무성　즉생제과실
智者應如理　伺察法有性　　지자응여리　사찰법유성

만약 이른바 (어떤) 법이 그 성품을 갖추지 못한 것[無性]이라면
즉 (그것은) 모든 과실(過失)을 생기게 하는 것이다.
지혜로운 자는 (더 나아가) 마땅히 이치[如理]에 따라
법이 갖춘 그 성품[有性] (또한) 두루 살펴야 한다.[27]

....

20. '어떤 순간, 어떤 것, 어떤 자' 등을 뜻하는 '레쉭(re shig)'이 쓰여 있다. 여기서는 본격적인 논의를 시작하기 위한 것으로 보고 옮겼다.
21. 소유격[Gen.] '이('i)'를 수식의 기능으로 보고 옮겼다.
22. '메니(med nyid)'를 풀어서 옮겼는데 바로 앞의 게송에 등장하는 단견론자의 견해를 가리킨다.
23. '논파하다'로 옮긴 '록빠(bzlog pa)'에 대해서는 『회쟁론』 1번 게송 각주 참조.
24. YŞ에서는 역접의 'but'을 첨언하고 있다.
25. '옳다, 합리적이다, 논리적이다' 등을 뜻하는 '릭빠(rigs pa)'가 쓰였는데 여기서는 이 책의 제목인 '리(如理)', 즉 올바른 이치를 가리킨다.
26. 도구격[Ins.]의 '기(gis)'가 쓰였는데 말미에 강조를 뜻하는 '깡(kyang)'이 쓰여 있어 '~을 서라도'로 옮겼다.

ཇི་ལྟར་བྱིས་པས་རྣམ་བཏགས་བཞིན།།
དངོས་པོ་གལ་ཏེ་བདེན་གྱུར་ན།།
དེ་དངོས་མེད་པས་རྣམ་ཐར་དུ།།
གང་གིས་མི་འདོད་རྒྱུ་ཅི་ཞིག

ji ltar byis pas rnam brtags bzhin//
dngos po gal te bden gyur na//
de dngos med pas rnam thar du//
gang gis mi 'dod rgyu ci zhig/

마치 어리석은 자가 분별(망상)[28]하는 것처럼

사태가 만약 진실된 것이라면,

그것은 존재하지 않는 사태가 해탈하는 것으로 (된다.)

(만약 그렇다면) 그 누구도[29] 인정하지 않는 것을 (인정해야만 하는)
무슨 (특별한) 이유라도 있느냐?[30]

若有性實得　如愚者分別　　약유성실득　여우자분별

無性卽無因　解脱義何立　　무성즉무인　해탈의하립

만약 (어떤 법이) 갖춘 성품[有性]을 실제로 얻으려 한다면

(그것은) 마치 어리석은 자가 분별을 (행하는 것)과 같다.

(어떤 법이) 그 성품을 갖추지 못한 것[無性]은 곧 원인이 없는 것[無因](이라

....

27. [YŞK]-2.
    만약 법이 비존재[無性]의 성품이라면
    곧 온갖 과실(過失)이 발생하네.
    지혜로운 자는 마땅히 도리 그대로
    법의 존재의 성품[有性]을 살펴야 하리.

28. '분별(망상)'으로 옮긴 '남딱(rnam brtags)'은 남빨 딱빠(rnam par brtags pa)'는 '분별소집
    (分別所執)'이라고 [BD]에 나와 있으나 '어리석은 자'라는 뜻을 가진 '진빠(byis pa)'와
    함께 쓰여 있어 이렇게 옮겼다. 해자해보면 '자세히((rnam pa)' '분석하다(brtags pa)'
    정도 된다.

29. 반어법으로 되어 있어 주격[Nom.]으로 쓰이는 도구격[Ins.]의 '기(gis)'에 강조의 보조사
    '~도'를 첨언하였다.

30. 인정할 수 없다는 강조의 반어법이다.

는 뜻인데)
해탈의 의미가 어떻게 성립하겠느냐?[31]

[4]

ཡོད་པས་རྣམ་པར་མི་གྲོལ་ཏེ།།   yod pas rnam par mi grol te//

མེད་པས་སྲིད་པ་འདི་ལས་མིན།།   med pas srid pa 'di las min//

དངོས་དང་དངོས་མེད་ཡོངས་ཤེས་པས།།   dngos dang dngos med yongs shes pas//

བདག་ཉིད་ཆེན་པོ་རྣམ་པར་གྲོལ།།   bdag nyid chen po rnam par grol//

(어떤 이도) 존재하는 것[상견]을 통해서[32] 해탈을 이룰 수 없고[33]
존재하지 않는 것[단견]을 통해서도 이 윤회[34]로부터 (벗어날 수 있는
것이) 아니다.
사태(事態)와 사태가 아닌 것[非事態][35]을 완전히 이해하였기에
대성인(大聖人)[36]께서는 해탈을 (이루셨다.)

不可說有性　不可說無性　　　불가설유성　불가설무성

了知性無性　大智如理說　　　요지성무성　대지여리설

....

31.   [YṢK]-3.
     만약 존재의 성품[有性]을 실체로서 얻으려 한다면
     어리석은 자의 분별과 같네.
     비존재의 성품[無性]은 곧 원인이 없는 것인데
     해탈의 의미가 어찌 성립하리오
32.   도구격[Ins.]의 's'를 'through'로 보고 옮겼다.
33.   '학째(lhag bcas)' '떼(te)'를 순접 접속사 'and'로 보고 옮겼다.
34.   일반적으로 '가능하다, 가능성' 등으로 두루 쓰이는 '쒸빼(srid pa)'가 쓰였는데 여기서는
     (생사) 윤회로 쓰인 경우다.
35.   '사태(事態)와 사태가 아닌 것[非事態]'이 뜻하는 것은 인식 주체의 인식 기관에 의해
     포착된 대상, 즉 현상뿐만 아니라, 그 너머의 것인 언설로 표현 불가능한 '초월적인
     것'에 대해서도 언급하고 있는 것이다. 그렇지만 논리는 이 '사태가 아닌 것[非事態]'에
     대해서는 어떠한 논리적 설명도 불가능하다.
36.   인도의 시인 타고르가 '위대한 영혼'이라고 간디에게 붙여준 '마하뜨마(mahātmā)'가
     쓰였는데 여기서는 부처님의 이명(異名)으로 쓰인 경우다.

> (어떤 법이) 갖춘 성품[有性]을 설명하는 것은 불가능하다.
>
> (어떤 법이) 그 성품을 갖추지 못한 것[無性]을 설명하는 것도 불가능하다.
>
> (어떤 법이) 갖춘 성품[有性]과 그 성품을 갖추지 못한 것[無性]을 두루 이해하였기에
>
> 위대한 지자[大智]께서는 (그것을) 이치에 맞게 설명하셨다.[37]

[5]

དེ་ཉིད་མ་མཐོང་འཇིག་རྟེན་དང་།།	de nyid ma mthong 'jig rten dang//
མྱ་ངན་འདས་པར་རློམས་སེམས་ཏེ།།	mya ngan 'das par rloms sems te//
དེ་ཉིད་གཟིགས་རྣམས་འཇིག་རྟེན་དང་།།	de nyid gzigs rnams 'jig rten dang//
མྱ་ངན་འདས་པར་རློགས་སེམས་མེད།།	mya ngan 'das par rlogs sems med//

> (법의) 여실함[眞如][38]을 보지 못하는 자(들은) 세간과
>
> 열반을 그릇되게 생각하지만[39]
>
> (법의) 여실함[眞如]을 보시는 분들은[40] 세간과
>
> 열반을 그릇되게 생각하지 않으신다.[41]

....

37. 한역과 티벳역의 의미가 매우 다른데, 상견, 단견을 통해서는 해탈을 이룰 수 없다는 티벳역과 달리 한역의 경우 이것에 대한 설명으로 되어 있다.

  [YṢK]-4.
  존재의 성품이라 말할 수 없고
  비존재의 성품이라고 말할 수 없으니
  존재의 성품과 비존재의 성품을 잘 이해하면
  큰 지혜로써 도리에 맞게 말하는 것이리라.

38. 산스끄리뜨어 '아뜨만(ātman), 즉 '자성(自性)'을 뜻하는 '데니(de nyid)'가 쓰였으나 여기서는 '진여(眞如), 여실(如實), 여여(如如)' 등을 뜻하는 '따뜨바(tattva)'라는 뜻으로 쓰인 경우다.

39. '학쩨(lhag bcas)' '떼(te)'를 역접 접속사 'but'으로 보고 옮겼다.

40. 1행의 '보다'를 뜻하는 '통와(mthong ba)'의 존칭어인 '직빼(gzigs pa)'가 쓰였다. 여기서는 '보는 행위, 즉 이해하는 자'를 뜻하는 것으로 보고 옮겼다.

41. 이 게송은 '윤회, 생사' 등을 뜻하는 '콜와('khor ba)'가 '세간, 세속, 세계' 등을 뜻하는

涅槃與生死　勿觀別異性　　　　열반여생사　물관별이성

非涅槃生死　二性有差別　　　　비열반생사　이성유차별

열반과 생사(윤회)를

다른 성품이라고 보지 마라.

(왜냐하면) 열반(과) 생사(윤회)의

두 성품에는 차별이 있는 것이 아니기 (때문이다.)[42]

[6]

 སྲིད་པ་དང་ནི་མྱ་ངན་འདས།།　　　srid pa dang ni mya ngan 'das//

གཉིས་པོ་འདི་ནི་ཡོད་མ་ཡིན།།　　　gnyis po 'di ni yod ma yin//

སྲིད་པ་ཡོངས་སུ་ཤེས་པ་ཉིད།།　　　srid pa yongs su shes pa nyid//

མྱ་ངན་འདས་ཞེས་བྱ་བར་བརྗོད།།　　mya ngan 'das zhes bya bar brjod//

⋯⋯⋯⋯⋯⋯⋯⋯⋯⋯

'직뗀('jig rten)'으로 바뀌어 있을 뿐,『중론』,「제25품. 열반(涅槃)에 대한 고찰」의 19, 20번 게송의 축약판이다.

[403. (25-19)]
윤회는 열반과 비교하여
조그만 차이도 존재하지 않는다.
열반은 윤회와 비교하여
조그만 차이도 존재하지 않는다.

[404. (25-20)]
열반의 끝이 무엇이든지 간에
바로 그것이 윤회의 끝이다. 왜냐하면
이 둘의 바로 그 조그만 차이에는
어떤 미세한 틈[極微細]도 존재하지 않기 때문이다.

42.　'아니다'라는 뜻으로 쓰인 3행 어두의 '비(非)'는 3, 4행 전체를 받고 있는데 이것은 산스끄리뜨어의 2행 1게송의 전통에 따라 옮긴 것으로 보인다.

[YŞK]-5.
열반(涅槃)과 생사(生死)가
다른 성품이라 관찰하지 말라.
열반(涅槃)과 생사의
두 성품에 차별이 있지 않네.

윤회⁴³와⁴⁴ 열반,

바로 이 둘은 존재하는 것이 아니다.

"윤회를 완전히 이해하는 것 자체가

열반이다."라는 것은 (부처님께서) 말씀하신 것이다.⁴⁵

生死及涅槃　二俱無所有　　생사급열반　이구무소유

若了知生死　此卽是涅槃　　약료지생사　차즉시열반

생사(윤회)와 열반

이 둘 모두 존재하는 바가 없다.

만약 생사(윤회)를 완전히 이해한다면

이것이 곧 열반이다.⁴⁶

---

43. '윤회'로 옮긴 '씨빠(srid pa)'에 대해서는 4번 게송 각주 참조

44. '당니(dang ni)'의 강조사[Emp.] '니(ni)'를 운자를 맞추기 위한 의미 없는 첨언으로 보고 옮겼다.

45. "'~'라고 (부처님께서) 말씀하셨다.'라고도 옮길 수 있으나, "~"라는 것을 뜻하는 '셰자윌(zhes bya bar)'을 강조하기 위해서 이렇게 옮겼다.
    『중론』, 「제25품. 열반(涅槃)에 대한 고찰」 전체를 살펴보아도 이에 해당하는 게송은 등장하지 않지만, 아무래도 이 품의 마지막 게송인 24번 게송까지 숙독해야만 이와 같이 축약된 것을 이해할 수 있을 듯하다.

    [408. (25-24)]
    모든 (인식) 대상이 적멸(寂滅)한 것, 그리고
    희론(戱論)이 적멸한 것이 (열반) 적정(寂靜)이다.
    부처님에 의해서 어디서도
    누구에게도 (이에 대한) 그 어떤 법도 교시되지 않았다.

46. [YŞK]-6.
    생사(生死)와 열반(涅槃)
    두 가지는 존재하는 것이 없으니
    만약 삶과 죽음을 잘 이해하면
    이것이 곧 열반(涅槃)이라네.

[7]

ཇེ་ལྟར་འགོག་པར་བརྟག་པ་བཞིན།།   dngos po byung ba zhig pa la//

དེ་བཞིན་དམ་པ་རྣམས་ཀྱིས་ཀྱང་།།   ji ltar 'gog par brtag pa bzhin//

སྒྱུ་མ་བྱས་ལྟའི་འགོག་པ་བཞེད།།   de bzhin dam pa rnams kyis kyang//

                                   sgyu ma byas lta'i 'gog pa bzhed//

(어리석은 자들은 어떤) 발생하고[生] 사라지는[滅]⁴⁷ 사태에서

마치 멸(滅)하는 것[斷絶]⁴⁸을 통해서만 분별[觀]⁴⁹(할 수 있는 것)처럼 (여긴다.)

그러나⁵⁰ 성자(聖者)⁵¹들은 (어떤 사태를 분별할)지라도 환술(幻術=māyā)이 행한 것으로 보이는[見]⁵² (그 사태가) 멸(滅)하는 것[斷絶]으로 여기신다.⁵³

---

47. 예경문에서 '사멸하는[滅]'으로 옮겼던 '직빠('jig pa)'의 과거형인 '쉭빠(zhig pa)'가 쓰였다.

48. '멸[滅]하는 것[斷絶]'으로 옮긴 '곡빠('gog pa)'는 산스끄리뜨어 원어는 '니로다(nirodha)'로, 이것에는 '생주멸(生住滅)'의 멸(滅)을 뜻할 뿐만 아니라, 단절(斷絶)이라는 뜻도 있다. 여기서는 중의적인 의미, 즉 어떤 하나의 개념이 고정된 실체를 가진 것으로 여기는 것을 부정하고 있는 것이라 보고 옮겼다.
　　만약 '멸(滅)하는 것'만 강조할 경우, 생주멸을 각각 나누어서 관찰한다는 의미로 해석할 수 있다.

49. 『중론』의 각 품에 '관(觀)'을 붙게 한 '딱빠(brtag pa)'가 사용되어 있다.

50. '마치 그와 같이'를 뜻하는 '데쉰(de bzhin)'이 쓰였으나, 여기서는 '그러나'의 뜻을 지닌 '데쉰두(de bzhin du)'의 축약으로 보고 옮겼다.

51. 졸역, 『선설보장론』에서 '성자'라고 옮겼던 '담빠(dam pa)'가 사용되었는데 YṢ에서는 보살, 즉 '보디싸뜨바(bodhisattva)'의 축약인 '사뜨(sat)'로 보고 옮기고 있다.

52. 의도를 가지고 관찰하다는 뜻을 지닌 '따와(lta ba)'가 사용되었으나 여기서는 의도하지 않아도 그냥 눈에 띄어 보이는 '통와(mthong ba)'의 오역으로 보고 옮겼다. 티벳역의 경우뿐만 아니라 산스끄리뜨어 원문에서도 이 두 단어의 명확한 구분은 좀처럼 규칙적으로 적용되어 있지 않다.

53. '여기신다'로 옮긴 '셰빠(bzhed pa)'는 '(어떤 생각과 견해에) 동의하다, 수용하다, 받아들이다' 등의 뜻을 지닌 '케렌(khas len)'의 존칭어이다.
　　축약된 부분이 많아 대구를 기본으로 한 산스끄리뜨어 게송의 원칙에 따라 YṢ를 참조하여 옮겼다. 내용의 요지는 어리석은 자는 생주멸의 개별적, 고정적 실체가 있는 것으로 사태를 파악하지만, 성자는 이와 같은 사태들이 환술사가 지어낸 환영처럼 여긴다는 뜻이다. 이와 같은 사물, 사태를 환술사가 지어낸 것처럼 여기라는 강조는 『중론』에

破彼生有性　分別滅亦然　　파피생유성　분별멸역연
如幻所作事　滅現前無實　　여환소작사　멸현전무실

> 　저 (어리석은 자들은) (어떤 법이) 갖춘 성품[有性]이 생겨나는 것을 (분별을 통해서) 논파하고
> 　(그리고) (그것이) 사라지는 것 (또한) 분별을 통해서 (논파하는 것을) 매우 당연하게 (여긴다.)
> 　(그러나 성자들은) (어떤 법이 갖춘 성품[有性]을) 환술이 짓는 일[所作事]과 같다(고 보기에)
> 　눈앞에서[現前] (생겨나고 머물다) 사라지는 것의 실체가 없다고 (여기신다.)[54]

....

몇 차례 등장한다. 예를 들어,

『중론』, 「제7품. 생기는 것[生]과 머무는 것[住]과 사라지는 것[滅]에 대한 고찰」의 마지막 게송에서는,

[110. (7-33)]
꿈과 같고 환술(幻術=māyā)과 같고
건달바성과 같은
그와 같이 생기는 것[生]과 그와 같이 머무는 것[住]
(그리고) 바로 그와 같이 사라지는 것[滅]에 (대해서는 이와 같이) 설명하였다.

그리고 이와 같은 비유는 『중론』, 「제23품. 전도(顚倒)에 대한 고찰」에서도 등장한다.

[328. (23-9)]
환술(幻術=māyā)로 생긴 아이와 같고
그림자 같은 그것들에
바로 그 정(淨)과 부정(不淨)이 (의지하여[緣])
발생하는[起] (번뇌라는 것도) 마찬가지로 어떻게 (가능하게) 되겠느냐?

54.　티벳역에 따라 첨언하여 옮겼다.

[YŞK]-7.
그 발생의 성품이 존재한다[有性]는 [분별을] 깨부수었으니
소멸에 대한 분별 역시 그러하리라.
허깨비가 만든 일처럼

[8]

 རྣམ་པར་འཇིག་པས་འགོག་འགྱུར་གྱི།།   rnam par 'jig pas 'gog 'gyur gyi//

འདུས་བྱས་ཡོངས་སུ་ཤེས་པས་མིན།།   'dus byas yongs su shes pas min//

དེ་ནི་སུ་ལ་མངོན་སུམ་འགྱུར།།   de ni su la mngon sum 'gyur//

ཞིག་ཤེས་པ་དེ་ཇི་ལྟར་འགྱུར།།   zhig shes pa de ji ltar 'gyur//

완전히 사라지는 것[潰滅]을 통해서 멸(滅)하게 되는[55]

지어진 것[有爲][56]을 완전히 이해할 수 있는 것[57]이 아니다.

바로 그것은 누구에게나 직접 지각할 수 있는 것[現量][58](으로) 되어야

(하는데)

(이미) 그 사라져버린 것[滅][59]을 (다시) 아는 것이 어떻게 가능하겠는가?[60]

소멸은 현전(現前)하나 실체[實]로서 없네.

55. 소유격[Gen.] '기(gyi)'를 수식의 기능으로 보고 옮겼다.

56. '지어진 것[有爲]'으로 옮긴 '두제('dus byas)'에 대해서는 『중론』, 「제7품. 생기는 것[生]과 머무는 것[住]과 사라지는 것[滅]에 대한 고찰」 1번 게송 각주 참조.

57. '완전히 이해할 수 있는 것'이라고 풀어서 옮긴 '용쑤 셰빠(yongs su shes pa)'에는 '주장'을 뜻하는 산스끄리뜨어 '쁘라띠갸(Pratijña)', 티벳어로 '담짜(dam bca')'라는 뜻도 있다. 만약 이에 따르면, '주장을 통해서 되는 것이 아니다.'는 뜻인데, 산스끄리뜨어 원문에서는 중의적인 표현이 사용된 듯하다.

58. '직접 지각할 수 있는 것[現量]'으로 옮긴 '논쑴(mngon sum)'에 대해서는 『회쟁론』 5번 게송 각주 참조.

59. '(이미) 그 사라져버린 것[滅]'으로 옮긴 것은 7번 게송의 '직빠('jig pa)'의 과거형인 '쉭빠(zhig pa)'로, 여기서는 의미를 명확하게 하기 위하여 과거형을 살려서 옮겼다.

60. '어떻게 가능하겠는가?'로 옮긴 '지딸 귤(ji ltar 'gyur)'은 '어떻게 (가능하게) 되겠는가?'라는 뜻인데 게송 전체의 의미를 명확하게 하기 위하여 첨언, 윤문하여 옮겼다.

　유위법에서 멸(滅)이 존재하지 않는다는 뜻으로, 『중론』, 「제7품. 생기는 것[生]과 머무는 것[住]과 사라지는 것[滅]에 대한 고찰」의 도입부 3 게송에 이에 대한 내용이 등장한다. 여기서 논파의 주제는 생기는 것[生]에서 출발하는데 이 게송은 이 품의 마지막의 멸(滅)에 대한 축약 정도에 해당한다.

[78. (7-1)]
만약 생기는 것[生]이 지어진 것[有爲]이라면
그 또한 세 가지 상(相)을 갖추게 된다.
만약 생기는 것[生]이 지어진 것이 아니[無爲]라면

若滅有所壞　知彼是有爲　　약멸유소괴　지피시유위

現法尚無得　復何知壞法　　현법상무득　부하지괴법

> 만약 (어떤) 멸(滅)하는 것이 존재하는데[有] (그것이) 무너진다면,
> (거기서) 바로 그 유위(법)이 (존재하는 것[有]을) 알 수 있을 것이다.
> (그러나) 지금 나타난 현상[現法]⁶¹도 오히려 얻을 수 없는데
> 다시 어떻게 (예전에) 무너진 현상[壞法]을 알 수 있겠는가?⁶²

【문】⁶³

[9]

གལ་ཏེ་ཕུང་པོ་མ་འགགས་ན།།　　gal te phung po ma 'gags na//

ཉོན་མོངས་ཟད་ཀྱང་འདས་མི་འགྱུར།།　　nyon mongs zad kyang 'das mi 'gyur//

....

어떻게 지어진 것의 상[有爲相]이라 (할 수 있)겠는가?

[79. (7-2)]
생기는 것[生] 등 셋, (그) 각자가
바로 (그) 지어진 것의 상[有爲相](으로) 작용하는 것은
가능하지 않다. (만약 각자가 유위상이라면) 동시에 하나로
모이는 것[集]이 또한 어떻게 적절하겠느냐?

[80. (7-3)]
생기는 것[生]과 머무는 것[住]과 사라지는 것[滅] 등에
바로 (그) 다른 지어진 것의 상[有爲相]이
만약 존재한다면 무한 소급(無限遡及)이 된다.
(만약) 존재하지 않는다면 그것들(의) 지어진 것은 존재하지 않는다.

61.　티벳역과 달리 '현법(現法)', 즉 '지금 나타나 있는 현상'을 가리키고 있다.
62.　[YŚK]-8.
　　　만약 소멸에 허물어지는 것이 있다면
　　　그것이 곧 유위(有爲)임을 알아야 하리.
　　　현재의 법조차 오히려 얻을 수 없거늘
　　　또한 괴멸의 법을 알 수 있으리오.
63.　한역에서는 별도의 구분이 없으나 YŚ에는 이 게송을 논박자의 주장으로 보고 있어
　　　이에 따라 옮겼다.

264

གང་ཚེ་འདིར་དེ་འགགས་གྱུར་པ།།   gang tshe 'dir de 'gags gyur pa//

དེ་ཡི་ཚེ་ན་གྲོལ་བར་འགྱུར།།   de yi tshe na grol bar 'gyur//

만약 오온(五蘊)이 사라지지[滅] 않았다면[64]

번뇌(煩惱)를 소진[盡]했을지라도[65] (아라한은)[66] 열반에 이르지 못한다.[67]

어떤 때. (즉) 이 (아라한)에게[68] 그 (오온이) 사라지게 될 (때)

그때라면[69] (그는) 해탈에 이르게 된다.[70]

....

64. '사라지다, 멸하다, 사멸하다, 없어지다' 등의 뜻을 지닌 '각빠('gag pa)'의 과거형인 '각빠('gags pa)'가 쓰였다.

65. '각빠('gag pa)'와 '제빠(zad pa)'의 의미는 '사라지다, 없어지다, 소진하다' 등으로 매우 유사한데, 여기서는 두루 쓰이고 있다. 가급적 통일하여 쓰도록 하겠다. YŞ에 따르면 『육십송여리론』에서 이 '제빠(zad pa)'는 산스끄리뜨어 '끄쉬나(kṣīṇa)'를 옮긴 것인데, 오직 여기서만 두루 쓰이고 있다. 영어로는 'diminished, wasted, expended, lost, destroyed, worn away' 등의 뜻이 있는데 '닳아 없어지다'는 'worn away'는 용례를 유념하면서 옮겼다.

    『중론』에서 사용된 '제빠(zad pa)'에 대해서는 「제21품. 발생과 소멸에 대한 고찰」, [289. (21-7)]번 게송 각주 참조.

66. YŞ에 따라 '아라한'을 첨언하였는데 '(번뇌라는) 적(敵)을 죽인 자'라는 '아르하뜨(arhat)'에는 붓다의 이명 또한 포함되어 있다.

    [BD] 아라한(阿羅漢): [1] 【범】arhan 소승의 교법을 수행하는 성문(聲聞) 4과의 가장 윗자리. 응공(應供)·살적(殺賊)·불생(不生)·이악(離惡)이라 번역. [2] 여래 10호의 하나. 성문 아라한과 구별하기 위하여 '아라하'라고 하나 원어의 뜻은 같음.

67. '열반에 이르지 못한다,'라고 옮긴 '데 미귤('das mi 'gyur)'을 해자해보면, '열반+되지 않는다.' 정도이다.

68. '라둔(la 'dun)'의 'r'을 여격[Dat.]으로 보고 옮겼다.

69. 3행의 '강체(gang tshe)'와 함께 '데이 체(de yi tshe)'가 쓰였는데 이것은 '어떤 때 ~, 그때 ~'를 뜻하는 산스끄리뜨어 '야다 ~, 따다(yadā~, tadā)'의 용법을 그대로 옮긴 경우다. '데이 체나(de yi tshe na)'는 '데이체(de'i tshe)'를 7자 1행의 게송에서 운자를 맞추기 위해서 늘린 경우에 해당한다.

70. YŞ에서는 이것을 『중론』, 「제25품. 열반(涅槃)에 대한 고찰」에서 논박자의 주장인 1번 게송을 그 예로 들고 있다.

    [385. (25-1)]

    만약 이 모든 것들이 공(空)하다면

    생겨나는 것[生]도 존재하지 않고 사라지는 것[滅]도 존재하지 않는다.

    (만약 그렇다면) 어떤 것의 제거[斷]나 소멸[滅]로부터

    (누가) 열반을 바랄 수 있겠는가?

彼諸蘊不滅　染盡即涅槃　　피제온불멸　염진즉열반

若了知滅性　彼即得解脱　　약료지멸성　피즉득해탈

그 (아라한)에게 모든 (오)온이 없어지지[滅] 않았어도

(번뇌에) 물든 것이 소진[盡]되었다면 (그는) 곧 열반(을 얻는다).[71]

만약 그 (아라한)이 (오온이) 없어지는 성품[滅性]을 완전히 이해한다면

그는 곧 해탈을 얻는다.[72]

【답】[73]

[10]

<table>
<tr><td>མ་རིག་རྐྱེན་གྱིས་བྱུང་བ་ལ།།</td><td>ma rig rkyen gyis byung ba la//</td></tr>
<tr><td>ཡང་དག་ཡེ་ཤེས་ཀྱིས་གཟིགས་ན།།</td><td>yang dag ye shes kyis gzigs na//</td></tr>
<tr><td>སྐྱེ་བ་དང་ནི་འགག་པའང་རུང་།།</td><td>skye ba dang ni 'gag pa'ng rung//</td></tr>
<tr><td>འགའ་ཡང་དམིགས་པར་མི་འགྱུར་རོ།།</td><td>'ga' yang dmigs par mi 'gyur ro//</td></tr>
</table>

무명(無明)의 (인)연(緣)으로[74] 발생한 것[生]을

....

　　그러나 역자의 견해로는 이것은 구사론자들의 일반적인 논의로, 『중론』, 「제4품. (오)온(蘊)에 대한 고찰」에서 보이듯 용수는 어떤 하나의 개념자로 작동하는 오온설 또한 부정하고 있다.

71.　4행의 '득(得)'이 축약된 것으로 보고 옮겼다.

72.　티벳역과 한역의 경우 1, 2행의 의미가 반대이다. '오온(五蘊)이 다하지 않는 가운데 열반에 이를 수 있는가?'를 헤아려보면, 티벳역이 더 정확하다. 열반과 해탈은 큰 차이가 없는데 이에 대한 연구는 졸저, 『용수의 사유』, pp. 176-177 참조.

　　[YṢK]-9.
　　그 오온[諸蘊]은 소멸하지 않으며
　　번뇌[染]가 다하면 열반이니
　　만약 소멸의 성품을 잘 안다면
　　그는 곧 해탈을 얻으리라.

73.　용수의 답변이다.

심오한 지혜를 통해[75] 살펴보면[76]

생기는 것[生]과 사라지는 것[滅](들) 사이에서[77]

그 어떤 것도 관찰할[78] 수 없다.[79]

若生法滅法　二俱不可得　　약생법멸법　이구불가득
正智所觀察　從無明緣生　　정지소관찰　종무명연생

만약 생겨나는 현상[生法]과 사라지는 현상[滅法](을 두루 살펴보면)

이 둘 다 얻는 것은 불가능하다.

(왜냐하면) 바른 지혜로 그것들을 관찰해보면

무명의 인연으로부터 발생하는 것에 따른 것이기 (때문이다.)[80]

---

74. 도구격[Ins.]의 '기(gyis)'를 'by'로 보고 옮겼다. '껜기(rkyen gyis)'에는 '~ 때문에'라는 용례도 있으나 풀어서 썼다.

75. 도구격[Ins.]의 '끼(kyis)'를 'through'로 보고 옮겼다.

76. '살피다'로 옮긴 '직뻬(gzigs pa)'는 '보다'를 뜻하는 '통와(mthong ba)'의 존칭어이다.

77. '사이에서'라고 옮긴 '앙룽('ng rung)'은 연속을 나타내는데 '생주멸(生住滅)'의 전 과정을 가리킨다.

78. '관찰하다'로 옮긴 '믹뻬(dmigs pa)'에도 '보다'를 뜻하는 '통와(mthong ba)'라는 뜻이 있다. 여기서는 반복된 단어를 피하기 위하여 이와 같이 다른 단어를 사용한 것으로 보고 옮겼다.

79. 바로 앞의 게송이 논박자의 주장이라면, 이 게송이 뜻하는 바는 오온(五蘊)의 실체성을 부정하는 경우다. 오직 오온에 대한 논파로 볼 경우 다음과 같이 첨언하여 옮길 수 있다.

(오온 또한) 무명(無明)의 (인)연(緣)으로 발생한 것[生]으로
심오한 지혜를 통해 살펴보면
(그 오온의) 생기는 것[生]과 사라지는 것[滅](들) 사이에서
그 어떤 것도 관찰할 수 없다.

'미귤로(mi 'gyur ro)'를 직역하면, '없게 된다.'이지만 보조사로 쓰인 경우로 보고 옮겼다.

80. [YṢK]-10.
만약 발생의 법과 소멸의 법
둘을 얻을 수 없으리니
바른 지혜로써 관찰하면

དེ་ཉིད་མཐོང་ཆོས་མྱ་ངན་ལས།།　de nyid mthong chos mya ngan las//

འདས་ཤིང་བྱ་བ་བྱས་པའང་ཡིན།།　'das shing bya ba byas pa'ng yin//

གལ་ཏེ་ཆོས་ཤེས་མཇུག་ཐོགས་སུ།།　gal te chos shes mjug thogs su//

འདི་ལ་བྱེ་བྲག་ཡོད་ན་ནི།།　'di la bye brag yod na ni//

법(法)[81]의 여실함[眞如][82]을 보는 자(들은)[83] 고통으로부터
벗어나고[열반][84] (어떤) 일을 행함에서도 (마찬가지)다.[85]
만약 (이런) 법을 아는 것[法智]에[86] (들어서자마자) 곧바로[87]
이것[법]에 대한 (이해의) 차이[88]가 존재하는데[89]

若見法寂靜　諸所作亦然　　약견법적정　제소작역연

....

무명(無明)을 연하여 발생하는 것이네.

81. 앞의 한역에서 '현상'으로 옮긴 '법(法)', 즉 '최(chos)'가 사용되었는데 여기서는 현상뿐만 아니라 불법을 가리키는 뜻이 있어 법으로 옮겼다.

82. 산스끄리뜨어 '아뜨만(ātman), 즉 '자성(自性)'을 뜻하는 '데니(de nyid)'가 쓰였으나 여기서는 '진여(眞如), 여실(如實), 여여(如如)' 등을 뜻하는 '따뜨바(tattva)'라는 뜻으로 쓰인 경우다.

83. 5번 게송의 1, 3행에서도 이와 같은 형태를 취하고 있다. '진여(眞如)'라고 옮긴 '데니(de nyid)'에 대해서는 5번 게송 각주 참조.

84. 1, 2행에 걸쳐 열반을 뜻하는 '먀네 레데(mya ngan las 'das)'가 쓰여 있다. 여기서는 그 의미에 따라서 풀어서 썼다.

85. '(어떤) 일을 행함에서도 (마찬가지)다'로 옮긴 '자와 제빵 인(bya ba byas pa'ng yin)'의 '자와 제빠(bya ba byas pa)'에는 '작용'이라는 뜻이 있다. 산스끄리뜨어 '끄르따끄르뜨야(kṛtakṛtya)'를 티벳어로 직역한 것인데 여기서는 풀어서 옮겼다.

86. '법을 아는 것[法智]'으로 옮긴 '최셰(chos shes)'는 한 단어로도 쓰이지만 여기서는 '연욕계에서 여러 가지 법을 섭취하는데 사제를 보는 것을 실현하고 의혹을 보는 것을 영원히 단절하며 계를 떠나는 과를 받아들이는 해탈도'라는 뜻이 아니라 문맥 그대로 불법, 또는 사물, 사태의 현상 등을 아는 것으로 보고 풀어서 썼다.

87. '곧바로'로 옮긴 '죽통쑤(mjug thogs su)'를 YŞ에서는 'just before'로 옮기고 있으나, 산스끄리뜨어 '아난따라(anantara)'에는 'immediately after'라는 뜻이 있어 이에 따라 옮겼다.

88. '차이'라고 옮긴 '제닥(bye brag)'에는 '차이, 구분, 구별, 각각' 등의 뜻이 있다.

89. 티벳역 게송에서는 다음 게송과 이어지는 구조를 취하고 있다.

知此最勝法　獲法智無邊　　지차최승법　획법지무변

만약 법의 적정함⁹⁰을 본다면

모든 행하는 바[所作] 또한 자연스럽게 (될 것이다.)

이 최상의 수승한 법을 알게 된다면

법에 대한 지혜를 얻는 것이 끝이 없을 것이다.⁹¹

---

[12]

དངོས་པོ་ཤིན་ཏུ་ཕྲ་བ་ལའང་།།　　　dngos po shin tu phra ba la'ng//

གང་གིས་སྐྱེ་བར་རྣམ་བརྟགས་པར།།　　gang gis skye bar rnam brtags par//

རྣམ་པར་མི་མཁས་དེ་ཡིས་ནི།།　　　　rnam par mi mkhas de yis ni//

རྐྱེན་ལས་བྱུང་བའི་དོན་མ་མཐོང་།།　　rkyen las byung ba'i don ma mthong//

사태(事態)를 매우 세밀하게⁹² (분별할)라도⁹³,

(즉) 어떤 자가 생기는 것[生]을 자세히 분별할(지라도)

(그가) 바로 그 완전한⁹⁴ 지혜를 갖추지 못한 자(라면)

(인)연(緣)으로부터 발생하는 것[生]의 의미⁹⁵를 (제대로) 알지 못한다.⁹⁶

---

90. 티벳역 게송에서는 여실함을 본다고 되어 있으나, 한역에서는 적정함을 본다고 되어 있다.

91. 티벳역과 달리 한역은 하나의 완결된 게송으로 되어 있다.

　　[YŞK]-11.
　　법의 적정함을 본다면
　　모든 작용하는 것 역시 그러하네.
　　이 가장 뛰어난 법을 알면
　　법의 지혜를 얻음이 끝이 없으리.

92. '쉰뚜 뻬와(shin tu phra ba)'는 '극미세(極微細)'라는 뜻이 있는데 이것은 어떤 물질을 더할 나위 없이 작은 단위로 나눈 것을 뜻한다. 여기서는 의미에 맞게 풀어서 썼다.

93. 2행의 말미에 따라 첨언하였다.

94. 산스끄리뜨어 '비(vi)'에 해당하는 이 '남빠(rnam par)'에는 다양한 긍정적인 뜻이 있는데

緣生不可見　是義非無見　　　연생불가견　시의비무견
此中微妙性　非緣生分別　　　차중미묘성　비연생분별

> (어리석은 자들이) (인)연(緣)으로부터 발생하는 것[生]을 알 수 없다는 것,
>
> (이것의) 올바른 의미는 (그들이 어떤 것도) 알 수 없다[無見]는 것을 (뜻하는 것이) 아니다.[97]
>
> (왜냐하면 그들에게) 이[법] 가운데 미묘한 성품,
>
> (즉), (인)연(緣)으로부터 발생한 (그)것은 (그들의 지혜로) 분별할 수 있는 것이 아니기 (때문이다.)[98]

【문】[99]

[13]

ཉོན་མོངས་ཟད་པའི་དགེ་སློང་གི།　　　nyon mongs zad pa'i dge slong gi/
གལ་ཏེ་འཁོར་བ་རྣམ་ལྡོག་ན།།　　　gal te 'khor ba rnam ldog na//

....
　　2행에서 '자세히'로, 여기서는 '완전한'으로 옮겼다.
95.　'어떤 일, 대상, 뜻, 의미' 등을 뜻하는 '된(don)'이 쓰였는데 YŞ의 'mean'에 따라 '의미'로 옮겼다.
96.　11번 게송의 마지막 4행에서 언급한 '(이해의) 차이'를 설명하고 있다.
　　'알지 못한다'라고 '마통(ma mthong)'을 의역하였는데 직역하면 '보지 못한다'이다.
97.　'견(見)'을 '안다(知)'를 뜻하는 것으로 보고 옮겼다.
98.　법에 대한 일반적인 이해는 누구에게나 가능한 것이지만 그것의 구체적인 이해는 오직 지혜를 갖춘 자만이 가능하다는 의미로, 티벳역에 따라 한역에서 빠진 부분을 첨언하여 옮겼다.

　　　[YŞK]-12.
　　　연생(緣生)의 성품[性]을 볼 수 있다는
　　　이 주장은 무견(無見)이 아니니
　　　여기의 미묘한 성품[性]은
　　　연생의 분별이 아니네.
99.　한역에서는 별도의 구분이 없으나 YŞ에는 이 게송을 논박자의 주장으로 보고 있어 이에 따라 옮겼다.

ཅི་ཕྱིར་རྫོགས་སངས་རྒྱས་རྣམས་ཀྱིས།། ci phyir rdzogs sangs rgyas rnams kyis//

དེ་ཡི་རྩོམ་པ་རྣམ་མི་བཤད།། de yi rtsom pa rnam mi bshad//

번뇌(煩惱)가 소진된[100] 스님들의 (경우)[101]

만약 윤회에서 완전히 벗어났다면[102]

왜 완벽한 (깨달음을 얻은) 부처님들께서

그것[윤회]의 시원(始原)[103]에 대해서 자세히 말씀하지 않으셨는가?[104]

佛正覺所説　有説非無因　　불정각소설　유설비무인

若盡煩惱源　卽破輪廻相　　약진번뇌원　즉파윤회상

올바른 깨달음을 이룬 부처님[佛正覺]께서 이르시길,

존재하는 것은 원인이 없는 것[無因]이 아니라고 설하셨다.

만약 번뇌의 근원을 (모두) 소진하면

(그것이) 곧 윤회의 모습[輪廻相]을 타파하는 것이다.[105]

....

100.　'제빠(zad pa)'에 대해서는 9번 게송 각주 참조.

101.　소유격[Gen.] '기(gi)'가 1행 말미에 사용되어 있어 '경우'를 첨언하여 옮겼다.

102.　『회쟁론』에서 '위배되다'로 옮겼던 '독빠(ldog pa)'는 여기에서 '떠나다, 멈추다, 버리다'는 뜻으로 쓰였다.

103.　'시원(始原)'으로 옮긴 '쫌빠(rtsom pa)'에는 '시작하다, 저작물을 짓다' 등의 뜻이 있는데 여기서는 산스끄리뜨어 '아람바(ārambha)'의 'beginning, origin'에 따라 옮겼다.

104.　여기서부터 18번 게송까지 윤회계, 즉 세계와 시간의 시원에 대한 문제를 다루고 있는데 이것은 『중론』, 「제11품. 시작과 끝에 대한 고찰」과 맞물려 있다.

[153. (11-1)]
(어떤 이가) "(윤회계의) 시작 (지점)[始]은 알려졌습니까?"라고 물었을 때 대능인(大能仁)께서는 "아니다."라고 말씀하셨다.
윤회계의 시작 지점과 끝 (지점)은 존재하지 않는다. 왜냐하면 그것에는 시작이 없고 끝이 없기 (때문이다.)

105.　한역에서는 이 게송 또한 논박자의 주장이 아닌 설명으로 보고 있는데 티벳역과 비교하여 그 의미가 매우 달라, 윤회계, 즉 세계와 시간의 시원에 대해서 언급하고 있다는 점이

[14]

 རྩོམ་པ་ཡོད་ན་ངེས་པར་ཡང་།།　rtsom pa yod na nges par yang//

ལྟ་བར་འགྱུར་བ་ཡོངས་སུ་འཛིན།།　lta bar 'gyur ba yongs su 'dzin//

རྟེན་ཅིང་འབྲེལ་བར་འབྱུང་བ་གང་།།　rten cing 'brel bar 'byung ba gang//

དེ་ལ་སྔོན་དང་ཐ་མ་ཅི།།　de la sngon dang tha ma ci//

> (윤회의) 시원(始原)이 존재한다면, (그것은) 명확하게도[107]
> 관찰되어[108] 완전히 받아들여질 것이다.[109]
> (그러나) 어떤 의지하여[緣] 발생하는[起] 것,[110]
> 그것에 처음과 끝(이 존재하는 것)이 어떻게 (가능하겠는가)?[111]

....

드러나 보이지 않는다.

　　　[YṢK]-13.
　　　불정각(佛正覺)께서 말씀하시길
　　　존재는 무인(無因)이 아니라 하셨네.
　　　만약 번뇌의 근원이 다하면
　　　윤회의 형상을 깨부술 수 있으리라.

106. 이하 용수의 답변이다.
107. 강조의 '양(yang)'을 '~도'로 옮겼다.
108. 의도적으로 본다는 뜻을 가진 '따와(lta ba)'가 사용되어 있어, '관찰하다'로 옮겼다.
109. '용쑤 진빠(yongs su 'dzin pa)'를 한역 경전에서 '완전히 받아들이는 것'을 '섭수(攝受)'라 불렀는데 여기서는 '취(取)'에 해당한다.
110. 『육십송여리론』에서 처음으로 '연기(緣起)'를 뜻하는 '뗀찡 델왈 중와(rten cing 'brel bar 'byung ba)'가 완벽한 형태로 사용되었다.
111. 『중론』, 「제11품. 시작과 끝에 대한 고찰」의 마지막 두 게송은 다음과 같다.

　　　[159. (11-7)]
　　　단지 윤회에 그 시작 (지점)의 끝만
　　　존재하지 않는 것이 아니라
　　　원인[因]과 결과 그 자체와,
　　　(개념의) 정의와 그 정의의 대상 그 자체,

諸法決定行　見有作有取　　제법결정행　견유작유취
前後際云何　從緣所安立　　전후제운하　종연소안립

모든 법이 결정되어 움직이는 것이라면
(그것의) 존재와 그 존재가 작용하는 것을 취할 수 있을 것이다.
(만약 그렇다면) (윤회의) 이전과 이후의 끝[際],[112] 그 사이의 (시간이) 어떻게
연기에 따라 성립하겠는가?[113]

[15]

སྔོན་སྐྱེས་པ་ནི་ཇི་ལྟར་ན།།　　sngon skyes pa ni ji ltar na//
ཕྱིས་ནས་སླར་ཡང་ལྡོག་པར་འགྱུར།།　　phyis nas slar yang ldog par 'gyur//
སྔོན་དང་ཕྱི་མའི་མཐའ་བྲལ་བ།།　　sngon dang phyi ma'i mtha' bral ba//
འགྲོ་བ་སྒྱུ་མ་བཞིན་དུ་སྣང་།།　　'gro ba sgyu ma bzhin du snang//

바로 그 이전에 생겨난 것을 어떻게[114]
이후에[115] 다시 되돌릴[116] 수 있겠는가?
처음과 끝이라는[117] (양)변에서 벗어난[118]

·······························

[160. (11-8)]
감수[受]와 감수자 그 자체 등
대상이 존재하는 어떤 것들, (그것들이) 무엇이 되었든
그 모든 사태들 자체에도 또한
그 시작 (지점)의 끝은 존재하지 않는다.

112. 용수의 다른 한역본에서는 이전이나 이후의 '끝'을 뜻하는 '변(邊)' 대신에 여기서는
    '제(際)'가 사용되었는데 같은 의미다.

113. [YṢK]-14.
    모든 법의 결정된 작용에
    작용이 있고 취착이 있다고 본다면
    전후(前後)의 시간을 어찌하여
    인연(因緣)에 의한 것이라 주장하는가.

육십송여리론 273

> 중생(계)[119]는 환술(幻術＝māyā)처럼 나타난다.[120]

云何前已生　彼後復別轉　　　운하전이생　피후부별전
故前後邊際　如世幻所見　　　고전후변제　여세환소견

> 어떻게 이전에 생긴 것,
> 그것이 이후에 다시 다른 것으로 변하겠는가?
> 그러므로 이전과 이후라는 (양)변의 시간 사이(에 있는)[121]
> 이 세간을 마치 환술이 지은 곳처럼 보아야 한다.[122]

....

114. 1행 말미의 '나(na)'는 '어떻게?'를 뜻하는 선행하는 '지딸(ji ltar)'에 붙어서 사용된 경우로 다른 의미가 없다.

115. 탈격[Abl.] '네(nas)'가 쓰였는데 여기서는 어떤 시간이 지속적으로 이어진 것, '~까지'를 뜻하는데 우리말에 어울리게 옮겼다.

116. '되돌리다'로 옮긴 '독뼤(ldog pa)'를 YŞ에서는 '부정하다, 논파하다'는 뜻을 지닌 'negate'로 옮기고 있다. 여기서는 한역을 참조하여 옮겼다.

117. 소유격[Gen.] '이('i)'를 인용으로 보고 옮겼다.

118. '벗어나다'로 옮긴 '델와(bral ba)'는 그 시작도 끝도 없다는 뜻이다.

119. '가다'를 뜻하는 '도와('gro ba)'는 '오고 가는 존재', 즉 윤회하는 '중생(衆生)'을 뜻하는데 여기서는 앞에서 반복된 '윤회'를 뜻한다.

120. 이 문제에 대해서는 『중론』의 마지막 품인 「제27품. 그릇된 견해[邪見]에 대한 고찰」의 [441. (27-21)]~[445. (27-25)]에서도 다루고 있다.

　　　[441. (27-21)]
　　　만약 세간의 끝이 존재한다면[有邊]
　　　다음 세간[後世]이 어떻게 존재할 수 있겠는가?
　　　만약 세간의 끝이 존재하지 않는다면[無邊]
　　　다음 세간[後世]이 어떻게 존재할 수 있겠는가?
　　　그리고 『중론』에서는 이것에 대해서 '등불'을 그 비유로 삼고 있다.

　　　[442. (27-22)]
　　　왜냐하면 (오)온들의 상속(相續)
　　　바로 이것은 등불의 불꽃과 같기 때문이다.
　　　그러므로 (세간의) 끝이 존재한다는 것이나
　　　(세간의) 끝이 존재하지 않는다는 것도 또한 불합리한 것이다.

121. '변제(邊際)'가 시작과 끝이라는 양 극단 사이의 시간을 가리키는 것으로 보고 옮겼다.

གང་ཚེ་སྒྱུ་མ་འབྱུང་ཞེ་འམ།། gang tshe sgyu ma 'byung zhe 'm//

གང་ཚེ་འཇིག་པར་འགྱུར་སྙམ་དུ།། gang tshe 'jig par 'gyur snyam du//

སྒྱུ་མ་ཤེས་པ་དེར་མི་རྨོངས།། sgyu ma shes pa der mi rmongs//

སྒྱི་མ་མི་ཤེས་ཡོངས་སུ་སྲེད།། sgyi ma mi shes yongs su sred//

어떤 때,[123] (즉) (어떤 것이) 환술(幻術=māyā)로 발생하였다고 여겨질 (때)나[124]

어떤 때, (즉) (어떤 것이 환술로) 사라지게 되었다고 생각될 때,[125]

(그것이) 환술로 (발생한 것임을) 아는 자는 그것에 대한 미혹에 빠지지[126] 않(지만)[127]

(그것이) 환술로 (발생한 것을) 알지 못하는 자는 (그것에 대한 미혹에) 완전히 빠져든다.[128]

....

티벳역과 비교해볼 때, 한역은 무시이래(無始以來), 즉 시작 지점이 없는 시작 이후 대신에 시작과 끝 사이라는 점만 언급하고 있다.

122. [YŚK]-15.
어떻게 앞서 이미 발생했는데
그것이 나중에 다시 다르게 변화하리.
그러므로 전후의 시간은
마치 보여지는 세간의 허깨비와 같네.

123. 특정한 시간, 조건을 나타내는 '강체(gang tshe)'가 1, 2행에 반복적으로 사용되어 운율을 맞추고 있다.

124. '접속사' '암('m)'을 'or'로 보고 옮겼다.

125. 1행 말미의 '여겨지다'로 옮긴 '셰빠(zhe pa)'나 2행 말미의 '생각되다'로 옮긴 '냠빠(snyam pa)'는 모두 '생각하다, 간주하다' 등의 뜻이 있다. 여기서는 심사숙고하지 않은 즉자적인 판단에 따른 생각이라고 보고 옮겼다.

126. '미혹에 빠지다'로 옮긴 '몽빠(rmongs pa)'는 명사형으로 '무명(無明), 미혹' 등의 뜻이 있다.

127. 문맥의 의미를 명확하게 하기 위하여 첨언하였다.

128. '완전히 빠지다'로 옮긴 '용수 쎄빠(yongs su sred pa)'의 '쎄빠(sred pa)'에는 '탐내다, 탐욕, 욕구, 욕망' 등의 뜻이 있다.
문장이 완벽한 대구의 형식으로 되어 있어, 이에 따라 첨언하여 옮겼다.

云何幻可生　云何有所著　　　운하환가생　운하유소저
癡者於幻中　求幻而爲實　　　치자어환중　구환이위실

> 어떻게 환술로 생기는 것이 가능하겠는가?
> 어떻게 (그런) 존재가 드러나는 것이 (가능하겠는가)?
> (오직) 어리석은 자만이 환술 속에서
> (그) 환술로 지어진 실체를 구하려 한다.[129]

[17]

སྲིད་པ་སྨིག་རྒྱུ་སྒྱུ་འདྲ་བར།། 　　srid pa smig rgyu sgyu 'dra bar//
བློ་ཡིས་མཐོང་བར་གྱུར་པ་ནི།། 　　blo yis mthong bar gyur pa ni//
སྔོན་གྱི་མཐའམ་ཕྱིར་མའི་མཐར།། 　　sngon gyi mtha'm phyir ma'i mthar//
ལྟ་བས་ཡོངས་སུ་སླད་མི་འགྱུར།། 　　lta bas yongs su slad mi 'gyur//

> 　존재하는 것[有][130]이 신기루(나) 환술(幻術=māyā)(로 발생한 것)과 같은 것임을
> 바로 그 지혜로운 자는 (올바르게) 보았기 (때문에)[131]
> 이전[前]의 끝[邊]이나 이후[後]의 끝[邊]이 (존재한다)라는[132]
> (두) 견해[133]에는[134] 결코 오염되지 않는다.[135]

....
129. 티벳역과 약간의 차이가 있다.

　　[YṢK]-16.
　　어떻게 허깨비가 발생할 수 있으며
　　어찌 집착할 것이 있으리오
　　어리석은 자는 환영 속에서
　　허깨비를 찾아 실재(實在)라 여기네.

130. '존재하는 것[有]'라고 옮긴 '씨빠(srid pa)'에는 '윤회'라는 뜻도 있다. 여기서는 산스끄리
　　뜨어 '바바(bhava)'를 옮긴 것으로 보았다.

131. 2행 말미의 강조사[Emp.] '니(ni)'가 2행 전체를 수식하는 것으로 보고 옮겼다.

前際非後際　執見故不捨　　전제비후제　집견고불사
智觀性無性　如幻焰影像　　지관성무성　여환염영상

이전[前]의 끝[際]이 이후[後]의 끝[際]이 아니라는[136]
견해에 사로잡힌 (어리석은 자는 그것을) 버리지 못한다.
(그러나) 지혜로운 자는 (그와 같은) 성품[性]이 존재하지 않는 성품[無性]이
라고 보기[觀] (때문에)
(그것을) 마치 환술(로 지어진) 화염이나 그림자의 형상(이라고 본다.)[137]

[18]

གང་དག་གིས་ནི་འདུས་བྱས་ལ།།　　gang dag gis ni 'dus byas la//

སྐྱེ་དང་འཇིག་པར་རྣམ་བརྟགས་པ།།　　skye dang 'jig par rnam brtags pa//

དེ་དག་རྟེན་འབྱུང་འཁོར་ལོ་ཡི།།　　de dag rten 'byung 'khor lo yi//

འགྲོ་བ་རྣམ་པར་མི་ཤེས་སོ།།　　'gro ba rnam par mi shes so//

132. '라둔(la 'dun)'의 'r'을 인용으로 보고 옮겼다.
133. 2행의 '보다'라고 옮긴 '통와(mthong ba)'와 함께 '의도적'으로 본다는 뜻을 지닌 '따와(lta
    ba)'가 쓰였는데 여기서는 '견해, 관점' 등을 뜻한다.
134. 도구격[Ins.]의 's'를 처격[loc.]으로 보고 옮겼다.
135. '결코 오염되지 않는다'라고 옮긴 '용쑤 데미귤(yongs su slad mi 'gyur)'은 '완전히'를
    뜻하는 '용쑤(yongs su)'가 부정어 '미(mi)'와 결합하여 '결코'로, 그리고 '데와(slad ba)'가
    결합한 것으로, 이 '데와(slad ba)'는 티벳역 용수의 저작들 가운데 오직 여기서만 등장하는
    어휘이다. 일반적으로 '데두(slad du)'는 '~이유로, ~때문에, ~위해서'라는 뜻이지만 TT에
    'pollute, defile'이라는 용례가 나와 있다. '섞이다, 묻다'라는 뜻을 지닌 '로빠(slod pa)'의
    과거, 미래형 시제가 '레빠(bslad pa)'인데 여기서 어두의 'b'가 생략된 경우로 보고
    옮겼다. 그 의미를 따져보면 YŞ의 'corrupted'와 같다.
136. 티벳역과 약간의 의미상의 차이가 있다.
137. 한역에서 4행의 '환염영상(幻焰影像)'은 실재하지 않는 환술로 지어진 불꽃이나 그림자의
    모습을 가리킨다.

    [YŞK]-17.
    앞의 시점이 나중의 시점이 아니라는
    집착의 소견 때문에 버리지 못하네.
    지혜로운 자는 존재의 성품과 비존재의 성품을 꿰뚫어 보고
    마치 환영 불꽃 그림자와 같다 하네.

바로 그 어떤 자들은 지어진 것[有爲]¹³⁸에서

생겨나고[生] 사멸하는 것[滅]을 자세히 분별(하지만)

그들은 (인)연(緣)으로부터 발생하여[生] 돌고 도는[윤회]

중생(계)¹³⁹를 완전히 이해하지 못한다.¹⁴⁰

若謂生非滅　是有爲分別　　약위생비멸　시유위분별

而彼緣生輪　隨轉無所現　　이피연생륜　수전무소현

만약 이른바 (어떤) 생겨난 것[生]이 사라지는 것[滅]이 아니라면

(거기서 어떤 자들은) 바로 그 유위(법)을 분별할 수 있다.

그러나 그런 자(들)은 인연의 수레바퀴[緣生輪]가

돌고 도는 것[轉]을 쫓아보아도 (아무) 것도 알지 못한다.¹⁴¹

[19]

དེ་དང་དེ་རྟེན་གང་བྱུང་དེ།།　　de dang de rten gang byung de//

རང་གི་དངོས་པོར་སྐྱེས་མ་ཡིན།།　　rang gi dngos por skyes ma yin//

....

138. '지어진 것[有爲]'으로 옮긴 '두제('dus byas)'에 대해서는 8번 게송과 『중론』, 「제7품. 생기는 것[生]과 머무는 것[住]과 사라지는 것[滅]에 대한 고찰」 1번 게송 각주 참조

139. '(인)연(緣)으로부터 발생하여[生] 돌고 도는[윤회] 중생(계)'라고 옮긴 '뗀중 꼴로이 도와 (rten 'byung 'khor lo yi 'gro ba)'는 '연기로 인해 윤회하는 세계'를 가리킨다. YŞ에서는 '중생(계)'라고 옮긴 '도아('gro ba)'를 'movement'로 옮기고 있다.

140. '인연에 의해 오고가는 윤회의 세계인 중생계를 이해하지 못하는 자들'이 뜻하는 것은 사물, 사태에 자성이 있다고 주장하는 자들을 뜻한다.

141. 4행 말미의 '무소현(無所現)'을 직역하면, '(아무)것도 나타나는 것이 없을 것이다.' 정도 되는데 여기서는 '나타나다, 드러내다'는 뜻을 가진 '현(現)'을 '견(見)'의 동의어로 보고 옮겼다.

[YŞK]-18.
만약 발생은 소멸이 아니라 하면
이것은 유위의 분별이네.
그 연생(緣生)의 바퀴가
굴러도 나타나는 것이 없네.

278

རང་གི་དངོས་པོར་གང་མ་སྐྱེས།།　　rang gi dngos por gang ma skyes//

དེ་ནི་སྐྱེས་ཞེས་སྐད་བྱ།།　　de ni skyes zhes skad bya//

그것과 저것[142]이 연(緣)하여 어떤 것이 발생[生](한다면), 그것은
자기 자신의 사태로 생기는 것[生]이 아니다.
자기 자신의 사태로 생기지 않는 어떤 것,
바로 그것을 (어떻게) '생기는 것[生]'이라고 말할 수 있겠는가?[143]

若已生未生　彼自性無生　　약이생미생　피자성무생

若自性無生　生名云何得　　약자성무생　생명운하득

....

142.　연기(緣起)를 정의할 때 우리말로는 다음과 같이 옮긴다.

이것이 있음으로 저것이 있고
이것이 생겨남으로 저것이 생겨나고
이것이 없음으로 저것이 없고
이것이 소멸하므로 저것이 소멸한다.

　　여기서는 티벳어의 '데(de)'가, '그것, 저것' 등을 뜻하기 때문에 이에 따라서 옮겼다.

143.　YŞ에서는 이 게송에 등장하는 산스끄리뜨어 원문을 병기하며 『유마경』, 『입중론(入中論, Madhyamakāvatāra)』 등에서 찾을 수 있다고 한다. 『중론』에서 자생설(自生說)을 부정하는 게송이 종종 등장하는데 대표적인 것은 다음과 같다.

「제21품. 발생과 소멸에 대한 고찰」, [295. (21-13)]

사태는 자신으로부터 생겨[自生]나지 않고
다른 것으로부터 생겨[他生]나지 않는다.
자신과 다른 것으로부터 생겨나는 것이
아니라면, (도대체) 어떻게 (그것들이) 생겨나겠는가?

「제23품. 전도(顚倒)에 대한 고찰」, [339. (23-20)]

사태는 자신으로부터 생겨[自生]나지 않고
다른 것으로부터 생겨[他生]나지 않는다.
(자기) 자신과 다른 것으로부터도 (생겨나지) 않는다면
전도된 자가 어떻게 존재하겠는가?

만약 이미 생긴 것[已生]과 아직 생기지 않은 것[未生]이라면
그것에는 (생기는 것이라는) 자기 자신의 성품[自性]이 생기지 않은 것이다.
만약 (생기는 것이라는) 자기 자신의 성품[自性]이 생기지 않았다면
'생기는 것[生]'이라는 이름을 어떻게 얻을 수 있겠는가?[144]

[20]

རྒྱུ་ཟད་ཉིད་ལས་ཞི་བ་ནི།།
ཟད་ཅེས་བྱ་བར་རྟོགས་པ་སྟེ།།
རང་བཞིན་གྱིས་ནི་གང་མ་ཟད།།
དེ་ལ་ཟད་ཅེས་ཇི་སྐད་བརྗོད།།

rgyu zad nyid las zhi ba ni//
zad ces bya bar rtogs pa ste//
rang bzhin gyis ni gang ma zad//
de la zad ces ji skad brjod//

원인[145]이 소진된 것[盡][146]자체가 바로 그 업(業)[147]이 멈춘[寂靜] 것(이라면),[148]
'(원인이) 소진되는 것'임을 깨달을 수 있다. 그러나[149]
자성(自性)이 소진되지 않은 어떤 것[=유위법],[150]
그것에 대해서 '소진되었다.'라고 어떻게 말할 수 있겠는가?[151]

....

144. 한역의 의미는 티벳역과 상당한 차이를 보이고 있다.

[YŚK]-19.
또한 이미 발생한 것[已生]과 아직 발생하지 않은 것[未生]의
그 자성(自性)에는 발생이 없네.
만약 자성(自性)에 발생이 없다면
발생이란 이름이 어찌 성립하리오

이것은 『중론』, 「제7품. 생기는 것[生]과 머무는 것[住]과 사라지는 것[滅]에 대한 고찰」의
다음 게송과 유사하다.

[90. (7-13)]
바로 이 생기는 것[生]이 (아직) 생기지 않은 것[未生]에 의해서
자기 자신[svātmān, 本性]을 어떻게 발생하겠는가?
만약 생기는 것에 의해서 발생한다면
생기는 것에 그 무엇이 (또한 앞으로) 발생하겠는가?

因寂卽法盡　此盡不可得　　인적즉법진　차진불가득
若自性無盡　盡名云何立　　약자성무진　진명운하립

> 원인이 멈추었다는 것[寂]은 곧 그 법(法)이 소진되었다는 것(을 뜻한다.)[152]
>
> 이 (법이 다) 소진된 것에서 어떻게 (원인을) 얻을 수 있겠는가?
>
> 만약 자성이 (모두) 소진되어 존재하지 않는다면
>
> '소진'이라는 이름[名]이 어떻게 성립하겠는가?[153]

....

145. '원인, 이유' 등을 뜻하는 '규(rgyu)'가 사용되었다.

146. '제빠(zad pa)'의 자세한 용법에 대해서는 9번 게송 각주 참조.

147. YŞ에서는 '지어진 것, 유위법'을 뜻하는 'a compound thing'을 첨언하였으나, 여기서는 '레(las)'를 '업(業)'으로 보고 옮겼다. 만약 '레(las)'를 원인, 이유, 시간의 전후를 뜻하는 탈격[Abl.] '레(las)'로 볼 경우, '원인이 소진되었기 때문에'라고 옮길 수 있다.

148. '열반적정(涅槃寂靜)'의 사전적 정의이다.

149. YŞ에 따라 '학쩨(lhag bcas)' '떼(ste)'를 역접 접속사 'but'으로 보고 옮겼다.

150. '자성(自性)'이 소진되지 않은 어떤 것'은 곧 '지어진 것, 유위법'을 뜻한다.

151. 유위법에 대한 논의로, 『중론』, 「제7품. 생기는 것[生]과 머무는 것[住]과 사라지는 것[滅]에 대한 고찰」에서 마땅히 비교할 게송은 존재하지 않지만, '소진[盡]' 대신에 '멸(滅)'을 생각해볼 수도 있겠다. 굳이 비교하자면, 이 경우 적정의 정의와 '멸(滅)'은 다음의 두 게송의 의미와 약간의 유사성을 띤다.

　　　[93. (7-16)]
　　　무엇이든 연기란
　　　바로 그 사태 자체[本性]가 적정[寂靜=평온]인 (것이다).
　　　그러므로 생기는 것 자체의 성품[自性]과
　　　생기는 것[과정] 또한 적정 그 자체다.

　　　[98. (7-21)]
　　　사라지는[滅] 사태 바로 그 자체에
　　　생겨나는 것은 옳지 않다.
　　　(또한) 어떤 사라지지[滅] 않는 것,
　　　바로 그 사태에서 (생겨나는 것도) 옳지 않다.

152. 한역과 티벳역의 차이는 원인이 다한 것[盡]과 업, 유위법, 또는 법(현상)이 멈춘 것[寂]이 뒤바뀌어 있다는 점인데, 의미상으로 큰 차이는 없다.

153. [YŞK]-20.
　　　원인이 적정하면 법이 다 소진될 것이니
　　　이 소진은 성립할 수 없으리.

རེ་ལྟར་ཅི་ཡང་སྐྱེ་བ་མེད།།　de ltar ci yang skye ba med//

ཅི་ཡང་འགག་པར་མི་འགྱུར་རོ།།　ci yang 'gag par mi 'gyur ro//

སྐྱེ་བ་དང་ནི་འཇིག་པའི་ལམ།།　skye ba dang ni 'jig pa'i lam//

དགོས་པའི་དོན་དུ་བསྟན་པའོ།།　dgos pa'i don du bstan pa'o//

> 그와 같이 그 어떤 것도 생겨나지 않고
> 그 어떤 것도 사라지지 않는다.
> (그러나) 바로 그 생기는 것[生]과 사라지는 것[滅](들)에 대한[154] 길[道]은
> (오직 중생을) 교화할 목적[155]으로 (부처님에 의해서) 교시(敎示)되었다.[156]

無少法可生　無少法可滅　　무소법가생　무소법가멸

彼生滅二道　隨事隨義現　　피생멸이도　수사수의현

> (그 어떤) 작은 것이라도 생겨나는 것도 없고
> (그 어떤) 작은 것이라도 사라지는 것도 없다.
> (그러나 부처님께서 교시하시는) 저 (중생을 위한) 생멸(生滅)의 두 가지
> 길[道]은
> (어떤 행하는) 일에 따라, (그리고 그) 의미에 따라[157] (달리) 나타난다.[158]

....

> 만약 자성(自性)의 소진[盡]이 없다면
> 소진이란 말이 어찌 성립하리오

154. 소유격[Gen.] '이('i)'를 인용으로 보고 옮겼다.
155. 『세마론』에서 '목적의 뜻[정의]'으로 옮긴 '괴배 된(dgos pa'i don)'을 '교화할 목적'이라고 옮겼는데 여기서는 '목적하는 것, 필요한 것'이라는 뜻이다.
156. '법에 대한 분석'을 뜻하는 『구사론』을 방편지(方便智)로 설하셨다는 뜻이다.
157. '(어떤) 행하는 일에 따라, (그리고 그) 의미에 따라'라고 옮긴 '수사수의(隨事隨義)'는 YṢ의 산스끄리뜨어 '까르야탐(kāryātham)', 즉 티벳어의 '괴배 된(dgos pa'i don)'을 풀어서 옮긴 것으로 보이는데 YṢ의 'practical purpose'에 해당하지만 한역에서는 둘로 나누어 옮긴 것으로 보았다.

 སྐྱེ་བ་ཤེས་པས་འཇིག་པ་ཤེས།།   skye ba shes pas 'jig pa shes//

འཇིག་པ་ཤེས་པས་མི་རྟག་ཤེས།།   'jig pa shes pas mi rtag shes//

མི་རྟག་ཉིད་ལ་འཇུག་ཤེས་པ།།   mi rtag nyid la 'jug shes pa//

དམ་པའི་ཆོས་ཀྱང་རྟོགས་པར་འགྱུར།།   dam pa'i chos kyang rtogs par 'gyur//

생기는 것[生]을 아는 것은[159] 사라지는 것[滅]을 아는 것이고
사라지는 것[滅]을 아는 것은 무상(無常)을 아는 것이다.
무상(無常)의 성품[160]에[161] 들어가는 것[入][162]을 알면[163]
정법(正法)[164] 또한 이해하게 된다.

| 知生即知滅　知滅知無常 | 지생즉지멸　지멸지무상 |
| 無常性若知　不得諸法底 | 무상성약지　부득제법저 |

생기는 것[生]을 아는 것은 곧 사라지는 것[滅]을 아는 것이고

---

158. 티벳역에 따라 한역의 3, 4행을 첨언하여 옮겼다.

    [YṢK]-21.
    한치의 법도 발생하는 일이 없고
    한치의 법도 소멸하지 않으니
    그 발생과 소멸의 두 도리는
    사태에 따라 의미에 따라 나타나네.

159. 1, 2행의 '알게 되면'으로 옮긴 '셰뻬(shes pas)'는 '알다, 이해하다'는 뜻을 지닌 '셰빠(shes pa)'에 도구격[Ins.] 's'가 붙은 것으로, '아는 것으로, 아는 것을 통해서'라고도 옮길 수 있으나, 여기서는 주격[Nom.]으로 보고 옮겼다.

160. YṢ에 따르면 산스끄리뜨어 원문은 '무상'을 뜻하는 '아니뜨야(anitya)'의 과거분사형 (p.p.p)인 '아니뜨야따(anityatā)'가 사용되었는데 의미상으로는 큰 차이가 없다.

161. 원문에는 탈격[Abl.] '레(las)'가 쓰였으나 YṢ에 따라 '라둔(la 'dun)'의 '라(la)'로 고쳐, 처격[loc.]으로 보고 옮겼다.

162. 『입보리행론』에서 쓰이는 '들어가다, 입문'을 뜻하는 '죽빠('jug pa)'가 쓰였다.

163. 조건을 뜻하는 '나(na)'가 생략된 것으로 보고 옮겼다.

164. '정법(正法)'으로 옮긴 '담뻬 최(dam pa'i chos)'는 산스끄리뜨어 '삿다르마(saddharma)'의 티벳역이다.

사라지는 것[滅]을 아는 것은 곧 무상(無常)을 아는 것이다.

무상의 성품, 만약 (그것을) 알게 되면 어떻게 모든 법을 얻지 못하겠는
가?[165]

[23]

གང་དག་རྟེན་ཅིང་འབྲེལ་འབྱུང་བ།།   gang dag rten cing 'brel 'byung ba//

སྐྱེ་དང་འཇིག་པ་རྣམ་སྤངས་བར།།   skye dang 'jig pa rnam spangs bar//

ཤེས་པར་གྱུར་པ་དེ་དག་ནི།།   shes par gyur pa de dag ni//

ལྟར་གྱུར་སྲིད་པའི་རྒྱ་མཚོ་བརྒལ།།   ltar gyur srid pa'i rgya mtsho brgal//

어떤 자들이 의지하여[緣] 발생하는[起] 것인[166]

생겨나고[生] 사멸하는 것[滅]이 완전히 끊어진 것[斷滅]을

알게 되었다(면), 바로 그들은[167]

(그릇된) 견해[邪見][168]로 된 윤회의 바다를 (완전히) 건넌 것이다.[169]

諸法從緣生　雖生卽離滅　　제법종연생　수생즉리멸
如到彼岸者　卽見大海事　　여도피안자　즉견대해사

....

165. 4행 말미의 '저(底)'를 '어떻게 ~?'로 보고 옮겼다. 축약된 것으로 볼 경우, '모든 법을
     얻지 못하는 것, (그것이) 어떻게 (가능하겠는가)?' 정도 된다.

     [YṢK]-22.
     발생을 알면 소멸을 알고
     소멸을 알면 무상(無常)을 알리니
     무상의 성품 만약 안다면
     모든 법을 어찌 얻지 못하리.

166. '연기(緣起)'를 뜻하는 '뗀칭 델와 중와(rten cing 'brel bar 'byung ba)'에서 '왈(bar)'이
     축약되어 있다.

167. 1행의 '강닥(gang dag)'과 격을 맞추어 '데닥니(de dag ni)'가 쓰여, '어떤 자들이 ~, 바로
     그들은 ~'으로 옮겼다.

168. 『중론』에서처럼, '따와(lta ba)'란 '그릇된 견해', 즉 사견(邪見)을 가리킨다.

169. '건너다'는 뜻을 지닌 '겔와(rgal ba)'의 과거, 미래형인 '겔와(brgal ba)'가 사용되어
     있다.

> 모든 법(法)은 (인)연(緣)으로부터 발생하는 것에 따르기 때문에
>
> 비록[170] (어떤 법이) 생겨났을지라도 곧 (그것을) 여의어[離] 없어진다[滅].
>
> (그러므로 인연에 의해 생멸하는 것은)[171] 마치[172] 피안(彼岸)으로 건너간
>
> 자가
>
> 곧 (윤회의) 큰 바다에서 (벌어지는) 일(들)을 보는 것과 같다.[173]

[24]

ཕོ་མོའི་སྐྱེ་བོ་དངོས་བདག་ཅན།།　　so so'i skye bo dngos bdag can//

ཡོད་དང་མེད་པར་ཕྱིན་ཅི་ལོག།　　yod dang med par phyin ci log/

ཉེས་པས་ཉོན་མོངས་དབང་གྱུར་རྣམས།།　　nyes pas nyon mongs dbang gyur rnams//

རང་གི་སེམས་ཀྱིས་བསླུས་པར་འགྱུར།།　　rang gi sems kyis bslus par 'gyur//

> 사태(와) 자아(가 존재한다는 생각을) 가진 평범한 사람[凡人](들)은[174]
>
> '존재한다거나 존재하지 않는다.'는[175] 전도된 (견해의)
>
> 오류 때문에 번뇌(煩惱)의 힘에 (이끌리게) 된 (자)들(이다.)
>
> (그래서 그들은 이와 같은) 자신의 (그릇된) 마음에 의해서 (항상) 속게
>
> 된다.[176]

....

170. 고려대장경에서는 '비록 수(雖)'로 되어 있어 이에 따랐다. 한글 대장경에서는 '여월 리(離)'로 고쳐서 옮기고 있다.

171. 의미를 명확하게 하기 위하여 1, 2행을 축약, 첨언하였다.

172. '여(如)'를 '마치 ~와 같다'로 옮겼다.

173. 한역의 의미가 불분명하여 티벳역을 참조하여 첨언하여 옮겼다.

[YṢK]-23.
모든 법은 인연에 따라 발생하니
발생을 떠난 것[離]이고 소멸을 떠난 것이네.
마치 저 언덕에 도달한 자가
큰 바다를 보는 일과 같네.

174. '사태(와) 자아(가 존재한다는 생각을) 가진 범인(凡人)(들)은'이라고 옮긴 1행의 원문은 '쏘쏘이 께보 뇌닥쩬(so so'i skye bo dngos bdag can)'으로 해자해보면, 범인(凡人)을 뜻하는 '쏘쏘이 께보 뇌닥쩬(so so'i skye bo)'과 '사태(와) 자아(가 존재한다는 생각을) 가진'이라는

若自心不了 異生執我性　　약자심불료 이생집아성
性無性顚倒 卽生諸過失　　성무성전도 즉생제과실

만약 자신의 마음을 (명확하게) 이해하지 못한

(그) 평범한 사람[凡夫][177]이라면[178] (어떤 것이든) 자신만의 (고유한) 성품

[我性]이 (존재한다는) 집착에 빠진다.

(어떤 것이 갖춘) 성품[性]과 (그 성품을 갖추지) 못한 것[無性]에 대한

전도된 (견해 때문에)

바로 그 모든 과실들이 생겨난다.[179]

---

[25]

དངོས་ལ་མཁས་པ་རྣམས་ཀྱིས་ནི།།　　dngos la mkhas pa rnams kyis ni//

དངོས་པོ་མི་རྟག་བསླུ་བའི་ཆོས།།　　dngos po mi rtag bslu ba'i chos//

གསོག་དང་སྟོང་པ་བདག་མེད་པ།།　　gsog dang stong pa bdag med pa//

རྣམ་པར་དབེན་ཞེས་བྱ་བར་མཐོང་།།　　rnam par dben zhes bya bar mthong//

....

수식어를 뜻하는 '뇌닥쩬(dngos bdag can)'으로 되어 있다. '쏘쐬 께보 뇌닥쩬(so so'i skye bo)'은 '각자의 중생, 사람'이란 뜻이고 산스끄리뜨어 '쁘르탁자나(pṛthag-jana)'의 티벳어이다.

TT에 따르면 '뇌닥쩬(dngos bdag can)'에는 '실증주의적인 자세'를 뜻하는 'positivistic attitude'라는 관용적인 표현이 있다고 한다. YṢ의 산스끄리뜨어 원문은 '바바뜨만까 (bhāvātmaka)'로 'real, actual'이라는 뜻이 있다고 한다. 이 산스끄리뜨어를 다시 해자해보면, '사태와 자아가 (존재한다는 견해)를 가진 자'라는 뜻이라, 티벳어 원문에 따라 풀어서 썼다.

175. '라둔(la 'dun)'의 'r'을 인용으로 보고 옮겼다.

176. 의미를 명확하게 하기 위하여 축약된 부분을 첨언하여 옮겼다.

177. '평범한 사람[凡夫]'을 뜻하는 산스끄리뜨어 '쁘르탁자나(pṛthag-jana)'를 여기서는 '이생 (異生)'이라고 쓰고 있다.

178. 1행 어두의 '약(若)', 즉 '만약 ~이라면'을 여기까지 받는 것으로 보고 옮겼다.

179. [YṢK]-24.
　　만약 자신의 마음을 이해하지 못하면
　　이생(異生)은 자아[我]의 성품에 집착하네.
　　존재의 성품과 비존재의 성품에 관한 전도망상은
　　온갖 잘못을 일으키네.

> 바로 그 사태를 (제대로) 이해한 자[賢者]들은
>
> '사태는 1) 무상(無常)하고 2) 속이는 현상[法]이며
>
> 3) 헛된 것이고 4) 공(空)하고 5) 무아(無我)이며
>
> 6) 완전히 여읜 것[離=vivikta]'임을 본다.[180]

諸法是無常　苦空及無我　　제법시무상　고공급무아
此中見法離　智觀性無性　　차중견법리　지관성무성

> 모든 법(法)[181]은 곧 1) 무상하고
>
> 2) 고(苦)이며, 3) 공(空)하고 4) 무아(無我)인 것이다.[182]
>
> 이 (세간 사람들) 가운데 (자성을 가진) 법을 여읜 것[離]을 보는 자[見],

....

180. 바로 앞의 평범한 사람, 즉 범인(凡人)들과 달리 현자는 사태의 특징을 '1) 무상(無常)하고 2) 속이는 현상[法], 3) 헛된 것, 4) 공(空), 5) 무아(無我), 6) 완전히 고립된 것'이라는 여섯 가지를 본다는 이 게송에서, 무상, 공, 무아의 세 가지는 널리 알려진 것이다.
나머지인 '2) 속이는 현상[법]'으로 옮긴 '루배 최(bslu ba'i chos)'는 산스끄리뜨어 '모싸다르마(moṣadharma)'로, 『중론』, 「제13품. 형성 작용[行]에 대한 고찰」에서 한 차례 등장한 적이 있다.

　　[171. (13-1)]
　　세존께서는 "어떤 현상[法]이든
　　바로 그 속이는 것은 거짓된 것이다."라고 말씀하셨다.
　　일체의 속이는 형성 작용[行]의 현상[法](들도),
　　그러므로 (바로) 그것들도 거짓된 것이다.

　그리고 '3) 헛된 것'으로 옮긴 '쏙빠(gsog pa)'는 산스끄리뜨어 '뚯차(tuccha)'로, 'empty, vain' 등의 뜻이 있다. '6) 완전히 여읜 것[離=vivikta]'으로 옮긴 '남빨 덴빠(rnam par dben pa)'의 '벤빠(dben pa)'는 산스끄리뜨어 '비비끄따(vivikta)'를 옮긴 것으로, 'isolated, alone, solitary' 등의 뜻이다. YŞ에서는 이에 따라 'isolation'으로 옮기고 있는데 여기에는 'an empty or free place'라는 뜻도 있다. '벤빠(dben pa)'에는 '메빠암 똥빠(med pa'm stong pa)', 즉 '존재하지 않는 것이거나 비어 있는 것'이라는 뜻도 있다.
　한역에서는 이 '비비끄따(vivikta)'를 '리(離)' 또는 '멸(滅)'로 옮긴 듯하나, 특정한 한 단어로 사용한 것 같지는 않아, '리(離)'가 수차례 등장하지만 티벳역에서는 '남빨 덴빠(rnam par dben pa)'로 통일되어 있다.
　모두 사물, 사태가 고유한 특징, 즉 자성(自性)을 가진 것이 아니라는 성품에 대한 설명이다.
181. 여기서 법은 '현상(phenomena)'을 가리킨다.

(그가 곧) 지혜로운 자로, (그는 법의) 성품[性]이 존재하지 않는 성품[無性]이라는 것을 본다[觀].[183]

[26]

གནས་མེད་དམིགས་པ་ཡོད་མ་ཡིན།།	gnas med dmigs pa yod ma yin//
རྩ་མ་མེད་ཅིང་གནས་པ་མེད།།	rtsa ma med cing gnas pa med//
མ་རིག་རྒྱུ་ལས་ཤིན་ཏུ་བྱུང་།།	ma rig rgyu las shin tu byung//
ཐོག་མ་དབུས་མཐའ་རྣམ་པར་སྤངས།།	thog ma dbus mtha' rnam par spangs//

1) 머무는 곳이 존재하지 않고 2) 대상으로써 존재하는 것이 아니고

3) 근본[根]이 존재하지 않고 4) 고정된 것이 존재하지 않고[184]

5) 무명(無明)의 원인으로부터 곧장[185] 발생하고

6) 처음도 중간도 끝도 완전히 끊어진 것[斷滅]이고[186]

無住無所緣　無根亦不立　　무주무소연　무근역불립
從無明種生　離初中後際　　종무명종생　이초중후제

182. 티벳역의 사태의 6가지 특징 가운데 무상, 공, 무아에 고(苦)가 첨언되어 있으며, '2) 속이는 현상[法], 3) 헛된 것, 6) 완전히 고립된 것'은 빠져 있다.

183. 3, 4행에서 '본다'는 뜻을 지닌 '견(見)'과 '관(觀)'이 두루 쓰였다. 4행의 '지관성무성(智觀性無性)'은 17번 게송의 3행에서 조건으로 사용된 바 있다. 여기서는 결론으로 풀어서 썼다.

　　[YṢK]-25.
　　모든 법은 무상(無常)하며
　　고(苦)이고 공(空)이며 무아(無我)이니
　　여기에서 법의 여읨을 보면
　　지혜에 의해 존재의 성품과 비존재의 성품을 꿰뚫어보네.

184. 1행에서 '머무는 곳이 존재하지 않고'로 옮긴 '네메(gnas med)'와 비슷한 '네빠메(gnas pa med)'가 쓰였는데 전자는 '장소, 곳'을 뜻하는 명사로, 후자는 TT의 용례에 나오는 'unfixed'에 따라 옮겼다.

185. 강조를 뜻하는 수식어 '쉰두(shin tu)'를 '곧장'으로 옮겼다.

186. YṢ에 따라 다음 게송까지 이어진 것으로 보고 옮겼다.

> 1) 머무는 곳도 없고 2) 소연(所緣)도 없고[187]
> 3) 그 근본도 없고 또한 4) 성립하는 것도 아니고[188]
> 5) 무명(無明)의 종자에서 생겨나는 것에 따르고
> 6) 처음, 중간, 끝이라는 시간을 여읜 것[離]이고[189]

[27]

ཆུ་ཤིང་བཞིན་དུ་སྙིང་པོ་མེད།།   chu shing bzhin du snying po med//

དྲི་ཟའི་གྲོང་ཁྱེར་འདྲ་བ་སྟེ།།   dri za'i grong khyer 'dra ba ste//

རྨོངས་པའི་གྲོང་ཁྱེར་མི་ཟད་པའི།།   rmongs pa'i grong khyer mi zad pa'i//

འགྲོ་བ་སྒྱུ་མ་བཞིན་དུ་སྣང་།།   'gro ba sgyu ma bzhin du snang//

> 7) 바나나 나무처럼 그 정수(精髓)[190]가 존재하지 않고
> 8) 건달바성(乾闥婆城)[191]과 같고[192]
> 9) 미혹(迷惑)의 성(城)이라 소진[盡]되지도 않는[193]
> 중생(계)는 환술(幻術=māyā)처럼 나타난다.[194]

---

187. 소연(所緣)에 대해서는 1번 게송 각주 참조. 여기서는 티벳역의 '믹빼(dmigs pa)'에 해당하는데 마의 작용 대상을 뜻한다.

188. 티벳역의 '네빠메(gnas pa med)'에 해당하는데 『장한사전』에는 '네빠(gnas pa)'에 '입(立)'이라는 뜻은 없다. YŞ에는 산스끄리뜨어도 '존재하지 않는 것'이라는 뜻을 지닌 '아스티따(asthita)'가 사용되어 있어 'unfixed'로 옮겨져 있고, 『Monier Williams Sanskrit-English Dictionary』에는 '아스티따(asthita)'는 'not lasting'으로 나와 있다.

189. YŞ에 따라 다음 게송까지 이어진 것으로 보고 옮겼다.

   [YŞK]-26.
   머묾도 없고 소연(所緣)도 없고
   감관도 없으니 또한 성립하지 못하리.
   무명(無明)의 종자에서 발생하고
   처음 중간 나중의 시간을 여의었네.

190. 실체 또는 정수가 없다는 것을 바나나 나무를 통한 비유는 서양에서 양파는 아무리 까보아도 그 씨앗을 볼 수 없다는 비유처럼 인도에서 유명한 것이다. 『아함경』에도 종종 등장한다. 이것에 대한 비유는 졸역, 『친구에게 보내는 편지』, 58번 게송에도 나온다.

癡闇大惡城　如芭蕉不實　　치암대악성　여파초부실

如乾闥婆城　皆世幻所見　　여건달바성　개세환소견

---

7) 어리석음으로 (지은) 어두컴컴한 커다란 성(과 같고)

8) 마치 파초와 같아 그 실체를 찾을 수 없고[195]

9) 마치 건달바성(乾闥婆城)과 같은

모든 세간을 환술이 짓는 곳으로 보아야 한다.[196]

························

[58]
그와 같이 이 모든 것이 무상, 무아라
보호해줄 이 없고 의지할 곳 없고 머물 곳이 없기 때문에
삼사라는 바나나 나무처럼 그 정수가 없다는 것을
사람 (중의) 으뜸이신 이여! 그대는 (이것을 깨닫기 위한) 마음을 일으켜야 (합니다.)

191.　[BD] 건달바성(乾闥婆城): 【범】gandharva-nagara 또는 건달바성(乾達婆城)·건달박성(犍達縛城)·헌달박성(巘達縛城). 번역하여 심향성(尋香城). 실체는 없이 공중에 나타나는 성곽. 바다 위나 사막 또는 열대지방에 있는 벌판의 상공(上空)에서 공기의 밀도와 광선의 굴절작용으로 일어나는 신기루(蜃氣樓)·해시(海市). 이것을 건달바성이라 하는 것은, 건달바는 항상 천상에 있다는 데서 생긴 것 또는 서역에서 악사(樂師)를 건달바라 부르고, 그 악사는 환술로써 교묘하게 누각을 나타내어 사람에게 보이므로 이와 같이 부른다.

192.　건달바성에 대한 비유는 『중론』에 총 세 차례 등장하는데 그중의 하나는 다음과 같다. 『중론』, 「제7품. 생기는 것[生]과 머무는 것[住]과 사라지는 것[滅]에 대한 고찰」. [11. (7-34)]에도 이와 유사한 비유가 나온다.

꿈과 같고 환술(幻術=māyā)과 같고
건달바성(乾闥婆城)과 같은
그와 같이 생기는 것[生]과 그와 같이 머무는 것[住]
(그리고) 바로 그와 같이 사라지는 것[滅]에 (대해서는 이와 같이) 설명하였다.

193.　소유격[Gen.] '이(yi)'를 수식으로 보고 옮겼다.

194.　중생계에 대해서 총 9개의 특징을 설명하고 있는데 만약 이것을 25번 게송의 '사태'를 받는 것으로 보면, 이와 같은 9개의 특징을 가진 사태는 중생계에서 환술처럼 나타난다고 볼 수도 있다. 여기서는 YṢ의 구조에 따라 옮겼다.

195.　같은 게송의 티벳역 참조

196.　티벳역과 그 순서가 약간 바뀌었으나 같은 뜻이다.

[YṢK]-27.
어리석음의 극악한 성(城)은
마치 파초와 같이 실체가 없고
건달바(乾闥婆)의 성처럼

ཚངས་སོགས་འཇིག་རྟེན་འདི་ལ་ནི།། tshangs sogs 'jig rten 'di la ni//

བདེན་པར་རབ་ཏུ་གང་སྣང་བ།། bden par rab tu gang snang ba//

དེ་ནི་འཕགས་ལ་བརྫུན་ཞེས་གསུངས།། de ni 'phags la brdzun zhes gsungs//

འདི་ལས་གཞན་ལྟ་ཅི་ཞིག་ལུས།། 'di las gzhan lta ci zhig lus//

"브라흐마[梵天] 등[197]이 바로 이 세간에

참으로 수승하게 드러낸 것이 무엇이든[198]

바로 그것은 (부처님의) 정(법)에 (비하자면)[199] 거짓된 것이다."라고 말한

다(면)

이것에[200] 어떤 다른 견해가 남겠는가?[201]

此界梵王初　佛如實正説　　차계범왕초　불여실정설

後諸聖無妄　説亦無差別　　후제성무망　설역무차별

이 세간에서 범천[梵天]이 처음

....

모두 세간의 허깨비에 의해 보이는 것이네.

197. 『세마론』 9번 게송 원주석에 '비쉬누(Viṣṇu), 쉬바(Śiva), 브라흐마(Brahmā), 까삘라
(Kapila), 우루까(Ulūka), 바사(vyāsa), 바시스타(Vasiṣṭha), 비야그라(Vyāghra), 삼릇다
(Samṛddha), 가가르(Gagar), 마타라(Māṭhara)' 등의 현자의 이름이 언급되어 있다.

198. '참으로 수승하게 드러낸 것이 무엇이든'으로 옮긴 '덴빨 랍뚜 강낭와(bden par rab
tu gang snang ba)'를 해자해보면, '진실'을 뜻하는 '덴빠(bden pa)'에 수식을 나타내는
'라둔(la 'dun)'의 'r'이 붙어 수식어로, 그리고 일반적으로 '매우' 등으로 쓰이는 '랍뚜(rab
tu)' 또한 수식어가 되어 '드러나다, 비추다' 등을 뜻하는 '낭와(snang ba)'를 수식하고
있다.

199. '(부처님의) 정(법)에 (비하자면)'으로 풀어서 옮긴 '팍라('phags la)'에서 '라둔(la 'dun)'의
'라(la)'는 처격[loc.]의 기능을 하지만, 비교격[Comp.]으로 보고 옮겼다.

200. '이것에'로 옮긴 '디레('di las)'에서 탈격[Abl.] '레(las)'는 어떤 언급, 인용을 나타낼
때 사용하는 용법이라 처격[loc.]처럼 옮겼다. 풀어서 쓰면 '이 (언급)으로부터' 정도
된다.

201. '어떤 다른 견해가 남겠는가?'로 옮긴 '센따 찌쉭루(gzhan lta ci zhig lus)'의 '센따 찌쉭
(gzhan lta ci zhig)'은 '다른 견해, 관점'과 '어떤'이 도취된 것이고, 보통 명사형으로
육신을 뜻하는 '루(lus)'는 동사, '루빠(lus pa)'는 '남다, 남겨지다'는 뜻으로 쓰인다.

부처님의 여실한 정법을 설파하였다.

이후의 모든 성인들이 (하신 말씀 또한) 허망된 것이 아니니

(그) 설한 바 또한 차별이 (있는 것이) 아니다.[202]

[29]

འཇིག་རྟེན་མ་རིག་ལྡོངས་གྱུར་པ།།   'jig rten ma rig sdongs gyur pa//

སྲིད་པ་རྒྱུན་གྱི་རྗེས་འབྲངས་དང་།།   srid pa rgyun gyi rjes 'brangs dang//

མཁས་བ་སྲེད་པ་དང་བྲལ་བ།།   mkhas ba sred pa dang bral ba//

དགེ་བ་རྣམས་ལྟ་ག་ལ་མཉམ།།   dge ba rnams lta ga la mnyam//

세간 (사람들)은 무명(無明)에 눈이 멀어

상속하는 윤회의 (흐름에) 따르지만[203]

현자(들)은 탐욕에서 벗어나

선(법)들을 추구하니[觀][204] 어떻게 (이 둘이) 같겠는가?[205]

---

202. 티벳역과 비교하여 한역의 의미는 매우 다르다. 왜냐하면 티벳역에서는 불법을 수승한
     것이라 보고 여타의 천신이나 현자들이 설한 것을 이것에 비교할 수 없는 것으로 보고
     있기 때문이다.

> [YṢK]-28.
> 이 세계의 범왕(梵王)이 처음
> 부처님의 여실(如實)한 바른 말씀을 하고
> 나중에 여러 성인들이 망집 없이
> 말하였으나 역시 차별이 없네.

203. 접속사 '당(dang)'을 역접의 'but'으로 보고 옮겼다.
204. '(의도적으로) 보다'는 뜻을 지닌 '따와(lta ba)'를 '추구하다, seek'로 보고 옮겼다.
205. 세간사람, 즉 범인(凡人)과 현자의 선법에 대한 견해가 같지 않다는 점을 강조하기 위하여
     첨언하여 옮겼다. YṢ에서는 3행까지 끊어, 4행을 '선법에 대한 그들의 견해가 어떻게
     비슷하겠는가?'로 옮기고 있다. 이 경우 다음과 같이 옮길 수 있다.

> 세간은 무명(無明)에 눈이 멀어
> 상속하는 윤회의 (흐름에) 따르는 곳이지만
> 현자(들)은 탐욕에서 벗어났다. (이와 같은데)

世閒癡所闇　愛相續流轉　　세한치소암　애상속류전
智者了諸愛　而平等善説　　지자료제애　이평등선설

세간은 어리석음[癡]으로 어두워진 곳이라

애욕(愛慾)의 상속이 (그치지 않고) 유전하지만

지혜로운 자[智者]는 모든 애욕을 (명확하게) 이해하고

그리고 (그것에 대해서) 한결같이[平等] 잘 말씀하신다.[206]

---

[30]

དེ་ཉིད་ཚོལ་ལ་ཐོག་མར་ནི།།　　de nyid tshol la thog mar ni//

ཐམས་ཅད་ཡོད་ཅེས་བརྗོད་པར་བྱ།།　　thams cad yod ces brjod par bya//

དོན་རྣམས་རྟོགས་ཤིང་ཆགས་མེད་ལ།།　　don rnams rtogs shing chags med la//

ཕྱིས་ནི་རྣམ་པར་དབེན་པའོ།།　　phyis ni rnam par dben pa'o//

(제자가) (법의) 여실함[眞如][207]을 찾으려 할 때[208] (스승은) 맨[209] 처음 "모든 것은 존재한다."라고 말해야 한다.[210]

(그리고) 그 의미들을 이해하고 (그것에 대한) 집착이 없어졌을 때,[211] (즉) 맨 나중에 (그것들이) 완전히 여의는 것[離][212](에 대해서 말해야 한다.)[213]

················
　　　선법에 대한 (그) 견해가 어떻게 같겠는가?'

206.　티벳역과 약간의 차이가 있어 세간에서 지혜로운 자[智者]의 행동에 강조점을 찍고 옮겼다.

　　　[YŚK]-29.
　　　세간은 어리석음에 가리워져
　　　애욕은 상속하고 유전(流轉)하며
　　　지혜로운 사람은 애욕을 잘 알아
　　　평등하게 잘 말하네.

207.　'(법의) 여실함[眞如]'으로 옮긴 '데니(de nyid)'에 대해서는 5번 게송 각주 참조.

208.　'라둔(la 'dun)'의 '라(la)'를 시간의 특정 시간, 그 조건으로 보고 옮겼다.

初說諸法有　於有求實性　　초설제법유　어유구실성
後求性亦無　卽無著性離　　후구성역무　즉무저성리

> (제자에게) 처음에는 '모든 법은 존재한다.'라고 말해야 한다.
> (이에) 따르면,[214] 존재하는 것의 실제 성품[實性=본성]을 구할 수 있다.
> (그런) 후에 (그 존재하는 것의) 성품 또한 없다(는 것을 설해야 한다.)
> (그러면) 곧 (집착이) 없어져[無] 드러난 성품을 여읠[離] 것이다.[215]

[31]

རྣམ་པར་དཔེན་དོན་མི་ཤེས་ལ།།　　rnam par dpen don mi shes la//

ཐོས་པ་ཙམ་ལ་འཇུག་བྱེད་ཅིང་།།　　thos pa tsam la 'jug byed cing//

གང་དག་བསོད་ནམས་མི་བྱེད་པ།།　　gang dag bsod nams mi byed pa//

སྐྱེས་བུ་ཐ་ཤལ་དེ་དག་བརླག།　　skyes bu tha shal de dag brlag/

> 완전히 여의는 것[離][216]의 의미를 알지 못할 때[217]
> 조그만 배움[聞][218]에 입문하여[入] 행(行)하고[219]

························

209. 강조사[Emp.] '니(ni)'를 '제일 먼저'라는 뜻인 '맨'으로 옮겼다.
210. 『세마론』에서 '논파할 수 있다'로 통일하여 옮긴 '죄빨 자(brjod par bya)'의 '자와(bya ba)'를 '제빠(byed pa)'의 명령형으로 보고 옮겼다.
211. '라둔(la 'dun)'의 '라(la)'를 시간의 특정 시간, 그 조건으로 보고 옮겼다.
212. '완전히 여의는 것[離]'으로 옮긴 '남빨 벤빠(rnam par dben pa)'에 대해서는 25번 계송 각주 참조
213. YŞ에 따라 첨언하여 옮겼다.
214. '어(於)'를 바로 앞의 행을 받는 조건으로 보고 옮겼다.
215. 한역의 4행 '즉무저성리(卽無著性離)'에서 '무(無)' 앞에 집착이 생략된 것으로 보고 티벳역에 따라 첨언하여 옮겼다.

> [YŞK]-30.
> 처음 모든 법의 존재를 말할 경우
> 존재에 대해 실체의 성품을 구하지만
> 나중에는 성품 또한 없음을 구하면
> 집착이 없이 존재를 여읜 것이네.

어떤 복덕(福德)들도 짓지 않는

열등한 중생들은 그것들마저 잃는다.[220]

若不知離義　隨聞卽有著　　약부지리의　수문즉유저

而所作福業　凡愚者自破　　이소작복업　범우자자파

만약 여의는 것[離]의 의미를 알지 못하면

문(慧)에 따라 수행할지라도 바로 그 존재[有]만 드러난다.[221]

그러나 복업을 지을[所作] (때)

(그) 어리석은 범인(凡人)은 자기 자신을 파괴한다.[222]

---

216. '완전히 여의는 것[離]'으로 옮긴 '남빨 벤빠(rnam par dben pa)'에 대해서는 25번 게송 각주 참조. 여기서 그 여의는 것[離]이 뜻하는 것은 앞의 게송에서 이어져 온 존재하는 것이나 존재하지 않는 것이라는 모든 개념자들을 뜻한다.

217. '라둔(la 'dun)'의 '라(la)'를 시간의 특정 시간, 그 조건으로 보고 옮겼다.

218. '배움[聞]'으로 옮긴 '퇴빠(thos pa)'는 문사수(聞思修) 삼혜(三慧) 가운데 가장 기본이 되는 것이자 낮은 단계인 듣고 배워서 아는 지혜를 가리킨다.
　　　[BD] 삼혜(三慧): 문혜(聞慧)·사혜(思慧)·수혜(修慧). (1) 문혜. 보고 듣고서 얻는 지혜. (2) 사혜. 고찰하여 얻는 지혜. (3) 수혜. 고찰을 마치고, 입정(入定)한 뒤에 수득(修得)하는 지혜.

219. '입문하여[入] 행(行)하다'라고 '죽제('jug byed)'를 풀어썼는데 조그만 문혜(聞慧)를 배우고 익힌다는 뜻이다.

220. YŞ에서는 1행을 4행의 '열등한 중생'을 받는 것으로 첨언하여 옮기고 있으나 문장의 구조에 따라 직역하였다.

221. 여의는 것[離]의 의미를 알지 못할 경우에 발생하는 부정적인 것인, 즉 어떤 사물이나 사태를 고정된 실체가 있다는 것으로 보는 상견(常見)에 빠지는 경우로 보고 옮겼다.

222. 한역의 경우, 2행을 부정적인 경우로 표현해야만 그 의미가 명확하게 와 닿는다.

　　　[YŞK]-31.
　　　만약 여윔의 의미를 알지 못하면
　　　듣는 대로 곧 집착이 생길 것이네.
　　　지은 복덕(福德)의 업을
　　　어리석은 자는 스스로 깨뜨리네.

ལས་རྣམས་འབྲས་བུ་བཅས་ཉིད་དང་།།   las rnams 'bras bu bcas nyid dang//

འགྲོ་བ་དག་ཀྱང་ཡང་དག་བཤད།།   'gro ba dag kyang yang dag bshad//

དེའི་རང་བཞིན་ཡོངས་ཤེས་དང་།།   de'i rang bzhin yongs shes dang//

སྐྱེ་བ་མེ་པ་དག་ཀྱང་བསྟན།།   skye ba me pa dag kyang bstan//

(부처님께서는)[223] 업(業)들이 과보[果]와 결합된 것(들)[224] 자체뿐만 아니라[225]

(육도) 중생들에 대해서도 또한 진실되게 말씀하셨다. (그리고 또한)

그것의 자성(自性)에 대한 완벽한 이해[遍知][226]뿐만 아니라[227]

(그것이) 생겨나지 않는 것[不生]들에 대해서도 또한 교시(敎示)하셨다.[228]

如先平等説　彼諸業眞實　　여선평등설　피제업진실

自性若了知　此説卽無生　　자성약료지　차설즉무생

마치 앞에서 한결같이[平等] 말한 것처럼

---

223. YŞ에 따라 첨언하였다.
224. '~와 결합된 것(들)'은 '쩨(bcas)'를 'having'으로 풀어서 쓴 것이다.
225. 접속사 '당(dang)'을 의미에 맞게 강조하기 위해서 '~뿐만 아니라'로 옮겼다.
226. [BD] 변지(遍知): 4제(諦)의 경계에 대하여 두루 아는 뜻. 2종이 있다. (1) 4제의 이치를 두루 다 아는 무루지(無漏智), 이를 지변지(智遍知). (2) 무루지에 의하여 번뇌를 끊는 것. 이를 단변지(斷遍知). 보통으로 말하는 변지는 둘째 것을 가리키며, 9종이 있으므로 9변지라 함.
227. 접속사 '당(dang)'을 의미에 맞게 강조하기 위해서 '~뿐만 아니라'로 옮겼다.
228. 이 게송은 『중론』, 「제17품. 업(業)과 과보(果報)에 대한 고찰」의 축약본에 해당하는데 부처님의 교시하신 내용을 하나의 게송으로 축약하자면 「제18품. 아(我)와 법(法)에 대한 고찰」의 다음 게송과 같은 의미다.

> [246. (18-6)]
> (부처님들에 의해서) "(이것이) 아(我)다."는 것도 시설(施説)되었고
> "(이것이) 무아(無我)다."는 것도 교시(敎示)되었다.
> (또한) 부처님들에 의해서 "아(我)와
> 무아(無我)인 어떤 것도 아니다."는 것도 교시(敎示)되었다.

이 모든 업은 진실된 것이다.

(이 업에 대한) 자성을 만약 완전히 이해한다면

이것에 대해서 설해야 하는데 (그것이) 곧 불생(不生)(법)이다.[229]

[33]

དགོས་པའི་དབང་གིས་རྒྱལ་བ་རྣམས།། dgos pa'i dbang gis rgyal ba rnams//

ང་དང་ང་ཡི་ཞེས་གསུངས་ལྟར།། nga dang nga yi zhes gsungs ltar//

ཕུང་པོ་ཁམས་དང་སྐྱེ་མཆེད་རྣམས།། phung po khams dang skye mched rnams//

དེ་བཞིན་དགོས་པའི་དབང་གིས་རྒྱལ་བ་རྣམས།། de bzhin dgos pa'i dbang gis rgyal ba rnams//

(중생을 교화할) 필요 때문에[230] 부처님들께서

'내[我]와 나의 [것=我所]'[231]이라고 말씀하신 것처럼

(오)온, (십팔)계와 (십이)처[232]들(에 대해서도)

그와 같이 (중생을 교화할) 필요 때문에 부처님들께서 (말씀하셨다.)

....

229. 4행의 '차설즉무생(此說卽無生)'의 의미를 명확하게 하기 위해서 끊어서 옮겼다.

   [YŚK]-32.
   앞서 평등하게 말한 대로
   그 모두 업들은 진실하나
   자성을 만약 잘 안다면
   이것은 곧 (六道의) 발생이 없다는 것이네.

230. '(중생을 교화할) 목적으로'도 옮길 수 있는 '필요 때문에'라고 옮긴 '괴빼 왕기(dgos pa'i dbang gis)'의 '왕기(dbang gis)'는 'because of, by means of, by virtue of, due to' 등을 뜻하는 한 단어다.

231. '내[我]와 나의 [것=我所]'으로 옮긴 '나당 나기(nga dang nga yi)'를 『중론』, 「제18품. 아(我)와 법(法)에 대한 고찰」에서는 '닥당 닥기(bdag dang bdag gi)라고 표현했다. 의미상으로 같다.

   [242. (18-2)]
   아(我)가 존재하는 것이 아니라면
   나의 것[我所]이 어떻게 존재하겠는가?
   내[我]와 나의 [것=我所]이 적멸(寂滅)(에 들었기) 때문에

我如是所説　皆依佛言教　　아여시소설　개의불언교
如其所宣揚　卽蘊處界法　　여기소선양　즉온처계법

> 내가 이와 같이 말하는 것은
>
> 모두 부처님께서 (중생을) 교화하기 위하여 하신 말씀에 의지한 것으로
>
> (부처님께서) 그 널리 펼치신[宣揚] 것[所]과 같은
>
> (이것들이) 곧 (오)온, (십이)처, (십팔)계의 법이다.[233]

[34]

འབྱུང་བ་ཆེ་ལ་སོགས་བཤད་པ།།　　'byung ba che la sogs bshad pa//

རྣམ་པར་ཤེས་སུ་ཡང་དག་འདུ།།　　rnam par shes su yang dag 'du//

དེ་ཤེས་པས་ནི་འབྲལ་གྱུར་ན།།　　de shes pas ni 'bral gyur na//

ལོག་པར་རྣམ་བརྟགས་མ་ཡིན་ནམ།།　　log par rnam brtags ma yin nam//

> (지, 수, 화, 풍 등) (사)대(大)[234] 등에 대한 설명[235] (또한)[236]
>
> 의식[識]에 대한 (설명에) 완벽하게 포함되어 있다.
>
> (그것들을 아는) 바로 그 지혜로 (그것들에서) 벗어나게 되었다면[237]
>
> 전도(顚倒)된 (견해로)[238] (그것들을) 자세히 분별하지 않을 것이다![239]

....

'나에 대한 집착[我執]', '나의 (것)에 대한 집착[我所執]'은 존재하지 않게 된다.

232. 『중론』, 「제16품. 속박과 해탈에 대한 고찰」, [199. (16-2)]번 게송에서는 '(오)온, (십이)처, (십팔)계' 구조로 되어 있다. 이에 대한 자세한 내용은 해당 게송 각주 참조

233. 한역에서는 티벳역과 달리, 주체가 용수로 되어 있다.

[YŞK]-33.
내가 이렇게 말하는 것은
모두 부처님의 말씀과 가르침에 의한 것이며
잘 선양한 그대로이니
바로 오온(五蘊) 십이처(十二處) 십팔계(十八界)의 법이네.

234. [BD] 사대종(四大種): 사대(四大)라고도 함. 물질계를 구성하는 4대 원소(大元素). 지(地)·

大種等及識　所説皆平等　　대종등급식　소설개평등
彼智現證時　無妄無分別　　피지현증시　무망무분별

(지, 수, 화, 풍 등) (사)대종(大種) 등에서 의식[識]에 이르기까지
(부처님께서) 설명하는 것에 모두 한결같이[平等] (포함되어 있다.)
(위에서 설명한) 그것들에 대한 지혜가 뚜렷하게 나타날²⁴⁰ 때
(그것들에 대한) 허망함도 없을 것이고 분별도 없을 것이다.²⁴¹

[35]

ཐུ་ངན་འདས་པ་བདེན་གཅིག་པུར༎　　mya ngan 'das pa bden gcig pur//

རྒྱལ་བ་རྣམས་ཀྱིས་གང་གསུངས་པ༎　　rgyal ba rnams kyis gang gsungs pa//

수(水)・화(火)・풍(風). 대종이라 함은 체(體)・상(相)・용(用)이 모두 커서 물질계를 내는
원인이 되는 뜻. (1) 지대. 굳고 단단한(堅) 것을 성(性)으로 하고, 만물을 실을 수 있고,
또 질애(質礙)하는 바탕. (2) 수대. 습윤(濕潤)을 성으로 하고, 모든 물(物)을 포용(包容)하는
바탕. (3) 화대. 난(煖)을 성으로 하고, 물(物)을 성숙시키는 바탕. (4) 풍대. 동(動)을
성으로 하고, 물(物)을 성장케 하는 바탕. 구사종(俱舍宗)에서는 보통으로 눈에 보이는
현색(顯色)・형색(形色)을 가사대(假四大)라 하고, 사대에 의하여 된 것을 신근(身根)의
소촉(所觸)으로 하여 실사대(實四大)라 하며, 성실종(成實宗)・법상종(法相宗)에서는 지금
의 4대도 가법(假法)이라 함.

235. 동사로 '말씀하시다'는 뜻을 지닌 '셰빠(bshad pa)'는 명사형으로 '주석, 해설, 논설'
등의 뜻이 있다.

236. 의미를 강조하기 위하여 첨언하였다.

237. 문맥을 통해 살펴보면, 앞에서 설명한 이와 같은 여러 개념자들에 대한 바른 이해로
이것들이 가설적인 방편임을 아는 것을 뜻한다.

238. '라둔(la 'dun)'의 'r'을 수식의 기능으로 보고 옮겼다.

239. 4행 말미의 접속사이자 의문, 감탄을 뜻하는 '제두('byed sdud)' '남(nam)'을 접속사
'and'로 보고 옮길 수 있겠으나 YŞ에 따라 감탄문으로 보고 옮겼다.

240. '현증(現證)'을 '뚜렷하게 나타나다'로 윤문하여 옮겼다.

241. 4행의 '무망무분별(無妄無分別)'은 문법 구조가 명확한 티벳역과 확실히 다르다.

[YŞK]-34.
사대종(四大種) 따위와 의식[識]을
말씀하신 것 모두 평등하니
그 지혜를 증득할 때
허망도 없고 분별도 없네.

དེ་ཚེ་ལྷག་མ་ལོག་མིན་ཞེས།། de tshe lhag ma log min zhes//

མཁས་པ་སུ་ཞིག་རྟོག་པར་བྱེད།། mkhas pa su zhig rtog par byed//

> 열반의 진리에 대해서 오직
> 부처님들께서 어떤 (방편을 쓰시던지) 말씀하셨다.
> 그때 "그 나머지는 잘못된 것[전도된 견해, ~A][242]이 아니다[~]."라고
> 어떤 현자가 분별할 수 있겠는가?[243]

此一若如實	佛説爲涅盤	차일약여실	불설위열반
此最勝無妄	無智卽分別	차최승무망	무지즉분별

> 이 하나만 만약 여실(如實)[244]한 것이라면

242. '잘못된 것'으로 옮긴 '록빠(log pa)'는 앞에서도 몇 차례 등장한 '전도된 견해'를 뜻한다. 통일성일 기하기 위해서 병기하였다.

243. '분별하다'로 옮긴 '똑빨제(rtog par byed)'는 '분별을 행하다'는 뜻이지만 TT의 용례에는 'hypothesize, suppose, conceive, imagine' 등의 뜻이 있어 '상상이나 할 수 있겠는가?'로 볼 수 있다. 이에 대해서 YṢ에서는 『중론』, 「제13품. 형성 작용[行]에 대한 고찰」의 첫 번째 게송을 그 실례로 들고 있다. 두 번째 게송까지는 다음과 같다.

 [171. (13-1)]
 세존께서는 "어떤 현상[法]이든
 바로 그 속이는 것은 거짓된 것이다."라고 말씀하셨다.
 일체의 속이는 형성 작용[行]의 현상[法](들도),
 그러므로 (바로) 그것들도 거짓된 것이다.

 [172. (13-2)]
 만약 무엇이든 속이는 현상[法]이 존재할 때
 그것이 거짓된 것이라면, (그러면) 무엇이 속이는 것이겠는가?
 세존께서 그것을 말씀하신 것은
 공성(空性)을 완전히 가르치기 위해서였다.

 그러나 3행부터 그 의미를 살펴보면, '거짓된 것[~A]이 아니다[~]'는 뜻은 부처님께서 가르쳐주신 것은 모두 진실된 것이지만, 세상의 어떤 현자들이라도 그것의 진실됨을 논할 수 없다는 강조의 표현으로 보인다. 한역과 비교해 보았을 때, 이중부정의 형식을 취한 3행의 의미는 이와 같은 강조임이 분명하다.

(즉) 부처님께서 말씀하셨던 것인 열반만 (여실(如實)한 것이라면)
이것은 (열반이라는) 최승(법)에 (어떤) 허망함도 없다는 것(을 뜻한다.)
(왜냐하면) (어떤) 지혜로운 자[智者]도 바로 그 (열반에 대해서) 분별할
수 없(기 때문이다.)[245]

[36]

ཇི་སྲིད་ཡིད་ཀྱི་རྣམ་གཡོ་བ།།   ji srid yid kyi rnam gyo ba//

དེ་སྲིད་བདུད་ཀྱི་སྤྱོད་ཡུལ་ཏེ།།   de srid bdud kyi spyod yul te//

དེ་ལྟ་ཡིན་ན་འདི་ལ་ནི།།   de lta yin na 'di la ni//

ཉེས་པ་མེད་པར་ཅིས་མི་འཐད།།   nyes pa med par cis mi 'thad//

어떤 때,[246] (즉) 마음[心]의[247] 산란함[248]이 (일어날) 때
그때는 악귀[魔]의 땅[249]에 (떨어진 것이다.) (그러나 그렇지 않을 때,)
(즉) 그와 같이 (악귀의 땅에 떨어지지 않고) 있을 때, 바로 이것[心]에
'(산란함이라는) 과실(過失)이 없다.'라는 것이[250] 어떻게[251] 옳지 않겠는
가?[252]

---

244. 티벳역의 진실을 뜻하는 '덴빠(bden pa)'와 달리, 한역에서는 '여실(如實)'이라 되어 있다.
245. 티벳역과 비교하여 그 의미가 상당히 다른데, 티벳역에 따라 첨언하여 옮겼다.
    [YṢK]는 그 의미가 명확하지 않다.

    [YṢK]-35.
    이 하나라도 여실(如實)하다면
    부처님께서는 열반이라 하셨으나
    이는 가장 뛰어난 것이며 망집이 없는 것이니
    지혜가 없으면 하면 분별이네.

246. '~하는 동안, 그동안 ~'으로도 옮길 수 있는 '어떤 때 ~, 그때'를 뜻하는 산스끄리뜨어
    '야바뜨 ~, 따바뜨 ~(yāvat ~, tāvat ~)'의 티벳역인 '지쉬 ~, 데쉬 ~(ji srid ~, de srid
    ~)'가 사용되었다.

247. YṢ에서는 주격[Nom.]으로 고쳤으나 원문의 소유격[Gen.] '끼(kyi)'를 살려 첨언하여
    옮겼다.

248. '마음의 산란함'이란 곧 '심란'을 가리키지만 풀어서 썼다. '산란함'으로 옮긴 '남요와

若心有散亂　與諸魔作便　　약심유산란　여제마작편
若如實離過　此卽無所生　　약여실리과　차즉무소생

> 만약 마음에 산란함[심란]이 있다면
> (이것은) 모두 마귀가 짓는 쪽[便]을 따르는 것이다[與].
> 만약 이와 같이 실재하는 과실[過]을 여의면[離]
> 이것이 곧 (그 심란이) 생겨나는 것이 없다(는 뜻이다.)[253]

[37]

འཇིག་རྟེན་མ་རིག་རྐྱེན་ཅན་དུ།།　　'jig rten ma rig rkyen can du//
གང་ཕྱིར་སངས་རྒྱས་རྣམས་གསུངས་པ།།　　gang phyir sangs rgyas rnams gsungs pa//
འདི་ཡི་ཕྱིར་ན་འཇིག་རྟེན་འདི།།　　'di yi phyir na 'jig rten 'di//
རྣམ་རྟོག་ཡིན་ཞེས་ཅིས་མི་འཐད།།　　rnam rtog yin zhes cis mi 'thad//

....

(rnam gyo ba)'를 YŞ에서는 산스끄리뜨어 '짜라(cala)'로 옮겼는데 이것은 51심소법의 특정한 하나라기보다는 'moving, trembling, shaking, unsteady, confused' 등 마음의 불안정한 상태를 가리킨다.
　　[BD] 산란(散亂): 심란(心亂)이라고도 함. 우리의 대경이 변하여, 마음이 고정하기 어려움. 따라서 도거(悼擧)는 대경은 변치 아니하나, 견해에 여러 갈래를 내므로, 마음이 고정하지 못함을 말함.
249. 우리말로 축약하여 '땅'으로 옮긴 '죄율(spyod yul)'은 '행하는 것이 있는 곳'을 뜻한다.
250. '라둔(la 'dun)'의 'r'을 인용으로 보고 옮겼다.
251. '어떻게'라고 옮긴 '찌(cis)'는 '찌이(ci yis)'가 결합된 것으로 산스끄리뜨어 '낌(kiṃ)'에 해당한다.
252. 의미를 명확하게 하기 위해서 축약된 부분을 YŞ에 따라 첨언하여 옮겼다. 내용은 '심란'과 같은 심소(心所)는 항상하는 것이 아니라 변화하는 것이고, 심란함에 빠지지 않은 경우, 심란과 같은 것은 존재하지 않는다고 주장해도 오류가 없다는 의미다.
253. 한역의 의미가 티벳역보다 명쾌한 게송이다.

[YŞK]-36.
만약 마음이 산란하여
여러 마귀들과 더불어 편리함을 짓는 것이네.
여실하게 잘못을 버리면
여기에는 발생이 없으리.

'세간은 무명(無明)의 (인)연(緣)에 의한 것'이라고[254]

(무시) 이래로[255] 부처님들께서 말씀하셨다.

이와 같다면[256] (부처님께서 말씀하신) '이 세간은

분별(망상[257]의 결과[258]다.'라는 것이 어떻게 옳지 않겠는가?[259]

如是無明緣　佛爲世間說　　여시무명연　불위세한설

若世無分別　此云何無生　　약세무분별　차운하무생

이와 같이 '무명에 연(緣)한 것'이라고

부처님께서는 세간에 대해서 말씀하셨다.

(그러나) 만약 (이) '세간'이라는 분별(망상)이 존재하지 않는다면

이것에 대해서 어떻게 '생겨나지 않는 것[無生]'이라 일컬을 수 있겠는가?[260]

....

254. '라둔(la 'dun)'의 '둔(du)'를 인용으로 보고 옮겼다.

255. '(무시) 이래로'라고 옮긴 것은 '강칠(gang phyir)'을 YŞ에 따라 산스끄뜨어의 '야다르땀(yad-artham)'을 'since'로 옮긴 경우다.

256. '이와 같다면'으로 옮긴 '디이 칠나('di yi phyir na)'를 선행하는 '강칠(gang phyir)'과 격을 맞추는 '야다르땀 ~, 따다땀 ~(yad-artham ~, tad-artham ~)' 구조로 보고, YŞ의 'therefore'처럼 '그러므로'라고 옮길 수도 있겠으나, 여기서는 가정법의 '나(na)'를 살려 옮겼다. '그러므로'를 받을 경우, 약간의 어감의 차이가 있으나 그 뜻이 크게 달라 보이지 않는다.

257. 3번 게송에서 '분별(망상)'로 옮겼던 '남딱(rnam brtags)' 대신에 '남똑(rnam rtog)'이 쓰였다. 'imagination'이라는 뜻을 지닌 산스끄리뜨어 '비깔빼(vikalpa)'를 티벳어로 옮기며 약간의 차이가 생긴 것으로 보이는데 YŞ에서는 3번 게송에서는 'imagine'으로 여기서는 '식별, 구별, 차별'을 뜻하는 'discrimination(vikalpa)'으로 쓰고 있다.
　　여기서는 모두 '분별(망상)'로 통일해서 옮겼다.

258. YŞ에 따라 첨언하였다.

259. 바로 앞의 36번 게송의 4행 말미가 반복적으로 사용되어 있다.

260. 티벳역에 따라 한역의 3, 4행에서 '분별'을 부정적인 의미로 받고 풀었다. 바로 앞의 36번 게송과 운조를 맞추기 위해서 쓴 '무생(無生)'이라는 표현을 '세간이라는 분별이 존재하지 않을 경우, 이것에 대해서 생겨난 것[生]이거나 생겨나지 않는 것[無生]을 논할 수 없다'로 보았다.

[YŞK]-37.

མ་རིག་འགགས་པར་གྱུར་པ་ན།།   ma rig 'gags par gyur pa na//

གང་ཞིག་འགག་པར་འགྱུར་བ་དེ།།   gang zhig 'gag par 'gyur ba de//

མི་ཤེས་པ་ལས་ཀུན་བརྟག་པར།།   mi shes pa las kun brtag par//

ཇི་ལྟ་བུར་ན་གསལ་མི་འགྱུར།།   ji lta bur na gsal mi 'gyur//

무명(無明)이 사라지게 되었을[滅] 때[261]

(그것으로 인해 생겨났던) 어떤 것은 사라지게 된다.[262] 이와 같은데[263]

무지(無智)[264]로 인해[265] (생겨난) 모든 분별(망상)이 (사라지게 될 때)[266]

(그 모든 것이) 왜[267] 명백하게 되지 않겠는가?

若無明可滅　滅已卽非生   약무명가멸　멸이즉비생

生滅名乖違　無智起分別   생멸명괴위　무지기분별

만약 무명이 사라지는 것이 가능하다면

이미 사라진 (어떤) 것[滅已], (그것은) 곧 (더 이상) 생겨난 것[生][268]이

....

이와 같이 무명(無明)의 인연을
부처님께서 세간을 위해 말씀하셨네.
만약 세간에 분별이 없다면
어떻게 무생(無生)이 되는가.

261. 가정법을 뜻하는 '나(na)'를 특정한 시간, 조건으로 보고 옮겼다.

262. 1행에서는 과거 시제를, 그리고 2행에서는 현재, 미래 시제로 되어 있다.

263. '학쩨(lhag bcas)' '데(de)'가 사용되었는데 여기서는 1, 2행을 대전제로, 3, 4행을 이에 따른 결과로 보고 옮겼다.

264. 1행에서 '무명(無明)'으로 옮긴 '마릭(ma rig)' 대신에 '미세(mi shes)'가 사용되었는데 운조를 위해서 산스끄리뜨어 원문에 '아비드야(avidyā)' 대신에 '아갸나(ajñāna)'가 사용 되었기 때문에 이렇게 옮긴 듯하나, 의미상으로는 같다.

265. 탈격[Abl.] '레(las)'를 원인, 이유로 보고 옮겼다.

266. 앞에서 '분별(망상)'이라고 옮겼던 '똑빼(rtog pa)'의 미래형인 '딱빼(brtag pa)'가 사용되어 있는데 2행의 말미가 축약된 것으로 보고 옮겼다.

267. '왜 ~?, 어떻게 ~?'를 뜻하는 '지따 불나(ji lta bur na)'가 사용되어 있다.

아니다.
생멸(生滅)이라는 이름의 (서로) 어긋난 것[違乖]²⁶⁹은
무지로 인한 분별(망상) (때문에) 일어난 것[起]이다.²⁷⁰

[39]

གང་ཞིག་རྒྱུ་དང་བཅས་འབྱུང་ཞིང་།།   gang zhig rgyu dang bcas 'byung zhing//

རྐྱེན་མེད་པར་ནི་གནས་པ་མེད།།   rkyen med par ni gnas pa med//

རྐྱེན་མེད་ཕྱིར་ཡང་འཇིག་འགྱུར་པ།།   rkyen med phyir yang 'jig 'gyur pa//

འདི་ནི་ཡོད་ཅེས་ཇི་ལྟར་རྟོགས།།   'di ni yod ces ji ltar rtogs//

무엇이든 원인과 결합하여 발생[起]하고
바로 그 (인)연(緣)이 존재하지 않으면²⁷¹ 머무는 것[住]은 존재하지 않는다.
(그리고) (인)연(緣)이 존재하지 않기 때문에 다시²⁷² 사라지게 되는 것[滅]
이라면
바로 이 '존재한다.'는 것을 어떻게 이해할 수 있겠는가?²⁷³

---

268. 한역에서는 시제가 불분명하여 '생겨난 것'이라고 과거 시제를 취한 것으로 보았다.
269. 원문의 '괴위(乖違)'를 '위괴(違乖)'가 도치되어 있는 한 단어로 보고 옮겼는데 '위괴(違乖)'
       에는 '어기고 배반(背反)함'이라는 뜻이 있다.
270. 한역의 의미가 불분명하여 티벳역에 따라 첨언하여 옮겼다.

       [YṢK]-38.
       만약 무명(無明)이 소멸한다면
       이미 소멸했으니 발생이 아니네.
       발생과 소멸이란 이름에 서로 위배되니
       무지(無智)에 의해 분별이 일어나네.
271. '라둔(la 'dun)'의 'r'을 특정한 조건을 나타내는 수식의 기능으로 보고 옮겼다.
272. '칠양(phyir yang)'에는 '또, 다시, 반복'의 뜻이 있으나 여기서는 풀어서 옮겼다.
273. '이해하다, 깨닫다, 통달하다, 알다'는 뜻을 지닌 '똑빠(rtogs)'가 쓰였다. 연기법, 즉
       인연에 의해서 생주멸(生住滅)의 상을 가지는 그 어떤 것도 항상하는 고유불변의 속성을
       지닌 존재가 아니라는 뜻이다. 『중론』, 「제7품. 생기는 것[生]과 머무는 것[住]과 사라지는
       것[滅]에 대한 고찰」에서 반복적으로 살펴본 주제다.

有因卽有生　　無緣卽無住　　　　유인즉유생　무연즉무주

離緣若有性　　此有亦何得　　　　이연약유성　차유역하득

원인이 존재한다는 것은 곧 생겨나는 것이 존재한다는 것이고

　인연이 존재하지 않는다는 것은 곧 (그 생겨난 것이) 머물지[住] 않는다는

것이다. 이

　인연을 여읠[離] (경우에도)[274] 만약 (그 생겨난 것의) 성품이 존재한다면[有

性],

　이것에 대해서 '존재한다는 것[有]'을 또한 (어디서) 어떻게 얻을 수 있겠는

가?[275]

---

[40]

གལ་ཏེ་ཡོད་པར་སྨྲ་བ་རྣམས།།　　　gal te yod par smra ba rnams//

དངོས་མཆོག་ཞེན་ནས་གནས་པ་ནི།།　　dngos mchog zhen nas gnas pa ni//

ལམ་དེ་ཉིད་ལ་གནས་པ་སྟེ།།　　　　lam de nyid la gnas pa ste//

དེ་ལ་ངོ་མཚར་ཅུང་ཟད་མེད།།　　　de la ngo mtshar cung zad med//

만약 설(일체)유부의 (논사)들이[276]

극미(極微)의 사태[277]를 찾아[278] 바로 그것이 존재한다(며)[279]

바로 그 (소승의) 도(道) 자체에 의지(依支)하면,[280]

거기에는 어떤 수승(殊勝)함도[281] 존재하지 않는다.[282]

---

274. '멸(滅)'을 뜻한다.
275. 3, 4행의 의미는 명확하지만 한역의 경우 매끄럽지 않아 전체를 첨언, 윤문하여 옮겼다.

　　[YŚK]-39.
　　원인이 있으면 발생이 있고
　　인연이 없으면 머묾도 없네
　　인연을 떠나 존재의 성품이 있으면
　　이 존재 역시 어찌 성립하리오

276. '설(일체)유부의 논사들이'라고 옮긴 '외빨 남와남(yod par smra ba rnams)'은 '탐쩨
외빨 남와 thams cad yod par smra ba rnams)'를 축약한 것이다. YŞ에서는 '아스따바딘
(astivādin)'이라고 축약형을 적고 있으나, 일반적으로 사르바아스띠바딘(Sarvāstivādin)'
이라고 한다. 불교를 크게 4대 부파로 나눌 경우, 소승 2부인 유부와 경량부, 대승의
유식파와 중관파로 나누는데 이 설일체유부를 축약형으로 유부라 부른다.
　　'아공법유(我空法有)'로 널리 알려진, 이 유부의 교학적 특징은 법(法)에 대한 현미경적인
분석, 즉 현상에 대한 정밀한 분석으로 유명한 구사론적인 체계를 통한 불교 교학의
체계화로 대별되는데 이와 같은 교학불교, 구축적인 세계관에 대항한 것이 대승의 반야부
와 중관부이다.
　　이 유부와 그리고 이 부파의 후예인 경량부 논사들이 가진 구축적인 세계관, 교학불교에
대한 비판이 용수의 『중론』뿐만 아니라 그의 형이상학에 대한 비판적인 저술들에 등장하는
논파의 대상이다. 자세한 내용은 졸저, 『용수의 사유』, pp. 219-245 참조.

　　[BD] 설일체유부(說一切有部): 【범】Sarvāstivāda 소승 20부의 하나. 성근본설일체유부(聖根
本說一切有部)·살바다부(薩婆多部)·설인부(說因部)·인론선상좌부(因論先上座部)·일체
어언부(一切語言部)·유부(有部)라고도 함. 불멸 후 제3백년(B.C. 344~B.C. 245)의 초경에
가다연니자가 상좌부에서 출가하였다가, 뒤에 상좌부의 본지에 어기는 새로운 교리(敎理)
를 조직하여 논장(論藏)을 주로 하고 경장·율장을 반(伴)으로 하니, 이에 구습(舊習)의
무리들이 이를 좇지 않고 따로 설산 아래에 있으면서 설산부가 되고, 가다연니자는
또 한 파를 이루어 설일체유부라 부름. 이 부는 아공법유(我空法有)·삼세실유법체항유(三
世實有法體恒有)의 뜻을 세우고, 또 일체 만법을 5위(位) 75법(法)으로 분류한다. 『대비바사
론』·『육족론』·『발지론』 등은 모두 이부의 교리를 서술한 것이며, 『구사론』도 주로
이 교리를 밝혔다. 소승 20부 중에서 가장 왕성했으며, 중국에도 전하여 연구되었다.
현수는 이를 10종(宗) 중의 아공법유종(我空法有宗)에 배당.

277. '극미(極微)의 사태'라고 옮긴 '뇌촉(dngos mchog)'을 해자해보면, '사태'를 뜻하는 '뇌뽀
(dngos po)'에, '최고, 최상'을 뜻하는 '촉(mchog)'이 붙어 있는 형태다. 인식 가능한
최소 단위인 '원형물질'이 인식 대상으로 파악된 것을 가리키는 것으로 보고 옮겼다.
참고로 티벳어로 '극미(極微)'는 '둘타랍(rtul rphra rab)'이라고 한다.

278. '찾아'라고 옮긴 '셴네(zhen nas)'는 '찾다, 구하다'는 뜻을 지닌 '셴빠(zhen pa)'에 탈격
[Abl.] '네(nas)'가 결합된 것으로, 이때 탈격은 시간의 전후, 원인, 조건 등을 나타낸다.

279. 대개 '머물다, 거주하다'는 뜻으로 쓰이는 '네빠(gnas pa)'가 사용되었는데 의미를 명확하
게 하기 위하여 '존재한다'로 옮겼다.

280. '의지(依支)하면'으로 옮긴 3행 말미는 1행의 '만약 ~이라면'의 가정을 어두에 나타내는
'겔떼(gal te)'를 받은 것으로, 바로 앞의 2행 말미에서 '존재하다'로 옮긴 '네빠(gnas
pa)'를 '의지(依支)하다'로 본 것이다. 이와 같이 '네빠(gnas pa)'에는 '머무르다, 있다,
살다, 거주하다, 남기다, 서식하다, 존재하다, (불경에서는) 의지라고 한다' 등의 뜻이
있다.

281. '어떤 수승(殊勝)함도'라고 옮긴 '노첼 쭝세(ngo mtshar cung zad)'의 '노첼(ngo mtshar)'에
는 '신비롭다, 아름답다, 비범하다, wonderful, marvellous, surprising' 등의 뜻이 있으며
'쭝세(cung zad)'는 긍정문에서는 '작은, 미세한'을 그리고 부정문에서 이것에 대한 강조를
나타낸다.

282. 전체적으로 유부의 극미가 존재한다는 주장에 대해서 폄하하고 있다.

若有性可取　即説有生住　　약유성가취　즉설유생주
此中疑復多　謂有法可住　　차중의부다　위유법가주

> 만약 (어떤 법이) 갖춘 성품[有性]을 취하는 것이 가능하다면
> 곧 설유부(說有部)(의 주장인) 머무는 것[住]이 생겨날 것이다[生].
> (그러나) 이 (머무는 것[住]) 가운데 (그 어떤 것을 살펴보아도) 의혹만
> 더욱[復] 많아진다.
> (이와 같은데 어떻게) 이른바 유위법[有爲法] (가운데) (항상하며) 머무는
> 것[住]이 가능하겠는가?[283]

[41]

སངས་རྒྱས་ལམ་ལ་བརྟེན་ནས་ནི།།　　sangs rgyas lam la brten nas ni//
ཀུན་ལ་མི་རྟག་སྨྲ་བ་རྣམས།།　　kun la mi rtag smra ba rnams//
རྩོད་པས་དངོས་རྣམས་མཆོག་བཟུང་བས།།　　rtsod pas dngos rnams mchog bzung bas//
གནས་པ་གང་ཡིན་དེ་སྨད་དོ།།　　gnas pa gang yin de smad do//

> 바로 그 부처님께서 (교시하신) 길[菩提道][284]에 의지하면서
> (즉) 모든 것에 대해서 '무상하다.'는 주장들을[285] (하면서)[286]
> (실제로) 논하는 것[爭論]은[287] 사태들의 극미(極微)[288]에 대한 식별이었기
> 때문에[289]

....

283. 4행은 '소위 말하는 유위법이 존재하는 것이 (어떻게) 가능하겠는가?'로도 옮길 수 있다.
　　한역의 '유위(有爲)'를 '유위법(有爲法)'의 축약으로 보고 옮겼는데 지어진 것은 반드시
　　부서진다는 연기법에 예외가 있을 수 없다는 강조로 보았다. 한글 대장경의 경우, 유부의
　　주장에 대한 논파라는 점이 드러나 있지 않다.

　　　[YŚK]-40.
　　　머묾의 성품을 취할 수 있으면
　　　존재의 발생과 머묾을 말할 수 있네.
　　　여기서 의심이 더 많아져
　　　말하길 이 법이 머물 수 있다고 하네.

308

'(극미란) 어떤 존재하는 것²⁹⁰이다.'(라고 주장한다면) 그것은 저열한 것[下等]이다.²⁹¹

若菩提可證　即處處常語　　약보리가증　즉처처상어
若住性可取　此説還有生　　약주성가취　차설환유생

만약 깨달음[菩提]을 증득하는 것이 (그대의 주장처럼 말로 표현하는 것으로) 가능하다면

(이 때문에) 곧 '(그 깨달음의 증득이) 존재하는 것[處]²⁹²이라는 항상[常]하는 말[語=處常語]²⁹³'이 존재할 것[處]이다.²⁹⁴

(그러나) 만약 머무는 성품[住性]을 취하는 것이 (그대의 주장처럼 말로 표현하는 것으로) 가능하다면

이것은 (앞에서 논파한) '존재하는 것[有]이 생기게 되는 것[生]으로 되돌아가는 것[還]'을 설파하는 것일 뿐이다.²⁹⁵

....

284. '부처님께서 (교시하신) 길[菩提道]'이라고 옮긴 '쌍게람(sangs rgyas lam)'은 곧 '깨달음의 길, 붓다의 길'이라는 뜻이다. 여기서는 유부의 견해를 비판하기 위해서 부처님이 교시하신 법을 따른다고 하면서 그것과 배치되는 자세를 취하는 모습을 비판하는 것으로 보고 옮겼다.

285. 명사형으로 '언어, 말' 등을 뜻하는 '먀와(smra ba)'에 복수형을 뜻하는 '남(rnams)'이 붙어 있어, '주장, advocating'으로 보고 옮겼다.

286. 1행 말미의 탈격[Abl.] '네(nas)'처럼 '탈격'이 반복되어 축약된 형태로 보고 옮겼다.

287. 『회쟁론』의 '쟁(爭)'과 같이 '논의, 논쟁, 논점' 등을 뜻하는 '쬐빠(rtsod pa)'가 사용되어 있다.

288. 바로 앞의 40번 게송에서 사용했던 '촉(mchog)'이 반복되어 있어 같은 용례의 축약으로 보고 옮겼다.

289. 이 3행에서는 도구격[Ins.] 's'가 두 차례 반복되어 있는데 어두의 '쬐빠(rtsod pas)'의 's'는 주격[Nom.]으로, 말미의 's'는 이유, 원인을 나타내는 것으로 보고 옮겼다.

290. 바로 앞의 40번 게송에서 사용했던 '네빠(gnas pa)'가 반복되어 있어 같은 의미로 보고 옮겼다.

291. 의미를 명확하게 하기 위하여 첨언하여 옮겼는데 내용의 요지는 유부가 추구하는 '어떤 고정된 실체를 찾는 작업'은 부처님이 교시하신 대전제인 '일체무상'에 어긋나는 하책(下策)이라는 뜻이다.

འདི་འམ་དེའོ་ཞེས་གང་དུ།།   'di 'm de'o zhes gang du//

རྣམ་པར་སྤྱད་ན་མི་དམིགས་ན།།   rnam par spyad na mi dmigs na//

རྩོད་པ་འདི་འམ་དེ་བདེན་ཞེས།།   rtsod pa 'di 'm de bden zhes//

མཁས་པ་སུ་ཞིག་སྨྲ་བར་འགྱུར།།   mkhas pa su zhig smra bar 'gyur//

‘이것이나 저것’이라고 어떤 것에 대해서

(말)했으면서도[296] (그것들을 주의 깊게) 관찰하지 않았다면

논쟁 (중에) ‘이것(이 진리이다.) 또는 저것이 진리(이다.)[297]’라고

어떤 현자가 주장하겠는가?[298]

---

292. ‘존재하는 것[處]’으로 옮긴 ‘처(處)’는 ‘주(住)’의 반복을 피하기 위해서 사용한 단어로 보이는데 여기서는 어떤 하나의 개념자가 ‘시공의 좌표 위에 위치 지어진 존재’라는 뜻으로 쓰인 것으로 보고 옮겼다.

293. ‘(그 깨달음의 증득이) 존재하는 것[處]이라는 항상[常]하는 말[語]’이라고 ‘처상어(處常語)’를 풀어서 썼으나, 이것은 어떤 하나의 고정불변의 속성을 가진 개념자를 뜻한다.

294. 티벳역 게송과 달리 이 1, 2행은 한역 역경사 시호(施護)가 중관사상에 입각하여 『중론』의 「제25품. 열반(涅槃)에 대한 고찰」에서 ‘열반’이라는 개념자가 존재하지 않는 것을 주장한 것처럼 ‘깨달음의 증득’이라는 것 또한 존재하지 않는 것이라고 의역한 듯하다.

295. ‘처(處)’, ‘주(住)’, ‘유(有)’ 등 다른 한자로 옮겼으나, 기본적으로 어떤 ‘존재’라는 개념자에 대한 논파라 보고 옮겼다. 한글 대장경의 경우 누구의 주장인지조차 구분하기 어렵다.

　　[YŚK]-41.
　　만약 보리를 증득할 수 있다면
　　어디나 상주한다는 말이나
　　만약 머묾의 성질을 가히 취할 수 있다면
　　이 말은 도리어 발생이 있다는 것이네.

296. ‘(말)했으면서도’라고 옮긴 ‘남빨 제나(rnam par spyad na)’를 해자해보면, ‘자세히, 구체적으로, 완벽하게’ 등으로 옮긴 수식어 ‘남빨(rnam par)’에 ‘행하다, 수행하다’는 뜻을 지닌 ‘쬐빼(spyod pa)’의 과거형인 ‘제빼(spyad pa)’에, 일반적으로 가정법을 뜻하는 ‘나(na)’가 결합되어 있는 경우다.

　　여기서는 “남빨(rnam par)”이 산스끄리뜨어의 ‘행했던 것’을 뜻하는 ‘비짜리따(vicaritaḥ)’ 또는 ‘비짜르야떼(vicāryate)’의 ‘비(vi)’를 직역한 것으로 보고 축약했으며 ‘나(na)’를 ‘even though’로 보고 옮겼다.

297. ‘진리, 참’을 뜻하는 ‘덴빠(bden pa)’가 쓰였다.

298. ‘주장하겠는가?’라고 옮긴 ‘먀왈귤(smra bar 'gyur)’을 직역하면, ‘말하는 것으로 되겠는

若謂法有實　無智作是説　　약위법유실　무지작시설
若謂法有處　取亦不可得　　약위법유처　취역불가득

비록 '(어떤 자가) 법(法)은 실제로 존재한다.'고 이를지라도[謂][299]
(이것은) 무지(無智) 때문에 이와 같은 주장[説]을 짓는 것이다.
비록 '(어떤 자가) 법(法)이 머무는 곳[處]이 존재한다.'고 이를지라도[謂]
(이것을) 취하거나[取] 얻는 것[得][300]은 불가능하다.[301]

---

[43]

དེ་དག་གིས་ནི་མ་བརྟེན་པར།། de dag gis ni ma brten par//

བདག་གམ་འདིག་རྟེན་མངོན་ཞེན་པ།། bdag gam 'dig rten mngon zhen pa//

དེ་དག་སྐྱེ་མ་རྟག་མི་རྟག། de dag skye ma rtag mi rtag/

ལ་སོགས་ལྟ་བས་འཕྲོགས་པ་ཡིན།། la sogs lta bas 'phrogs pa yin//

어떤 자들은[302] 의지하지 않는[303]
자아[我=ātman]나 세간에 집착했다.[304] (그 때문에)
그들은 '(그것들이) 생겨나느냐[生], (생겨나지) 않느냐[不生], 항상하느냐
[常], 항상하지 않느냐[無常]'(는)[305]

. . . .

　　　가?' 정도 되는데 '마와(smra ba)'를 'advocate'로, '귤와('gyur ba)'를 보조 동사로 보았다.
299.　앞에서 '이른바'로 강조의 수식 기능으로 보고 옮겼던 '위(謂)'를 '주장하다, 말하다'
　　　등의 동사로 보고 옮겼다.
300.　취득(取得)을 풀어서 쓴 것으로 보고 옮겼다.
301.　티벳역과 한역의 뜻이 상당히 다른데, 한역이 더욱 구체적으로 설명하고 있다. '만약
　　　~이라면'을 뜻하는 '약(若)'을 '비록 ~할지라도, even though'로 보고 옮겼다.

　　　[YṢK]-42.
　　　만약 법이 실체로서 있다고 말하면
　　　무지(無智)에 의해 이 말을 한 것이네.
　　　만약 법에 장소가 있다고 한다면
　　　취하여도 역시 성립할 수 없네.

등의 견해[見]가[306] 마음에 들었을 것이다.[307]

法無生無我　智悟入實性　　　법무생무아　지오입실성
常無常等相　皆由心起見　　　상무상등상　개유심기견

법(法, 현상)이 생겨나는 것도 아니고[法無生] 아(我)가 존재하는 것도 아님
[無我]은
　지혜를 통해서 그 실제 성품[實性=본성]에 들어가면[入] 깨달을 수 있다.
　'항상하느냐[常], 항상하지 않느냐[無常]'는 등의 그 모습[相]은
　모두 마음[心]에서 일어난 견해[見]에 따른 것(일 뿐)이다.[308]

....

302. 강조사[Emp.] '니(ni)'가 첨언되어 있으나, 여기서는 1행 7자를 맞추기 위한 첨언으로 보고 생략하였다.

303. '의지하지 않는'이라고 옮긴 '마뗀빨(ma brten par)'은 '연기적이지 않는 것'을 뜻한다.

304. '집착했던 것이다'로 옮긴 '뇬셴빨(mngon zhen pa)'은 산스끄리뜨어 '아비니베샤(abhiniveśa)'의 티벳어로, 여기서는 격변화하지 않는 '셴빠(zhen pa)'를 4행 말의 '톡빠('phrogs pa)'처럼 과거형으로 보고 옮겼다.

305. 『중관이취육론』 원문에는 '께와 딱미딱(skye ba rtag mi rtag)'으로 '생기는 것[生]'으로 되어 있으나, YŞ에서는 '께마 딱미딱(skye ma rtag mi rtag)'으로 되어 있다. 문장의 구조로 보았을 때, 두 개의 된 견해가 대구를 이루고 있는 형태를 취하고 있어, YŞ가 올바르지만 YŞ에서는 이 '께와(skye ba)' 또는 '께마(skye ma)'를 생략한 채 영역하고 있다.

306. '상견, 단견'을 뜻할 때 견(見)으로 사용하는 '따와(lta ba)'가 사용되어 있어 이에 따랐다. 도구격[Ins.] 's'를 주격[Nom.]으로 보고 옮겼다.

307. 30번 계송에서 언급했던 스승이 제자를 가르칠 때, '모든 것은 존재한다.'는 것 다음에 그것의 무상성을 설명하기 위한 부분의 도입부에 해당한다.
　'탐욕; 욕망, 집착' 등을 뜻하는 '탁빠('phrog pa)'의 과거형인 '탁빠('phrogs pa)'가 사용되어 있다. 전체적으로 과거형의 시제를 사용하고 있어, 산스끄리뜨어 원문이 과거분사형(p.p.p) 의 그릇된 견해의 집착한 경우를 설명하고 있는 듯하지만 산스끄리뜨어 원문이 남아 있지 않아 확증할 수는 없다.

308. 한역에서 1행의 법(法)은 곧 현상을, 그리고 3행의 상(相)은 어떤 의미로 같은 뜻이지만 상(相)을 항상하는 모습, 무상하는 모습을 보는 견해(見)가 마음 작용에 의한 것임을 강조하는 것이라 보고 옮겼다.

[YŞK]-43.

གང་དག་བརྟེན་ནས་དངོས་པོ་རྣམས།།   gang dag brten nas dngos po rnams//

དེ་ཉིད་དུ་ནི་གྲུབ་འདོད་པ།།   de nyid du ni grub 'dod pa//

དེ་དག་ལ་ཡང་རྟགས་སོགས་སྐྱོན།།   de dag la yang rtags sogs skyon//

དེ་དག་ཇི་ལྟར་འབྱུང་མི་འགྱུར།།   de dag ji ltar 'byung mi 'gyur//

어떤 자들은 의지한 사태들이[309]

바로 그 (법의) 여실함[眞如]으로[310] 성립되기 바란다.

(그러나) 그것들에도 '(어떤) 상(相)'[311] 등의 오류가 (있다면)

그것들이 어떻게 발생하지[起] 않겠는가?[312]

若成立多性 　卽成欲實性 　　약성립다성　즉성욕실성

彼云何非此 　常得生過失 　　피운하비차　상득생과실

만약 (어떤 하나의 존재에) 다양한 성품[多性][313]이 성립한다면

곧 (그것에서) 실제 성품[實性=본성]을 얻고자 하는 것[欲]을 이룰 수

있을 것이다.

(이때) 저것을 이르러 어떻게 이것이 아니라 할 수 있겠는가?

> 법에는 발생이 없고 자아도 없네.
> 지혜에 의해 진실한 성품을 깨달으니
> 영원과 무상(無常) 등의 형상은
> 모두 마음에 의해 일어난 견해이네

309. 바로 앞의 43번 게송의 1행과 대구를 이루고 있다.

310. '(법의) 여실함[眞如]'으로 옮긴 '데니(de nyid)'에 대해서는 5번 게송 각주 참조.

311. YŞ에서는 '항상'을 뜻하는 'permanence'로 옮기고 있는데 YŞ의 티벳어 원문은 '양딱((yid rtags)'으로 '(그것들에) 또한 (어떤) 상(相)'이 있는 경우에 해당한다. 그러나 『중관이취육론』 원문에는 '이딱(yid rtags)'으로 되어 있어, 이것은 '마음의 상(相)'이라고 옮길 수 있다. 전체적인 문맥의 뜻으로 봐서, 연기적인 존재에 대해서 인식 주체가 어떤 상(相)을 가지고 있을 경우에도 '(법의) 여실함[眞如]'은 드러나지 않는다고 보고 옮겼다.

312. 연기적인 존재임을 파악하고 있을지라도 인식 주체가 어떤 선입견을 가지고 그것을 대할 경우, 그 연기적 존재의 실체를 파악할 수 없다는 주장이다.

> (그러나) 항상하는 것[常]에서 생겨나는 것[生]을 얻는 것 (자체가 곧)
> 과실이다!³¹⁴

[45]

གང་དག་བརྟེན་ནས་དངོས་པོ་རྣམས།།　　gang dag brten nas dngos po rnams//

ཆུ་ཡི་ཟླ་བ་ལྟ་བུར་ནི།།　　　　　　chu yi zla ba lta bur ni//

ཡང་དག་མ་ཡིན་ལོག་མིན་པར།།　　yang dag ma yin log min par//

འདོད་པ་དེ་དག་ལྟས་མི་འཕྲོགས།།　'dod pa de dag ltas mi 'phrogs//

> (그러나) 어떤 자들이 의지한 사태들을³¹⁵
> 바로 그 물에 (비친) 달처럼 (보았기 때문에)
> (그들은) '(그것들이) 진실된 (것도) 아니고 그릇된 것도 아닌 것'임을
> (알고)³¹⁶
> (그것들에 대한) 애착하는 견해[見]³¹⁷가 마음에 들지 않았을 것이다.³¹⁸

----

313. '다양한 성품[多性]'은 오직 여기 『육십송여리론』에만 등장하는데 이것은 어떤 하나의 존재가 가진 다양한 측면을 뜻한다.

314. 1, 2, 3행의 가정과 그것에 대한 반론인 4행으로 된 매우 독특한 구조로 되어 있는데 3행은 1, 2행의 주장에 대한 반어적인 강조로 되어 있다. 4행의 논파는 항상하는 고정불변의 속성은 곧 발생, 변화, 소멸 자체가 없다는 뜻에서 '생겨나는 것[生]'과 형용 모순을 이루고 있다는 뜻이다.
   한글 대장경에서는 하나의 게송을 3행으로 취급하고 있는데 의미는 둘째 치고 이것은 4행 1게송의 원칙과도 부합하지 않는다.

   [YŞK]-44.
   만약 존재들의 성품[多性]이 성립한다면
   실체의 속성을 성립시키고자 하는 것이네.
   그 어찌 이 영원 등의 오류가 발생하지 않으리.

315. 바로 앞의 44번 게송의 1행을 그대로 사용하고 있다.

316. '(그들은) '(그것들이) 진실된 (것도) 아니고 그릇된 것도 아닌 것'임을 (알고)'라고 옮긴 '양닥 마인 록민빠(yang dag ma yin log min par)'을 해자해보면, '진실'을 뜻하는 '양닥(yang dag)'에 '~이 아니다'는 뜻을 지닌 '마인(ma yin)', 그리고 '전도된 것, 그릇된 것' 등을 뜻하는 '록빠(log pa)'에 '~이 아닌 것'이라는 뜻을 지니는 '민빠(min pa)'에 수식의

若成立一性　所欲如水月　　약성립일성　소욕여수월
非實非無實　皆由心起見　　비실비무실　개유심기견

> 비록 (어떤 하나의 존재에) 하나의 성품[一性]만 성립할지라도[319]
> (바로 그)것을 물에 비친 달[水月]을 (보는 것)과 같이 해야 한다.
> (그것은) 진실로 (존재하는 것도) 아니고 진실로 존재하지 않는 것[無]도
> 아닌 것으로
> 모두 마음[心]에서 일어난 견해[見]에 따른 것(일 뿐)이다.[320]

[46]

དངོས་པོར་ཁས་ལེན་ཡོད་ན་ནི།།　　dngos por khas len yod na ni//

....

기능을 나타내는 '라둔(la 'dun)'의 'r'이 첨언된 경우다.
317. 도구격[Ins.] 's'를 주격[Nom.]으로 보고 옮겼다.
318. 43번 게송에 대한 대구로 되어 있어 가급적 이에 따라 옮겼다. 자세한 내용은 43번
　　　게송 각주 참조. '물에 비친 달'은 『중론』, 「제18품. 아(我)와 법(法)에 대한 고찰」에
　　　등장하는 '희론(戲論)들로 희론되지 않는' 공성의 뜻에 해당한다.

　　　[249. (18-9)]
　　　(1) 다른 것[他者]으로부터 알 수 있는 것도 아니고 (2) 적정(寂靜)하고
　　　(3) 희론(戲論)들로 희론되지 않는
　　　(4) 분별이 없고[無分別] (5) 차별이 없는[無差別] (그 어떤) 것,
　　　바로 그것이 진실의 모습[相]이다.
319. 바로 앞의 44번 게송의 1행과 대구를 이루고 있으나 의미를 명확하게 하기 위해서
　　　42번 게송에서처럼 'even though'로 보고 옮겼다.
320. 4행의 경우 43번 게송의 4행이 반복적으로 사용되어 있다.
　　　44, 45번 게송에 등장하는 '다성(多性)'과 '일성(一性)'은 대립적인 개념자들로, '다성'일
　　　경우에는 '항상(常)'과 '발생(生)'이 공존할 수 있지만, 이 둘이 대립적인 것이라서 성립하지
　　　않는다는 것을, 그리고 '일성'일 경우에는 이것에 집착하지 말고 그것이 실체를 가진
　　　것도 아니고 가지지 않는 것도 아님을 '물에 비친 달'처럼 보라고 강조하고 있다.

　　　[YŞK]-45.
　　　만약 한 존재 성품[一性]이 성립한다면
　　　욕망하는 바가 물속의 달과 같으니
　　　실재하는 것이 아니고 실재하지 않는 것도 아니니
　　　모두 마음에 의해 일어나는 것이네.

འདོད་ཆགས་ཞེ་སྡང་འབྱུང་བ་ཡི།།
ལྟ་བ་མི་བཟང་མ་རུངས་འབྱུང་།།
དེ་ལས་བྱུང་བའི་རྩོད་པར་འགྱུར།།

'dod chags zhe sdang 'byung ba yi//
lta ba mi bzang ma rungs 'byung//
de las byung ba'i rtsod par 'gyur//

바로 그 사태에 대한 승인이 존재한다면[321]

탐욕[貪]과 성냄[瞋], (그리고 어리석음[癡] 등의 삼독을) 발생시키는[起] 견해[見]가 (생겨나), 선(善)하지도 않고 악(惡)하지도 않은[322] (어떤) 발생한 것[起](일지라도),

(즉) 그것[323] 때문에[324] '(어떤) 발생하였던 것[起]'에 대해서[325] 논쟁하게 된다.[326]

貪瞋法極重　由是生見執　　탐진법극중　유시생견집
諍論故安立　離性而執實　　쟁론고안립　이성이집실

탐욕과 성냄의 현상[貪瞋法](을 이해하는 것)은 매우 중요한데

---

321. 우리말의 경우 '바로 그 사태가 존재한다는 것을 승인한다면'으로 옮기면 그 의미가 훨씬 명확하지만 문장 구조에 따라 직역하였다.
322. '선(善)하지도 않고 악(惡)하지도 않은'이라고 옮긴 '미장 마룽(mi bzang ma rungs)'을 대립적인 수식어로 보고 옮겼다.
323. 1, 2행에 걸쳐 언급하고 있는 사태의 존재에 대한 인정, 그리고 거기서 파생되는 삼독에 대한 인정을 가리킨다.
324. 탈격[Abl.] '레(las)'를 원인, 이유로 보고 옮겼다.
325. 소유격[Gen.] '이('i)'를 인용으로 보고 옮겼다.
326. 전체적으로 실유론(實有論)에 대해서 논파할 수밖에 없는 이유를 설명하고 있다.
　　　YŞ에는 티벳역 게송과 함께 산스끄리뜨어 게송이 병기되어 있는데 문장의 수식어가 격변화에 따라 자유롭게 오갈 수 있는 산스끄리뜨어의 특징을 유념하면서 이 게송을 풀어보면 다음과 같다.

　　　선(善)하지도 않고 악(惡)하지도 않은 (어떤) 발생한 것[起]인
　　　바로 그 사태의 존재를 인정하면
　　　탐욕[貪]과 성냄[瞋], (그리고 어리석음[癡] 등의 삼독을) 발생시키는[起]
　　　견해[見]가 (생겨나) '(어떤) 발생하였던 것[起]'에 대해서 논쟁하게 된다.

왜냐하면[由] (이것들은)[327] 그와 같이 '(어떤) 생겨난 견해[生見]'에 대한 집착을 따른 것(이기 때문이다).[328]

쟁론을 통해서[故] (이것들을) 안립(安立)하기[329] (위해서는)

(이것들의) 성품과 그리고[而] (더 나아가 그 존재하지 않는) 실재[實]에 대한 집착[執]을 여의어야 한다.[330]

[47]

དེ་ནི་ལྟ་བ་ཀུན་གྱི་རྒྱུ།།	de ni lta ba kun gyi rgyu//
དེ་མེད་ཉོན་མོངས་མི་སྐྱེ་སྟེ།།	de med nyon mongs mi skye ste//
དེ་ཕྱིར་དེ་ནི་ཡོངས་ཤེས་ན།།	de phyir de ni yongs shes na//
ལྟ་དང་ཉོན་མོངས་ཡོངས་སུ་འབྱང་།།	lta dang nyon mongs yongs su 'byang//

바로 그것[삼독][331]이 모든 (사)견(見)[332]의 원인(이다.)

그것[사견]이 존재하지 않으(면) 번뇌(煩惱)는 생겨나지 않는다.

그러므로 바로 그것[삼독]을 완전히 이해한다면

(사)견(見)과 번뇌(煩惱)는 완전히 사라진다.[333]

....

327. 1행의 '탐진법(貪瞋法)'을 가리킨다. 3, 4행의 '이것들을, 이것들의' 첨언도 마찬가지다.
328. '유(由)'를 1행의 의미를 설명하는 것으로 보고 옮겼다.
329. '안립(安立)'을 삼독 또한 그 실체가 없는 방편으로 지어진 개념자일 뿐이라는 것을 '제대로 증명하기 위한 것'으로 보고 옮겼다.
330. 티벳역에 따라 삼독을 바라보는 중관파의 입장에 입각하여 첨언하여 옮겼다.

　　　　[YŚK]-46.
　　　　욕심과 성냄의 법은 아주 중하니
　　　　이로 인해 견해와 집착을 일으키네.
　　　　쟁론(諍論)하여
　　　　여읨의 성품을 잘 세워 실체라 집착하네.

331. '삼독(三毒)'이라고 첨언하였으나, 무명(無明)에 의해서 발생하는 것이 곧 탐욕과 성냄으로 보았을 경우, 삼독의 '탐진(貪瞋)'을 가리킨다고 볼 수도 있다.
332. 앞에서 다양한 형태가 붙은 견해로 옮겼던 '따와(lta ba)'가 단독으로 쓰였는데 『중론』, 「제27품. 그릇된 견해[邪見]에 대한 고찰」에서 보듯이, 여기서는 산스끄리뜨어 '드르스띠

彼因起諸見　見故生煩惱　　피인기제견　견고생번뇌
若此正了知　見煩惱俱盡　　약차정료지　견번뇌구진

저 (삼독의) 원인 (때문에)[334] 모든 (사)견이 발생한다[起].

(그) (사)견 때문에[故] (모든) 번뇌가 생겨난다[生].

만약 이것을 정확하고 명료하게[335] 이해한다면

(사)견과 번뇌는 (모두) 함께 소진[盡]될 것이다.[336]

---

[48]

གང་གིས་དེ་ཤེས་འགྱུར་སྙམ་ན།།　　gang gis de shes 'gyur snyam na//

བརྟེན་ནས་འབྱུང་བ་མཐོང་བ་སྟེ།།　　brten nas 'byung ba mthong ba ste//

བརྟེན་ནས་སྐྱེ་བ་མ་སྐྱེས་པར།།　　brten nas skye ba ma skyes par//

དེ་ཉིད་མཁྱེན་པ་མཆོག་གིས་གསུངས།།　　de nyid mkhyen pa mchog gis gsungs//

어떤 자가 '그것[337]을 알게 된다.'는 것은[338]

의지하여[緣] 발생하는[起] 것을 안다[見]는 뜻이다.[339]

'의지하여[緣] 생기는 것[生]은 (진실로) 생기는 것이 아니다[不生].'라고[340]

(법의) 여실함[眞如][341]을 가장 잘 아시는 분[=부처님]께서 말씀하셨다.

······························

(dṛṣṭi)'를 '사견(邪見)', '악견(惡見)'의 축약형으로 쓰고 있다.

333.　『중관이취육론』 원문에는 '발생하다'는 뜻인 '중와('byung ba)'로 되어 있으나 YŚ에서는 '사라지다, 숙달하다, 정통하다'는 뜻을 지닌 '장와('byang ba)'로 되어 있어 전자를 오자라 보고 후자를 따랐다.

334.　2행의 '고(故)'가 축약된 것으로 보고 옮겼다.

335.　'정료(正了)'를 풀어서 썼는데 '바르게'라고 옮길 수 있다.

336.　1행의 의미를 티벳역에 따라 옮겼다.

[YŚK]-47.
그 원인이 여러 견해들을 일으키고
견해 때문에 번뇌가 일어나네.
만약 이것을 바로 알면
견해도 번뇌도 다 없어지리니

當知法無常　從緣生故現　　당지법무상　종연생고현
緣生亦無生　此最上實語　　연생역무생　차최상실어

> 마땅히 알아야 할지니, '1) (모든) 법(法=현상)이 무상하다는 것을,
> 2) (그리고) (인)연(緣)으로부터 발생하는 것[生]에 따르기[從] 때문에[故]
> (눈앞에) 나타날 뿐이라는 것을[現],
> 3) 또한 (인)연(緣)으로부터 발생하는 것[生]에는 (진실로) 발생하는 것[生]
> 이 존재하지 않는다.'는 것을!
> 이것은 (부처님께서 교시하신) 최상의 진실된 말씀이다.[342]

[49]

ལོག་པའི་ཤེས་པ་ཟིལ་གནོན་པ།། 　　log pa'i shes pa zil gnon pa//

བདེན་པ་མིན་ལ་བདེན་འཛིན་པའི།། 　　bden pa min la bden 'dzin pa'i//

ཡོངས་སུ་འཛིན་དང་རྩོད་སོགས་ཀྱི།། 　　yongs su 'dzin dang rtsod sogs kyi//

....

337. 바로 앞의 47번 게송을 가리킨다.
338. TT에는 간접 인용으로 옮긴 '남나(snyam na)'에는 'one may wonder'라는 용례가 있다고
　　한다. '남빠(snyam pa)'에는 '느끼다, 생각하다, 여기다' 등의 뜻이 있으나, 여기서는
　　인용을 뜻하는 '이띠(iti)'의 용법으로 보고 옮겼다.
339. 연기(緣起)를 안다는 뜻이다.
340. YŞ에서는 이 3행의 '뗀네 꼐빠 마꼐빠(brten nas skye ba ma skyes par)'을 '의지하여
　　생기는 것은 생기는 것이 아니다(that which is dependantly born is unborn).'라고 옮기고
　　있어 이와 같이 옮겼다. 인연법에 따라 생길 수도 있고 그렇지 않을 수도 있는 것으로
　　볼 수도 있는데 이때는 '의지하여 생기거나 생기지 않는다.'라고 옮길 수 있다.
　　'라둔(la 'dun)'의 'r'을 인용으로 보고 옮겼다.
341. '(법의) 여실함[眞如]'으로 옮긴 '데니(de nyid)'에 대해서는 5번 게송 각주 참조
342. 한역의 경우, 1행 어두의 '마땅히 알아야 한다'는 뜻의 '당지(當知)'를 3행까지 포함하는
　　것으로 보고 윤문하여 옮겼다.

　　[YŞK]-48.
　　법은 무상(無常)하나
　　연생(緣生) 때문에 나타남을 알아야 하네.
　　연생에도 역시 발생이 없나니
　　이것이 가장 높은 진실한 말씀이네.

རིམ་པ་ཆགས་ལས་འབྱུང་བར་འགྱུར།། rim pa chags las 'byung bar 'gyur//

그릇된 앎에 짓눌린 자는[343] 진실이 아닌 것을 진실인 양 집착하여[344] (그것들을) 완전히 인정[345]하고 논쟁 등을 (하는데)[346] (이것은) 애착의 정도[347]에 따라[348] 발생하게 된다.

衆生邪妄智　無實謂實想　　중생사망지　무실위실상
於他諍論興　自行顚倒轉　　어타쟁론흥　자행전도전

삿되고 망령된 지식[349]을 가진 중생은 존재하지 않는 진실을 일컬어[謂] '진실이다.'라고 생각한다. (그래서) 타인에게 논쟁 (등)을 일으킨다[興]. 자신의 행동이 전도된 (견해에 따라) 구르는 것[轉](일 뿐임에도!)[350]

343. 주격[Nom.]으로 본 1행의 '그릇된 앎에 짓눌린 자는'이라고 옮긴 '록빠 셰빠 질뇐빠(log pa'i shes pa zil gnon pa)'를 해자해보면 '록빠 셰빠(log pa shes pa)'는 그릇된 지식을 가리키고 소유격[Gen.] '이('i)'는 수식의 기능을, 그리고 '질뇐빠(zil gnon pa)'는 TT의 'overpower'의 용례에 따라 '어떤 상태에 억눌린 자'로 본 것이다.

344. '~양 집착하여'로 옮긴 '진빠('dzin pa'i)'는 '집착하다, 사로잡다, 지키다' 또는 보조 동사로 종종 쓰이는 '진빠('dzin pa)'에 소유격[Gen.] '이('i)'를 수식으로 본 것이다.

345. '(그것들을) 완전히 인정하고'로 옮긴 '용쑤 진빠(yongs su 'dzin pa)'의 '진빠('dzin pa)'를 '인정하다, 식별하다'로 보고 옮긴 것이다. 2, 3행에서 '진빠('dzin pa)'가 반복적으로 사용되어 있으나 이와 같은 의미상의 차이가 있다.

346. '~을 (하는데)'로 첨언한 소유격[Gen.] '끼(kyi)'는 문장 기호의 '…'에 해당하는 매우 희귀한 용례다.

347. '정도'라고 옮긴 '림빠(rim pa)'는 어떤 일의 수순 등을 가리킬 때 사용하는데 여기서는 애착의 종류에 따른 것이라고 보고 '정도'라고 옮겼다.

348. '~에 따라'라고 옮긴 탈격[Abl.] '레(las)'는 원인, 이유 등을 나타낸다.

349. '지(智)'를 쓰고 있으나, 부정적인 의미로 쓰인 만큼 '지(知)'가 더 어울렸을 듯하다.

350. 4행을 강조의 3행에 대한 강조로 보고 옮겼다.

[YṢK]-49.

ཆེ་པའི་བདག་ཉིད་ཅན་དེ་དག།

རྣམས་ལ་ཕྱོགས་མེད་རྩོད་པ་མེད།།

གང་རྣམས་ལ་ནི་ཕྱོགས་མེད་པ།།

དེ་ལ་གཞན་ཕྱོགས་ག་ལ་ཡོད།།

che pa'i bdag nyid can de dag/

rnams la phyogs med rtsod pa med//

gang rnams la ni phyogs med pa//

de la gzhan phyogs ga la yod//

그 위대한 분들,[351]

(그분)들에게는[352] 편(견)[353](도) 존재하고 않아[354] 논쟁 (또한) 존재하지

않는다.

바로 그(분)들에게는 (어떤) 편(견)(도) 존재하지 않는데

그(분)들에게 다른 편(견)이 어떻게 존재하겠는가?[355]

自分不可立　他分云何有　　　자분불가립　타분운하유

自他分俱無　智了無諍論　　　자타분구무　지료무쟁론

중생의 삿되고 허망한 지혜는
진실함이 없어 실체에 대한 망상을 말하고
다른 사람과 쟁론을 일으켜
스스로 전도된 행위를 하네.

351. '그 위대한 분들'은 1행의 '체뻬 닥니첸 데닥(che pa'i bdag nyid can de dag)'을 직역한
것이다. 간디의 별칭인 '위대한 영혼'이라는 뜻으로 널리 알려진 산스끄리뜨어 '마하뜨만
(mahātman)'의 티벳역인 이 '체뻬 닥니첸(che pa'i bdag nyid can)'을 한역에서는 '존승(尊
勝)'으로 옮기기도 했다.

352. 1행 말미의 '데닥(de dag)'과 2행 어두의 '남(mams)'은 모두 복수형을 뜻한다. '닥(dag)'과
'남(mams)'이 같이 쓰인 매우 희귀한 경우에 해당한다. '라둔(la 'dun)'의 '라(la)'를 여격
[Dat.]으로 보고 옮겼다.

353. '편(견)'으로 옮긴 '촉(phyogs)'은 어떤 '방향, 측면, 쪽'을 가리키는데 여기서는 '견해'가
축약된 것으로 보고 옮겼다.

354. 원문을 직역하면 '편(견)도 존재하지 않고 논쟁도 존재하지 않는다'로 옮길 수 있으나
3, 4행에 따라 원인, 이유 등을 뜻하는 것으로 보고 옮겼다.

355. YŞ에서는 3, 4행을 '어떤 견해도 존재하지 않는데 편견이 어떻게 존재하겠는가?'로
보고 옮기고 있으나, 티벳어 원문에는 '촉(phyogs)'이 반복적으로 사용되어 있다. 문맥상의
의미로 보아, 견해가 존재하지 않기 때문에 이에 대한 논파 또한 존재하지 않는다는
뜻이다.

(그 삿되고 망령된 지식을 가진 중생의)[356] 자기 부분[自分]도 성립하지
않은데
다른 (어떤) 부분[他分]이 어떻게 존재하겠는가?
자기 부분과 다른 부분[自他分] (모두) 존재하지 않기 (때문에)
지혜로운 자[智]는[357] 쟁론(의 의미 없음을) (명확하게) 이해한다.[358]

[51]

གང་ཡང་རུང་བའི་གནས་རྙེད་ནས།།	gang yang rung ba'i gnas rnyed nas//
ཉོན་མོངས་སྦྲུལ་གདུག་གཡོ་ཅན་གྱིས།།	nyon mongs sbrul gdug gyo can gyis//
ཟིན་པར་འགྱུར་ཏེ་གང་གི་སེམས།།	zin par 'gyur te gang gi sems//
གནས་མེད་དེ་དག་ཟིན་མི་འགྱུར།།	gnas med de dag zin mi 'gyur//

어떤 것[사견]이든[359] (그것에) 머무는 것을 얻기 때문에[360]
번뇌(라는) 독사, 그 교활한 것에게[361]
사로잡히게 된다. 그러나[362] 그것에 대한[363] 마음이
머물지 않으면[364] 그것들에 사로잡히지 않게 된다.[365]

....

356. 바로 앞의 49번 게송에서 이어진 것으로 보고 첨언하였다.
357. 티벳역에 따라 '지혜로운 자'라고, 사람으로 보고 옮겼다.
358. 전체적으로 티벳역과 그 의미가 크게 다르지 않다.

    [YŞK]-50.
    자신의 주장을 세울 수 없는데
    다른 사람의 주장은 어찌 있겠는가.
    자신의 주장과 다른 사람의 주장 모두 없으니
    지혜로써 쟁론이 없음을 알아야 하리.
359. '어떤 것[사견]이든'으로 옮긴 '강양 룽와(gang yang rung ba)'는 TT의 용례 'of any, some or other' 등에 따른 것이다. '강기 룽와 네(gang yang rung ba'i gnas)'를 해자해보면, '어떤 것이 되었든 합당하다고 여겨지는 곳' 정도 된다.
360. 탈격[Abl.] '네(nas)'는 원인, 이유 등을 나타낸다.
361. 도구격[Ins.] '기(gyis)'를 여격[Dat.]으로 보고 옮겼다.

有少法可依　煩惱如毒蛇　　유소법가의　번뇌여독사
若無寂無動　心卽無所依　　약무적무동　심즉무소의

작은 법이라도 있으(면 그것에) 의지하는 것이 가능(하지만)[366]
(그런 것에서) 번뇌는 마치 독사와 같다.
만약 머무름도 없고[無寂] 움직임도 없으면[無動][367]
그 마음에는 곧 의지하는 것이 없다(는 뜻이다.)[368]

[52]

གནས་བཅས་སེམས་དང་ལྡན་རྣམས་ལ།། gnas bcas sems dang ldan rnams la//

ཉོན་མོངས་དུག་ཆེན་ཅེས་མི་འབྱུང།། nyon mongs dug chen ces mi 'byung//

གང་ཚེ་ཐ་མར་འདུག་པ་ཡང།། gang tshe tha mar 'dug pa yang//

ཉོན་མོངས་སྦྲུལ་གྱིས་ཟིན་པར་འགྱུར།། nyon mongs sbrul gyis zin par 'gyur//

(사견에) 머무는 유정(有情)들에게[369]
'번뇌(의) 맹독[370]'이라는 것이[371] (어떻게) 발생하지 않겠는가?[372]

362.　'학쩨(lhag bcas)' '떼(te)'를 역접 접속사로 보고 옮겼다.
363.　소유격[Gen.] '기(gi)'를 어떤 대상을 가리키는 것으로 보고 옮겼다.
364.　원문의 '존재하지 않는다'는 뜻을 지닌 '메빠(med pa)'에 조건을 뜻하는 '나(na)'가 축약된
　　　것으로 보고 옮겼다.
365.　문맥의 의미는 명확하지만 축약된 부분과 변형 문법이 많아 의미에 맞게 첨언하여
　　　옮겼다.
366.　1행을 부정의 의미를 지닌 2행의 수식으로 보고 옮겼다.
367.　'무적무동(無寂無動)'을 마음 작용의 두 형태, 즉 정적인 것과 동적인 것으로 보고 옮겼다.
　　　이때 '적(寂)'은 '고요함, 평온' 등을 뜻하는 것이라기보다는 어떤 동적인 것의 반대되는
　　　정지된 형태를 뜻한다.
368.　티벳역에 따라 의지하지 않는 마음을 강조하여 옮겼다.

　　　　[YṢK]-51.
　　　　한치의 법이라도 의지한다면
　　　　번뇌가 마치 독사와 같겠지만
　　　　만약 고요함도 없고 움직임도 없으면
　　　　마음은 의지하는 곳이 없으니.

어떤 때, (즉 세간이) 끝나는 (순간까지) 머물 (때)에도[373]
번뇌의 독사에게 사로잡히게 되는데![374]

| 煩惱如毒蛇 生極重過失 | 번뇌여독사　생극중과실 |
| 煩惱毒所覆 云何見諸心 | 번뇌독소복　운하견제심 |

번뇌는 마치 독사와 같아
이 생이 끝날 때까지[生極] 매우 큰[重] 과실을 (일으킨다.)[375]
번뇌라는 독소에 덮혀[覆] 있는데
어떻게 그 모든 마음을 볼 수 있겠는가?[376]

[53]

ཕྱིས་པ་བདེན་པར་འདུ་ཤེས་པས།། 　　 byis pa bden par 'du shes pas//
གཟུགས་བརྙན་ལ་ནི་ཆགས་པ་བཞིན།། 　　 gzugs brnyan la ni chags pa bzhin//

----

369. '(사견에) 머무는 유정들에게'로 옮긴 '네쩨 쎔당 덴남라(gnas bcas sems dang ldan rnams la)'를 해자해보면, '머무는 것을 갖춘'이라는 '네쩨(gnas bcas)'와 '마음을 가진 자들', 즉 '유정'을 뜻하는 '쎔당 덴남(sems dang ldan rnams)'에 여격[Dat.]으로 '라둔(la 'dun)'의 '라(la)'가 쓰인 경우다.
370. 일반적으로 '크다[大]'를 뜻하는 '첸(chen)'이 사용되어 있어 '맹독'으로 옮겼다.
371. 인용을 뜻하는 '쩨(ces)'가 쓰였다.
372. YŞ에 따라 '어떻게'라는 의문형이 생략된 것으로 보고 첨언하여 옮겼다.
373. '어떤 때, (즉 세간이) 끝나는 순간까지 머물 (때)에도'라고 옮긴 '강체 타말 둑빠양(gang tshe tha mar 'dug pa yang)'을 해자해보면, '어떤 때, (바로 그때)'를 뜻하는 '강체(gang tshe)'와 '최종, 마지막'을 뜻하는 '타말(tha mar)', 그리고 '머물다, 앉다'를 뜻하는 '둑빠('dug pa)'와 '~도 또한, 마찬가지'를 뜻하는 '양(yang)'으로 되어 있다.
　　『중관이취육론』 원문에는 '타말(tha mar)' 대신에 '발말(bar mar)'로 되어 있어, 이에 따랐을 경우에는 상중하의 '중'에 머무는 경우가 되지만, YŞ에 따라 옮겼다.
374. 3, 4행을 1, 2행을 강조하는 것으로 보고 옮겼다.
375. 어두의 '생(生)'이 반복적으로 사용된 경우로 보고 옮겼다.
376. [YŞK]-52.
　　번뇌는 마치 독사와 같아서
　　아주 중한 잘못을 일으키리니
　　번뇌의 독으로 뒤덮였는데
　　어찌 모든 마음을 볼 수 있겠는가.

དེ་ལྟར་འཇིག་རྟེན་རྨོངས་པའི་ཕྱིར།། de ltar 'jig rten rmongs pa'i phyir//
ཡུལ་གྱི་གཟེབ་ལ་ཐོགས་པར་འགྱུར།། yul gyi gzeb la thogs par 'gyur//

> 어리석은 자(들)이 진리를 생각한다는 것[想]은[377]
>
> 오직 그[378] 색(色)(의) 그림자[환영][379]만을 집착하는 것과 같다.
>
> 그와 같이 (그들은) 세간에 대한[380] 미혹(迷惑)[381] 때문에
>
> 대경(對境)[382]의 장막에 갇히게 된다.[383]

如愚見影像　彼妄生實想　　여우견영상　피망생실상

世間縛亦然　慧爲癡所網　　세간박역연　혜위치소망

....

377. '생각한다는 것[想]'으로 옮긴 '두셰빼('du shes pa)'는 오온(五蘊) 가운데 세 번째인 상(想)을
가리키는데 이것은 인식 대상, 사물, 사태 등을 뜻하는 색(色)에 두 번째로 반응하는
인식 작용이다.
　　도구격[Ins.] 's'를 주격[Nom.]으로 보고 옮기며 강조하였다.
378. 강조사[Emp.] '니(ni)'를 '오직 그 ~만'으로 옮겼다.
379. '색(色)(의) 그림자[환영]'라고 옮긴 '죽녠(gzugs brnyan)'은 산스끄리뜨어 '쁘라띠빔바
(pratibimba)'의 티벳어로 'a reflection, reflected image, resemblance or counterpart of
real forms, shadow'라는 뜻이 있다. 이것은 어떤 인식 대상인 사물인 '색(色)'을 제대로
인식하지 못한다는 뜻으로, 다음 게송에서는 사태(事態)를 뜻하는 '뇌뾔(dngos po)'를
통해서 감각 기관에 올바르게 포착된 인식 대상을 뜻하는 '색(色)'의 의미를 환기시키고
있다.
380. YŞ에서는 세간을 주격[Nom.]으로 보고 있으나 1행의 '어리석은 자들'이 축약된 것으로
보고 옮겼다.
381. '미혹(迷惑)'으로 옮긴 '뭉빼(rmongs pa)'는 무명(無明)과 같은 의미다.
382. '대경(對境)'으로 옮긴 '율(yul)'은 일반적으로 어떤 지방, 나라 등을 가리키는데 불교
인식론인 인명(因明)에서는 인식 대상을 가리킬 때 사용한다.
　　[BD] 대경: 마음속으로 알고 직접 보고 이해하는 것. 모든 물질, 정신과 불상응행의
실체와 허공 등 비실체의 사물을 가리킨다. 즉 모든 소지계.
　　경(境): 경계(境界). ① 인식 작용이나 감각 작용의 대상, 또는 외부의 대상. 5식(識) 또는
6식에 대한 각각의 경, 즉 6경. 넓은 의미로는, 인식이나 가치 판단의 모든 대상을 일컫는다.
383. 이 게송의 3, 4행이 뜻하는 바를 1, 2행의 상(想), 즉 첫 번째 인식 작용이 그릇되었기
때문에 '세간'이라는 인식 대상의 총체가 그릇된 인식 대상이 된다는 의미로 보았다.
　　'갇히게 된다'로 옮긴 '톡빨귤(thogs par 'gyur)'의 동사 '톡빠(thogs pa)'에는 '(무엇을)
지니다, 들다, 늦다, 막다, 생기다, 나오다' 등의 다양한 뜻이 있는데 여기서는 막다,
장애를 불러일으킨다는 뜻으로 보고 옮겼다.

> 마치 어리석은 자(들)[愚]이 그림자의 형상을 보고
>
> 그것이 실재라는 생각, (그 헛된) 망상을 일으키듯이[生]³⁸⁴
>
> 세간(世間)³⁸⁵ 또한 (그 그림자의 형상과) 같아 (그들을) 속박하니
>
> (그들의) 지혜는 어리석음이라는 그물[癡所網]에 (갇히게) 된다.³⁸⁶

[54]

བདག་ཉིད་ཆེ་རྣམས་དངོས་པོ་དག།

གཟུགས་བརྙན་ལྟ་བུར་ཡེ་ཤེས་ཀྱི།།

མིག་གིས་མཐོང་ནས་ཡུལ་ཞེས་ནི།།

བྱ་བའི་འདམ་ལ་མི་ཐོགས་སོ།།

bdag nyid che rnams dngos po dag/

gzugs brnyan lta bur ye shes kyi//

mig gis mthong nas yul zhes ni//

bya ba'i 'dam la mi thogs so//

> 대성인(大聖人)³⁸⁷들은 사태들을
>
> '색(色)(의) 그림자[환영]'처럼 지혜의
>
> 눈으로 보기 때문에³⁸⁸ 바로 그 '대경(對境)'이라는³⁸⁹
>
> 것³⁹⁰의 수렁에 빠지지 않는다.³⁹¹

···

384. 1행 어두의 '여(如)'가 1, 2행 전체를 수식하는 것으로 보고 옮겼다.

385. 원문에는 '세간(世間)'으로 되어 있으나 의미상으로 같은 뜻이다.

386. 3행까지를 4행의 '지혜[慧]'를 수식으로 보았으며 4행의 '그물에 갇히게 된다'라고 옮긴
    것은 '위(爲)'와 '망(網)' 가운데 전자를 보조 동사로 보고 후자를 본동사라 보고 옮긴
    경우다. '치소망(癡所網)'을 '어리석음의 그물'로 축약하여 옮겼다.

    [YṢK]-53.
    마치 어리석은 사람이 그림자를 보고
    그 망집 때문에 실재한다는 망상을 일으키듯이
    세간의 속박 역시 그러하네.
    지혜는 어리석음에 휩싸여 있네.

387. '대성인(大聖人)'으로 옮긴 '닥니체(bdag nyid che)'에 대해서는 4번 게송 각주 참조.

388. 탈격[Abl.] '네(nas)'를 원인, 이유로 보고 옮겼다.

389. 인용을 뜻하는 '셰(zhes)'와 강조사[Emp.] '니(ni)'가 첨언되어 있다.

390. 바로 앞의 '대경(對境)'이라고 옮겼던 '율셰 자와(yul zhes bya ba)'를 3, 4행에 걸쳐
    옮겼는데 이와 같은 행까지 바꾼 것은 매우 드문 경우다.

性喻如影像　非智眼境界　　성유여영상　비지안경계

大智本不生　微細境界想　　대지본불생　미세경계상

> (사물의) 성품을 비유하자면 마치 환영과 같아
>
> (어리석은 자들의) 지혜의 눈으로 (볼 수 있는) 경계가 아니다.
>
> (그래서) 위대한 지자[大智][392]께서는 '(그 성품은) 원래 생겨나는 것이
> 아니다[本不生].'고 (말씀하셨다.)
>
> (왜냐하면 그것은) (범인이 알기에) 미세한 경계라 여기셨기[想] (때문이
> 다.)[393]

[55]

 བྱིས་པ་རྣམས་ནི་གཟུགས་ལ་ཆགས།།　　byis pa rnams ni gzugs la chags//

བར་མ་དག་ནི་ཆགས་བྲལ་འགྱུར།།　　bar ma dag ni chags bral 'gyur//

གཟུགས་ཀྱི་རང་བཞིན་ཤེས་པ་ཡིས།།　　gzugs kyi rang bzhin shes pa yis//

....

391. 전체적으로 바로 앞의 53번 게송과 대구를 이루고 있는데 바로 앞의 53번 게송에서
　　'간히다'로 옮긴 동사 '톡빠((thogs pa)'가 사용되었으나 '장막'을 뜻하는 '셉(gzeb)' 대신에
　　'수렁, 늪, 진창, 진흙' 등을 뜻하는 '담('dam)'이 사용되어 있어, '빠지다'로 옮겼다.
392. 4번 게송 참조.
393. 티벳역뿐만 아니라 한글 대장경의 역본과도 차이가 매우 심한데 『중론』, 「제24품. (사)성제
　　(四聖諦)에 대한 고찰」의 다음 게송을 참조하여 옮겼다.

　　[356. (24-12)]
　　그러므로 (근기가) 약한 이(들)이 이 (수승한) 법의
　　(심오함을) 철저히 깨닫기 어렵다는 것을 아셨던
　　능인(能仁)의 바로 그 마음 (때문에) 교법(敎法)으로부터
　　(공성에 대한 가르침이) 매우 후퇴하게 되었던 것이다.

　　한글 대장경은 그 의미가 명확하지 않다.

　　[YṢK]-54.
　　성품은 비유하자면 마치 그림자와 같아서
　　혜안[智眼]의 경계가 아니네.
　　큰 지혜에는 본래
　　미세한 경계의 형상조차 일어나지 않네.

য়ৄৢৄ৶৶৸৸৻৸৻৸৻৸৻৸৻৸৸৸৻৸৻৸৻ blo mchog ldan pa rnam par grol//

> 바로 그 어리석은 자들은 색(色)에 집착하고
>
> 바로 그 중부 (중생)들은 (그 색에 대한) 집착에서 벗어지게 된다.
>
> 색(色)의 자성(自性)을 아는 것[394]을 통해서[395]
>
> 최고로 (수승한) 지혜를 갖추어 해탈하게 (된다).[396]

著色謂凡夫　離貪即小聖　　저색위범부　이탐즉소성
了知色自性　是爲最上智　　요지색자성　시위최상지

> 색(色)에 집착[著]하는 (자들을) 일컬어[謂] 범부(凡夫)라 하고
>
> (이런) 애착[貪]에서 벗어난 (자들을) 곧 작은 지혜를 갖춘 자[小聖](라고
> 한다).[397]
>
> 색(色)의 자성을 완전히 이해하는 분(들),
>
> 이분들을[是] (일컬어) 최고로 수승한 지혜(를 갖춘 분들)이라고 한다
> [爲].[398]

---

394. '색(色)의 자성(自性)을 아는 것'이라고 옮긴 '죽끼 랑쉰 셰빠(gzugs kyi rang bzhin shes
    pa)'는 어떤 인식 대상이 고정된 실체를 가진 것이 아닌 연기적인 존재라는 것을 안다는
    뜻으로 곧 '무자성(無自性)'을 깨닫게 된다는 뜻이다.
395. 도구격[Ins.] '이(yis)'를 'through'로 보고 옮겼다.
396. 쫑카빠의 『보리도차제론(菩提道次第論)』처럼 상중하(上中下)로 중생의 근기를 나누어 볼
    수도 있겠으나 여기서는 이에 대한 명확한 구분이 없다. 그러나 이와 같은 차제, 계차를
    통해서 이후 점수 사상이 체계화되는 단초가 내포되어 있는 게송이다.
397. '소성(小聖)'이 뜻하는 바는 티벳역의 '중부 (중생)'을 뜻한다.
398. 한역에서는 상중하(上中下)의 중생의 근기에 따라 구분한 티벳역과 달리 소승과 대승으로
    구분하고 있다.

    [YŞK]-55.
    물질에 집착하면 범부라 하고
    탐욕을 여의면 소승의 성인이나
    물질의 자성(自性)을 잘 이해하면

[56]

སྡུག་སྙམ་པ་ལ་ཆགས་པར་འགྱུར།།
དེ་ལས་ལྡོག་པས་འདོད་ཆགས་བྲལ།།
སྒྱུ་མའི་སྐྱེས་བུ་ལྟར་དབེན་པར།།
མཐོང་ནས་མྱ་ངན་འདའ་བར་འགྱུར།།

sdug snyam pa la chags par 'gyur//
de las ldog pas 'dod chags bral//
sgyu ma'i skyes bu ltar dben par//
mthong nas mya ngan 'da' bar 'gyur//

(세속의) 쾌락을 추구하면[399] (이것에) 집착하게 되(지만)

그것에 반대가 되면[400] (그) 애착[貪]에서 벗어나게 (된다.)

환술(幻術=māyā)(로 지어진) 어린 아이처럼 (그 어떤 것도) 실재하지 않는다는 것[401]을

알면[402] 열반에 들게 된다.[403]

若著諸善法　如離貪顛倒　　약저제선법　여리탐전도
猶見幻人已　離所作求體　　유견환인이　리소작구체

만약 모든 선법(善法)을 추구하면[著][404]

이와 같은 전도된 애착[貪]을 여읠 것이다.

(이것은) 마치 (환술로 지어진) 허깨비[幻人]를 본 이후[己]

....

　　이를 가장 높은 지혜라 하네.

399. '라둔(la 'dun)'의 '라(la)'를 조건으로 보고 옮겼다.
400. '그것에 반대가 되면'으로 옮긴 '데레 독빠(de las ldog pas)'는 TT의 'the opposite, contrary to'의 용례에 따른 것이다. 문법을 해자(解字)해보면, 탈격[Abl.] '레(las)'는 비교격[Comp.]으로, 도구격[Ins.] 's'는 조건을 나타낸다.
　　『중관이취육론』 원문에는 '반대되다'는 뜻을 지닌 '독빠(ldog pa)'가, YŞ에서는 '록빠(bzlog pa)'가 쓰여 있으나 의미상으로는 같다.
401. '실재하지 않는 것'으로 옮긴 '벤빠(dben pa)'에 대해서는 25번 게송 각주 참조.
402. '(의도하지 않고 자연스럽게) 보다'는 뜻을 지닌 '통와(mthong ba)'가 쓰였으나 의미를 명확하게 하기 위하여 '알다'로 옮겼다. 탈격[Abl.] '네(nas)'를 원인, 이유로 보고 옮길 수도 있겠으나 1, 2행에서처럼 조건으로 보고 옮겼다.
403. YŞ에서는 1, 2행과 3, 4행 사이에 역접의 'but'을 첨언하고 있다.

그 지어진[所作] 실체를 구하려 해도 (구할 수 없어) 여의는 것과 같다.[405]

[57]

ལོག་པའི་ཤེས་པས་མངོན་གདུང་བའི།།　　log pa'i shes pas mngon gdung ba'i//

ཉོན་མོངས་སྐྱོན་རྣམས་གང་ཡིན་དེ།།　　nyon mongs skyon rnams gang yin de//

དངོས་དང་དངོས་མེད་རྣམ་རྟོག་པ།།　　dngos dang dngos med rnam rtog pa//

དོན་ཤེས་འགྱུར་ལ་མི་འབྱུང་ངོ་།།　　don shes 'gyur la mi 'byung ngo//

> 그릇된 앎[顚倒識] 때문에[406] 크나큰 고통인[407]
>
> 번뇌(라는) 과실(過失)들이 (발생하지만),[408] (그 번뇌가) 무엇이 되었든 (바로) 그것은[409]
>
> 사태와 사태가 아닌 것[非事態]을 자세히 분별하여[410]
>
> 그 의미를 알게 되면[411] (더 이상) 발생하지 않는다[起].

---

404. 티벳역과 약간의 차이가 있는데 여기서는 선법(善法)이 긍정적인 뜻이라 이것에 대한 집착이라서 '추구하다'로 옮겼다.

405. 3행 어두의 '유(猶)'가 3, 4행 전체를 받는 것으로 보고 옮겼다.

> [YŚK]-56.
> 모든 선법(善法)에 집착하는 것이
> 마치 욕심의 전도 망상을 여읜 듯하나
> 허깨비 사람을 본 뒤에
> (허깨비의) 작용을 떠나 실체를 구하는 것과 같네.

406. '그릇된 앎[顚倒識] 때문에'라고 옮긴 '록뻬 셰뻬(log pa'i shes pas)'를 해자해보면, '그릇된, 전도된'이라는 뜻을 지닌 '록빠(log pa)'에 소유격[Gen.] '이('i)'가 첨언되고, '안다, 이해하다'는 뜻을 지닌 '셰빠(shes pa)'에 도구격[Ins.] 's'가 첨언된 것으로 되어 있다.
'록뻬 셰뻬(log pa'i shes pa)' 또는 '록셰(log shes)'는 산스끄리뜨어 '미트야가냐(mithyājñāna)'로, '7종의 인명(因明), 또는 불교 논리학에 등장하는 '전도식(顚倒識)'을 뜻한다. 이것에 대한 [BD]의 사전적 정의는 다음과 같다.

> [BD] 전도식(顚倒識): 7가지 심식의 하나. 여러 가지 감각 외경에 대하여 착란이 생기는 심식. 예를 들면 잡고 있는 소리를 상으로 하는 분별심과 하얀 조개를 본 것이 노란색으로 보이는 근식이다. 전자는 사물의 본성을 실제적으로 알지 못하여 장기적으로 생긴 착란 원인이고, 후자는 담낭 등 병이 걸려 잠시 생긴 착란 원인이다.

知此義爲失　不觀性無性　　지차의위실　불관성무성
煩惱不可得　性光破邪智　　번뇌불가득　성광파사지

　이 (허깨비 같은 어떤 것의) 의미가 행하는 것[義爲]의 과실[失]을 알아야
한다.
　(왜냐하면 이것으로는 어떤 것이 갖춘) 성품[有性]과 그 성품을 갖추지
못한 것[無性]을 (두루) 보아서 (아는 것)[觀]⁴¹²은 불가능하기 (때문이다.)
　(그러므로 바로 그것으로는) 어쩔 수 없는[不可] (이) 번뇌의
성품[性]을 빛처럼[光] 깨뜨리는 지혜[破邪智]를 얻어야 한다[得].⁴¹³

　　　　　그러나 여기서는 이와 같은 전도식(顚倒識)을 뜻할 뿐만 아니라 '그릇된 견해'를 뜻하는
　　　　사견(邪見), 악견(惡見) 등의 무명(無明)에 휩싸인 자의 지식 등을 뜻하는 것으로 보고
　　　　옮겼으며 도구격[Ins.] 's'를 원인, 이유를 뜻하는 것으로 보고 옮겼다.
407.　'크나큰 고통인'으로 옮긴 '뇐 둥왜(mngon gdung ba'i)'를 해자해보면 강조를 뜻하는
　　　　'뇐(mngon)'에 '둥와(gdung ba)', 그리고 수식을 뜻하는 소유격[Gen.] '이('i)'로 구성되어
　　　　있다.
　　　　　『중관이취육론』 원문에는 '말씀하다, 교시하다' 등의 뜻을 지닌 '쑹빠(gsungs pa)'가
　　　　사용되었으나 YŞ에서는 '번뇌하다, 고민하다, 힘들어 하다, 탐애하다' 등의 뜻을 지닌
　　　　'둥와(gdung ba)'로 되어 있다. 전자는 단어의 용례에 맞지 않아 후자에 따라 옮겼다.
408.　4행 말미의 '발생하다[起]'는 뜻을 지닌 '즁와('byung ba)'가 생략된 것으로 보고 첨언하였
　　　　다.
409.　'(그 번뇌가) 무엇이 되었든 (바로) 그것은'이라고 옮긴 '강인데(gang yin de)'는 『세마론』의
　　　　원주석에서 강조의 표현으로 자주 사용되어 '(그것이) 무엇이든, (바로) 그것은' 등으로
　　　　옮겼던 '강인빠 데(gang yin pa de)'의 축약형으로, 자수를 축약하는 게송에서는 좀처럼
　　　　보기 어려운 형태로 여기서는 앞에서 언급한 '번뇌'를 가리키고 있다.
410.　'자세히 분별하여'로 옮긴 '남똑빠(rnam rtog pa)'는 '분별(망상)'을 뜻하는 '남빨 딱빠
　　　　(rnam par brtags pa)'를 현재형으로 축약하여 쓴 경우로 여기서는 긍정적인 의미로
　　　　쓰이고 있다. 자세한 내용은 3번 게송 각주 참조.
411.　'라둔(la 'dun)'의 '라(la)'를 조건으로 보고 옮겼다.
412.　의미를 명확하게 하기 위해서 첨언하였다.
413.　한역의 경우 그 의미가 명확하지 않아 바로 앞의 게송에서 이어지는 것으로 보고 첨언하여
　　　　옮겼다. 3, 4행의 경우 동사가 불명확하여 3행의 불가득(不可得)의 득(得)이 반복되어
　　　　생략된 경우로 옮겼는데 불가득(不可得)에는 '모든 법은 인연(因緣)에 의(依)하여 성립(成立)
　　　　된 것으로 항상(恒常) 존재(存在)하는 실체(實體)가 없으므로 인간(人間)의 사려(思慮) 밖에
　　　　있다는 말. 공(空)을 일컫는 말'이라는 뜻이 있다.

གནས་ཡོད་ན་ནི་འདོད་ཆགས་དང་།། gnas yod na ni 'dod chags dang//

འདོད་ཆགས་བྲལ་བར་འགྱུར་ཞིག་ན།། 'dod chags bral bar 'gyur zhig na//

གནས་མེད་བདག་ཉིད་ཆེན་པོ་རྣམས།། gnas med bdag nyid chen po rnams//

ཆགས་པ་མེད་ཅིང་ཆགས་བྲལ་མིན།། chags pa med cing chags bral min//

(만약) 바로 그 상주하는 것[住]이 존재한다면 탐욕[貪]과

어떤[414] 탐욕을 여의게 되는 것[離貪]이 (존재)하겠으나[415]

상주하는 것이 존재하지 않는 대성인(大聖人)들에게는

애착이 존재하지 않고 애착을 여의는 것 (또한 존재하는 것이) 아니다.[416]

智離染淸淨　亦無淨可依　　지리염청정　역무정가의

有依卽有染　彼淨還生過　　유의즉유염　피정환생과

(위대한) 지자[智]께서는 청정함이 (번뇌에) 물든 것을 (모두) 여의셨다.

또한 (그 분에게는) 어떤 (의지할 만한) 청정함[淨可]도 존재하지 않는다.

(왜냐하면) 의지함[依]이 존재하면[有]은 곧 (그것에) 물들음[染]이 존재하

여[有]

그것을 (다시) 되돌려[還] 정화[淨]해야만 하는 과실[過]이 발생[生]하기

[YṢK]-57.

이 주장이 오류임을 알라.

존재 성품과 비존재의 성품을 꿰뚫어보지 못한 것이네.

번뇌가 성립하지 못하고

성품의 빛이 삿된 지혜를 깨부수리라.

414. 말미의 '쉭(zhig)'을 수식으로 보고 옮겼다.

415. 일반적으로 가정법을 뜻하는 '나(na)'를 역접 접속사 'but'으로 보고 옮겼다.

416. 어떤 특정한 상주하는 것이 존재하지 않는다는 뜻은 두루 편재(遍在)한다는 뜻이다. '애착이 존재하지 않고 애착을 여의는 것 (또한 존재하는 것이) 아니다.'라고 옮긴 4행을 운문하면, '존재하지 않고, 존재하지 않는 것도 아니다.' 정도 되는데 여기서는 '여의는 것'이 나와 있어 이에 따랐다.

(때문이다).[417]

[59]

གང་དག་རྣམ་པར་དབེན་སྙམ་དུ།།
གཡོ་བའི་ཡིད་ཀྱང་མི་གཡོ་བ།།
ཉོན་མོངས་སྦྲུལ་གྱིས་དཀྲུགས་གྱུར་པ།།
མི་བཟང་སྲིད་པའི་རྒྱ་མཚོ་བརྒལ།།

gang dag rnam par dben snyam du//
gyo ba'i yid kyang mi gyo ba//
nyon mongs sbrul dkrugs gyur pa//
mi bzang srid pa'i rgya mtsho brgal//

어떤 이들이 (이와 같은 것들을) 완전히 여의었다고[418] 생각되면[419]
(그들의 그) 흔들리던[420] 마음 또한 (결코) 흔들리지 않는다.
(이와 같이 그들은) 번뇌라는 독사가 휘젓는
부정(不淨)한 윤회의 바다를 건넌다.[421]

極惡煩惱法　若見自性離　　극악번뇌법　약견자성리
卽心無動亂　得渡生死海　　즉심무동란　득도생사해

극악한 번뇌의 현상[法](도)
만약 그 자성(自性)을 여의는 것을 볼 수 있다면

....

417. 한역에는 '의지함이 존재하는 것과 존재하지 않는 것'이라고 언급하고 있어, 티벳역의 '머무는 것', 즉 '상주(常住)'와는 약간의 차이를 보이고 있으나 의미상으로는 비슷하다.

　　　[YṢK]-58.
　　　지혜는 오염[染]과 청정[清淨]을 여의었을 뿐만 아니라
　　　또한 청정에도 의지하지 않네
　　　곧 의지함이 있으면 곧 오염됨도 있으니
　　　그 청정함이 다시 오류를 발생시키네.

418. '완전히 여의는 것[離]'으로 옮긴 '남빨 벤빠(rnam par dben pa)'에 대해서는 25번 게송 각주 참조.

419. '라둔(la 'dun)'의 '두(du)'를 특정한 조건을 나타내는 수식의 기능으로 보고 옮겼다.

420. 소유격[Gen.] '이('i)'를 수식으로 보고 옮겼다.

421. YṢ에서 1행에서 '어떤 것, 무슨' 등을 뜻하는 '강닥(gang dag)'을 사람으로 보고 옮기고 있어 이에 따랐다.

(만약 그렇다면 그것은) 곧 마음에 어지러움[動亂]이 없다는 (뜻이다.)
(이와 같다면) 생사의 바다를 건너는 것을 얻게 된다.[422]

【결문】

[60]

དགེ་བ་འདི་ཡིས་སྐྱེ་བོ་ཀུན།།	dge ba 'di yis skye bo kun//
བསོད་ནམས་ཡེ་ཤེས་ཚོགས་བསགས་ཏེ།།	bsod nams ye shes tshogs bsags te//
བསོད་ནམས་ཡེ་ཤེས་ལས་བྱུང་བ།།	bsod nams ye shes las byung ba//
དམ་པ་གཉིས་ནི་ཐོབ་པར་ཤོག།	dam pa gnyis ni thob par shog/

이 선(법)으로 모든 중생이
복덕과 지혜[423]를 쌓고
(이) 복덕과 지혜로부터 발생하는[起]
청정한 (색신과 법신)[424] 바로 이 두 가지를 얻기 바란다.[425]

此善法甘露　從大悲所生　　차선법감로　종대비소생
依如來言宣　無分限分別　　의여래언선　무분한분별

---

422. 3, 4행의 의미를 명확하게 하기 위하여, 2행 어두의 '약(若)'이 뒤따라 나오는 문장까지
받는 것으로 보고, '만약 그렇다면 ~, 이와 같다면 ~'을 첨언하였다.

[YṢK]-59.
극악한 번뇌의 법이
만약 자성(自性)의 여읨을 본다면
곧 마음에 동요가 없어
생사의 바다를 건널 것이네.

423. 일반적으로 불자들이 쌓아야 하는 것인 공덕(功德)은 산스끄리뜨어로 '구나(guṇa)' 또는
'뿌냐(puṇya)', 티벳어로 '왼뗀(yon tan)'이라고 하는데 '복덕'을 뜻하는 '쏘남(bsod nams)'
과 '지혜'를 뜻하는 '이셰(yid shes)'로 한 쌍을 이루고 있다.

424. YṢ에 따라 복덕은 색신(色身)으로, 지혜는 법신(法身)을 성취하기 위한 것으로 보고
첨언하였다.

425. 티벳역에서는 회향을 나타내는 마지막 게송이다.

> 이 감로와 같은 선법(善法)[426]은
> 크나큰 자비의 자리[大悲所]에서 생겨난 것을 따른 것[從](이고)
> 여래께서 이르신 선법[言善]에 의지한 것이라[427]
> (더) 나눌 것도[分限], 분별할 것도 없다.[428]

***

རིགས་པ་དྲུག་བཅུ་ཚིག་ལེའུར་བྱས་པ་སློབ་པོན་འཕགས་པ་ཀླུ་སྒྲུབ་ཀྱི་ཞལ་སྔ་ནས་མཛད་པ་རྫོགས་སོ།།རྒྱ་གར་གྱི་མཁན་པོ་མུ་ཏི་ཏ་ཤཱིའི་ཞལ་སྔ་ནས་དང་།།བོད་ཀྱི་ལོ་ཙྭ་བ་པ་ཚབ་ཉི་མ་གྲགས་ཀྱི་བཅོས་ཏེ་གཏན་ལ་ཕབ་པའོ།།ཞེས་པ་འདི་ནི་ཆོས་གྲྭ་ཆེན་པོ་བཀྲ་ཤིས་འཁྱིལ་དུ་དཔར་དུ་བསྒྲུབས་པའོ།།

rigs pa drug bcu tshig le'ur byas ba slob pon 'phags pa klu sgrub kyi zhal snga nas mdzad pa rdzogs so//rgya gar gyi mkhan po mu ti ta shI'i zhal snga nas dang//bod kyi lo tswa ba pa tshab nyi ma grags kyi bcos te gtan la phab pa'o//zhes pa 'di ni chos grwa chen po bkra shis 'khyil du dpar du bsgrubs pa'o//

> 『육십송여리론』이라는 이것은 아짜리야(Acārya) 성스런(ārya) 용수 (보살)께서 설하신 것으로 (이제 모두) 마쳤다.[429] 인도의 교수사(敎授師) 무띠따쉬의 가르침(?)과 티벳의 대역경사 참니 마딱이 교정하여 옮긴 것이다. 그리고 바로 이 (판본)은 대법사(大法寺) 따쉬 첸뽀에서 인쇄를 마친 것이다.

....

426. 용수 자신의 저작인 이 『육십송여리론』을 가리킨다.
427. 2행을 3행을 수식하는 것으로 보았을 때 여래께서 이른 선법이 바로 자비의 자리[所]에서 발생한 것으로 볼 수 있으나, 여기서는 용수의 발심(發心)을 뜻하는 것으로 보고 옮겼다.
428. 한역에서는 여기까지가 본문 게송으로 5자 1행의 원칙을 따르고 있다.

[YṢK]-60.
이 선법(善法)의 감로는
큰 자비에서 발생하며
여래의 말씀에 의지하므로
주장과 분별이 없네.

[61. (1)]

此中如是難可說　隨智者見卽成就　　차중여시난가설　수지자견즉성취
智者隨觀隨順門　如是皆從大悲轉　　지자수관수순문　여시개종대비전

위의 (설명) 가운데[此中] (몇몇은) 이와 같이[如是] 어느 정도 어려운 (보이
는)[難可] 설명일지라도

(이것은) 지혜로운 자[智者]의 견해[見]를 따른 것이니 조만간[卽] 성취할
수 있다.

지혜로운 자[智者]의 (견해[見]를) 따른다는 것[隨]은 (곧) (올바른) 수순에
(따라) 입문할[隨順門][431] 줄 안다[觀]는 (뜻으로),

이와 같은 것은[如是] 모두 대자비[大悲]의 흐름[轉]에 따르는 것[從]이다.[432]

[62. (2)]

一切法中眞實性　智者隨應如理觀　　일체법중진실성　지자수응여리관
所向由是信得生　拔彼衆生離諸苦　　소향유시신득생　발피중생리제고

모든 현상[一切法] 가운데 (오직 그) 진실된 성품만을
지혜로운 자[智者]는 따르니[隨] 마땅히 그와 같은 이치[如理]를 알아야

---

429. '마치다'를 뜻하는 '족(rdzogs)' 앞에 존칭(honorific)을 뜻하는 '제빠(mdzad pa)'가 첨언되
어 있다.

430. 이 한문 결문은 7자 1행의 작법에 따른 것으로, 티벳어 원문에는 없다. 63번 게송으로
미루어 보아 인도나 중국에서 첨언한 것이 확실하다.

431. '수순문(隨順門)'에 대한 별도의 개념 정의가 없어서 풀어서 썼다.

432. [YṢK]-61.
여기서의 이렇게 어려운 것을 말하였으니
지혜로운 사람의 견해에 따르면 성취하리라.
지혜로운 자는 수순문(隨順門)에 의해 꿰뚫어보니
이와 같이 모든 것이 대비(大悲)에서 나온 것이네.

한다[觀].

　(그리하여) 향하는 곳[所向] (어디에서나) '이 (가르침을) 올바르게 따르겠다[由是]'는 (각오로) 얻은[得生] 신념으로[信]

　저 중생(들)이 빠져 있는[拔] 모든 고통을 여의게 해야 한다.[433]

[63. (3)]

| 此義甚深復廣大 | 我爲勝利故讚説 | 차의심심부광대 | 아위승리고찬설 |
| 如大智言今已宣 | 自他癡闇皆能破 | 여대지언금이선 | 자타치암개능파 |

　이 (글의) 의미가 매우 깊고 넓어[廣大]

　나는[434] 그 빼어남을[勝利] 인정하기 때문에[故] (이와 같은) 찬탄을 짓는다[説].

　이와 같은 커다란 지혜의 말씀은 이제 이미 베풀어졌으니[宣]

　나와 남[自他]의 암흑(과도 같은) 어리석음[癡闇]을 모두 깨뜨릴 수 있을 것이다[能破].[435]

[64. (4)]

| 破彼癡闇煩惱已 | 如如所作離魔障 | 파피치암번뇌이 | 여여소작리마장 |
| 由是能開善趣門 | 諸解脱事而何失 | 유시능개선취문 | 제해탈사이하실 |

....

433.　[YŚK]-62.
　　　모든 법의 진실한 성품을
　　　지혜로운 자는 반드시 여리(如理)에 따라 꿰뚫어볼 것이니
　　　향하는 곳마다 이 믿음을 내어
　　　그 중생을 구제하여 괴로움을 여의게 하라.
434.　인도의 편자(編者)나 한역 역경사 시호(施護)를 가리킨다.
435.　[YŚK]-63.
　　　이 내용은 아주 깊고 또한 넓고 크니
　　　나는 훌륭한 이타행을 위해 찬탄하노라.
　　　큰 지혜의 말씀대로 이미 잘 말했으니
　　　자신과 남의 어리석음을 모두 잘 깨부수었어라.

저 암흑(과도 같은) 어리석은[癡闇] 번뇌를 이미 (모두) 깨뜨렸으니

여여(如如)하게 짓는 바[所作]는 (어떤) 마장(魔障)(도) 여읜 것이 되리라.

그러므로 이를 통하여 능히 선취문(善趣門)[436]을 열 수 있을 것이다.

(이와 같은 이) 모든 (가르침은) 해탈을 이루게 하는 일[解脫事]이니[而] 어떻게 (이것을) 잃을 수 있겠는가?[437]

[65. (5)]

持淨戒者得生天　此卽決定眞實句　지정계자득생천　차즉결정진실구
設破戒者住正心　雖壞戒而不壞見　설파계자주정심　수괴계이불괴견

'청정한 지계(持戒)를 지키는 자는 천계에 태어남[天生][438]을 얻는다.'

이것이 곧 확실한[決定] 진리의 경구이니

(비록 어쩔 수 없이) 파계를 한 자[破戒者](라 할지라도) (그 마음만은)

(이 가르침에) 머물고자 하는 올곧은 마음[正心]을 세워[設]

비록 (다른) 계(戒)는 무너졌을지라도[壞戒而][439] (이 가르침의) 견해[見]는

(결코) 무너지지 않게 (해야 한다).[440]

---

436. 선취문(仙趣門)을 연다는 것은 선취에 태어나게 된다는 뜻이다.
　　[BD]: 선취(善趣): ↔ 악취(惡趣). 좋은 업인(業因)에 대한 과보로 중생이 태어나는 곳.
　　6취 중의 인간·천상의 2취(趣). 혹은 아수라·인간·천상의 3취를 들기도 함.

437. [YŞK]-64.
　　그 어리석음의 번뇌를 이미 깨부수었고
　　여여(如如)하게 지은 바는 악마의 장애를 여의었으니
　　이로 인해 선취문(善趣門)을 잘 여니
　　모든 해탈의 일은 어찌 잃을 수 있겠는가.

438. 바로 앞 게송의 선취문(善趣門) 가운데 최상인 천계에 태어나는 것을 가리킨다.

439. '이(而)'를 조건의 역접 접속사로 보고 옮겼다.

440. [YŞK]-65.
　　청정한 계율을 지키는 자가 생천(生天)에 난다는 말은
　　기필코 진실한 글이니
　　설사 파계(破戒)했어도 바른 마음에 머문다면
　　비록 계를 훼손했어도 견해를 훼손한 것이 아니네.

[66. (6)]

種子生長非無義　見義利故廣施作　종자생장비무의　견의리고광시작
不以大悲爲正因　智者何能生法欲　불이대비위정인　지자하능생법욕

> (이와 같은 바른 가르침을 지키는 선근의) 종자가 생기고 성장하는 것은 (결코) 의미 없는 것이 아니니
>
> (이 가르침의) 견해[見]가 뜻하는 이익을 (알고) 반드시[故] (이것을) 널리 퍼뜨리는 것을 행할 것이다[作].
>
> (만약) 대자비[大悲]로써 바른 원인[正因]으로 삼지 않았다면
>
> 지혜로운 자[智者][441]께서 어떻게 (이 심오한) 법(에 대한 생각이) 생기는 것을[生] 바랄 수 있겠는가[慾]?[442]

『六十頌如理論(육십송여리론)』,

甲辰歲高麗國分司大藏都監奉勅彫造(갑진세[443]고려국분사대장도감봉칙조조)

---

441. 여기서는 이 글을 지은 용수의 발심을 뜻하는 것으로 보고 옮겼다.
442. [YŞK]-66.
　　종자의 성장은 무의(無義)한 것이 아니니
　　내용의 이로움을 보았기에 널리 베푸는 것이니
　　대비(大悲)로써 바른 원인을 삼지 않았다면
　　지혜로운 이가 어찌 생법(生法)에 대해 욕심을 내었겠는가.
443. 해인사판 재조(再造) 대장경 원문이니 고려 고종 31년, 갑진년(甲辰年)인 1244년을 가리킨다.

སྟོང་པ་ཉིད་བདུན་ཅུ་པའི་ཚིག་ལེའུར་བྱས་པ་ཞེས་བྱ་བ་བཞུགས་སོ།།

칠십공성론七十空性論

산스끄리뜨어로 '순야따샵따띠 까리까(Śūyatāsaptati kārikā)'라고 하며 티벳어로 '똥빠니 둔쭈뻬 칙 레울 제빠(stong pa nyid bdun cu pa'i tshig le'ur byas pa)'라고 한다.[1]

....

1. ༄༅།རྒྱ་གར་སྐད་དུ། ཤཱུནྱ་ཏཱ་སཔྟི་ཀཱ་རི་ཀཱ་ནཱ་མ།། བོད་སྐད་དུ། སྟོང་པ་ཉིད་བདུན་ཅུ་པའི་ཚིག་ལེའུར་བྱས་པ་ཞེས་བྱ་བ།
/rgya gar skad du/ Śūnyatāsaptati kārikā nāma// bod skad du/ stong pa nyod bdun cu pa'i tshig le'ur byas pa zhes bya ba/

자세한 설명은 「해제」 참조. 약칭하여 '똥니 둔쭈빼(stong nyid bdun cu pa)'라고 부른다. 『장한사전』에는 『칠십공성론(七十空性論)』으로 소개되어 있으나 산스끄리뜨어나 티벳어를 보면 '송(頌)'으로 되어 있다. 한역본은 존재하지 않으며 영문으로는 약 네 개의 역본이 있다. 여기서는 Chr. Lindtner 영역을 약칭하여 ŚS라고, 『Nagarjuna's Seventy Stanzas: A Buddhist Psychology of Emptiness』를 NŚ라고 한다.

འཇམ་དཔལ་གཞོན་ནུ་གྱུར་པ་ལ་ཕྱག་འཚལ་ལོ།།

'jam dpal gzhon nu gyur pa la phyag 'tshal lo//

> 문수보살에게 경배하옵니다.

【본문】[2]

[1]

གནས་པའམ་སྐྱེ་འཇིག་ཡོད་མེད་དམ།།   gnas pa'm skye 'jig yod med dam//

དམན་པའམ་མཉམ་དང་ཁྱད་པར་ཅན།།   dman pa'm mnyam dang khyad par can//

སངས་རྒྱས་འཇིག་རྟེན་སྙད་དབང་གིས།།   sangs rgyas 'jig rten snyad dbang gis//

གསུང་གི་ཡང་དག་དབང་གིས་མིན།།   gsung gi yang dag dbang gis min//

> 1) 머무름[住]과 2) 생겨남[生], 3) 소멸함[滅],[3] 4) 존재하는 것[有]과 5) 존재하지 않는 것[無] 그리고[4]
>
> 6) 열등한 것[下], 7) 보통인 것[中], 그리고 8) 특별한 것[上][5] (등은) 부처님께서 세간의 편리[俗諦] 때문에[6]
>
> 말씀하신 것이지[7] 진제(眞諦)로 (말씀하신 것이) 아니다.[8]

---

2.   『칠십공성론(七十空性論)』에서는 집필 의도가 생략되어 있다.

3.   생주멸(生住滅)의 순서가 뒤바뀌어 있어 티벳어 구조에 따라 옮겼다.

4.   '담(dam)'은 바로 앞의 '메(med)'의 'd'를 받은 접속사로 'and, or' 등의 뜻이 있다.

5.   『중관이취육론』 원문에는 '케왈(khyad bar)'로 되어 있으나 '케빨((khyad par)'의 오자가 확실하여 고쳤다. '케빨쩬((khyad par can)'에는 '보기 드문 것, 특별한 것'이라는 뜻이 있다.

6.   '어떤 힘[力]에 의해서'를 뜻하는 '왕기(dbang gis)'가 쓰여 있어 ŚS에서는 'by force'를

[2]

བདག་མེད་བདག་མེད་མིན་བདག་དང་།།   bdag med bdag med min bdag dang//

བདག་མེད་མིན་པས་བརྗོད་འགའ་མེད།།   bdag med min pas brjod 'ga' med//

བརྗོད་བྱ་མྱ་ངན་འདས་དང་མཚུངས།།   brjod bya mya ngan 'das dang mtshungs//

དངོས་པོ་ཀུན་གྱི་རང་བཞིན་སྟོང་།།   dngos po kun gyi rang bzhin stong//

---

1) 아(我)도 아니고 2) 무아(無我)도 아니고 3) 아(我)와

무아(無我)도 아니다⁹라는 것을 통한¹⁰ (부처님께서 교시하신) 말씀은

결코 (진제로)¹¹ 존재하지 않는다.

(이와 같이) 말씀하신 것은 열반(의 논파)¹²와 같아

모든 사태(事態)¹³의 자성(自性)은 공(空)하다.¹⁴

....

첨언하고 있으나, TT에 'by the power of, because, for, therefore, so, by' 등의 용례가
있어 여기서는 'because'로, 4행에서는 'by'로 보고 옮겼다.

7.   소유격[Gen.] '기(gi)'가 역접 접속사의 기능을 하고 있는 보기 드문 경우다.

8.   진속(眞俗) 이제(二諦)를 전면에 내세우면서 논의를 진행하는데 이 게송은 『중론』, 「제24품.
(사)성제(四聖諦)에 대한 고찰」의 8번 게송을 연상시킨다.

      [352. (24-8)]
      부처님들께서 (행하신) 법에 대한 가르침[敎法]은
      이제(二諦)에 근거를 두고 있다.
      세간의 진리[=俗諦]와
      수승한 의미의 진리[=眞諦]다.

9.   사구부정의 세 번째까지 언급하고 있다.

10.   주격[Nom.]으로 보고 옮길 수도 있으나 '말씀'을 뜻하는 '죄빼(brjod pa)'가 존재하지
않음을 수식하는 것으로 보고 옮겼다.

11.   1번 게송을 설명하는 것으로 보고 첨언하였다.

12.   『중론』, 「제25품. 열반(涅槃)에 대한 고찰」의 논파법을 예시한 것으로 보고 첨언하였다.

13.   '사태(事態)'라고 옮긴 '뇌뽀(dngos po)'에 대한 자세한 내용은 1권 『중론』, 「제1품.
연(緣)에 대한 고찰」, [3. (1-1)]번 각주 및 3권 「해제」 참조

14.   ŚS에서는 이 게송을 『중론』, 「제18품. 아(我)와 법(法)에 대한 고찰」의 1-7번 게송을
참조하라고 되어 있으나 6번 게송을 유념하고 있는 듯하다.

      [246. (18-6)]
      (부처님들에 의해서) "(이것이) 아(我)다."는 것도 시설(施設)되었고

[3]

གང་ཕྱིར་དངོས་རྣམས་ཐམས་ཅད་ཀྱི།།   gang phyir dngos rnams thams cad kyi//

རང་བཞིན་རྒྱུ་རྐྱེན་ཚོགས་པའམ།།   rang bzhin rgyu rkyen tshogs pa'm//

སོ་སོས་དངོས་པོ་ཐམས་ཅད་ལ།།   so sos dngos po thams cad la//

ཡོད་མིན་དེ་ཕྱིར་སྟོང་པ་ཡིན།།   yod min de phyir stong pa yin//

왜냐하면[15] 모든 사태의
자성(自性)은 1) 인(因)이나 2) 연(緣),[16] 3) 화합된 것[合]이거나
4) 각각의 것[別][17]으로 모든 사태에서
존재하는 것[有]이 아니기 때문이다. 그러므로 공한 것[空]이다.[18]

---

[4]

ཡོད་ཕྱིར་ཡོད་པ་སྐྱེ་མིན་ཏེ།།   yod phyir yod pa skye min te//

མེད་ཕྱིར་མེད་པ་སྐྱེ་མ་ཡིན།།   med phyir med pa skye ma yin//

ཆོས་མི་མཐུན་ཕྱིར་ཡོད་མེད་མིན།།   chos mi mthun phyir yod med min//

སྐྱེ་བ་མེད་པས་གནས་འགག་མེད།།   skye ba med pas gnas 'gag med//

(이미 존재하는 것이라면 지금) 존재하는 것[有]이기 때문에 존재하는
것[有]이 (다시) 생기는 것[生]이 아니고[19]

....

     "(이것이) 무아(無我)다."는 것도 교시(敎示)되었다.
     (또한) 부처님들에 의해서 "아(我)와
     무아(無我)인 어떤 것도 아니다."는 것도 교시(敎示)되었다.

     그러나 독법의 차이 때문인지 '열반과 같아' 또는 '열반처럼'이라는 표현을 통해 살펴보면, 아(我)에 대한 형이상학적은 접근은 논파된다는 것을 가리킨다.

15.   '왜냐하면 ~, 그러므로 ~'를 뜻하는 '강칠 ~, 데칠 ~(gang phyir ~, de phyir ~)'이 사용되어 있어, 이에 따라 옮겼다.
16.   『중론』, 「제1품. 연(緣)에 대한 고찰」의 주제다.
17.   『중론』, 「제20품. (인과 연의) 결합에 대한 고찰」의 주제다.
18.   바로 앞 게송에서 언급한 모든 사태의 자성이 공한 이유를 설명하고 있다.

(아직 존재하지 않는 것이라면 지금) 존재하지 않는 것[無]이기 때문에 존재하지 않는 것[無]이 (다시) 생기지 않는 것(도) 아니다.

(그리고) 상호 모순되는 현상[法][20]이기 때문에 존재하는 것[有]과 존재하지 않는 것[無]이 (같이 있는 것도) 아니다.

(이와 같이) 생기는 것[生]이 존재하지 않기 때문에[21] 머무는 것[住]과 사리지는 것[滅](도) 존재하는 것이 아니다.[22]

[5]

གང་ཞིག་སྐྱེས་དེ་བསྐྱེད་བྱ་མིན།།　　gang zhig skyes de bskyed bya min//

མ་སྐྱེས་པ་ཡང་བསྐྱེད་བྱ་མིན།།　　ma skyes pa yang bskyed bya min//

སྐྱེས་པ་དང་ནི་མ་སྐྱེས་པའི།།　　skyes pa dang ni ma skyes pa'i//

སྐྱེ་བཞིན་པ་ཡང་བསྐྱེད་བྱ་མིན།།　　skye bzhin pa yang bskyed bya min//

....

19. '학쩨(lhag bcas)'인 '떼(te)'를 순접 접속사 'and'로 보고 옮겼다.
20. '상호 모순되는 현상'으로 옮긴 '미툰최(mi mthun chos)'의 자세한 내용에 대해서는 『중론』, 「제5품. 계(界)에 대한 고찰」의 [66. (5-7)]번 게송 각주 참조.

　　[66. (5-7)]
　　사태가 존재하는 것이 아니라면
　　사태가 없는 것(의) (그) 무엇의 (것이 있어 사태로) 존재하는 것으로 되겠는가?
　　사태(가 존재하는 것)이고 사태가 존재하지 않는 것이라는 상호 모순되는 현상[法](에서)
　　　어느 누가 사태(가 존재하는 것)이고 사태가 존재하지 않는 것임을 알 수 있겠는가?

21. 도구격[Ins.] 's'를 원인, 이유로 보고 옮겼다.
22. ŚS에서는 이 게송을 『중론』, 「제7품. 생기는 것[生]과 머무는 것[住]과 사라지는 것[滅]에 대한 고찰」의 20번 게송을 참조하라고 나와 있다.

　　[97. (7-20)]
　　'어떤 것이 존재[有]하거나 존재하지 않[無]거나
　　(거기에서) 생기는 것은 옳지 않다. 그리고 (또한)
　　존재하면서 존재하지 않는 것[有無] 자체에서도 (생기는 게) 아니다.'라는 것은 앞에서 (이미) 설명한 것과 같다.

　　『중론』, 「제7품」에 대한 축약인데, 문법적으로 '~ 때문에'를 뜻하는 '칠(phyir)'이 반복적으로 사용되어 운율을 맞추고 있다. 가정법의 '나(na)'가 사용되었을 경우, 우리말로 옮기기 쉬우나 원문 자체에 '칠(phyir)'이 사용되어 있어 첨언하여 이에 따라 옮겼다.

> (이미) 생긴 어떤 것, 그것에 발생이 (존재하는 것은) 아니다.
> (아직) 생기지 않은 (어떤 것에도) 또한 발생이 (존재하는 것은) 아니다.
> 바로 그 (이미) 생긴 (어떤 것)과 (아직) 생기지 않은 (어떤 것)의
> 다른 (어떤) 생기는 것[生](에서도) 또한 발생이 (존재하는 것은) 아니다.[23]

[6]

འབྲས་བུ་ཡོད་པས་འབྲས་ལྡན་རྒྱུ།།   'bras bu yod pas 'bras ldan rgyu//

རྒྱུ་མིན་དང་མཚུངས་མེད་པ་ཡང་།།   rgyu min dang mtshungs med pa yang//

མེད་དེ་ལ་ཡང་རྒྱུ་མིན་མཚུངས།།   med de la yang rgyu min mtshungs//

ཡོད་མིན་མེད་པའང་མིན་ན་འགལ།།   yod min med pa'ng min na 'gal//

དུས་གསུམ་རྣམས་སུ་འཐད་མ་ཡིན།།   dus gsum rnams su 'thad ma yin//

> (지금) 존재하는 과(果)에는[24] (이) 과(果)를 갖게 한[25] 원인[因]이

---

23. 이 게송에서는 티벳어로 발음이 같은 '께(skyes)'와 '께(bskyed)'가 반복적으로 사용되었는데 전자는 '께와(skye ba)'의 과거형으로 '태어나다, 생기다, 일어나다'는 뜻이, 후자는 '께빠(skyed pa)'의 과거형으로 '낳다, 생산하다, 일으키다, 증장시키다'는 뜻이 있다. '께자(bskyed bya)'는 '발생이라는 것' 또는 '발생한 것'이라는 특정한 것을 가리킨다. 『중론』, 「제7품. 생기는 것[生]과 머무는 것[住]과 사라지는 것[滅]에 대한 고찰」에서는 현재형 시제로 되어 있는데 여기서는 과거형 시제로 되어 있는 차이가 있다.

     ŚS에서는 이 게송을 『중론』, 「제7품」의 1, 2번 게송을 참조하라고 나와 있다.

     [78. (7-1)]
     만약 생기는 것[生]이 지어진 것[有爲]이라면
     그 또한 세 가지 상(相)을 갖추게 된다.
     만약 생기는 것[生]이 지어진 것이 아니[無爲]라면
     어떻게 지어진 것의 상[有爲相]이라 (할 수 있)겠는가?

     [79. (7-2)]
     생기는 것[生] 등 셋, (그) 각자가
     바로 (그) 지어진 것의 상[有爲相](으로) 작용하는 것은
     가능하지 않다. (만약 각자가 유위상이라면) 동시에 하나로
     모이는 것[集]이 또한 어떻게 적절하겠느냐?

24. 도구격[Ins.] 's'를 ŚS에서는 '라둔(la 'dun)'의 'r'로 되어 있어 이에 따랐다.

―무인(無因)과 같아 (더 이상) 존재하지 않는 것이라 또한―[26]

존재하지 않는다. 그것[果]에는 또한[27] 무인(無因)과 같은 것은 (애초부터

존재하지 않는다.)[28]

　(물론) 존재하는 것(도) 아니고[~A] 존재하지 않는 것도 아닌 것[~(~A)]도[29]

모순된 것이다.

　(그러므로 이것은) 삼세(三世)들에서(도) 옳은 것이 아니다.[30]

[7]

གཅིག་མེད་པར་ནི་མང་པོ་དང་།།   gcig med par ni mang po dang//

མང་པོ་མེད་པར་གཅིག་མི་འཇུག །   mang po med par gcig mi 'jug/

དེ་ཕྱིར་རྟེན་ཅིང་འབྲེལ་འབྱུང་བའི།།   de phyir rten cing 'brel 'byung ba'i//

....

25.　'갖춘'이라고 옮겼던 '덴빠(ldan pa)'를 의미를 명확하게 하기 위하여 '갖게 한'으로
　　옮겼다.

26.　[데게판]이나 『중관이취육론』 원문에는 이 한 행이 첨언되어 있으나 ŚS나 NŚ에서는
　　이 행이 빠져 있다. 월칭의 인용에는 이 행이 빠져 있다고 하는데 자세한 내용은 NŚ,
　　p. 106 참조.

27.　1행의 '라둔(la 'dun)'의 'r' 대신에 '라(la)'가 쓰인 경우와 대구를 이루는 것으로 보고
　　옮겼다.

28.　연기실상에 대해 반대되는 인중유과(因中有果)와 인중무과(因中無果)에 대해서는 김성철의
　　『중론』, p. 30과 졸저, 『용수의 사유』, pp. 317-318 참조.
　　　여기서는 과중유인(果中有因)과 과중무인(果中無因)을 통해서 인과의 그침 없는 작용을
　　나눌 때 문제가 발생한다는 점에 대해서 지적하고 있다.

29.　사구의 세 번째인 'A and ~A'를 부정하는 것이다. 가정법의 '나(na)'를 축약하여 옮겼다.
　　만약 이 '나(na)'를 살려서 옮기면, '존재하는 것(도) 아니고[~A] 존재하지 않는 것도
　　아닌 것[~(~A)]이라면 (이것 또한) 모순된 것이다.' 정도 된다.

30.　ŚS에서는 이 게송을 『중론』, 「제10품. 불과 연료에 대한 고찰」을 참조하라고 나와 있다.
　　인과를 부정하는 것처럼 보이는 이 게송은 용수의 대표적인 논파법인 시간을 통해서
　　각각의 개념자들이 존재하는 것은 논파하는 방법으로 명확한 개념자를 구축하고자 하는
　　구사론자들의 입장과 배치되는 것이다. 『중론』, 「제10품. 불과 연료에 대한 고찰」의
　　마지막 게송은 다음과 같다.

　　　[152. (10-16)]
　　　어떤 이들은 아[我=ātman]와 사태들의
　　　동일성과 차이성을
　　　가르치는데 (나는 그들이 부처님께서) 가르치신 그것들의 (진정한) 의미를
　　　안다고 생각하지 않는다.

དངོས་པོ་མཚན་མ་མེད་པ་ཡིན།།   dngos po mtshan ma med pa yin//

바로 그 (어떤) 하나인 것[一者]이 존재하지 않는 많은 것[多者]과
많은 것[多者]이 존재하지 않는 하나인 것[一者]은 파악할 수 없다.[31]
그러므로 연기(緣起)의[32]
사태는 (그) 상(相)이 존재하지 않는 것[無相][33]이다.[34]

[8]

རྟེན་འབྱུང་ཡན་ལག་བཅུ་གཉིས་གང་།།   rten 'byung yan lag bcu gnyis gang//
སྡུག་བསྔལ་འབྲས་ཅན་དེ་མ་སྐྱེས།།   sdug bsngal 'bras can de ma skyes//
སེམས་གཅིག་ལ་ཡང་མི་འཐད་ཅིང་།།   sems gcig la yang mi 'thad cing//
དུ་མ་ལ་ཡང་འཐད་མ་ཡིན།།   du ma la yang 'thad ma yin//

십이연기(十二緣起)[35]는 어떤
고(苦)의 과(果)를 받는 것(이다. 그러나) 그것은 발생하지 않는다[不生].
(왜냐하면 그것이) 마음에 하나씩[36] (순차적으로 생기는 것) 또한 옳지
않고
여럿(이 동시)에 (생기는 것) 또한 옳은 것이 아니기 (때문이다).[37]

....

31. '죽빠('jug pa)'에 대해서는 『중론』 [61. (5-2)]번 게송 각주 참조.
32. 소유격[Gen.] '이('i)'를 수식의 기능으로 보고 옮겼다.
33. ŚS에서는 '상[相]은 존재하지 않는 것'이라고 옮긴 '체마 메빠(mtshan ma med pa)'를
    산스끄리뜨어 '아니밋따(animitta)'로, 한 단어로 보고 옮기고 있는데 여기에는 'causeless,
    groundless'라는 뜻이 있고 '니밋따(nimitta)'에는 'sign, mark' 등의 뜻이 있다. 티벳어의
    경우 '첸마(mtshan ma)'는 일반적으로 '상(相)'을 가리킨다. 무상(無相)에는 '모든 사물은
    공(空)이어서 일정한 형상이 없음' 등의 뜻이 있다. 여기서는 연기를 공(空)으로 달리
    표현하고 있는 셈이다.
34. 『세마론』에서는 일자(一者)와 타자(他者)와의 관계에 대한 논파를 하고 있는데 여기서는
    일자(一者)와 다자(多者)와의 관계성에 대해서 논파하고 있다.
35. 십이연기의 자세한 내용에 대해서는 『중론』, 「제26품. 십이연기(十二緣起)에 대한 고찰」의

ཐུག་མིན་མི་ཐུག་མིན་བདག་དང་། །
rtag min mi rtag min bdag dang//

བདག་མིན་གཙང་མིན་མི་གཙང་མིན། །
bdag min gtsang min mi gtsang min//

བདེ་མིན་སྡུག་བསྔལ་མ་ཡིན་དེ། །
bde min sdug bsngal ma yin de//

དེ་ཕྱིར་ཕྱིན་ཅི་ལོར་རྣམས་མེད། །
de phyir phyin ci lor rnams med//

---

1) 상(常)도 (존재하는 것이) 아니고 무상(無常)도 (존재하는 것이) 아니고
2) 아(我)와
   무아(無我)도 (존재하는 것이) 아니고 3) 정(淨)과 부정(不淨)도 (존재하는
것이) 아니고
   4) 낙(樂)도 (존재하는 것이) 아니고 고(苦)도 (존재하는 것이) 아니다.[38]
그러므로 전도된 것[39]들은 존재하지 않는다.[40]

....

도입부 각주 참조.

36. ŚS에서는 '에까쩻따(ekacitta)', 즉 '하나의 마음'으로 보고 옮기고 있으나, 여기서는
    마음에 십이연기의 각 지분이 각각 또는 동시에 작용하는 경우에 대한 논파로 보고
    옮겼다.

37. 이것은 총 12게송으로 된 『중론』, 「제26품. 십이연기(十二緣起)에 대한 고찰」에 나타나지
    않았던 개별적 개념자로서 존재하던 십이연기를 논파한 것으로 매우 중요한 게송이다.
    개별적으로도 또는 동시에 존재할 수 없다는 것을 통한 이 논파는 오직 여기서만 등장하는
    데 NŚ에 따라 첨언하여 옮겼다.

38. 문장의 완결을 뜻하는 '학쩨(lhag bcas)' '데(de)'가 사용되었다.

39. ŚS에서는 '전도된 견해'를 뜻하는 'perverted view'라고 옮기고 있으나, 『중론』에 따라
    '전도된 것'으로 옮겼다.

40. 총 8개의 개념자가 4개의 반대되는 것으로 이루어진 이 게송은 『중론』, 「제23품. 전도(顚倒)
    에 대한 고찰」의 축약으로 중요한 게송은 다음과 같다.

    [340. (23-21)]
    만약 아(我)와 정(淨)과
    상(常)과 락(樂)이 진실로 존재하는 것이라면
    아(我)와 정(淨)과 상(常)과
    락(樂)은 전도된 것이 아니다.

    [341. (23-22)]
    만약 아(我)와 정(淨)과

[10]

དེ་མེད་ཕྱིན་ཅི་ལོག་བཞི་ལས།།　　de med phyin ci log bzhi las//

སྐྱེས་པའི་མ་རིག་མིན་སྲེད་ལས།།　　skyes pa'i ma rig min sred las//

དེ་མེད་འདུ་བྱེད་མི་འབྱུང་ཞིང་།།　　de med 'du byed mi 'byung zhing//

ལྷག་མ་རྣམས་ཀྱང་དེ་བཞིན་ནོ།།　　lhag ma rnams kyang de bzhin no//

> 그것(들)이 존재하지 않기 (때문에, 이) 네 (개의) 전도된 것으로부터
> 발생하는 무명(無明)은 (존재하는 것이) 아니고 이 불가능한 것으로부터[41]
> (발생하는) 그것[無明]이 존재하지 않기 (때문에), 행(行)은 발생하지 않고[42]
> (십이연기의) 나머지들도 또한 그와 같다.[43]

[11]

མ་རིག་འདུ་བྱེད་མེད་མི་འབྱུང་།།　　ma rig 'du byed med mi 'byung//

དེ་མེད་འདུ་བྱེད་མི་འབྱུང་ཞིང་།།　　de med 'du byed mi 'byung zhing//

ཕན་ཚུན་རྒྱུ་ཕྱིར་དེ་གཉིས་ནི།།　　phan tshun rgyu phyir de gnyis ni//

རང་བཞིན་གྱིས་ནི་མ་གྲུབ་ཡིན།།　　rang bzhin gyis ni ma grub yin//

> 무명(無明)은 행(行)이 존재하지 않으면 발생하지 않는다.

················

상(常)과 락(樂)이 진실로 존재하지 않는다면
무아(無我)·부정(不淨)·무상(無常) 그리고
고(苦)는 존재하지 않는다.

41.　ŚS에는 '민쎄레(min sred las)' 대신에 '미쎄라(min sred la)' 또는 '마릭메(ma rig med)'가
쓰여 있는데 전자는 '불가능하다', 후자는 '무명(無明)은 존재하지 않는다' 등으로 옮길
수 있다.

42.　순접, 역접의 기능을 모두 가지고 있는 접속부사 '슁(zhing)'을 순접의 기능으로 보고
옮겼다.

43.　무명(無明, avidyā, ma rig pa), 행(行, saṃskāra, 'du byed 또는 las)으로 이어지는 십이연기의
첫 번째와 두 번째를 언급하고 있다.
　　문법적으로 '그것은 존재하지 않는다.'라는 뜻을 지닌 '데 메(de med)'를 1, 3행의 어두에
두고 운율을 맞추고 있어 이에 따라 옮겼다. 티벳어 판본에 차이가 약간씩 있으나 의미는
모두 같다.

칠십공성론 351

그것[無明]이 존재하지 않으면 행(行)은 발생하지 않는다.[44]
상호 원인[囚]이기 때문에 바로 이 둘은
바로 그 자성(自性)을 통해서[45] 성립하지 않는 것이다.[46]

[12]

གང་ཞིག་བདག་ཉིད་རང་བཞིན་གྱིས།།　　gang zhig bdag nyid rang bzhin gyis//

མ་གྲུབ་དེ་གཞན་ཇི་ལྟར་བསྐྱེད།།　　ma grub de gzhan ji ltar bskyed//

དེ་ཕྱིར་གཞན་ལས་གྲུབ་པ་ཡིས།།　　de phyir gzhan las grub pa yis//

རྐྱེན་གཞན་དག་ནི་སྐྱེད་བྱེད་མིན།།　　rkyen gzhan dag ni skyed byed min//

어떤 것이 자기 자신[svātmān, 本性][47]의 자성(自性)을 통해서
성립하지 않는다면 그것이 다른 것(을 통해서) 어떻게 발생[48]하겠는가?
그러므로 다른 것으로부터 성립하는[49]
바로 그 다른 연(緣)들이 발생을 행하는 것이 아니다.[50]

[13]

ཕ་ནི་བུ་མིན་བུ་ཕ་མིན།།　　pha ni bu min bu pha min//

．．．．．．．．．．．．．．．．．．．．．．．．．．．

44. 순접, 역접의 기능을 모두 가지고 있는 접속부사 '슁(zhing)'을 문장의 완결 기능으로 보고 옮겼다.
45. 도구격[Ins.] '기(gyis)'를 'through'로 보고 옮겼다.
46. 십이연기의 무명(無明)은 행(行)이 상호 의존적인 원인[囚]을 통해서 존재할 수 있는 것으로 독립적인 개념자가 아니라는 논파는 용수의 『중관이취육론』 가운데 여기서만 등장한다.
47. '자기 자신[svātmān, 本性]'으로 옮긴 '닥니(bdag nyid)'에 대해서는 『중론』 [90. (7-13)]번 게송 각주 참조
48. '께빠(bskyed pa)'에 대해서는 5번 게송 각주 참조.
49. 『중관이취육론』 원문에는 도구격[Ins.] '이(yis)'로 나와 있으나 ŚS의 소유격[Gen.] '이(yi)'에 따라 옮겼다. 여기서 '이(yi)'는 수식의 기능을 하고 있다.
50. ŚS에서는 11번부터 14번 게송을 『중론』, 「제26품. 십이연기(十二緣起)에 대한 고찰」의 전체 게송인 1-12번 게송을 참조하라고 되어 있으나, 바로 앞의 원인[囚]에 대한 논파 이후의 이 게송은 『중론』, 「제1품. 연(緣)에 대한 고찰」의 축약에 해당한다.

དེ་གཉིས་ཕན་ཚུན་མེད་མིན་ལ།།
de gnyis phan tshun med min la//

དེ་གཉིས་ཅིག་ཆར་ཡང་མིན་ལྟར།།
de gnyis cig char yang min ltar//

ཡན་ལག་བཅུ་གཉིས་དེ་བཞིན་ནོ།།
yan lag bcu gnyis de bzhin no//

> 바로 그 아버지는 (아들이 존재하지 않으면 존재하는 것이) 아니고 아들 (또한 아버지가 존재하지 않으면 존재하는 것이) 아니다.[51]
>
> 그 둘은 상호 존재하지 않으면 (존재하는 것이) 아니다. 그리고[52]
>
> 그 둘이 각각 (존재하는 것도) 또한 (존재하는 것이) 아닌 것처럼 십이연기 (또한) 그와 같다.[53]

[14]

ཇི་ལྟར་རྨི་ལམ་ཡུལ་བརྟེན་པའི།།
ji ltar rmi lam yul brten pa'i//

བདེ་སྡུག་དང་དེའི་ཡུལ་མེད་པ།།
bde sdug dang de'i yul med pa//

དེ་བཞིན་གང་ཞིག་ལ་བརྟེན་ན།།
de bzhin gang zhig la brten na//

གང་ཞིག་རྟེན་འབྱུང་དང་འདི་འང་མེད།།
gang zhig rten 'byung dang 'di 'ng med//

> 이와 같이[54] 꿈길[夢中][55] (속의) 대상[境]에 의지하는
>
> 낙(樂)과 고(苦)와 그리고 그것(들)의 대상[境]은 (진실로) 존재하지 않는 것이다.[56]
>
> (그러므로)[57] 그와 같이 어떤 것에 의지하는 것이라면
>
> 그 어떤 것과 의지하여[緣] 일어나는[起] 이것 또한 존재하지 않는다.[58]

---

51. 의미는 명확하지만 축약이 심하여 첨언하여 옮겼다.
52. '라둔(la 'dun)'의 '라(la)'가 사용되어 있는데 순접의 기능으로 보고 옮겼다.
53. 앞의 11번 게송의 '무명(無明)과 행(行)의 상호 원인이 되는 것'을 확대하여 십이연기까지 적용시킨 경우다. 이 아버지와 아들에 대한 비유는 여기서만 등장한다.
54. '이와 같이 ~, 그와 같이 ~'를 뜻하는 '지딸 ~, 데딸 ~(ji ltar ~, de ltar ~)' 대신에 '지딸 ~, 데쉰 ~(ji ltar ~, de bzhin ~)'이 쓰였다.
55. '미람(rmi lam)'이 '꿈'이라는 뜻이지만 어원에 따라 '꿈길'이라고 풀어서 썼다.

[15]

གལ་ཏེ་དངོས་རྣམས་རང་བཞིན་གྱིས།།	gal te dngos rnams rang bzhin gyis//
མེད་ན་དམན་མཉམ་ཁྱད་འཕགས་དང་།།	med na dman mnyam khyad 'phags dang//
སྣ་ཚོགས་ཉིད་ནི་མི་འགྲུབ་ཅིང་།།	sna tshogs nyid ni mi 'grub cing//
རྒྱུ་ལས་ཀྱང་ནི་མངོན་འགྲུབ་མིན།།	rgyu las kyang ni mngon 'grub min//

> 만약 사태들의 자성이
>
> 존재하지 않는다면 열등한 것[下],[60] 보통인 것[中], 그리고 특별한 것[上][61]
> (등)과
>
> 그 어떤[62] 다양한 것 자체[多樣性]도 성립하지 않고
>
> (그) 원인[因]으로부터 (생겨난) 그 어떤 (다른 것들) 또한 제대로[63] 성립하
> 지 않는다.[64]

....

56. 이 1, 2행은 문장 구조에 따라 직역하였는데 대상이 존재하지 않고 그것에서 파생된 낙(樂)과 고(苦)와 다시 그 대상을 부정하는 독특한 형태를 취하고 있다.

57. ŚS의 'thus'에 따라 첨언하였다.

58. 이 게송 하나만을 두고 보았을 때 용수는 불법의 근간이 되는 연기사상을 부정하는 것처럼 보인다. 그러나 여기서는 상호 의존적인 것 또한 '꿈속의 대상'과도 같은 것임을 지적하고 있는 것이다.

59. ŚS에 따라 논박자의 주장으로 보고 옮겼다. NŚ에서는 이것을 유부(有部)의 별칭인 '바이바쉬까(Vaibhaṣika)'의 주장으로 보고 있다.

60. 『중관이취육론』 원문에는 '민(min)'이 첨언되어 있으나 '멘(dman)'의 오자가 확실하여 고쳐서 옮겼다.

61. 1번 게송의 2행이 변형되어 있다.

62. 일반적으로 '바로 그'라고 옮겼던 강조사[Emp.] '니(ni)'를 '그 어떤'으로 옮겼다.

63. '제대로 성립하다'로 옮긴 '뇐둡(mngon 'grub)'은 '뇐빨 둡빠(mngon par 'grub pa)'의 약자로, 여기서 '뇐빠(mngon pa)'는 '제대로, 잘, 완전히' 등을 뜻하는 '렉빠(legs pa)'의 유사어다.

64. 이 게송에서 중요한 것은 어떤 하나의 고정불변하는 고유한 성품인 자성(自性)을 가진 인식 주체에 의해서 파악된 대상인 '사태(事態)'와 연기실상과의 관계로 이후 두 개의 게송에 걸쳐 이것이 존재할 경우와 존재하지 않을 경우를 통해서 논파하고 있다는

【답】⁶⁵

[16]

རང་བཞིན་གྲུབ་ན་རྟེན་འབྱུང་གི།   rang bzhin grub na rten 'byung gi/

དངོས་པོ་མེད་འགྱུང་མ་བརྟེན་ན།།   dngos po med 'gyung ma brten na//

རང་བཞིན་མེད་པར་ག་ལ་འགྱུར།།   rang bzhin med par ga la 'gyur//

དངོས་པོ་ཡོད་ན་དངོས་མེད་ཀྱང་།།   dngos po yod na dngos med kyang//

(만약 어떤 사태의) 자성(自性)이 성립한다면 연기(緣起)의
사태는 존재하지 않게 되고 (그리고 어떤 것에) 의지하는 않는다면
자성(自性)은 존재하지 않게 (되는데) 어떻게 (이것이) 가능하겠는가?
사태가 존재할지라도⁶⁶ (바로 그) 사태가 존재하지 않게 (되는데!) 또한⁶⁷

---

[17]

མེད་ལ་རང་དངོས་བཞིན་དངོས་སམ།།   med la rang dngos bzhin dngos sam//

....

점이다.
    이 게송과 이하 두 개의 게송에 대해서 『중론』, 「제15품. 자성(自性)에 대한 고찰」의
축약으로, 이 품의 전체적인 내용이 중요하지만 본 게송을 축약한 것은 다음과 같다.

    [194. (15-8)]
    만약 자성이 존재한다면
    바로 그것은 (그것이) 없는 것 자체로 변하지 않아야 한다.
    자성이 다른 것으로 변하는 것, 그것은
    결코 옳지 않다.

    [195. (15-9)]
    자성이 존재하지 않는다면
    다른 것으로 변하는 것은 무엇이겠는가?
    자성이 존재한다면 마찬가지로
    다른 것으로 변하는 것이 어떻게 가능하겠는가?

65. 용수의 답변이다.
66. 가정법의 '나(na)'를 'even though'로 보고 옮겼다.
67. 한 게송의 마지막에 '~도 또한'을 뜻하는 '깡(kyang)'이 사용된 좀처럼 보기 힘든 경우로,
     이것은 다른 게송과 이어져 있다는 것을 뜻한다.

དངོས་མེད་འགྱུར་ག་ལ་འགྱུར།།
དེས་ན་རང་དངོས་གཞན་དངོས་དང་།།
དངོས་མེད་ཕྱིན་ཅི་ལོག་པ་ཡིན།།

dngos med 'gyur ga la 'gyur//

des na rang dngos gzhan dngos dang//

dngos med phyin ci log pa yin//

(사태가)[68] 존재하지 않는 것에서 1) 자기 자신의 사태[自有](와) 2) 다른 사태[他有]와

3) 사태가 존재하지 않는 것으로 되는 것[無有]이 어떻게 가능하겠는가?

그러므로 (사태가 존재하지 않는 것에서) 1) 자기 자신의 사태[自有]와

2) 다른 사태[他有]와

3) 사태가 존재하지 않는 것(으로 되는 것[無有])은 전도된 것이다.[69]

【문】[70]

[18]

གལ་ཏེ་དངོས་པོ་སྟོང་ཡིན་ན།།

gal te dngos po stong yin na//

....

68. 바로 앞 게송의 4행을 받고 있는 것으로 보고 첨언하였다.
69. 이 게송은 『중론』, 「제21품. 발생과 소멸에 대한 고찰」의 여러 게송들과 유사한 점이 많다.

> [295. (21-13)]
> 사태는 자신으로부터 생겨[自生]나지 않고
> 다른 것으로부터 생겨[他生]나지 않는다.
> 자신과 다른 것으로부터 생겨나는 것이
> 아니라면, (도대체) 어떻게 (그것들이) 생겨나겠는가?

 ŚS에 따르면 이 게송에 등장하는 자기 자신의 사태[自有]는 '스와바바(svabhāva)', 다른 사태[他有]는 '빠라바바(parabhāva)', 그리고 '사태가 존재하지 않는 것[無有]으로 되는 것'은 '아바바(abhāva)'로 모두 '사태'를 뜻하는 '바바(bhāva)'에 변화를 준 하나의 단어이다. 이 가운데 '사태가 존재하지 않는 것으로 되는 것[無有]'으로 옮긴 '아바바(abhāva)'는 일반적으로 '무(無)'를 뜻하지만 티벳어 원문이 '뇌메귤(dngos med 'gyur)'로 되어 있어 이것을 풀어서 옮긴 것이다.

70. ŚS에 따라 논박자의 주장으로 보고 옮겼다. NŚ에서는 이것을 유부(有部)의 별칭인 '바이바쉬까(Vaibhaṣika)'의 주장으로 보고 있다.

འགག་པ་མེད་ཅིང་སྐྱེ་མི་འགྱུར།།　　'gag pa med cing skye mi 'gyur//

རོ་བོ་ཉིད་ཀྱིས་སྟོང་པ་ལ།།　　ngo bo nyid kyis stong pa la//

གང་ལ་འགག་ཅིང་གང་ལ་སྐྱེ།།　　gang la 'gag cing gang la skye//

> 만약 사태가 공한 것이라면
>
> 사라지는 것[滅]도 존재하지 않고 생겨나는 것[生]도 (존재하지) 않게
> 된다.
>
> 자성(自性)이 공한 것에
>
> 어떻게[71] 사라지는 것[滅]이 (존재할 것)이고 어떻게 생겨나는 것[生]이
> (존재하겠는가)?[72]

·······························

71. '강라(gang la)'에는 '어디에, 어떻게', 즉 'where, how'라는 뜻이 있어 '어떻게'로 보고
옮겼다.

72. 문장의 순서만 약간 바뀌었을 뿐, 이 게송은 『중론』, 「제25품. 열반(涅槃)에 대한 고찰」의
논박자의 주장인 1, 2번 게송의 판박이다.

　　만약 이 모든 것들이 공(空)하다면
　　생겨나는 것[生]도 존재하지 않고 사라지는 것[滅]도 존재하지 않는다.
　　(만약 그렇다면) 어떤 것의 제거[斷]나 소멸[滅]로부터
　　(누가) 열반을 바랄 수 있겠는가?

　이에 대한 용수의 답변은 자띠 논법의 전범이다.

　　만약 이 모든 것들이 공(空)하지 않다면
　　생겨나는 것[生]도 존재하지 않고 사라지는 것[滅]도 존재하지 않는다.
　　(만약 그렇다면) 어떤 것의 제거[斷]나 소멸[滅]로부터
　　(누가) 열반을 바랄 수 있겠는가?

　또한 「제13품. 형성 작용[行]에 대한 고찰」의 4번 게송에서도 이 자띠 논법의 대표적인
예가 등장한다.

　　【문】만약 무자성이라면
　　다른 것으로 변하는 것이 무엇이겠느냐?
　　【답】만약 자성이 존재한다면
　　다른 것으로 변하는 것이 어떻게 가능하겠느냐!

【답】[73]

[19]

དངོས་དང་དངོས་མེད་ཅིག་ཆར་མེད།།   dngos dang dngos med cig char med//

དངོས་མེད་མེད་ན་དངོས་པོ་མེད།།   dngos med med na dngos po med//

རྟག་ཏུ་དངོས་པོའང་དངོས་མེད་འགྱུར།།   rtag tu dngos po'ang dngos med 'gyur//

དངོས་མེད་མེད་པར་དངོས་མི་སྲིད།།   dngos med med par dngos mi srid//

사태[A, 有]와 사태가 아닌 것[~A, 無, 非有]은 동시에 존재하지 않는다.
사태가 아닌 것[~A, 無, 非有]이 존재하지 않는다[~, 부정]면 사태[A, 有]는
존재하지 않는다.

항상하는 사태[A, 有]인 것 또한 사태가 아닌 것[~A, 無, 非有]으로 되거(나)
'사태가 아닌 것[~A, 無, 非有]이 존재하지 않는 것[~(~A), 非無, 非有有,
부정의 부정]'인[74] 사태로 (되는 것은) 불가능하다.[75]

·····························

그러나 여기서는 그 논파법이 다르다. 자띠 논법의 자세한 내용에 대해서는 『회쟁론』
21번 게송 각주 참조.

73.   ŚS에 따라 논박자의 주장으로 보고 옮겼다. 용수의 답변으로 20번 게송까지 두 개로
이루어져 있다.

74.   '라둔(la 'dun)'의 'r'을 강조의 인용으로 보고 옮겼다.

75.   이 게송에 대한 독법은 차이가 심한데, ŚS에서는 'A'와 '~A', 그리고 '~(~A)'의 관계를
통해서 설명하고 있다. 즉 '바바(bhāva)'에 대한 부정형을 통한 방식이다. 이때 1행의
'동시에(simultaneously)' 존재와 비존재가 있을 수 없는 경우는 명확하지만, 2행의 '~(~A)'
의 이중 부정이 '~A'가 되는 경우는 서구의 형식 논리학을 기본으로 삼는 오늘날의
논리적 개념으로는 부정확하게 보인다. 이 점에 대한, 즉 용수의 이중 부정에 대한
자세한 내용은 졸저, 『용수의 사유』, pp. 252-255 참조.
   이와 같은 이유 때문에 NŚ의 독법이 눈에 띄는데 여기서는 1행의 '동시에(simultaneously)'
를 뜻하는 '찍찰(cig char)'과 3행의 '항상하는(permanent)'을 뜻하는 '딱뚜(rtag tu)'를
대립항으로 보고 독해하고 있다. 이때 3, 4행은 고정불변하는 'A'의 속성에 부정이나
이중 부정을 첨언할 수 없다는 뜻으로 해석되는데 그것은 바로 '항상하는(permanent)'이라
는 수식어와 배치되기 때문이다.
   이 두 가지 독법의 차이에도 불구하고 2행의 이중 부정의 문제는 해결되는 것이 아니므로
이 점을 유의할 필요가 있다.

358

20

དངོས་པོ་མེད་པར་དངོས་མེད་མིན།།   dngos po med par dngos med min//

རང་ལས་མིན་ཞིང་གཞན་ལས་མིན།།   rang las min zhing gzhan las min//

དེ་ལྟ་བས་ན་དེ་མེད་ན།།   de lta bas na de med na//

དངོས་པོ་མེད་ཅིང་དངོས་མེད་མེད།།   dngos po med cing dngos med med//

'사태가 존재하지 않는다.'는 것[~A]은[76] 사태가 존재하지 않는다는 것 [~A] (또한 존재하는 것이) 아니다[~, 부정](는 뜻이다).[77]

자기 자신으로부터 (존재하는 것[自有]도) 아니고 다른 것으로부터 (존재하는 것[他有] 또한) 아니다.[78]

그러므로 그것[79]이 존재하지 않는다면

사태는 존재하지 않는 것도 아니고[~A] 존재하지 않는 것도 아니다[~(~A)].[80]

21

ཡོད་པ་ཉིད་ནི་རྟག་ཉིད་དང་།།   yod pa nyid ni rtag nyid dang//

མེད་ན་ངེས་པར་ཆད་ཉིད་ཡིན།།   med na nges par chad nyid yin//

དངོས་པོ་ཡོད་ན་དེ་གཉིས་འགྱུར།།   dngos po yod na de gnyis 'gyur//

དེ་ཕྱིར་དངོས་པོ་ཁས་བླངས་མིན།།   de phyir dngos po khas blangs min//

---

76. '라둔(la 'dun)'의 'r'을 강조의 인용으로 보고 옮겼다.
77. 용수의 논파법에서 이중 부정의 문제는 바로 앞 게송의 각주 참조
78. 17번 게송에서 이 문제는 이미 다루었다.
79. 바로 앞 게송과 이 게송의 1, 2행을 가리킨다.
80. 19번 게송과 함께 사태의 존재에 대한 용수의 논파법을 정리해보면, 19번 게송에서는 시간적으로 문제로, 그리고 이 게송 1행에서는 존재자의 부정은 이미 그 존재자 자체를 부정하는 것이라 성립하지 않은 것으로, 2행에서는 자타(自他)의 문제를 다루는 것으로, 3, 4행에서는 이 문제에 대한 결론에 해당한다.
   『중관이취육론』 원문에는 '나(na)'로 되어 있으나 탈오자가 확실하여 '메(med)'로 고쳤다.

바로 그 (사태가) 존재하는 것 자체[存在性]라면 항상하는 것 자체[恒常性]이고 존재하지 않는 것 (자체)라면 확실히 단멸(斷滅)하는 것 자체이다. 사태가 존재한다면 그것은 (이와 같은 상견, 단견 이)[81] 둘로 된다. 그러므로 사태는 인정될 수 있는 것[82]이 아니다.[83]

【문】【답】[84]

[22]

རྒྱུན་གྱིས་ཕྱིར་ན་འདི་མེད་དེ།།
རྒྱུ་བྱིན་ནས་ནི་དངོས་པོ་འགག
སྔར་བཞིན་འདི་ཡང་མ་གྲུབ་ཅིང་།།
རྒྱུན་ཆད་པར་ཡང་ཐལ་བར་འགྱུར།།

rgyun gyis phyir na 'di med de//
rgyu byin nas ni dngos po 'gag/
sngar bzhin 'di yang ma grub cing//
rgyun chad par yang thal bar 'gyur//

【문】상속(相續)하는 것이기 때문에 (상견, 단견이라는) 이것은 존재하지 않는다.[85] 왜냐하면[86]

바로 그 원인은 (결과에 영향을) 주고 그 사태는 소멸하기 때문이다.[87]

....

81. 다음 게송의 내용에 따라 첨언하였다.
82. '인정할 수 있는 것'이라고 옮긴 '케랑(khas blangs)'은 '케렌(khas len)'의 과거형으로 산스끄리뜨어의 조어법의 과거수동분사(p.p.p)에 따르면 '인정, 승인, 용납' 등의 명사형이 되어야겠으나 여기서는 의미에 맞게 옮겼다.
83. 사태의 존재성에 대한 논파의 마지막 게송으로 여기서는 개념자 자체가 변화할 수 없다는 것을 통해서 논파하고 있다. ŚS나 NŚ에서는 'one should not'을 첨언하여 옮기고 있다. 이 게송은 『중론』, 「제21품. 발생과 소멸에 대한 고찰」의 다음 게송과 같은 의미다.

[296. (21-14)]
사태가 존재한다고 인정하면
바로 그것은 상견(常見)과 단견(斷見)으로 (빠지는)
과실(過失)이 된다. 왜냐하면 바로 그 사태가
항상하거나 무상한 것으로 되기 때문이다.

84. ŚS에 따르면 이하 세 게송들은 모두 1, 2행의 논박자의 주장에 대한 3, 4행의 논파로 되어 있다. NŚ도 같은 구조인데 1, 2행에 대해서 논박자의 주장이라고 했을 뿐 별도로 누구의 주장인지에 대해서 적고 있지 않다.

【답】이전에 (언급한 것)처럼,[88] 이것도 또한 성립하지 않고
상속이 소멸하는 것에서도 또한 과실(過失)이 (발생하게) 된다.[89]

....

85. 이 게송은 『중론』, 「제21품. 발생과 소멸에 대한 고찰」의 다음 게송과 같은 의미다.

  [297. (21-15)]
  사태가 존재한다고 인정해도
  단(견)이 되는 것도 아니고 상(견)이 되는 것도 아니다.
  (왜냐하면) 결과는 원인[因]의 발생과 소멸의
  그 상속(相續)이 계속되는 것[輪廻]이기 때문이다.

86. '학쩨(lhag bcas)' '데(de)'를 원인, 이유를 설명하는 것으로 보고 옮겼다.
87. 『중론』, 「제21품. 발생과 소멸에 대한 고찰」에서는 이것을 다음과 같이 논파하고 있다.

  [263. (20-5)]
  만약 바로 그 원인이 결과에
  원인(이 되는 것)을 주고 소멸한다면
  어떤 주는 것과 (다른) 어떤 소멸하는
  원인의 (그) 자기 자신[svātmān, 本性]은 두 가지로 된다.

  [264. (20-6)]
  만약 바로 그 원인이 결과에
  원인(이 되는 것)을 주지 않고 소멸한다면
  원인이 소멸하는 것으로부터 생겨난
  그 결과들은 원인이 없는 것[無因]이 된다.

88. ŚS에 따르면 19번 게송 1행의 동시성에 대한 논파인 '사태[A, 有]와 사태가 아닌 것[~A,
  無, 非有]은 동시에 존재하지 않는다.'는 것이다.
89. 『중론』에서는 「제21품. 발생과 소멸에 대한 고찰」에서뿐만 아니라 이 상속의 문제에
  대한 여러 품에 등장하는데 간추리면 다음과 같다.

  「제17품. 업(業)과 과보(果報)에 대한 고찰」에서는 이숙, 즉 상속의 결과에 대해서 논파한다.

  [213. (17-6)]
  만약 이숙(異熟)하는 동안
  (그대로) 머무른다면 그것은 항상하는 것으로 된다.
  만약 사라지는 것[滅]이라면 사라지는 것으로 되는데
  어떻게 그 과보가 발생하겠는가?

  「제25품. 열반(涅槃)에 대한 고찰」에서는 이와 같은 단견, 상견의 원인인 시간의 문제에
  대해서 논파한다.

  [405. (25-21)]

སྐྱེ་འཇིག་བསྟན་ཕྱིར་སངས་རྒྱས་ཀྱི། །
ལམ་བསྟན་མ་ཡིན་སྟོང་ཉིད་ཕྱིར། །
འདི་དག་ཕན་ཚུན་བཟློག་པ་རུ། །
མཐོང་བ་ཕྱིན་ཅི་ལོག་ལས་ཡིན། །

skye 'jig bstan phyir sang rgyas kyi//
lam bstan ma yin stong nyid phyir//
'di dag phan tshun bzlog pa ru//
mthong ba phyin ci log las yin//

【문】 생겨남[生]과 소멸함[滅]을 펼쳐 보이기[90] 위한 것이[91] 부처님의
교시하신 길(이고) 아닌 것은 공성(을 펼쳐 보이기) 위한 것이다.[92]
【답】 이것들은[93] 서로 뒤바뀐[94]
전도된 것이기 때문에[95] (발생하는 것)이다.[96]

....

1) 어떤 것의 입멸(入滅), 2) 어떤 것에서의 (양)변(邊) 등과
3) 항상[常] 등의 견해[見]들은
(A) 열반과 (B) 후(後)의 변(邊)과
(C) 전(前)의 변(邊)에 의지한다.

'과실(過失)이 (발생하게) 된다'로 옮긴 '텔왈 귤(thal bar 'gyur)'의 자세한 내용은 『중론』,
「제2품. 가고 오는 것[去來]에 대한 고찰」, [20. (2-4)]번 게송 각주 참조.

90. '펼쳐 보이다'로 윤문하여 옮긴 '뗀빠(bstan pa)'는 '뙨빠(ston pa)'의 과거형으로, '가르치
     다, 설명하다'는 뜻이 있다. 여기서는 'reveal'을 참조하여 옮겼다.
91. '~ 때문에'를 뜻하는 '칠(phyir)'이 사용되었는데 원인, 이유, 목적 등을 뜻하는 것으로
     보고 옮겼다.
92. 이 게송의 1, 2행의 형식은 매우 독특한데, 다른 판본들에서는 이 문제 때문인지 다음과
     같이 되어 있다.

     skye 'jig gzigs pas mya ngan 'das//
     lam bstan stong nyid phyir ma yin//

     (부처님께서는) 생겨남[生]과 소멸함[滅]을 보는 것을 통해서 열반을 (가르치신 것이
     지)
     공성을 교시하는 길을 (가르치신 것이) 아니다.

93. '양수(dual)'를 뜻하는 '닥(dag)'이 사용되었다.
94. '뒤바뀐'이라고 옮긴 '록빠(bzlog pa)'에 대해서는 『회쟁론』 1번 게송 각주 참조
95. 탈격[Abl.] '레(las)'가 쓰였다. 여기서는 의미를 명확하게 하기 위해서 '때문에'라고
     옮겼다.

 གལ་ཏེ་སྐྱེ་འགག་མེད་ཡིན་ན།།　　　　　　gal te skye 'gag med yin na//

ཅི་ཞིག་འགགས་པས་མྱ་ངན་འདས།།　　　　ci zhig 'gags pas mya ngan 'das//

རང་བཞིན་གྱིས་ནི་སྐྱེ་མེད་ཅིང་།།　　　　rang bzhin kyis ni skye med cing//

འགག་མེད་གང་དེ་ཐར་མིན་ནམ།།　　　　'gag med gang de thar min nam//

> 【문】 만약 생겨남[生]과 소멸함[滅]이 존재하지 않는 것이라면
> 무엇이 소멸하는 것이 열반이겠는가?
> 【답】 바로 그 자성이 불생(不生)이고
> 불멸(不滅)인 것, 바로 그것이[97] 해탈[98]이 아니던가![99]

96.　이 게송은 『중론』, 「제21품. 발생과 소멸에 대한 고찰」의 다음 게송과 관련이 있다.

> [293. (21-11)]
> 바로 그 발생과 소멸들이
> 보인다라는 생각을 그대가 마음속에 품는다면
> (그것은) 바로 그 발생과 소멸들이
> (그대의) 어리석음[痴, 迷妄] 때문에 (그렇게) 보이는 것이다.

ŚS나 NS에는 언급되어 있지 않으나, 붓다의 공성(空性)에 대한 직접적인 교시가 등장하지 않은 이유에 대해서 『중론』의 「제13품. 형성 작용[行]에 대한 고찰」에서는 다음과 같이 적고 있다.

> [172. (13-2)]
> 만약 무엇이든 속이는 현상[法]이 존재할 때
> 그것이 거짓된 것이라면, (그러면) 무엇이 속이는 것이겠는가?
> 세존께서 그것을 말씀하신 것은
> 공성(空性)을 완전히 가르치기 위해서였다.

「제24품. (사)성제(四聖諦)에 대한 고찰」의 다음 게송에서는 그 이유를 밝히고 있다.

> [356. (24-12)]
> 그러므로 (근기가) 약한 이(들)이 이 (수승한) 법의
> (심오함을) 철저히 깨닫기 어렵다는 것을 아셨던
> 능인(能仁)의 바로 그 마음 (때문에) 교법(敎法)으로부터
> (공성에 대한 가르침이) 매우 후퇴하게 되었던 것이다.

གལ་ཏེ་འགགག་ལས་སྒྱུ་ངན་ཆད།།　　　gal te 'gag las mya ngan chad//

གལ་ཏེ་ཅིག་ཤོག་ལྟར་ན་རྟག།　　　　gal te cig shog ltar na rtag/

དེ་ཕྱིར་དངོས་དང་དངོས་མེད་དག།　　de phyir dngos dang dngos med dag/

སྒྱུ་ངན་འདས་པར་རུང་མ་ཡིན།།　　　mya ngan 'das par rung ma yin//

만약 (苦의) 소멸[滅]로부터 열반이 (성취된다면 그것에는) 그침[斷]이
(있을 것이고)
만약 반대의 경우라면[100] (고와 열반이) 항상하는 것[常]이 (될 것이다.)[101]
그러므로 사태와 사태가 아닌 것[非事態]들이
열반으로[102] (되는 것은) 가능한 것이 아니다.[103]

---

97. 강조사[Emp.] '니(ni)' 대신에 '바로 그것'을 뜻하는 '강데(gand de)'가 쓰였다.

98. 2행의 '열반'을 뜻하는 '먀녠데(mya ngan 'das)' 대신에 '해탈'을 뜻하는 '탈빠(that pa)'가
     쓰였다. 열반이 '(욕망의) 불을 끄다'는 뜻이라면 해탈은 '(고통에서) 벗어남, 자유스러움'
     을 뜻한다.

99. 이 게송 또한 일종의 자띠 논법인데, 2행의 '무엇이 사라지는 것이 열반이겠는가?'라는
     논박자의 주장에 대해서, 열반의 정의를 통해서 논파하고 있는 셈이다. 다음의 두 게송들에
     서 이 열반에 대한 구체적인 논파가 이루어지고 있는데 용수의 열반에 대한 논파에
     대한 분석은 졸저, 『용수의 사유』, pp. 153-184 참조.

100. '반대의 경우라면'이라고 옮긴 '찍쑥 딸나(cig shog ltar na)'를 해자해보면, '다른 측면'을
     뜻하는 '찍쑥(cig shog)'과 '그와 같은 (경우)라면'을 뜻하는 '딸나(ltar na)'로 되어 있다.
     여기서는 1행의 대구로 보고 옮겼다.

101. NŚ에서는 이것을 단견(斷見)과 상견(常見)의 견해로 보고 있다.

102. '라둔(la 'dun)'의 'r'을 'to'로 보고 옮겼는데 강조의 인용으로 보고 옮길 경우에는 '사태와
     사태가 아닌 것[非事態]들이 열반이라는 것은'으로 된다.

103. 이 게송은 『중론』, 「제25품. 열반(涅槃)에 대한 고찰」, [394. (25-10)]번 게송에서 열반이
     유위법인 경우에 대한 논파에 해당한다.

> [394. (25-10)]
> '생기는 것[生]과 사라지는 것[滅]들을
> 끊으라'고[斷] 스승님께서는 말씀하셨다.
> 그러므로 바로 그 열반이
> 사태[A]도 아니[~]고 비사태(非事態, ~A)도 아닌 것[~(~A)]은 (매우) 합리적이다.

གལ་ཏེ་འགོག་པར་འགའ་གནས་ན།།   gal te 'gog par 'ga' gnas na//

དངོས་པོ་ལས་གཞན་དེ་ཡོད་འགྱུར།།   dngos po las gzhan de yod 'gyur//

དངོས་པོ་མེད་ཕྱིར་འདི་མེད་ལ།།   dngos po med phyir 'di med la//

དངོས་པོ་མེད་ཕྱིར་དེ་ལས་མེད།།   dngos po med phyir de las med//

만약 (苦의) 소멸[滅]에 어떤 것이[104] (소멸되지 않고) 머문다면
(바로 그) 사태로부터 저 다른 것[105]이 존재하게 될 것이다.
사태가 존재하지 않기 때문에 이것이 존재하지 않고[106]
사태가 존재하지 않기 때문에 저것도 또한[107] 존재하지 않는다.[108]

---

[27]

མཚན་གཞི་ལས་གཞན་མཚན་ཉིད་ལས།།   mtshan gzhi las gzhan mtshan nyid las//

མཚན་གཞི་གྲུབ་པར་རང་མ་གྲུབ།།   mtshan gzhi grub par rang ma grub//

ཕན་ཚུན་ལས་ཀྱང་མ་གྲུབ་སྟེ།།   phan tshun las kyang ma grub ste//

མ་གྲུབ་མ་གྲུབ་གྲུབ་བྱེད་མིན།།   ma grub ma grub grub byed min//

능상(能相)으로부터 다른 것인 (소상이), 소상(所相)으로부터 (다른 것인
능상이 성립한다.)[109]

'성립된 능상(能相)'이란[110] 자기 자신 자신(으로부터) 성립하지 않는 것이고

---

104. '일부, some, a few, several' 등을 뜻하는 '가('ga')'가 쓰였다.
105. '다른, 저것'을 뜻하는 '강데(gzhan de)'가 쓰였다. 우리말과 반대, 즉 역순의 형태를
취하는 티벳어의 특징이 그대로 담겨 있다.
106. '라둔(la 'dun)'의 '라(la)'가 사용되어 있는데 순접의 기능으로 보고 옮겼다.
107. 『중관이취육론』 원문에는 탈격[Abl.] '레(las)'가 사용되어 있으나, 의미가 명확하고 각
판본들마다 차이가 심해서 '~도 또한'을 뜻하는 '양(yang)'으로 보고 옮겼다.
108. 3, 4행의 경우는 너무나 일반적인 이야기라서 굳이 언급할 필요가 없고 1, 2행의 경우는
고(苦)의 소멸[滅]과 열반 사이에 '어떤 것'이라도 유전할 수 없어야 된다는 것을 뜻한다.
만약 이와 같은 경우가 발생한다면 열반의 개념과 모순되기 때문이다.

(다른 능상과의) 상호 (의존)으로부터도 또한 성립하지 않는 것이다.

왜냐하면[111]

성립하지 않는 것[~A]이 성립하지 않는 것[~A]이 아닌 것[~(~A)]을 행하는 것이 아니기 때문이다.[112]

[28]

འདིས་ནི་རྒྱུ་དང་འབྲས་བུ་དང་།།　　'dis ni rgyu dang 'bras bu dang//

ཚོར་དང་ཚོར་བ་པོ་སོགས་དང་།།　　tshor dang tshor ba po sogs dang//

ལྟ་པོ་བལྟ་བྱ་སོགས་ཅིང་རུང་།།　　lta po blta bya sogs ci'ng rung//

དེ་ཀུན་མ་ལུས་བཤད་པ་ཡིན།།　　de kun ma lus bshad pa yin//

....

109. 능상(能相, characterized A, lakṣya, Tib., mtshon bya 또는 mtshan gzhi)과 소상(所相, characteristics of A, lakṣaṇa, Tib., mtshan nyid)에 대한 자세한 내용은 『중론』, 「제5품. 계(界)에 대한 고찰」 [60. (5-1)]번 게송 각주 참조.

　　간단하게 정리하자면, 능상(能相)은 움직이는 것이고, 그것을 정지 상태로 만든 것, 즉 파악할 수 있게 된 것이 소상(所相)이다. 여기서는 상호 의존성을 강조하면서 개별적인 개념자들이 존재할 수 없다는 것을 적고 있다.

110. '라둔(la 'dun)'의 'r'을 강조의 인용으로 보고 옮겼다.

111. '학쩨(lhag bcas)' '떼(ste)'를 원인, 이유를 설명하는 것으로 보고 옮겼다.

112. 다시 한 번 이중부정에 대한 서구 논리학과 용수의 차이가 등장하는데 이 문제에 대해서는 19번 게송 각주 참조.

　　ŚS에서는 이 게송을 '락쓰아(lakṣya)'와 '락싸나(lakṣaṇa)', 즉 능상(能相)과 소상(所相)의 일반적인 논의로 보고 있는데 NŚ에서는 앞에서 이어져온 열반에 대한 논파법으로 보고 있다. 『중론』에서 이 능상(能相)과 소상(所相)의 논파는 「제5품. 계(界)에 대한 고찰」과 「제7품. 생기는 것[生]과 머무는 것[住]과 사라지는 것[滅]에 대한 고찰」, 「제18품. 이(我)와 법(法)에 대한 고찰 제25품. 열반(涅槃)에 대한 고찰」에서도 두루 등장하는데 이때 소상(所相)은 파악된 상(相)이라는 뜻과 함께 개념, 정의 등도 뜻한다. 즉, 인식 작용에서 어떤 고정된 상태가 되어 있어야만 그것을 논의할 수 있다는 뜻이다.

　　ŚS에서는 이 게송을 『중론』, 「제2품. 가고 오는 것[去來]에 대한 고찰」의 다음 게송을 참고하라고 나와 있다.

　　[37. (2-21)]
　　이 둘, (즉) 동일한 사태이거나
　　다른 사태 바로 (그) 자체에
　　성립되는 것이 없다면
　　그 둘이 성립되는 것이 어떻게 존재하겠는가?

바로 이(와 같은 이유) 때문에[113] 원인[因]과 결과[果]와

감수 작용[受]과 감수자[感受者] 등과

보는 자와 보는 대상 등, 그 무엇이 (되었든) 적절하게

그것들 모두가 남김없이 설명되는 것이다.[114]

[29]

གནས་མེད་ཕན་ཚུན་ལས་གྲུབ་དང་།།   gnas med phan tshun las grub dang//

འཆོལ་ཕྱིར་རང་ཉིད་མ་གྲུབ་ཕྱིར།།   'chol phyir rang nyid ma grub phyir//

དངོས་པོ་མེད་ཕྱིར་དུས་གསུམ་ནི།།   dngos po med phyir dus gsum ni//

ཡོད་པ་མ་ཡིན་རྟོག་པ་ཙམ།།   yod pa ma yin rtog pa tsam//

1) 머무는 것이 존재하지 않고 2) 상호 (의존하는 것)으로부터 성립하고 그리고

3) 변화하기[115] 때문에, 4) 자기 스스로 성립하기 않기 때문에 (그리고)

5) 사태는 존재하지 않는 것이기 때문에, 바로 그 (과거, 현재, 미래라는) 삼시(三時)는

존재하는 것이 아니(고) 다만 분별(망상)[116]이 (지어낸 것이다.)[117]

---

113. '바로 이(와 같은 이유) 때문에'라고 옮긴 '디니('dis ni)'를 해자해보면 '이것'을 뜻하는 지시 대명사 '디('di)'에 원인, 이유를 뜻하는 도구격[Ins.] 's'가, 그리고 강조사[Emp.] '니(ni)'가 결합된 형태다.

114. 바로 앞의 게송과 이어져 상호 의존적인 개념자의 성립이 불가능하다는 것을 통해서 『중론』에 등장했던 여러 개념자들에 대한 논파를 축약하여 설명하고 있다.

115. '변화하다'로 옮긴 '촐와('chol ba)'에는 '움직이다, 혼란에 빠지다, 순서가 뒤바뀌다' 등의 뜻이 있다. 여기서는 시간의 변화를 가리키는 것으로 보고 옮겼다.

116. '분별하다'는 뜻을 지닌 '똑빠(rtog pa)'의 부정적인 의미에 대해서는 『중론』, 「제22품. 여래(如來)에 대한 고찰」의 [316. (22-13)]번 게송 각주 참조.

117. 총 다섯 가지 이유들을 통한 시간의 항상성에 대한 논파로 『중론』 가운데 가장 짧은 6개의 게송으로 이루어진 「제19품. 시간에 대한 고찰」의 주제다. 이 가운데 '머무는 것이 존재하지 않는다.'는 첫 번째 이유에 대해서 『중론』에서는 다음과 같이 언급하고 있다.

གང་ཕྱིར་སྐྱེ་དང་གནས་དང་འཇིག།

gang phyir skye dang gnas dang 'jig/

འདུས་བྱས་མཚན་ཉིད་འདི་གསུམ་མེད།།

'dus byas mtshan nyid 'di gsum med//

དེ་ཕྱིར་འདུས་བྱས་ཉིད་མ་ཡིན།།

de phyir 'dus byas nyid ma yin//

འདུས་མ་བྱས་ལའང་ཅུང་ཟད་མེད།།

'dus ma byas la'ng cung zad med//

왜냐하면[118] 생기는 것[生]과 머무는 것[住]과 사라지는 것[滅](이라는)
이 지어진 것의 상[有爲相][119]은 (존재하는 것이) 아니다.
그러므로 지어진 것의 상[有爲相][120]은 (존재하는 것이) 아니(고)
'지어지지 않은 (상[無爲相])'이라는 것[121] 또한 조금도 존재하지 않는다.[122]

....

[257. (19-5)]
머물지 않는 바로 그 시간을 (결코) 붙잡을 수 없다.
무엇으로든 붙잡을 수 있는 대상이란 시간은
(결코) 머무는 존재가 아니다. 그러므로 (시간은)
붙잡히지 않는 것이다. (그런데) 바로 그것을 어떻게 잡을 수 있겠는가?

118. '왜냐하면 ~, 그러므로 ~'를 뜻하는 '강칠 ~, 데칠 ~(gang phyir ~, de phyir ~)'이 사용되었다.

119. '유위상(有爲相)'으로 옮긴 '두제 체니(dus byas mtshan nyid)'를 풀어보면, '지어진 것', 즉 '존재하는 것이 인식 기관에 포착되는 상태'를 가리킨다. 만약 이것이 없으면, 우리는 어떠한 인식 작용도 할 수 없다. 용수는 일단 이 '유위상'의 존재를 먼저 언급하고, 뒤따라 이것이 하나의 독자적인 개념으로써 존재하는 것이라는 주장을 논파한다.

120. '유위상(有爲相)'에 대한 자세한 설명은 『중론』[78. (7-1)]번 게송 각주 참조

121. '라둔(la 'dun)'의 '라(la)'가 사용되어 있는데 강조의 인용으로 보고 옮겼다.

122. 이 게송은 생주멸(生住滅)이라는 삼상(三相)의 논파를 통해서 유위법(有爲法)과 무위법(無爲法)이 존재하지 않는다는 것을 밝힌 『중론』, 「제7품. 생기는 것[生]과 머무는 것[住]과 사라지는 것[滅]에 대한 고찰」에 대한 축약이다. 이하 두 게송 또한 이것에 대해서 설명하고 있다.

[110. (7-33)]
생기는 것[生]과 머무는 것[住]과 사라지는 것[滅] 등이
성립하지 않는다면 유위법(有爲法)은 존재하지 않는다.
유위법이 존재하지 않는데
무위법(無爲法)이 어떻게 성립할 수 있겠는가?

མ་ཞིག་མི་འཇིག་ཞིག་པའང་མིན།། ma zhig mi 'jig zhig pa'ang min//
གནས་པ་གནས་པ་མ་ཡིན་ཏེ།། gnas pa gnas pa ma yin te//
མི་གནས་པ་ཡང་གནས་མ་ཡིན།། mi gnas pa yang gnas ma yin//
སྐྱེས་པ་མི་སྐྱེ་མ་སྐྱེས་མིན།། skyes pa mi skye ma skyes min//

> (과거에) 사라지지 않았던 것[未滅]은 (지금) 사라지는 것[滅]이 아니고
> 사라지지 않았던 것[未滅]도 또한 (지금 사라지는 것[滅]이 아니다.)
> (과거에) 머물던 것[住]은 (지금) 머무는 것[住]이 아니고
> 머물지 않았던 것[未住]도 또한 (지금) 머무는 것[住]이 아니다.
> (과거에) 생겼던 것[生]은 (지금) 생기는 것[生]도 아니고 생기지 않았던
> 것[未生]도 (또한 지금 생기는 것[生]이) 아니다.[123]

[32]

འདུས་བྱས་དང་ནི་འདུས་མ་བྱས།། 'dus byas dang ni 'dus ma byas//
དུ་མ་མ་ཡིན་གཅིག་མ་ཡིན།། du ma ma yin gcig ma yin//
ཡོད་མིན་མེད་མིན་ཡོད་མེད་མིན།། yod min med min yod med min//
མཚམས་འདིར་སྣ་ཚོགས་ཐམས་ཅད་འདུས།། mtshams 'dir sna tshogs thams cad 'dus//

> 바로 그 지어진 것(의 상[有爲相])과 지어지지 않은 (상[無爲相])은

---

123. ŚS에 따라 산스끄리뜨어 어원을 살펴보면 생주멸(生住滅)을 뜻하는 동사들이 모두 과거 수동분사(p.p.p.)로 된 명사를 취하고 있는데 긍정어와 부정어의 대구를 이루고 있다. 즉, '멸(滅)'을 뜻하는 '나스따(naṣṭa)'의 부정형인 '아나스따(anaṣṭa)'를, '주(住)'를 뜻하는 '스티따(sthita)'의 부정형인 '아스티따(asthita)'가, 그리고 '생(生)'을 뜻하는 '자따(jāta)'의 부정형인 '아자따(ajāta)'가 쓰였다.

티벳어에서는 시제를 통해서 그 차이를 좀 더 명확하게 드러내고 있다. 1행에서는 '사라지는 것[滅]'을 뜻하는 '직빠('jig pa)'의 과거형인 '쉭빠(zhig pa)'가, 2, 3행에서는 격변화를 하지 않는 동사 '머무는 것[住]'을 뜻하는 '네빠(gnas pa)'가, 4행에서는 '생기는 것[生]'을 뜻하는 '께빠(skye pa)'의 과거형인 '께빠(skyes pa)'가 쓰였다.

문장 전체가 축약된 부분들이 빠져 있어 첨언하여 옮겼다.

다양하게 (존재하는 것[多者]도) 아니고 하나로 (존재하는 것[一者]도) 아니다.[124]

존재하는 것[有, A]도 아니고 존재하지 않는 것[無, ~A]도 아니고 존재하거나 존재하지 않는 것[有無, Both A and ~A]도 아니다.[125]

이 경계[범주] 안에[126] 모든 갖가지 것들이 모여 있다.[127]

【문】[128]

....

124. 『중론』, 「제7품. 생기는 것[生]과 머무는 것[住]과 사라지는 것[滅]에 대한 고찰」에서도 이와 유사한 언급은 등장한다.

　　　[107. (7-30)]
　　　어떤 하나의 존재하는 사태에
　　　사라지는 것[滅]이 (같이 있다는 것은) 옳지 않다.
　　　단 하나의 성질[一性]에서 사태와
　　　사태가 아닌 것이 (같이 있다는 것은) 옳지 않다.

125. 사구부정의 세 번째까지 언급하고 있다.

126. '이 경계[범주] 안에'로 옮긴 '참 딜(mtshams 'dir)'을 해자해보면 '경계, 범주, 기준, 단락' 등을 뜻하는 '참(mtshams)'에 '이것'을 뜻하는 '디('di)'에 '라둔(la 'dun)'의 'r'로 구성된 것으로 이때 '라둔(la 'dun)'의 'r'을 'in'으로 보고 옮겼다.

127. 생주멸(生住滅)의 상을 가진 유위법에 대한 논파와 그것이 존재하지 않기 때문에 무위법도 존재하지 않는다는 뜻이다. 『중론』, 「제7품. 생기는 것[生]과 머무는 것[住]과 사라지는 것[滅]에 대한 고찰」의 결론에 해당하는 마지막 두 게송은 다음과 같다.

　　　[110. (7-33)]
　　　생기는 것[生]과 머무는 것[住]과 사라지는 것[滅] 등이
　　　성립하지 않는다면 유위법(有爲法)은 존재하지 않는다.
　　　유위법이 존재하지 않는데
　　　무위법(無爲法)이 어떻게 성립할 수 있겠는가?

　　　[111. (7-34)]
　　　꿈과 같고 환술(幻術=māyā)과 같고
　　　건달바성(乾闥婆城)과 같은,
　　　그와 같은 생기는 것[生]과 그와 같은 머무는 것[住], (그리고)
　　　바로 그와 같은 사라지는 것[滅]에 (대해서는 이와 같이) 설명하였다.

128. ŚS에 따라 이 게송은 논박자의 주장으로 보고 옮겼다.

370

བཅོམ་ལྡན་སྤྱན་སྔ་མས་ལས་གནས་དང་།།
lce
ལས་བདག་ལས་ཀྱི་འབྲས་བུ་དང་།།
སེམས་ཅན་རང་གི་ལས་དང་ནི།།
ལས་རྣམས་ཆུད་མི་ཟ་བར་གསུངས།།

bcom ldan bla mas las gnas dang//
las bdag las kyi 'bras bu dang//
sems can rang gi las dang ni//
las rnams chud mi za bar gsungs//

한없이 (수승한) 세존께서는[129] "업(業)의 머무름[住][130]과
업의 자성과 업의 결과와
바로 그 유정(들 각자의) 자기 자신의 업[自業] 등과도 (같은)
(여러) 업들은 없어지지 않는 것[不失]이다."라고[131] 말씀하셨다.[132]

【답】[133]

34

ལས་རྣམས་རང་བཞིན་མེད་གསུངས་ཏེ།།
མ་སྐྱེས་གང་དེ་ཆུད་མི་ཟ།།
དེ་ལས་ཀྱང་ནི་བདག་འཛིན་སྟེ།།
དེ་བསྐྱེད་འཛིན་དེའང་རྣམ་རྟོག་ལས།།

las rnams rang bzhin med gsungs te//
ma skyes gang de chud mi za//
de las kyang ni bdag 'dzin ste//
de bskyed 'dzin de'ng rnam rtog las//

(한없이 수승한 세존께서는 또한) "업(業)들의 자성(自性)이 존재하지 않는

---

129. 붓다의 이명인 세존(世尊), 즉 '쫌덴데(bcom ldan 'das)'의 약칭이 쓰였다. 티벳어로 스님을
　　　뜻하는 '라마(bla ma)'가 쓰였는데 이것은 경계를 뜻하는 '라(bla)'에, 없음을 뜻하는
　　　'ma'가 결합한 것이다. 도구격[Ins.] 's'는 여기서 주격[Nom.]으로 쓰였다.
130. 『중론』의 「제17품. 업(業)과 과보(果報)에 대한 고찰」을 통해 살펴볼 때 이 머무름[住]은
　　　곧 업의 항상함을 뜻한다.
131. '라둔(la 'dun)'의 'r'을 직접 인용으로 보고 옮겼다.
132. 『중론』, 「제17품. 업(業)과 과보(果報)에 대한 고찰」에 대한 축약의 도입부에 해당한다.
133. 용수의 답변이 시작되는 부분으로 이하 게송들에서 ŚS와 NŚS의 독법의 차이가 더러
　　　있다.

다."라고 말씀하셨다.[134] 왜냐하면[135]

어떤 생기지 않았던 것[不生], 그것은 없어지지 않는 것[不失]이기 때문이다.
(그러므로) 그로부터 (발생한) 바로 그 (업)도 또한[136] 아(我)에 집착하고[137]
그것이 발생하는 것이라는 집착, 그것 또한 분별(망상)[138]으로부터 (지어
진 것이다.)[139]

[35]

གལ་ཏེ་ལས་ལ་རང་བཞིན་ཡོད།།　　gal te las la rang bzhin yod//

དེ་སྐྱེས་ལུས་ནི་རྟག་པར་འགྱུར།།　　de skyes lus ni rtag par 'gyur//

ལས་ཀྱང་སྡུག་བསྔལ་རྣམ་སྨིན་ཅན།།　　las kyang sdug bsngal rnam smin can//

མི་འགྱུར་དེ་ཕྱིར་བདག་ཏུ་འགྱུར།།　　mi 'gyur de phyir bdag tu 'gyur//

---

134. 바로 앞의 게송과 대구가 되는 것으로 보고 옮겼다.
135. '학쩨(lhag bcas)' '떼(te)'를 원인, 이유를 설명하는 것으로 보고 옮겼다.
136. '(그러므로) 그로부터 (발생한) 바로 그 (업)도 또한'으로 옮긴 '데레 꺙니(de las kyang ni)'를 해자해보면, '그것'을 뜻하는 '데(de)'와 '~으로부터', 또는 '업'을 뜻하는 '레(las)'와 '바로 그' 등의 강조로 쓰이는 강조사[Emp.] '니(ni)'가 결합되어 있다. TT에 따르면 '데레 꺙(de las kyang)'에는 'more than that'이라는 뜻이 있지만 여기서는 '레(las)'가 중의적으로 쓰여 4행 말미와 격을 이루는 것으로 보고 옮겼다.
137. '학쩨(lhag bcas)' '떼(ste)'를 순접 접속사 'and'로 보고 옮겼다.
138. '분별하다'는 뜻을 지닌 '똑빠(rtog pa)'의 부정적인 의미에 대해서는 29번 게송 각주 참조.
139. 이 게송은 바로 앞의 게송의 부실법(不失法)의 이유를 불생(不生)에서 찾고 있는데 자띠 논법의 하나다. 『중론』의 「제17품. 업(業)과 과보(果報)에 대한 고찰」의 청목소와 월칭소에서 【문】【답】의 차이가 있는 두 게송들이 이에 해당한다.

> [227. (17-20)]
> 공(空)하지만 단멸(斷滅)하지 않고
> 윤회하지만 항상하지 않는
> 업(業)들의 부실법(不失法)은
> 부처님께서 가르치신 것이다.
>
> [228. (17-21)]
> 왜 바로 그 업은 생기지 않는 것[無生]인가?
> 그것은 자성이 없는 것[無自性]이기 때문이다.
> 바로 그것은 생하지 않는 것[不生]이기 때문에,
> 그러므로 없어지지 않는 것[不失=不滅]이다.

> 만약 업(業)에 자성이 존재한다면
>
> 바로 그 생겨난 육신은 항상하게 된다.
>
> (그) 업(業)은 또한 고(苦)가 이숙(異熟)한 것으로
>
> 되지 않는다. 그러므로 (그 업은 항상하는) 아(我)로 된다.[140]

[36]

ལས་ནི་རྐྱེན་ཡོད་མིན་ཞིང་།།　las ni rkyen yod min zhing//

རྐྱེན་མིན་ལས་སྐྱེས་ཅུང་ཟད་མེད།།　rkyen min las skyes cung zad med//

འདུ་བྱེད་རྣམས་ནི་སྒྱུ་མ་དང་།།　'du byed rnams ni sgyu ma dang//

དྲི་ཟའི་གྲོང་ཁྱེར་སྨིག་རྒྱུ་མཚུངས།།　dri za'i grong khyer smig rgyu mtshungs//

> 바로 그 업(業)은 연(緣)이 존재하는 것(도) 아니고
>
> 비연(非緣)으로부터 생겨난 것도 조금도 존재하지 않는다.[141]
>
> (그러므로) 바로 그 (업이) 행하는 것들은 환술(幻術=māyā)과 (같고)
>
> 건달바성(乾闥婆城)과 (같고), 신기루와 같다.[142]

....

140. 업의 이숙에 관한 논파는 『중론』의 「제17품. 업(業)과 과보(果報)에 대한 고찰」의 6번 게송에서부터 등장한다. 이숙에 대해서는 이 게송의 각주 참조

　　　[213. (17-6)]
　　　만약 이숙(異熟)하는 동안
　　　(그대로) 머무른다면 그것은 항상하는 것으로 된다.
　　　만약 사라지는 것[滅]이라면 사라지는 것으로 되는데
　　　어떻게 그 과보가 발생하겠는가?

141. 이 1, 2행은 『중론』의 「제17품. 업(業)과 과보(果報)에 대한 고찰」의 다음 게송의 2, 3행과 거의 같다.

　　　[236. (17-29)]
　　　왜냐하면 바로 이 업은
　　　연(緣)으로부터 생겨나는 것도 아니고
　　　비연(非緣)으로부터도 생겨나는 것도 아니기 때문이다.
　　　그러므로 (업을) 짓는 자 또한 존재하지 않는다.

[37]

ལས་ནི་ཉོན་མོངས་རྒྱུ་མཚན་ཅན།།

ཉོན་མོངས་འདུ་བྱེད་ལས་བདག་ཉིད།།

ལུས་ནི་ལས་ཀྱི་རྒྱུ་མཚན་ཅན།།

གསུམ་ཀའང་རོ་བོ་ཉིད་ཀྱིས་སྟོང་།།

las ni nyon mongs rgyu mtshan can//

nyon mongs 'du byed las bdag nyid//

lus ni las kyi rgyu mtshan can//

gsum ka'ang ngo bo nyid kyis stong//

> 바로 그 1) 업(業)은 번뇌의 원인[因相]인 것[143](이고)
>
> 2) (그) 번뇌가 행하는 것은 (곧) 업(業)의 자성 (때문이다.)
>
> (그리고) 바로 그 3) 육신은 업(業)의 원인[因相](이다.)
>
> (그러므로 이) 셋 모두 또한 그 자성(自性)은 공(空)한 것이다.[144]

....

142. 이 비유는 『중론』의 「제17품. 업(業)과 과보(果報)에 대한 고찰」의 다음 두 게송들의 축약인데 40, 41번 게송들에서 다시 반복하고 있다.

      [239. (17-32)]
      마치 그와 같이 그 (업을) 짓는 자에 의해서 어떤 업이든
      지어지는 것도 또한 환술(幻術)로 지어진 것과 같다.
      예를 들자면, 환술사에 의해서 다른 어떤
      환술(幻術) 지어지는 것, 바로 그와 같다.

      [240. (17-33)]
      번뇌들(과) 업들과 육신들과
      (업을) 짓는 자들과 과보들은
      건달바성과 같고
      신기루나 꿈과 같다.

143. '원인[因相]인 것'으로 옮긴 '규첸젠(rgyu mtshan can)'의 '젠(can)'은 '(어떤) 것'을 가리킨다.

144. 이 업과 번뇌 그리고 육신과의 관계에 대해서 『중론』, 「제17품. 업(業)과 과보(果報)에 대한 고찰」에서는 명확하게 정리되어 있지 않지만 다음 두 게송들과 연관되어 있다.

      [233. (17-26)]
      이 업은 번뇌(煩惱)를 본성(本性)으로 (한다.)
      그 번뇌들은 진실된 것이 아니다.
      만약 번뇌들이 진실된 것이 아니라면
      바로 그 업이 진실된 것이라고 어떻게 (말할 수) 있겠는가?

ལས་མེད་ན་ནི་བྱེད་པོ་མེད།།

དེ་གཉིས་མེད་པས་འབྲས་བུ་མེད།།

དེ་མེད་ནེ་བར་སྤྱོད་པ་མེད།།

དེ་བས་དངོས་པོ་དབེན་པ་ཡིན།།

las med na ni byed po med//

de gnyis med pas 'bras bu med//

de med nye bar spyod pa med//

de bas dngos po dben pa yin//

바로 그 업(業)이 존재하지 않는다면 (그 업을) 짓는 자[行爲者] 또한 존재하지 않는다.

이 둘이 존재하지 않기 때문에[145] 과보(도 또한) 존재하지 않는다.

이것(들)이 존재하지 않기 (때문에) (그것들을) 취(取)하는 수행자[146] (또한) 존재하지 않는다.

그러므로 (이것들의) 사태는 실재하지 않는 것[147]이다.[148]

....

[234. (17-27)]
바로 그 업과 번뇌들은
육신들의 연(緣)이라고 말씀하셨다.
만약 업과 번뇌가
공(空)하다면, 육신에 대해서 무슨 말을 하랴?

145. 도구격[Ins.] 's'를 원인, 이유로 보고 옮겼다.

146. TT에 따르면, '(그것들을) 취(取)하지 수행자'라고 풀어쓴 '네발 죄빠(nye bar spyod pa)'에는 'enjoy'라는 뜻이 있다. ŚS에서는 이에 따라 'enjoyer'라고 옮기고 있으나 NŚ에서는 'person to experience those results physically and mentally.'라고 풀어서 쓰고 있다. 여기서는 『중론』에서 이 내용에 해당하는 게송을 참조하여 옮겼다.

147. '실재하지 않는 것'으로 옮긴 '뻰빠(dben pa)'에 대해서는 『육십송여리론』의 25번 게송 각주와 56번 게송 각주 참조.

148. 이 게송은 『중론』,「제17품. 업(業)과 과보(果報)에 대한 고찰」의 논박자의 주장인 15번 게송과 그리고 용수의 연이어진 논파에 등장하는 [237. (17-30)]번 게송과 관련이 있다.

[222. (17-15)]
(업의 과보는) 끊는다[斷]고 해서 끊어지는 것이 아니다. 그것은
오직 수행[修道]에 의해서만 끊어진다.
왜냐하면 없어지지 않는 것[不失]에 의해서
업의 과보가 발생하기 (때문이다).

[237. (17-30)]

[39]

ལས་ནི་སྟོང་པར་ཡང་དག་པའི།།   las ni stong par yang dag pa'i//

ཤེས་ན་དེ་ཉིད་མཐོང་བའི་ཕྱིར།།   shes na de nyid mthong ba'i phyir//

ལས་ནི་འབྱུང་སྟེ་དེ་མེད་ན།།   las ni 'byung ste de med na//

ལས་ལས་འབྱུང་གང་མི་འབྱུང་ངོ།།   las las 'byung gang mi 'byung ngo//

바로 그 업(業)이 공한 것이라는[149] 진실된 (모습을)

안다면,[150] 그 여실(如實)함[151]을 보기 때문에

바로 그 업(業)이 발생하는 것[起],[152] 그것이 (더 이상) 존재하지 않음(을

안다)면,

업(業)으로부터 발생하는 그 어떤 것도 (더 이상) 발생하지 않을 것이다.[153]

---

[40]

ཇི་ལྟར་བཅོམ་ལྡན་དེ་བཞིན་གཤེགས།།   ji ltar bcom ldan de bzhin gshegs//

རྫུ་འཕྲུལ་གྱིས་ནི་སྤྲུལ་པ་སྤྲུལ།།   rdzu 'phrul gyis ni sprul pa sprul//

སྤྲུལ་པ་དེ་ཡིས་སླར་ཡང་ནི།།   sprul pa de yis slar yang ni//

....

만약 업과 (업을) 짓는 (자)가 존재하지 않는다면
업에서 생겨난 과보가 어떻게 존재하겠는가?
만약 과보가 존재하지 않는다면
과보를 받는 자가 어떻게 존재하겠는가?

149. '라둔(la 'dun)'의 'r'을 인용으로 보고 옮겼다.

150. 가정법의 '나(na)'가 2, 3행에 반복적으로 사용되어 있는데 보통의 게송에서는 그 위치도
비슷한데 여기서는 앞뒤로 나누어져 있다.

151. '진실된 (모습)'과 '그 여실(如實)함'으로 옮긴 '양닥빼(yang dag pa)'와 '데니(de nyid)'는
유사한 뜻으로, ŚS에서는 '따뜨바(tattva)'로 보고 있으나 『중론』 [248. (18-8)]과 [249.
(18-9)]번 게송들을 살펴보면 산스끄리뜨어 '따뜨야(tathya)'를 뜻한다. 둘 다, '진실,
여실'을 뜻한다.

152. '학쩨(lhag bcas)' '떼(ste)'를 순접 접속사 'and'로 보고 옮길 수도 있겠으나 여기서는
문장을 끊어 읽는 기능으로 보고 옮겼다.

153. 이 게송은 『중론』, 「제17품. 업(業)과 과보(果報)에 대한 고찰」에서 다루었던 주제의
결론에 해당하는데 논의 구조가 달라서인지 이에 해당하는 게송이 해당 품에서는 등장하지
않는다.
　　　전체적으로 반복을 이루고 있어 문장 구조에 따라 옮겼다.

སྤྲུལ་པ་གཞན་ཞིག་སྤྲུལ་གྱུར་པ།།   sprul pa gzhan zhig sprul gyur pa//

마치 세상에서 존귀한 분[世尊][154]이신 여래께서
바로 그 (빼어난) 신통으로 환술사가 환술로 지은
그 환술사가 다시 또
다른 환술사를 환술로 짓(는 비유에서 이르신 것처럼),[155]

[41]

དེ་ལ་དེ་བཞིན་གཤེགས་སྤྲུལ་སྟོང་།།   de la de bzhin gshes sprul stong//

སྤྲུལ་པས་སྤྲུལ་པ་སྨོས་ཅི་དགོས།།   sprul pas sprul pa smos ci dogs//

གཉིས་པོ་མིང་ཙམ་ཡོད་པ་ཡང་།།   gnyis po ming tsam yod pa yang//

གང་ཅིའང་རུང་སྟེ་རྟོག་པ་ཙམ།།   gang ci'ng rung ste rtog pa tsam//

그것에서 여래께서 환술 (자체)가 공한 것인데
환술사가 (환술로 지은) 환술사에 대해서 '무슨 말할 필요가 (있겠는가)?'
(라고 이르신 것처럼),
이 둘은 다만 이름[名]만 존재할 뿐이고
(그것이) 무엇이든 간에 그것은[156] 다만 분별(망상)[157]이 (지어낸 것이
다.)[158]

----

154. '세존'을 뜻하는 '쫌덴데(bcom ldan 'das)'와 '여래'를 뜻하는 '데쉰 셰빠(de bzhin gshegs pa)'는 각자 따로 쓰이는데 여기서는 같이 쓰이고 있다.
155. 이 40번 게송의 비유는 36번 게송에서 언급한 『중론』의 「제17품. 업(業)과 과보(果報)에 대한 고찰」의 게송 바로 앞에 등장하는 [238. (17-31)]번 게송과 같은 구조로 되어 있다.

    [238. (17-31)]
    마치 스승님께서 (이르신 것처럼) 바로 그 환술(幻術)로,
    (즉) 그 빼어난 신통으로 환술사(幻術士)를 짓고
    그 환술사가 또 환술을 부린다면,
    (즉) 다시 바로 그 다른 (환술사)가 환술을 부리는 것처럼,

ད་བཞིན་བྱེས་པོ་སྤྲུལ་དང་མཚུངས།།   de bzhin byes po sprul dang mtshungs//

ལས་ནི་སྤྲུལ་པས་སྤྲུལ་དང་མཚུངས།།   las ni sprul pas sprul dang mtshungs//

རང་བཞིན་གྱིས་སྟོང་གང་ཅུང་ཟད།།   rang bzhin gyis stong gang cung zad//

ཡོད་པ་དེ་དག་རྟོག་པ་ཙམ།།   yod pa de dag rtog pa tsam//

그러므로[159] (업을) 짓는 자는 환술(사)[160]와 같고 바로

그 업은 환술과 같다.

자성(自性)은 공한 것(이라서) 그 어떤 조그만 것이라도[161]

존재하는 것들은 (모두) 분별(망상)이 (지어낸 것이다.)[162]

---

156. '(그것이) 무엇이든 간에 그것은'이라고 옮긴 '강칭 룽떼(gang ci'ng rung ste)'에 대한
특별한 용례가 없으나, 『세마론』에서 '그 어떤 것이 무엇이든'으로 옮겼던 '강양 룽와(gang
yang rung ba)'와 동일한 구조를 취하고 있어 이를 참조하였다. TT에는 이것의 용례를
'any and all'로 들고 있다. 그리고 '학쩨(lhag bcas)' '떼(ste)'를 앞의 문장을 강조하는
기능으로 보고 옮겼다.

157. '분별하다'는 뜻을 지닌 '똑빼(rtog pa)'의 부정적인 의미에 대해서는 『중론』, 「제22품.
여래(如來)에 대한 고찰」의 [316. (22-13)]번 게송 각주 참조.

158. 이 게송의 3, 4행에 대한 직접적인 내용은 『중론』, 「제17품. 업(業)과 과보(果報)에 대한
고찰」에 등장하지 않는데 『중론』의 내용을 확장한 것으로 보인다.

159. NŚ에서는 '그러므로, 그와 같이' 등을 뜻하는 '데쉰(de bzhin)'을 앞의 게송에서 반복적으
로 사용되었던 '여래'를 뜻하는 '데쉰 셱빼(de bzhin gshegs pa)'의 축약어로 보고 있으나
『중론』이나 용법에 미루어 보아 오역이 확실하다.

160. '환술사'를 뜻하는 '뚤빼(sprul pa)'의 '빼(pa)'가 축약되어 있다.

161. ŚS에서는 공이 누락된 채 옮겨져 있다.

162. 3, 4행은 자의적으로 행을 옮긴 것이라서 ŚS나 NŚ에서 약간의 문제가 있는 게송이지만
『중론』, 「제17품. 업(業)과 과보(果報)에 대한 고찰」의 다음 게송과 같은 의미를 확대한
것이다.

    [239. (17-32)]
    마치 그와 같이 그 (업을) 짓는 자에 의해서 어떤 업이든
    지어지는 것도 또한 환술(幻術)로 지어진 것과 같다.
    예를 들자면, 환술사에 의해서 다른 어떤
    환술(幻術) 지어지는 것, 바로 그와 같다.

 གལ་ཏེ་ལས་ཀྱི་རང་བཞིན་ཡོད།།

gal te las kyi rang bzhin yod//

མྱང་འདས་བྱེད་པོ་ལས་ཀྱང་མེད།།

myang 'das byed po las kyang med//

གལ་ཏེ་མེད་ན་ལས་བསྐྱེད་པ།།

gal te med na las bskyed pa//

འབྲས་བུ་སྡུག་དང་མི་སྡུག་མེད།།

'bras bu sdug dang mi sdug med//

만약 업의 자성(自性)이 존재한다면

열반을 행하는 자[163]의 업도 또한 존재하지 않는다.

만약 (업의 자성이) 존재하지 않는다면 업으로부터[164] 발생한[165]

과보인 정(淨)한 것과 부정(不淨)한 것[166](도 또한) 존재하지 않는다.[167]

---

163. ŚS에서는 '열반'과 '그것을 행하는 자의 행위'로 보고 있으나, 문맥의 의미를 살펴보면 '열반을 행하는 자'가 맞다. 즉, '업의 과보'로써 열반이 있는 셈인데 만약 업의 자성과 열반의 자성이 존재한다면 이 둘 사이에서의 변화란 있을 수 없다는 뜻이다.

164. '업(業)'과 탈격[Abl.]을 뜻하는 '레(las)'가 사용되어 있어, 한 단어에 두 가지 의미가 같이 있는 형태를 취하는 것으로 보고 옮겼다.

165. '께빠(bskyed pa)'에 대해서는 5번 게송 각주 참조.

166. '정(淨)한 것과 부정(不淨)한 것'으로 옮긴 '둑 당 미둑(sdug dang mi sdug)'에 대해서는 『중론』, 「제23품. 전도(顚倒)에 대한 고찰」의 [320. (23-1)]번 게송 각주 참조.

167. 업의 자성이 존재하지 않는다면, 그것의 결과인 열반은 존재할 수 없다는 내용이 생략되어 있다. 비유에 뒤따라 나오는 이 게송은 『중론』, 「제23품. 전도(顚倒)에 대한 고찰」의 다음의 두 게송과 비슷하다. 즉, [327. (23-8)] 게송의 3, 4행의 비유가 『중론』, 「제17품. 업(業)과 과보(果報)에 대한 고찰」에 등장한 것을 통해서 다음 내용으로 이어지는 셈이다.

[327. (23-8)]
색(色)·성(聲)·향(香)과 미(味)와
촉(觸)과 법(法) 등, 그것은 다만
건달바성과 같고
신기루나 꿈과 같다.

[328. (23-9)]
환술(幻術=māyā)로 생긴 아이와 같고
그림자 같은 그것들에
바로 그 정(淨)과 부정(不淨)이 (의지하여[緣])
발생하는[起] (번뇌라는 것도) 마찬가지로 어떻게 (가능하게) 되겠느냐?

[44]

ཡོད་ཅེས་པ་ཡོད་མེད་ཅེས་ཡོད།།   yod ces pa yod med ces yod//

ཡོད་དང་མེད་ཅེས་དེ་ཡང་ཡོད།།   yod dang med ces de yang yod//

སངས་རྒྱས་རྣམས་ཀྱི་དགོངས་པ་ཡིས།།   sangs rgyas rnams kyi dgongs pa yis//

གསུངས་པ་རྟོགས་པར་སླ་མ་ཡིན།།   gsungs pa rtogs par sla ma yin//

> "존재한다[A]."는 것과 "존재하지 않는다[~A]."는 것(도) 존재하는 것이다.
> "존재하거나 존재하지 않는다[Both A and ~A]."는 것, 그것도 또한 존재한다.
> (이와 같은) 부처님들의 (심오한) 생각에 의한
> 말씀은 이해하기 쉬운 것이 아니다.[168]

[45]

གལ་ཏེ་གཟུགས་ནི་རང་འབྱུང་བཞིན།།   gal te gzugs ni rang 'byung bzhin//

གཟུགས་དེ་འབྱུང་ལས་འབྱུང་མ་ཡིན།།   gzugs de 'byung las 'byung ma yin//

རང་ལས་བྱུང་མིན་མ་ཡིན་ནམ།།   rang las byung min ma yin nam//

གཞན་ལས་ཀྱང་མིན་དེ་མེད་ཕྱིར།།   gzhan las kyang min de med phyir//

....

168. 사구부정의 세 번째까지 언급한 이 게송은 『중론』, 「제18품. 아(我)와 법(法)에 대한 고찰」 [246. (18-6)]번 게송과 같은 구조다.

[246. (18-6)]
(부처님들에 의해서) "(이것이) 아(我)다."는 것도 시설(施說)되었고
"(이것이) 무아(無我)다."는 것도 교시(教示)되었다.
(또한) 부처님들에 의해서 "아(我)와
무아(無我)인 어떤 것도 아니다."는 것도 교시(教示)되었다.

『중론』, 「제18품. 아(我)와 법(法)에 대한 고찰」 사구부정의 네 번째까지 언급한 게송도 곧이어 등장한다.

[248. (18-8)]
(1) 모든 것은 진실하다. (2) (모든 것은) 진실하지 않다.
(3) (모든 것은) 진실하거나 진실하지 않는 것 자체다.
(4) 모든 것은 진실하지 않는 것이 아니거나 진실한 것이 아니다.
바로 그것이 부처님께서 자세히 교시하신 것이다.

만약 바로 그 색(色)이 자기 스스로 발생[自生]하는 것과 같다면[169]

그 색(色)은 (4대라는) 근본 물질[170]로부터 발생하는 것이 아니(게 된다).

(그러나) 자기 스스로부터 발생이 (존재하는 것은) 아니다. (그렇지) 않은 가?[171]

다른 것으로부터도 또한 (발생이 존재하는 것은) 아니다. 그러므로[172] 그것은 존재하지 않는 것이다.[173]

---

169. 1행의 문장 구조는 '만약 ~이라면, 그와 같다면 ~'을 뜻하는 '겔떼 ~, 쉰(gal te ~, bzhin)'으로 되어 있는데 한 행에서 보기 힘든 경우다.

170. '근본 물질[大]로부터 발생하는 것'이라고 옮긴 '즁레 즁('byung las 'byung)'의 앞의 '즁와('byung ba)'는 '근본 물질, (오)대(大)' 등을 뜻하는 '쁘라바바띠(prabhavati)'로 티벳역 게송에서는 반복의 묘미를 살리기 위해서 이와 같이 같은 단어를 사용한 듯하다. 다음 게송에서 지수화풍의 사대를 뜻하는 '즁와 첸뽀 쉬('byung ba chen po bzhi)'가 나온다.

171. 부정 의문문을 뜻하는 '마인남(ma yin nam)'이 사용되었다.

172. 3, 4행은 두 개의 문장으로 구성되어 있는데 4행 말미의 '데미칠(de med phyir)'은 '왜냐하면 ~이 아니기 때문이다'로도 옮길 수 있는 구조이나 ŚS나 NS에서 'therefore'로 옮기고 있어 이에 따랐다.

173. 이 색(色)에 대한 논파는 『중론』, 「제4품. (오)온(蘊)에 대한 고찰」의 주제로 전체적인 게송을 읽어봐야 맥락이 드러나는데 주로 색과 원인의 관계를 통해서 논파하고 있다. 예를 들어,

> [54. (4-4)]
> 색(色)이 (따로) 존재할 때 또한 바로 (그) 색(色)의
> 원인도 또한 (따로 존재하는 것은) 옳지 않은 것 자체다.
> 색(色)이 (따로) 존재하지 않을 때 또한 바로 (그) 색(色)의
> 원인도 또한 (따로 존재하는 것은) 옳지 않은 것 자체다.

그러나 여기서 논파의 방법으로 등장한 자생(自生)과 타생(他生)의 불성립을 통한 논파는 『중론』, 「제21품. 발생과 소멸에 대한 고찰」에 등장한다. 다만 여기서는 '자생(自生)'을 '랑즁(rang 'byung)', '타생(他生)'을 '셴즁(gzhan 'byung)'으로 쓰고 있으나 『중론』에서는 전자를 '닥꼐(bdag skye)', 후자를 '셴꼐(gzhan skye)'로 적고 있다.

> [295. (21-13)]
> 사태는 자신으로부터 생겨[自生]나지 않고
> 다른 것으로부터 생겨[他生]나지 않는다.
> 자신과 다른 것으로부터 생겨나는 것이
> 아니라면, (도대체) 어떻게 (그것들이) 생겨나겠는가?

[46]

གཅིག་ལ་གཞི་ཉིད་ཡོད་མིན་ཅིང་།། gcig la gzhi nyid yod min cing//

གཞི་ལའང་གཅིག་ཉིད་ཡོད་མིན་པས།། gzhi la'ang gcig nyid yod min pas//

གཟུགས་ནི་འབྱུང་བ་ཆེན་པོ་བཞི།། gzugs ni 'byung ba chen po bzhi//

རྒྱུར་བྱས་ནས་གྲུབ་ཇི་ལྟར་ཡོད།། rgyur byas nas grub ji ltar yod//

> (어떤) 하나인 것에 (지수화풍의) 사(대) 자체는 존재하는 것이 아니고
> (지수화풍의) 사(대)도 또한 (어떤) 하나인 것에 존재하는 것이 아니기
> 때문에[174]
> 바로 그 색(色)은 사대(四大)라는 근본 물질을
> 원인[因]으로 삼아[175] 성립한다는 것이 어떻게 존재하겠는가?[176]

[47]

ཤིན་ཏུ་མི་འཛིན་ཕྱིར་དེ་མེད།། shin tu mi 'dzin phyir de med//

རྟགས་ལས་ཤེ་ན་རྟགས་དེའང་མེད།། rtags las she na rtags de'ng med//

རྒྱུ་དང་རྐྱེན་ལས་སྐྱེས་པའི་ཕྱིར།། rgyu dang rkyen las skyes pa'i phyir//

རྟགས་མེད་པར་ཡང་མི་རིགས་སོ།། rtags med par yang mi rigs so//

> (색과 사대는) 바로 인식[能取]되지 않기 때문에[177] 그것은 존재하지 않는다.
> (그래서 그대가) "(마음속의) 상(相)[178]으로부터 (바로 인식된다.)"라고
> (반론을 펼칠지라도)[179] (마음속의) 상(相), 그것 또한 존재하지 않는다.

....

174. 도구격[Ins.] 's'를 원인, 이유로 보고 옮겼다.
175. '원인[因]으로 삼아'로 옮긴 '귤 제네(rgyur byas nas)'를 해자해보면 '원인[因]'을 뜻하는 '규(rgyu)'에 '라둔(la 'dun)'의 'r'과 어떤 것이 행한 것이기 때문이라는 뜻을 지닌 '제(bas)'와 탈격[Abl.] '네(nas)'로 되어 있다.
176. 이 게송에 대해서 ŚS나 NŚ는 일자(一者)와 다자(多者)의 관계의 문제로 보고 있다. '원인으로 삼아'로 옮긴 것 앞에 '사대(사대)'를 첨언하여 구체적인 언급으로 볼 수 있는 것은 『중론』, 「제4품. (오)온(蘊)에 대한 고찰」의 1~5번 게송들이다.
177. 바로 앞 게송에서 이어지는 것으로 보고 '(색과 사대는)'이라고 첨언하여 '바로 인식[能取]

(왜냐하면 마음속의 상도 또한) 원인[因]과 연(緣)(들)로부터 발생하는 것(이기 때문이다.) 그러므로

(마음속의) 상(相)이 존재하지 않기 (때문에 그대의 반론)도 또한 불합리한 것이다.[180]

[48]

གལ་ཏེ་བློ་དེས་གཟུགས་འཛིན་ན།།　　　gal te blo des gzugs 'dzin na//

རང་གི་རང་བཞིན་ལ་འཛིན་འགྱུར།།　　　rang gi rang bzhin la 'dzin 'gyur//

རྐྱེན་ལས་སྐྱེས་པས་ཡོད་མིན་པས།།　　　rkyen las skyes pas yod min pas//

ཡང་དག་གཟུགས་མེད་ཇི་ལྟར་འཛིན།།　　　yang dag gzugs med ji ltar 'dzin//

만약 그 마음으로 색(色)을 인식[能取]할 수 있다면

....

되지 않기 때문에'라고 옮긴 '쉰뚜 미진칠(shin tu mi 'dzin phyir)'을 해자해보면, '쉰뚜(shin tu)'는 대개 '매우'를 뜻하고, '미(mi)'는 부정어, '진빠('dzin pa)'는 동사로 보조 동사 기능을 할 때도 있으나, '잡다, 집착하다, 이해하다' 등의 뜻이 있으며, '칠(phyir)'은 '~ 때문에'라는 뜻으로 쓰인다.

178. '(마음의) 상(相)'으로 옮긴 '딱(rtags)'은 산스끄리뜨어 '링가(liṅga)'로, 'mark, spot, sign, characteristic' 등을 뜻하는 이것은 인식 대상에서 발생한 상(相)인 '첸니(mtshan nyid)'를 가리키는 것이 아니라 마음, 즉 인식 주체에 의해서 발생하는 상(相)을 가리킨다. 자세한 내용은 『중론』, 「제5품. 계(界)에 대한 고찰」, [60. (5-1)]번 게송 각주 참조.

179. 티벳어 원문에는 '~라고 (말할지라도)'를 뜻하는 '쎄나(she na)'만 쓰여 있어 첨언하여 옮겼다.

180. 전체적으로 축약이 매우 심한 게송이라서 의미를 명확하게 하기 위하여 첨언하여 옮겼다. 『중론』, 「제4품. (오)온(蘊)에 대한 고찰」에서뿐만 아니라 『중론』 전체를 통해서 「제10품. 불과 연료에 대한 고찰」의 [141. (10-5)]번 게송에서 '자상(自相)'을 뜻하는 '스바링가(svaliṅga)'로 한 차례만 등장한다.

[141. (10-5)]
다른 것이기 때문에 접촉하지 않고 접촉하지 않으면
불탈 수 없고 불탈 수 없으면
사라지지 않는다. 사라지지 않으면
자상(自相)을 갖춘 채 (항상 그대로) 머물러야 한다.

그러므로 이 게송 또한 『중론』, 「제4품. (오)온(蘊)에 대한 고찰」에서의 원인과 결과에 대한 논의를 확충시킨 것으로 보인다.

(그것은) 자기 (자신)의 (색을) 자기 자신을 통해서[181] 인식하는 것[能取]이 된다.

 (그와 같다면) (원인[因]과) 연(緣)(들)으로부터 (발생하는 것이) 존재하는 것[182]이 아니기 때문에[183]

 (원인과 연들로부터 발생하는) 진실된 색(色)[184]은 존재하지 않(게 되는데) 어떻게 (그것을) 인식[能取]할 수 있겠는가?[185]

[49]

ཇི་སྐད་བཤད་གཟུགས་སྐྱེས་པའི་བློའི།།   ji skad bshad gzugs skyes pa'i blo'i//

སྐད་ཅིག་སྐད་ཅིག་གིས་མི་འཛིན།།   skad cig skad cig gis mi 'dzin//

འདས་དང་མ་འོངས་གཟུགས་ཀྱི་ནི།།   'das dang ma 'ongs gzugs kyi ni//

དེ་ཡིས་ཇི་ལྟར་རྟོགས་པར་འགྱུར།།   de yis ji ltar rtogs par 'gyur//

 (5번 게송 등) 앞에서 설명하여 말했듯,[186] 색(色)의 (발생과), (그것을 이해하는) 마음의 (발생은)
 찰나 찰나[187]를 통해서[188] (다르기 때문에 같이) 인식되는 것[能取]이 아니다.

....

181. '라둔(la 'dun)'의 '라(la)'를 'through'로 보고 옮겼다.
182. 바로 앞 게송의 3행을 축약한 것으로 보고 옮겼다.
183. 도구격[Ins.] 's'를 원인, 이유로 보고 옮겼다.
184. '진실된 색(色)'으로 옮긴 '양닥죽(yang dag gzugs)'은 인식 대상으로 존재하는 객관적인, 즉 사실적인 대상인 실체를 가리킨다.
185. ŚS에서는 이 게송을 『중론』, 「제3품. (육)근(根)에 대한 고찰」의 다음 게송과 같은 논법으로 보고 있다.

  [43. (3-2)]
  그 보는 것은 자기 자신 그 자체[本性=自性],
  그것을 보지 못한다. (그런데) 그 자체
  그 어떤 것이, (즉) 자기 자신을 보지 못하는 것이
  저 다른 것들을 어떻게 볼 수 있겠는가?

  즉, 눈은 자기 자신을 보지 못하는 것처럼 마음 그 자체는 색(色)을 보지 못하는 셈이다. 이 게송은 52번 게송에서 거의 반복적으로 사용되고 있다.

(그와 같은데) 바로 그 과거와 미래의 색의 (발생을)

(그대의 설명과 같은) 그것을 통해서 어떻게 알 수 있겠는가?[189]

[50]

གང་ཚེ་ནམ་ཡང་ཁ་དོག་དང་།།   gang tshe nam yang kha dog dang//

དབྱིབས་དག་ཐ་དད་ཉིད་མེད་པས།།   dbyibs dag tha dad nyid med pas//

དེ་དག་ཐ་དད་འཛིན་ཡོད་མིན།།   de dag tha dad 'dzin yod min//

གཟུགས་དེ་གཅིག་ཏུང་གྲགས་པ་མིན།།   gzugs de gcig tu'ng grags pa min//

어떤 때(라도), (즉 색은) 항상[190] 색깔과

형태들은 분리된 것 자체로 존재하는 것이 아니기 때문에[191]

1) 그것들을 분리하여 인식하는 것[能取]은 존재하는 것이 아니다. (그리고)

2) 그 색(色)을 '(색깔과 형태 가운데) 하나인 것'이라고도[192] 또한 부를

수 있는 것이 아니다.[193]

....

186.   '앞에서 언급한'을 뜻한 '지께(ji skad)'와 '말하다, 설명하다' 등을 뜻하는 '쎄빠(bshad pa)'가 사용되어 있어 이에 따라 옮겼다.

187.   '순간, 순간', '찰나, 찰나'를 뜻하는 '께찍 께찍(skad cig skad cig)'이 반복적으로 사용되어 있어 이에 따라 옮겼다.

188.   2, 4행에서 도구격[Ins.] '기(gis)'와 '이(yis)'가 반복되어 있어, 통일하여 'through'로 옮겼다.

189.   의미를 명확하게 하기 위해서 첨언하여 옮겼는데 이 게송에서는 시간의 순차성을 통해서 마음의 상에 의해서 색(色)에 대해 논파하고 있다. 자세한 내용은 앞의 5번 게송 참조.

190.   '어떤 때(라도), (즉 색은) 항상'이라고 '강체 남양(gang tshe nam yang)'을 첨언하며 풀어서 옮겼는데 '항상, 언제나'라는 뜻이다.

191.   도구격[Ins.] 's'를 원인, 이유로 보고 옮겼다.

192.   '라둔(la 'dun)'의 '뚜(tu)'를 강조의 인용으로 보고 옮겼다.

193.   이 게송을 이해하기 위해서는 약간의 설명이 필요한데, NŚ의 주석에 따르면 어떤 존재하는 실체는 언제나 어떤 형태나 색깔을 가지고 있다는 논박자의 대전제가 생략된 것으로 나와 있다. 즉, 이와 같은 대전제를 논파하는 것은 1, 2행이고 그것의 이유에 대해서 설명하는 것은 3, 4행의 색(色), 즉 어떤 존재하는 실체에서의 형태와 색깔의 비분리성이다. 『중론』 전체를 살펴보아도, 형태와 색깔을 뜻하는 '짐(dbyibs)'이나 '카독(kha dog)'은 등장하지 않는다.

51

སྨིག་བློ་སྨིག་ལ་ཡོད་མིན་ཏེ།། mig blo mig la yod min te//

གཟུགས་ལ་ཡོད་མིན་པར་ནི་མེད།། gzugs la yod min par ni med//

གཟུགས་དང་སྨིག་ལ་བརྟེན་ནས་དེ།། gzugs dang mig la brten nas de//

ཡོངས་སུ་རྟོགས་པ་ལོག་པ་ཡིན།། yongs su rtogs pa log pa yin//

안식(眼識)은 눈에 존재하는 것도 아니고

색(色)에 존재하는 것도 아니고 바로 (눈과 색) 사이에 (존재하는 것도)

아니다.

(그러므로) 색(色)과 눈에 의지하여 (발생한다는) 그것을[194]

완전히 분별할 수 있다는 것[195]은 전도된 것이다.

གལ་ཏེ་མིག་བདག་མི་མཐོང་ན།། gal te mig bdag mi mthong na//

དེ་གཟུགས་མཐོང་བར་ཇི་ལྟར་འགྱུར།། de gzugs mthong bar ji ltar 'gyur//

དེ་ཕྱིར་མིག་དང་གཟུགས་བདག་མེད།། de phyir mig dang gzugs bdag med//

སྐྱེ་མཆེད་ལྷག་མའང་དེ་བཞིན་ནོ།། skye mched lhag ma'ang de bzhin no//

만약 눈 자신이 (자신의) 눈을 볼 수 없다면[196]

(그 눈으로) 색(色)을 보는 것이 어떻게 (가능하게) 되겠는가?

그러므로 눈과 색(色)은 (자성을 가진 채) 스스로 존재하는 것이 아니다.

(육)입처(六入處)[197]의 나머지들도 또한 그와 같다.[198]

---

194. '학쩨(lhag bcas)' '데(de)'를 3행 전체를 받는 것으로 보고 옮겼다.
195. '완전히 분별할 수 있다는 것'이라고 옮긴 '용수 똑빠(yongs su rtogs pa)'의 '똑빠(rtogs pa)'를 긍정적인 의미로 해석했다. ŚS에서는 산스끄리뜨어 '빠리끄샤(parīkṣā)'에 따라 'image'라고 옮기고 있으나, '이미지'라기보다는 'inspection, investigation, examination, test' 등의 뜻이 있다.

མིག་ནི་རང་བདག་ཉིད་ཀྱིས་སྟོང་།།

དེ་ནི་གཞན་བདག་གིས་ཀྱང་སྟོང་།།

གཟུགས་ཀྱང་དེ་བཞིན་སྟོང་པ་སྟེ།།

སྐྱེ་མཆེད་ལྷག་མའང་དེ་བཞིན་ནོ།།

mig ni rang bdag nyid kyis stong//

de ni gzhan bdag gis kyang stong//

gzugs kyang de bzhin stong pa ste//

skye mched lhag ma'ng de bzhin no//

바로 그 눈(의) 자기 자신 그 자체[本性=自性]는 공(空)한 것이다.

바로 그것(의) 다른 것 자신 (그 자체[他性])[199]도 또한 공(空)한 것이다.

색(色)도 또한 그와 같이 공(空)한 것이다. 그러므로[200]

(육)입처(六入處)의 나머지들도 또한 그와 같다.[201]

---

196. 『중관이취육론』 원문에는 '눈[眼]'을 뜻하는 '믹(mig)'으로 되어 있으나 '아니다'를 뜻하는 '미(mi)'의 탈오자가 확실하여 고쳐서 옮겼다.

197. 『중론』, 「제3품. (육)근(根)에 대한 고찰」에서는 육근(六根)을 뜻하는 '왕뽀(dbang po)'가 사용되었는데 여기서는 육입처(六入處), 또는 육처(六處)를 뜻하는 '께체(skye mched)'가 사용되어 있다.

   [BD] 육입(六入): 눈·귀·코·혀·몸·뜻의 6근(根)과 빛깔·소리·냄새·맛·닿음·법(法)의 6경(境)을 구역에서는 6입, 신역에서는 6처(處)라 함. 이 6근·6경을 합하여 12입 또는 12처라 함. 그중에서 6경을 외육입(外六入), 6근을 내육입(內六入). 12인연 중의 6입은 내육입. 입(入)은 거두어들이는 뜻. 6근·6경은 서로 거두어들여 6식(識)을 내는 것이므로 6입이라 하고, 처(處)는 소의(所依), 6근·6경은 6식을 내는 소의가 되므로 6처라 함.

198. 이 게송의 1, 2행은 48번 게송에서 예를 든 것과 같다.

199. '다른 것 자신 (그 자체[他性])'라고 옮긴 '셴닥(gzhan bdag)'은 '자기 자신 그 자체[本性=自性]'라고 옮긴 '랑닥니(rang bdag nyid)'와 대칭되는 개념으로, '자성'과 '타성'을 뜻하는 '스바와뜨만(svātman)'과 '빠라뜨만(parātman)'의 티벳역이다.

200. '학쩨(lhag bcas)'인 '떼(te)'를 NŚ에서는 순접 접속사 'and'로 보고 옮기고 있으나 여기서는 결론을 나타내는 'therefore'로 보고 옮겼다.

201. 바로 앞의 52번 게송의 4행이 반복적으로 사용되어 있다. 이 게송은 감각 기관인 육입처 또는 육근과 색(色)이 모두 연기의 다른 이름인 공(空)임을 나타내고 있다.

   ŚS에는 이 게송에 등장하는 자성(自性)의 정의에 대해서 『중론』, 「제15품. 자성(自性)에 대한 고찰」, [188. (15-2)]번 게송을 참고하라고 나와 있다.

   [188. (15-2)]
   "자성(自性)은 만들어진 것이다."는 것이
   어떻게 가능하겠는가?

གང་ཚེ་གཅིག་རེག་ལྷན་ཅིག་འགྱུར།།　　　gang tshe gcig reg lhan cig 'gyur//

དེ་ཚེ་གཞན་རྣམས་སྟོང་པ་ཉིད།།　　　de tshe gzhan rnams stong pa nyid//

སྟོང་པའམ་མི་སྟོང་མི་བརྟེན་ལ།།　　　stong pa'm mi stong mi brten la//

མི་སྟོང་པ་ཡང་སྟོང་མི་བརྟེན།།　　　mi stong pa yang stong mi brten//

어떤 때,[202] (즉) (눈과 같은 육입처의) 하나가 (색과) 동시(同時)[203]에 접촉[和合]을 (이루게) 될 때,

(바로) 그때, (육입처의) 다른 나머지들은 공한 것 자체[空性](가 된다).

공한 것[空, A]도 또한 공하지 않은 것[非空, ~A]에 의지하지 않고[204]

공하지 않은 것[非空, ~A]도 또한 공한 것[空, A]에 의지하지 않는다.[205]

55

དེ་བོ་མི་གནས་ཡོད་མིན་པས།།　　　ngo bo mi gnas yod min pas//

གསུམ་འདུས་པ་ཡོད་མ་ཡིན་ནོ།།　　　gsum 'dus pa yod ma yin no//

....

바로 그 자성이란 만들어지지 않고
다른 것에 의지하지 않는다(는 뜻인데.)

202. '어떤 때 ~, 그때 ~'를 뜻하는 '강체 ~, 데체 ~(gang tshe ~, de tshe ~)'가 사용되었다.

203. '동시에'라고 옮긴 '헨찍(lhan cig)'에 대해서는 『중론』, [70. (6-3)]번 게송 각주 참조.

204. '라둔(la 'dun)'의 '라(la)'를 순접 접속사 'and'로 보고 옮겼다.

205. 이 게송을 이해하기 위해서는 긍정적인 의미로 쓰이는 공(空) 또는 공성(空性) 또한 부정적인 의미로 쓰일 수 있다는 점을 살펴볼 필요가 있다. 즉, 1, 2행에서의 정의는 눈과 같은 육입처의 하나가 색(色)과 접촉할 때라는 가정 속에서 육입처의 나머지인 이비설신의 등은 고정불변한 실체를 가진, 자성을 가진 것이 아니게 된다는 뜻이다. 3, 4행의 경우 A와 ~A의 상호 관계성이 성립하지 않는다는 것을 보여주는 예시에, '공[A]'과 '공이 아닌 것[~A]'이 대립항을 이루고 있을 뿐, 기본적인 논리에는 변함이 없다.

이 게송의 3, 4행은 그 의미가 명확하지만 역본들마다 차이가 심하다. 『중관이취육론』 원문의 3, 4행의 말미에 쓰인 '똥빠(stong pa)'와 '뗀빠(brten pa)'를 다른 역본들에 따라 의미에 맞게 고쳤다. 원문에서는 3행의 '똥 미뗀라(stong mi brten la)' 대신에 '똥 미똥라(stong mi stong la)', 4행 말미에서는 '똥미뗀(stong mi brten)' 대신에 '뗀미뗀(brten mi brten)'이 쓰였다. 자세한 내용은 ŚS(p. 59)나 NŚ(p. 165)의 해당 게송 참조.

ད་བདག་ཉིད་ཀྱིས་རེག་མེད་པས།།   de bdag nyid kyis reg med pas//

དེ་ཚེ་ཚོར་བ་ཡོད་མ་ཡིན།།   de tshe tshor ba yod ma yin//

자성(自性=本性)[206]이 머물지[住] 않으면 존재하는 것이 아니기 때문에[207]

(눈과 안식(眼識), 그리고 보는 대상 등과 같은) 세 가지가 화합하는 것[三和合][208]은 존재하는 것이 아니다.

(바로) 그 자기 자신[svātmān, 本性][209]을 통해서[210] 접촉하는 것[觸]이 존재하지 않기 때문에

(눈과 안식, 그리고 보는 대상 등과 같은 세 가지가 접촉하여 발생하는) 감수 작용[受][211](도 또한) 존재하는 것이 아니다.[212]

....

206. 자성(自性)을 티벳어로 보통 '랑쉰(rang bzhin)'이라고 하는데 때로 '노보(ngo bo)'라고 쓰기도 한다.

207. 도구격[Ins.] 's'를 원인, 이유로 보고 옮겼다.

208. '(눈과 안식(眼識), 그리고 보는 대상 등과 같은) 세 가지가 접촉하는 것[三和合]'이라고 첨언하여 옮긴 '쑴뒤빠(gsum 'dus pa)'는 인식을 이루는 주체인 식과 객체, 그리고 그 인식을 이루게 하는 감각 기관을 가리킨다. 일반적으로 불교 논리학인 인명(因明)에서는 '인식 주체와 인식 대상, 그리고 인식 작용'이라는 세 가지를 인식의 필수조건으로 꼽고 있는데 여기서는 인식, 판단 등이 아니라 어떤 대상에 대한 접촉과 받아들이는 감수 작용[受]만 가리키고 있다.

209. '자기 자신[svātmān, 本性]'으로 옮긴 '닥니(bdag nyid)'에 대해서는 『중론』[90. (7-13)]번 게송 각주 참조.

210. 도구격[Ins.] '끼(kyis)'를 'through'로 보고 옮겼다.

211. 화합과 접촉, 그리고 그 결과 발생하는 받아들임, 즉 '수(受)'를 가리킨다.

    [BD] 수(受): 마음의 감수 작용. 감각, 지각, 인상 등에 해당하는 작용. 어떤 인상을 의식 안으로 받아들이는 것. 감관(根)과 대상(境)과 의식(識)이라는 셋이 화합하여 생긴 것(觸)을 받아들이는 감각. 여기에는 3종이 있다. 불쾌함인 고(苦), 유쾌함인 낙(樂), 불쾌함도 아니고 유쾌함도 아닌 불고불락(不苦不樂). 5온의 하나. 12인연의 제7.

212. 『중론』에서는 '화합'으로 옮긴 '뒤빠('dus pa)' 대신에 '페빠(phrad pa)'를 사용하였는데 「제14품. 결합[合]에 대한 고찰」의 주제다. 십이연기에 대해서 설명적으로 되어 있는 「제26품. 십이연기(十二緣起)에 대한 고찰」의 다음 게송에서는 수(受)가 발생하는 것을 다음과 같이 적고 있다.

    [413. (26-5)]
    눈[眼]과 색(色)과 식(識),
    (이) 셋이 어떻게든 화합하는 것,

56

ནང་དང་ཕྱི་ཡི་སྐྱེ་མཆེད་ལ།།   nang dang phyi yi skye mched la//

བརྟེན་ནས་རྣམ་པར་ཤེས་པ་འབྱུང་།།   brten nas rnam par shes pa 'byung//

དེ་ལྟ་བས་ན་རྣམ་ཤེས་ནི།།   de lta bas na rnam shes ni//

སྨིག་རྒྱུ་རྒྱུ་མ་བཞིན་དུ་སྟོང་།།   smig rgyu rgyu ma bzhin du stong//

안과 밖의 처(處)²¹³에

의지하여 인식[識]이 발생한다.

그러므로 바로 그 인식[識]은

신기루²¹⁴나 환술(幻術=māyā)처럼 공한 것(이다).²¹⁵

....
바로 그것이 촉(觸)이다. 바로 그 촉(觸)으로부터
모든 수(受)가 발생한다.

213. 안과 밖의 처(處)에 의지하여 식(識)이 발생한다는 언급의 '안과 밖의 처'는 십이처를
가리킨다.

　　[BD]: 십이처(十二處): 여섯 가지의 감각 기관인 6근(根)과 이 기관의 각각에 대응하는
여섯 가지의 대상인 6경(境)을 모두 일컫는 말. 지각이 생기는 12종의 장소 또는 조건.
세계의 성립 조건을 주관과 객관의 대립 관계에서 열거할 때의 눈(眼)과 색(色), 귀(耳)와
소리(聲), 코(鼻)와 향(香), 혀(舌)와 맛(味), 피부(身)와 접촉되는 것(觸), 마음(意)과 생각되는
것(法). 안이비설신의(眼耳鼻舌身意)라는 6근을 6내처(內處)라고 칭하며, 색성향미촉법(色
聲香味觸法)이라는 6경(境)을 6외처(外處)라고 칭하므로, 12처는 6근과 6경을 총칭한 것이
다. 따라서 주관의 면이요 내적인 여섯 조건(6근)과 객관의 면이요 외적인 여섯 조건(6경)에
는 그 각각이 서로 대응 관계가 있음을 묶어 표현한 것이 12처이다. 즉 눈은 색깔과
형체에, 귀는 소리에, 코는 향기에, 혀는 맛에, 피부는 접촉되는 것에, 마음은 생각되는
것에 각기 대응한다. 원시불교에서 12처는 세계의 모든 것인 일체를 의미하는 것으로
설명된다. 대상 세계를 인식하는 감각 기관인 6근은 곧 인간이라는 존재를 가리키고,
6경은 인간을 둘러싼 자연환경을 가리킨다고 이해된다. 12처는 원시불교 이래 불교를
대표하는 존재 체계의 하나로 간주되며, 5온, 12처, 18계를 열거하여 3과(科)라고 칭한다.
십이입(十二入), 십이입처(十二入處). →십팔계(十八界).

214. 『중관이취육론』 원문에는 '막규(smag rgyu)'로 되어 있으나 '믹규(smig rgyu)'의 오자가
확실하여 고쳤다.

215. 이 게송이 뜻하는 바는 십이처에 의지하여 발생한 식 또한 공한 것이라는 뜻인데, 그
비유를 신기루나 환술(幻術=māyā)로 들고 있다. 직역하여 옮겼는데 정확한 의미는 식(識)
은 1) 신기루나 환술과 같고, 그리고 2) 공한 것이라는 뜻이다.

[57]

 རྣམ་ཤེས་ཤེས་བྱ་ལ་བརྟེན་ནས།།   rnam shes shes bya la brten nas//

འབྱུང་ལ་ཤེས་བྱ་ཡོད་མ་ཡིན།།   'byung la shes bya yod ma yin//

ཤེས་བྱ་ཤེས་པ་མེད་པའི་ཕྱིར།།   shes bya shes pa med pa'i phyir//

དེ་ཕྱིར་ཤེས་པ་པོ་ཉིད་མེད།།   de phyir shes pa po nyid med//

> 의식[識]은 의식의 대상[所知]에 의지하여
> 발생하지만[216] 의식의 대상[所知]은 (그 자체로) 존재하는 것이 아니다.[217]
> 의식의 대상[所知]과 의식[識]이 존재하지 않는 것이기 때문에,
> 그러므로 의식하는 자[知者] 자체(도 또한) (존재하는 것이) 아니다.[218]

---

[58]

ཐམས་ཅད་མི་རྟག་ཡང་ན་ནི།།   thams cad mi rtag yang na ni//

མི་རྟག་པ་ཡང་རྟག་པ་མེད།།   mi rtag pa yang rtag pa med//

དངོས་པོ་རྟག་དང་མི་རྟག་ཉིད།།   dngos po rtag dang mi rtag nyid//

འགྱུར་ན་དེ་ལྟ་ག་ལ་ཡོད།།   'gyur na de lta ga la yod//

> (부처님이 교시하신 것처럼)[219] 모든 것이 바로 그 무상한 것[無常]이라면

---

216. '라둔(la 'dun)'의 '라(la)'가 사용되어 있는데 역접의 기능으로 보고 옮겼다.
217. 이 1, 2행을 풀어보면 다음과 같다.

> 의식[識]은 의식의 대상[所知]에 의지하여
> 발생하고 의식의 대상[所知](도 또한) 의식[識](에 의지하여 발생하는 것이기 때문에
> 그 자체로) 존재하는 것이 아니다.

본 게송에 축약되어 있는 것과 크게 다르지 않아 직역하였다.

218. 불교 논리학인 인명(因明)을 이루는 세 가지가 모두 개별적인 고정불변한 실체를 가진, 즉 자성(自性)을 가진 것이 아니라는 뜻이다. 이 게송은 『중론』, 「제26품. 십이연기(十二緣起)에 대한 고찰」에서 다루었던 식(識)의 긍정적인 설명을 부정, 논파하는 형태를 취하고 있다.

(그것은) 무상한 것[無常]이거나 또는[220] 항상함이 존재하지 않는다(는 뜻이다).

사태가 항상하고 무상한 것 자체로 (동시에)[221]

된다면, 그와 같(은 것이)[222] 어떻게 존재하겠는가?[223]

[59]

སྡུག་དང་མི་སྡུག་ཕྱིན་ཅི་ལོག།   sdug dang mi sdug phyin ci log/

སྐྱེན་ལས་ཆགས་སྡང་གཏི་མུག་དངོས།།   skyen las chags sdang gti mug dngos//

འབྱུང་ཕྱིར་ཆགས་སྡང་གཏི་མུག་དང་།།   'byung phyir chags sdang gti mug dang//

རང་བཞིན་གྱིས་ནི་ཡོད་མ་ཡིན།།   rang bzhin gyis ni yod ma yin//

정(淨)과 부정(不淨), (그리고) 전도(顚倒)된

(인과) 연(緣)으로부터[224] 탐욕[貪]과 성냄[瞋] (그리고) 어리석음[癡] 등(의) 사태가

발생하기 때문에 탐욕[貪]과 성냄[瞋] (그리고) 어리석음[癡]과

바로 (그것들의) 자성(自性)은 존재하는 것이 아니다.[225]

---

219. NŚ에 따라 첨언하였다.

220. 일반적으로 '~도 또한'을 뜻하는 '양(yang)'을 여기서는 'or'로 보고 옮겼다.

221. NŚ에 따라 첨언하였다.

222. '그와 같(은 것이)'이라고 옮긴 '데따(de lta)'는 대개 '그와 같다면'을 뜻하는데 여기서는 '그와 같다면 (그와 같은 것이)'을 축약하여 옮겼다.

223. NŚ에 따라 첨언하여 동시라는 시간적인 개념에 따라 항상함과 무상함이 함께 있을 수 없다는 뜻으로 옮겼다. ŚS에서는 1, 2행은 '상대적인 영역과 절대적인 영역', 또는 '속제와 진제의 영역'이라고 'In the relative sense'와 'In the absolute sense'라고 첨언하였는데 다음 게송에 미루어보아 그 의미가 크게 달라 보이지 않는다.

224. 『중론』, 「제15품. 자성(自性)에 대한 고찰」의 [187. (15-1)]번 게송에 따라 첨언하였다.

225. 이 게송은 순서만 약간 뒤바뀌었을 뿐, 『중론』, 「제23품. 전도(顚倒)에 대한 고찰」의 1, 2번 게송의 논박자의 주장과 용수의 논파를 축약하고 있는데 그 내용은 다음 게송까지 이어져 있다.

གང་ཕྱིར་དེ་ཉིད་ལ་ཆགས་ཤིང་༎

དེ་ལ་ཞེ་སྡང་དེ་ལ་རྨོངས༎

དེ་ཕྱིར་རྣམ་པར་རྟོག་པར་བསྐྱེད༎

རྟོག་དེའང་ཡང་དག་ཉིད་དུ་མེད༎

gang phyir de nyid la chags shing//

de la zhe sdang de la rmongs//

de phyir nam par rtog par bskyed//

rtog de'ng yang dag nyid du med//

왜냐하면[226] (그대의 주장과 같다면)[227] (탐욕이라는 대상) 그것 자체에 대한 탐욕[貪]과

(성냄이라는 대상) 그것 (자체)에 대한 성냄[瞋]과 (그리고 어리석음이라는 대상) 그것 (자체에) 대한 어리석음[癡](의 자성만 존재할 것이기 때문이다. 그러나 이것들은 진실로 존재하지 않는 것들이다.)[228]

그러므로 (이것들은 모두) 분별(망상)[229]에서 발생하는 것(들이고)

그 분별(망상)도 또한 진실로 존재하지 않는 것이다.[230]

【문】

[320. (23-1)]

(부처님께서는) 탐욕[貪]·성냄[瞋]·어리석음[癡] 등(의)

(삼독은) 분별로부터 발생한다고 말씀하셨다.

(이것들은) 정(淨)과 부정(不淨), (그리고) 전도(顚倒)에

연(緣)한 것 자체[緣起性]로부터 모두 발생한다.

【답】

[321. (23-2)]

어떤 것들, (즉) 정(淨)과 부정(不淨) 그리고

전도(顚倒)로부터 의지하여[緣] 발생하는[起] 것(들),

그것들은 자성 때문에 존재하는 것이 아니다.

그러므로 번뇌(煩惱)는 진실로 존재하는 것이 아니다.

226. '왜냐하면 ~, 그러므로 ~'를 뜻하는 '강칠 ~, 데칠 ~(gang phyir ~, de phyir ~)'이 사용되었다.

227. 바로 앞의 각주에서 언급한 『중론』,「제23품. 전도(顚倒)에 대한 고찰」의 1번 게송의 1, 2행에 대한 논파로 보고 첨언하였다.

228. 바로 앞 게송에서 언급한 탐진치(貪瞋癡)의 삼독(三毒)의 자성(自性)이 존재할 경우에 대한 구체적인 설명이다. 문장 구조가 '강칠 ~, 데칠 ~(gang phyir ~, de phyir ~)'의 구조로, 자세한 내용을 첨언하였다.

229. '분별' 또는 '분별(망상)'을 뜻하는 '남빨 똑빠(nam par rtog pa)'가 사용되어 있다. 4행

[61]

བརྟག་བྱ་གང་དེ་ཡོད་མ་ཡིན།།   brtag bya gang de yod ma yin//

བརྟག་བྱ་མེད་རྟོག་ག་ལ་ཡོད།།   brtag bya med rtog ga la yod//

དེ་ཕྱིར་བརྟག་བྱ་རྟོག་པ་དག།   de phyir brtag bya rtog pa dag//

རྐྱེན་ལས་སྐྱེས་ཕྱིར་སྟོང་པ་ཉིད།།   rkyen las skyes phyir stong pa nyid//

> 그 어떤 분별 대상(도) 존재하는 것이 아니다.
>
> 분별 대상이 존재하지 않는데 분별이 어떻게 존재하겠는가?
>
> 그러므로,[231] (왜냐하면) 분별 대상과 분별들은
>
> (원인[因]과) 연(緣)(들)로부터 발생하는 것이기 때문에, (그것들은) 공한 것 자체[空性]이다.[232]

[62]

དེ་ཉིད་རྟོགས་པས་ཕྱིན་ཅི་ལོག།   de nyid rtogs pas phyin ci log/

བཞི་ལས་བྱུང་བའི་མ་རིག་མེད།།   bzhi las byung ba'i ma rig med//

དེ་མེད་ན་ནི་འདུ་བྱེད་རྣམས།།   de med na ni 'du byed rnams//

མི་འབྱུང་ལྷག་མའང་དེ་བཞིན་ནོ།།   mi 'byung lhag ma'ng de bzhin no//

> 그 여실(如實)함을 (완전히) 분별하기 때문에[233] 전도된
>
> 네 가지[234]로부터 발생하는 무명(無明)은 존재하지 않는다.

....

어두의 '똑(rtog)'은 이에 대한 축약형이다.

230. 문장 구조가 '~에 대한'을 뜻하는 'toward'를 뜻하는 '라둔(la 'dun)'의 '라(la)'가 반복적으로 사용되어 운율을 맞추고 있어 이것을 살려 옮겼다. 바로 앞의 게송에 대한 구체적인 설명이다.

    NŚ의 주석에서는 이것을 바로 앞의 게송에 등장한 정(淨)과 부정(不淨)에 대한 문제로 보고 있는데 ŚS에서는 삼독(三毒), 즉 번뇌를 일으키는 '분별(망상)'의 문제로 보고 있다.

231. '강칠 ~, 데칠 ~(gang phyir ~, de phyir ~)' 구조의 '데칠'이 쓰였으나, 4행에서 '칠(phyir)'이 다시 반복되는 독특한 구조를 취하고 있다.

232. 『중론』에서는 '분별 대상'을 뜻하는 '딱자(brtag bya)'에 대한 별도의 언급이 없으나, 일반적인 인식 대상으로 볼 수 있다. 바로 앞에서 이어진 게송의 결론에 해당한다.

바로 그것이 존재하지 않는다면 행(行)들은
발생하지 않고 (십이연기의) 나머지들도 또한 그와 같다.[235]

[63]

གང་གང་ལ་བརྟེན་སྐྱེ་བའི་དངོས།།
དེ་དེ་མེད་པས་དེ་མི་སྐྱེ།།
དངོས་དང་དངོས་མེད་འདུས་བྱས་དང་།།
འདུས་མ་བྱས་འདི་མྱ་ངན་འདས།།

gang gang la brten skye ba'i dngos//
de de med pas de mi skye//
dngos dang dngos med 'dus byas dang//
'dus ma byas 'di mya ngan 'das//

어떤 것[A]이 어떤 것[B]에 의지하여 생기는 것[生]인 사태(이기 때문에)
이것[a]이나 저것[b]이 존재하지 않는다면[236] (이것[a]이나) 저것[b]은 생기
지 않는다[不生].
사태와 사태가 아닌 것[非事態], 지어진 것[有爲]과
지어지지 않는 것[無爲], (이와 같은 양변을 여읜)[237] 이것이[238] (곧) 열반이
다.[239]

---

233. 39번 게송에서는 '그 여실(如實)함을 보기 때문에'라고 하였다. 여기서는 '분별하여 안다, 이해한다'는 뜻으로 '똑빠(rtogs pa)'가 긍정적인 의미로 쓰이고 있다. 도구격[Ins.] 's'를 원인, 이유로 보고 옮겼다. 자세한 내용은 39번 게송 각주 참조

234. 네 가지 전도된 견해란 9번 게송에서 언급한 상과 무상, 낙과 고, 아와 무아, 정과 부정 등 네 개의 상대적인 개념자들을 가리킨다.

235. 10번 게송의 3, 4행과 거의 동일한 구조로 되어 있다.

236. '이것[a]이나 저것[b]이 존재하지 않는다면'으로 옮긴 '데 데메빠(de de med pas)'의 '데(de)'는 대개 '저것, 그것'을 뜻하는데 여기서는 '이것, 저것' 또는 '그것'을 뜻하는 '따뜨 ~, 따뜨 ~(tat ~, tat ~)'의 산스끄리뜨어 원문을 티벳어로 직역한 것으로 보고 우리말의 '이것, 저것'으로 옮겼다.

237. NŚ에 따라 첨언하였다.

238. ŚS에서는 '이것'을 뜻하는 '디('di)' 대신에 적정을 뜻하는 '쉬와(zhi ba)'의 축약인 '쉬(zhi)'로 나와 있는데 이 경우 '(이것이 곧) 열반적정이다'로 옮길 수 있다. 원문의 차이 때문인지 독법 때문인지 ŚS에서는 이것을 둘로 나누어 '적정'을 뜻하는 '산따(śānta)'와 '열반인 것'을 뜻하는 '니르브르따(nirvṛta)'로 나누어서 옮겼으나 NŚ에서는 '열반'을 뜻하는 '니르바나(nirvāṇa)'로 보고 있어 후자에 따랐다.

རྒྱུ་རྐྱེན་ལས་སྐྱེད་དངོས་པོ་རྣམས།།
ཡང་དག་ཉིད་དུ་རྟོག་པ་གང་།།
དེ་ནི་སྟོན་པས་མ་རིག་གསུངས།།
དེ་ལས་ཡན་ལག་བཅུ་གཉིས་འབྱུང་།།

rgyu rkyen las skyed dngos po rnams//
yang dag nyid du rtog pa gang//
de ni ston pas ma rig gsungs//
de las yan lag bcu gnyis 'byung//

스승님께서는[240] "인연(因緣)으로부터 생겨난 사태들은

(그것들이) 무엇이 (되었든) 진실로 분별해보면

바로 그것(들)은 무명(無明) (때문에 발생한다.)"라고[241] 이르셨다.

(그리고) 그것[無明]으로부터 십이연기가 발생한다(라고 이르셨다).[242]

---

239. '이것이 (곧) 열반이다'로 옮긴 '디 먀녠데('di mya ngan 'das)'의 '이것'을 뜻하는 '디('di)'는
우리말 어순에 따르면 원래 3행 어두에 나와야 되는데 티벳어의 구조상 도치의 형태를
취하고 있다. 즉, 이 1) 사태, 2) 비사태, 3) 유위, 4) 무위를 여읜 것 자체가 열반이라는
뜻이다.
   이 게송은 『중론』의 내용이 축약되어 있는 것으로, 1, 2행은 연기법의 정의, 3, 4행은
열반의 정의로 되어 있다. 해당 게송을 살펴보면, 1, 2행은 『중론』, 「제18품. 아(我)와
법(法)에 대한 고찰」의 10번 게송 1, 2행과 유사하다.

   [250. (18-10)]
   어떤 것[A]에 의지하여[緣] (다른) 어떤 것[B]이 발생한다면[起]
   바로 그 어떤 것[A]은 그것 자체[A]가 아니다.
   그로부터 (발생한) 다른 것[B]도 또한 (그것 자체[A]가) 아니다.
   그러므로 끊어진 것도 아니고[不斷] 항상하는 것도 아니다[不常].

   그리고 3, 4행의 경우는 『중론』, 「제25품. 열반(涅槃)에 대한 고찰」을 축약한 것으로,
만약 NŚ에 따라 첨언을 제외하고 읽으면 『중론』에서 언급한 열반의 사구부정을 통한
논파와 배치된다. 8불중도를 언급한 『중론』의 귀경게와 달리 열반은 6불(六不)로 열반을
정의하고 있다.

   [387. (25-3)]
   제거됨도 없고[不至] 얻어짐도 없고[不得]
   그침도 없고[不斷] 항상함도 없고[不常]
   소멸함도 없고[不滅] 생겨남도 없는[不生]
   바로 그것을 '열반'이라고 부른다.

   이에 대한 자세한 내용은 졸저, 『용수의 사유』, pp. 153-185 참조.

[65]

ད་ངོས་པོ་སྟོང་པར་དེ་རྟོགས་ནས།།   dngos po stong par de rtogs nas//

ཡང་དག་མཐོང་ཕྱིར་རྨོངས་མི་འགྱུར།།   yang dag mthong phyir rmongs mi 'gyur//

དེ་ནི་མ་རིག་འགོག་པ་ཡིན།།   de ni ma rig 'gog pa yin//

དེ་ལས་ཡན་ལག་བཅུ་གཉིས་འགག།   de las yan lag bcu gnyis 'gag/

저 '사태들이 공하다.'는 것을[243] 관찰하면[244]

(그) 진실된 (모습을) 볼 수 있기 때문에 미혹되지 않는다.[245]

바로 그것 (때문에) 무명(無明)은 멸하는 것[滅]이다.

그 때문에 십이연기는 멸하는 것[滅])(이다).[246]

---

[66]

འདུ་བྱེད་དྲི་ཟའི་གྲོང་ཁྱེར་དང་།།   'du byed dri za'i grong khyer dang//

སྒྱུ་མ་སྨིག་སྐྲ་ཤད་དང་།།   sgyu ma smig skra shad dang//

དབུ་བ་ཆུ་བུར་སྤྲུལ་པ་དང་།།   dbu ba chu bur sprul pa dang//

རྨི་ལམ་མགལ་མེའི་འཁོར་ལོ་མཚུངས།།   rmi lam mgal me'i 'khor lo mtshungs//

(그러므로 무명에서 발생한 그) 행(行)은 1) 건달바성(乾闥婆城)과

2) 환술(幻術=māyā), 3) 신기루, 4) (눈에 낀) 털[247]과,

....

240. '스승님께서는'이라고 옮긴 '뙨뻬(ston pas)'는 원문 3행 가운데에 나와 있다. 우리말 어순과 너무 달라 도구격[Ins.] 's'는 주격[Nom.]으로 보고 어두로 옮겨 왔다.

241. 원문에는 직접 인용을 나타내는 단어가 생략되어 있으나 뒤따라 나오는 '쑹(gsungs)'에 따라 강조하기 위하여 직접 인용으로 보고 옮겼다.

242. 십이연기의 발생에 대한 언급으로 게송 전체의 어순이 어색하여 첨언하여 옮겼다.

243. '라둔(la 'dun)'의 'r'을 강조의 인용으로 보고 옮겼다.

244. 탈격[Abl.] '레(las)'를 다른 판본에서처럼 조건의 '나(na)'로 보고 옮겼다.

245. '미혹되지 않는다'로 옮긴 '몽니귤(rmongs mi 'gyur)'의 '몽뻬((rmongs pa)'에는 '미혹, 무명, 어리석음' 등의 뜻이 있다.

246. 십이연기의 출발점인 무명(無明)은 결국 연기실상을 보지 못하는 어리석음 때문에 발생한 다는 뜻이다.

5) 물보라, 6) 물거품, 7) 환상[248]과

8) 꿈, 9) 시화륜(施火輪)[249]과 같다.[250]

[67]

རང་བཞིན་གྱིས་ནི་འགའ་ཡང་མེད།།   rang bzhin gyis ni 'ga' yang med//

འདི་ལ་དངོས་པོ་མེད་པའང་མེད།།   'di la dngos po med pa'ng med//

རྒྱུ་དང་རྐྱེན་ལས་སྐྱེ་པ་ཡི།།   rgyu dang rkyen las skye pa yi//

དངོས་དང་དངོས་མེད་སྟོང་པ་ཡིན།།   dngos dang dngos med stong pa yin//

바로 그 자성(自性)을 통해서[251] 그 어떤 것도 존재하지 않는다.
이것에는 사태가 아닌 것[非事態, ~A]도 또한 존재하지 않는다.
인(因)과 연(緣)으로부터 생겨나는
사태와 사태가 아닌 것[非事態]은 공한 것이다.[252]

----

247. 감각 기관의 장애로 인해 사태가 실재한다는 착각을 불러일으키는 예로 종종 사용되는
비유다.

248. '(물)보라, 물거품, 환상'으로 옮긴 '우와 추불 뙬뻬(dbu ba chu bur sprul pa)'의 '우와(dbu
ba)'나 '추불(chu bur)'은 모두 물거품이라는 뜻이 있다. 용례를 살펴보면 '우와(dbu
ba)'는 파도의 물보라, 물거품을, 그리고 '추불(chu bur)'은 물이나 몸에서 생겨나는
기포를 뜻한다. '환상'으로 옮긴 '뙬뻬(sprul pa)'에는 '화현, 환영, 환각' 등의 뜻이 있다.

249. '시화륜(施火輪)'으로 옮긴 '곌매 콜로(mgal me'i 'khor lo)'는 쥐불놀이 때 깡통에 불을
넣어 돌리면 생기는 둥근 불꽃과 같이 실재하지 않지만 실재하는 것처럼 보이는 것을
가리킨다.

250. 용수의 저작 가운데 가장 많은 총 8개의 비유가 들어 있는 게송이다.

251. 도구격[Ins.] '기(gyis)'를 주격[Nom.]으로 옮길 수도 있겠으나 이 경우 처격[loc.]으로
옮긴 2행의 '라둔(la 'dun)'의 '라(la)'와 격이 맞지 않아 'through'로 보고 옮겼다.

252. 자성(自性)을 가진 사태에 대한 논파는 『중론』, 「제15품. 자성(自性)에 대한 고찰」의 1,
2번 게송에서 명확하게 나타나 있다.

    [187. (15-1)]
    자성(自性)이 인(因)과 연(緣)으로부터
    발생한다는 것은 옳지 않다.
    인(因)과 연(緣)으로부터 발생한

68

དངོས་ཀུན་རང་བཞིན་སྟོང་པས་ན།།   dngos kun rang bzhin stong pas na//

དེ་བཞིན་གཤེགས་པ་མཚུངས་མེད་པས།།   de bzhin gshegs pa mtshungs med pas//

རྟེན་ཅིང་འབྲེལ་བར་འབྱུང་བ་འདི།།   rten cing 'brel bar 'byung ba 'di//

དངོས་པོ་རྣམས་སུ་ཉེ་བར་བསྟན།།   dngos po rnams su nye bar bstan//

> 바로 그 모든 사태(事態)가 공한 것이기 때문에[253]
>
> 비할 나위 없는 여래께서는
>
> 이 의지하여 생겨나는[緣起]
>
> 사태[254]들에 대해서 교시하셨다.[255]

དམ་པའི་དོན་ནི་དེར་ཟབ་དེ།།   dam pa'i don ni der zab de//

འཇིག་རྟེན་དོར་བྱས་ཐ་སྙད་དག།   'jig rten dor byas tha snyad dag/

སྣ་ཚོགས་ཐམས་ཅད་རྫོགས་སངས་རྒྱས།།   sna tshogs thams cad rdzogs sangs rgyas//

བཅོམ་ལྡན་འདས་ཀྱིས་བདེན་བརྟགས་མཛད།།   bcom ldan 'das kyis bden brtags mdzad//

....

자성(은) '만들어진 것[爲作法]'이 된다.

[188. (15-2)]
"자성(自性)은 만들어진 것이다."라는 것이
어떻게 가능하겠는가?
바로 그 자성이란 만들어지지 않고
다른 것에 의지하지 않는다(는 뜻인데.)

그리고 사태가 아닌 것[非事態]에 대해서 우리는 논의조차 할 수 없는데 여기서 '공한 것'이라고 한 것은 그 사태에 대한 부정형 또한 공한 것, 즉 연기적인 것이라는 뜻이다.

253. '공(空)한 것'으로 옮긴 '똥뻬(stong pas)'의 도구격[Ins.] 's'를 원인, 이유로 보고 옮겼다. 『중관이취육론』 원문에는 '똥베((stong bas)'로 나와 있으나 '똥뻬(stong pas)'의 탈오자가 확실하여 고쳤다.

254. '연기적인 사태'를 가리키는데 풀어서 옮겼다.

255. NŚ에서는 바로 앞의 게송과 함께 주석을 달아두고 있는데 결국 모든 것은 '연기적인 존재'라는 뜻이다.

바로 그 진제(眞諦)는 그 (속제) 안에²⁵⁶ 남김없이[盡] (모여 있다.)²⁵⁷ 왜냐하면²⁵⁸

세간(의 무명을) 여의는 것은²⁵⁹ (그 세간의 언어) 관습²⁶⁰들 (안에) 다양하게 (모여 있기 때문이다.)²⁶¹ (그래서) 모든 것이 원만하신 부처님, 세존께서는 그 진실(된 모습)을 (자세하게) 관찰하신 것이다.²⁶²

....

256. '그 (속제) 안에'라고 옮긴 '델(der)'은 '그것'을 뜻하는 '데(de)'와 '라둔(la 'dun)'의 'r'로 되어 있는데 'in'으로 보고 옮겼다.

257. '남김없이[盡] (모여 있다)'로 옮긴 '제빠(zab)'는 '제빠('dzad pa)'의 과거형으로 '다하다, 소진하다, 끝나다'는 등의 뜻이 있다.

258. 『중관이취육론』 원문의 '학쩨(lhag bcas)' '데(de)'에 따라 원인, 이유 등을 뒤따라 나오는 것으로 보고 옮겼다.

259. '여의는 것은'이라고 옮긴 '돌제(dor byas)'는 '돌자(dor bya)'와 도구격[Ins.] 's'가 결합한 것으로, '돌자((dor bya)'는 '포기하다, 던지다, 제거하다' 등의 뜻을 지닌 '돌와('dor ba)'의 과거형이다. 여기서 도구격[Ins.] 's'를 주격[Nom.]으로 보고 옮겼다.

260. '(그 세간의 언어) 관습'이라고 옮긴 '타녜(tha snyad)'의 자세한 설명에 대해서는 『중론』, 「제17품. 업(業)과 과보(果報)에 대한 고찰」의 [231. (17-24)]번 게송 각주 참조.

261. '다양하게 (모여 있기 때문이다.)'로 옮긴 '나촉(sna tshogs)'은 '다양한, 여러 가지 종류' 등을 가리킨다.

262. ŚS나 NŚ는 이 게송의 문장 구조 때문에 어순을 무시하고 거의 의역을 하고 있다. 『중론』, 「제24품. (사)성제(四聖諦)에 대한 고찰」의 [354. (24-10)]번 게송의 1, 2행에서처럼 진제는 속제를 통해서 드러난다는 것을 적은 게송이다.

[354. (24-10)]
바로 그 (세간의) 언어에 의지하지 않고서는
진제(眞諦)는 가르쳐질 수 없다.
바로 그 진제(眞諦)를 알지 못하고서는
열반은 얻어지지 않는다.

ŚS의 다른 판본에서는 이 게송에 대한 의미를 훨씬 명확하게 밝히고 있다.

dam pa'i don ni der zad do//
sangs rgyas bcom ldan 'das kyis ni//
'jig rten tha snyad brten nas su//
sna tshogs thams cad yang dag brtags//

바로 그 진제(眞諦)는 그 (속제) 안에 남김없이[盡] (모여 있다).
(그래서) 부처님, 바로 그 세존께서는
세간의 언어 관습을 통해서

འཇིག་རྟེན་པ་ཡི་ཆོས་བསྟན་མི་འཇིག་ཅིང་།། 'jig rten pa yi chos bstan mi 'jig cing//

ཡང་དག་ཉིད་དུ་ནམ་ཡང་ཆོས་བསྟན་མེད།། yang dag nyid du nam yang chos bstan med//

དེ་བཞིན་གཤེགས་པས་གསུངས་བ་མ་རིག་པས།། de bzhin gshegs pas gsungs ba ma rig pas//

དེ་ལས་དྲི་མེད་བརྗོད་པ་འདི་ལ་སྐྲག། de las dri med brjod pa 'di la skrag/

세간의[263] 법에 대한 가르침[教法]은 (결코) 사라지는 것[滅]이 아니지만[264]

진실된 법에 대한 가르침[教法][265]은 결코 존재하지 않았다.[266]

여래께서 (이와 같이 오직 세간 법[俗諦]에 대해서만) 이르신 것은 어리석은 자(들)이

그 (어리석음) 때문에 이 오염되지 않는 말씀[眞諦]을 (이해하지 못할까) 염려하셨기 (때문이다).[267]

다양한 (그것들) 모두를 진실되게 관찰하신 것이다.

이 티벳역의 문제점은 3행 말미의 '네쑤(nas su)'라는 두 보조사들이 동시에 나오고 있는데 이와 같은 형식은 오직 여기서만 등장하고 있다.

263. 『중관이취육론』 원문에는 도구격[Ins.] '이(yis)'로 나와 있으나, 다른 판본들 모두 소유격 [Gen.] '이(yi)'로 되어 있어 이에 따라 원문을 고쳐서 옮겼다.

264. 일반적으로 순접 접속사 'and'를 뜻하는 '쩡(cing)' 앞에 부정어인 '미(mi)'가 나와서 역접 접속사 'but'으로 보고 옮겼다.

265. 『중관이취육론』 원문에는 '쳐뗀(chos bsten)'으로 나와 있으나 1행의 '교법(教法)'이 반복 된 것이라 이에 따라 원문을 고쳐서 옮겼다.

266. 이제론에 대한 설명이다.

267. 독법의 차이 때문인지 ŚS나 NŚ에서는 이 게송의 4행 말미의 '두려워하다, 걱정하다, 염려하다' 등을 뜻하는 '딱빼(skrag pa)'의 주체를 어리석은 자, 즉 '무명(無明)'에 휩싸인 자'를 뜻하는 '마릭빼(ma rig pa)'로 보고 있으나 『중론』, 「제24품. (사)성제(四聖諦)에 대한 고찰」의 11, 12번 게송을 통해서 살펴보면, 부처님께서 공성에 대해 가르치고자 하는 마음을 후퇴한 것은 어리석은 자들을 '배려한 것'이라서 이에 따라 옮겼다.

> [355. (24-11)]
> 공성에 대해서 그릇된 견해[邪見]를 (갖는다)면
> 조그만 지혜들마저도 파괴된다.
> 마치 뱀을 잘못 잡은 것이거나
> 그릇된 주술(呪術)을 성취하는 것과 같이.

[71]

འདི་ལ་བརྟེན་ནས་འདི་འབྱུང་ཞེས།།

འཇིག་རྟེན་ཚུལ་འདི་མི་འགོག་ཅིང་།།

གང་རྟེན་རང་བཞིན་མེད་པས་དེ།།

ཇི་ལྟར་ཡོད་འགྱུར་དེ་ཉིད་ངེས།།

'di la brten nas 'di 'byung zhes//

'jig rten tshul 'di mi 'gog cing//

gang rten rang bzhin med pas de//

ji ltar yod 'gyur de nyid nges//

"이것에 의지하여[緣] 이것이 생겨난다[起]."는[268]

세간의 이 도리[269]는 (결코) 멸(滅)하지 않을 것이지만[270]

어떤 의지하는 것에 자성(自性)이 존재하지 않는다면[271] 그것이

어떻게 존재하는 것으로 되겠는가? (어떻게) 그것 자체가 확실하겠는

가![272]

....

[356. (24-12)]
그러므로 (근기가) 약한 이(들)이 이 (수승한) 법의
(심오함을) 철저히 깨닫기 어렵다는 것을 아셨던
능인(能仁)의 바로 그 마음 (때문에) 교법(敎法)으로부터
(공성에 대한 가르침이) 매우 후퇴하게 되었던 것이다.

268. 연기법의 정의다.

269. '방법, 도리, 정리(正理)' 등을 뜻하는 '출(tshul)'이 사용되었다.

270. 일반적으로 순접 접속사 'and'를 뜻하는 '찡(cing)' 앞에 부정어인 '미(mi)'가 나와서 역접 접속사 'but'으로 보고 옮겼다.

271. '존재하지 않는다면'이라고 옮긴 '메뻬(med pas)'의 도구격[Ins.] 's'를 조건으로 보고 옮겼다.

272. 이제론에 입각하여 연기사상의 '이것이 있으므로 저것이 있다.'의 이것이나 저것 자체에 자성이 없을 경우, 이와 같은 연기사상 또한 세간의 방편에 불과한 언설로 된 표현에 지나지 않는다는 것을 가리키고 있는 게송으로, 이와 같은 게송은 『중론』, 「제1품. 연(緣)에 대한 고찰」의 [12. (1-10)]번 게송에서도 등장한다.

[12. (1-10)]
사태(들)이란 무자성한 것들의
존재이기 때문에 (이것들이 진실로) 존재하는 것이 아니라면
"이것이 있기에 이것이 생겨난다."는
바로 이 언급은 옳지 않다.

【결문】

[72]

དད་ལྡན་དེ་ཉིད་ཆོས་ལ་བརྩོན།།   dad ldan de nyid chos la brtson//

ཚུལ་འདི་རིག་པས་རྗེས་དཔོག་གང་།།   tshul 'di rig pas rjes dpog gang//

རྟེན་མེད་ཆོས་འགའ་བསྟན་པ་ཡིས།།   rten med chos 'ga' bstan pa yis//

སྲིད་དང་སྲིད་མིན་སྤངས་ནས་ཞི།།   srid dang srid min spangs nas zhi//

> 신심[信]을 갖추고 (이) 여실법(如實法)에 따라 정진(하면)
>
> (바로) 이 도리로, 그 무엇이 (되었든) 지혜[明]에 따라[273] 올바른 추론(을
> 할 수 있을 것이다.)
>
> (그리하여) 의지할 (필요) 없는 법인 (바로 이) 어떤[274] 가르침으로
> 윤회와 윤회가 아닌 것[비윤회][275]을 (모두) 끊어 없애[滅] (열반) 적정(에
> 이르게 될 것이다.)[276]

[73]

འདི་དག་རྐྱེན་འདི་ལས་རིག་ནས།།   'di dag rkyen 'di las rig nas//

ལྟ་ངན་དྲ་བ་ཀུན་ལྡོག་དེས།།   lta ngan dra ba kun ldog des//

....

273. '지혜[明]에 따라'로 옮긴 '릭뻬(rig pas)'는 십이연기의 출발점인 '무명(無明)'을 뜻하는
'마릭빠(a rig pa)', 즉 '아비드야(avidyā)'의 반대말인 '비드야(vidya)'를 가리킨다.
도구격[Ins.] 's'를 주격[Nom.]으로 옮길 수도 있겠으나 의미에 맞게 'through'로 보고
옮겼다.

274. 『중관이취육론』 원문에는 '모순'을 뜻하는 '각('gag)'이 쓰였으나 다른 판본들은 모두
특정한 '어떤 (것)'을 가리키는 '가('ga)'가 쓰여 있어 이에 따라 옮겼다.

275. NŚ에 따라 '윤회와 윤회가 아닌 것[비윤회]'이라고 옮긴 '씨당 씨민(srid dang srid min)'을
ŚS에서는 '존재와 존재가 아닌 것'을 뜻하는 'existence(bhava) and non-existence(abhava)'
로 옮기고 있다. 둘 다 모두 가능하지만 뒤따라 나오는 '(열반)적정'을 뜻하는 '쉬와(zbi
ba)'의 축약형을 미루어 볼 때 전자가 더 올바른 것으로 보고 옮겼다.

276. 전체적으로 2, 4행의 동사가 축약되어 있는 형태로 보고 옮겼다. 이 게송과 함께 다음
게송은 이 『칠십송여리론』의 결론에 해당하는데 여기에 적힌 내용에 따라 수행을 하면
곧 열반적정을 얻을 수 있다는 뜻이다.

ཆགས་རྨོངས་ཁོང་ཁྲོ་སྤངས་པའི་ཕྱིར།།
མ་གོས་མྱ་ངན་འདས་པ་ཐོབ།།

chags rmongs khong khro spangs pa'i phyir//
ma gos mya ngan 'das pa thob//

> 이것들이 이것(들의 인(因)과) 연(緣)으로부터 (생겨나는 것임을 아는) 지혜[明]로[277]
> 모든 악견(惡見)의 그물을 (찢어) 버리면, 그 때문에[278]
> 탐욕[貪](과) 어리석음[癡] (그리고) 성냄[瞋][279]이 끊어지므로[滅]
> (한 점) 티끌도 없는[280] 열반을 성취(할 수 있을 것이다).[281]

* * *

སྟོང་ཉིད་བདུན་ཅུ་པའི་ཚིག་ལེའུར་བྱས་པ་ཞེས་བྱ་བ་སློ་དཔོན་འཕགས་པ་ཀླུ་སྒྲུབ་ཀྱིས་མཛད་པ་རྫོགས།།
ལོ་ཙྭ་བ་གཞོན་ནུ་མཆོག་དང་།།གཉན་དྷ་རྨ་གྲགས་དང་ཁུའི་འགྱུར་དག་ལས་དོན་དང་ཚིག་གང་བཟང་དུ་བྲིས་པའོ།
།།ཞེས་པ་འདི་ནི་ཆོས་གྲྭ་ཆེན་པོ་བཀྲ་ཤིས་འཁྱིལ་དུ་དཔལ་དུ་བསྒྲུབས་པའོ།།

stong nyid bdun cu pa'i tshig le'ur byas pa zhes bya ba sbo dpon 'phags pa klu sgrub kyis mdzad pa rdzogs//lo tswa ba gzhon nu mchog dang//gnyan dha rma grags dang khu'i 'gyur dag las don dang tshig gang bzang du bris pa'o//zhes pa 'di ni chos grwa chen po bkra shis 'khyil du dpal du bsgrubs pa'o//

> 『칠십공성론』이라는 이것은 아짜리아(Acārya) 성스런[ārya] 용수 (보살) 께서 설하신 것으로 (이제 모두) 마쳤다.[282] 역경사 쇼누촉과 녠다르마와

---

277. 탈격[Abl.] '네(nas)'를 시간의 순차, 이유, 원인 등으로 보고 옮겼다.
278. 2행 말미의 '데(des)'가 3행 말미의 '이칠('i phyir)'과 격을 이루는 것으로 보고 옮겼다.
279. 탐진치(貪瞋癡)의 삼독(三毒)의 순서가 약간 뒤바뀌어 있다.
280. '(한 점) 티끌도 없는'이라고 옮긴 '마괴(ma gos)'는 오직 TT에만 'untainted'라는 용례가 나와 있어 이에 따랐다.
281. 마지막 게송으로 바로 앞의 72번 게송과 함께 결문을 이루고 있다.

쿠[283]가 옮긴 것에 따라 (그) 의미와 어떤 (몇몇의 구문을) 보기 좋게 필사한 것이다. 바로 이 (판본)에 따라 대법사(大法寺) 따쉬 첸뽀에서 인쇄를 마친 것이다.

---

282. 인도 측 역경사가 누구인지 언급되어 있지 않다.
283. 일반적으로 소유격[Gen.]은 지역을 가리키고 그 다음에 인명(人名)이 나오는데 여기서는 그것이 명확하지 않다. NŚ에서 '쿠(khu)'를 인명으로 보고 있어 이에 따랐다.

찾아보기

365, 403

모순되는 것 104, 192, 219, 348

목적 59, 77, 90, 91, 125, 144, 145, 146, 147, 220, 253, 282, 297, 362

무(無, abhāva) 254, 294, 356

무명(無明=무지) 266, 267, 268, 275, 288, 289, 292, 303, 304, 305, 317, 325, 331, 351, 352, 353, 394, 396, 397, 401, 403

무상(無常) 221, 283, 284, 287, 288, 313, 319, 350, 351

무아(無我, anātman) 107, 249, 287, 288, 296, 344, 345, 350, 351, 380

무용한 답변[jāti] 91, 235, 236, 237, 241, 242

무위(법)(無爲法) 70, 368, 370, 396

무의미(함) 68, 177, 178, 179

무인(無因) 35, 134, 256, 271, 272, 348

무자성(無自性, niḥsvabhāva) 18, 19, 20, 23, 28, 29, 32, 37, 38, 39, 40, 41, 42, 71, 73, 74, 75, 76, 78, 167, 181, 328, 357, 402

무지(avidyā) 143, 304, 305, 311

무한 소급 47, 48, 98, 101, 171, 175, 264

무한 오류 58

무한성 81

물단지 27, 28, 49, 50, 75, 96, 129, 131, 132, 145, 146, 147, 148, 189, 190, 191, 192, 194, 195, 207, 217, 228

미래 35, 70, 163, 164, 188, 205, 226, 227, 228, 230, 277, 284, 304, 367, 385

믿음 104, 120, 337

ㅂ

방편 76, 124, 282, 299, 300, 317, 402

번뇌(煩惱) 25, 90, 251, 262, 265, 266, 271, 272, 285, 296, 317, 318, 322, 323, 324, 330, 331, 332, 333, 334, 337, 338, 374, 375, 379, 393, 394

범부(凡夫) 328

범주 24, 87, 89, 90, 91, 92, 96, 108, 134, 135, 142, 143, 192, 195, 196, 197, 207, 208, 213, 233, 235, 238, 239, 244, 245, 247, 370

법신(法身) 334

변지(邊智) 296

변화 18, 23, 24, 37, 38, 42, 67, 68, 69, 70, 77, 96, 123, 130, 139, 146, 149, 168, 181, 200, 222, 275, 302, 312, 314, 316, 356, 360, 367,

369, 379

보는 것 148, 268, 285, 315, 362, 384, 386

보는 자 68, 268, 287, 367

보리도차제론(菩提道次第論) 185, 328

보편적인 것[總] 217

복덕 295, 334

복덕과 지혜 334

본성 294, 312, 313, 330, 374

부분적인 상이성[(半)상이성] 154

부분적인 유사성[(半)유사성] 154

부정(不淨) 262, 333, 350, 351, 379, 392, 393, 394

부정(否定) 27, 28, 75

부정문 44, 138, 154, 213, 307

부처님 23, 24, 86, 106, 198, 215, 216, 251, 252, 254, 257, 260, 271, 282, 291, 292, 296, 297, 298, 299, 300, 301, 303, 304, 308, 309, 318, 319, 343, 344, 345, 348, 362, 372, 380, 391, 393, 400, 401

북경판 21, 25, 28, 106, 118, 158, 191, 208, 234

분별 21, 68, 90, 181, 256, 257, 261, 262, 269, 270, 278, 298, 299, 300, 301, 303, 304, 305, 315, 330, 334, 335, 367, 372, 378, 386, 393, 394, 396

분별(망상) 256, 303, 304, 305, 331, 367, 372, 377, 378, 393

분석적 184, 211, 213, 256, 282, 307

불가능성 67, 81, 146, 229

불과 연기 129, 130

불과 연료 51, 62, 103, 348, 383

불교 56, 77, 134, 198, 205, 307, 325, 390

불교 논리학 17, 21, 22, 23, 24, 46, 134, 330, 389, 391

불꽃 274, 277, 398

불성립 130, 156, 226, 381

붓다(Buddha) 17, 86, 205, 251, 265, 309, 363, 371

붓다의 가르침 17

비량(比量, anumāna, Inferential cognizer) 21, 22, 45, 65, 126, 129, 130

비량(非量) 21

비실재 110, 167

비실체(asvabhāva) 325

비아그라(Vyāghra) 109, 110, 291

비연(非緣) 270, 373

비유 32, 39, 40, 41, 42, 43, 45, 46, 48, 77, 78,

■ **지은이 용수** (龍樹, Nāgārjuna, 150?–250?)
남인도 출생. 대승불교의 기틀인 공사상을 연구, 중관사상의 기초를 확립하였다. 그로 인해
제2의 붓다, 8종(八宗)의 조사(祖師), 대승불교의 아버지라고 일컫는다.『중론』,『회쟁론』 등의
중관사상이 담긴 주요 저서들과『친구에게 보내는 편지』,『보행왕정론』 등 도덕률을 강조하는
저서들이 대승불교권에 전해져 온다.

■ **옮긴이 신상환** (辛尙桓)
아주대학교 환경공학과를 졸업하고, 인도 비스바 바라띠 대학교 티벳학 석사와 산스끄리뜨어
준석사 등을 마쳤으며, 캘커타 대학교 빠알리어과에서 철학박사 학위를 취득했다.
저서로는『용수의 사유』,『세계의 지붕 자전거 타고 3만 리』 등과 역서로는 싸꺄 빤디따의
『선설보장론』, 용수의『친구에게 보내는 편지』,『풀어쓴 티벳 현자의 말씀』 등이 있다.
비스바 바라띠 대학교의 인도·티벳학과 조교수로 재직했었으며 티벳 경전의 한글 번역에
관심을 쏟고 있다.

회쟁론·세마론·육십송여리론·칠십공성론

초판 1쇄 발행_2018년 5월 25일

지은이_용수
옮긴이_신상환
펴낸이_조기조
펴낸곳_도서출판 b
등록_2006년 7월 3일 제2006-000054호 | 주소_08772 서울특별시 관악구 난곡로 288 남진빌딩 302호
전화_02-6293-7070(대) | 팩시밀리_02-6293-8080 | 홈페이지_b-book.co.kr
이메일_bbooks@naver.com

값_30,000원
ISBN 979-11-87036-50-0 (세트)
ISBN 979-11-87036-52-4 93220